芙蓉年鉴
（2020）

FURONG YEARBOOK

长沙市芙蓉区年鉴编纂委员会　编

方志出版社
Publishing House of Local Records

芙蓉区行政区划图

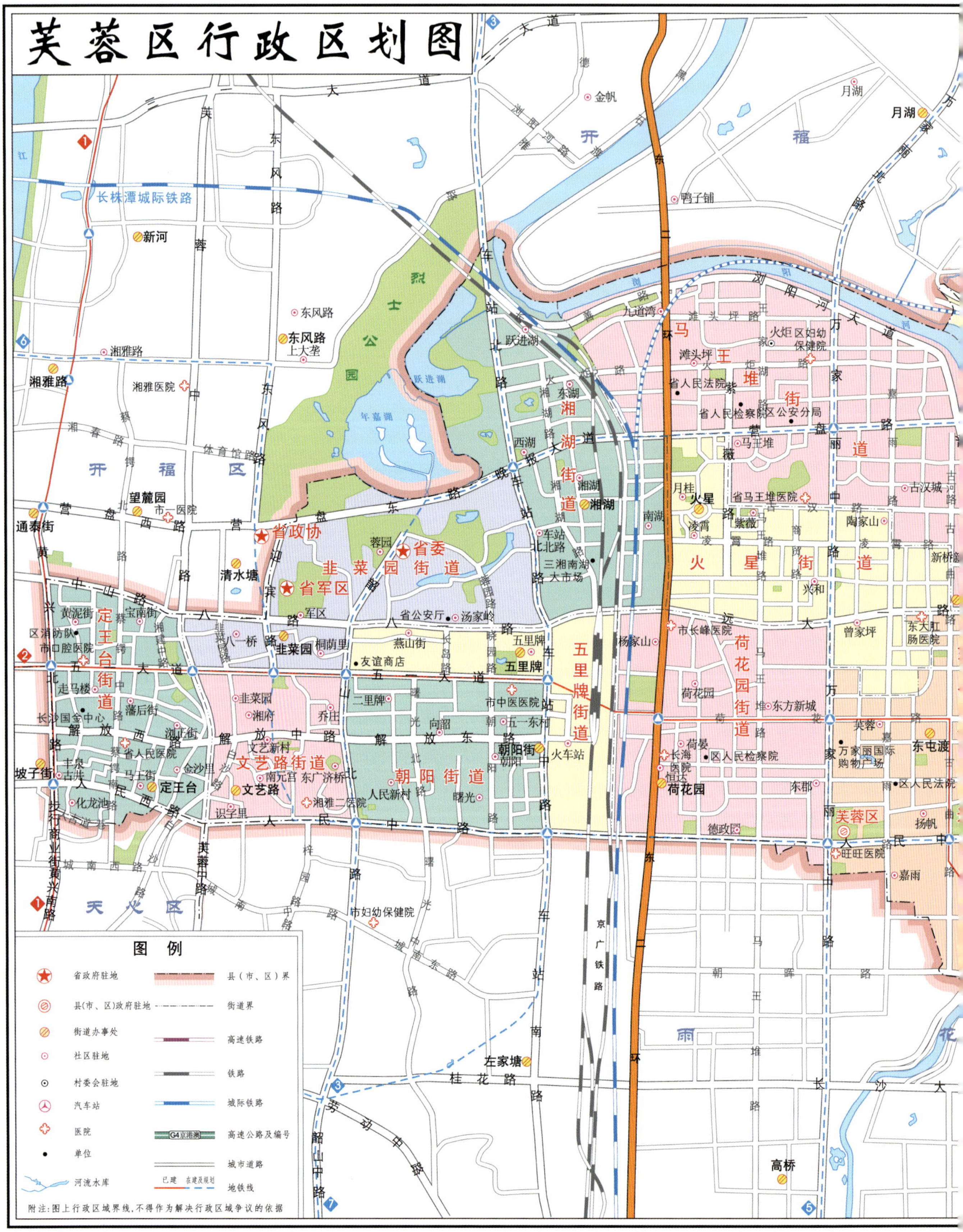

湖南省地图出版社省内编辑室编制

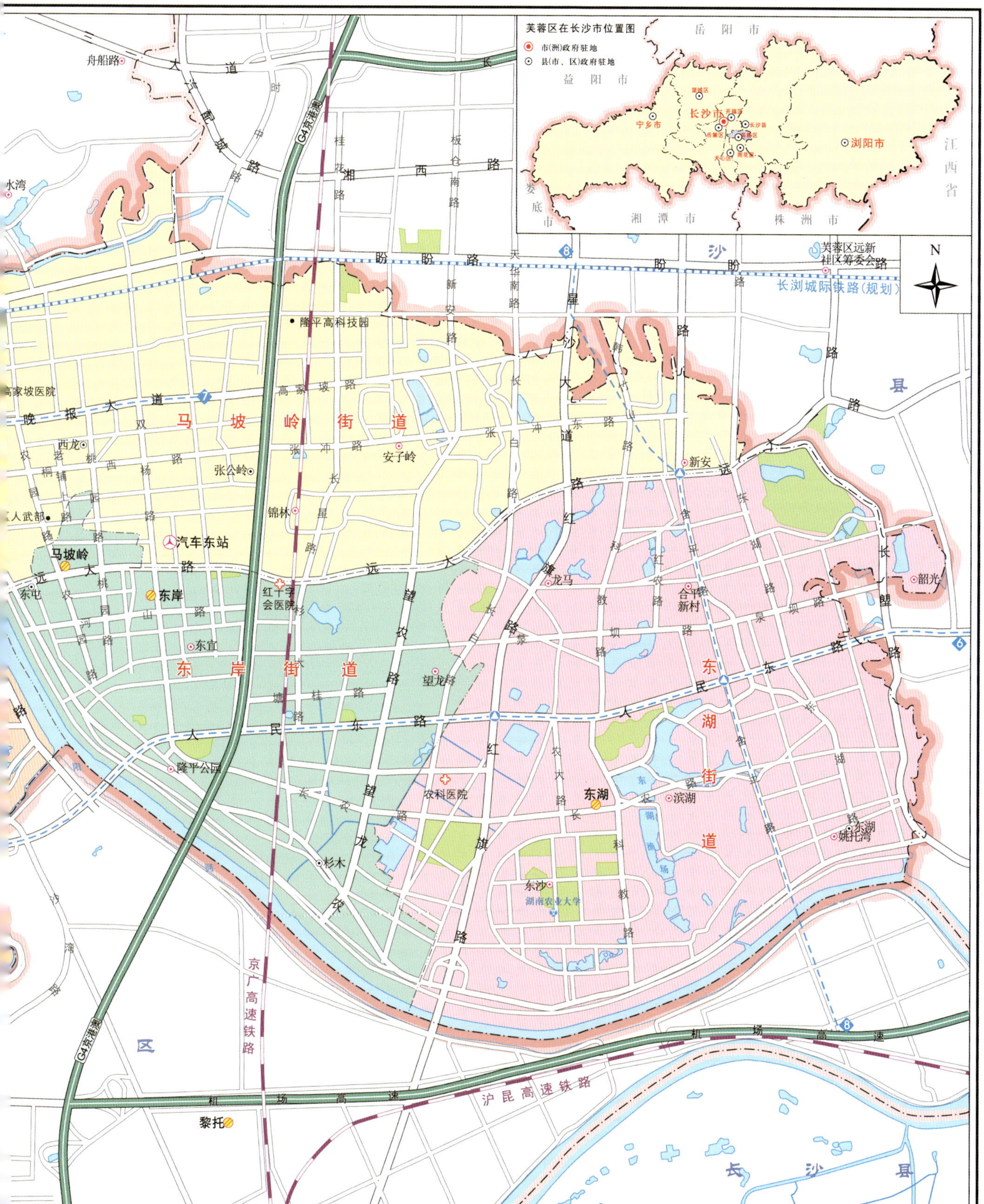

地图审图号：湘S（2018）056号

《芙蓉年鉴（2020）》编纂委员会

《芙蓉年鉴》编辑部

编辑说明

一、《芙蓉年鉴（2020）》以马克思列宁主义、毛泽东思想、邓小平理论、“三个代表”重要思想、科学发展观、习近平新时代中国特色社会主义思想为指导，坚持辩证唯物主义和历史唯物主义的立场、观点和方法，围绕中共芙蓉区委、芙蓉区政府的决策部署，记载芙蓉区自然、政治、经济、文化、社会和生态建设等方面概貌和发展情况。记述时限为2019年1月1日至12月31日。

二、本年鉴采用分类编辑法，主要分为类目、分目、条目3个层次，部分分目下设子目，条目为基本记述层次。根据内容需要，适当增设专记、图表等栏目。全书设有27个类目、139个分目、32个子目、865个条目和42张表格，102副随文图片，编有索引967条。正文体例有概况、条目、附、图表等，以条目为主题，卷首为彩页专版。书中图片来源为各单位提供，部分从区委办、区融媒体中心图库中选取。

三、本年鉴所载资料均由区直各部门和各街道专人负责收集、撰写，经领导审核后上报。年鉴编辑部编辑人员加工整理后再反馈原单位核对，最后由编委会定稿。统计资料由区统计局提供，文稿中有些地区性、部门性数据，由于统计口径不同等原因，与统计局公布的可能不完全一致，请读者在查阅和引用时注意。

四、本年鉴编委、编审人员和各单位撰稿人在书中设专版记载。各类目责任编辑在类目题头页中注明。撰稿人姓名在条目文尾括注，相邻条目若为同一人撰写，撰稿人不再重复标注。

五、本年鉴收录的区直各部门和各街道负责人名单均以上年度在职者为准，有任免的分别予以注明。名单最终由芙蓉区委组织部审定。

长沙国际金融中心为九龙仓国金中心系列中建筑高度最高、商业面积最大的高楼，创下九龙仓在中国内地和中国香港的最新纪录。截至 2019 年 1 月，长沙国际金融中心 1 号塔楼（主楼 452 米）为中国第 7 高楼，世界第 13 高楼

IFS
国金中心
8287 8888

隆平水稻博物馆鸟瞰图

隆平水稻博物馆内景

2019 年 9 月 27 日，世界首个以水稻为主题的博物馆——隆平水稻博物馆在长沙开馆

2019 年 1—11 月，芙蓉区加大对浏阳河污染防治工作，浏阳河芙蓉区区段水质稳定达到Ⅲ类，由 2014 年的劣Ⅴ类水质跃升了 3 个水质类别，水质状况全面好转，实现了“一河清水入湘江”

浏阳河婚庆文化园，是芙蓉区打造的集婚庆、旅游、休闲、娱乐等特色为一体的湖南首家一站式休闲娱乐综合体

图为 2019 年 7 月拍摄

浏河之芯

2019 年 4 月 19 日，2019 年中华龙舟大赛（长沙・芙蓉站）1000 米往返赛在浏阳河芙蓉区段东屯渡大桥与人民东路浏阳河大桥间水域开赛

图自　区融媒体中心

2019 年，芙蓉区大力优化营商环境，以“店小二”的姿态，全力助力企业发展。图为 2019 年 05 月 20 日，芙蓉区举行“5·20 企业服务日”系列活动启动仪式　　　　图自　区融媒体中心

2019 年，经过芙蓉区城市步道有机更新项目，古老的青石井巷重新焕发生机，成为了长沙新的“网红打卡地”　　　　图自　区委办

魅力之都

2019年，定位为华中新地标长沙国金中心迎来首个全运营年，报告期内收入8.1亿元港币，营业盈利3.25亿元。作为集合国际奢华、运动服饰潮流、美食体验、娱乐和生活时尚指标的全品类购物中心，于2019年实现零售销售额近50亿元人民币，全年租出率99%。图为5月23日，出席国金中心开业一周年庆典活动的中外嘉宾合影　　图自　区委办

幸福之城

2019 年，芙蓉区文体事业蓬勃发展，公共文化服务体系三级网络全面建成，举办芙蓉艺术节、芙蓉杯新节目大赛等群众文化活动 800 余场次。图为 2019 年 7 月 15 日，由长沙市文明办、芙蓉区文明办等单位主办的全国社区网络春晚节目录播　　　　图自　区融媒体中心

2019 年，芙蓉区积极应对老龄化社会问题，鼓励扶持养老产业发展，引导建设街道小型养老机构。图为芙蓉区“社区居家养老服务中心”为辖区老年人做健康理疗服务

区卫健局　供图

2019 年 5 月 31 日，芙蓉区举办校园文化艺术节暨“六一”庆祝表彰活动。图为曙光路小学学生表演《献给红领巾》节目　　图自　区委办

中华人民共和国成立 70 周年

2019 年 9 月 27 日，芙蓉区庆祝中华人民共和国成立 70 周年主题活动晚会在区会议中心举行

区委宣传部　供图

2019 年 9 月，芙蓉区蓉园小学举办“童心向党 70 年，我与祖国共成长”活动

图自　区融媒体中心

2019 年国庆节，湖南省人民医院马王堆分院内节庆景观　　图自　区融媒体中心

<<< 目　录

特　载

大事记

芙蓉概览

中共长沙市芙蓉区委员会

长沙市芙蓉区人民代表大会

长沙市芙蓉区人民政府

军　事

经济管理

工业·园区

商贸·楼宇

交通·邮政·通信

城市建设

城市管理

医疗卫生

社会生活

人　物

附　录

索　引

Contents

特　　载

Feature

责任编辑·谭丽霞　谭自然

2019 年芙蓉区机构改革

2019 年，芙蓉区以习近平新时代中国特色社会主义思想为指导，贯彻落实习近平关于深化党和国家机构改革的重要论述，按照中央和省委统一部署要求，着力改革机构设置、优化职能配置，创新体制机制，合理划分事权，理顺权责关系，深化转职能、转方式、转作风，提高效率效能，构建系统完备、科学规范、运行高效的机构职能体系，构建简约高效的基层管理体制，高质量完成机构改革任务。

一、加强组织领导，凝聚改革共识

芙蓉区高度重视机构改革工作，成立区委深化机构改革领导小组办公室，由区委书记于新凡担任组长，统一领导、协调全区机构改革工作。区委书记于新凡先后两轮与涉改部门“一把手”进行沟通，逐一征求改革意见建议。

二、深入调研论证，精心制定方案

针对涉改单位开展专题调研，了解其运行现状，建立精确完善的基础数据台账。经过调研和统筹谋划，审议制定《芙蓉区机构改革实施方案》。2019 年 1 月 13 日，区委常委会和区委全会审议通过《长沙市芙蓉区机构改革方案（送审稿）》，同日以区委名义向市委深化机构改革领导小组呈报芙蓉区机构改革方案。3 月 1 日，省委、省政府批准长沙市所属县市区机构改革方案，市委编办批复芙蓉区机构改革涉改科级事业单位调整事项，3 月 8 日，市委、市政府批准印发芙蓉区机构改革方案。

芙蓉区此次机构改革有四个方面的特点：

（一）突出加强党的全面领导

1. 建立健全和优化区委对重大工作的领导体制机制。

（1）区监察委员会同区纪律检查委员会合署办公，履行纪检、监察两项职责，实行一套工作机构、两个机关名称。不再保留区监察局。

（2）区委全面深化改革领导小组改为区委全面深化改革委员会，区委全面深化改革委员会办公室作为委员会的办事机构，设在区委办公室。

（3）组建区委网络安全和信息化委员会，区委网络安全和信息化委员会办公室作为委员会的办事机构，对外加挂区互联网信息办公室牌子，作为区委工作机关。

（4）加强区委对审计工作的领导，更好发挥审计监督作用，组建区委审计委员会，区委审计委员会办公室作为委员会的办事机构，设在区审计局。

（5）组建区委外事工作委员会，区委外事工作委员会办公室作为委员会的办事机构，设在区委办公室。将区民族宗教和外事侨务局的外事职责和港澳事务管理职责一并划入区委办公室。

区委办公室对外使用区政府外事办公室、区政府港澳事务办公室、区委保密委员会办公室（区国家保密局）、区委机要局（区国家密码管理局）名称。

（6）区委巡察工作领导小组办公室作为区委巡察工作领导小组的办事机构，设在区纪委，作为区委工作机关。

（7）区委法治芙蓉建设领导小组改为区委全面依法治区委员会，区委全面依法治区委员会办公室作为委员会的办事机构，设在区司法局。

（8）区财经工作领导小组改为区委财经委员会，区委财经委员会办公室作为委员会的办事机构，设在区委办公室。

（9）组建区委教育工作领导小组，区委教育工作领导小组秘书组作为领导小组的办事机构，职责由区教育局承担。

2. 加强区委职能部门的统一归口协调管理职能。

（1）区委组织部统一管理区委机构编制委员会办公室。调整优化区委机构编制委员会领导体制，区委机构编制委员会办公室作为委员会的办事机构，承担委员会日常工作，作为区委工作机关，对外使用区事业单位登记管理局名称，归口区委组织部管理。

（2）区委组织部统一管理公务员工作。将区人力资源和社会保障局的公务员管理职责划入区委组织部，对外加挂区公务员局牌子。

（3）区委宣传部统一管理新闻出版、版权工作。将区文化体育新闻出版局的新闻出版职责，区科学技术局（区知识产权局）的版权管理职责划入区委宣传部，对外加挂区新闻出版局（区版权局）、区精神文明建设指导委员会办公室牌子。

（4）区委统战部统一管理民族宗教、侨务工作。将区民族宗教和外事侨务局的民族事务、宗教事务、侨务管理职责划入区委统战部，对外加挂区民族宗教事务局牌子，对外使用区政府侨务办公室名称。不再保留事业建制的区民族宗教和外事侨务局。

（5）不再设立区委社会管理综合治理委员会及其办公室、维护稳定工作领导小组及其办公室，有关职责交由区委政法委员会承担。

（6）区委防范和处理邪教问题领导小组及其办公室（区政府防范和处理邪教问题办公室）职责交由区委政法委员会、市公安局芙蓉分局承担。

（7）将区委老干部局并入区委组织部，区委组织部对外加挂区委老干部局牌子。

（8）将区直属机关工作委员会并入区委办公室，区委办公室对外加挂区直属机关工作委员会牌子。

（9）将区委统战部的台湾事务管理职责划入区委办公室，区委办公室对外使用区委台湾工作办公室（区政府台湾事务办公室）名称。

改革后，芙蓉区党委系统综合设置纪检监察机关1个：中共长沙市芙蓉区纪律检查委员会长沙市芙蓉区监察委员会机关；计入机构限额的工作机关8个：中共长沙市芙蓉区委办公室，中共长沙市芙蓉区委组织部，中共长沙市芙蓉区委宣传部，中共长沙市芙蓉区委统一战线工作部，中共长沙市芙蓉区委政法委员会，中共长沙市芙蓉区委网络安全和信息化委员会办公室，中共长沙市芙蓉区委机构编制委员会办公室，中共长沙市芙蓉区委巡察工作领导小组办公室。（附件1）

（二）突出对应中央及省市机构设置和职能配置

落实中央及省市规定动作，按照涉及党中央集中统一领导和国家法制统一、政令统一、市场统一的机构职能要基本对应的要求，对标对表，不打折扣，确保上下贯通、执行有力。

1. 新组建12个：区工业和信息化局、区住房和城乡建设局（区人民防空办公室）、区农业农村局（区林业水利局、区扶贫开发办公室）、区文化旅游体育局、区卫生健康局、区退役军人事务局、区应急管理局（区防汛抗旱指挥部办公室）、区市场监督管理局（区知识产权局）、区行政审批服务局、区医疗保障局、区城市人居环境局、区行政执法局。

不再保留11个部门，即市工商行政管理局芙蓉分局、市质量技术监督局芙蓉分局、区环境保护局、区城乡建设局、区农业林业水利局（区委农村工作办公室）、区文化体育新闻出版局、区卫生和计划生育局、区安全生产监督管理局、区食品药品监督管理局、区行政审批局；不再保留事业建制的经济和信息化局。

2. 重新组建1个：将区司法局的职责和区政府办公室的法制工作职责整合，重新组建区司法局，作为区政府工作部门。区政府办公室不再加挂区政府法制办公室牌子。

3. 优化职责2个：将区人力资源和社会保障局的外国专家管理职责划入区科学技术局，将区发展和改革局的重大项目稽察、区财政局的财政预算执行情况和其他财政收支情况监督检查职责划入区审计局。

4. 更名2个：区商务和旅游局更名为区商务局；区城市管理和行政执法局更名为区城市管理局。

5. 调整机构序列1个：区信访局由区委工作机构调整为区政府工作部门。

6. 调整机构性质1个：将事业建制的区交通运输局调整为区政府工作部门。

7. 保留设置7个：区政府办公室、区发展和改革局、区教育局、区民政局、区财政局、区人力资源和社会保障局、区统计局。

8. 合署办公1个：区人民防空办公室作为区国防动员委员会的常设办事机构，与区住房和城乡建设局合署办公，实行一套工作机构、两个机关名称。

9. 垂直管理的部门3个：市生态环境局芙蓉分局、市公安局芙蓉分局、市自然资源和规划局芙蓉分局。不再保留市国土资源局芙蓉区分局、市城乡规划局芙蓉区分局。

改革后，芙蓉区人民政府设置工作部门26个：长沙市芙蓉区人民政府办公室，长沙市芙蓉区发展和改革局，长沙市芙蓉区教育局，长沙市芙蓉区科学技术局，长沙市芙蓉区工业和信息化局，长沙市芙蓉区民政局，长沙市芙蓉区司法局，长沙市芙蓉区财政局，长沙市芙蓉区人力资源和社会保障局，长沙市芙蓉区住房和城乡建设局（区人民防空办公室），长沙市芙蓉区交通运输局，长沙市芙蓉区农业农村局，长沙市芙蓉区商务局，长沙市芙蓉区文化旅游体育局，长沙市芙蓉区卫生健康局，长沙市芙蓉区审计局，长沙市芙蓉区退役军人事务局，长沙市芙蓉区应急管理局，长沙市芙蓉区市场监督管理局，长沙市芙蓉区统计局，长沙市芙蓉区城市管理局，长沙市芙蓉区行政审批服务局，长沙市芙蓉区信访局，长沙市芙蓉区医疗保障局，长沙市芙蓉区城市人居环境局，长沙市芙蓉区行政执法局。（附件2）

（三）突出结合区情因地制宜设置机构

此次改革，中央明确地方在“规定动作”外，可结合实际情况对部分机构因地制宜确定规格、序列、名称以及加挂牌子。为此，改革方案在充分体现中央和省市关于机构改革战略意图的基础上，用好用足中央和省市给予的自主权和政策空间，明确：

1. 组建区委网络安全和信息化委员会办公室，对外加挂区互联网信息办公室牌子，作为区委工作机关。

2. 组建区行政审批服务局，作为区政府工作部门。

3. 组建区城市人居环境局，作为区政府工作部门。

4. 组建区行政执法局，作为区政府工作部门。

（四）突出统筹联动各层级各领域改革

在科学配置党政机构职责的同时，理顺同群团、事业单位的关系，协调并发挥各类机构职能作用，统筹推进省市区街机构改革。为此，改革方案坚持“一盘棋”思想，对其他各项改革提出了原则要求，明确了路线图、时间表。

1. 深化人大、政协机构改革。改革后，区人大常委会设置办事机构、工作机构2个：办公室、选举任免联络工作委员会。区人大设置专门委员会7个：民族华侨外事委员会、监察和司法委员会、财政经济委员会、教育科学文化卫生工作委员会、环境与资源保护委员会、农业与农村委员会、社会建设委员会。（附件3）

改革后，区政协设置办事机构1个：办公室。专门委员会6个：委员学习联络委员会、提案委员会、经济科技和外事委员会、农业农村和人口资源环境委员会、文教卫体和文史委员会、社会法制和民族宗教委员会。（附件3）

2. 深化群团组织改革。继续推进群团改革，优化机构设置，完善管理模式，创新运行机制，将力量配备、服务资源向基层倾斜。

3. 深化区委区政府直属事业单位改革和承担行政职能的事业单位改革。按照精干高效原则设置党委、政府直属事业单位。承担行政职能的事业单位改革纳入党政机构改革，统筹推进、同步实施。完全、主要和部分承担行政职能的事业单位全部纳入改革范围。对事业单位承担的行政职能进行全面清理，按照能转职能的不转机构、确需转机构的实行综合设置的原则，区分情况推进改革。事业单位不再使用“委、办、局、处”等称谓。

（1）区委党校（区行政学校）改为区委直属正科级公益类事业单位。

（2）区接待办公室更名为区接待服务中心，为区委直属正科级公益类事业单位，归口区委办公室管理。

（3）将区机关后勤服务中心承担的行政职能划入区发展和改革局，改为区机关事务中心，为区政府直属正科级公益类事业单位。

（4）将区征地办公室承担的行政职能划入区政府办公室，改为区征地服务中心，为区政府直属正科级公益类事业单位。

（5）将区金融工作办公室承担的行政职能划入区政府办公室，改为区金融事务中心，为区政府直属正科级公益类事业单位。

（6）将区电子政务管理办公室的职责与智慧芙蓉数据资源建设相关的信息化公益服务职能整合，组建区数据资源中心，为区政府直属正科级公益类事业单位。不再保留区电子政务管理办公室。

（7）区工务局更名为区公共工程建设中心，为区政府直属正科级公益类事业单位。

（8）长沙芙蓉中央商务区管理办公室更名为区现代服务业发展中心，为区政府直属正科级公益类事业单位。

（9）隆平水稻博物馆调整为区政府直属正科级公益类事业单位。

（10）不再保留区经济和信息化局。

（11）不再保留事业建制的区交通运输局（市交通行政执法局芙蓉区分局）。

（12）不再保留区民族宗教和外事侨务局。

（13）将区史志档案局承担的行政职能划入区委办公室，改为区档案馆，对外加挂区委党史研究室、区地方志编纂室牌子，为区委办公室所属正科级公益类事业单位。区委办公室对外加挂区档案局牌子。

（14）将区市政工程管理局承担的行政职能分别划入区住房和城乡建设局、区城市管理局，改为区市政设施维护中心，为区城市管理局所属正科级公益类事业单位。

（15）将区园林管理局承担的行政职能划入区城市管理局，改为区园林绿化维护中心，为区城市管理局所属正科级公益类事业单位。

（16）将区市容环境卫生管理局承担的行政职能划入区城市管理局，改为区市容环境卫生维护中心，为区城市管理局所属正科级公益类事业单位。

改革后，设置直属事业单位9个：中共长沙市芙蓉区委党校（长沙市芙蓉区行政学校），长沙市芙蓉区接待服务中心，长沙市芙蓉区机关事务中心，长沙市芙蓉区征地服务中心，长沙市芙蓉区金融事务中心，长沙市芙蓉区数据资源中心，长沙市芙蓉区公共工程建设中心，长沙芙蓉区现代服务业发展中心，隆平水稻博物馆。（附件4）

（五）深化街道机构改革。构建简约高效的基层管理体制。夯实基层基础，推动治理重心下移，按照依法下放、宜放则放的原则，进一步下放经济社会管理权限，尽可能把资源、服务、管理下放到街道，强化街道社会管理和公共服务职能。进一步理顺区级部门与街道关系，把条的管理和块的治理协同起来。落实《长沙市机构编制委员会关于印发〈长沙市城区街道机构改革方案〉的通知》（长编委发〔2018〕10号）文件精神，转变街道职能，取消城区街道招商引资、协税护税职能，街道工作重心转到加强党的建设和公共服务、公共管理和公共安全上来。优化街道机构设置，统一设置5个党政机构，即党政综合办公室、基层党建办公室、城市管理办公室、公共服务办公室、公共安全办公室。统一设置1个执法机构，即综合行政执法队。统一设置3个街道所属事业单位，即街道政务服务中心、街道网格化综合服务中心和街道退役军人服务中心，平稳完成人员转隶。

三、勇于担当作为，稳妥有序推进

2019年2月26日，芙蓉区召开深化机构改革动员大会，对机构改革工作进行动员和部署，进一步明确改革目标任务，要求全区党政机构改革、人大政协机构改革、事业单位改革、群团组织改革等工作形成“一盘棋”联动，按照上级规定的时间节点，有组织、有步骤、有纪律地统筹兼顾、协调推进。3月31日，各部门基本完成机构挂牌组建、集中办公和人员转隶等工作，机构改革工作平稳推进。截至2019年年底，芙蓉区完成包含行政审批服务局和行政执法局在内的51个部门的“三定”规定制定工作和部门所属事业单位机构编制调整工作。

四、推动体制改革，破解改革难题

在高质量做好“规定动作”的同时，积极强化与省、市的沟通衔接，争取上级指导和支持，进一步高标准谋划“自选动作”，围绕区域发展需要，创新基层管理体制，探索实施“一个章子审批、一个部门执法”，成立行政审批服务局和行政执法局。2019年6月，经省人民政府同意，省委编办、省司法厅函复批准，芙蓉区扩大相对集中行政许可权改革范围，将芙蓉区市场监管局行使的34项行政许可和7项行政备案事项集中由芙蓉区行政审批服务局行使。同时推进相对集中行政处罚权改革工作，6月20日，经省人民政府同意，省司法厅函复同意芙蓉区进一步推进相对集中行政处罚权改革工作，集中行使25个领域的行政处罚权以及与之相关的行政强制权、执法检查权。

五、理顺体制机制，发挥改革效应

按照优化协同高效原则，科学设置部门体系，严控内设机构数量，全区党政部门内设机构均未超过6个（除纪委按照上级要求设置11个外），构建精简高效的“大科室制”，避免部门内设科室设置过多、人员分散、调动不畅等问题。全面开展承担行政职能事业单位改革，对原有事业单位进行整合清理，科学优化布局结构。

（向　兰）

附件：

1. 中共长沙市芙蓉区委机构设置表
2. 芙蓉区人民政府机构工作部门设置表
3. 芙蓉区人大、区政协机构设置表
4. 长沙市芙蓉区委、区政府直属事业单位设置表

附件 1

中共长沙市芙蓉区委机构设置一览表

序号	机构名称
1	纪律检查委员会监察委员会机关
2	办公室
3	组织部
4	宣传部
5	统一战线工作部
6	政法委员会
7	全面深化改革委员会办公室（设在区委办公室）
8	全面依法治区委员会办公室（设在区司法局）
9	网络安全和信息化委员会办公室
10	财经委员会办公室（设在区委办公室）
11	外事工作委员会办公室（设在区委办公室）
12	机构编制委员会办公室
13	审计委员会办公室（设在区审计局）
14	教育工作领导小组秘书组（由区教育局承担职责）
15	农村工作领导小组办公室（设在区农业农村局）
16	巡察工作领导小组办公室

说明：中共长沙市芙蓉区委设置纪检监察机关 1 个，计入机构限额的工作机关 8 个（设在相关部门的议事协调机构的办事机构不计入机构限额）。其中，纪律检查委员会与监察委员会合署办公，实行一套工作机构、两个机关名称；办公室加挂直属机关工作委员会、档案局牌子；组织部加挂非公有制经济组织和社会组织工作委员会、老干部局、公务员局牌子；宣传部加挂新闻出版局（版权局）、精神文明建设指导委员会办公室牌子；统战部加挂民族宗教事务局牌子；网络安全和信息化委员会办公室加挂互联网信息办公室牌子

附件 2

芙蓉区人民政府机构工作部门设置一览表

序号	机构名称
1	办公室
2	发展和改革局
3	教育局
4	科学技术局
5	工业和信息化局
6	民政局
7	司法局
8	财政局
9	人力资源和社会保障局
10	住房和城乡建设局（人民防空办公室）
11	交通运输局
12	农业农村局
13	商务局
14	文化旅游体育局
15	卫生健康局
16	审计局
17	退役军人事务局
18	应急管理局
19	市场监督管理局
20	统计局
21	城市管理局
22	行政审批服务局
23	信访局
24	医疗保障局
25	城市人居环境局
26	行政执法局

说明：芙蓉区人民政府设置机构 26 个。人民防空办公室与住房和城乡建设局合署办公，实行一套工作机构、两个机关名称。农业农村局加挂林业水利局、扶贫开发办公室牌子，应急管理局加挂防汛抗旱指挥部办公室牌子，市场监督管理局加挂知识产权局牌子。市公安局芙蓉分局、市自然资源和规划局芙蓉分局分别为市公安局、市自然资源和规划局的派出机构，计入机构限额，不列入区政府工作部门

附件 3

芙蓉区人大、区政协机构设置一览表

<table>
<tr><td rowspan="9">人大 机构</td><td rowspan="2">常委会办事（工作）机构</td><td>办公室</td></tr>
<tr><td>选举任免联络工作委员会</td></tr>
<tr><td rowspan="7">专门委员会</td><td>民族华侨外事委员会</td></tr>
<tr><td>监察和司法委员会</td></tr>
<tr><td>财政经济委员会</td></tr>
<tr><td>教育科学文化卫生委员会</td></tr>
<tr><td>环境与资源保护委员会</td></tr>
<tr><td>农业与农村委员会</td></tr>
<tr><td>社会建设委员会</td></tr>
<tr><td rowspan="7">政协机构</td><td>办事机构</td><td>办公室</td></tr>
<tr><td rowspan="6">专门委员会</td><td>委员学习联络委员会</td></tr>
<tr><td>提案委员会</td></tr>
<tr><td>经济科技和外事委员会</td></tr>
<tr><td>农业农村和人口资源环境委员会</td></tr>
<tr><td>文教卫体和文史委员会</td></tr>
<tr><td>社会法制和民族宗教委员会</td></tr>
</table>

说明：芙蓉区人大常委会办公室加挂信访办公室牌子；人大法制委员会与监察和司法委员会合署办公；人大常委会预算工作委员会与人大财政经济委员会合署办公

附件 4

长沙市芙蓉区委、区政府直属事业单位设置一览表

序号	机构名称
1	区委党校
2	区接待服务中心
3	区机关事务中心
4	区征地服务中心
5	区金融事务中心
6	区数据资源中心
7	区公共工程建设中心
8	区现代服务业发展中心
9	隆平水稻博物馆

说明：芙蓉区设置区委、区政府直属事业单位9个。其中，区委党校加挂区行政学校牌子

（向　兰）

以“双改革”为抓手　全面优化营商环境

芙蓉区位于湖南省长沙市中部，是全省区域性商贸中心、消费中心、金融中心，作为全省乃至全国唯一同时开展“相对集中许可权”改革和“相对集中执法权”改革的行政区，区委、区政府始终坚持把深化“放管服”改革优化营商环境作为建设“四个芙蓉”，助推区域经济高质量发展的重要抓手。全区成立了由区委书记任组长、区长任副组长的“营商环境优化年”工作推进领导小组。一年来，先后出台芙蓉区《优化营商环境五大行动二十条措施》《加强企业帮扶优化营商环境长效工作机制》等文件方案，打造了“5·20企业服务日”“书记区长直通车”“楼长制”“蓉易办”“承诺制”等营商品牌，以实实在在的具体举措践行“尊重企业家、优待投资者、服务纳税人”理念，营造亲商、重商、爱商、护商的浓厚氛围，全面优化全区营商环境。

一、营商环境现状

芙蓉区有各类商业商务楼宇223栋，总建筑面积近800万平方米，其中重点商务楼宇55栋，面积超过400万平方米，楼宇经济税收贡献率超过六成，成为区域经济增长的强大引擎。芙蓉楼宇经济和驻楼企业面临以下问题：一是政府行政效能低。服务楼宇企业的政府行政方面存在手续繁杂、多头管理、企业办事难等问题，在一定程度上增加了企业困难，制约了楼宇企业发展。二是部分楼宇配套设施老旧。辖区大部分重点楼宇建成时间已超过10年，存在电梯等设施设备老旧、停车位不足、物业管理不够到位等情况，为驻楼企业工作和生活带来一定不便。三是同质化竞争压力较大。长沙楼宇经济最早始于芙蓉区，目前各区县（市）都在发力，后起之秀因位置优、设施新而更具优势，楼宇之间存在同质化竞争，导致优质资源和企业招引存在困难。四是驻楼企业服务难以全覆盖。辖区楼宇企业数量众多，通过部门、街道干部分线上门服务，难以保证服务的有效性和精准性，存在惠企政策宣传不到位、涉企问题收集解决不够及时等问题。

二、优化营商环境新举措

1. 实行“一枚印章管审批”。芙蓉区作为全国“放管服”改革试点单位，在将原分散在21个部门行政许可权力和人员划转集中的基础上，2019年又将商事登记审批职能、窗口、人员成建制划转至行政审批服务局，实行证照办理“三集中、三到位”；设立企业开办“综合窗”，实行“一窗受理、并联审批、一站办结”。围绕“四减两优”，对所有政务事项开展六轮“瘦身”，精简各类审批材料472项（精简量达34%），取消各类证明材料167项。在全省率先推行“小餐饮和食品经营许可”等13个事项“承诺制”审批，成为全省划转事项最多、涉及领域最广、改革力度最大的区县。

2. 推行“一支队伍管执法”。作为全省综合行政执法体制改革试点单位，于2019年成立区级行政执法局，将分散在23个部门涉及24个领域的行政处罚权限集中到一个部门行使，由“分散执法”向“集中执法”转变，从源头和体制上解决了多头执法、重复执法、执法扰民等问题。对全区行政执法力量进行优化组合，完善驻街中队的执法架构，探索执法队员驻社区网格模式，促进执法力量与街道社区管理力量的有机整合，提升执法效能。全面实施“双随机、一公开”监管，推动与重点监管、信用监管等监管方式相融合，按照“信息共享、协同联动、依法行政”的整体原则，构建“大监管大执法”工作格局，不断提升营商环境法治化水平。

3. 建立“1+1+1+N”楼宇服务体系。持续在优化楼宇服务、集聚发展动能上下功夫，在全省率先构建了重点楼宇“1+1+1+N”服务体系（即1位楼长、1个楼宇服务站、1名楼宇服务专员、N个职能部门“帮帮团”）。一是做到“心中有楼”。率先推出重点楼宇“楼长制”，出台《县级领导联系重点楼宇工作方案》，由县级领导担任“楼长”，通过定期走访、调研、现场办公，了解驻楼企业生产经营状况并解决问题，每年度召开“楼长”公开述职大会，区领导以“楼长”

身份述职。二是确保“服务上楼”。以“办事不出楼”为目标，建成1个楼宇服务中心和16个服务站，搭建集党务、政务、商务、事务于一体的综合性服务平台，免费提供“帮代办”服务。行政审批、金融、税务等10余个职能部门安排1名固定人员建立涉企问题“帮帮团”，楼宇经济创新服务模式走在全市前列。三是力争“企业满楼”。按照“一栋楼宇就是一条产业链”思维，引导区内企业向同类行业、功能相近的楼宇集聚，做优做强律政、房产等6栋专业特色楼宇。实施楼宇提质增效行动，从去库存、防流失、转性质、迁关系、提品质、优服务、建机制、聚产业8个方面进行探索。

4. 做好“存量文章”激发“增量效益”。坚持把盘活存量资源摆在优化营商环境、助推经济发展的突出位置，挖潜增效，释放老城区的新活力。一是盘活存量项目。成立全区社会投资重点遗留项目帮扶工作指挥部，由相关县级领导牵头，协助企业解决土地整合、规划调整、拆迁扫尾等阻碍项目建设的问题，助推一批社会项目早开（复）工、早投产。二是去化存量楼宇。抓实楼宇招商引资工作，举行芙蓉CBD高端楼宇推介会等系列活动，建立政府、楼宇运营方、招商中介机构、平台公司等多方联动和信息共享机制，有效提升楼宇企业入住率、注册率和税收贡献率。三是用好存量土地。通过盘活企事业单位闲置用地、统筹推进旧城改造、科学调整用地规划等方式，着力解决土地资源碎片化问题。充分考虑政策条件及市场客观需求，提高对优质产业、高端人才的承载力，为重点招引企业提供更多用地选择。

5. 搭建政企沟通桥梁。着力完善政企沟通和企业帮扶长效工作机制，不断提升辖区企业获得感和满意率。落实1项长效机制。出台《加强企业帮扶优化营商环境长效工作机制》，通过落实日常走访、首问责任、交办解决等十条长效措施，实现涉企问题分类收集交办、闭环销号管理。健全3个服务平台。推出“直通车”平台，由书记、区长亲自带队定期开展“企业服务直通车”活动，深入一线倾听和解决企业问题诉求，开展6次直通服务活动。设立“服务日”平台，将5月20日固定为全区“企业服务日”，围绕“芙蓉5·20，我来服务您”主题，举行系列政企交流活动，广泛邀请营商环境监督员、非公经济人士、商协会代表把脉问诊、建言献策。打造“蓉易办APP”平台，提供“六个蓉e+一个全生命周期服务指南”等线上服务，企业可随时随地在线提问，精准查询惠企政策，线上提交投诉建议。引导1种思维理念。引导全区各级干部发扬“店小二”精神，通过专项调研、体验办事、第三方测评等方式，找准企业办事“痛点”“难点”“堵点”问题，全面提升涉企服务水平。

三、优化营商环境新成效

1. 营商环境不断优化，助推高质量发展。近年来，通过深化放管服改革，全区营商环境氛围逐步浓厚、成效更加明显，在2019年《中国城市百强区排行榜》中，芙蓉区在全国同类城区中以第37名的成绩两次入榜，仅用长沙市约1/300的土地贡献了全市约1/10的地区生产总值，约1/5的社会消费品零售总额，约1/7的第三产业增加值，成为湖南省城市化程度最高、单位面积效益最好、第三产业特别是现代服务业发展最为成熟的地区。

2. 行政效能不断提速，市场活力有效激发。通过推进“减证办”，精简审批材料472项，精简量34%，取消各类证明材料167项。全区99%的依申请政务服务事项实现“指尖可办”“一网通办”。推进审批事项“加速办”，企业开办全流程8小时内办结；推行零收费、零中介、零投诉“三零”服务。率先全省在街道开始行政审批综合窗，13项审批事项、227项公共服务事项老百姓在家门口就能办好。全年全区新增市场主体16054户，同比增长6.1%，其中企业8326户，同比增长27.4%。2019年7月1日商事登记审批职能划转后，新增市场主体8579户，同比增长16.3%，其中企业4728户，同比增长53.4%，释放政策红利，激发市场活力。截至年底，全区市场主体总数10.9万户（已剔除未注销市场主体数），全区每万人拥有企业数670家；每万人拥有市场主体数1818家。每6个人就有一个老板，每15个人就拥有一家企业，位居全省前列，达到国内一线城市水平。

3. 企业服务不断升级，营商氛围持续浓厚。通过开展“5·20企业服务日”系列品牌活动，各涉企服务部门打造了“芙蓉金融管家、党建大联盟每月一局（行）、税务小蓝帽”等服务品牌，广大干部主动接受监督、服务企业的态度和决心更加坚决。通过不断拓展深化“5·20”品牌效应，建立惠企政策刚性兑现机制，落实各级减税降费政策，增强企业家在芙蓉区创业兴业的归属感、荣誉感和认同感。2019年以来，兑现各类政策扶持奖励资金5181万元，举办银企政对接会12场，全年为市场主体减税18.6亿元，社保降费1.1亿元，市场活力充分迸发。（杨俊峰）

大事记

Chronicle of Events

责任编辑 · 苏　洁

1月

2日　区委书记于新凡组织召开区委常委会会议。会议听取党委（党组）和区委工作部门年度全面工作汇报，审议区委工作报告，芙蓉区2018年国民经济和社会发展计划执行情况与2019年计划草案报告，芙蓉区2018年财政预算执行情况和2019年财政预算草案报告，研究区人大、区政协“两会”工作。

3日　湖南省委常委、常务副省长陈向群一行到区调研经济普查登记工作，现场了解企业发展情况，督查数据采集工作等，并代表省委、省政府看望慰问一线普查员。

4日　芙蓉区委五届十二次全会、经济工作会议暨2019年工作务虚会在区机关会议室召开。区委书记于新凡代表区委常委会向全会作工作报告，回顾2018年的工作，明确2019年工作的指导思想、总体要求和工作重点。区委副书记、区长周春晖主持会议并向大会作经济工作报告。会议审议通过区委五届十二次全体会议工作报告的决议（草案）。全体区委委员及相关领导，区直部门主要负责人，各街道党政主要负责人约160人参会。

15日　区委书记于新凡，区委副书记、区长周春晖一行到中南大学湘雅二医院，就周边环境治理及改造进行专题调研和现场办公。

25日　芙蓉区第五届纪律检查委员会第四次全体会议在区政府机关会议中心召开。会议学习贯彻习近平新时代中国特色社会主义思想和中共十九大精神，总结2018年纪检监察工作，部署2019年任务。区委书记于新凡出席全会并讲话，区委副书记、区长周春晖主持会议。会议听取并审议通过区委常委、纪委书记、监委主任王长陵代表区纪委常委会所作的《坚持稳中求进，强化政治引领，推动新时代纪检监察工作高质量发展》工作报告。

29日晚　芙蓉区登隆街举行国庆70周年灯会，长沙市委宣传部副部长、文明办主任郭润葵，芙蓉区委书记于新凡，区委副书记、区长周春晖，区委常委、宣传部部长伍艳飞，副区长刘宪出席亮灯仪式。

△　芙蓉区政府与国网长沙供电公司签订电网建设合作框架协议，为长沙市内五区首家。协议内容包括6座变电站的选址建设，12条配套路由的建设，4座新增变电站的规划选址等，总投资38亿元。区委副书记、区长周春晖，国网长沙供电公司党委书记孟军出席签约仪式。

30日　在湖南省政府第三次全会上，湖南省政府办公厅印发《关于对2018年度真抓实干成效明显地区予以表扬激励的通报》，芙蓉区被评为“2018年度真抓实干成效明显区”，收到义务教育综合奖补资金500万元。

2月

1日　湖南省委书记杜家毫一行到文艺路街道湘雅二医院，走访慰问一线医务工作者，与医务工作者亲切交谈，对坚守在工作岗位、热忱为患者服务的医务工作者表示感谢。杜家毫还与湘雅二医院党委书记罗爱静开展交谈，查看春节期间医院工作人员值班安排，了解患者看病就医、“互联网＋医院”等情况。

3日　长沙第一座跨河人行景观桥——汉桥开放迎客。该桥位于浏阳河营盘路大桥与远大路大桥之间，于2016年11月动工，2018年12月底完成基础建设。全长224米，主体结构为三跨连续钢桁架钢梁，是国内首座月牙形钢桁梁桥。

△　湖南副省长、省公安厅党委书记、厅长许显辉一行到芙蓉区公安分局韭菜园派出所、蓉园派出所看望慰问基层一线执勤民警并督导检查春节安保工作。

11日　区委副书记、区长周春晖主持召开全区负责干部大会暨“品质提升年”活动动员大会。区委常委、副区长谭雄伟宣读《关于开展“品质提升年”活动推进高质量发展的实施意见》。区委组织部、区发改局、区城管局、区民政局分别就提升党的建设、产业发展、城市发展、人民生活品质作表态发言。区委书记于新凡发表讲话并提出具体要求。全体在职县级领导、区直各机关班子成员，区人大、政协各委、办主任等460余人参会。

△　区委书记于新凡，区委副书记、区长周春晖率队调研五一商圈建设工作，沿解放西路、黄兴南路、青石井巷、犁头后街、五一大道、五一绿化广场的线路，调研五一商圈核心区域，听取相关情况汇报。

12日　湖南省副省长何报翔一行到隆平高科技园内湖南苏宁物流有限公司，到企业仓库参观物流基地取货演示，详细了解企业的运营和具体作业情况，肯定苏宁物流在智能化物流领域所做出的成绩，希望企业继续投入建设，将苏宁物流打造成信息化、机械化、环保化、现代化的物流产业园。省政府副秘书长罗建军，省商务厅厅长徐湘平，市政府副市长邱继兴，副秘书长王体泽，市商务局副局长黄立斌，芙蓉区委副书记、区长周春晖等省、市、区主要领导陪同走访调研。

21 日　芙蓉区城管智慧执法综合应用平台发布启用。该平台通过引入云计算、大数据分析等技术，具有执法事件处置、在线执法办案、执法数据分析功能，结合手机、打印机等移动办案设备，实现执法人员一线全程办案。

25 日　芙蓉区政府与上海人寿堂养老服务（集团）有限公司举办芙蓉区社会福利中心委托运营项目签约仪式。该中心东临合平路，南邻滨河路，占地约 3.33 公顷，总建筑面积 6.2 万平方米，整体投资约 3 亿元，预计 2020 年 8 月投入运营。该中心具有养老服务机构和社会护理医院的功能，建成后以公建民营的运营模式，与人寿堂养老集团开展合作。

26 日　长沙 CBD 高端楼宇推介会在长沙国金中心会议室举行。来自上海、武汉等地对长沙有投资意向的世界 500 强、中国 500 强以及行业领先企业等 50 余家企业高管受邀参会。长沙市副市长邱继兴到会致辞，芙蓉区委副书记、区长周春晖简要介绍五一商圈优越的地理位置和芙蓉区优良的营商环境，希望与企业家和战略投资者携手合作。区商务旅游局局长戴静详细介绍长沙市和芙蓉区优良的投资环境以及该次活动期间的区级奖励政策，国金中心、世茂广场、佳兆业广场 3 家楼宇的代表分别介绍各自项目亮点及商家推出的特惠条款。最后，长沙国金中心与华为、支付宝、携程、湖南特音电子及口碑举行现场签约仪式。

△　区委副书记、区长周春晖主持召开芙蓉区深化机构改革动员大会。会上，区委组织部部长周虔介绍全区机构改革主要内容。涉改单位分别作表态发言；区委书记于新凡发表讲话并提出具体要求。全体在职县级领导，区委深化机构改革领导小组成员，区人大、政协各委（办）主要负责人，主要涉改单位班子成员等 270 余人参加会议。

2 月　芙蓉区纪委监察委成立芙蓉区机构改革督查工作领导小组办公室，制定出台《在党和国家机构改革工作中强化督查的方案》，针对政治纪律、组织纪律、机构编制纪律、干部人事纪律、财经纪律、保密纪律等纪律问题对全区机构改革监督工作做出安排部署。

2 月 27 日—3 月 1 日　政协长沙市芙蓉区第五届委员会第四次会议在区会议中心召开。芙蓉区委书记于新凡到会祝贺并讲话。区政协主席郑明代表政协长沙市芙蓉区第五届委员会常务委员会向大会报告工作。区政协副主席谢志鹏主持大会。区政协副主席范伟民作提案工作情况报告。张天翼、沈文强等 5 位委员分别作大会发言。大会表彰 2018 年度政协系统先进集体和优秀委员。大会审议通过《区政协五届四次会议提案审查情况的报告》《政协长沙市芙蓉区第五届委员会第四次会议政治决议》及其他各项决议。

2 月 28 日—3 月 2 日　芙蓉区第五届人民代表大会第四次会议在区会议中心召开，202 名人大代表，区委、区政府，区法院、检察院负责人，区委区政府各部门、人大各委办、各街道负责人，市垂直管理部门负责人，全体区政协委员近 600 人出席和列席开幕式。会议听取区委副书记、区长周春晖所作《政府工作报告》，区人大常委会主任廖铁成《人大常务委员会工作报告》，区人民法院院长刘自军《芙蓉区人民法院工作报告》，区人民检察院检察长王均全《芙蓉区人民检察院工作报告》；审议并审查芙蓉区国民经济社会发展计划和芙蓉区财政预决算报告。会议表决通过关于 6 个报告的决议，决定区第五届人民代表大会常务委员会有关专委会的设立及其组成人员的人选，投票选举王长陵为区监察委员会主任。区委书记于新凡代表区委祝贺大会召开并讲话。

3 月

4 日　“殷蓉劳模创新工作室”在区教科中心举行挂牌仪式，该工作室是芙蓉区教育系统首个劳模创新工作室。

8 日晚　“巾帼心向党　建功在芙蓉”庆“三八”国际妇女节巾帼风采展示活动在区机关会议中心举行。长沙市妇联主席文方、副主席石莉波，区领导于新凡、周春晖及全体区委常委、全体县级女领导出席，各单位、街道、社区有关妇女工作者，区妇联第三届执行委员会全体委员 300 余人参加。于新凡致辞。市、区领导为 10 位爱岗敬业、践行美德的优秀女性典型颁奖。文艺演出中，有歌曲串烧、舞蹈、运动秀、戏曲、诗朗诵、合唱等，全体县级女领导表演了旗袍秀。

11日　由长沙市文明办、芙蓉区文明委主办，芙蓉区委宣传部（文明办）承办的新时代文明实践中心授牌暨“文明实践365”志愿服务项目启动仪式在浏阳河婚庆公园举行。省、市文明办负责人，区领导于新凡、伍艳飞等出席活动，全区相关部门、各街道分管负责人，志愿服务队代表等近300人参加。省文明办副主任熊科文为芙蓉区新时代文明实践中心授牌，13个街道志愿服务队、12支专业志愿服务队300人共同宣誓为群众提供365天的精准志愿服务。

13日　区委、区人民政府印发《关于印发〈芙蓉区2019年“产业项目建设年”活动实施方案〉的通知》，该方案立足做优产业服务，做实产业配套，持续升级传统产业，着力培育新兴产业，加速开工一批、建成一批、储备一批重点产业项目，打造新的经济增长点。

△　区委办、区政府办印发《关于印发〈长沙市芙蓉区优化营商环境二十条〉的通知》，该通知树立“抓营商环境就是抓品质提升、就是抓经济发展”的理念，营造“尊重企业家、优待投资者、服务纳税人”的氛围，从行政效能优化、实体经济降成本、涉企政策落地、企业家权益保护、干部作风改进5个方面推出“二十条”，“二十条”着重规范涉企监管、税费征管、涉企办案、涉企违法等方面，通过改进工作作风、强化日常监督、接受群众监督、严肃追责问责等对干部作风改进提出更高要求。

14日　湖南省委常委、市委书记胡衡华到区调研经济社会发展情况、全年工作铺排推进情况和“两个年”推进情况，先后参观有机更新、提质改造后的白果园化龙池历史步道，了解湖南投资大厦楼宇经济发展情况，指出芙蓉区要突破土地等要素瓶颈制约，深挖楼宇经济潜力，以单位面积效益，推动楼宇经济高质量发展。市委常委、市委秘书长夏建平参加调研。

18日　芙蓉区机构改革涉改机构集中举行挂牌仪式。《芙蓉区机构改革方案》经长沙市委、市人民政府审核，报湖南省委、省人民政府批准后实施。该轮机构改革后，芙蓉区设置党政机关35个，其中，区委机构9个（纪检监察机关1个，工作机关8个），区政府工作部门26个。区委、区政府直属事业单位9个。

△　芙蓉区召开公安工作会议。会议传达贯彻上级会议精神和各级政法、公安工作会议部署要求，回顾总结2018年工作，研究部署2019年的公安工作任务。表彰2018年度先进集体和个人。长沙市副市长、市公安局党委书记、局长唐向阳，芙蓉区委书记于新凡，区委副书记、区长周春晖，区人大、区政协、区政法委、区公安分局主要负责人出席会议。

20日　区委副书记、区长周春晖在区会议中心主持召开全区党务工作暨绩效考核工作会议。区委办、区委组织部、宣传部、统战部、政法委主要负责人就相关工作发言，区委副书记、隆平高科技园党工委书记卓精华通报绩效考核结果，区委书记于新凡就如何做好2019年的党务工作发表讲话。全体在职县级领导，区各部门、各街道主要负责人，各社区（村）党支部书记参加会议。

28日　在长沙市公安局统一指挥下，芙蓉区公安分局出动400余名警力，侦破部督“11·07”系列诈骗、强迫卖淫、非法拘禁、敲诈勒索涉黑涉恶犯罪集团案件，抓获嫌疑对象86名（长沙战区45名、外地战区41名），查扣大量借款合同。

31日　中宣部主管的“学习强国”平台以“坚持处早、抓小、减少‘三步走’加强基层网络舆情工作”为题，宣传推介芙蓉区网络舆情管理工作经验。

4月

9日　汽车办税服务通道——“税务小蓝帽”在长沙启用。该举措是芙蓉区税务局率先全国创新打造的首个不下车办税通道，纳税人不用找停车位、无需上下车，5分钟内快速办理发票领用、开具个人所得税完税证明等涉税业务。

11日　共青团中央书记处书记徐晓等一行到区调研基层团建和“青年之家”工作，共青团湖南省委副书记李志超，共青团长沙市委书记叶妙等陪同。徐晓一行在荷花园街道德政园社区参观“青年大学习”展厅、“启园”“艺园”“创园”等团属阵地，详细了解基层团组织建设和创益蜂巢“青年之家”平台的运营情况，参加德政园社区团支部组织的“青春建功新时代”主题团日活动，倾听两位青年代表的事迹分享，与来自学校、企业、机关等领域的10余名团员青年们一起交流讨论。

△ 芙蓉区工商业联合会第六届三次执委(扩大)会议召开。会议选举产生2名区工商联副主席(副会长),增补13名工商联执委;对2018年市“四好商会”及“一会一品”创建单位表彰及授牌;向5位被聘为“长沙市营商环境特约监督员”的企业家颁发聘书。区工商联第六届全体执委、拟新增执委、各基层商会秘书长等100余人参加会议。

19日 长沙市首届“雷锋传人 长沙榜样”先进事迹报告会芙蓉区专场暨2019年荷花园街道新时代文明实践所授牌启动仪式在长郡芙蓉中学举行。市委宣传部副部长、市文明办主任郭润葵,市文明办副主任丁德喜为该所授牌。

19—21日 2019中华龙舟大赛(长沙·芙蓉站)在浏阳河芙蓉区段东屯渡水域举行,来自全国各地的48支队伍、1130余名选手参加比赛。龙舟赛创办于2011年,已连续三年在芙蓉区举办。该赛事设100米、200米、500米和1000米4个项目,分为职业男子组、职业女子组、精英公开组、青少年男子组和青少年女子组5个组别。经过3天比赛,产生单项冠军15个。

23日 在北京人民大会堂举行2019年庆祝“五一”国际劳动节暨全国五一劳动奖和全国工人先锋号表彰大会上,芙蓉区大同小学校长龙继、亚欣环境科技(湖南)有限公司技术员刘焕林被中华全国总工会授予“全国五一劳动奖章”。

30日 芙蓉区“青春心向党 建功新时代”纪念五四运动100周年主题活动在区机关会议中心举行。区委书记于新凡致辞。区委副书记、区长周春晖为10位优秀青年颁发“芙蓉青春追梦人”奖杯。活动包括情景朗诵、展演和观看视频形式,分为“百年五四 青春足迹”“奋斗芙蓉 青春力量”“未来有约 青春追梦”三个篇章。现场为147名新团员举行集体入团仪式。共青团长沙市委副书记赵雪峰,芙蓉区四大家领导,各街道党工委书记,区直机关相关负责人,驻区高等院校团委书记,全区各中小学、两新组织、楼宇企业青年代表等500余人参加活动。

5月

6日 湖南省委组织部部务委员、省委“两新”工委书记梁平一行到火星街道古汉国际广场文化创意大楼,观摩楼宇党建工作及文化创意企业。芙蓉区委书记于新凡,区委常委、区委办主任易新宇,区委常委、组织部部长何溪桥等陪同观摩。

7日 区政务服务大厅增设失业保险对外服务窗口,对外受理失业保险金申领、失业保险金一次性领取、职业技能培训、生育补助申领、一次性丧葬补助及抚恤金申领等业务。

8日 芙蓉区环保局和湖南农夜大学联合主办的第十六届环保文化艺术节晚会在湖南农业大学礼堂举办。晚会以播放《芙蓉区蓝天保卫战》视频开场,大学生们以舞蹈、歌曲、话剧、走秀等艺术形式,倡导绿色生活理念,推动生态文明建设。市委副秘书长、市委办公厅主任、市蓝天办主任曹再兴,市生态环境保护局副局长赵玲芳,芙蓉区委常委、区委办主任易新宇等出席,湖南农业大学领导和学生、嘉宾700余人观看晚会。

△ 长沙世茂环球金融中心项目发布会在尼依格罗酒店举行。区委副书记、区长周春晖,副区长黄金国出席。发布会上,世茂环球金融中心分别与仲量联行和世邦魏理仕签署战略合作协议。该中心位于长沙市五一大道和芙蓉中路交界处商务核心位置,为超AAAAA甲级写字楼。总建筑面积22.7万平方米,高度约343米,为湖南第二高楼。

10日 区委副书记、区长周春晖带队到龙山县靛房镇调研对口帮扶工作,先后到靛房镇信地村走访部分建档立卡贫困户和兜底户,查看土家文化广场、芙蓉大道、九年制学校综合大楼建设情况,详细了解项目规划、建设资金、建设进展等情况以及面临的问题和困难。

17日 区委、区政府印发《芙蓉区促进区域经济发展的奖励办法》。该办法提出:在研发投入方面,明确对当年首次评为高新技术企业的,一次性给予5万元奖励,对当年复审评为高新技术企业的,一次性给予3万元奖励;对上年度获得长沙市R&D经费投入前100名的或R&D经费占主营业务收入前100名的规模以上高新技术企业,当年给予企业10万元奖励。

20日 芙蓉区优化营商环境推进大会暨“5·20企业服务日”系列活动启动仪式在区会议中心举行。会上推出全国首个“蓉易办”微信公众平台。区委副书记、区长周春晖宣读表彰决定,对432家企业给予2018年度产业发展扶持政策性奖励4115.15万元。与会领导为20名企业家颁发“营商环境特约监督员”聘书,谭小平、于新凡在仪式上讲话。长沙市委常委、统战部部长谭小平，市发改委主任夏文斌，市优化营商环境协调事务中心主任刘莉霞出席，区党政领导，各部门、各街道负责人，企业家代表400余人参加会议。

21日　全国科技活动周芙蓉区活动启动仪式在楚怡学校举行。活动由区人民政府主办，区科技局、区科协、区文明办、区教育局承办。活动以“科技强国 科普惠民”为主题，通过智能家居展、科普宣传活动、“美丽社区·美好生活科普汇”、科普场馆开放等活动，让公众了解科学知识、体验科学乐趣、感知科学精神。长沙市科技局副局长宋新和，芙蓉区副区长梁汝岚，区科技局局长吴立平，区科协主席李莉霞出席，街道、社区、学校、科研院所和企业有关人员、科普志愿者等200余人参加。

22日　芙蓉区“5·20企业服务日”系列活动——商协会及非公经济代表人士座谈会在世茂环球金融中心召开。会议邀请约20家省、市异地商协会参会，区委副书记、区长周春晖与各商协会代表围绕区域经济发展、招商引资、营商环境优化、商协会交流机制等方面开展友好交流互动。

△　芙蓉区安委办印发《长沙市芙蓉区安全生产专业委员会组建方案》，在长沙市率先组建成立9个安全生产专业委员会，指导行业领域安全生产工作，定期开展行业“体检”。

24日　“5·29”计生协会会员日主题宣传活动在朝阳街道凯通国际城文化广场举行。活动现场表彰4支优秀计生协会志愿者团队、21名优秀计生协会志愿者、31名优秀护士和3名最美护士，并为3个社区服务项目点授牌。

△　长沙和意大利佛罗伦萨双城经济文化深入合作暨长沙IFS一周年启动仪式在长沙国金中心举行。湖南省商务厅副厅长王庭恺，长沙市人民政府副秘书长王体泽，芙蓉区委书记于新凡，芙蓉区委副书记、区长周春晖，佛罗伦萨市经济发展和旅游局局长Lucia De Siervo，佛罗伦萨经贸发展促进局、经济和旅游促进处处长Marta Fallani，中意设计交流中心CEO Corrado Galli，九龙仓集团助理董事兼总经理何蔡宁玲等共同宣布项目启动。

28日　长房国际大厦“房产总部大楼”专业楼宇授牌仪式暨业主交房答谢会在长房国际大厦举行。芙蓉区委副书记、区长周春晖，副区长黄金国共同为长房国际大厦颁授“房产总部大楼”牌匾。房产总部大楼成为芙蓉区继总部大楼、金融服务大楼、影像创意大楼、律政服务大楼、文化创意大楼后第6栋授牌的专业楼宇。

31日　湖南省委副书记乌兰一行到芙蓉区育才学校慰问全体师生，驻足观看足球赛、羽毛球赛，向小运动员们挥手致意，和师生一同观赏“阳光下成长”“六一”演出节目。听取学校的二十四节气、阳光体育等特色校本课程教学成果汇报后，乌兰肯定老师们的辛勤付出，并和他们共同探讨如何根据学生成长阶段心理特点，科学规划育人体系，分类施教、循序渐进，把思想道德教育融入学校教育教学、校园管理各个环节，落实好“三全育人”，促进学生全面发展。

6月

4日　长沙市政协主席会议成员到隆平高科技园，就进一步优化园区土地政策，促进工业地产科学发展，视察芙蓉中央产业园、湖南药圣堂中药科技有限公司和长沙现代服务业产业园等企业。区委书记于新凡，区委副书记、区长周春晖，区政协主席郑明以及隆平园党工委副书记、管委会主任缪晨光等陪同。

12日　农业农村部、财政部公布2019年国家现代农业产业园创建名单，长沙市芙蓉区现代农业产业园——隆平高科技园入选。

17日　湖南省文化和旅游厅厅长陈献春一行到区督查长沙中非经贸博览会宾馆和文化旅游行业安全生产“大排查大管控大整治”及市场整治专项工作，详细检查湖南华天大酒店、通程国际大酒店及湖南宾馆的安全生产落实情况。

20日　芙蓉区审计局作为湖南省审计厅推荐的审计署调研湖南省基层审计工作的唯一一个基层单位，接待审计署审计长胡泽君一行的调研。芙蓉区审计局向审计署介绍落实“两统筹”推进审计全覆盖和“文化育审”“党建强审”经验做法，获得审计署和省审计厅的肯定。省、市、区领导谢建辉、陈仲伯、胡章胜、夏建平、于新凡、周春晖等陪同参加。

△　区委副书记、区长周春晖主持召开全区干部作风建设暨区委巡察工作情况通报会。区委常委、纪委书记、监委主任王长陵通报全区干部作风建设情况，区委常委、组织部部长何溪桥通报区委第五轮巡察情况，市场监管局、城市管理局表态发言，区委书

记于新凡发表讲话。市纪委副书记、市监委副主任刘金文，全体在职县级领导，区直机关全体班子成员，区人大、区政协各委、办主任，湘湖管理局、各街道全体班子成员，区纪委、区监委全体干部约600人参加会议。

21日　芙蓉区第十一届全民健身运动会暨第五届老年人运动会在长沙市一中双语中学开幕。来自芙蓉区的57支代表团、600余名选手参与。该次全民健身运动会设有拔河、团体跳绳、羽毛球、三人制篮球青少年足球、羽毛球、篮球等9个项目，老年人运动会设有钓鱼、门球、柔力球等12个项目。开幕式上举行广场舞、自行车、青少年啦啦操等体育项目展演，开幕式后上演龙舟竞速赛和立定接力闯关百米大奖赛两个团体娱乐项目。湖南省体育局党组副书记、副局长熊倪、省体育局青少年体育处处长杜利民，长沙市体育局副局长李德安等省、市、区领导出席开幕式。

24日　全区干部作风建设暨区委巡察工作情况通报会议在机关会议中心召开。会议由区委副书记、区长周春晖主持。区委常委、纪委书记王长陵，区委常委、组织部部长何溪桥通报了全区干部作风建设情况、区委第五轮巡察情况。被通报单位主要负责人就解决服务不到位、监督不得力等问题分别进行现场表态发言。区委书记于新凡作总结发言，并对被通报单位提出整改要求。全区在职县级领导、区直各单位、各街道班子成员近600人参加。

25日　《湘江评论》陈列馆开馆仪式暨芙蓉区新时代讲习堂开讲式在修业学校举行，市委组织部常务副部长刘汇，区委副书记、区长周春晖为《湘江评论》陈列馆暨修业学校校史馆揭牌。该馆位于修业学校内，展厅面积246平方米，分为《湘江评论》陈列馆和修业学校校史馆两个部分。芙蓉区、麻阳苗族自治县中青干部实训营全体学员以及修业学校师生代表100余人参与活动。

26日　教育部公布2019年度全国教育科学课题立项名单，芙蓉区育英学校申报《共享发展理念下中部地区乡村"精准扶教"研究》入选全国教育部重点课题，是湖南省中小学唯一入选的课题。

29日　隆平高科技园区作为首届中非经贸博览会实地考察园区，分2批接待10个非洲国家约110位外国友人考察，先后考察袁隆平农业高科技股份有限公司、湖南省茶业集团股份有限公司，参观湖南茶叶博物馆、茶产品展厅，与公司负责人开展交流。双方希望继续加强中非经贸往来，开创中非经贸合作新局面。芙蓉区委副书记卓精华，党工委副书记、管委会主任缪晨光等园区负责人陪同。

7月

5日　区委书记于新凡会见麻阳苗族自治县县委书记李卫林及部分县直部门负责人一行，双方就进一步做好精准帮扶、完善机制、细化协作重点和下一步工作开展面对面交流，希望进一步加强工作对接，深化合作友谊，携手打赢打好精准脱贫攻坚战。

△　湖南省退役军人事务厅领导一行到区调研退役军人服务机构建设情况，先后实地查看韭菜园街道双拥文化中心、退役军人服务站、军区社区退役军人服务站及东屯渡街道退役军人服务站、金科社区老兵工作室建设情况，对芙蓉区专业规范建设区、街、社区（村）三级退役军人服务保障体系建设工作给予肯定。

16日　长沙市委副书记、市长、湖南湘江新区党工委书记胡忠雄到隆平高科技园，调研湖南顺丰速运有限公司、湖南康通电子股份有限公司调研减税降费工作。市委常委、市委秘书长、市政府常务副市长夏建平参加。芙蓉区委副书记、区长周春晖，隆平高科技园党工委副书记、管委会主任缪晨光等陪同调研。

18日　杨家山社区博爱家园项目点授牌暨首届"社区公益节"开幕仪式在锦泰广场举行，辖区爱心企业、党员、居民志愿者200人参与活动。长沙市红十字会党组书记、专职副会长唐俊杰，芙蓉区人民政府副区长、芙蓉区红十字会会长梁汝岚共同为杨家山社区"博爱家园"项目揭牌。孝为先社会工作服务中心红十字陪伴探访项目、华人日照红十字健康养老项目、睦邻之家红十字家庭医生签约项目、长海集团红十字应急救援服务项目、七彩艺术社红十字人道传播项目共同实施的"红色益+"项目联盟在签约之后启动。上述项目公益联盟单位向社区博爱超市捐赠爱心物资。

23日　芙蓉区2019年中青年干部实训营在机关会议室举行结业汇报会。区委书记于新凡，区委常委、区委办主任易新宇，区委常委、组织部部长何溪桥出席会议并观看学习成果汇报。该训练营由芙蓉区委组织部、麻阳苗族自治县委组织部和芙蓉区委党校、麻阳苗族自治县委党校共同组织实施，培训对象为芙蓉区、麻阳苗族自治县优秀中青年干部55人。培训时间从6月11日至7月26日，历时43天，安排理论学习、现场教学、实践教学和麻阳学习等阶段。

24日　区委副书记、区长周春晖主持召开全区半年度经济工作讲评会议。区委常委、常务副区长谭雄伟通报上半年度经济工作情况，安排部署下阶段工作。区委书记于新凡讲话并分析当前经济工作中存在的问题，部署下阶段工作安排。

7月　根据《中华人民共和国社会保险法》和《国务院关于建立企业职工基本养老保险基金中央调剂制度的通知》精神，从2019年7月1日起，芙蓉区企业职工基本养老保险实行省级统筹。

8月

2日　湖南省副省长、省公安厅党委书记、厅长许显辉带队督导检查长沙暑期道路交通安保工作并慰问基层民辅警，了解芙蓉交警大队夏季高温期间勤务部署和工作开展情况。

7日　长沙市委副书记、市长、湖南湘江新区党工委书记胡忠雄到隆平高科技园调研基因技术产业链建设工作，实地走访隆平高科、药圣堂制药、省茶业集团等公司，并听取全市基因技术产业链工作汇报。

20日　芙蓉区融媒体中心挂牌成立。融媒体中心为区委宣传部所属公益一类全额拨款事业单位，核定全额拨款事业编制4名，通过构建一次采集、多次生成、多元发布、多级放大、多渠道融合的传播体系，打造集宣传报道、信息发布、便民服务为一体的综合发布平台。

24日　湖南首家、全国第十家上海蔚来汽车五一广场体验店在惠农大厦一楼举行开业仪式。上海蔚来汽车创始人、董事长兼CEO李斌为蔚来汽车体验店站台并宣讲公司及产品发展理念。副市长邱继兴，市商务局副局长黄立斌，芙蓉区委副书记、区长周春晖，副区长黄金国等领导，芙蓉区商务局及区直相关部门主要负责人应邀参加开业仪式。

29日　在湖南省政府新闻办公室召开的发布会上，袁隆平、官春云、印遇龙3位院士被授予2019年度“湖南最美科技工作者”称号。

9月

2日　东郡第二小学新校投入使用并举行第一个开学典礼。该校位于芙蓉区东北角，东接长沙县泉塘街道，北靠长沙经开区，西近星沙大道，南临芙蓉区汇一城小区，占地面积1.47公顷，预设24个班规模。该校创立“金种子”的办学理念，相信生命的本自具足，预期打造每一颗生命种子生长的心理环境、课程体系。

3日　第十二届全国人大常委会委员、全国人大华侨委员会副主任委员、第十三届全国人大代表长沙小组代表董中原率调研组到朝阳街道睦邻综合养老服务中心调研社区居家养老工作，详细了解居家养老服务中心建设运营情况、优势项目、发展方向和实际建设运营中遇到的困难和问题，并通过与社区、志愿者服务站负责人及老年人面对面交流，倾听民众对进一步强化居家养老服务工作的意见建议。区委书记于新凡，区人大常委会党组书记、主任廖铁成陪同。

6日　全区教育大会暨庆祝第35个教师节主题教育活动在区机关会议中心举行。区委副书记、区长周春晖主持会议。副区长梁汝岚作教育工作报告，区委常委、副书记蒋红波宣读表彰决定，为获奖单位和个人颁奖，区委书记于新凡讲话。市教育局副局长缪雅琴，区委、区政府、区人大、区政协主要负责人，区直机关、各街道主要负责人，区属中小学、幼儿园及民办教育和培训机构的主要负责人及教师代表参加会议。

10日　区委副书记、区长周春晖主持召开“不忘初心、牢记使命”主题教育会议，安排部署贯彻落实市主题教育电视电话会议精神，推进全区主题教育工作。区委书记于新凡讲话。

12日　区委书记、区委网络安全和信息化委员会主任于新凡主持召开芙蓉区委网信委第一次会议。会议传达中央、省委、市委网信委会议精神，听取芙蓉区网信工作情况汇报，通报8月中下旬全区网络安全防护检测情况，审议通过《芙蓉区网络舆情联合会商研判应对工作机制》《芙蓉区网络评论工作管理办法》。区委副书记、区长周春晖，区委副书记蒋红波，区委常委刘文立、伍艳飞、谭雄伟、易新宇出席会议。

17 日　全国先进工作者、芙蓉区荷花园街道恒达社区党委书记刘朝辉获得中共中央、国务院、中央军委颁发的“庆祝中华人民共和国成立 70 周年纪念章”。

18 日　区委副书记、区长周春晖主持为期 3 天的芙蓉区委“不忘初心、牢记使命”主题教育读书班开班式。区委书记于新凡为全体学员作辅导报告，长沙市委主题教育第三指导组副组长喻湘川出席。

19 日　芙蓉区委理论学习中心组开展“不忘初心、牢记使命”主题教育第一次专题研讨交流会，全体在职县级领导干部围绕“明初心、守初心、矢志为民践宗旨”主题，结合实际工作分享学习心得。区委书记于新凡主持研讨交流会并讲话，长沙市委“不忘初心、牢记使命”主题教育第三指导组组长朱世平出席，芙蓉区委副书记、区长周春晖作交流发言。

21 日　湖南北欧投资管理有限公司在长沙发起建立的集进口商品展示、体验功能与跨境电商于一体的省级平台——“湖南跨境电商体验中心”启动仪式在芙蓉区宇成朝阳会议中心举办。湖南省商务厅巡视员肖彬、长沙市芙蓉区人民政府副区长黄金国出席，政府、企业、商户等各方参与，共同见证湖南跨境电商体验中心启动。

24 日　隆平生物种业产业园项目签约仪式在长沙举行，隆平高科技园、中信城开、中信农业、武汉东湖高新负责人签约。该项目是“种业硅谷”核心区的重点招商项目，总投资约 120 亿元，总建筑面积约 120 万平方米。省委常委、市委书记胡衡华，市委副书记、市长、湖南湘江新区党工委书记胡忠雄出席并见证签约。

△　华智水稻生物技术有限公司搬迁至国家水稻分子育种研发基地，150 余名高端人才组成的科研团队，价值 4000 余万元的国际领先水平的高端仪器设备全部搬进新址。于新凡、周春晖对华智乔迁新址表示祝贺。该基地由农业农村部主导，一期工程建筑面积 5.5 万平方米，包括 4 栋主体建筑及附属、地下工程，于 2018 年 1 月 11 日开工，2019 年 10 月 31 日完工。

27 日　隆平水稻博物馆建成开馆。该馆是中国乃至世界上第一个大型水稻博物馆。位于隆平高科技园园区，总建筑面积 1.8 万平方米，主体建筑面积 1.1 万平方米，分为陈列、库藏、公共服务、技术与行政管理 5 个功能区。

△　芙蓉区“追梦七十年、奋进新芙蓉”庆祝中华人民共和国成立 70 周年主题活动晚会在区会议中心举行。活动分为“追梦七十年”“筑梦耀芙蓉”“圆梦新时代”三大主题篇章，各区直部门、街道、社区的工作人员分别担当起歌手、舞者、演员、主持人等角色，表演舞台剧、小品、戏曲等节目。区全体县级领导、各部门街道班子成员、相关垂直单位党政负责人、各社区（村）书记、区老干部代表 500 余人参加。

28 日　全国先进工作者、芙蓉区荷花园街道政协联络处主任兼恒达社区党委第一书记刘朝辉进京参加国庆观礼活动。

29 日　在人民大会堂举行的国家勋章和国家荣誉称号颁授仪式上，中共中央总书记、国家主席、中央军委主席习近平为袁隆平颁授“共和国勋章”。

△　区委书记于新凡，区委副书记、区长周春晖一行调研隆平高科技园重点项目建设工作，先后到中国航天集团长沙总部基地、国家水稻分子育种研发基地、中国隆平种业硅谷企业总部基地，了解产业项目建设情况。园区党工委书记、区委副书记卓精华，党工委副书记、管委会主任易新宇，党工委委员、管委会副主任罗辉及相关部门负责人陪同。

△　芙蓉区市场监督管理局举行加挂区知识产权局揭牌仪式。芙蓉区人民政府副区长黄金国，区市场监督管理局党组书记、局长陈洪林共同为加挂的“长沙市芙蓉区知识产权局”揭牌。

30 日　隆平高科技园企业服务中心挂牌成立。中心推行“一窗受理”“受审分离”的运行模式，集中办理原来分散的涉企服务事项，为园区企业提供商事、政策、审批、咨询等服务。隆平高科技园党工委书记、芙蓉区委副书记卓精华，园区党工委副书记、管委会主任易新宇为企业服务中心揭牌。

△　湖南省委常委、长沙市委书记胡衡华到蓉园派出所，考察重点单位节前安保及宣传工作。区委书记于新凡，区政府区长周春晖，区公安分局局长章晓波陪同考察。

9 月　芙蓉区接受国家、省、市级“优质服务基层行”现场复核评审，朝阳街道社区卫生服务中心达到省级“优质服务基层行”推荐标准，通过湖南省“社区医院”建设试点评估，挂牌为芙蓉区首个“社区医院”，东岸、火星、东屯渡街道社区卫生服务中心达到省级“优质服务基层行”基本标准。

10月

1日　芙蓉区69名县级干部到13个街道、70余个社区，与街道社区干部一起走访慰问特殊困难家庭150余户，送去帮扶资金30万元。

7日　芙蓉区程潜公馆被国务院公布为第八批全国重点文物保护单位。

11日　区委副书记、区长周春晖会见中铁建设集团公司高层一行，双方就东湖湿地片区初步合作开发的内容和模式进行磋商。副区长黄金国，区商务局、区城建投及区棚改办主要负责人参加。

14日　由湖南省军区联合韭菜园街道打造的“国防教育宣传长廊”在迎宾路北段举行揭幕仪式。宣传廊全长260米，从迎宾路沿线新闻中心大楼到海逸大酒店，分为“铁血军魂”“湖湘将帅”“经典红色故事”“永远的丰碑”四个部分，以人民军队重大历史事件和英雄人物版画为主体，展示中国军队从无到有、由弱到强、从胜利走向胜利的光辉历程，以及人民军队历史上的湖南籍杰出英雄儿女。

16日　芙蓉区教育督导暨义务教育优质均衡发展推进会在政府会议中心召开，近400人参加会议。副区长、区教育督导委员会主任梁汝岚主持。市教育局党委委员、主任督学周灿，区委副书记、区委教育工作领导小组组长蒋红波，区教育局党委书记、局长、区教育督导委员会副主任徐青春出席会议并讲话。

18日　来自阿富汗、多米尼加、马耳他、利比里亚、埃塞俄比亚、牙买加6国的部级干部、主管等到芙蓉区都正街考察棚改工作，实地查看都正街、白果园化龙池项目、东牌楼棚改项目（国金中心），是长沙首次迎来发展中国家部级官员对棚户区改造经验的专项学习考察。

20日　区委书记于新凡带队到怀化市麻阳苗族自治县调研“携手奔小康”扶贫协作工作，相继参加麻阳特色农产品推介暨消费扶贫采购供需见面会，考察易地扶贫搬迁集中安置小区龙升家园、麻阳冰糖橙品质提升扶贫产业园，并召开芙蓉区·麻阳县“携手奔小康”重点项目集中签约仪式及扶贫协作联席会议。

22日　经省、市疾控部门综合评估，芙蓉区张公岭消防站登革热疫情符合终止登革热疫情突发公共卫生事件Ⅳ级应急响应各项条件，终止应急响应。自9月13—23日，芙蓉区发现54例登革热病例，其中实验室确诊病例37例、临床诊断病例17例，全部治愈，无死亡病例。9月24日起至10月21日，连续28天无新增确诊病例。

24日　在长沙市对台工作会议暨市级海峡两岸交流基地授牌仪式上，隆平水稻博物馆授牌为长沙市“海峡两岸交流基地”，隆平水稻博物馆党组书记孙中华接受授牌。

25日　芙蓉区“祖国在我心中，法律伴我成长”青少年法治宣传教育周活动在长郡芙蓉中学举行。副区长梁汝岚、区司法局局长芮岸伟以及区人民检察院、区教育局、区司法局的相关负责人、各中小学法治辅导员、长郡芙蓉中学师生代表500余人参加活动。

△　庆祝第二十四届环卫工人节暨优秀环卫工人表彰大会在会议中心举行，大会为114名环卫干部职工、14个先进班组和6个先进集体颁发荣誉证书。区领导周春晖、蒋红波、严国益等及区直各有关部门、各街道相关负责人出席活动，环卫战线的400余名干部职工和环卫工人参加。

△　区委副书记、区长周春晖主持召开全区“蓝天保卫战”三季度工作讲评会，传达全市“蓝天保卫战”三季度讲评会和全市第十一次工作调度会精神，梳理芙蓉区“蓝天保卫战”前段工作情况，安排部署大气污染防治工作。区委书记于新凡出席。

31日　区委副书记、区长周春晖主持召开芙蓉区文明委全会暨迎国检工作动员会议。区委书记、区文明委主任于新凡出席，区文明委领导及区文明委各成员单位主要负责人90余人参加。区委常委、宣传部部长伍艳飞向大会作区文明委工作情况报告。会议回顾总结2019年文明创建工作情况，分析当前工作面临的形势和任务，动员全区上下齐心协力推动精神文明建设工作再上新台阶。

△　根据湖南省发展和改革委员会《关于公布第三批湖南省服务业示范集聚区的通知》，芙蓉区隆平高科技园和湖南省金融创新特色产业园获评第三批湖南省服务业示范集聚区，该次获评第三批湖南省服务业示范集聚区18家。

△　隆平高科技园应急救援队成立暨授旗仪式在管委会前坪举行，该队是全市省级园区成立的第一支网格化应急救援队。

10月　韭菜园街道军区社区、东岸街道东宜社区、东湖街道东沙社区、荷花园街道东郡社区以及文艺路街道识字里社区5个标准化社区综合文化服务中心建设工程建设完工并投入使用，均配备文化活动室、书刊阅览室、培训教室等多种功能用房，建筑面积均超500平方米。

10月　自2019年10月18日起，在芙蓉区新设立的企业，由芙蓉区人民政府免费赠送制式公章一套（含企业公章、发票专用章、财务专用章）并承诺90分钟内送章上门。

10月　白果园化龙池有机更新项目一期完成建设，为登隆街经苏家巷、白果园巷、化龙池巷两厢区域，北至解放路，南至大古道巷，占地面积约3.2公顷。

11月

1日　芙蓉区召开“不忘初心、牢记使命”主题教育先进典型报告会、典型通报及专项整治工作点评会，全体在职县级领导干部参加。

5日　国家文物局博物馆与社会文物司司长罗静一行到区参观隆平水稻博物馆，依次在水稻历史厅、水稻科技厅和袁隆平与杂交水稻厅，了解文物征集、陈列布展、观众接待及社会效益等情况，并专题座谈隆平水稻博物馆冠名中国水稻博物馆相关事宜。

6日　芙蓉区人民政府与芬兰寒克雅奇公司在上海虹桥金古源豪生酒店签订合作协议。该公司以动物屠宰废弃物、餐厨垃圾等为主要原料进行循环再生利用，计划未来3～5年内，在长沙、永州、常德、衡阳等地投资建设以环保循环经济产业链及全自动化生猪屠宰生产线等为主要内容的循环经济生态产业园5个。

12日　区委副书记、区长周春晖主持召开芙蓉区文明创建工作讲评会。会议传达全市文明创建工作讲评会议精神，梳理讲评全区文明创建工作，部署下阶段重点工作，与会职能部门、街道主要负责人作表态发言。区委书记于新凡提出具体要求。

13日　国务委员、公安部党委书记、部长赵克志到芙蓉公安分局考察，先后参观情报指挥中心、基础防控中心和侦查作战中心，对“芙蓉公安大数据实战平台”和“智慧安校”系统建设给予肯定。副省长、省公安厅党委书记、厅长许显辉，长沙市市委副书记、市长胡忠雄等陪同视察。

△　湖南省人民政府副省长吴桂英带队到楚怡学校考察调研，先后参观学校体操馆、旧址和校史馆，了解学校历史文化及办学思想，肯定芙蓉区为打造幸福优质教育所付出的努力。区委书记于新凡，区教育局党委书记、局长徐青春等陪同调研。

△　芙蓉区政府在湖南省委机关大礼堂举办“垃圾分类最时尚，幸福蓉园你我创”主题活动，省、市、区领导、相关街道、部分驻区企业和群众代表1000余人参与活动。

△　长沙市防范非法集资咨询服务工作站揭牌仪式在定王台街道丰泉古井社区举行。该站是全省首个防范非法集资咨询服务站，通过服务工作站作用，“解答一次咨询、帮助一个家庭、教育一个群体”工作模式，提升市民对非法集资等非法金融活动的识别和防范能力。

18日　长沙市政协党组书记、主席文树勋到火星街道月桂社区调研垃圾分类工作，先后到社区垃圾分类示范点视察垃圾分类工作开展情况和垃圾定点投放点、回收柜等设施运转情况。市城管执法局党组书记、局长邓鹏宇，区委书记于新凡等领导陪同调研。

△　长沙市委副书记、市长胡忠雄率队到长沙火车站督导文明城市建设工作，询问站内设立星火雷锋服务站的具体情况。区委副书记、区长周春晖率队陪同检查。

△　全国政协副秘书长、提案委副主任、九三学社中央副主席赖明，九三学社中央参政议政部副部长张福麟到湘湖街道西湖社区考察“同心社区”创建工作，先后走访“一站式”综合服务大厅、图书室、群众文化活动中心、九三会员之家和九三科普馆等，询问了解社区就业服务开展情况及九三学社与西湖社区携手创建同心社区的做法。

20日　湖南省委基层党建办主任李武宁到东湖街道龙马社区调研基层党建工作。先后参观驻社区单位湖南省蔬菜研究所“屋顶阳台蔬菜”、“蔬菜博物馆”、长沙市党员教育培训示范基地（龙马社区）等。湖南省农业科学院党委委员、副院长余应弘，长沙市委组织部副部长、两新工委书记、基层办主任杨俊，芙蓉区委副书记蒋红波，区委常委、组织部部长何溪桥等陪同调研。

△　长沙市“满天星”文明创建芙蓉区专场活动在锦泰广场前坪举行。市、区宣传部门和文明办负责人，门店经营业主、志愿者代表300余人参加。活动现场表彰一批履行“门前三包”义务的优秀经营户，

6位商户代表现场签下“门前三包”责任书。“践行文明 清洁长沙”志愿服务启动仪式后，全区各级组织、各个行业的志愿者们，佩带“红袖章”在芙蓉区大街小巷开展大清扫。

21日 芙蓉区科学技术协会第五次代表大会在会议中心召开。大会听取易智勇所作的《创新科协服务方式、奉献“四个芙蓉”建设，为实现芙蓉区高质量发展做出新贡献》工作报告，审议通过关于工作报告决议，选举易智勇为区科协第五届委员会主席，朱彬为专职副主席，李玲、周玲玲、赵从健、魏仲珊4人为兼职副主席，邓量等21人为常务委员。市科协负责人，区委、区人大、区政府、区政协负责人，兄弟区县科协负责人，各街道、部门负责人，科技工作者代表240人参加。

22日 刘仲华当选为中国工程院院士，为湖南茶业界首位院士。隆平高科技园中国工程院院士人数增至5人。

29日 长沙市委常委、政法委书记钟钢一行到朝阳街道五一东村社区调研“互联网+群防群治”工作，先后到车站路综合治理值班室、综治中心等地了解网格化管理工作等情况。区委副书记、区长周春晖，区委常委、区人大常委会主任廖铁成等陪同调研。

△ 芙蓉区侨界代表袁啸、曾昕当选为湖南省侨联第八届委员会委员。

11月，火炬安置房项目一期完成建设。该项目属于“城中村”改造项目，2017年2月21日开标，占地近6公顷，总建筑面积21.64万平方米，包括9栋高层住宅与3栋配套用房，2192户。分两期开发：一期为4栋高层住宅，888套，可安置1000个指标。

12月

4日 省、市老干局领导到区调研韭菜园街道军区社区离退休干部党建工作平台运行情况，区委书记于新凡，区委常委、组织部部长何溪桥，区委常委、区委办主任刘洪波陪同调研。

△ 芙蓉区“12·4”国家宪法日宣传活动在阿波罗商业广场举行。活动中，芙蓉区“法润三湘”志愿者大队的志愿者向宪法宣誓，社区志愿者们表演自编自演的文艺节目。区行政审批服务局、行政执法局等17个区直单位设置展板，发放宣传册，志愿者们为现场群众免费提供法律咨询和法律服务。芙蓉区政法委、司法局、五里牌街道工委负责人出席。芙蓉区“法润三湘”志愿者、五里牌街道和社区工作人员、阿波罗商场员工及现场居民群众400余人参加。

△ 芙蓉区“越夜越精彩，芙蓉我最红”颁奖典礼在长沙国金中心广场举行。评选活动暨抖音挑战赛自9月启动，吸引上千家商家及数万名消费者的参与，抖音网络传播量435.4万人次。通过新媒体传播方式，评选出10家企业获得“芙蓉夜经济之星”、10位消费者获得“芙蓉我最红·红人奖”。推选出8张夜经济名片及30家夜经济示范门店。副市长谭勇，区委副书记、区长周春晖等领导及相关区直部门、获奖企业代表和各类新闻媒体200余人参加。

5日 “长沙市周方苗校长工作室”授牌仪式暨第一次研讨活动在育英学校举行，长沙市教育局党委副书记、副局长孙传贵为该工作室授牌。工作室设有首席名校长、顾问、名校长、成员等团队，首席名校长为芙蓉区育英学校校长周方苗，名校长有天心区湘府英才小学校长谢宏斌等来自长沙市19所小学的校长、书记、副校长。

△ 中共十九届四中全会精神首场集中宣讲在区机关会议中心举行，来自区直机关59个党组织的500余名党员参加。区委副书记蒋红波以《强制度自信，提治理效能——党的十九届四中全会精神学习体会》为题，系统阐述和解读中共十九届四中全会精神。

12日 省委常委、市委书记胡衡华，市委副书记、市长胡忠雄率市四大家领导及各区县（市）、园区、市直部门和相关国有企业负责人组成的观摩团到隆平高科技园，现场观摩“种业硅谷”隆平高科总部基地。区领导于新凡、周春晖及园区领导等陪同。于新凡介绍隆平高科总部的发展历程，袁隆平农业高科技股份有限公司副总裁陈志新带领观摩团观看PPT，观摩团成员驻足观赏展厅内陈列出的隆平高科自主研发的水稻、小麦、黄瓜、食葵、辣椒等产品。

15日 东驿体育公园建成验收。该公园地处远大路以南、人民路以北、杉木路以西的合围区域，总用地面积6.64万平方米，是2019年全市重点建设的两个体育公园之一。该公园于10月18日进场施工，按照公园的现状和体育公园建设标准及居民群众现实需要，满足老中青群体不同的体育健身需求。

16日 芙蓉区召开文学艺术界联合会成立大会暨第一次代表大会。大会选举易利平为区文联第一届委员会主席，左都建、刘益文、朱力仁、夏碧波为副主席，蔡芳馨为秘书长。芙蓉区文联下设美术家协会、书法家协会、诗词协会，有会员318人，其中国家级12人，省级91人，市级125人。

17—20日　在全省政府系统督查能力提升培训班上，芙蓉区代表长沙市分享和推介“蓉易办”督查工作模式经验。

24日　“中国对外援助培训实训基地”授牌仪式在隆平水稻博物馆举行，隆平水稻博物馆馆长张璎接受授牌。该基地是继被授予“中国政府奖学金来华留学生社会实践与文化体验基地”后，获得的第二块国字号招牌。

△　国家禁毒办常务副主任、公安部禁毒局局长梁云一行到芙蓉分局调研禁毒工作，在分局侦查作战中心了解“重点人员分类管平台”建设和运行情况，对芙蓉区禁毒工作予以肯定，提出推广芙蓉区利用涉毒污水检测等技术手段打击毒品犯罪的经验做法。

25日　长沙市生态环境局芙蓉分局领导班子管理权限交接暨挂牌仪式在芙蓉区举行。根据机构改革要求，组建长沙市生态环境局芙蓉分局，由长沙市生态环境局直接管理，不再保留芙蓉区环境保护局。长沙市生态环境局党组书记、局长潘胜强，芙蓉区委副书记、区长周春晖出席并共同为分局揭牌。

26日　湖南省委常委、长沙市委书记胡衡华一行到湘湖管理局，调研三湘南湖大市场党群服务中心“不忘初心、牢记使命”主题教育工作，了解党员活动参与度与市场管理规范情况。区委书记于新凡，区委副书记、区长周春晖等陪同调研。

△　北京市朝阳区人民政府副区长李国红一行到湖南和平解放史事陈列馆（程潜公馆）参观，并查看该馆周边的历史步道建设情况。副市长廖建华，区委副书记、区长周春晖等陪同。

29日　在长沙市红十字会星级志愿者表彰大会上，芙蓉区红十字会志愿服务队被评为优秀志愿服务队，芙蓉区14名志愿者根据志愿服务工时数分别被评为1～5星级志愿者。

31日　芙蓉区委五届十六次全会、经济工作会暨工作务虚会议在区机关二楼会议室召开。区委书记于新凡代表区委常委会向全会作《持续推进“三大工程”“九大行动”勇当治理现代化和高质量发展排头兵》工作报告。与会人员审议区委五届十六次全体会议工作报告的决议（草案）。听取周春晖作经济工作报告，区人大党委会主任廖铁成、区政协主席郑明及全体区委常委、全体副区长发言。于新凡发表讲话并提出具体要求。

12月　八一路小学及幼儿园项目完成主体建设。该项目于2017年9月动工，位于八一路与迎宾路交汇处西南角，占地1.4公顷，建筑面积1.42万平方米，总投资7.01亿元。其中小学18个班，幼儿园9个班。

△　合平路二期建成通车。该项目位于东湖街道，是一条南北向城市主干道，北起人民路，南至滨河路，道路于2017年9月开工，全长1417.12米，路幅宽36米，双向4车道，总投资6405.77万元。

自然地理

【地理位置】 芙蓉区位于湖南省长沙市中东部，周边与长沙县、雨花区、天心区、开福区接壤。其位置为北纬27° 51′ ~ 28° 40′、东经110° 53′ ~ 114° 05'。东西最长约12.8千米，南北最宽约4.8千米，面积42.8平方千米。地貌为湘江长年冲积形成的平原，地势平缓，平均海拔高度约为40米。东部原有小片丘陵山地，已因开发建设推平。浏阳河由东而西向北再向西贯穿区而过，将区境分为东西两片。东部有东湖、红旗水库，水面积约2.5平方千米。浏阳河以西为城市中心区。京广铁路由北向南穿境而过，长沙火车站位居其中。

【自然气候】 芙蓉区属亚热带季风气候区，雨水集中，春湿秋爽，暑热期长，严寒期短，四季分明，春季约70天，夏季约120天，秋季约70天，冬季约100天。日极端最低与最高气温为-10℃和40℃左右。年平均降雨量约1500毫米，年平均日照1200 ~ 1600小时。植被属于亚热带针阔混交林区，境内留有古樟、白果树等名木。

历史文化

【传统文化】 芙蓉区辖区自古以来就是长沙这座历史文化名城的中心，长沙的府治、县治均设其中，王都藩府遗迹随处可寻。上朔两千年，有西汉长沙王刘发所筑“定王台”，中至明清时代，王府多建于此，商业老街故巷沿袭至今。区域名街古巷众多，“官街”有马王街、府后街、藩后街、都正街等，“商街”有宝南街、织机街、鱼塘街、登隆街等，“文街”有文运街、白果园、苏家巷、化龙池等。有德园、杨裕兴、甘长顺、吴大茂、九如斋、玉楼东、又一村、杨明远等诸多百年老字号。

【历史遗迹】 长沙历史悠久，古墓葬众多。1972年—1974年，原东区马王堆汉墓的挖掘，出土珍贵文物3000余件及保存完好的西汉女尸，是震惊世界的重大考古发现，被誉为“世界第八大奇迹”。1996年芙蓉辖区平和堂建设工地走马楼22号井，出土三国孙吴纪年简牍10余万片，200余万字，超过全国历年出土简牍的总和。被誉为中国古代研究文献资料的五次大发现，被评为当年全国十大考古发现之一。芙蓉区还是黄兴、毛泽东、徐特立等早年从事革命活动的地方。毛泽东曾在辖区内修业小学创办《湘江评论》周刊，写出著名的《湖南农民运动考察报告》。2019年6月，修业小学建成《湘江评论》陈列馆和修业学校校史馆。辖区内有北伐军总司令部旧址、《湘江评论》印刷处旧址、八路军驻湘通讯处旧址、识字岭杨开慧烈士就义地、程潜公馆等湖南省重点文物保护遗址。2016年后程潜公馆先后被授牌为湖南省和平解放史事陈列馆、民革党史教育基地，2019年10月，被国务院公布为第八批全国重点文物保护单位。

【风景名胜】 辖区东部的浏阳河风光带全长9.5公里，2017年—2019年连续三年的“中华龙舟大赛（长沙·芙蓉站）”决赛在浏阳河芙蓉区段举行。位于古汉路与浏阳河路交汇处的马王堆汉文化广场，矗立高14米的辛追夫人（马王堆一号墓墓主）复原雕像，广场建有汉文化数字化展示厅，通过4D技术还原长沙国丞相利仓及夫人辛追的生活“场景”。浏阳河风光带婚庆文化园为AAA级旅游景区，是集婚庆、旅游、休闲、娱乐等特色为一体的湖南首家一站式休闲娱乐综合体，举办过多次美食、文化艺术、商贸等活动。浏阳河东岸建成隆平中央公园，有滨河休闲区、儿童活动区、稻作文化区、田园生活区组成。公园中隆平水稻博物馆是世界首个大型水稻博物馆，总面积1.8万平方米，包括中国水稻历史与文化、水稻科技、袁隆平与杂交水稻3个基本展厅和3个功能区。2016年5月试运行，2019年9月全面建成开馆，10月被授牌为“海峡两岸交流基地”，12月被授牌“中国对外援助培训实训基地”。位于长沙火车站附近的晓园公园，是一个小型园林式公园，2018年7月由市园林局移交至芙蓉区。辖区内有全省第一高楼，452米的IFS国金中心；全省第二高楼，343米的世贸环球中心。都正街、白果园、化龙池等传统老街经有机改造后的焕发新貌。区域有华天、通程、希尔顿等知名星级酒店，同时有化龙池酒吧一条街、湖南米粉一条街、沁园夜市一条街、扬帆地摊经济一条街等新兴经济，让外地游客在芙蓉区体验吃住行玩游一站式服务。

建置区划

【建置沿革】 1933年长沙设市，全市4个区，按东南西北顺序命名为一、二、三、四区。次年，区公所成立，为市政府派出机构。1945年，长沙设8个区，一区更名为城东区，面积1.06平方千米，区址设落星田。1949年10月1日，成立城东区人民区公所。1951年9月撤销区公所，设区人民政府，升为一级政权。下辖浏正街、犁头街、解放路、东站路、府后街5个居委会，居委会下设居民小组。1951年5月新增织机街、衡湘里、韭菜园3个居委会。1951年更名为东区。1955年12月居委会更名为街道办事处，数量8个。1956年经撤并调整，下辖解放路、东站路、府后街、织机街、衡湘里、韭菜园6个街道办事处。1960年4月，东区改置为天心阁人民公社，区治迁至韭菜园66号。下辖解放路、长治路、中心点、东大路、五里牌5个分社。1961年9月复名为东区，辖东站路、长治路、东茅街、都正街、东大路、中心点6个办事处。1964年7月，东大路、中心点更名为文艺路、韭菜园办事处。据1964年第二次全国人口普查，全区有居住人口14万余人。1976年，新火车站建成，城区东扩，郊区两菜农大队划入东区，设朝阳新村街道办事处。1996年4月，韭菜园、朝阳街道部分划出，设立五里牌街道办事处。区域面积7.28平方千米。

1996年7月长沙市实行区划调整，撤销东区，置芙蓉区，所辖范围包括原东区解放路、府后街、浏正街、都正街、韭菜园、文艺路、朝阳街、五里牌8个街道，新增东岸乡、火星镇、东屯渡农场以及马王堆乡（只含原马王堆乡的新桥村、农科村、火炬村、新合村、东屯渡居委会）。至此，全区辖98个居委会13个村委会，4个分场。面积40.8平方千米，其中城区面积10.8平方千米，耕地面积830公顷。年末常住人口292877人。其中农业人口49308人。

1997年，撤销火星镇、马王堆乡，设火星、马王堆街道办事处，原东屯渡农场改为东屯渡街道办事处。1999年长沙市将湘湖管理局行政管辖权移交芙蓉区，年底湘湖街道办事处设立，同时保留湘湖管理局牌子，行政人员为一套人马，两个班子。至此，芙蓉区辖12个街道和1个乡。据2000年第五次全国人口普查，芙蓉区人口313987人。2003年10月，芙蓉区区政府驻地由韭菜园迁至人民东路。

【区划调整】 辖区内，位于东岸乡马坡岭一带，1997年4月国家科委批准设立长沙高新区马坡岭农业高科技园（国家级，面积3平方千米），2000年10月更名“长沙高新技术产业开发区隆平农业高科技园”。1997年6月芙蓉区政府在东岸乡张公岭蒋家塘一带设立芙蓉区工业园，面积3.1平方千米，2002年3月，更名为“芙蓉科技工业区”。2003年12月，经湖南省政府批准，两园区合并，全称“长沙高新区隆平高科技园”，新园区位于马坡岭、张公岭等13个村范围，规划面积18平方千米，副县级，省市区共建、以区为主，行政上受区委区政府领导。园区党工委、管委会两个班子相继成立。2006年5月升为正县级。至2012年入园单位包括省农科院、湖南省农业大学等13个单位。是年，隆平园区成为芙蓉区人大选举的独立选区。

2001年，芙蓉区实施社区居委会整合，将原123个居民委员会整合成52个社区。2011年12月，芙蓉区实施街道办事处行政区划调整，原解放路、府后街、都正街、浏正街街道办事处合并为定王台街道办事处；原马王堆街道办事处析置为马王堆、荷花园街道办事处；原东岸乡撤乡设街并析置为东岸、马坡岭、东湖3个街道办事处。同时，对湘湖、韭菜园、五里牌、火星、东屯渡5个街道范围予以调整。整合后，芙蓉区下辖62个社区，及马王堆、马坡岭、东湖、东岸、东屯渡5个街道中12个村。

随着城市化进程的推进，城郊行政村逐步减少，新社区相继设立。至2019年，全区辖13个街道办事处、76个社区、5个行政村。

经济社会发展

【区域发展概述】 芙蓉区（东区）位于长沙市中心区域，中华人民共和国成立后，多家省市领导机关和部门驻于区内。二十世纪期间，湖南省省委、省政府、省军区，长沙市委、市政府驻于区内，省高级人民法院、省人民检察院、省公安厅等政法机构设区域。进入二十一世纪，市委市政府、省政府相继迁至岳麓区（2001年）和天心区（2004年）。

1949年后，原东区逐步由消费型城区建设成为生产型城区，曙光电子管厂、湖南橡胶厂、长沙衡器厂、长沙钢厂、长沙汽车发动机场等国有省市骨干企业相继建成。1958年，区委区政府提出发展民办工业，区街工业就此起步。1978年区街工业有150家，产值5700余万元，创历史最高。1979年，部分企业上缴市归口主管局管理。改革开放后，区街工业形成部分拳头产品，创出部优、省优品牌。区街商业、个体经济逐步得到发展。1991年，区委区政府提出发展委（居委会）办经济，1992年提出发展以市场开发和网点建设为重点的第三产业。至1996年，全区经济第一、第二、第三产业增加值实现三、二、一排列。

芙蓉区设立后，为区域经济社会发展提供新的发展空间。芙蓉区委适时提出建设都市文明典范区、商贸市场核心区、工业农业精品区、浏阳河风光带"三区一带"的区域布局。1997年，芙蓉区鼓励发展都市商业，三湘南湖建材市场、马王堆陶瓷建材市场相继建成。同年，原形成于20世纪80年代的全国四大书市之一的黄泥街书市，整体搬迁至定王台文化广场，形成定王台书市。2001年朝阳电子科技街由湖南省科技厅、长沙市人民政府批准挂牌成立，以解放路为主轴，车站路、人民路、韶山路、五一路范围内电子数码商品贸易发展迅速，成为当时湖南最大电子产品集散地，全国十大IT市场之一。2002年，芙蓉区把发展楼宇经济作为新的经济增长点。通过招商引资，发展总部经济，一批地标性高层建筑拔地而起。2006年8月，芙蓉中央商务区（CBD）经市政府批准挂牌成立。由五一大道和芙蓉路为轴线形成商务区的"金十字"地带，是长沙市经济中心和地理中心。核心区面积约2.7平方公里，并以此辐射周边形成约9平方公里的协调区。2018年，由香港九龙仓投资建设的湖南第一高楼长沙国金中心（IFS）建成运营。至2019年，芙蓉区有各类商业商务楼宇223栋，总建筑面积约800万平方米。其中重点商务楼宇55栋，面积超过400万平方米，楼宇经济税收贡献率超六成。2019年，全区形成了五一广场商圈、芙蓉广场商圈、袁家岭商圈、火车站商圈、万家丽商圈，是全省的消费中心。五星级酒店3家，四星级酒店7家，三星级酒店12家。聚集了湘女服饰街、定王书香街、朝阳科技街、化龙池酒吧街、韭菜园古玩街等独具湖湘韵味和现代气息的特色街市，万家丽建材、三湘南湖、马王堆建材陶瓷、朝阳电子等一大批专业市场群。中国工商银行、农业银行、建设银行的湖南总部驻于区内。

隆平高科技园成立后，以工业化带动农业产业化，发展高新技术、特色项目和优势产业。逐步形成新材料和新能源、现代农业、电子信息、生物技术、现代服务业五大主导产业，至2019年，园区入园企业320多家，引进世界500强企业3家，规模以上工业企业76家，园区规模工业总产值占全区规模工业总产值94%。有上市公司4家，建立国家级工程实验室1个，国家级技术中心4个，获国家科技进步奖4项。有中国工程院院士5人。

东区医疗卫生事业起步于二十世纪50年代。1953年设卫生所（后更名卫生防疫站）和区中心妇幼保健站，负责卫生防疫和妇幼保健。1974年东区在浏正街建成四层楼房，区妇幼保健所和区卫生防疫站合用办公。1952年起，设街道保健站，1960年更名街道卫生院，负责街道医疗预防保健工作。1986年，区属综合性医院——区人民医院在曙光路新建五层医疗楼，技术上与湖南医科大学附属第二医院联合，接受附二医院指导。与区街两级卫生机构相继组建同时，省市在东区域内相继建立湖南医科大学附属第二医院（后更名为中南大学湘雅二医院）、省人民医院、长沙市传染病院等。省、市机关和大型企业设有内部职工医疗机构。2001年底，全区实行社会基本医疗保险制度，公费医疗转变为社会基本医疗保险。 2003年区疾病预防控制中心成立，承担全区卫生防疫监督和监测工作。为适应城市居民对卫生服务的需求，街道卫生院逐步向街道社区卫生中心转变，政府加大对街道医疗卫生事业的投入。通过改建、扩建、新建，截至2018年年底，全区13个街道均有1家社区卫生服务中心，其中11家为政府举办的非营利性社区医疗卫生机构。社区卫生服务中心和卫生服务站（村卫生室）为辖区居民提供有效、经济、方便、综合、连续的公共卫生服务和基本医疗服务。

1949年前，区域有知名修业小学、楚怡学校、大同等私立学校，及公办学校12所。中华人民共和国成立后，新建省委干部子弟学校（即育才）和湖南军区干部子弟学校（即育英），人民政府先后对公立学校进行合并改造，对私立学校予以接管、调整。至1956年，调整合并完成，全区有完全小学23所。1958年兴起厂办、队办等民办学校，东区有民办小学18所，1970年民办学校并入公办。随着城市扩建和老城区人口外迁，部分城区学校撤并，同时新学校设立。至1987年有区属小学17所、中学1所、工厂子弟学校5所、市实验小学1所，在校生14180人。1992年，全区实现“两基”（基本普及九年义务教育，基本扫除青壮年文盲）。1996年区划调整后，湖南农业大学、湖南生物机电职业技术学院两所高等院校进入区域内。

2002年，市政府对教育管理体制实行重大改革，将原市属第十二中、第十六中、第二十九中管理权限下放芙蓉区，区教育以义务教育为主。2007年，芙蓉区率先在全省实行免费义务教育。至2009年，区域内有区属普通中学3所（其中两所初级中学），职业高中1所。为提高中学教育质量，发挥优质教育资源作用，2010年起，芙蓉区政府与长沙市名校长郡中学、市一中合联合办学，区属中学逐步全部实行名校托管。2010年起，对所有进城务工人员子女实行义务教育阶段“零收费”政策，2017年，对区属公办普高（湘一芙蓉中学）学生实行免费入学。自2012年来，芙蓉区累计投入21亿元，新建、改扩建一批中小学，新增学位2.3万个。至2019年，全区有区属小学35所，中学5所，在校中小学生约5.1万人。2019年秋季开学前，芙蓉区在全省率先全面消除大班额。

【年度主要指标】 2019年，芙蓉区完成地区生产总值（GDP）1126.32亿元，同比增长8.0%（以第四次全国经济普查结果修订后的数据为基数，见文末说明）。其中，第一产业实现增加值0.005亿元，同比增长-79.8%；第二产业实现增加值143.01亿元，同比增长5.4%；第三产业实现增加值983.29亿元，同比增长8.3%。第一、二、三产业的比例为0 ∶ 12 ∶ 88。

全年完成地方一般公共预算收入32.76亿元，同比增长11.6%，其中：区级税收22.35亿元，比上年同比增长22.3%；非税收入10.41亿元，比上年下降6.0%。

全年27项省、市重点民生实事工作考核指标均按要求圆满完成，在生活保障、社会环境、文化建设等方面帮助群众解决了一系列实际问题，产生了良好的社会效益。全年建成“15分钟生活圈”社区2个；新建、改建停车场14座，泊位5596个；农贸市场改造新建9处，社区生鲜门店改造新建6处；新改扩建人行道35.8公里、自行车道50.6公里；新增城镇就业16564人；提质改造小餐饮“透明厨房”600家。

长沙火车站　　余劭劼　摄

【农业】 全年实现农、林、牧、渔业总产值 128 万元，同比下降 81.3%，实现增加值 73 万元，同比下降 79.7%。水产品产量 54 吨，蔬菜总产量 6 吨。

【工业和建筑业】 全年实现规模以上工业总产值 132.38 亿元，同比增长 -3.9%。实现规模以上工业增加值 38.21 亿元，同比增长 3.6%。全区规模以上独立核算工业企业实现利润 2.17 亿元，实现利税总额 3.22 亿元。

全年完成建筑业总产值 287.40 亿元，同比下降 0.74%，实现增加值 101.33 亿元，增长 6.1%。具有资质等级的总承包和专业承包建筑企业实现利润 8.68 亿元，房屋施工面积 833.31 万平方米，房屋竣工面积 249.99 万平方米。

【固定资产投资】 全年全区完成固定资产投资 367.96 亿元，同比增长 8.5%，其中非房地产投资 290.32 亿元，同比增长 20.33%。全年施工项目 759 个，建成投产 667 个。全区铺排的 116 个重点项目中，可纳入统计口径的有 103 个，其中有投资发生的项目共 68 个，占全部重点项目的 66%，完成本年投资 179.38 亿元，占本年预计投资的 127.1%。

全年完成房地产开发投资 77.64 亿元，同比下降 35.7%。商品房销售面积 98.39 万平方米，同比下降 6.4%，其中住宅完成销售面积 84.27 万平方米，同比增长 2.4%；完成商品房销售额 56 亿元，同比下降 46.4%，其中完成住宅销售额 38.17 亿元，同比下降 47.2%。

【国内贸易】 全年实现社会消费品零售总额 955.77 亿元，同比增长 9.7%。分行业看，批发业实现零售额 218.20 亿元，同比增长 9.7%；零售业实现零售额 624.14 亿元，同比增长 9.5%；住宿业实现零售额 14.87 亿元，同比增长 5.2%；餐饮业实现零售额 98.56 亿元，同比增长 11.4%。根据全区限额以上批发和零售企业商品销售情况统计，全年零售额 10 亿以上的商品类别中累计增速前三位的是：汽车类零售额增长 66.4%；化妆品类零售额增长 19.0%；粮油、食品类零售额增长 18.7%。累计增速后三位的是：石油及制品类零售额增长 -12.6%；日用品类零售额增长 -11.0%；服装、鞋帽、针纺织品类零售额增长 -2.5%。全年亿元以上商品交易市场 12 个，完成商品成交额 395.30 亿元，排名前三位的是湖南省三湘南湖大市场、马王堆海鲜水产批发市场、湖南黄金之城珠宝有限公司（黄金之城珠宝交易中心），共计实现交易额 295.77 亿元。

【招商引资、对外贸易】 2019 年完成实际利用外资 81419 万美元，同比增长 9.39%，其中完成外商直接投资 34323 万美元，完成实际利用省外境内资金 1495047 万元，同比增长 16.05%。内、外资项目个数分别为 186 个、14 个，其中重大项目 11 个，分别是：湖南体育产业园项目、隆平生物种业产业园项目、国家生物种业技术创新中心、小鹏汽车湖南总部项目、友阿股份与 Seven & I 控股公司签署的湖南省“7-ELEVEn”便利店特许经营项目、平江商会总部基地项目、熙林国际培训中心项目、盈亚证券投资咨询有限公司、颐而康服务总部基地、湖南英氏营养食品有限公司、畜牧科研实验平台基地。

外贸进出口额 138055 万美元，同比增长 33.6%，其中出口 94271 万美元，同比增长 24.4%。

【科学技术和教育】 全区新增国家科技企业孵化器 1 家，新增湖南省重点实验室（工程技术研究中心）14 家。认定高新技术企业 82 家，高新技术产业规模进一步增大。专利申请 2580 件，授权 1363 件；发明专利申请 1069 件，授权 245 件。获国家科技进步二等奖 2 个，获湖南省科技奖励 42 个，湖南省重大科技创新项目 11 个。完成技术合同成交额 9.94 亿元。

全区拥有区属中学 5 所、小学 35 所、幼儿园 12 所。中学在校学生 9682 人，教职工 758 人；小学在校学生 40936 人，教职工 2237 人。全区小学生入学率、普及率、巩固率、小学升初中入学率、适龄人口入学率均为 100%，初中毕业生升学率为 98.15%。

【文化、体育和卫生事业】 隆平水稻博物馆全面开馆，程潜公馆（湖南和平解放史事陈列馆）被国务院认定为全国重点文物保护单位。区级文化中心完成主体建设，建设了 5 个市级标准化社区综合文化服务中心，建成东驿体育公园、2 个健身驿站以 50 处及全民健身工程点。举办区第五届“芙蓉杯”新节目大赛、区第十一届全民健身运动会。被评为“现代公共文化服务体系建设三年行动计划”第一批达标区县。连续第三年举办中华龙舟大赛（长沙·芙蓉站）比赛，10万余观众和48支参赛队伍一起见证了这场盛会，是中华龙舟大赛办赛以来的第50站，具有里程碑意义。

2019年全区拥有各类医疗卫生机构339个，其中社区卫生服务中心13个、社区卫生服务站44个。各类卫生机构编制床位数7863张，实有床位数9453张。卫生技术人员12051人，其中注册执业（助理）医师4120人，护士6643人。五岁以下儿童死亡率3.84‰，五岁以下儿童死亡数15人，五岁以下儿童活产数3910人，孕产妇死亡人数0人。

【环境保护和安全生产】 全区环境质量总体保持稳定，空气质量达标率75.3%，城市污水集中处理率为100%，城市生活垃圾无害化处理率为100%。环境影响评价和“三同时”执行率均达100%。全区高污染燃料禁烧区1个，建成面积42.8平方公里。建成环境噪声达标区8个，建成面积30平方公里。重点工业企业工业废水排放达标率为99.5%，工业二氧化硫排放达标率为100%，工业固体废物综合利用率为90%，主要污染物减排成效明显。

全区拥有绿地面积957.95万平方米，其中公共绿地506.92万平方米，人均公共绿地面积8.7平方米，全区绿化覆盖率达44.71%。

全区2019年未发生较大及以上级别生产安全责任事故。全年共发生2起一般生产安全事故，2起事故均为生产经营性道路交通运输事故，共造成2人死亡；未发生建筑业、商贸制造业、农业牧渔业等领域事故。全区亿元GDP生产安全事故死亡率为0.002，低于省、市下达的0.10的目标值。

【人口、人民生活和社会保障】 2019年末全区常住人口58.29万人。其中已婚育龄妇女67565人，人口自然增长率5.96‰，符合政策生育率99.67%，出生人口性别比为101.61（以女性为100）。

全区城镇居民人均可支配收入为59033.0元，同比增长8.6%。全区城镇居民人均消费支出为44853.9元，同比增长8.4%。

全区拥有综合性服务中心76个，城市低保对象1710户，共2504人，全年共发放低保金1420.22万元；农村低保对象20户，共35人，全年共发放低保金22.16万元；特困供养对象39户，全年发放供养金49.27万元。全区拥有敬老院1家，床位128张，入住老人52人。区慈善会全年接受社会捐赠1774.6516万元。

2019年末城镇职工基本医疗保险参保人数204987人，新增73190人；城乡居民基本医疗保险年末参保人数89316人。2019全年新增城镇就业人数16564人，新增失业保险参保人数21267人，基本养老保险发放率达100%。

说明

1. 年度主要指标部分数据已根据统计制度或统计口径变化后的要求相衔接。

2. 地区生产总值、各产业增加值绝对数按现价计算，同比增长速度按可比价格计算。

3. 根据第四次全国经济普查结果，对地区生产总值、三次产业及相关行业增加值等相关指标的历史数据进行了修订。

中共长沙市芙蓉区委员会

CPC Commission of Furong， Changsha

责任编辑 · 谭丽霞

综 述

【概 况】 2019年，芙蓉区开展“品质提升年”活动，推动党的建设和经济社会各项事业全面进步，高质量发展迈出坚实步伐。

政治建设。推进城市基层党建，推动支部“五化”建设，综合认定16个红旗党组织、41个示范“五化”党组织，整治软弱涣散社区（村）党组织5个。实行党员全面兜底教育管理，8653名在职党员到社区报到。建成21个楼宇商圈党群服务中心（站），“两新”组织党建经验获评全国城市基层党建创新优秀案例。“芙蓉先锋共同体”共建单位扩容至84家，区域化党建深度融合。开通“书记直通车”，整合部门资源，直通一线解决难题。推广标准化小区党支部引领小区的治理模式，建立小区党支部78个，创建“三零”（零非访、零发案、零事故）街道3个、社区51个。探索纪律监督、监察监督、派驻监督、巡察监督“四位一体”监督模式，完成22个单位巡察。科学运用“四种形态”，监督执纪向管住大多数拓展。认真贯彻落实中央八项规定精神，持续深化整治四风。坚持以零容忍态度惩治腐败，立案118件，结案97件，处分87人，追缴违纪违法资金3269万元，7名党员干部主动向党组织投案并讲清问题，全区政治生态持续向好。澄清不实举报5件，激励干部担当作为。整治形式主义、官僚主义，出台社区工作职责“两张清单”（社区（村）工作事项责任清单和负面清单），把基层减负要求落到实处。

经济建设。推进产业项目建设，华智生物、长沙现代服务业产业园等一批重大产业项目建成投产。狠抓社会投资遗留项目帮扶，14个项目取得实质性进展，敬天广场等7个项目实现开复工，涉及投资146亿元，预计产生税收9.63亿元。完成5宗土地挂牌出让，推动园区闲置土地和厂房“腾笼换鸟”，盘活闲置土地46.67公顷。盘活存量资金4.8亿元，实现经营性资产处置收入1.44亿元。坚持把现代服务业作为主攻方向，隆平高科技园、省金融创新特色产业园获评省服务业示范集聚区。围绕楼宇建设、改造、招商、服务、产业五个维度全面发力，楼宇总量800万平方米。完成惠农大厦等一批老旧楼宇改造，新引进楼宇企业800家，打造房产总部、律政、文创等一批专业楼宇。商圈经济、夜经济、网红经济氛围浓厚，国金中心继续保持高速增长态势，全年客流量近3500万人次，实现销售43亿元，税收近4亿元。“种业硅谷”建设提速，打造隆平高科企业总部基地等一批总部企业平台，隆平生物种业产业园签约，聚集种业产业链企业172家，产业链产值增长33%，跻身全市“科创四谷”（湘江智谷、高新麓谷、种业硅谷、中国V谷）之列。实施行政效能优化、实体经济降成本、涉企政策落地、企业家权益保护、干部作风改进五大行动，出台优化营商环境“二十条”，兑现政策扶持资金4115万元，减税降费19.8亿元。持续推进“放管服”改革，审批事项全省最少，企业开办注销实现“一分钱不花、一天内办好、‘一站式’服务”，新增商事主体1.6万户，企业占比超50%。实施“楼长制”“企业服务直通车”等机制，建成16个楼宇服务中心（站）。组建区行政执法局，成为全国首个探索实施“一个章子管审批、一个部门管执法”双重改革行政区。

文化建设。坚持守正创新、突出主责主业，提高宣传思想工作质量和成效。深入推进习近平新时代中国特色社会主义思想学习教育，凝聚全区思想共识。落实意识形态工作责任制，强化隐患排查和风险防控。区融媒体中心建成并投入使用，舆情联动分析研判机制不断完善。围绕中心工作策划了一批主题宣传，刊发正面报道7100余篇。完成全国文明城市国检、省检各项任务，建设新时代文明实践阵地106个，精心组织“文明实践365”、庆祝中华人民共和国成立70周年微宣讲系列活动2000余场次，推出全国“最美奋斗者”等各级各类典型20个。未成年人工作经验连续三年获中央文明办推介。

社会建设。推进火星镇、友谊东等棚改项目，实现腾地10公顷。白果园化龙池等有机更新项目加快建设，4.7千米历史文化街区面貌一新。隆平新区城市化进程提质提速，实施103号令征拆项目3个，征拆土地38.6公顷，龟山路等5条城市道路全线通车，新建城市公园7个。持续加大民生投入，群众幸福感、获得感、安全感全面提升。新增就业1.6万人，居民人均可支配收入增长8%。持续实施八大兜底保障，发放各类救助金2000余万元，救助1.6万人。学校和幼儿园完成新改扩建，新增学位2700余个，率先全省消除大班额。推进基层医疗卫生机构规范化建设，医疗服务和医疗保障水平全面提升。安置房、社会福利中心、文化中心、“一圈两场三道”等民生项目加快建设。连续三年举办中华龙舟大赛，隆平水稻博物馆全面开馆，芙蓉区获评全省公共文化服务体系建设先进区。稳步推进对口帮扶，实施扶贫项目32个，麻阳县、龙山县靛房镇实现脱贫，宁乡市关圣村对口扶贫有序推进。深化平安芙蓉、法治芙蓉建设，信访总量持续下降，化解信访积案10件11人，打掉涉黑涉恶团伙16个。推广“星城园丁”APP运用，公众安全感民意调查排名内五区第一。获评省综治工作先进区、市综治工作红旗区，继续保持省“平安县市区”称号。防范化解金融风险，严守不发生较大事故底线，为中华人民共和国成立70周年营造和谐稳定环境。

生态文明建设。中央生态环保督察及“回头看”、省级环保督察反馈问题整改到位，全面完成年度污染防治项目31个。打赢“蓝天保卫战”，二氧化硫、PM_{10}等主要污染物浓度有效降低。率先全市启动燃气锅炉低氮改造，完成127台，减少氮氧化物排放60吨。浏阳河芙蓉段流域综合治理成效明显，出境断面（黑石渡）年度水质稳定保持Ⅲ类及以上标准，水质达标率100%。

【政策研究】 2019年，区委政策研究室围绕区委中心工作，对全区经济、社会、党建等方面的重大问题开展调查研究，形成了社区基层减负、高质量发展多篇调研报告，成果发表在《湖南工作》《省委改革简报》《长沙调研》等内刊上；在《人民日报》《长沙晚报》等党报党刊上发表多篇署名文章。参与区委全会报告等区委重要文件、领导讲话稿的起草工作，发挥参谋辅政作用。全年审核校对各类公文180余篇。报备规范性文件56件（涉及机构改革单位“三定”文件51件），其中区委发文2件、区委办发文54件，报备率100%。（雍晴婷）

重要会议

【区委五届十二次全会暨经济工作会议】 2019年1月4日，芙蓉区委五届十二次全会、经济工作会议暨2019年工作务虚会在区机关二楼会议室召开。全体区委委员及候补委员，区委、区人大、区政府、区政协四大家班子成员，区法院院长、区检察院检察长，区纪委常务副书记、区监察委副主任，常委部门常务副职，区人大办、政府办主任，区政协秘书长，区直部门主要负责人，各街道党政主要负责人160人参加会议。会议由周春晖主持，会期一天。会议听取区委书记于新凡代表区委常委会，向全会作《持续推进三大工程九大行动 展现高质量发展的芙蓉作为》工作报告，听取区委副书记、区长周春晖作经济工作报告，审议区委五届十二次全体会议工作报告的决议（草案），与会县领导在会上发言。于新凡在报告中总结回顾了2018年工作，研究部署2019年任务。提出2019年主要工作：落实新时代党的建设总要求，全面提升党的建设质量；加快建设现代化经济体系，推动区域经济高质量发展；优化城市建设管理，用工匠精神和绣花功夫刷新城市品质新高度；坚持以人民为中心的发展思想，不断满足人民日益增长的美好生活需要。于新凡强调，2019年为区“品质提升年”，要按照高质量发展的要求，推动党的建设品质、产业品质、城市品质和人民生活品质同步提升。

【“品质提升年”活动动员大会】 2019年2月11日，全区负责干部大会暨“品质提升年”活动动员大会在区机关会议中心召开。全体在职县级领导，区直各机关班子成员，区人大、政协各委、办主任，垂直单位主要负责人，隆平园、湘湖管理局、各街道党政主要负责人，各社区（村）支部书记等460余人参加会议。会议由区委副书记、区长周春晖主持。区委常委、常务副区长谭雄伟宣读《关于开展“品质提升年”活动推进高质量发展的实施意见》，区委组织部、区发改局、区城管局、区民政局分别就提升党的建设、产业发展、城市发展、人民生活品质作表态发言，区委书记于新凡讲话。他强调，要深刻理解开展“品质提升年”活动的重大意义，推动各领域发展品质协调提升，不断增强引领高质量发展的能力，全力以赴做好当前工作，确保开好局起好步，以良好的精神状态和优异的工作业绩向共和国70华诞献礼。

【芙蓉区深化机构改革动员大会】 2019年2月26日，全区深化机构改革动员大会在区机关会议中心召开。全体在职县级领导，区委深化机构改革领导小组成员，区人大、政协各委（办）主要负责人，区纪委（监察委）、区委办、政府办等25家主要涉改单位班子成员，其他相关单位主要负责人，5家垂直单位主要负责人，湘湖管理局、各街道党政负责人276人参加会议。会议由区委副书记、区长周春晖主持。区委常委、组织部部长周度介绍全区机构改革主要内容，区安监局、区工商分局、文艺路街道3家涉改单位作表态发言，区委书记于新凡讲话。于新凡强调，要提高政治站位，深刻领会机构改革的重大意义；要加强统筹协调，积极稳妥推进机构改革各项工作，精心编制“三定”规定，有序推进街道机构改革，积极探索行政执法改革；要严守纪律规矩，压实主体责任，确保无缝衔接，自觉服从组织安排，严肃纪律要求。

【全区党务工作暨绩效考核工作会议】 2019年3月20日，全区党务工作暨绩效考核工作会议在区机关会议中心举行。全体在职县级领导，区纪委、监察委、区委常委部门、区政府办全体班子成员，区人大、政协各委办主任，区直部门主要负责人，垂直管理单位主要负责人，各街道（局）党政主要负责人及各社区（村）党支部书记参加会议。会议由区委副书记、区长周春晖主持。区委办、区委组织部、宣传部、统战部、政法委主要负责人就相关工作发言，区委副书记、隆平高科技园党工委书记卓精华通报绩效考核结果，区委书记于新凡讲话。他分析了2018年度市对区绩效考核与兄弟区的差距指出，要找到丢分的原因，同时也要看到自身的进步。他强调，要贯彻高质量发展的价值导向，要保持奋发有为的精神状态，要提升推动高质量发展的工作本领，要弘扬狠抓落实的实干精神。

【“5·20企业服务日”系列活动启动】 2019年5月20日，芙蓉区“5·20企业服务日”系列活动启动暨2018年度产业发展扶持奖励政策集中兑现仪式在区机关会议中心举行。长沙市委常委、统战部部长谭小平，长沙市发改委主任夏文斌，长沙市优化营商环境协调事务中心主任刘莉霞，芙蓉区全体在职县级领导，区纪委常务副书记、监委副主任，常委部门常务副职，区直机关主要负责和分管负责人，湘湖管理局、各街道党政主要负责人和分管负责人员，企业家代表等435人参加会议。区政府办副主任、督察室主任吴康达主持。会议播放“5·20”优化营商环境专题宣传推介片，区委副书记、区长周春晖宣读表彰决定，举行颁奖仪式，为芙蓉区“营商环境特约监督员”颁发聘书。企业代表（湖南友阿、特斯拉、省茶叶集团）发言，区公安分局、行政审批服务局负责人代表部门作表态发言，区委常委、常务副区长谭雄伟通报现场企业评议政府结果。区委书记于新凡讲话，市委常委、统战部部长谭小平讲话。于新凡强调，全区各部门要继续深化“放管服”改革，进一步优化审批程序，不断创新审批方式，规范行政执法，改进工作作风，提高服务水平，在建设现代化、国际化营商环境上出新出彩、走在前列。谭小平肯定芙蓉作为，他寄语芙蓉区以该次活动为新起点、新契机，把这一平台做大、做精、做出品牌，以高品质环境推动高质量发展。现场举行了“5·20企业服务日”系列活动启动仪式。“5·20企业服务日”后续活动包括：企业服务直通车、芙蓉区资本市场县域工程试点推进会暨“5·20企业服务日”融资对接会、企业服务活动周“企业用工招聘”专场活动、商协会及非公经济代表人士座谈会等。

【区委五届十六次全会暨经济工作会议】 2019年12月31日，芙蓉区委五届十六次全会、经济工作会暨工作务虚会议在区机关二楼会议室召开。全体区委委员，全体在职县级领导，区纪委常务副书记、区监察委副主任，常委部门常务副职，区人大办、政府办主任，区政协办秘书长，区直部门主要负责人，湘湖管理局、各街道党政主要负责人，其他相关部门负责人约160人参加会议，会期一天。周春晖主持上午会议。区委书记于新凡代表区委常委会向全会作《持续推进“三大工程”“九大行动” 勇当治理现代化和高质量发展排头兵》工作报告，报告总结回顾2019年工作，研究部署2020年任务。区委副书记、党校校长蒋红波主持下午会议，会议听取周春晖作经济工作报告，区人大党委会主任廖铁成、区政协主席郑明及全体区委常委、全体副区长发言。于新凡在报告中对2020年工作提出：在提高党的建设质量上下更大功夫，厚植“党建引领”优势。在推动经济稳定增长、产业布局优化上下更大功夫，实现更充分更均衡的高质量发展。在提高城市治理现代化水平上下更大功夫，加快构建共建共治共享社会治理格局。在精准满足群众日益增长美好生活需求上下更大功夫，确保发展成果更多更公平惠及全区人民。

（廖　琳　欧阳晟也）

重大决策

【出台开展“品质提升年”活动实施意见】　2019年1月31日，中共长沙市芙蓉区委、区人民政府印发《〈关于开展“品质提升年”活动推进高质量发展的实施意见〉的通知》(以下简称《实施意见》)。《实施意见》决定将2019年确定为“品质提升年”。《实施意见》由1个总文件和4附件组成。《实施意见》的出台对全面提升党的建设质量、产业发展品质、城市发展品质、人民生活品质，在全面建设现代化长沙的征程中展现高质量发展的芙蓉作为具有重大意义。

【印发“产业项目建设年”活动实施方案】　2019年3月13日，中共长沙市芙蓉区委、区人民政府印发《关于印发〈芙蓉区2019年“产业项目建设年”活动实施方案〉的通知》(以下简称《实施方案》)。《实施方案》立足做优产业服务，做实产业配套，持续升级传统产业，着力培育新兴产业，加速开工一批、建成一批、储备一批重点产业项目，打造新的经济增长点。《实施方案》的出台对全区推进产业品质提升，打造高质量发展样板具有重要意义。

【印发《长沙市芙蓉区优化营商环境二十条》】　2019年3月13日，中共长沙市芙蓉区委办、区政府办印发《关于印发〈长沙市芙蓉区优化营商环境二十条〉的通知》（以下简称《通知》）。《通知》树立“抓营商环境就是抓品质提升、就是抓经济发展”的理念，营造“尊重企业家、优待投资者、服务纳税人”的氛围，包括“五大行动二十条”。《通知》的出台对进一步优化全区发展环境，提升全区竞争力具有重要指导意义。

（廖　琳）

·表1·　2019年芙蓉区重要文件一览表

文　号	文件名称	发文日期
芙蓉发〔2019〕1号	印发《关于开展“品质提升年”活动推进高质量发展的实施意见》的通知	1月31日
芙蓉发〔2019〕3号	关于印发《芙蓉区2019年“产业项目建设年”活动实施方案》的通知	3月13日
芙蓉发〔2019〕7号	关于印发《芙蓉区促进区域经济发展的奖励办法》的通知	5月17日
芙蓉发〔2019〕11号	印发《关于大力推动制造业高质量发展的实施方案》的通知	10月21日
芙办发〔2019〕1号	印发《关于加强和改进人民政协民主监督工作的实施意见》的通知	1月30日
芙办发〔2019〕3号	关于印发《长沙市芙蓉区优化营商环境二十条》的通知	3月13日
芙办发〔2019〕5号	关于印发《芙蓉区机构改革实施方案》的通知	3月14日

（区委办）

全面深化改革

【概况】　2019年，根据机构改革的要求，芙蓉区全面深化改革领导小组调整为全面深化改革委员会，区委书记于新凡任主任，区委副书记周春晖、陈计伟任副主任。区委改革办设在区委办，易新宇兼任改革办公室主任。5月，区委召开第一次深改委会议，审议通过《中共长沙市芙蓉区委全面深化改革委员会2019年工作要点及责任分工》。

2019年，芙蓉区铺排52项改革任务，包括重点攻坚改革事项7项（深化城市基层党建引领基层治理、优化营商环境机制创新、深化数据资源管理体制机制改革、深化街道管理体制改革、深化园区内部管理体制改革、推进相对集中行政处罚权改革、打造相对集中行政许可权改革升级版），统筹实施改革事项47项，其中“微改革微创新”项目32项（涉及机构改革、经济体制改革、城建城管体制改革、生态文明体制改革、民主法制和司法体制改革、社会体制改革、文化体制改革、党的建设制度改革、党的纪律检查体制和国家监察体制改革）。每项重点攻坚改革事项对应成立攻坚小组，实行“一项改革任务、一名领导牵头、一个部门主抓”的推进机制，每项任务逐月倒排工期，排出时间表、挂出“作战图”。全年召开改革工作推进会议8次，改革任务推进相关会议70余次，出台改革相关文件40余份，52项改革项目年度任务全面完成。改革经验获省市改革刊物推荐10次，省委改革简报重点推介区深化“放管服”改革打造优质营商环境的工作经验。《长沙改革交流》刊登《以改革的路径推进城市有机更新》（2019年11月20日）《构建15分钟优质医疗圈》（2019年11月4日）《推进“楼宇服务站”建设 提供“管家式”服务》（2019年9月30日）等芙蓉区改革文章数篇。

【深化城市基层党建工作改革】 探索制定城市党建引领基层社会治理实施意见。打造“芙蓉先锋共同体”，推进驻区单位与街道社区党组织协议共建、驻区单位所属基层党支部与街道社区基层党支部的“双共建”，建立协商议事、交叉任职、共建共享、评价激励“四项机制”。召开“芙蓉先锋共同体”第二次全体会议，在73家单位基础上，吸纳14家新增成员单位共驻共建。继续推广“一核双融五化”小区党支部建设。构建“党建引领、多方共治”小区治理架构，发挥小区党支部对小区治理的核心引领作用，搭建城市基层“街道工委—社区党委（总支）—小区支部—楼栋小组”的四级架构，提升基层社会治理水平。全区建立建制型和功能型小区党支部78个。探索“先锋物业”，推行“双向进入、交叉任职”，建立党组织领导下的居委会、业委会和物业服务企业“三方联动”机制。推进基层减负增效。制定下发《关于建立社区（村）工作事项责任清单和负责清单的通知》，明确社区（村）工作事项责任清单8大类，明确社区（村）工作事项“负面清单”10条，探索建立基层组织对部门工作评价机制，实施“反向测评”。加强楼宇商圈等“两新”组织党建工作。实施“两争一创”三年行动计划，全面推行“两新”组织党组织和党员积分制管理，推进党建工作进两新组织章程。建成18个楼宇商圈党群服务中心，试行楼宇党建四级议事机制，《“四步走”为楼宇商圈健康发展注入红色力量》入选全国城市基层党建创新案例。夯实基层党建基地。2019年新打造修业学校“湘江评论”陈列馆、安子岭“红船初心馆”、德政园微型政治生活馆等7个党建基地，推出红色精品教育线路，建设家门口的党性教育“加油站”。2019年综合认定16个红旗党组织，10个示范化“五化”党组织，基层组织建设更加坚强。

【优化营商环境机制创新】 对照营商环境指标体系，探索建立芙蓉区营商环境常态化评估机制，定期开展自我评估；制定芙蓉区“政府承诺+社会监督+失信问责”机制和企业守信激励机制。建立企业帮扶长效机制，出台《加强企业帮扶优化营商环境长效工作机制》，发布《芙蓉区企业全生命周期服务指南》，实现涉企问题闭环管理。夯实三大企业服务平台，通过推出线上“蓉易办”平台，做实线下“楼宇服务站”平台，打造“5·20企业服务日”平台等方式，开展各类惠企服务活动101场次，解决楼宇企业问题需求177个，全年兑现各类政策扶持奖励资金5181万元，退抵减免税费预计20亿元，为近100家企业促成融资贷款近20亿元。

【深化数据资源管理体制机制改革】 完成芙蓉智慧城市顶层设计，推进具有芙蓉特色的考核指标体系建设。推进数据共享平台建设，加快芙蓉区公民库、法人库等专题库的建设。出台《芙蓉区政务云管理暂行办法》和《芙蓉区政务信息资源共享管理办法》，明确政务云管理上的职责分工、使用服务、应用建设、数据资源、运行维护、安全应急管理工作，政务信息资源的信息编目、采集、更新、共享、安全的职能职责。完成芙蓉区数据资源目录梳理，掌握全区各部门政务信息资源现状，形成《芙蓉区政务信息系统整合项目成果输出文档集》。梳理归整各部门电子证照目录，形成芙蓉区电子证照目录清单，区直部门确认存在的证照目录75个，实现与市电子证照系统的同步对接，为下一步落实新增纸质证照与电子证照同步签发打下基础。

【深化街道管理体制改革】 调整优化街道机构设置，借鉴北京市“街乡吹哨，部门报到”改革经验，整合基层综合行政执法力量，加快街道管理职能转变。区委编办会同其他四区编办统一完善街道“三定”规定中需要明确的有关事项，听取街道意见后形成街道“三定”规定初稿。转变街道职能，取消城区街道招商引资、协税护税职能，将街道工作重心转为优化公共服务。优化街道机构设置，统一设置5个党政机构，即党政综合办公室、基层党建办公室、城市管理办公室、公共服务办公室、公共安全办公室；1个执法机构，即综合行政执法队；3个街道所属事业单位，即街道政务服务中心、街道网格化综合服务中心和街道退役军人服务中心。5月基本完成街道管理体制改革工作。

【深化园区内部管理体制改革】推进以地均效益、项目履约率为重点的考核体系，探索园区运营机制市场化改革。组建隆平创业投资集团公司，实行政企分离，走市场化道路。实行自负盈亏的经营模式，明确公司架构和发展思路，完成班子组建和队伍建设，规范工作流程、完善制度建设。改革发展成效明显：隆平生物种业创新中心项目完成立项，获得省专项债支持，2020年全面启动项目建设。

【推进相对集中行政处罚权改革】组建区行政执法局，统一行使区级行政处罚权和与之相关的行政强制权。科学界定职能部门与执法局的权责边界，构建审批、执法相互分离的行政运行体制。3月，行政执法局挂牌成立，为区政府工作部门，行使24个方面的行政处罚以及相关的行政强制权、执法检查权。第一批18名行政编制干部全部到位，安排至机关四个科室开展工作。10月，行政执法大队和各中队挂牌成立，第二批来自5个领域的42名转隶人员，充实到一线中队执法，全面履行相关法定职能。执法局负责除城管执法领域外的执法工作，大队负责原城管领域的执法工作，保证原有工作的延续性和稳定性。完成执法人员分配及科室分工，将局、大队法制科进行整合，形成了行政执法案件专业审核部门。制定《长沙市芙蓉区行政执法局行政执法公示制度》等11项执法规定和内部管理制度。梳理权力清单中1600项行政处罚权，浓缩其为7大领域常用的191条法律适用条款，并编撰为常用法律法规指导。开展执法业务培训，组织全体执法干部、特勤辅助人员共308人开展集中培训，保证全体干部基本掌握重点领域的执法业务知识。

【继续推进相对集中行政许可权改革】 继续推行行政审批“承诺制”改革，进一步向街道、社区、重点楼宇下放行政审批权限，成立“流动审批服务站”，优化审批环节。一是实行企业证照办理“三集中、三到位”。2019年6月将全区商事登记34个许可、7个备案事项及相应人员全部划转至区行政审批服务局，实现“一个窗口递资料，一套证照办出来”的证照齐出新模式，企业注册登记和注销登记均在1个工作日内完成，全程电子化登记注册同比增长6732.30%。二是推出111个区级“一件事一次办”服务项目。办结22万余件“事”，实现具有芙蓉特色的“我要开旧书店”“我要办小超市、便利店”“我要办卫生许可证”等“一件事一次办”，业务最快2小时内受理办结，按时办结率100%，压减法定时限70%。全区一次办比例实现100%，网上办比例99%，35%的行政审批事项实现即来即办，设置专门的帮代窗口和人员提供帮代服务，办结率、满意率均100%。该项改革获湖南卫视、《湖南日报》等省市主流媒体宣传推介30余次，三是在各街道（局）政务大厅统一设置行政审批综合窗，全区“个体户设立、变更、注销登记”“小餐饮经营许可证”等13项审批事项在街道“就近能办”。同时将“我要开小餐馆”“我要开便利店”等实行“申请人承诺制”的小餐饮、食品销售“一件事一次办”事项同步下放到街道（局）联办，联办事项时限压减90%以上。承诺时限提速80%以上，减少申请资料80%以上。提供打印复印和快递送件免费服务，实行企业开办证照办理和印章刻制免费及90分钟内送章上门惠民利企举措，全年为全区企业群众减负200余万元。四是在全省率先推行“小餐饮和食品经营许可”“公共场所卫生许可”等13个事项“申请人承诺制”审批模式，最快可现场或当天完成全部审批手续并拿到相关证照，实现开户即开业。 （覃婷婷）

组 织

【概况】 2019年，芙蓉区组织工作以党的政治建设为统领，服务大局、聚焦主业，为“四个芙蓉”建设发挥组织职能、作好政治保证。

干部队伍建设。执行干部选拔任用全程纪实工作，完成干部调整11批412人次，提拔重用干部65人次。面向社区党组织书记、街道事业编制人员、选调生2次公开比选7名副科职干部。完成对13个街道（局）党政正职的政治建设考察。选派3人到龙山精准扶贫，选派2人参与市产业链推进办公室工作。按照要求办理公务员调任、考录、转正定级工作，2019年度，芙蓉区涉及从事业单位调任公务员24名，严把任前关，按要求报市委组织部审批。办理公务员录用、转任、登记、转正等手续92人次。按照省市要求完成职级套转工作，全区套转817人，其中市管干部28人，区管干部789人。

接收长沙市市场监督管理局转隶档案，新进人员档案172卷。规范化整理档案488卷，完善干部人事档案专项审核及整改档案560卷，任前审核人事档案313卷。全年接待查（借）阅档案人员370人次，转递调出人员档案16卷，收集并归档档案内散材料6000份。

基层党建工作。推广外地“街乡吹哨、部门报到”党建引领基层治理经验，开通“书记直通车”6期，统筹部门力量，直通基层解决问题50余个。26个专项整治问题、13个群众反映强烈的问题全部整改到位，累计为群众办理实事1.9万件，出台相关制度机制80项，为民办实事事例在2019年9月28日央视《新闻联播》重点报道。创新治理模式，建立小区党支部78个。依托“芙蓉先锋共同体”推进区域党建融合发展，共建单位扩容至84家，携手为民办理实事2800余件，经验获中组部推介。落实省委加强基层建设文件，面向街道社区选拔副科级干部7名，公务员1名，958名社区专职人员纳入员额管理。每个社区运转经费不低于100万元，另配备党建经费和惠民资金40万元，为社区主职发放奖金180余万元。综合认定16个红旗党组织、41个示范“五化”党组织，整治5个软弱涣散社区（村）党组织，党小组学习制度获《光明日报》（2019年2月9日）头版报道。实行党员全面兜底教育管理，8653名在职党员到社区报到。出台社区工作职责正面清单和负面清单，推动基层减负要求落地落实。

主题教育活动。落实“不忘初心、牢记使命”主题教育“全覆盖”“两个百分之百”要求，全区889个基层党支部、1.8万名党员参与，分批分期培训干部2535人次、党员3.8万人次。打造修业学校为长沙市党员教育培训示范基地，以“湘江评论溯初心、品质芙蓉担使命”为主题打造十堂精品党课，举办形式多样的活动纪念《湘江评论》创刊100周年。举办3期周末补钙大课堂，选派3批次83名绩效考核优秀干部到厦门大学、中国人民大学、红旗渠党性教育基地培训锻炼。与区党校共同举办2019年芙蓉区—麻阳苗族自治县中青年干部实训营，芙蓉麻阳两地52名中青年干部参训。

人才管理。长沙青年人才驿站芙蓉区示范点建设建成并对外开放，为来长就业创业、实习实训、见习调研等青年人才提供免费住宿、就业指导等相关服务的青年人才服务，吸引更多青年人才为芙蓉经济社会发展贡献力量。

【绩效考核工作】 2019芙蓉区绩效考核工作紧扣区委、区政府中心工作和重大战略部署，以提升领导班子和领导干部绩效水平为重点，科学制定考核目标，优化改进考核办法，强化日常考核督察。全面落实《芙蓉区全员绩效考核管理实施意见》和《芙蓉区社区（村）主职年度绩效考核实施意见》，对标《芙蓉区党政领导班子绩效考核目标体系》。修改完善区级绩效考核办法，力戒形式主义、官僚主义，为基层减负。2019年考核目标体系实行清单制，以扣分制为主，指标设置刚性具体。各考核信息提供单位每月报送一次扣分点及计分情况，建立指标进度台账。对全区13个街道（局）、64个区直部门、6个市垂管单位、603名科级领导干部实行绩效考核。年度评定街道（局）一等班子4个（文艺路街道、东岸街道、湘湖管理局、火星街道），二等班子9个（荷花园街道、韭菜园街道、朝阳街道、东屯渡街道、东湖街道、五里牌街道、定王台街道、马王堆街道、马坡岭街道）。评定区直部门一等班子13个（区金融事务中心、区统计局、区现代服务业发展中心、区应急局、区委网信办、区教育局、区信访局、区审计局、区文旅体局、区数据资源中心、区总工会、区接待服务中心、区委编办），二等班子49个（隆平高科技园、区纪委区监委、区委办、区委组织部、区委宣传部、区委统战部、区委政法委、区人大办、区政协办、区政府办、区检察院、区法院、区农业农村局、区公共工程建设中心、区人居环境局、区征收办、区棚改办、区财政局、区商务局、区工业和信息化局、区科技局（科协）、区城建投、区发展改革局、区卫生健康局、区人力资源社会保障局、区退役军人局、区市容环境卫生维护中心、区行政执法大队、区行政执法局、区市政设施维护中心、区城管局、区住房城乡建设局、区市场监管局、区司法局、区医保局、区机关事务中心、火车站综管办、区民政局、区征地服务中心、区交通运输局、区行政审批服务局、区残联、团区委、区妇联、隆平水稻博物馆、区委党校、区红十字会、区档案馆、区工商联），三等班子2个（区园林绿化维护中心、晓园管理处）。科级领导干部评出一等个人140名，二等个人477名，三等个人12名，四等个人4名。垂管单位评定一等班子2个（公安分局、税务局），二等班子4个（消防大队、自然资源和规划分局、生态环境局芙蓉局、交警大队）。（龙　婧）

·表2· 2019年芙蓉区党的基层组织、党员基本情况一览表

党的基层组织	个数	党支部分类	个数	党员	人数
总数	1002	机关	145	总数	19198
其中：党委	57	事业单位	151	2019年发展	242
总支	49	企业	354	死亡	146
支部	896	其他	316		

（区委组织部）

·两新党建·

【概况】2019年芙蓉区机构改革，根据区编委关于区委组织部所属事业单位机构编制有关通知，原区委非公有制经济组织和社会组织工作委员会办公室更名为区委非公有制经济组织和社会组织党建服务中心，为区委组织部所属公益一类全额拨款事业单位，核定全额拨款事业编制3名。2019年，芙蓉区有两新党组织359个，党员3600人。区委两新工委以党的政治建设为统领，带领全区两新党组织抓实意识形态，服务和推进两新组织合法合规经营和高质量发展。

思想教育。创新“四个三”工作法，即抓党组织书记、党建指导员和“红色CEO”三个培训，落实区、街道、社区分片包干三级指导，明确工作、学习、问题整改三张清单，依托“名师工作室”、党务工作者联席会和楼宇商圈党群服务中心三个载体，保证两新党支部开展主题教育全覆盖、无遗漏，助力两新组织转型升级、技术创新。催生了“三全”学习法（创新方式保障全员学、统筹兼顾做到全程学、多措并举保障全方位学）、“阿迪早播”等特色品牌。胡衡华等领导调研三湘南湖大市场党群服务中心，肯定主题教育开展情况。推出党员教育新模式——“红色CEO”智享汇，配套开展财税金融党建大联盟“每周一局（行）”活动32场，覆盖65栋楼宇、1828家企业，解决问题100余个。“红色CEO”智享汇被评为全市党员教育精品课程，在长沙电视台新闻频道播出6期系列报道。

组织建设。新建两新党组织15个，清理“空壳”党组织17个，选派未建党组织党建指导员68名。开展全区两新党组织书记和党员轮训，在出资人、管理层和一线员工中发展党员113人。深化党支部“五化”建设，推进党建工作进章程。组织编印《芙蓉区两新组织党建工作手册》，

通过长沙市党建系统平台“智慧党建”，落实“三会一课”等制度。完成100余个两新党组织换届，两新组织党务工作者联席会（分会）常态开展红色沙龙活动，培育18个市、区先进典型和10个志愿服务品牌，两新党建“名师工作室”经验在全国《非公有制企业党建》（2019年8月）推介。建成21个楼宇商圈党群服务中心，完善楼宇党建四级议事机制，建立精准需求清单，对相应职能部门派单，解决企业发展难题30余个。推动党建群建资源“四个联合”（联合进入党群服务中心（站）、联合打造服务品牌、联合引入社会组织资源、联合认领服务项目），常态开展青年汇、读书会等活动，打造一批示范点。芙蓉区楼宇商圈党建经验获评全国城市基层党建创新优秀案例。

【“红色CEO”智享汇开班】 2019年5月6日，“红色CEO”智享汇在湖南投资大厦16楼芙蓉区楼宇服务中心开班，首批30名学员从芙蓉区各行业5000家企业，4713名党员中挑选出的优秀企业家。培训班邀请湖南大学马克思主义学院党委书记黄梓根、中国演讲协会常务理事徐佐林、海富通基金管理有限公司高管王智慧等讲授理论课程，前往田汉故居、秋收起义纪念馆、胡耀邦故居、郭亮纪念园等红色基地研学，到湾田国际、楚天科技、广汽三菱等民企观摩交流。“红色CEO”智享汇是基于芙蓉区楼宇经济发达、CBD核心区域优势明显、两新组织发展迅速的现实基础，依托位于投资大厦的芙蓉楼宇服务中心，面向两新组织党员出资人（负责人）推出的集课程研发、排忧解难、资源链接于一体的党员教育新模式。采取导师授课、红色研学、民企参观、企业家论坛等形式，构建起多维度、立体化、专属性的党员教育精品课程。每周一次，历时两个月。

【两新党组织书记集训】 2019年6月19—20日，芙蓉区2019年两新党组织书记集中培训，全区两新党组织书记、党建指导员等近400人参加。培训采取理论学习与现场教学相结合的方式，学习习近平新时代中国特色社会主义思想、党建实务等理论课程，向参训人员发放《长沙市芙蓉区两新组织党建工作手册》。为适应新时代党的建设新部署新要求，芙蓉区在原有《长沙市芙蓉区非公企业党建工作标准》的基础上，结合工作实际，重新修订并重命名编写《长沙市芙蓉区两新组织党建工作手册》，按照党章等规章制度要求，用图表形式把两新组织功能职责、组织设置、工作流程等作生动形象说明，帮助两新党组织和党务工作者更好地理解、掌握开展两新党建工作的主要内容、基本程序和工作方法。除理论学习外，组织学员参观广汽三菱、三一重工集团党建工作。芙蓉区把两新党组织书记集中培训延伸到课堂外、走进日常工作中，两新党建指导员名师工作室自2018年成立以来，开展党建业务知识讲座、集中学习、企业家论坛等活动30余次。

【胡衡华到三湘南湖大市场党群服务中心调研】 2019年12月26日，省委常委、市委书记胡衡华一行围绕主题教育在长沙调研期间，到芙蓉区三湘南湖大市场党群服务中心，调研两新组织党建工作。市委常委、副市长廖建华，市委办公厅、组织部等有关部门负责人参加，芙蓉区委书记于新凡，区长周春晖，区委副书记蒋红波，区委组织部部长，区委办、公安分局、湘湖管理局主要负责人等陪同调研。调研过程中，胡衡华询问了解党员活动参与度与市场管理规范情况。三湘南湖大市场党群服务中心创新打造“三全”学习法，保证两新组织党员、流动党员参学率，催生出“阿迪早播”等特色品牌，让学习“有声、有色、有型、有感”。自开展主题教育以来，党群服务中心站点已接待4000余人次，解决问题和困难27件。胡衡华对湘湖管理局两新党组织主题教育工作给予肯定。他强调要保持主题教育的力度、深度、热度，始终坚持党建引领，进一步规范市场管理，真刀真枪、落小落细抓好整改，扎扎实实兑现承诺，推动落实“两个百分之百”。（杨　欢）

宣　传

【概况】 2019年4月，中共长沙市芙蓉区委宣传部（简称区委宣传部）按照《芙蓉区机构改革方案》文件要求进行机构改革，加挂长沙市芙蓉区新闻出版局（长沙市芙蓉区版权局）、长沙市芙蓉区精神文明建设指导委员会办公室牌子，内设办公室、意识形态工作科和文明创建科。区委宣传部主要职责：贯彻落实中共中央、省委、市委、区委关于意识形态工作决策部署，统筹协调全区党的意识形态工作，协调宣传思想文化系统各部门之间的工作，协调推动群众文化建设。统筹指导协调全区理论学习、理论宣传工作，指导协调区属各单位新闻宣传工作。管理新闻出版电影行政事务，负责全区新闻出版、印刷、电影行业安全监督管理。统筹协调数字新媒体的建设与管理。受区委委托，代管芙蓉区文化艺术界联合会、芙蓉区社会科学联合会、芙蓉区文化产业创意协会。2019年，区委宣传部围绕中心、服务大局，为建设“四个芙蓉”凝聚强大精神力量。区委宣传部获评湖南省文明单位。区文明办获得中国志愿者联合会颁发的2019全国社区网络春晚最佳组织奖。

理论学习教育。年内，区委理论学习中心组开展集体学习16次，通过观摩《湘江评论》旧址、举行国庆升旗仪式等形式深化学习效果。区领导带头开展大培训、大宣讲、大调研、大走访活动，推出《夯实基层基础必须减负担强主责》等理论成果。通过举办分享交流会、学习抢答赛、评选学习之星等活动，推动理论学习融入日常、抓在经常，在全国、省平台发稿300余篇，居全市前列。丰泉古井社区成为全国社区网络春晚“学习强国”平台唯一分会场。开展“讲习夜校”“文明实践365”“连心行动”系列活动，组建“时代新人团”“建国同龄团”“百姓宣讲团”“十九届四中全会区委宣讲团”等宣讲团队，开展宣讲活动800余场，《小种子、大梦想》获全市理论微宣讲比赛一等奖。

意识形态工作。区委常委会议研究意识形态工作10余次，率先推出“芙蓉区委领导班子意识形态工作任务清单”获全市推广，在意识形态专项巡察中探索“巡察提醒函制度”。形成网络舆情日通报周调度月讲评季会商机制、“民情快递员”“大工委红网格”机制，构建横向到边、纵向到底的责任网格。强化对特殊阵地和重点人群的隐患排查和风险防控，查出隐患点。对照中央、省委意识形态专项巡视、上年度全市党委（党组）书记落实意识形态工作任制述职评议考核会上点评意见的各项要求查漏补缺，提升工作标准。意识形态工作纳入五届区委巡察重点内容和“2019年区委重点工作督察清单”。牵头对22家重点单位开展落实意识形态工作责任制情况专项督察，督促巡察单位问题整改。

舆论引导工作。围绕区委工作部署，紧扣项目建设年、优化营商环境年、品质提升年、“蓝天保卫战”、扫黑除恶等，在中央、省、市主流媒体及各级各类宣传平台上稿7100余篇，其中在《人民日报》刊发《“吃”出来的垃圾，去哪儿了？》（2019年1月29日13版），在《新华每日电讯》刊发《人人来扫门前雪》（2019年01月11日15版），在《光明日报》头版刊发《一个日子改变一个村庄》（2019年2月9日1版），在《经济日报》刊发《改造旧楼宇，集聚新产业——长沙有片“立起来的开发区”》（2019年01月08日14版）等重点稿件。高标准建成区级融媒体中心并投入运营，完成芙蓉新闻网、时刻新闻芙蓉频道等平台的提质升级，策划推出《不忘初心、牢记使命，在主题教育中开创芙蓉高质量发展新局面》《营商加速度 芙蓉520》《文明接力在芙蓉》等近10个专题报道，全面立体展示芙蓉形象。完成首届中非经贸博览会、国际工程机械展览会、2019湖南（长沙）网络安全智能制造大会等重大主题活动的社会宣传。做好中华龙舟赛（芙蓉站）300余人中外记者的接待服务和舆论引导、曙光电子厂起火等突发事件现场的媒体对接服务。

群众文化和文化工作。组织“请来都正街 欢乐闹元宵”“芙蓉区庆祝中华人民共和国成立70周年”系列群众文化活动，“牵手芙蓉”广场文化月月演、“追梦七十年，奋进新芙蓉”“我和我的祖国”征文等群众性文化活动300余场，惠及群众5万余人。建立全区文化发展项目库和人才池，绘制全区文化发展全景图和现状图，组织推荐重点文化招商项目、优秀文化企业参加深圳文博会，推荐辖区企业项目申报市文化产业资金并获扶持285万元。湖南众益文化传媒有限公司进入长沙市现代服务业“三百工程”（100个重点项目，100家重点企业，100栋重点楼宇——长沙市2017年提出）企业，湖南优秀恩文化投资管理有限公司获评第四届长沙文创十大工匠“金手指”传人。高级工艺美术大师邬建美获得中华人民共和国国务院颁发的享受政府特殊津贴荣誉证书；原创歌曲《天职》获得省第十四届市第十三届精神文明建设“五个一工程”奖；原创情景剧《召唤》获得湖南省“欢乐潇湘”文艺会演二等奖。书法作品《古诗数首》

入展2019年全国十二届书法展，《书论数则》入展2019年“书圣故里 中国临沂”全国书法临书展，美术作品《村里有个姑娘叫小芳》和《火红日子一坛酒》在《人民日报·讽刺与幽默》“水墨天地”栏目发表，《潇湘清影入梦来》由中国人民大会堂收藏。

【新闻出版电影管理】 2019年首次将新闻出版和电影管理纳入宣传工作管理范畴。年内，对印刷厂28家、出版物经营单位553家(其中网络书店83家)开展年检，摸清家底。对接辖区12家电影院、14家农家书屋，加强沟通联络。开展“清源”“护苗”“固边”“净网”等专项行动，出动1000余人次、检查新闻出版经营单位2000余家次；查缴非法出版物1700余册，立案查处11起，规范新闻出版市场秩序。加强版权保护，开展打击网络侵权盗版“剑网2019”专项行动，全区登记软件著作权511件，同比增长9.19%。开展对辖区影院、出版发行、复制印刷等单位的常态巡查和指导，开展集中检查5次，检查行业单位1000余家次，及时整改100余个问题隐患。推进新闻出版行业行政审批“一件事一次办”，全区新闻出版行业新增市场主体70余家，办理变更、延续等业务60余家次，帮助电影院线企业申请国家、省级电影事业发展专项资金309万元。万家丽国际广场内的中影星美国际影城，观影人次和观影票房常年位居全市榜首。

2019年2月19日，元宵节主题庙会活动在都正街举行　区委宣传部　供图

【都正街闹元宵主题庙会活动】 2019年2月17日，由长沙市文明委主办，中共长沙市委宣传部、长沙市文明办、长沙市文广新局、芙蓉区文明委承办，区委宣传部、区文体新局、定王台街道办事处协办的“我们的节日·元宵”暨“请来都正街 欢乐闹元宵”主题庙会活动在都正街举行。活动主会场都正街大剧院以追梦“过元宵”为主题，表演原创湘剧、武术、少儿戏曲、小品、爵士舞等节目，其中原创湘剧《望母台》以历史文化遗址“定王台”为背景，讲述长沙特色地域文化故事。场外庙会设置各种古风灯笼装饰的灯笼区，花灯制作、油纸伞、发簪头饰、古典团扇、手工蓝染、捏面人等传统民俗手工制作品区，社会主义核心价值观24字集字游戏，其他传统民俗游戏，还有甜酒汤圆、芝麻豆子茶、煮饺子、臭干子等各类特色小吃。自2014年以来，都正街主题庙会连续举办六届，吸引数万市民、游客参与。通过各种民俗文化活动讲述都正街故事，展示都正街魅力，打造出都正街独有的文化品牌。

（李　玲）

【芙蓉区融媒体中心成立】 2019年8月20日，芙蓉区融媒体中心挂牌成立。融媒体中心为区委宣传部所属公益一类全额拨款事业单位，核定全额拨款事业编制4名，通过构建一次采集、多次生成、多元发布、多级放大、多渠道融合的传播体系，打造集宣传报道、信息发布、便民服务为一体的综合发布平台。先后参与芙蓉区庆祝中华人民共和国成立70周年、“不忘初心、牢记使命”主题教育等重大主题和活动的宣传策划工作，在时刻新闻客户端、芙蓉新闻网等平台推出《不忘初心、牢记使命！在主题教育中开创芙蓉高质量发展新局面》《文明接力在芙蓉》《营商加速度 芙蓉5·20》等图文专题和《百舸竞渡 芙蓉花开》等融媒专题11个，成为对外推介芙蓉、讲好芙蓉故事、传播芙蓉声音、展示芙蓉形象的重要窗口。

（易跃峰）

【“我和我的祖国”金句微宣讲竞赛决赛】 2019年9月20日，

2019 年 9 月 20 日，芙蓉区“我和我的祖国”金句微宣讲决赛在马坡岭小学举行，图为部分获奖者　　区委宣传部　供图

芙蓉区“我和我的祖国”金句微宣讲竞赛决赛在马坡岭小学举行，活动由区委宣传部主办，市委宣传部副部长李卫政，区委副书记蒋红波，区委常委、宣传部部长伍艳飞等出席，隆平高科技园、湘湖管理局、区直机关各单位分管领导、各街道宣传委员、宣传专干、党员群众代表、学生代表等约 300 人观看比赛。市委宣传部副县职干部刘菊娥、市委宣传部宣讲工作处处长鲁旸、区委宣传部常务副部长易利平、区委党校常务副校长贾茜、团区委书记金甜等担任评委。来自区直部门、政法系统、教育系统、街道等 10 名参赛选手围绕“我和我的祖国”主题，根据“学习强国”学习平台“每日金句”栏目的内容，结合实际工作进行限时宣讲。东岸街道选手江丹获得一等奖，文艺路街道选手黄梦娜、大同瑞致小学选手颜学海、芙蓉区纪委选手刘青青获得二等奖，芙蓉公安分局选手何苗、韭菜园街道选手李科、上东印象联合党支部选手刘雄、荷花园街道选手任娇、荷花园街道德政园社区选手师雅丹、芙蓉区检察院选手吕玲雁获得三等奖。（邓蓓莉）

【国庆 70 周年芙蓉区主题活动晚会】 2019 年 9 月 27 日晚，芙蓉区“追梦七十年、奋进新芙蓉”庆祝中华人民共和国成立 70 周年主题活动在区会议中心举行。芙蓉区全体县级领导，区直各部门全体班子成员，相关垂直部门党政主要负责人，湘湖管理局、各街道班子成员，各社区（村）书记，芙蓉区老干部代表等 500 余人参加。活动分为“追梦七十年”“筑梦耀芙蓉”“圆梦新时代”三大主题篇章。舞台剧《我们这一辈》，通过一位与共和国同龄老人的讲述，回忆老一辈人上山下乡、重返高考、追梦奉献往日时光。小品《蝶变》，爷爷为孙女讲述几十年来芙蓉区城市生活日新月异的蝶变，孙女表演说唱和街舞，赞美芙蓉区的文化特色、活力经济和优美风光。祝愿祖国“生日快乐”的童声演唱，《浏阳河》《我的中国心》《中国，中国，鲜红的太阳永不落》等时代经典歌曲联唱，《红楼梦》《天仙配》《刘海砍樵》等多元的戏曲表演在舞台上展示。在活动尾声的快闪中，观众们挥动五星红旗，与舞台上的演员们同唱《我和我的祖国》《明天会更好》，同声祝福祖国“生日快乐”。节目表演以及主持均来自各区直部门、街道、社区的工作人员。

【长沙市戏曲进校园活动芙蓉区专场】 2019 年 10 月 31 日，庆祝中华人民共和国成立 70 周年，长沙市戏曲进校园活动芙蓉区专场在长沙铁路第一中学举行。活动由中共长沙市委宣传部、市教育局、市文化旅游广电局、市文学艺术界联合会联合主办，芙蓉区委宣传部、区教育局共同承办的。来自曙光路小学、大同二小、育才二小、火星二小、楚怡小学、育才学校的小演员分别展示京剧、湘剧、豫剧、花鼓戏等 6 个戏曲表演。该次活动增设选手答题环节，每个节目演员现场回答两道戏曲知识题。最终，经过专业评委的评判和戏曲知识两项得分综合，曙光路小学的戏曲舞蹈《花蕾袖色》获得一等奖，同时获直接晋级长沙市会演资格。

【中共十九届四中全会精神首场集中宣讲】 2019 年 12 月 5 日，中共十九届四中全会精神芙蓉区首场集中宣讲在区机关会议中心举行，区直机关 59 个党组织的 500 余名党员参加。区委副书记蒋

2019年12月13日，市委宣讲团到区宣讲中共十九届四中全会精神，图为宣讲团成员与东湖街道基层群众座谈　　区委宣传部　供图

红波以《强制度自信，提治理效能——党的十九届四中全会精神学习体会》为题，围绕习近平在中共十九届四中全会上的重要讲话，从“充分认识重大意义”“深刻领会显著优势”“准确把握总体要求、总体目标和重点任务”三个方面对中共十九届四中全会精神系统阐述和解读。中共十九届四中全会召开后，芙蓉区委精选14名骨干力量组成区委宣讲团，面向党员、群众、工会代表、商会代表、青年代表、妇女代表、企事业单位员工等群体，举行集中宣讲报告会30余场、座谈交流10余场。（李　玲）

【市委宣讲团到区宣讲中央全会精神】　2019年12月13日，市委宣讲团宣讲中共十九届四中全会精神报告会在区会议中心举行。区委、区人大常委会、区政府、区政协领导班子成员，副县级以上离退休人员代表，隆平高科技园领导班子、区直各单位领导班子成员，党的十九届四中全会精神区委宣讲团成员等300余人参会。市委宣讲团成员、长沙市人民政府办公厅调研员黄永棋，解读中央全会关于推进国家治理体系和治理能力现代化的主要内容，讲解中共十九届四中全会精神学习重点。报告会后，黄永棋一行到东湖街道龙马社区，与东湖街道班子成员、辖区单位代表、道德模范代表、龙马社区党员、居民、楼栋长、民情快递员代表等，围绕如何继续用好“民情快递员”制度、推进“不忘初心 牢记使命”主题教育常态化，如何进一步培育和弘扬核心价值观，推动科技和人才拟创新等开展座谈交流。座谈会由区委常委、宣传部部长伍艳飞主持。（邓蓓莉）

【芙蓉区文学艺术界联合会成立】　2019年12月16日，芙蓉区文学艺术界联合会成立大会暨第一次代表大会在区政府二楼会议室召开。长沙市文联党组书记王俏，区委副书记蒋红波，区领导伍艳飞、罗尔曼、梁汝岚、杨爱斌出席，区直相关部门分管负责人，各街道（园、局）分管领导，区文联各协会代表以及特邀代表等40余人参加。芙蓉区文联是区委、区人民政府领导下社会团体，下设芙蓉区美术家协会、芙蓉区书法家协会、芙蓉区诗词协会3个协会，有协会会员318人，其中国家级12人，省级91人，市级125人。王俏向区文联的成立和第一次代表大会的胜利召开表示祝贺，寄语区文联学习贯彻习近平关于文艺工作者重要论述，担负起“为时代画像、为时代立卷、为时代

2019年12月16日，芙蓉区文学艺术界联合会第一次代表大会合影
区委宣传部　供图

明德”的使命。蒋红波希望全区文艺工作者以区文联成立为契机，坚定文化自信，创造更多思想精深、艺术精湛、制作精良的文艺精品。大会选举易利平为区文联第一届委员会主席，左都建、刘益文、朱力仁、夏碧波为副主席，蔡芳馨为秘书长。（李　玲）

·精神文明建设·

【概况】　2019年，全区各级各单位贯彻落实市、区文明委各项工作要求，抓住创建不放松，各项工作稳步推进、成效明显。

创新创建机制。召开区文明委全会、文明创建工作调度会、迎国检工作讲评会、文明创建工作培训会议等会议9次。继续坚持县级领导联点分管责任制，在迎接全国文明城市测评期间，区文明委主要领导带队一线督察、一线交办、一线调度，全体县级领导到分管行业、联点街道社区督察排查问题。完善全区文明创建工作机制，全面实施减压减负。探索在落实《全国文明城市测评体系》和为基层减负中实现平衡，建立健全“一单四制”（问题清单，交办制、台账制、销号制、通报制）督察督办工作机制，规范工作流程。

树立典型品牌。持续深化未成年人思想道德建设，突出“一校一品”，未成年人工作经验连续三年获中央文明办推介。东屯村新时代文明实践站工作经验被《光明日报》头版推介（2019年2月9日）。开展各级道德模范、身边好人推评和学习宣传活动，袁隆平获中宣部、中组部等9部委授予的新中国“最美奋斗者”称号，“慈娭驰乘务岗”志愿者池凤英获评全国“四个100”最美志愿者，芙蓉区推举并获评中国好人1人，湖南好人6人，长沙好人9人，长沙第五届道德模范（含提名奖）2人，长沙首届“雷锋传人 长沙榜样”1人。持续推进“红袖章”志愿服务行动，芙蓉交警“日行一善”、火星街道陶家山社区巾帼苑志愿服务等项目不断发展壮大。重点培育“小小鸟巢”“爱心存折”等未成年人工作品牌，扩大品牌影响力和覆盖面。

弘扬时代新风。推进文明城市、文明单位、文明校园、文明家庭等创建活动，常态开展群众性精神文明创建活动，举行“我们的节日”“户帮户亲帮亲 互助脱贫奔小康”“雷锋传人 长沙榜样”先进事迹巡回报告会、道德传承“七进”、扣好人生第一粒扣子等活动800余场次，累计参与15万人次，上稿中国文明网要闻30篇。创新推出“文明实践365”志愿服务项目化工程，常态开展理论宣讲、文化惠民、科普教育等各类文明实践活动，获评市级文明实践示范项目1个、良好所1个、示范站2个。策划组织“我家的移风易俗”系列展演，参加全市移风易俗原创文艺节目巡演。常态化开展排队礼让主题活动。推进“让城市更文明 让生活更美好”文明创建百日提升“十大行动”，重点开展“满天星”文明共建主题活动。

提升城区品质。改善五一商圈环境秩序，打造长沙“城市客厅”。狠抓“蓝天保卫战”，主要污染物浓度下降明显。专项整治城市“牛皮癣”、共享单车乱停放，集中整治农贸市场和周边环境秩序，突出抓德政园、火星等农贸市场整治，城区面貌大为改观。学习宣传《长沙市文明行为促进条例》，火车站、省委大院等宣传示范点相继建成；五一大道蔡锷路口、芙蓉广场、晓园公园等9处精美公益广告景观小品建成。

【芙蓉区未成年人工作经验获中央文明办推介】　近年来，芙蓉区坚持立德树人目标，通过学校、家庭、社会三方联动，广泛开展“阳光假期”未成年人寒假社会实践活动，以“文化传承、润德导行”为重点，引导未成年人在社会实践体验活动中服务自我、服务家庭、服务社会。整合学校、社区阵地和社会资源，实现教育资源的融通共享。发挥辖区图书馆、博物馆、少年宫、素质教育基地及各社区未成年人活动阵地平台作用，常态化开展“阳光假期”主题活动。围绕“科普教育”“传统文化体验”“环保清洁志愿服务”“爱心慰问帮扶”“手工艺制作”“亲子阅读”“道德模范学习”“书法绘画”8大项目，开展未成年人社会实践活动400余场次。芙蓉区未成年人思想道德建设工作经验文章《长沙芙蓉区开展“阳光假期”社会实践》获中央文明办《未成年人思想道德建设工作简报》（2019年第3期）刊发推介。

【芙蓉区“文明实践365”项目发布仪式】　为推动习近平新时代中国特色社会主义思想更加深入人心，打通宣传群众、教育群众、关心群众、服务群众“最后一公里”，2019年3月11日，由湖南省文明办、长沙市文明委指导，长沙市文明办、芙蓉区文明委主办，芙蓉区委宣传部（文明办）承办的2019年长沙市芙蓉区新时代文明实践中心挂牌暨“文明实践365”项目发布仪式活动，在浏阳河婚庆公园举行。省文明办副主任熊科文，市文明办副主任丁德喜，区领导于新凡、伍艳飞、罗尔曼、范伟民出席活动。全区相关部门、各街道分管负责人，各街道、相关部门志愿服务队代表等300余人参加。活动在12名鼓手表演的《鼓舞芙蓉春潮涌》中开场。熊科文为芙蓉区新时代文明实践中心授牌，芙蓉区“文明实践365”志愿服务项目启动。300名志愿者现场集体宣誓，承诺用爱心传承文明，用真情奉献社会，让新时代文明实践走进千家万户。截至年底，芙蓉区组织开展理论宣讲、文化惠民、科普教育等各类“文明实践365”活动640余场次，累计参与人数15万余人次。该项目获评市级文明实践示范项目。

2019年3月11日，芙蓉区“文明实践365”志愿服务项目发布仪式在浏阳河婚庆公园举行，图为志愿者集体宣誓　　区委宣传部　供图

【区文明委全会暨迎国检工作动员会议】　2019年10月31日，芙蓉区召开文明委全会暨迎国检工作动员会议。区委书记、区文明委主任于新凡出席，区文明委领导及区文明委各成员单位主要负责人90余人参加。区委副书记、区长周春晖主持会议，区委常委、宣传部部长伍艳飞向大会作区文明委工作情况报告。会议回顾总结2019年文明创建工作情况，分析当前工作面临的形势和任务，动员全区上下齐心协力推动精神文明建设工作再上新台阶。于新凡在讲话中指出，文明创建是推动高质量发展的重要抓手，要进一步压实责任、提振状态，推动各项创建任务落实落地，为擦亮长沙全国文明城市这块金字招牌做出更多贡献。

【长沙市“满天星”文明创建主题活动芙蓉区专场活动】　2019年11月20日，由长沙市文明办、长沙市城管执法局、芙蓉区文明委主办，区委宣传部（区文明办）、区城管局、区火车站综管办、区市容环境卫生维护中心、荷花园街道办事处承办的长沙市“满天星”文明创建主题活动芙蓉区专场活动，在锦泰广场前坪举行。长沙市委宣传部副部长、文明办主任郭润葵，市文明办副主任丁德喜，芙蓉区委副书记蒋红波，区委常委、宣传部部长伍艳飞出席，辖区部分商户企业、小区物业人员，环卫工人、社区党员、居民群众、志愿者等300余人参加。活动现场，6位商户代表现场签下“门前三包”责任书，7位“门前三包”优秀经营户受到表彰。“践行文明 清洁长沙”志愿服务启动仪式同时举行，全区各级组织、各个行业的志愿者们，共同佩带“红袖章”，身体力行，前往芙蓉区大街小巷大清扫。长沙市“满天星”文明创建主题活动旨在进一步深化全国文明城市创建工作，在全社会营造志愿服务、文明先行的浓厚氛围，在辖区单位、社会组织、非公企业、“五小”门店及志愿者群体中普及志愿服务理念。　（谭　颖）

统　战

【概况】　2019年芙蓉区机构改革明确，中共长沙市芙蓉区委统一战线工作部（简称区委统战部），作为区委主管统一战线工作的职能部门，统一管理民族宗教、侨务工作，对外加挂芙蓉区民族宗教事务局（以下简称区民宗局）牌子，对外使用区政府侨务办公室名称。统战部内设办公室、民族宗教科（新设），行政编制4人，新设立党外人士服务中心，为公益一类全额拨款事业单位：新增全额拨款事业编制3名。2019年，区委统战部紧扣加强党对统一战线工作的集中统一领导这个根本，夯实基础，破解难题，创新实践，为全区经济社会发展进步提供广泛的力量支持。

思想政治引领。指导各民主党派开展“不忘合作初心、继续携手前进”主题教育，开展民主党派、工商联负责人“季度学习日”活动；举行中华人民共和国成立70周年、多党合作制度确立70周年座谈交流会，走访统战代表人士。落实中央、省、市关于党外干部配备要求，加强党外干部培养选拔。依托湖南影像创客空间新的社会阶层人士实践创新基地、芙蓉区两岸青年文化产业孵化基地、湘湖街道西湖社区、文艺路街道文艺新村社区等基地社区，推进新的社会阶层人士、党外中青年知识分子联合会、侨联等各领域统战工作，组织召开了芙蓉区新的社会阶层代表人士联谊会成立大会。加强党外代表人士队伍建设，推荐6人参加全市统一战线“70年70人·同心耀星城”系列宣传活动，宣传展示芙蓉区优秀党外人士的事迹。全年报送统战信息120条，在和网发布统战工作动态宣传65条，在《长沙统一战线》上稿4篇，申报统战调研课题4项，被市委统战部重点立项1项。

优化营商环境。牵头“涉企政策落地”行动，集中兑现2018年度扶持政策性奖励、区上市及挂牌企业政策奖励资金、发明专利授权补助资金以及特斯拉公司等3家企业“一事一议”扶持奖励资金近5000万元。构建“亲”“清”新型政商关系，以政企座谈会、工商联主席会等形式，畅通政企交互渠道。出台《关于落实长沙市“营商环境优化年”1+4方案及芙蓉区营商环境相关工作任务的方案》，组织调研重点非公企业、商会，协调相关部门解决制约企业发展的现实问题。

同心创建工作。培育区级同心创建工作点，推进民主党派与基层社区结对共建，推动党派与社区资源共享、优势互补、同心共建。2019年，芙蓉区两岸青年文化产业孵化基地获评市级“同心创建示范点”，东湖街道龙马社区获评为市级“同心社区”，韭菜园街道汤家岭社区同心娃娃法庭获评为市级“同心项目”。湘湖街道湘湖社区、韭菜园街道军区社区、朝阳街道朝阳社区、五里牌街道燕山街社区、荷花园街道东方新城社区、马王堆街道九道湾社区、东岸街道东宜社区、马坡岭街道锦林社区获评为区级同心创建工作点。

侨联侨务工作。推荐隆平水稻博物馆申报中国华侨国际文化交流基地，湘湖街道西湖社区12月获市侨办、市侨联“侨胞之家”称号，并被推荐申报中国侨联、省侨联“侨胞之家”建设项目。组织侨联委员召开区侨联三届七次全会，增补年轻英国归侨1人为侨联委员，组织开展走访、调研及交流活动2次。发挥以党委书记牵头的党建带侨建、侨建促党建的工作机制作用，引导基层侨联发挥社区侨务服务站、社区侨之家、侨法宣传角、侨联维护服务点等平台作用开展侨法宣传系列活动。春节、中秋节期间走访慰问辖区内老归侨、特困侨眷侨属、侨界空巢老人195人次，送慰问物资4000余元、现金4.7万余元。12月结合市侨联“双百”扶贫活动，开展精准扶贫，慰问重点扶贫对象4人，慰问现金9000余元。（袁　霞）

【重点楼宇及企业走访调研】
2019年3月7日，芙蓉区委常委、统战部部长喻志刚走访调研重点楼宇湘域中央，区政协副主席、工商联主席洪曙光，区委政研室、区委统战部、区行政审批局、中央商务区办公室负责人随行，朝阳街道主要负责人陪同调研。喻志刚一行走访湘域中央物业服务中心和驻楼宇内的湖南晶鑫进出口有限公司、百丽鞋业（长沙）有限公司、湖南中升物贸投资有限公司、湖南美承数码科技有限公司等14家重点企业，组织企业代表召开座谈会。会上，企业代表介绍了各自企业的基本情况和未来发展目标，同时提出企业发展中遇到的实际困难。区直相关部门负责人就企业提出的问题作出答复，同时解读有关政策。喻志刚在讲话中指出，各级各部门要把优化营商环境的责任担起来，坚决破除各类隐性障碍，让“办事不求人”成为常态，把出台的政策兑现好，为企业发展营造良好环境。同时，希望各企业要积极作为、加快发展进度，千方百计破解难题，推进企业又快又好发展，为芙蓉区经济建设做出新的贡献。（王　理）

【甘肃省侨联到区参观考察侨企】
2019年4月15日，甘肃省侨联联

络处处长吕建荣率团到芙蓉区考察侨企，湖南省侨联经济处处长石恒泉、市侨联调研员方泽昆等参加。考察团一行11人先后参观考察位于隆平高科技园的华智水稻生物技术有限公司和位于朝阳街道的湖南弗彗影像文化传媒有限公司（湖南影像创客空间）两家企业，与企业座谈交流。甘肃省侨联该次考察旨在了解芙蓉区侨联在引资引智方面的举措及侨企发展情况，增进基层侨联工作交流。华智水稻生物技术有限公司总经理张健系美籍华人，2014年3月回国创业。考察团一行在华智水稻参观实验室，了解种业最前端的科学技术，座谈交流分子技术与转基因技术的区别及安全性，感叹华智水稻在领域内的强有力科技竞争力，对转基因技术及其安全性有了科学的认识和理解。作为新的社会阶层人士的实践创新基地，考察团一行随后到湖南影像创客空间，了解影视产业链的建设情况，重点了解空间内专业摄影器材运营情况、空间服务版块设置、网络运营情况等内容，认可和赞赏创客空间的创新营业模式，表示值得借鉴。通过这次考察交流，双方表示希望继此考察之后，开启甘肃省侨联与芙蓉区侨联之间的多层次、多方面基层侨联工作交流。

（周　芸）

【商协会及非公经济代表人士座谈会】　2019年5月22日，芙蓉区在世贸环球金融中心，召开商协会及非公经济代表人士座谈会，该次会议是芙蓉区首个“5·20企业服务日”系列活动之一。省工商联商协会党委副书记刘建平，长沙市工商联副主席张明刚，芙蓉区委常委、常务副区长谭雄伟，区委常委、统战部部长喻志刚，副区长黄金国，区政协副主席、工商联主席洪曙光，区统战部、政府办、优化办、发改局、教育局、商务局、行政审批服务局、市场监督管理局等14个相关职能部门主要负责人，省市20家异地商协会负责人参加会议，喻志刚主持。会议播放了芙蓉区优化营商环境专题宣传片，区商务局推介芙蓉区经济发展奖励办法及招商项目。湖南省浙江总商会、湖南省江苏商会、湘商文化促进会、长沙市广州商会等省市异地商会各参会代表与非公经济代表人士，围绕区域经济发展、招商引资、营商环境优化、商协会交流机制等方面发言，反映存在的现实问题，提出宝贵意见建议。与会职能部门一对一对提出的问题、反映的意见建议现场解答，现场互动频繁。谭雄伟对商协会和非公经济代表人士为芙蓉区经济发展做出的贡献表示感谢。他说，芙蓉区将每年的5月20日定为“5·20企业服务日”，体现了区委、区政府对营商环境的高度重视和服务企业的坚强决心。区委、区政府要进一步完善政府与商协会信息交流沟通平台，加强商协会间的沟通互动及商机分享。

【全区统战工作推进会召开】2019年6月4日，芙蓉区召开街道（园、局）统战工作推进会，区委常委、统战部部长喻志刚出席，统战部常务副部长毛远强主持会议，区委统战部班子成员、各街道（园、局）分管统战工作负责人和专干30余人参加会议。会议首先由各街道（园、局）统战工作负责人汇报工作、下阶段工作思路和工作重点。毛远强、阳颖、张德林分别传达上级要求及推进工作安排部署。喻志刚强调要加强思想政治引领，进一步提振信心，明确目标、细化任务、压实责任，发挥统一战线凝聚人心、汇聚力量、促进和谐、服务发展的重要作用。

2019年5月22日，芙蓉区召开商协会及非公有制经济代表人士座谈会

区委统战部　供图

【全省无党派人士学习班到古汉城社区观摩学习】 2019年6月13日，湖南省社会主义学院组织全省第十六期无党派人士培训班学员50余人，到马王堆街道古汉城社区，开展以社会建设为主要内容的“同心课堂”特色理论实践学习。马王堆街道古汉城社区2016年创建为省“同心社区”，2017年12月与省社会主义学院签订结对共建协议，挂牌为学院的教学基地。培训班学员们与社区党员、工作人员、居民群众深入交流。社区主任白立平向大家介绍社区发挥统战资源优势，组织开展“讲习夜校”“同心书画室”“健康讲座”“爱心书屋”等系列活动，为群众排忧解难，科学推进同心社区建设所取得的工作成效。该社区还组织社会各界人士开展“扶贫助残”“爱心捐赠”等爱心公益活动，共同服务社区，服务居民。学员们针对加强基层社会建设、城市管理创新等方面所存在的现实问题，与社区工作人员开展面对面的互动交流，提出关于社区建设的建议。（王　理）

【芙蓉区侨联三届七次全委会会议】 2019年10月15日，芙蓉区侨联三届七次全委会在隆平水稻博物馆召开，区侨联13名委员出席会议，会议由区侨联主席周芸主持。会议传达学习湖南省侨联七届十一次常委会会议和长沙市侨联十届六次常委会会议精神，周芸回顾区侨联一年来在做好参政议政、侨企服务、开展侨法宣传、服务侨界群众方面所做出的成绩，安排部署侨联后段工作。会议审议通过《芙蓉区侨联委员履职管理办法（草案）》，举行侨联委员调整投票，免去黄忠区归侨侨眷联合会副主席职务，增选劳煜晨为侨联新成员。会上，侨联委员开展工作交流，就如何做好区侨联工作提出建议和意见。

【全国政协到西湖社区考察】 2019年11月18日，全国政协副秘书长、提案委副主任、九三学社中央副主席赖明，九三学社中央参政议政部副部长张福麟到湘湖街道西湖社区考察走访，九三学社湖南省委专职副主委王仁祥，长沙市委统战部副部长刘佳勇，九三学社长沙市委主委、长沙市统计局局长汤建尧，九三学社长沙市委专职副主委刘有良陪同。芙蓉区委统战部部长喻志刚，九三学社芙蓉区工委主委、区人大常委会副主任罗尔曼陪同走访。西湖社区党总支书记伍紫琴向考察团一行介绍社区工作情况，从“一站式”综合服务大厅、图书室、群众文化活动中心、九三会员之家到九三科普馆等。在“一站式”综合服务大厅，赖明仔细询问社区就业服务开展情况；在九三会员之家，伍紫琴介绍九三学社与西湖社区携手创建同心社区的做法。九三学社与西湖社区携手三年，九三学社省委、市委、芙蓉区工委多次到社区调研，指导、推进“同心”创建工作。社区开展多种科普利民惠民服务活动，如利用社区的科普馆，举办科技节、“流动科技馆”，还专门为社区捐书，建立同心书屋，设立科普馆并开设九三科普图书专柜，在中小学生开展道德礼仪、关注记忆力培训等，一系列举措推进社区同心创建工作，2018年西湖社区获评省级“同心社区”示范点。赖明对西湖社区和九三学社携手共建的做法表示赞扬。（袁　霞）

【新的社会阶层代表人士联谊会】 2019年12月11日，芙蓉区新的社会阶层代表人士联谊会在芙蓉

2019年11月18日 全国政协副秘书长、九三学社中央副主席赖明（前排右二）到西湖社区考察

区委统战部　供图

2019 年 12 月 11 日，芙蓉区新的社会阶层代表人士联谊会在芙蓉区两岸青年文化产业孵化基地召开　　区委统战部　供图

区两岸青年文化产业孵化基地召开，53 名新的社会阶层人士参加，会议由区委统战部副部长、工商联党组书记张德林主持。市委统战部副部长饶福明，区委常委、统战部部长喻志刚出席会议。会上，区委统战部常务副部长王庄对芙蓉区 73 名来自民营企业、外商投资企业、律师行业、新媒体从业人员、中介组织和社会组织从业人员、自由职业人员的新的社会阶层代表人士的产生作详细介绍，湖南省民办教育协会联络部主任荷洁，湖南景天国旅、长沙景天大酒店有限公司董事长易伟，长沙源声远文化传播有限公司法人袁理 3 位新的社会阶层代表人士发言，交流思想认识。喻志刚对芙蓉区新的社会阶层代表人士联谊会提出：要保持定力、坚定信心，主动宣传贯彻党的路线方针政策；要围绕中心、服务大局，积极助力芙蓉区高质量发展；要发挥优势、主动作为，努力促进社会和谐稳定。他指出，区委统战部将按照“充分尊重、广泛联系、加强团结、热情帮助、积极引导”的工作方针，在搭建交流平台、健全服务机制、引导创新创业、扩大优秀代表人士政治参与等方面精准出招、持续发力，积极芙蓉区新的社会阶层人士健康成长，不断开创芙蓉区新的社会阶层人士统战工作新局面！（杨　晴）

【英资赛特福德幼儿园筹办现场会】 12 月 23 日，芙蓉区赛特福德幼儿园筹办现场会在湘域熙岸原营销中心会议室召开。赛特福德文法学校（THETFORD GRAMMAR SCHOOL）是英国三所最古老的学校之一，是一所学制从幼儿园至高中全覆盖的私立学校。湖南赛特福德幼儿园是英国赛特福德文法学校在中国品牌合作的一个学前教育幼儿园，引进英国 EYFS 课程体系，结合中国文化，专门为 3 ~ 6 岁的孩子提供优质的国际化教育。市侨联主席陈慧，市侨联正县级调研员方泽昆，芙蓉区委常委、统战部部长喻志刚出席现场会，区委统战部、区优化营商环境协调事务中心、区教育局、区城管局、区行政审批服务局、区侨联主要负责人、东屯渡街道分管负责人参加会议。会上，英国湖南同乡会副会长、祖籍湖南的英国华人、赛特福德文法学校校董会主席彭恺介绍“赛特福德与中国”品牌课程说明以及落地中国发展计划，芙蓉区赛特福德幼儿园园长汪晖介绍了前期筹办工作情况以及存在的相关问题，各参会单位发言，表示支持并配合幼儿园高效办理开园所需各项手续，开通绿色通道。陈慧讲话肯定芙蓉区各职能部门为支持侨胞振兴祖国教育所持的积极态度。喻志刚对芙蓉区赛特福德幼儿园以国际视野为前瞻，投资举办满足国际人士、归国人员和高端人群教育需求的教育实体表示支持和赞赏，要求从“高度”“高位”“高效”三个方面对接幼儿园开园工作，期望以芙蓉区赛特福德幼儿园的举办为起点，为芙蓉区的教育品类丰富、教育品质提升、教育人才的引进与培养做出贡献。（袁　霞）

网　信

【概况】 2019 年 3 月，中共长沙市芙蓉区网络安全和信息化委员会办公室（以下简称区委网信办）组建成立。区委网信办是区委网信委的办事机构，加挂区互联网信息办公室的牌子，主要负责网上正面宣传、网络舆论引导、网络舆情管控、网络生态治理、网络安全协调、网络信息化和社会化等工作。内设 3 个科室、1 个事

业机构，分别为办公室、网络安全协调和信息化发展科（网络宣传评论科）、网络舆情应急和管理执法科、区互联网信息服务中心，核定行政编制5人，事业编制4人。2019年，区委网信办坚持“正能量是总要求，管得住是硬道理，用的好是真本事”为导向，以“做好网络维稳工作、走好网上群众路线，营造清朗网络空间”为目标，提高网络内容建设、网络安全和信息化发展水平，全年无发生网络意识形态和网络安全责任事件。区委网信办被省委网信办评为2019年全省网络舆情管理工作先进单位。

【网络阵地管理】2019年9月，召开区委网信委第一次会议，学习传达贯彻上级网信工作会议精神，审议通过芙蓉区《网信委工作规则》《网信办工作细则》《网络安全工作责任制实施细则》等文件。制定各党（工）委（党组）网络意识形态工作责任清单，分层、分类明确网络意识形态工作责任，把握网络意识形态领域的突出问题和风险点，建立并坚持“日通报、周讲评、月调度、季会商、年考核”的网络意识形态工作机制。统筹公安、工信、文化、行政执法、数据资源、街道等各单位力量，持续开展“净网”、“网络安全检查”活动，对全区所有街道和网信领导小组成员单位网络意识形态工作开展专项督查，重点督查单位党（工）委（党组）在网信工作体制机制建设、网络阵地管理、网信专干配备等方面情况。2019年3月，在长沙市委理论学习中心组（扩大）集体学习暨坚持底线思维着力防范化解重大风险专题研讨班上，芙蓉区以“牢记使命 担当作为 坚决打赢网络意识形态战争”为题，作会议书面典型发言（全市内五区唯一）。

【网络舆论引导】 2019年，围绕品质提升年、优化营商环境等重大主题和中心工作，通过人民网、中新网、新华网、红网、今日头条等重点网站、新媒体平台，参与组织、积极推荐网络新闻报道4100多篇次，形成“重大活动现场组稿，特色活动主动推稿，重点工作积极约稿”的常态化报道机制。在新湖南、时刻新闻、一点资讯、澎湃新闻等新媒体平台开设专栏、专号，通过图文信息、H5页面、短视频等多种方式有效提升宣传效果。出台《芙蓉区网络评论工作管理办法》，组建了一支区、街、社区三级160余人的网络评论员队伍，通过微信、微博等新媒体累计转发正面报道、权威信息19600余条，撰写评论2100余条。参与省、市网信办组织的精准扶贫在三湘、砥砺奋进这五年、互联网改变生活、中美经贸磋商、麓山南路蝶变、“壮丽70年·奋斗新时代”、新晃“操场埋尸案”“浏阳烟花爆炸案”等集中正面舆论引导3800余次。参与区级融媒体中心建设，打通芙蓉发布、芙蓉新闻网、手机报、新芙蓉、抖音号、澎湃号、企鹅号、一点资讯等多个载体平台，实现新闻节目生产从单纯的“为网站生产”“为微信公众号生产”“为客户端生产”转变为“为多屏生产”。依托红网资源优势，提升芙蓉发布微信公众号和芙蓉新闻网品质，实现区级宣传平台的精准定位、组团发展、优势互补。

【网络舆情管理】2019年，出台《芙蓉区网络舆情联合会商研判应对工作机制》，制定《舆情应急处置工作流程》，充实网络舆情工作力量，升级舆情监测技术平台，常态开展舆情分析研判，实时发布舆情预警通报，依托罗杰互联网舆情应急管理指挥平台，健全“横向到边、纵向到底”的监测处置机制和双向预警机制，落实24小时值班监看制度，实现网络舆情监测全天候覆盖，全年所有涉区网络舆情均第一时间监测。常态化召开舆情分析研判会，区委主要领导对网上舆情处置工作定期调度，全年监测交办、协调处置涉区重点网络舆情410余起，通报、告知舆情预警信息260余条，向上级网信部门报送舆情信息4.32万条。重点抓住扫黑除恶、“6·4”事件、学生“三考”、中非经贸博览会等事项及特护期的舆情应急管理。3月31日，中宣部主管的“学习强国”平台以《坚持处早、抓小、减少“三步走”，加强基层网络舆情工作》为题，宣传推介芙蓉区网络舆情管理工作经验。

【网络安全保障】2019年，落实网络安全工作责任制，常态开展网络安全自查，全面排查全区关键信息基础设施网络安全，对全区办公环境安全、设备安全、信息安全、管理制度落实情况等内容定期组织安全风险评估、潜在威胁评估等，及时纠正存在的问题。对5个区直单位发布网络安全预警通报，对全区65个网站和信息系统实行安全防护检测，修补排除43个高中危安全漏洞和安全隐患，调度修补芙蓉之窗政务网站安全漏洞、区教育局网站“弱口令”安全风险，督促协调友阿集团快速稳妥处置网络安全事件。根据省市“基层减负”精神要求，全面摸底全区政务网站、两微一端、抖音号等政务类网络平台的运营情况，对功能定位不清晰、信息发布不严谨、建设运维不规范政务新媒体平台实行规范清理，对具有公共服务功能，粉丝量多、更新频率高的政务网络平台予以保留登记备案。全区关闭网站2个，关闭新媒体账号79个，登记备案网站8个、新媒体账号92个，对申请保留的政务类网络平台要求主管主办单位提供充分依据，压实管理责任，明确专人运维，落实信息发布“三审”制度，把好导向关和内容关。杜绝摊派任务，严禁就账号推广、信息报送等摊派任务，着力解决网站、新媒体盲目跟风，网络学习层层加码，工作群过多过滥等问题。牵头组织开展“网络空间涉黑涉恶”专项治理、“清朗”行动，组织对10个新增微信小程序进行预审，依法查处飞狐传媒、给力心理等18个发布敏感不良信息的互联网单位。网络违法和不良信息的举报数和采用量居全市各区县市第一。牵头组织开展网络安全宣传周活动，通过“面对面、键对键、手牵手、心连心”等方式，宣传网络安全的重要意义、风险危害、防范措施和安全知识，提升全社会网络安全意识和防护技能。

【网信队伍建设】 2019年，以机构改革为契机，高标准严要求配齐配强各级网信队伍。组织网信工作战线干部参加省市各类学习集训和实战演练20余人次。邀请省委网信办主任周湘，在2019年第7次区委中心组（扩大）学习中，以“新媒体时代的网络舆情应对”为题辅导。推荐党员干部参加省、市“政务新媒体培训班”“网评员培训班”“十九届四中全会精神培训班”等与岗位业务密切相关的专题培训，打造过硬网信工作队伍。（黄燕妮）

巡　察

【概况】 区委巡察工作机构包括区委巡察工作机构领导小组（下简称领导小组）、区委巡察工作领导小组办公室（下简称巡察办）、区委巡察组，其中区委巡察工作机构领导小组组长由区委常委、纪委书记、监委主任担任，副组长由区委常委、组织部部长担任。巡察办为区委正科级工作部门，配备主任1名，副主任2名，为领导小组日常办事机构，设在区纪委监委，承担领导小组日常事务，下设综合科、业务科。设常驻巡察组2个，配备组长2名、副组长2名。根据每轮的需求设置数量不等的临时组。2019年，区委巡察机构完成3轮常规巡察，对卫生健康局、行政审批服务局、应急管理局等21个区直部门开展常规巡察，对2个社区（村）开展专项巡察，东屯渡街道及金科社区接受市提级交叉巡察，该届区委巡察覆盖率增至67.1%，开展问卷调查857人次、民主测评796人次、个别谈话597人次、接待群众来电来信来访161次、发现各类问题265个、移交立行立改问题29个，移交违反中央八项规定精神、违规设立“小金库”、拆迁安置违规操作等方面问题线索20条。

坚持政治巡察。以问题思维贯穿巡察全过程，聚焦关键问题和问题关键，挖掘实质性问题，做到“三个紧盯”：紧盯党的建设、中心工作推进中的重点人、重点事、重点问题；紧盯群众关注的热点、痛点、焦点问题；紧盯党员干部不作为、乱作为，形式主义、官僚主义问题，发现被巡察党组织在政治建设、思想建设、组织建设、作风建设、纪律建设、巩固发展反腐败斗争压倒性胜利等方面存在的问题。

强化巡察责任。履行区委书记第一责任人职责，年内召开书记专题会议听取巡察工作综合情况报告4次，研究重大问题、处理重要问题线索。区委巡察工作领导小组履行主体责任，加强巡前、巡中调研调度，听取巡察工作情况汇报5次。召开巡察情况公开通报会，对第五轮巡察情况进行通报。建立巡察约谈督办制度，区委主要领导带头，区委巡察工作领导小组成员和相关区级领导根据巡察情况，约谈被巡察单位主要负责人。8月，在长沙市市县巡察工作推进会上，芙蓉区作为长沙市内五区唯一区县以《突出政治巡察 发挥党委主体作用 持续推动全面从严治党向纵深发展》作经验交流。

健全保障机制。加强队伍建设。配优配强巡察干部，增配区委巡察机构行政编制3个、事业编制4个，增设副主任1名；先后抽调43名优秀干部参加巡察。注重巡察干部能力培养，举办3

期巡察干部业务培训，邀请市委巡察组、区相关部门专家领导授课16堂，培训近300人次。健全巡察资料收集配合机制，巡察联系单位增至19家。建立巡察联席会议制度，组织相关单位定期召开联席会议“会诊”。建立巡察报告会审制度，对巡察情况报告、党组（党委）领导班子和领导干部情况报告等材料组织多轮会审，确保报告质量。第七轮巡察同步对相关社区（村）党组织开展专项巡察，抽调区纪委监委、区委组织部、区司法局等单位专业骨干组建巡察组，了解群众身边的突出问题，推动解决项目拆迁、安置房清退等一批疑难问题。

落实巡察整改。出台《中共长沙市芙蓉区委巡察函告制度》，对巡察反馈情况分类梳理、分层函告，发出“提醒函”“反馈函”“建议函”“督办函”48件，相关分管或联点区领导、部门、派驻纪检监察组及被巡察党组织针对反馈问题，采取措施，共促整改。针对全区临聘人员使用和配备、物资采购等工作存在的共性问题，提出建议供区委参考，在区级层面堵塞制度漏洞。7月，在湖南省市县巡察工作推进会上，芙蓉区作为长沙市唯一区县作《实施“函告制度”推动巡察整改落实落细》书面交流。

【查处基层违反中央“八项规定”问题】 2018年8月，区委第一巡察组对马王堆街道开展巡察，发现马王堆街道九道湾社区借党建活动名义前往景区公款游玩的问题线索。巡察组通过调阅财务凭证、旅游合同、费用明细等原始资料，了解到2016年6月26日九道湾社区筹备组，组织85名党员开展庆祝中国共产党成立95周年党支部活动，借支部活动名义到周洛景区公款游玩。巡察组把问题线索移交区纪委监委。查实九道湾社区筹备组组织社区党员前往王震故居进行党建活动，后到周洛景区游玩，相关费用全部在社区党建活动经费中予以报销。2019年6月，马王堆街道纪工委给予九道湾社区党委书记杜某党内警告处分，给予社区支部委员、党建专干罗某党内警告处分。九道湾社区将周洛景点游玩费用8075元退回至社区居委会帐户。（黎银华）

区直机关党建

【概况】 2019年3月，根据区委办、政府办《芙蓉区机构改革实施方案》的通知，区直机关工委并入区委办公室，区委办公室对外加挂区直属机关工作委员会的牌子。区委常委、区委办主任刘洪波任区直属机关工作委员会书记，王琼任区直属机关工作委员会常务副书记。截至2019年底，区直机关工委管辖党组织76个，其中党工委1个，党委1个，党总支4个，党支部70个。有党员1953人，其中在职党员1365人，退休党员588人。

思想建设。贯彻落实区委关于“不忘初心、牢记使命”主题教育要求，组织机关党组织书记参加主题教育轮训，83名党组织书记参加，分两期开展区直机关主题教育党员轮训，789名机关党员参加。制作下发区直机关党支部“不忘初心、牢记使命”主题教育安排表，利用主题党日、组织生活等载体，采取集中学习、专题研讨、现场教学等方式学习近平新时代中国特色社会主义思想。《习近平“不忘初心、牢记使命”论述摘编》发至全体机关党员。举办区直机关“十九届四中全会精神宣讲会”，490名党员参加。搭建机关党组织“学习强国”管理平台，指导各党组织建立“学习小组”。至年底，“学习强国”学习积分达到万分以上的机关党员有200余人。

组织建设。首次举办区直机关党组织书记抓基层党建和意识形态工作述职评议会议。重视机构改革期间区直机关党组织的建立健全工作，将2019年党组织换届选举细分为换届、改选、升格、新成立四个类别，发出事前提醒，派出专人指导，完成24个党组织换届、23个党组织补选、1个党组织升格、8个党组织新成立工作。在区直机关党组织推进“和包支付支付”收缴党费工作。区直机关所有党组织1800名党员通过“和包支付”按月缴纳党费，2019年区直机关全年收缴党费约53.35万元。组织专门人员对2016年以来机关党费收缴管理使用情况开展自查自纠，完善相关制度台账。指导各机关党组织按照机构改革前党员隶属关系召开2018年度组织生活会。落实“不忘初心、牢记使命”主题教育工作要求，制作下发“主题教育专题组织生活会提示”及相关参考表格。对区直机关入党申请人和入党积极分子集中摸底，截至年底工委在册入党申请人23名，入党积极分子17名，发展对象13名。8名中共预备党员按期转为中共正式党员。

开展困难党员节日慰问，春节期间慰问困难党员群众56人，其中在职27人，退休29人，“七一”走访慰问困难党员8人。

督促指导。开展主题教育专项督察，分专题、分批次走访调研区直机关党组织，指出区直机关党组织在“三会一课”、组织生活会、双述双评、主题党日、党费收缴等方面存在的问题，指导区直机关创先争优。年内，人大机关党支部被评为“芙蓉区2019年度红旗机关事业单位党组织”，财政局党支部被评为“长沙市2019年度示范化‘五化’党支部”，环卫维护中心机关党支部被评为“芙蓉区2019年度示范化‘五化’党组织”和“长沙市2019年度示范化‘五化’党支部”。制定区直机关党员分类管理试点工作方案，开展党员分类管理试点工作。

服务工作。开展在职及退休人员摸底，采取公开招投标方式为1705名区直机关在职及离退休人员投保补充医疗保险，获得保险理赔184人15.9万余元。承办区第十一届全民健身运动会。为在职职工发放独生子女保健费2.06万元，为机关离退休人员办理独生子女父母奖励15人，为区直机关职工办理生育证10人。组织献血221人，超额完成年度团体无偿献血目标任务（210人）。根据机构改革工委职能调整，离退休人员管理职能移交，原由机关工委履行的区直机关离退休人员管理服务职能移交至各部门负责，移交离退休人员486人。

存在问题。理论学习与单位工作实际结合不紧密。党支部建设发展不平衡，部分党支部标准化规范化建设基础不牢，规定动作落实不到位，自主创新较少。党建与业务工作互促互进的方法举措不多，党建品牌少，可推广、可复制的经验欠缺。

【区直机关党组织书记党建工作述职评议】 2019年1月30日，区直机关工委在区政府二楼会议室召开机关党组织书记2018年度抓基层党建和意识形态工作述职评议会议。机关工委全体班子成员、区直机关隶属机关工委的一级党组织书记近60人参加会议，区委组织部副部长、基层办主任田松柏，区委宣传部副部长刘彦出席指导，机关工委副书记王琼主持会议。区行政审批局、征收办、工务局、安监局4个单位党组织书记分别现场述职，到会指导领导和区直机关工委、与会党组织书记对述职对象测评。区直机关工委书记朱卫东作点评讲话。他总结了2018年主要工作成绩，分析和指出当前还面临的理论学习效果不够明显、党建统领作用发挥不够明显、党支部“五化”建设推进力度不够大、作风建设还需持之以恒等方面的问题。对2019年的工作提出要求：要强化政治担当、扛起管党治党责任；加强同频共振、放大党建引领作用；加强组织建设、提升组织力；创新特色、提升品质。区委组织部、区委宣传部到会指导领导分别讲话。

【“不忘初心 牢记使命”主题教育轮训】 2019年10月11日、15日，区委党校和区直机关工委在区会议中心组织开展“不忘初心 牢记使命”区直机关党员轮训。根据《芙蓉区委“不忘初心、牢记使命”主题教育送党课下基层活动方案》，轮训分两期，每期半天，区直机关52个党组织近790名党员参加。第一期于邀请中共湖南省委党校（湖南行政学院）党史教研部主任、教授霍修勇以《深刻认识和把握中国共产党人的初心和使命》为题给参训党员授课，第二期邀请中共湖南省委党校、湖南行政学院党史教研部副教授谌玉梅以《牢记初心使命 坚定理想信念》为题授课。

【区直机关十九届四中全会精神宣讲会】 2019年12月5日，区直机关工委在区会议中心，举办“区直机关十九届四中全会精神宣讲会”，会议由区直机关工委常务副书记王琼主持，芙蓉区委副书记蒋红波以《强制度自信 提治理效能》为题，讲述中共十九届四中全会精神学习体会，区直机关59个在职党组织的490名党员参加宣讲会。（焦 茜）

机构编制

【概况】 2019年，区委编办以机构改革为契机，理顺体制机制，构建科学规范的机构职能体系和简约高效的基层管理体制，是全省唯一同时开展“相对集中行政许可权”和“相对集中行政处罚权”改革的区县，为推动芙蓉区高质量发展提供有力体制机制保障。在2019年的全省市州区编办主任会议上，芙蓉区改革经验在全省推介，相关工作成果被中国机构编制网、《湖南机构编制》专刊等主流媒体报道。

党政机构改革。按照中央部署贯彻落实好党政机构改革任务。对标中央、省委和市委要求，2019年3月底基本完成机构改革任务。该轮机构改革，芙蓉区设置党政机关35个，其中区委机构9个（纪检监察机关1个，工作机关8个），区政府工作部门26个。将承担行政职能事业单位纳入党政机构改革。清理事业单位承担的行政职能，对原有事业单位整合清理，使事业单位行政职能合理归位。按照精干高效原则设置党委、政府直属事业单位9个。探索执法体制改革，成立区级行政执法局，将涉及25个领域的行政处罚权限集中到行政执法局行使，从源头上解决多头执法、重复检查等传统弊端。统筹配置行政执法职能和执法资源，减少执法队伍种类；减少执法层级，下沉全区执法队伍，成立13个派驻街道执法中队，落实属地责任。

编制管理。落实机构编制管理，严肃机构编制纪律，守住机构编制管理“红线”。加强与组织、人事、财政等部门的协同配合，盘活机构编制资源，优化办事程序，为干部人事调整、公务员登记等工作提供精准数据和优质服务。立足全区实际，解决基层及民生、教育部门在编制上存在的问题，在部门机构设置和编制配备上提出合理化意见和建议，为领导决策当好参谋助手。

存在的问题和困难。机构编制政策宣传方式方法有待进一步创新，深入基层调研还有待加强。

【行政审批制度改革】 2019年，芙蓉区在原行政审批局的基础上组建行政审批服务局。在统一集中行使21个区属部门行政许可权和行政备案权的基础上，扩大相对集中行政许可权改革范围，将市场监管领域下放至区级行使的34项行政许可权和7项行政备案权全部集中至行政审批服务局行使，区级商事登记职能、窗口、人员成建制划转至行政审批服务局。推进“就近办”，建立行政审批网上办理平台，做到“线上线下、虚实一体、同步进行”。加大向街道（局）分类放权力度，率先在各街道政务大厅统一设立行政审批综合窗，实现“个体户设立、变更、注销登记”“小餐饮经营许可证”等审批事项在街道多点可办、少跑快办、就近能办；清理取缔没有法律法规依据的收费项目，推出资料复印、快递送达、证照办理三项免费惠民举措，做到企业、群众办理证照“零成本”。

【事业单位登记管理】 规范开展事业单位登记管理工作。完成全区123家事业单位年度报告公示，并按照《事业单位法人公示信息抽查办法（试行）》的规定比例，对其中4家事业单位年度报告公示进行抽查；依法完成全区行政、群团、事业单位登记管理工作，全年完成事业单位设立登记8例、变更登记59例、注销登记5例；根据改革后的单位设置情况，梳理全区中文域名及网站标识，建立网上名称管理台账，保障行政、群团、事业单位在互联网上的身份与信息安全。

（向　兰）

党校教育

【概况】 2019年，芙蓉区党校坚持党校姓党的原则，克服暂无正式校址的困难，团结全体教职工，完成教育培训工作任务。全年举办主体班12期，培训931人次，培训规模稳步提升。

教学培训。按照分层次、分类别、多渠道原则，抓住学习贯彻习近平新时代中国特色社会主义思想主线，根据主体班的需求特点科学配置理论教育教学板块。举办科级干部“学习领会习近平新时代中国特色社会主义思想轮训班”7期，每期2天，由省、市委党校教授讲授“习近平新时代中国特色社会主义思想”“不忘初心、牢记使命”“意识形态”“打造共建共治共享的社会治理格局”和现场教学“初心溯源”等课程。举办入党发展对象班1期培训243人，历时3天，按照《新编入党培训教材》，邀请市、区党校教员开展系统党的基本知识和党的优良传统、作风教育。由区委组织部、麻阳苗族自治县委组织部和区委党校、麻阳苗族自治县委党校共同组织芙蓉区、麻阳苗族自治县优秀中青年干部青训营，培训两地中青年干部55人，为期3个月，主要利用非工作时间集中授课。教学上实行理论授课为主，开展党性教育现场教学、长沙经济社会发展观摩现场教学，采取师徒制跟班学习方法，分组安排到棚改项目指挥部、信访局、巡察办锻炼，明确定点培养人。拓展教学形式，丰富教学内容，全方位提升青年干部综合能力。组

2019 年 9 月 9 日，芙蓉区四大家班子成员在《湘江评论》旧址前重温入党誓词

区委党校　供图

织学员开展微论坛、新闻发布会情景模拟、桌面推演教学、组织生活会、主题班会、辩论赛、读书沙龙等多种教学活动，提升学习兴趣和学习效果。组织 2018 年度绩效考核优秀科职干部 30 人到红旗渠进行“传承红色基因 提升发展品质”党性锻炼班 1 期，历时 7 天。开展教研活动，全面实施集体备课、试讲评教制度。“感悟人民力量，书写时代华章——从‘民贵君轻’到‘以人民为中心’”课程获得长沙市委党校教学竞赛优胜奖。“《湘江评论》溯初心”课程在区委“不忘初心、牢记使命”主题教育启动仪式上，为芙蓉区四大家班子成员讲授。牵头开展全区精品党课竞赛活动，指导打造 8 堂党课，构建“《湘江评论》溯初心，品质芙蓉担使命”系列精品党课。

教学管理。贯彻中组部有关规定，保证学员在学习期间的政治组织纪律。按照《芙蓉区科级领导干部德才绩量化考核实施办法》有关规定，管理和考核参训学员。继续实行主体班安排班主任和教学辅导员跟班、中青年干部培训班组建临时党支部和班委会制度，落实考勤、手机管理、考核计分等制度。要求每位参训学员结束时以“积极推进长沙高质量发展”“麻阳长寿文化产业发展”为主题提交 3000 字以上的论文和调研报告。培训情况与干部年底绩效考核挂钩。

教学科研。聚焦区委、区政府重点工作和社会经济发展热点问题，提高决策咨询报告质量。年内完成长沙市哲学社会科学规划项目 1 个，调研成果《切实做好家庭医生签约服务工作——以长沙市芙蓉区为例》在《中国人口报》上发表。完成 10 余篇科研论文。其中，在省级党校系统理论征文中获三等奖 1 个，在市级党校系统理论征文中，分别获二等奖 2 个、三等奖和优胜奖各 1 个。被市委党校班评为“2019 年全市党校系统科研工作先进单位”。

队伍建设。参与“连心”行动，在职党员进社区，与安子岭社区、东宜社区党组织结对共建，先后开展送课下基层、与社区党员共同铲冰除雪、为会同贫困学生捐资助学、向“两新”党组织捐赠党建书籍、向社区捐赠红色书籍、支部书记讲党课、参与车站北路社区文明创建、十九届四中全会精神宣讲等系列活动。在“不忘初心、牢记使命”主题教育中，配合区委主题教育领导小组举办读书班，培训人数 606 人；举办全区基层党支部书记培训班，培训人数 780 人；联合举办区直机关党员轮训班 2 期，参训人数 789 人；为 7 个区直部门，14 个街道、园、局，10 个社区（村）送党课，参学人数 3851 人。

【组织干部到红旗渠党性锻炼】2019 年 12 月 7—13 日，区委党校和河南林州市红源教育培训中心联合办班，组织 2018 年度芙蓉区绩效考核优秀科职干部 30 人，到红旗渠开展“传承红色基因 提升发展品质”党性锻炼学习。学员们通过聆听《红旗渠精神的孕育及其当代价值》的专题讲座、参观红旗渠纪念馆、实地学习体验，了解林县人民“战太行、出太行、富太行、美太行”的光辉历程和以“自力更生、艰苦创业、团结协作、无私奉献”为内涵的红旗渠精神，理解红旗渠精神时代价值。学员们参观焦裕禄纪念园，走进焦裕禄精神体验基地，在课堂内听“焦裕禄精神讲座”、观看《焦裕禄》纪录片、唱焦裕禄歌曲，课堂外瞻仰“焦桐”“习桐”、走访焦裕禄亲人、听焦裕禄事迹、推独轮车、吃农家饭。课堂内外结合，理论实践结合，学员们对焦裕禄精神的内涵和意义有了进一步理解。

【2019 中青年干部训练营】 2019年中青年干部训练营于6月11日—7月26日举行。该训练营由芙蓉区委组织部、麻阳苗族自治县委组织部和芙蓉区委党校、麻阳苗族自治县委党校共同制定方案并组织实施，培训对象为芙蓉区、麻阳苗族自治县优秀中青年干部55人。青训营首次实行“两地联动”，芙蓉区与麻阳苗族自治县分别集中优质教学资源，分阶段在两地开展教学、互换课堂。青训营主要利用非工作日及工作日的晚上，培训分芙蓉区和麻阳苗族自治县2个阶段。芙蓉区阶段分为理论授课、现场教学、实践、综合素质提升四大板块；麻阳苗族自治县阶段分为理论教育、大讲堂、现场教学、能力提升四大板块。课堂学习由省、市委党校教授讲授“不忘初心，牢记使命”“开启贫困山区乡村振兴新路程”“‘互联网＋监督’模式课堂教学”及“探寻代远足迹，传承红色基因”“政务礼仪”等课程。邀请区、县领导介绍区情、县情，学员与区、县领导座谈交流。训练营继续采取师徒制跟班学习方法，全体学员分成三组，分别到棚改项目指挥部、信访局、巡察办锻炼，明确定点培养人进行指导，重点锻炼年轻干部解决实际问题和处理复杂问题的能力。其间组织学员到市委党校开设情景模拟课，模拟新闻发布会、访谈、会见情景，到韶山开展拓展训练和党性锻炼。培训结束后，每位学员撰写1篇党性分析材料、1篇论文或调研报告，培训结束，评选优秀学员6人，优秀班干部2人，优秀调研论文2篇。

（章　余）

2019年6月11日—7月26日，芙蓉区、麻阳苗族自治县中青年干部训练营举行。图为实训营在市委党校开展模拟教学　　区委党校　供图

接待服务

【概况】 2019年3月，根据《中共长沙市芙蓉区委办公室关于长沙市芙蓉区接待服务中心机构编制调整有关事项的通知》，区接待办公室更名为区接待服务中心，区委直属公益一类事业单位，正科级，归口区委办公室管理。区接待服务中心全额拨款事业编制5名。

2019年，区接待服务中心承接省市视频会议5次，区委常委会26次，区委主要领导组织召开的调度会21次，书记专题座谈会15次。会议数量同比去年下降30%。承接重大活动中牵头抓总、统筹协调、精细服务的职责，全年活动67次。完成国金中心开业周年庆、庆祝中华人民共和国成立70周年系列活动、隆平水稻博物馆开馆仪式、全市项目观摩等大型活动，接待香港特别行政区、广州天河区、邯郸市等交流考察团，做好与龙山县、麻阳县精准扶贫的接待保障工作，优化接待流程，完善省、市领导到区考察项目台账，建立涵盖辖区内特色考察点、餐饮门店等600余条信息的区级考察项目库，全面梳理领导接待出行、接待服务信息畅通反馈、车辆保障等20项工作流程。

【广州市天河区到区考察】 2019年5月21日，广州天河区区委常委、区委办主任、中央商务区管委会主任丘卫青，副区长饶洁怡等13人到区考察交流相对集中行政许可权改革工作，芙蓉区委常委、区委办主任易新宇，副区长黄金国陪同。活动考察参观了区政务服务中心，双方开展座谈交流。

【长沙国金中心一周年庆典活动】 2019年5月23—24日，长沙IFS“风尚与匠心”一周年盛典在长沙举行。长沙市人民政府副市长邱继兴，芙蓉区委书记于新凡，区长周春晖，副区长谭雄伟，区委常委、区委办主任易新宇，副区长黄金国出席。来自意大利佛罗伦萨政府代表、国际奢侈品牌代表、艺术时尚界知名人士及国内外权威媒体嘉宾，齐聚长沙参加国金中心一周年庆典活动。活动安排包括晚宴、启动仪式、现场观摩和高峰论坛。启幕式上，长沙市人民政府副秘书长王体泽发表致辞。现场举行湘剧歌剧跨界表演，中国湘剧表演艺术家和意大利知名歌剧表演家登台表演。到场嘉宾观摩了长沙国金中心和尼依格罗酒店。活动举行中意文化风论坛，佛罗伦萨市经济发展和旅游局局长Lucia De Siervo女士，佛罗伦萨经贸发展促进局、经济和旅游促进处处长Marta Fallani女士，中意设计交流中心CEO Corrado Galli受邀参加。九龙仓中国置业助理董事兼总经理何蔡宁玲、长沙市商务局副局长孙春华、中意设计交流中心CEO Corrado Galli等在论坛致辞发言。长沙国金中心（IFS）由香港九龙仓集团斥资220亿元开发建设，总占地面积约9公顷，总建筑面积约102万平方米。2019年税收3.5亿，写字楼产生全口径税收1.62亿元，区级税收0.67亿元。（何佳玉）

外事·港澳事务

【概况】 2019年芙蓉区机构改革，成立中共长沙市芙蓉区外事工作委员会，区委书记任主任，副主任由区长和区委副书记担任，委员由区委和区政府有关领导及有关部门负责人组成。外事工作职能由原民宗外侨局划入区委办，区委常委、区委办主任任外事办主任。年内，召开区委常务会专题研究外事工作，健全外事工作机制，坚持区委外事工作委员会对全区外事工作的统筹领导，规范区委外事工作委员会办公室的日常运行机制。出台《中共长沙市芙蓉区委外事工作委员会工作细则》和《中共长沙市芙蓉区委外事工作委员会办公室工作细则》，落实相关会议制度、报告制度，强化综合、调度、协调、督办职能。与宣传、商务部门配合，做好外宣策划，展示芙蓉开放形象。

【对外商贸交流】 2019年，按照市委产业项目建设年、营商环境优化年和区委品质提升年的要求，强化涉外政策指导、信息咨询、资源对接、助推区域经济发展。举行长沙CBD高端楼宇推介会，与专业招商机构合作为新建及在建的国金中心、世茂环球金融中心、佳兆业广场三大楼宇进行专场推介，邀请世界五百强、国内五百强以及国内外50余家知名企业参会及现场参观。国金中心引进MFG、花旗银行、资生堂、支付宝、特音电子等一批优秀企业入驻；世茂环球中心引进佳能、欧姆龙等世界五百强企业；依托佳兆业广场打造外贸新增长点“中国（长沙）跨境电子商务综合试验区跨境电商企业联合运营中心”。邀请粤港澳大湾区实力珠宝企业，在深圳举行芙蓉区·深圳珠宝商恳谈会，芙蓉区黄金之城数家珠宝企业与品牌珠宝商签约。举行长江商学院学员走进芙蓉政企恳谈会，邀请粤港澳大湾区近50余位来自互联网、金融、通信电子、房地产、制造业、贸易、文创类企业家参会，其中上市公司4家，在湖南已有投资项目的公司8家。引进世界500强企业，友阿股份与Seven & I控股公司（500强，日本企业）旗下全资子公司柒－拾壹（中国）投资有限公司签署湖南省“7-ELEVEN”特许经营权，计划在省内开设多家“7-11便利店”。隆平高科技园区作为首届中非经贸博览会实地考察园区，接待10个非洲国家近100位外国友人考察。园区内与非洲有合作关系的企业4家。袁隆平高科技股份有限公司对非合作的模式为公益性国际援助＋市场化海外开拓，公司先后在利比里亚、尼日利亚、塞拉利昂等国开展技术援助项目与人力资源开发援外培训。截至年底，培训非洲官员和农业技术人员约3600人，惠及近50个国家。位于隆平园区的湖南国湘人力资源劳务责任有限公司是湖南省对外劳务合作龙头企业，每年对安哥拉、尼日利亚、埃塞俄比亚等20余个非洲国家外派劳务近700人，主要为建筑人才，辅之以烹饪、维修、医疗等其他配套的服务性人才。湖南省茶业集团股份有限公司对非出口茶叶，主要出口到利比亚、摩洛哥、南非、阿尔及利亚、埃及等非洲国家。2019年新引进的长沙姿一美科技有限公司，当年实现对非出口假发400万美元。

【文化交流活动】 2019年芙蓉区开展对外教育交流活动9次。湘一芙蓉第二中学老师到澳门与圣公会（澳门）蔡高中学签约姊妹友好学校；该校派员参加蔡高中学百年校庆，蔡高中学考察访问团校长到区走访湘一芙蓉二中等中小学。年内，美国教育协会代表考察团/博鳌经济论坛理事配偶亚太地区考察团、英国林肯敏斯特学校校长Fiona.Thomas先后到大同小学考察，参观交流。英国林肯敏斯特学校与大同小学建立友好学校。大同小学校长和教师参加湖南省委外事办港澳事务办公室组织的“湖南省第十五届公共服务管理港澳研讨班”，到香港、澳门学习研讨。聘请英国外教Ilhan到育才小学任教一学期。组织谭云山家族与中印文化交流学术研讨会暨谭中九十寿诞庆活动。区隆平水稻博物馆全年接待国外及港澳台人员896人次。

【与澳门蔡高中学缔结姊妹友好学校】 2019年3月29—31日，湘一芙蓉第二中学老师许美良、熊启航到澳门与圣公会（澳门）蔡高中学签约姊妹友好学校；10月18—20日，湘一芙蓉第二中学老师万敏锐、宋占玲、彭勇参加蔡高中学百年校庆；12月27—31日，圣公会（澳门）蔡高中学考察访问团校长等一行24人参访湘一芙蓉二中，了解内地教育发展情况，参访育英西陇小学。参观学校十大创客空间，观看学校特色课程视频，课程特色汇报，两校行政管理交流。

【美国教育协会代表团到区考察】 2019年4月10日，美国洛杉矶地区橡树岭学校等4所学校组成的校长团到大同小学开展交流与访问。芙蓉区龙继红校长工作室的成员参加活动。大同小学的学生们为来宾举行篮球操、版画、书法、主题中队会等活动。美国嘉宾一行分别为大同小学二年级、三年级和五年级的孩子们上几堂别开生面的课，用日常生活中随处可见的小物品，不限做法、不限步骤，完成老师布置的任务。在中美双方教师教育交流座谈会上，双方还就教师评估、教育体制、办学特色等方面做了详细的规划与探讨。该次活动也是龙继红校长工作室主题研讨活动之一，美国教育协会负责人郝飞表示，长沙学生们给外方嘉宾留下了深刻的印象。该次中美教育交流项目旨在分享教育教学成果，加强多元文化交流，将美国中小学的流行课程、课件等带到国内，同时让美国教育者更加了解中国教育现状和发展速度。

【谭云山家族与中印文化交流学术研讨会在大同举行】 2019年4月18日，谭云山家族与中印文化交流学术研讨会暨谭中先生九十寿诞庆活动在大同小学举行。谭云山（1898—1983），湖南茶陵人，印度学者，系首任印度国际大学中国学院院长，1948年作为旅印华侨创办大同小学，在印度工作45年，出版中英文书20余部，2013年获泰戈尔创办的印度国际大学最高荣誉学位。参与人员有谭云山长子谭中以及家属代表，北大、深圳大学等高校学者代表，有关研究机构学者，省外事办主任徐正宪、茶陵县政府侨办主席陈卫红，芙蓉区政府和区教育局有关人员，大同小学校长龙继红及师生代表参加，龙继红担任主持人，各专家学者就谭云山家族与中印现代关系、谭云山家族精神及其价值、谭云山作品、谭中作品研究等主题进行研讨。徐正宪、陈卫红分别致辞，谭中在主题发言中讲述父亲的思想体系、学术成就及所获各种荣誉。四川省国际和平与发展中心研究员张骏、北京大学外国语学院教授魏丽明、深圳大学印度研究中心讲师黄蓉、北京怀柔继光书院院长戚占能、云南大学助理研究员何可人分别作主题发言。与会人员参观大同校园，到校史馆参观，了解学校历史文化。

【外宾到隆平园区考察】 2019年6月27—29日，首届中非经贸博览会在长沙市举行。其间，来自喀麦隆、冈比亚、利比里亚、摩洛哥、乍得等10个国家的100余位嘉宾考察隆平高科技园。园区党工委书记、芙蓉区委副书记卓精华，党工委副书记、管委会主任缪晨光，党工委委员、管委会副主任曾敏陪同。非洲考察团一行首站到袁隆平农业高科技股份有限公司，听取该公司发展情况介绍。公司负责人陈志新表示，公司是“中国杂交水稻技术援外培训基地”，还是中国商务部授予的5家“对外援助项目实施企业”之一，已在利比里亚、塞内加尔、冈比亚等非洲国家都有一定的项目基础。利比里亚农业部部长Mogana·S·Flomo表示，在过去的10余年里，隆平高科一直与利比里亚农业部保持着非常良好的双边合作关系，在利比里亚设立农业试验田，为当地农民免

2019年11月13日，大同小学校长龙继红（前右）与英国林肯敏斯特学校校长Fiona.Thomas（前左）签署《建立友好学校关系备忘录》，省长许达哲（后右二）见证签约　　图自区教育局

费提供杂交水稻种子。座谈会上，考察团成员就水稻育种、援非项目、未来规划等课题，与隆平高科相关负责人开展交流。考察团一行到湖南省茶业集团股份有限公司，参观湖南茶叶博物馆、茶产品展厅，现场品茶、看视频，听湘茶故事，了解中华茶文化和对非茶叶贸易等情况。公司负责人介绍，近年来，公司在非洲出口茶叶平均金额约2000万美元，每年到非洲主要城市参加展会。考察团代表在袁隆平像前合影，赞许隆平园有关企业为中非农业合作、经贸往来所做的贡献。作为商务部授予的“中国杂交水稻技术援外培训基地”和具有中国农业技术援外项目实施资格的单位，隆平高科专门设立国际培训学院，承担对外援助人力资源开发合作项目，15年间，依靠公司强大的研发优势，传播水稻、玉米、蔬菜等主要农作物高产栽培技术，助力非洲农户增产增收，助力非洲国家解决粮食安全问题。

【大同小学与英国一学校结为友好学校】　2019年11月13日，湖南省政府与英国林肯郡议会在长沙举行签约仪式，签署省郡合作备忘录。签约仪式上，大同小学与林肯敏斯特学校签署《建立友好关系备忘录》。省长许达哲与林肯郡执行议员科林·戴维见证签约。校长龙继红陪同Fiona.Thomas到大同小学参观交流。Fiona.Thomas先后参观了校史馆校园文化，与家长们共同观赏孩子们的音乐艺术展演，观摩了张宏雨老师的新体系音乐课堂教学，并与英语组老师进行中英小学音乐课堂教学交流，对大同小学的音乐教育教学表示欣赏。（黄天明）

对台事务

【概况】　2019年，依托位于隆平园的海峡两岸青年创新创业基地，举办多场两岸经济交流活动。举行两岸创业学院创业路演，“两岸携手 长台共创”海峡两岸双创对接之旅活动，芙蓉区两岸青年文化产业孵化基地协办的2019年海峡两岸大学生创业交流研习营“台湾青年在湖南”创业分享交流会，芙蓉区两岸青年文化产业孵化基地和小火炬众创空间联合举办的省、市、区创新创业扶持政策宣讲活动。

【两岸创新创业扶持政策宣讲活动】　2019年10月16日，由芙蓉区科技局指导、芙蓉区两岸青年文化产业孵化基地和小火炬众创空间联合举办的省、市、区创新创业扶持政策宣讲活动在芙蓉区两岸文化产业孵化基地举行。区科技局局长赵小午、副局长唐子茹，基地常务副主任兼党支部书记李石斌、基地副主任连上铭以及基地各企业负责人30余人参加活动。基地副理事长唐荣利主持，区科技局特邀讲师刘洋做政策宣讲。赵小午首先介绍芙蓉区的区情和整体发展情况。刘洋为大家解读国家高新技术企业认定申报、企业研发财政奖补资金申报、长沙市科技系列扶持奖励政策，着重解读国家高新技术企业认定申报政策等。现场开展交流和讨论，刘洋对各企业提出的的问题一一解答。（黄天明）

史志档案

【概况】　2019年3月，依据芙蓉区机构编制委员会《关于长沙市芙蓉区机构改革涉改科级事业单位调整的通知》，原芙蓉区档案局更名为区档案馆，原承担的行政职能划入区委办公室，对外加挂中共长沙市芙蓉区委党史研究室、长沙市芙蓉区地方志编纂室牌子，为区委办公室所属正科级公益一类全额拨款事业单位。区委办公室对外加挂芙蓉区档案局牌子。原区史志档案局档案领域行政执法检查监督权移交至芙蓉区行政执法局。核定全额拨款事业编制7名，其中主任1人，副主任2人。截至年底，区档案馆实有在职人员8人，政府雇员1人。内设办公室、史志科、档案馆。芙蓉区档案馆作为党史、地方志、档案“三合一”的部门，承担存史修志、建档管档、服务社会的责任。2019年，芙蓉区年鉴编纂委员会编纂的《芙蓉年鉴（2018）》被中国地方志指导小组评选为第六届全国地方志优秀成果（年鉴类）县区级综合年鉴三等奖，被湖南省地方志编纂委员会评选为第六届全省地方志优秀成果（年鉴类）县级综合年鉴一等奖。

存在的问题和困难。史、志、档案工作是一项政策性、机密性、专业性较强的工作，档案库房空间的不足，史、志、档案管理专业人才和硬件设施的缺乏，导致工作很难获得长期的进步与发展。

（苏　洁）

【党史工作】　2019年，联合区委组织部（区老干局）、区委党史联络组，编印中华人民共和国成立70周年纪念专辑《致敬 祖国》，收录《芙蓉国里尽朝晖》《喜看稻菽千重浪》《难忘那年高考》等文章29篇，展现芙蓉区（东区）发生的历史巨变及各领域取得的成就。该书印制1500册，于9月24日发放至全区干部群众手中。以党史联络组成员张定浙为主力的红袖章党史宣教志愿者，撰写《芙蓉国里尽朝晖》《不忘初心 传承红船精神》《追溯初心之源 传承担当精神》等讲稿，先后到马坡岭街道、大同小学、蓉园社区、区委办等22家单位上党课100余场次，听众5000余人次。联合区委宣传部、文旅体局及相关街道，开展长沙党史馆开馆前的文物征集工作。征集到有关都正街历史文化街、韶光电工厂、秀美的浏阳河、长善垸、湖南和平解放史事、袁隆平与超级杂交稻、长沙国金中心、全省首个国家康居示范工程——东岸梅园岭等材料与照片一批，上报至市委党史研究室。年内，为湘江评论陈列馆（修业学校校史馆）红色革命教育基地建设提供设计方案和现场指导。

（温小慧）

【地方志工作】　2019年，《芙蓉年鉴（2019）》终审工作基本完成，年底进入印刷出版阶段。全书近80万字，330余页。开展《湖南年鉴》和《长沙年鉴》条目组稿工作，完成省年鉴条目2篇、市年鉴条目8篇。修改《长沙市志·人物传》芙蓉区分纂部分，定稿26篇，约2.6万字。完成《湖南乡镇（街道）简志·长沙卷》芙蓉篇的校稿工作。开展隆平高科技园园区志和园区图志编纂工作。为普及地方志文化，区档案馆于5月14—25日开展庆祝国务院《地方志工作条例》颁布实施13周年史志宣传周活动。通过区政府和各街道、社区和辖区单位的电子显示屏滚动播出宣传标语，悬挂横幅，发放交流志书，组织学习地方志条例、史志法规。全年组织宣教活动20余场次。

（李文英）

【档案工作】　截至2019年12月24日，芙蓉区档案馆接待查档3045人次，利用档案7820卷（件）次。举办全区档案业务培训，培训档案员159人。提供档案业务指导120余次。年内组织到期档案接收进馆工作，接收进馆案卷级档案682卷、文件级档案17876件。启动国有企业退休人员社会管理人事档案移交工作，制定相应工作方案，明确工作流程。

（李　娜）

老干部工作

【概况】　2019年机构改革中，芙蓉区委老干部局全员并入区委组织部，区委组织部对外加挂区委老干部局牌子。芙蓉区老干工作2019年创新服务举措，落实老干部“两个待遇”，开展“不忘初心、牢记使命”主题教育、举行庆祝中华人民共和国成立70周年活动等，引导离退休干部发挥正能量作用，促进老干部工作科学有序发展。

坚持政治引领。利用“不忘初心、牢记使命”主题教育契机，强化全区离退休党员思想政治建设。组织120余名副县级以上离退休干部党员参加专场读书班，发放学习资料近400册。针对行动不便的离退休老党员，坚持送学上门，300余册主题教育读本送到老党员手中。创新线上学习方式，打造“银发晨课堂”学习平台，每天将主题教育学习内容以网页形式推送到离退休党员微信群。

湖南卫视、湖南经视等省市媒体，以及“长沙党建”微信公众号、《长沙组工通讯》期刊等公众平台予以采访报道。优化党组织设置，将机构改革中被撤销的11个区直机关离退休支部党员的组织关系转到原单位，指导8个离退休党组织换届选举工作。加强党建经费保障，保证离退休党组织建设经费20万元，拨付15个离退休党支部示范点活动经费7.5万元，明确离退休干部党支部书记每月工作补贴600元。开展离退休先进典型的选树工作，在全市离退休干部党员“七一”表彰大会上，陈伟琪等5名老党员获评“优秀共产党员”，邹时香等3名离退休支部书记获评“优秀党务工作者”，区直机关离退休党总支三支部、文艺路街道退休党支部被评为“先进党组织”。“五老”党员张定浙被评为全省离退休干部先进个人，丰泉古井社区退休二支部等3个离退休支部被推评为全市示范化“五化”离退休干部党支部。

2019年9月，芙蓉区为离休干部发放庆祝中华人民共和国成立70周年纪念章。图为部分纪念章获得者　　区老干局　供图

提升服务水平。2019年，芙蓉区有离休干部103人，其中区直机关12人、教育系统13人、街道及二级机构3人、省属改制企业移交73人、异地安置到区2人。享受副县以上待遇退休干部132人，其中正县实职9人、正县待遇18人、副县待遇105人。组织各行政事业单位130余人开展信息采集业务培训。历经2个月，采集2302名离退休干部信息。区老干局坚持按规定落实离退休老干部理论学习、阅读文件、参观考察、走访慰问、通报情况、参加重要会议和重大活动等制度，督促指导各单位落实离退休干部政治待遇制度。春节前，组织160余名离退休老干部参加迎新春座谈会暨区情通报会。国庆节前，为115名中华人民共和国成立前参加革命工作的老干部发放“庆祝中华人民共和国成立70周年”纪念章。全年为2752名离退休干部订阅《老年人》杂志、《长沙晚报》5464份。按照政策发放离休干部及遗孀配偶各项生活补贴等经费，及时为离休干部报销医药费、交通费等费用。坚持走访慰问制度，全年走访慰问离休干部（含遗孀、配偶）及副县级以上退休干部142人，发放慰问金10万元，为12位去世离休干部办理后事，为离休干部送去法定节日慰问物资券326人次。

存在的问题和不足。部分单位对老干部工作转型和创新发展，认识不足、方法不新；基层从事老干部相关工作的人员更换过于频繁，大多数身兼数职，导致政策不熟悉、服务不到位。

（刘建武）

【发挥老干余热】2019年，芙蓉区立足“五老”优势，发挥老干作用。区老干部书画协会、诗词协会，区老干部大学相继举行庆祝中华人民共和国成立70周年系列书法绘画展。10月，在杨家山社区举行市“五老”金牌讲师团“百场报告进基层 携手奋进新时代”主题宣讲启动仪式，组织区“五老”金牌讲师团在全区开展宣讲活动。参加由长沙市关工委主办的庆祝中华人民共和国成立70周年“祖国在我心中”系列评选活动，刘雄被评为第三届“十佳五老”，燕山二小关工委小学生体验式法治教育活动被评为“十佳载体”，丰泉古井社区关工委“小候鸟”流动儿童城市融入计划获得第二届“十佳载体”提名奖，区教育局关工委、文艺路街道关工委、龙马社区关工委，被评为市级“五好关工委”。组织老干部为区委党史联络组编印的《致敬祖国》一书撰稿，书籍赠送至街道、机关、学校等468本。

（胡　蓉）

【老干部大学】 2019年，区老干部大学创新课程设置，新增设养生舞蹈、隔代养育、摄影后期制作等特色课程。改进教学方式方法，开展分层教学研讨，全年开班139个，编班学员近8000人。为缓解老年教育“一座难求”局面，在军区社区、恒达社区、识字里社区、西湖社区4个社区创建基层教学点。学校以中华人民共和国成立70周年为契机，构建和谐校园文化：利用教室走廊、班级宣传栏、《晚霞》校刊等文化阵地展开宣传，组织全校学员围绕庆祝中华人民共和国成立70周年开展各种形式的征文、诗歌、美术、书法、摄影创作活动。学员们通过手中的笔、相机展现、歌颂祖国。举行《庆祝中华人民共和国成立七十周年“翰墨书盛世 丹青绘河山”书画展》。展出书法、绘画作品100余幅。艺术团参加各级各类文化竞赛、传播活动100余场次。9月，合唱团在长沙市市委宣传部主办的“祖国颂”合唱比赛中获银奖，舞蹈队在省体育局主办的湖南省第十届全民广场舞总决赛中获金奖第一名。11月，舞蹈队在国家体育总局社会体育指导中心主办的2019年全国广场舞大赛南方片区竞赛中获第三名。

（赵湘云）

【老干部工作调研】 2019年5月28日，湖南省委老干部局局长、省委离退休干部工委书记龚健带队到区调研老干工作，重点考察芙蓉区发挥“五老”作用特色阵地——“何立伟工作室”的建设。任罗生、罗智群、罗玉环、唐安石等省、市相关领导参加，芙蓉区委常委、组织部部长何溪桥，副部长杨幸子等陪同。“何立伟工作室”是以长沙市文联主席何立伟牵头，以省书法家协会副主席、市书法家协会主席孔小平，市书法家协会副主席谭石光、协会会员任树云为骨干的“五老”志愿服务队。不到3年，志愿服务队由最初的10人发展壮大到28人。芙蓉区马王堆街道新桥新村社区结合实际情况提供功能齐全的设施保障，将文化大讲堂、图书阅览室、乒乓球室、书法室、篮球场、健身场所、辛追广场、浏阳河风光带等场地进行资源整合，让“何立伟工作室”志愿者们学习有组织、活动有场所，开展志愿服务有阵地。座谈会上，社区工作人员详细汇报工作室的运行发展情况。在推进青少年校外教育和搭建居民终生学习平台方面成效显著，有创新有举措，每周六举办的少儿书法公益班，特色鲜明，亮点突出。调研组对“何立伟工作室”工作给予肯定，高度评价芙蓉区“五老”志愿服务品牌的工作。希望继续加强“五老”志愿服务阵地建设，带动并吸引更多“五老”参与服务社会。

【芙蓉区“银发先锋大课堂”培训班】 2019年6月4日，芙蓉区举办2019年第一期“银发先锋大课堂”暨离退休党支部书记、“五老”培训班。芙蓉区“五老”金牌讲师团、各离退休党支部及关工委系统“五老”和专干近100人参加。区关工委副主任张安琪、陈碧展，区委组织部副部长、老干部局局长、区委离退休干部工委书记杨幸子出席。培训分业务学习和现场观摩两个环节进行。业务学习环节，观看德政园社区明心苑党支部和火车站社区第二党支部“五老”发挥作用的宣传片，杨幸子和张安琪分别部署离退休党建和关心下一代工作。副军级教授、区“五老”金牌讲师吴传桂作《为了人民满意的答卷》主题宣讲。现场观摩环节，参观开福区“五老”助学队和开福好人馆。

（刘建武）

【区关工委爱心助学活动】 2019年9月至11月初，芙蓉区关工委在全区开展“关爱明天 圆梦希望”助学活动，对贫困家庭学生进行精准帮扶，走访16所中小学校，资助学生320名，发放慰问金32万元，扶助对象和助学金额创芙蓉区关工委爱心助学历史新高。区关工委主任罗树林，副主任张安琪、陈碧展、贺小华，区教育局党委书记、局长徐青春，副局长杨红等领导参加活动。这是继“六一”后又一次集中的帮扶活动。该次活动发放爱心助学金40万元，帮扶贫困学生400名。

（胡　蓉）

长沙市芙蓉区人民代表大会

The People's Congress of Furong District，Changsha

责任编辑 · 谭丽霞

综 述

芙蓉区五届人大代表名额为213名，2019年因工作岗位变动、退休等原因，19人辞去代表职务。12月区人大常委会依法补选21人（含2018年空缺数2人）。截至年底，区人大代表数213名。区域内有市人大代表46人，省人大代表8人。区五届人大常委会组成人员原为29人，2018年出缺1人，2019年出缺5人，2019年年底区五届人大常委会组成人员实有23人。根据《中华人民共和国宪法》《中华人民共和国地方各级人民代表大会和地方各级人民政府组织法》的有关规定及2019年芙蓉区机构改革方案，2019年区人大新设立社会建设、民族华侨外事、农业与农村3个专门委员会；保留区人大财政经济委员会，区人大常委会原内务司法工作委员会更名为区人大监察和司法委员会（与人大法制委员会合署办公），教育科学文化卫生工作委员会更名为区人大教育科学文化卫生委员会，城乡建设环境与资源保护工作委员会更名为区人大环境与资源保护委员会。2019年，芙蓉区人大常委会内设办公室、选举任免联络工作委员会2个办事（工作）机构，新设预算工作委员会（与区人大财政经济委员会合署办公），办公室加挂区人大常委会信访办公室牌子。

2019年，芙蓉区人大常委会坚持党的领导、人民当家做主、依法治国的有机统一，围绕中央和省委、市委、区委的重大部署安排，忠诚依法履职，主动作为，全年召开常委会会议9次、主任会议32次，听取审查审议各类工作报告55项，提出审议意见34项，作出决议决定9项；开展专题询问1次、专题视察调研19次、执法检查13次；任免国家机关工作人员103人次，完成区五届人大四次会议确定的各项目标任务。

政治建设。建立每周一次的中心组集中学习制度，全年组织集中学习40余次。坚持人大重要事项、重点工作、重大活动向区委请示报告的制度，全年请示报告20次。履行党组管意识形态工作责任制和党风廉政建设“两个责任”，全年组织意识形态工作专题研究和形势研判4次，专题研究党风廉政建设工作2次。主动将中央“三大攻坚战”“扫黑除恶专项斗争”“环保督察”和省市“产业项目建设年”“营商环境优化年”、区“品质提升年”等工作，纳入人大年度优先统筹安排、重点支持监督的事项，以清单方式抓贯彻落实。开展“不忘初心、牢记使命”主题教育，组织3次专题研讨交流活动，开展“如何优化代表履职环境、提高代表履职质效”专题调研，形成调研报告5份。组织调研成果交流会，推进建章立制，制（修）订《关于进一步加强党的建设的若干意见》《关于进一步加强代表服务的补充规定》《关于进一步加强正确有效监督的若干意见》。

自身建设。制定《关于进一步加强党的建设的若干意见》和《关于集中整治形式主义官僚主义的具体措施》，组织党章党规党纪专题学习，开展“以案促改”警示教育，参观刘少奇天华纪念馆、开慧广场、平江起义纪念馆等红色基地，人大常委会机关支部与火星街道社区卫生服务中心党支部、长沙和捷实业有限公司党支部开展结对共建。与全国10个地区的人大考察团开展经验交流，人大常委会机关支部获评市“文明标兵单位”和区“红旗党组织”，人大常委会离退休支部获评市“先进党组织”。（鲁青松）

重要会议

【区五届人大四次会议】 2019年2月28日至3月1日，芙蓉区第五届人民代表大会第四次会议在区会议中心召开，全区202名代表出席。区委、区政府，区法院、检察院负责人出席会议，区委区政府各部门、人大及其常委会各委办、各街道负责人列席会议，市垂直管理部门负责人列席开幕式和闭幕式，区人大常委会离任老领导、全体区政协委员列席开幕式。出席和列席开幕式近600人。在开幕式及全体会议上，区委副书记、区长周春晖作《政府工作报告》，区人大常委会主任廖铁成作《人大常务委员会工作报告》，区人民法院院长刘自军作《芙蓉区人民法院工作报告》，区人民检察院检察长王均全作《芙蓉区人民检察院工作报告》。代表们分13个团审议上述报告，同时审查芙蓉区国民经济社会发展计划和芙蓉区财政预决算报告。列席人员参加分组讨论。3月1日，大会举行闭幕式，全体代表和列席人员400人参加。会议表决通过关于六个报告的决议，决定区第五届人民代表大会常务委员会有关专委会的设立及其组成人员的人选，投票选举王长陵为区监察委员会主任，举行向《中华人民共和国宪法》宣誓仪式。区委书记于新凡代表区委祝贺大会召开并讲话。

【区五届人大常委会会议】2019年，全年召开人大常委会会议9次。

1月14日，区五届人大常委会第十七次会议，审议通过《区五届人大四次会议筹备工作方案》和《区人大常委会2018年工作报告》，表决通过有关人事任免议案，任命李学军为区人民政府副区长。

3月28日，区五届人大常委会第十八次会议，审议通过《芙蓉区人大常委会2019年工作要点》，表决通过27名区政府组成局局长任免事项。

4月24日，区五届人大常委会第十九次会议，对2名市人大代表、3名员额法官和3名检察官进行述职测评，表决通过有关人事任免议案。

6月26日，区五届人大常委会第二十次会议，听取和审议"蓝天保卫战"工作情况汇报，对区行政审批服务局、区信访局、区人社局、区审计局和区科技局五名部门负责人开展述职测评，接受区人民法院院长和2名区代表辞职，并对《中华人民共和国水污染防治法》贯彻实施情况开展专题询问。

8月29日，区五届人大常委会第二十一次会议，听取并审议区幸福教育(学前教育)开展情况、2019年上半年发展计划执行情况、2018年财政决算及2019年上半年财政预算执行情况、财政审计结果等报告，表决通过有关人事议案，接受2名区代表辞职。

9月24日，区五届人大常委会第二十二次会议，表决通过有关人事任免及代表辞职议案。

10月25日，区五届人大常委会第二十三次会议，听取和审议区政府"品质提升年"工作开展情况、2019年1—9月财政预算执行及2019年财政预算调整、第四次大会以来代表建议办理、对龙山县靛房镇专项扶贫募捐活动的情况报告，表决通过批准2019年区级财政预算调整方案决议和有关人事任免议案。

11月15日，区五届人大常委会第二十四次会议，表决通过有关人事任免议案。

12月24日，区五届人大常委会召开第二十五次会议，听取并审议区政府2019年国民经济和社会发展计划执行情况和2020年计划报告、2019年财政预算执行情况和2020年财政预算的报告、2018年财政预算执行情况"同级审"中提出问题的纠正情况和处理结果的报告及被审计单位整改情况的报告、2019年审议意见、决定决议办理情况的报告、2019年全区环境状况与环境保护目标完成情况和《中华人民共和国水污染防治法》专题询问整改落实情况的报告，确认21名补选区人大代表资格，表决通过2019年度区优秀人大代表的决定和有关人事任免议案。 （鲁青松）

依法行权

【概况】2019年，芙蓉区人大常委会依法行使重大事项决定权。召开党组会议29次，常委会会议审查区政府半年度计划执行情况和财政预算执行情况的报告，审议区人民政府年度财政预算执行情况和其他财政收支的审计结果报告，审查和批准区政府年度财政预算的调整报告。依法行使监督权。聚焦"三大攻坚战"，常委会会议审议政府债务、国有资产管理、2019年度全区环境状况和环境保护目标完成情况、"蓝天保卫战"三年行动计划的落实情况、扶贫协作、幸福教育等工作报告。实施人大预算联网监督，开展《中华人民共和国水污染防治法》贯彻实施情况专题询问，组织代表开展对龙山靛房镇的"对口扶贫、爱心捐赠"公益活动，获评市"预算联网监督系统工作优秀单位"和市"污染防治攻坚战监督工作优秀单位"。聚焦"品质提升年"，主任会议开展营商环境、民营经济、重点项目建设、园区经济、高新技术产业、楼宇经济、城市有机更新和"城中村"改造、社会救助、居家养老、基层医疗健康等专题视察调研，向全体人大代表发出《垃圾分一分、生活美十分》倡议书，开展"教育均衡发展芙蓉行""农产品质量安全行"活动。聚焦"法治芙蓉"建设，组织《中华人民共和国促进科技成果转化法》《中华人民共和国归侨侨眷权益保护法》《中华人民共和国妇女权益保障法》等法律法规落实情况执法检查，对区公安分局、区法院、区检察院专项工作进行视察调研，开展"6·26"国际禁毒日"12·4"宪法宣传日、"青少年法治宣传教育周"等系列活动。落实新任命人员向宪法公开宣誓制度，组织常委会组成人员和固定列席人员向宪法集体宣誓仪式。依法行使人事任免权。全年任免国家机关工作人员103人次，其中任免人大系统35人次、政府系统33人次、法检系统35人次，任命人民陪审员213人次,全部满票通过。组织2名市代表、5个区政府部门负责人、3名员额法官和3名员额检察官的述职测评。（鲁青松）

【开展法官检察官述职测评】为加强司法监督工作，提升“法官、检察官”依法履职能力和工作水平，根据《中华人民共和国各级人民代表大会常务委员会监督法》等相关法律规定，2019年4月24日，区人大常委会的十九次会议，听取员额法官、员额检察官述职并评议，人大常委会副主任严国益主持，人大常委会全体组成人员参加。民事审判二庭副庭长伍丹文、刑事审判庭庭长胡汉明、执行局局长颜斌3位员额法官，公诉科检察官郭沫杉、监察科科长李磊、副检察长白涛3位员额检察官分别作述职报告，区人民法院院长刘自军、区人民检察院检察长王均全作补充说明。区人大常委会组成人员对上述6位人员的述职作点评发言并实行满意度测评，测评结果均为全票满意。（监司委）

【水污染防治法贯彻落实专题询问】2019年6月26日，区第五届人大常委会第二十次会议，围绕区政府贯彻落实《中华人民共和国水污染防治法》情况开展专题询问。市人大农业农村委领导，区人大常委和部分人大代表，区政府各职能部门和街道、湘湖管理局的主要负责人及分管负责人100余人参加会议。根据区人大常委会工作安排，自2019年3月始，组织人大代表开展集中视察、委员专题调研、多渠道征询问题和建议。区人大环资委根据掌握翔实资料，汇总形成50个问题提交常委会，最终确定26个具有针对性、代表性的问题，在区五届人大常委会第二十次会议上询问。询问会上提问时间在2分钟之内，答问时间在5分钟之内。被询问单位有区生态环境局、区人民检察院、区农业农村局等10个单位。单位负责人如实反映工作的现实状态，不回避存在的问题和困难，同时提出的今后的改进措施。提问人随即给出评价。在该次专题询问过程中，长沙电视台、《长沙晚报》、《中国环境报》、红网、等新闻媒体参与专题询问的全过程并给予报道。区人大常委会在相关网站发布专题询问的工作动态。是继2018年开展“蓝天保卫战’专题询问以来，芙蓉区人大常委会第二次开展该项工作。

（陈　旭）

2019年6月26日，芙蓉区第五届人大常委会召开《中华人民共和国水污染防治法》贯彻落实情况专题询问会议　　图自区委办

代表工作

【概况】2019年区人大常委会制定《关于进一步加强代表服务工作的补充规定》《人大代表活动经费使用管理暂行办法》《人大代表优秀议案和建议评选表彰办法》等制度，提质改造街道人大代表活动室和社区代表接待室。组织区代表到浙江大学培训，分两批组织市代表到北京培训。实行“代表走访月”工作制度，3月，常委会班子成员集中走访人大代表。强化代表建议追踪督办督察力度，代表所提的48件建议在规定时间办结完毕，见面率、办复率、满意率均为100%，其中当年办结的建议占总数52%。（联工委）

【代表建议办理】2019年，区人大常委会组织代表培训班，安排代表议案、建议、批评、意见的提出与处理课程，为代表更加科学、合法、准确和规范地提出建议奠定基础。区人大常委会主任会议审议通过《长沙市芙蓉区

人大代表优秀议案和建议评选表彰办法》。区人大五届四次会议期间，收到涉及经济发展、社会事务、城市管理等各方面代表建议47件，闭会期间1件。建议归总交区政府相关部门办理，见面率、办复率、满意（基本满意）率100%。在48件建议中，已经解决或基本得到解决（A类）的25件，占建议总数的52%；正在解决或者已经列入计划解决(B类)的19件，占建议总数的40%；受当前条件限制暂时不能解决、留作参考（C类）的4件，占建议总数的8%。

【省、市人大代表会前调研考察】 2019年12月17—18日，芙蓉区人大常委会组织省十三届人大代表芙蓉区小组、市十五届人大代表芙蓉区联组全体代表开展会前集中视察活动。区委书记于新凡，区委副书记、区长周春晖，区人大常委会党组书记、主任廖铁成，区委常委、区委办主任刘红波，区人大常委会党组副书记、副主任宋晋武等参加。首先，召开了2019年区政工作汇报会，于新凡介绍芙蓉区最新发展情况和取得的主要成果，周春晖汇报2019年芙蓉区经济发展、项目建设、营商环境、城市管理、民生服务等工作情况，阐述明年工作的基本思路。与会代表们就有关工作提出宝意见和建议。会后，省、市人大代表一行实地考察区八一路小学、今朝星农贸市场、韭菜园立体停车场和隆平高科技园区，重点了解芙蓉区民生项目和经济发展情况，每到一处，听取了项目情况的解说，观看有关图文展板，代表们表示继续为助推芙蓉区高质量发展献智献力。该次会前集中视察活动为期2天，省、市人大代表调查走访对应联系的社区或村，了解社情民意，拟写高质量的建议、批评和意见，为即将召开的省、市人民代表大会做准备。（联工委）

调研考察

【概况】 2019年，区人大主任会议组织专题调研考察19次。组织对《中华人民共和国促进科技成果转化法》《中华人民共和国归侨侨眷权益保护法》《中华人民共和国妇女权益保障法》等法律法规落实情况执法检查，听取相关部门的汇报，实地考察展调研区公安分局、区法院、区检察院、街道司法所。围绕经济社会发展，开展营商环境、民营经济、重点项目建设、园区经济、高新技术产业、楼宇经济、城市有机更新和“城中村”改造、社会救助、居家养老、基层医疗健康等专题调研视察，实地走访隆平产业园、民营企业、化龙池有机改造历史步道、“城中村”改造、区社会福利中心、社区卫生服务中心等。

【妇女权益保障法贯彻情况调研】 2019年7月5日，区人大常委会主任廖铁成率主任会议成员，专题调研芙蓉区贯彻落实《中华人民共和国妇女权益保障法》《湖南省实施〈妇女权益保障法〉办法》（以下简称“一法一办法”）情况。主任会议成员一行实地察看了区婚姻家庭调适中心和马王堆街道滩头坪社区。随后召开专题座谈会，区人大常委会党组副书记、副主任宋晋武主持。会议听取区妇联主席危勇有关工作汇报和区人大社会建设委员会主任委员提名人选刘建刚所作专题调研报告；区人民政府副区长梁汝岚及区检察院、区教育局、区卫健局、区民政局负责人作补充发言，主任会议成员提出有关意见。会议认为，芙蓉区贯彻落实“一法一办法”不打折扣、很有成效，相关部门工作细致精致，妇女参政议政程度进一步提高，受教育水平进一步提升，创业就业及健康权益保障进一步完善，人身、财产、家庭权益保障进一步增强，值得肯定。

【法治政府建设调研】 2019年8月27日，区人大常委会主任廖铁成率主任会议成员一行专题视察调研法治政府建设工作。廖铁成一行实地察看了荷花园街道司法所、区物业纠纷调解中心和社区矫正中心。随后，召开专题座谈会，区人大常委会副主任马京沙主持。会上区司法局局长芮岸伟受区政府委托作工作汇报，区人大监察与司法委员会主任委员刘建军作专题调研报告。会议指出，到2020年基本建成法治政府，是新时代中共中央一项重大决策部署，区人民政府及有关部门能认真贯彻落实《法治政府建设实施纲要（2015—2020年）》，推进法治政府建设，政府职能转变加快，制度体系更加健全，行政执法更加规范，行政权力制约更加强化，亮点特色初显，走在全市前列，值得肯定。（鲁青松）

长沙市芙蓉区人民政府

People’s Government of Furong， Changsha

责任编辑·谭自然

综　述

2019年，芙蓉区政府坚持稳中求进工作总基调，围绕财富芙蓉、智慧芙蓉、魅力芙蓉、幸福芙蓉奋斗目标，统筹推进稳增长、促改革、调结构、惠民生、防风险、保稳定各项工作，持续推进强党建、提品质、惠民生“三大工程”“九大行动”，开展“产业项目建设年”“营商环境优化年”“品质提升年”活动，全区高质量发展迈出坚实步伐。

经济发展。全年地区生产总值增长8%左右；地方一般公共预算收入增长11.6%；固定资产投资增长8.5%；社会消费品零售总额增长9.7%；城镇居民人均可支配收入增长8.6%。研究与试验发展（R&D）经费支出增长30.6%，产业投资占固定资产投资比重提升4个百分点，税收占地方一般公共预算收入比重提升6个百分点，非税占比下降6个百分点。完成第四次全国经济普查。持续做好“转企、入规、升高、上市”四篇文章，完成“个转企”209家，新增“四上”企业268家，省审核通过高新企业89家，进入市上市（挂牌）后备库企业33家。引进世界500强项目4个。全年新增市场主体16054户，同比增长6.1%；其中，新增企业8326户，同比增长27.4%；全区市场主体总数10.9万户，全年为市场主体减税17.9亿元，社保降费1.1亿元，市场活力充分迸发。做强楼宇经济、抓实楼宇招商，引进花旗银行、兴业证券等9家传统金融省级机构总部和盈亚证券投资咨询全国性总部。新培育全口径税收过亿元楼宇2栋。打造专业特色楼宇，长房国际大厦授牌“房产总部大楼”，全区专业特色楼宇6栋。推进老旧楼宇提质改造，惠农大厦、平和堂商厦等楼宇旧貌换新颜。国金中心销售额超45亿元，年客流量3500万人次，成为高端商贸新高地。省金融创新特色产业园、隆平高科技园入选湖南省第三批服务业示范集聚区。商圈经济、夜间经济、网红经济氛围浓厚，激发消费潜力。做实园区经济、聚焦“一主一特”产业定位精准发力，园区“四上”服务业营业收入增长33%。完成“种业硅谷”发展规划等顶层设计，引进产业链上下游企业51家，种业企业172家，产业链产值增长30%。加快打造“种业硅谷”集聚区，隆平高科总部基地新入驻产业链骨干企业10家，华智国家水稻分子育种研发基地加快招商运营。总投资120亿元的隆平生物种业产业园项目完成签约，“种业硅谷”创新中心、科研成果推广中心项目加快推进。隆平高科技园获批创建国家现代农业产业园，“种业硅谷”跻身全市“四谷”建设行列。做活存量文章、聚焦楼宇、项目、土地、厂房、资产等存量资源，以盘活存量来优质量、扩增量、强总量。盘活存量项目，帮扶企业破解发展难题，敬天广场、万象时代、三湘南湖大厦等7个社会投资遗留项目实现开（复）工，总建筑面积130.2万平方米，总投资146亿元。盘活存量楼宇，建立楼宇空置情况台账，发布楼宇空置资源信息，增强招商引资的针对性和实效性，全区楼宇空置率下降3个百分点。盘活存量土地、厂房，推动园区闲置土地和厂房“腾笼换鸟”，盘活全区存量土地46.67公顷，挂牌出让土地5宗。盘活存量资产，处置经营性资产8处，实现效益最大化。

城乡品质。基础设施不断完善、全年铺排各类重点项目155个，完成投资153亿元。合平路二期、龟山路等5条城市道路竣工通车，营盘东路与星沙大道两条主干道实现连通。完成八一路、韶山北路提质改造。完成长沙人寿堂·协和颐养院、张公岭消防站主体工程建设，东雅中学项目进展有序，浏阳河以东地区基础设施日趋完善。建设5G基站320个。推进电力“630”攻坚，明确电网“主干网架”提质、“骨干网架”补短、“城乡配网”升级三大工程建设，确保到2020年，长沙电网建设改造投资规模约150亿元，满足1000万千瓦负荷下安全供用电需求），加快建设变电站和配套通道路由项目。加快推进37个“三供一业”（国有企业承办的供水、供电、供热（气）和物业管理等社会职能）小区改造。城市更新稳步实施、蔡锷中路两厢棚改项目实现基本清零。启动张公岭村、杉木村“城中村”改造，火炬村“城中村”改造项目用地挂牌出让。实施103号令农村集体土地拆迁项目3个。黄土塘、火炬村等5个回迁房（安置房）项目加快建设。开展建筑领域和危房安全排查，完成曙光小区危房“以补促改”。启动蔡锷中路两厢、马王街、浏正街有机更新项目建设，建成白果园化龙池历史文化街区，成为老百姓身边又一宜居宜游的网红打卡地。

城市管理更加精细、推行相对集中行政处罚权改革，成立全省首个城区行政执法局，整合原本分散在23个部门、24个领域的行政处罚权、行政强制权和执法检查权。率先全市发布城市体检报告，精准治理“城市病”。提质袁家岭、万家丽商圈，综合整治五一商圈，城市客厅更加靓丽。推进火车站、汽车东站等重点区域综合治理，整治市容乱象，城市窗口更加文明。

生态环境。中央生态环保督察及“回头看”、省级环保督察反馈问题整改到位，完成年度污染防治项目31个。打赢“蓝天保卫战”，二氧化硫、PM_{10}等主要污染物浓度有效降低。率先全市启动燃气锅炉低氮改造，完成127台，减少氮氧化物排放60吨。浏阳河芙蓉段流域综合治理成效明显，出境断面（黑石渡）年度水质稳定保持Ⅲ类及以上标准，水质达标率100%。开展拆围透景、织补提质、治乱美化、清洗净化、楼宇亮化“五大专项整治”，城市景观更加和谐。建成长星、九龙仓等城市公园、游园7个，新增绿地面积20公顷，城市生态更加优化。推进小微黑臭水体治理，完成三角塘、双桥港上游、杉木港项目截污和农大片区雨污分流一期改造。推进垃圾分类和环卫“三改”（城区公厕改造、垃圾中转站改造、环卫车辆新能源改造），新建和提质垃圾站厕91处，形成“两分三拣六处”（“两分”即分干、湿垃圾；“三拣”即居民家庭首次分拣，保洁、环卫人员第二次分拣，分拣中心第三次分拣；“六处置”即大件垃圾、装修垃圾、园林绿化垃圾、农贸市场垃圾、有害垃圾、可回收物六类处置）的生活垃圾分类模式，社区覆盖率100%，垃圾减量超1万吨，城市环境更加洁净。

民生保障。民生实事普惠便民。建好“一圈两场三道”，新建和巩固“15分钟生活圈”项目16个；新、改建农贸市场9个、社区门店6个；建成公共及配建停车场14处，新增停车位5596个；建成自行车道50.6千米，人行步道35.8千米，历史文化步道10.6千米。省、市重点民生实事项目完成目标任务。幸福教育均衡惠民。新改扩建“4校2园”，新增学位2700余个，率先全省消除“大班额”。加大公办园、普惠园建设，完成小区配套幼儿园移交回收6所，公办及民办普惠幼儿园比例84.7%。健康芙蓉全心为民。推进社区卫生服务中心规范化建设，完成东湖、荷花园中心改造，建成火星、朝阳等5家中心预防接种数字化门诊。13个社区卫生服务中心与中南大学湘雅附二医院、省人民医院等构建医联体，老百姓在家门口就能看上“专家号”。文体事业繁荣利民。区文化中心完成主体工程建设，建成东驿体育公园及2个健身驿站、50处全民健身点，提质改造5个标准化社区综合文化服务中心。连续三年举办中华龙舟大赛，浏阳河品牌影响力进一步提升。隆平水稻博物馆开放，成为又一城市文化地标。社会保障兜底保民。新增城镇就业1.6万人，失业人员再就业4300人，就业困难对象再就业1900人，发放创业担保贷款1005万元，城镇登记失业率控制在4%以内。重点解决低收入群体住房困难问题，完成公租房租赁补贴186户，经适房保障78户。探索开展医疗保障网格化监管，提升医疗保障工作和医保基金监管水平。建成社区居家养老服务中心4个，老年人在家门口就能颐养天年。社会治理有序安民。监测处置网络舆情411起。建设食品安全追溯平台，查处各类食品药品违法案件310起，老百姓“舌尖上的安全”更有保障。推进“5个100%”（所有公民办学校、幼儿园的专职保安员配备率100%，封闭化管理100%，“一键式”紧急报警、视频监控系统达标率100%，“护学岗”设置率100%，硬质防冲撞设施安装率100%）工作，加强校园及周边环境综合治理。开展交通问题顽瘴痼疾集中整治，重点整治东二环沿线、高家坡路等25处交通隐患点，交通环境持续向好。以“星城园丁”APP为载体开展“互联网＋群防群治”，芙蓉公安大数据实战平台和“智慧安校”平台建设及应用得到公安部肯定。

（李永晟）

重要会议

【芙蓉区政府常务会议】 2019年，芙蓉区政府常务会议召开15次，主要研究事项如下：

1月21日，审议《长沙市芙蓉区人民政府、国网长沙供电公司关于芙蓉区电网建设的框架协议》；审议《2019年区政府工作报告》。

1月31日，传达学习《关于大力提倡求真务实真抓实干集中整治形式主义官僚主义的意见》；审议《长沙市芙蓉区贯彻落实湖南省第一环境保护督察组督察反馈意见整改方案（送审稿）》；传达市总河长会议精神，审议《芙蓉区2019年实施河长制湖长制工作要点（送审稿）》；审议《关于改善社区退休工作人员生活待遇的实施意见（送审稿）》；审议《关于进一步明确退役军人再就业帮扶上岗人员绩效及相关待遇的实施意见（送审稿）》。

2月22日，研究给予高端楼宇推介会扶持政策的有关问题；研究给予瑞幸咖啡（长沙）有限公司扶持政策的有关问题；研究给予火炬社保融资地块扶持政策的有关问题；传达学习习近平总书记关于统计工作的重要思想论述和全国全省统计工作会议精神，研究全区统计工作；研究全区安全生产工作；传达学习《许达哲省长在湖南省人民政府第三次全体会议上的讲话》文件精神；传达学习《关于一起在贯彻落实市委议定事项中履职不力典型问题的通报》文件精神；研究向上争资工作。

3月12日，审议《长沙市芙蓉区优化营商环境二十条（送审稿）》《长沙市芙蓉区2019年“产业项目建设年”活动实施方案（送审稿）》；传达学习全市禁毒工作大会精神，研究全区2019年禁毒工作；研究全区2019年扫黑除恶工作。

4月3日，研究隆平高科技园2019年度绩效考核指标问题；审议《关于省委巡视反馈意见有关问题的整改实施方案（送审稿）》；研究东业上城商品房源处置有关问题；研究弗彗谷万家丽项目扶持政策。

4月17日，研究“三大攻坚战”工作；研究“营商环境优化年”“产业项目建设年”工作；研究生活垃圾分类、环卫设施设备“两年三改”工作；研究扫黑除恶工作；审议《芙蓉区2018年度产业发展扶持评审情况（送审稿）》。

4月30日，研究杉木路绿带建设相关事宜；研究拟建安置房建设用地工作；审议《芙蓉区地方税种专项清理“百日竞赛”行动方案（送审稿）》；研究“12345”热线办理有关工作；安排部署“五一”节假日期间有关工作。

5月15日，审议《长沙市芙蓉区党政领导干部安全生产责任制实施细则（送审稿）》《长沙市芙蓉区安全生产委员会组成人员名单（送审稿）》《长沙市芙蓉区安全生产专业委员会组建方案（送审稿）》《中共长沙市芙蓉区委长沙市芙蓉区人民政府关于推进安全生产领域改革发展的实施意见（送审稿）》；审议《关于促进区域经济发展的奖励办法（送审稿）》；研究机关事业单位工作人员2018年度有关奖励发放工作；审议《芙蓉区二维码标准地址建设方案（送审稿）》。

7月25日，传达学习《政府投资条例》文件精神；传达学习《关于转发地方各级人民政府行政首长防汛抗旱工作职责的通知》文件精神；审议《芙蓉区“互联网+群防群治”工作方案（送审稿）》；研究迎接中华人民共和国成立70周年城市市容整治相关工作；传达全市违建别墅清查整治专项行动工作调度会议精神，审议《芙蓉区关于违建别墅问题清查整治专项行动工作方案（送审稿）》；审议《长沙国金中心写字楼招商政策及实施办法（送审稿）》《长沙国金中心总部分支机构转法人企业奖“一事一议”原则（送审稿）》。

8月27日，审议《长沙市芙蓉区2018年财政决算（草案）》《长沙市芙蓉区2019年1—6月预算执行情况的报告（送审稿）》；审议《关于2018年度芙蓉区本级预算执行和其他财政收支情况的审计结果报告（送审稿）》；审议《芙蓉区2019年上半年国民经济和社会发展计划执行情况的报告（送审稿）》；审议《芙蓉区“加强企业帮扶 优化营商环境”长效工作机制的实施方案（送审稿）》；研究中秋节工程款支付有关问题；研究部署迎接深化民兵调整改革检查考评工作。

9月25日，学习中共中央、国务院《关于深化改革加强食品安全工作的意见》和中共中央办公厅、国务院办公厅《地方党政领导干部食品安全责任制规定》，审议《关于调整芙蓉区食品安全委员会成员的通知（送审稿）》《关于调整芙蓉区创建国家食品安全城市工作领导小组成员的通知（送审稿）》；研究社会化工会工作者、工资集体协商指导员薪酬参照社区专职工作人员标准发放有关问题；研究2019年新增财政对外借款有关问题；审议《芙蓉区经营性资产处置方案（送审稿）》；研究友谊东项目零星用地整合相关工作。

10月24日，审议《2019年1—9月芙蓉区财政预算执行情况报告（送审稿）》《2019年财政预算调整方案的报告（草案）》；研究驻京、驻深外派招商有关问题；审议《芙蓉区基层医疗卫生机构规范化建设三年行动实施方案（送审稿）》；研究芙蓉区国家慢性非传染性疾病综合防控示范区建设工作；研究12号地块挂牌有关问题；研究全区违建别墅问题清查整治工作。

11月12日，研究加大对未成年人思想道德建设支持力度有关工作；研究建设国家现代农业产业园有关工作；研究城市人居环境有关工作；研究平台公司转型有关工作；研究促进“四新”经济发展有关工作；研究全区“稳就业、稳金融、稳外贸、稳外资、稳投资、稳预期”工作。

11月22日，研究全区2020年重点项目计划；研究长沙市芙蓉区物资贸易公司有关遗留问题；研究浏阳河产业带公司解散诉讼有关问题；研究芬兰“寒克雅奇”公司中国区总部落户芙蓉区有关政策“一事一议”工作；研究全区科技奖补工作；审议《芙蓉区关于落实公办中小学教职工备案制管理改革的实施方案（送审稿）》。

12月9日，研究春节前有关资金使用问题；审议《长沙市芙蓉区六张清单（送审稿）》。

·表3· 2019年芙蓉区政府重要文件（芙政发）一览表

文　号	标　题	发文时间
芙政发〔2019〕1号	关于批准《长沙市芙蓉区应急管理局2019年度安全生产监督检查计划》的通知	4月2日
芙政发〔2019〕2号	关于对“会计代理记账执业资格审批”等行政审批事项实行“申请人承诺制”、向街道（局）委托下放行政审批事项的通知	8月16日
芙政发〔2019〕3号	关于印发《芙蓉区2019年重点项目建设计划》的通知	9月17日

·表4· 2019年芙蓉区政府重要文件（芙政办发）一览表

文　号	标　题	发文时间
芙政办发〔2019〕1号	转发区人力资源社会保障局 区财政局《关于调整机关事业单位工作人员基本工资标准和增加机关事业单位离休人员离休费三个实施办法》的通知	1月4日
芙政办发〔2019〕2号	关于认真做好2019年春运工作的通知	1月18日
芙政办发〔2019〕3号	关于印发《长沙市芙蓉区重污染天气应急预案》的通知	1月29日
芙政办发〔2019〕4号	关于印发《长沙市芙蓉区2019年蓝天保卫战（大气污染防治）实施方案》《长沙市芙蓉区2019年水污染防治实施方案》《长沙市芙蓉区2019年土壤污染防治实施方案》《长沙市芙蓉区2019年噪声污染防治实施方案》的通知	3月18日
芙政办发〔2019〕5号	关于成立东岸街道东瑞社区居委会的批复	4月16日
芙政办发〔2019〕6号	关于印发《长沙市芙蓉区政务云管理暂行办法》《长沙市芙蓉区政务信息资源共享管理办法》的通知	4月3日
芙政办发〔2019〕7号	关于印发《芙蓉区惠民惠农财政补贴资金“一卡通”专项治理方案》的通知	5月5日
芙政办发〔2019〕8号	关于印发《芙蓉区中央驻长企业、省属企业职工生活小区提质改造实施方案》的通知	5月9日
芙政办发〔2019〕9号	关于印发《芙蓉区2019年国土资源卫片执法监督检查工作方案》《芙蓉区2018年度土地卫片违法用地整改工作方案》的通知	5月13日

·续表4·

文　号	标　　题	发文时间
芙政办发〔2019〕10号	关于印发《长沙市芙蓉区2019年生活垃圾分类工作方案》《长沙市芙蓉区环卫设施设备“三改”行动工作方案》的通知	5月24日
芙政办发〔2019〕11号	关于进一步加强区政府门户网站内容保障及常态化监测评估工作的通知	6月26日
芙政办发〔2019〕12号	关于在全区设置营商环境监测点、聘请营商环境特约监督员的通知	7月4日
芙政办发〔2019〕13号	关于印发《长沙市芙蓉区湘江及其支流入河排污口排查整治专项行动方案》的通知	7月18日
芙政办发〔2019〕14号	关于印发《芙蓉区“互联网+群防群治”工作方案》的通知	8月8日
芙政办发〔2019〕15号	关于印发《长沙市芙蓉区关于违建别墅问题清查整治专项行动工作方案》的通知	8月16日
芙政办发〔2019〕16号	关于做好芙蓉区2019年度城乡居民基本养老保险参保缴费工作的通知	8月29日
芙政办发〔2019〕17号	关于印发《芙蓉区加快推进高速公路电子不停车快捷收费应用服务的实施方案》的通知	8月3日
芙政办发〔2019〕18号	关于印发《芙蓉区关于进一步加强财税收入管理的工作方案》的通知	9月25日
芙政办发〔2019〕19号	关于承接市级下放部分权限（第一批“一件事一次办”）的通知	9月27日
芙政办发〔2019〕20号	关于做好2019年旅行社、酒店行业部门联合“双随机、一公开”抽查工作的通知	10月1日
芙政办发〔2019〕21号	关于印发《芙蓉区促进区域经济发展的奖励办法实施细则》的通知	10月22日
芙政办发〔2019〕22号	关于印发《芙蓉区闲置楼宇（烂尾楼）处置工作方案》的通知	10月25日
芙政办发〔2019〕23号	关于印发《芙蓉区全面推进责任督学挂牌督导工作的意见（修订版）》的通知	11月22日
芙政办发〔2019〕24号	关于印发《长沙市芙蓉区基层医疗卫生机构规范化建设三年行动实施方案（2019—2021年）》的通知	12月23日

（区政府办）

人力资源管理

【概况】 2019年，根据政府机构改革要求，外国专家管理、军官转业安置、公务员管理三项管理职责划出区人社局人力资源管理。年内区人社局组织完成芙蓉区2019年公开选调（招聘）笔试、面试、体检工作，选调（招聘）人员19人；完成社区专职工作者竞争性补录前期摸底工作和后期组考招录工作，有102人报考，录取34人，充实街道社区基层工作人员力量。推进机构改革实施，在局内部改革工作中，理清职能职责，调整工作脉络，对于公务员管理工作、涉军管理工作加强同相关部门的沟通协调，确保工作的有效衔接和平稳转移；在参与政府机构改革方面，做好涉改人员转隶工作和双向交流工作，确保人员及工资调整到位，同时协调、指导调整后的单位加强队伍建设及人员管理。完成事业单位专技人员职称聘前资格审查、教育系统职称评定前岗位核定、2019年度芙蓉区中高级职称评审形式审查及申报工作，协助市职改办完成医疗卫生、土建系列职称考试资格审查。档案管理方面，做好人事档案接转、档案资料收集工作。做好实习生进区实习工作，接收湖南农业大学278名本科学生到芙蓉区进行为期一个半月的实习。

【组织工人等级考试】 在全区范围内开展2019工勤技能岗位考核工作，组织实施所属机关事业单位一级至五级岗位人员的网络报名，二级岗位人员的资格初审、考务安排，三级至五级岗位人员的资格初审、复审、考务安排，三至五级岗位新进人员的直接认定。全区机关事业单位工人报考一级的有23人、二级135人、三级61人、四级11人。

【人才服务窗口建设】 年内，人才服务窗口接待电话和现场咨询3840人次，受理和初审高校毕业生租房和生活补贴申报1248人，留学归国人员租房和生活补贴申报62人，职业技能晋级奖333人。发放租房和生活补贴2.6万人次，发放金额2342.07万元。其中：高校毕业生租房和生活补贴24831人次，金额2183.94万元；留学归国人员租房和生活补贴1204人次，金额158.13万元。发放职业技能晋级奖励335人，金额111.7万元。高层次人才申报22人（其中：D类13人、B类2人、C类7人），认定人数12人（其中：D类7人、B类1人、C类4人）。

【参加全国人社窗口单位业务技能练兵比武市选拔赛】 2019年7月5日，全国人社窗口单位业务技能练兵比武长沙市选拔赛在长沙小天鹅酒店举行，来自芙蓉区人社系统的7名业务骨干代表芙蓉区出战。在纵深推进练兵比武活动中，芙蓉区人社局广泛发动全区人社系统窗口单位人员参加练兵比武活动，包括人社窗口前后台人员、编制内外人员。芙蓉区参赛人员注册230人，其中区级59人，街道社区（村）171人，先后组织练兵答题积分赛和练兵热身赛，最后选出由区人社局、隆平公园社区、西龙村社区、芙蓉社区业务骨干组成的7人代表队参加长沙市选拔赛。该次选拔赛采用现场竞赛、现场评比的方式进行，设计了一轮速答题、两轮必答题以及三轮抢答题速答题。经过六轮紧张激烈的答题，综合前期的网络热身赛、理论知识考试和现场答题竞赛成绩，芙蓉区代表队获团队三等奖，代表队成员周婵获个人三等奖，黄向阳获个人优胜奖。 （吴　娜）

行政审批服务

【概况】 根据区政府机构改革要求，2019年3月，区政府将原区行政审批局的职责、行政审批制度改革工作职责、区相关部门的行政审批、政务公开协调、政务服务职责整合，组建区行政审批服务局，作为区政府工作部门，不再保留区行政审批局。6月又扩大相对集中行政许可权改革范围，将区市场监督管理局行使的34项行政许可和7项行政备案事项集中由芙蓉区行政审批服务局行使。改革后的芙蓉区行政审批服务局机关行政编制25名，全额拨款事业编制51名。年内，芙蓉区行政审批服务局贯彻落实中央、省、市有关审批服务便民化和“放管服”改革决策部署，坚持问题导向，突出为民服务，加快简政放权，升级相对集中行政许可权改革，推进“一件事一次办”改革，成为办事材料最少、办事效率最高、营商环境最优的区县，解决以审代管、多头审批、效率低下等问题，改革举措转变了政府职能，方便企业和群众，优化了芙蓉区的营商环境，助力推进了区域经济快速发展。改革成果得到了中央、省、市领导高度肯定，获湖南卫视、《湖南日报》等省市主流媒体宣传推介30余次，并被评为2019年度

2019年3月18日，芙蓉区行政审批服务局挂牌成立

区行政审批服务局　供图

长沙市文明（标兵）单位、湖南省文明窗口单位。

【“相对集中行政许可权”改革】改造升级政务大厅，可办各类政务服务事项超过330项，将39个办事窗口分类整合为企业开办服务专区、市场准入综合窗、行政审批综合窗、社保医保综合窗4个综合窗口。在全省率先设置街道行政审批综合窗口，向湘湖管理局、各街道下放行政权力事项19项，其中即办件7项，实现“个体户设立、变更、注销登记”“小餐饮经营许可证”等19项审批事项，227项公共服务事项在街道“多点可办、就近能办”。在全省率先推行“小餐饮和食品经营许可、公共场所卫生许可”等13个事项“申请人承诺制”审批模式，最快可现场或当天完成全部审批手续并拿到相关证照，实现开户即开业，承诺时限提速80%以上，全区35%的行政审批事项已实现即来即办。2019年5月又将全区商事登记审批职能、窗口、人员成建制划转至区行政审批服务局，设立企业开办服务专区，实行证照办理“三集中、三到位”，实施“一个窗口递资料，一套证照办出来”的“一窗通办”新模式，企业开办注销全流程均压减至1个工作日内办结，实现审批“一分钱不花、一天内办好、‘一站式’服务”。2019年，全区新增市场主体16054户，与上年同期相比增长6.08%，其中企业8326户，同比增长27.35%。2019年7月1日商事登记审批职能划转至行政审批局后，新增市场主体8579户，与上年同期相比增长16.29%，其中企业4728户，比上年同期相比增长53.41%，激发“老城区”的“新活力”。

【“一件事一次办”改革】全面提升“一件事一次办”“一次办好”的改革实效，做足“减事项、减流程、减材料、减时限”的“减法”，对所有行政审批事项开展六轮瘦身，企业设立由10项材料精简至5项，公司注销由10项材料精简至4项，精减“学历证明”“医疗机构执业许可证”等审批材料472项，取消各类证明材料167项，减少审批环节90余个。在全省率先拓展、延伸、细化省市“一件事一次办”改革，创新推出25项具有芙蓉特色的“一件事一次办”“土特产”套餐服务项目，打造了“我要开旧书店”等最快2小时内审批办结的“证照通办”模式。在全市率先开设“一件事一次办”绿色通道，实行“前台一窗受理、后台并联审批、专人帮办代办”，全区“一次办”超98%。开展银行免费代办企业登记、账户开立等“套餐式”金融“一件事一次办”项目，安排专人为重点楼宇和招商项目提供全程帮代办，2019年陆续推出182个区级“一件事一次办”服务项目，办结20余万件“事”，压减法定时限75%以上，按时办结率100%，完成帮代办事项2.95万件，办结率、满意率100%，行政审批效能大幅提升。

【“互联网+政务服务”一体化平台推广】组织召开2次“互联网+政务服务”工作调度会，调度区直部门完成3473项实施清单的填报，对区直部门、街道（局）、村（社区）进行一体化平台的集中培训300人次。针对街道（局）、村（社区）人员变动大的情况，采取送技术上门的方式对辖区内街道（局）、村（社区）进行业务培训、操作指导500人次。全面推行全程电子化，企业登记注册网上全流程实现“无纸化、无介质、无费用”，申请人与受理审核人员“零见面、零跑动、零距离”。2019年全程电子化办结

2019年5月17日，芙蓉区行政审批服务局在今朝大厦（今朝星市集）开展上门审批服务 区行政审批服务局 供图

量为6926户，比上年同期增长7347.31%；整体搬迁至政务大厅后，办理全程电子化6675户，占全年全程电子办结量的96.38%，比上年同期增长10495.24%。全区依申请类事项的网上办比例98%，区行政审批服务局156项行政审批事项可全部实现“网上办”，长沙市“互联网+政务服务”一体化平台全市实施推广工作位列全市前列。

【“12345”市民热线】 进一步明确“12345”市民服务热线成员单位工作职能职责，制定操作性强的热线工单办理流程，规范工作标准，对反复投诉、长期不满意热线工单，建立会商研究机制及时进行办结，定期在区政府常务会通报情况。规范信息库收集录入工作，打造热线效能督察督办平台，配合受理群众各类诉求，畅通群众诉求渠道。年内全区签收工单2.46万件，办结工单2.25万件，签收工单数量同比增加115%，办结工单数量同比增长105%，回访平均满意度97.42%。年内区两办督察室、区纪委对群众满意度排名靠后的不满意工单进行函询，促进群众对热线工作的满意度提升。

【政府信息公开】 开展政府信息公开业务培训，聘请法律服务团队，进一步规范依申请信息公开管理和审核工作。在区政府门户网站开设专栏，对“放管服”改革和优化营商环境、重点民生领域进行信息公开，推进财政资金、公共资源配置、公共服务、公共监管等重点领域信息公开。及时发布区政府年度信息公开年报，督促全区各部门按照《政府信息公开条例》规定，编制部门政务公开目录和指南并及时发布，通过“芙蓉之窗”、“幸福芙蓉”、芙蓉手机报、政府公报、档案馆、公共图书馆、新闻发布会、听证会、短信平台等不同方式多渠道公开相关政府信息。2019年，芙蓉区政府门户网站共发布各类信息7645条，其中政务动态3500条，机构职能515条，领导信息321条，信息公开年报62条，政府工作报告1条，人大常委会公报27条，规范性文件5条，政策法规201条，通知公告518条，规划计划115条，人事信息122条，政府采购109条，应急管理554条，统计数据49条，财政信息370条，便民便企526条，重大项目28条，住房保障信息31条，食品安全信息57条，环境保护信息180条，安全生产信息13条，征地拆迁信息21条，教育医疗信息条263条，解读回应57条。区政府门户网站查阅访问量348万人次。芙蓉区政府依法受理信息公开申请130件，其中通过邮寄方式受理113件，网络方式受理9件，当面提交方式受理6件，传真方式受理2件，全部申请均依法并按期答复。

【打造“三零”服务品牌】 2019年，区行政审批服务局规范政务大厅服务水平，打造“三零”（零收费、零中介、零投诉）服务品牌。区政务大厅做到“零收费”。清理行政审批收费事项，实现打印、复印、企业印章刻制、证照快递送件4项免费服务，领证即领章，打造“无收费”政务大厅，全年为企业群众减负300余万元。推行“零中介”。清理规范审批、监管、项目申报相关中介服务事项，攻坚“中介服务不可控”，严禁暗示或强制指定中介服务，建立非法中介黑名单、签署承诺书、减少审批环节、力推全程电子化、加强巡查力度，确保区本级所有办事大厅不出现中介“揽业务”。实现“零投诉”。开辟绿色通道，提供预审咨询与业务引导服务，确保审批“无障碍”。确保企业群众办事满意。“三零”服务品牌的创立，提升政务大厅服务质量，为企业和群众办事提供高质量的政务服务。

【扩大相对集中行政许可权改革范围】 在全国和省、市、区行政审批服务改革要求的基础上，芙蓉区争取省政府同意扩大相对集中行动许可权改革范围，5月又将全区商事登记41个审批职能、18个窗口及相应人员成建制划转至区行政审批服务局，实行证照办理“三集中、三到位”，实施“一个窗口递资料，一套证照办出来”的证照“一窗通办”新模式，成为全省划转事项最多、涉及领域最广、改革力度最大的区县，打通服务企业和群众的“最后一公里”。改革举措得到各级领导肯定，进一步优化区域营商环境，推动区域经济发展，确保芙蓉区行政审批改革工作的再提质，再提档，巩固该项工作在全市、全省乃至全国领先优势。

【各地领导考察相对集中行政许可权改革工作】 2019年2月13日，岳阳县委常委、组织部部长姜其胜一行考察芙蓉区相对集中行政许可权改革和“最多跑一次”改革工作；3月13日，郴州市行政审批服务局党组成员、副局长史顺黎率团调研考察芙蓉区相对集中行政许可权和"最多跑一次"改革工作；3月19日，云南省委改革办改革督察处处长刁程一行考察调研芙蓉区行政审批改革工作；5月21日，广州市天河区政府考察团考察芙蓉区相对集中行政许可权改革工作；6月10日，江苏省泰州市发改委到芙蓉区考察优化营商环境工作；6月28日，娄底市新化县委常委、常务副县长王文红率政府考察团到芙蓉区考察学习优化营商环境工作。各地领导肯定芙蓉区相对集中行政许可权改革和"最多跑一次"改革工作是敢于创新的破冰之举，改革举措转变了政府职能，方便了企业和群众，取得了良好的社会和经济效益。经验成果可学习可借鉴可复制，是政府行政审批机构改革的升级版。

【行政审批改革工作调研】2019年5月7日，区委书记于新凡到区行政审批服务局调研芙蓉区行政审批改革工作。区委常委、常务副区长谭雄伟，区委常委、区委办主任易新宇，副区长、区公安分局局长章晓波陪同调研。区编办、区司法局、区财政局、区人社局、区市场监督管理局、区税务局、区数据资源中心、区优化办主要负责人，区行政审批服务局全体班子成员近20人参与调研。于新凡为芙蓉区行政审批制度改革存在的问题和困难问诊把脉，一一解决，并强调：芙蓉区的行政审批、政务服务要坚持以企业群众的需求为导向，各职能部门要转变思想观念，寻找与先进地区的差距不足，进一步梳理精简事项、优化内部流程、加快简政放权、持续优化服务、推行网上审批，确保企业和群众办事"只进一个厅""只找一个窗"，打造"相对集中行政许可权"和"最多跑一次"改革升级版。

【优化营商环境工作调研】2019年8月9日，芙蓉区委副书记、区长周春晖到区行政审批服务局调研优化营商环境工作。区编委办、区司法局、区财政局、区人社局、区市场监督管理局、区数据资源中心、区优化办、定王台街道等单位主要负责人，区行政审批服务局全体班子成员、中层干部，区营商环境特约监督员代表、市场主体和中介代表及金沙里社区负责人60余人参加。周春晖在听取行政审批局关于"一件事一次办"改革工作的汇报后强调：要坚决贯彻落实"营商环境优化年"活动各项要求，要进一步健全工作机制，简化审批流程，强化跟踪服务，提升工作质效，多换位思考，举一反三，解决企业发展遇到的实际问题和困难，营造一流营商环境，推动区域经济高质量发展。（陈林林）

行政执法

【概况】2019年3月，按照机构改革要求，根据《长沙市芙蓉区进一步推进相对集中行政处罚权改革方案》，芙蓉区组建长沙市芙蓉区行政执法局（以下简称行政执法局），人民政府工作部门，正科级。行政执法局内设科室4个：办公室、财务科、法制科、执法监督科，局机关行政编制25名。2019年6月20日，根据《湖南省司法厅关于同意长沙市芙蓉区进一步推进相对集中行政处罚权改革工作的函》的批复，由行政执法局相对集中行使城市管理、档案、民族宗教、发展和改革等24个领域的行政处罚权及与之相关的行政强制权（仅限行政强制措施）、执法检查权。10月31日，行政执法大队、各行政执法中队挂牌成立，行使相对集中行政处罚权。

2019年，区行政执法局围绕区委、区政府"营商环境优化年"和"产业项目建设年"这一中心，自觉将行政执法工作放到经济社会发展大局中去谋划和把握。推进行政执法改革试点工作，维护市场秩序，优化营商环境，先后完成了职能职责梳理、内部规范管理、流程清单制定、制度机制确立等内部建设，以及文明创建指数测评、征收拆迁、中华龙舟大赛、交办投诉处置等业务工作。芙蓉区作为湖南省综合行政执法体制改革试点先行区，芙蓉区行政执法局成为全省首个城区行政执法局。

工作中存在的问题：实现"审批、监管、处罚"协同配合、权责明晰无缝对接压力较大，仍有较大提升空间；在综合执法专业素养和知识储备方面，存在"本领恐慌"现象。

【综合执法】2019年，芙蓉区推行综合行政执法改革工作，11月由行政执法局启动24个领域的行政执法工作。将原食药稽查、应急管理、住房和城乡建设、卫计、劳动监察5支执法队伍与城市管理执法队伍整合成一支综合

2019 年 3 月，芙蓉区推行“相对集中行政处罚权”改革，建立全省首个城区行政执法局，实现“一支队伍管执法” 区行政执法局 供图

行政执法队伍，统一行使职权范围内的行政执法。年度执法工作主要涉及城市管理、市场监管、知识产权、卫生健康、安全生产和住建等 7 个领域，全年开展执法行动 3800 余次，出动执法人员 1.35 万人次、执法车辆 6950 台次，办结行政执法案件 8268 起，处罚没金额 248.57 万元。通过行使综合执法，提升执法办案效率，辖区内销售不合格食品、无证经营、超范围行医、违章乱停等违法行为得到惩治，百姓消费安全、城市生活环境得到提升。

【重点管控】 采取交叉执法、错时执法和突击执法的模式，加强对五一商圈、车站周边、集贸市场、学校医院、城郊结合部等重点区域，以及食品安全、商标专利、安全生产、市容市貌、薪资社保等重点领域的巡查管控和执法整治，优化营商环境、保障社会秩序。对火车站、汽车东站周边门店密集检查，严防哄抬物价、假冒商标、销售来源不明产品。随机抽查学校、酒店、大型商场安全保障情况，确保应急管理措施落实到位。安排执法人员夜间对建设工地、施工出入口及周围道路进行巡查，严禁车轮带泥、沿途撒漏、乱倒建筑垃圾等行为；严格建筑工地扬尘、湿法作业、露天烧烤管理，对排放不达标者一律予以取缔。全年执法检查出动人员 1.6 万人次、执法车辆 7621 台次。

【油烟尘土整治行动】 定期开展整治工作部署会，分解责任、细化实施方案。对全区 3012 家餐饮单位实施油烟动态管理，推进餐饮油烟第十批 51 家油烟整治任务清单销号。采用路面设点检查车辆和上门检查开工工地相结合的方式加强路面巡查，降低渣土扬尘污染，工地检查整改 292 次。每周组织 2 次集中行动，对夜市、美食街等重点区域开展专项整治，取缔露天烧烤、夜市摊担 245 处，收缴烧烤架 82 个。在油烟尘土整治行动中，出动执法力量 6636 人次、车辆 2800 余台次，办理环保类案件 403 起，处罚没金额 101 万元。

【为民执法】 抓好民生实事，回应百姓呼声。实行执法重心下沉，推进执法阵地前移，由各街道行政执法中队直接受理、处理群众诉求，让群众少走路，让执法更贴心。开展法制宣传教育活动 5 次，提升全民法律意识及社会共治能力。全年处置市民热线工单 1.2 万条，其中处理“12345”热线工单 7784 条，回复其他热线工单 4227 条，热线反馈全年平均满意度超 98%。开展劳动薪资投诉调解工作，完成长沙市人社局交办的重大欠薪督办案件，为罗某讨回拖欠工程款 150 余万元，妥善处理湖南忆恩科技有限公司 10 余人集体投诉公司拖欠工资 60 万元事件。

【区行政执法局挂牌成立】 2019 年 3 月 18 日，在嘉雨路 469 号举行长沙市芙蓉区行政执法局成立揭牌仪式，芙蓉区人民政府副区长李学军、副调研员梁燕斌参加了揭牌仪式。揭牌仪式的完成，标志着行政执法局作为政府职能部门成立，相对集中行使城市管理领域、档案领域、民族宗教领域、发展和改革领域等 24 个领域和其他经批准行使的行政处罚权的开始。

【商标侵权专项整治行动】 2019 年 11 月，芙蓉区行政执法局执法监督科、法制科牵头，分别与朝阳行政执法中队、湘湖行政执法中队联合对国储电脑城、科佳电脑城以及三湘大市场开展商标侵权专项整治行动。检查电脑及配件经营户31家，发现1家销售的电脑UPS（不间断电源）涉嫌假冒商标行为，10台涉案产品当场予以扣押。检查家用电器经营户26家，发现1家销售的开关插座涉嫌假冒商标行为，6套涉案产品当场予以扣押。涉嫌假冒商标违法行为均已立案查处。

【《湖南日报》专题报道执法改革】 2019年11月27日，湖南日报以“一支队伍管执法”为题，专题报道芙蓉区行政执法改革工作。为解决多头执法，多层执法，多次执法以及执法扰民等问题，芙蓉区自2019年3月以来，率先探索推行“相对集中行政处罚权”改革，建立了全省首个城区行政执法局，将原本属于23个部门的城市管理、教育、科技等24个领域的近2000项行政处罚权、行政强制措施权和行政执法检查权以及与之相关的行政强制权（仅限行政强制措施）、执法检查权“归一”管理，实现“一支队伍管执法”，实现政府执法提质效，基层治理能力和水平得到了整体提升。

【行政执法业务培训】 2019年10月26—27日，行政执法局组织局机关、执行政法大队和新转隶人员308人，在局机关会议室开展执法业务培训。该次培训由市场监管、城市管理、应急管理、卫生健康、劳动保障等部门的执法人员，针对各领域讲授执法实战课10堂。该次执法业务培训，执法人员法律法规知识储备得以提升，综合执法能力得到加强，为逐步适应新的综合行政执法模式、承担和履行综合行政执法职能夯实了业务基础。 （周　佩）

应急管理

【概况】 2019年，区应急管理局（以下简称区应急局）完成机构改革，职能配置、内设机构和人员编制方案确定，成立副科级事业单位应急事务中心，组建9个安全生产专业委员会。年内，区应急局以组织机制建设、源头风险防范、专项整治、关键时期督导检查为抓手，加大安全生产投入力度，强化安全生产监管，夯实企业安全生产主体责任，全区安全生产形势总体平稳，未发生较大及以上安全生产事故。2019年，芙蓉区应急管理局再次被评为全市安全生产优秀单位。

机构改革。2019年4月23日，经芙蓉区机构编制委员会批准，原区安全生产监督管理局（以下简称区安监局）改革为区应急管理局（区政府正科级工作部门），下设办公室、应急事务中心、安全生产综合协调科、安全生产监督管理科、灾害防治科、政治工作室。总编制人数由16名增加至26名，行政编制12名，事业编制14名，领导职数为：局长1名，副局长2名，总工程师（乡科级副职）1名，政治工作办公室主任（乡科级副职）1名。区应急局的主要职能为负责应急管理工作，指导区各级各部门应对安全生产类、自然灾害类等突发事件和综合防灾减灾救灾工作，负责安全生产综合监督管理工作等。工作职能在安全生产监督管理工作的基础上，新增了自然灾害类等突发事件、综合防灾减灾救灾等工作。

安全监管。2019年，县级领导干部带队开展安全生产检查759次，区安全生产专业委员会办公室（以下简称区安委办）对街道、社区开展联合督察61批次，加上区应急局、各街道开展的日常检查，发现违规高空作业、违规动火作业等一般安全隐患3718个，全部立行立改；发现丽都大厦外墙脱落、长沙隆泰微波热工有限公司厂内线路不规范等重大隐患40个，39个完成整改，1个推进整改；处理长沙县第二机械宿舍危房、曙光电子集团等重点隐患7个，消除2个，5个推进整改。

专项整治。2019年，区安委办组织各单位、街道（园、局）定期（年初、年尾、每个季度均有开展）开展安全生产“打非治违”（打击非法违法生产经营活动）行动，“打非治违”行动检查生产经营单位6376家，责令停产整顿企业29家，取缔非法生产经营建设单位33家，提请关闭企业22家，纳入黑名单企业7家，实施经济处罚507.71万元。4—10月，为吸取江苏响水“3·21”爆炸事故、湖南常长高速“3·22”道路交通事故教训，区安委办组织安委会成员单位、各街道（园、局）就安全生产领域开展“三大行动”（对安全生产领域进行大排查、大体检、大整治），该次行动有54家企业被取缔、关停。8月5日至10月31日，区安委办组织区安委会各成员单位、各街道（园、局）在全区集中开展以

“集中排查整治一批安全隐患，打击非法违法生产经营建设行为”主题的安全生产“百日专项整治”活动。该次活动下达责令限期整改指令文书665份，立案处罚154起，责令停产停业整顿企业16家，取缔或关闭企业36家，实施经济处罚44.02万元。

宣传教育。年内，区应急局广泛开展安全生产宣传教育工作，营造全区浓厚的安全生产氛围。推广“安全芙蓉”微信公众号，5月，组织安全知识网络答题活动，参与人数近9万人(次)，开展“优秀通讯员”评选活动，评选出陈淑玲等6名年度“优秀通讯员”。完善覆盖13个街道(园、局)的“芙蓉应急管理联络”微信群，宣传、落实“一会三卡”（即班前会、危险作业卡、应急明白卡、企业体检卡）制度，普及安全知识。6月，安全生产月期间，全区各部门、各街道（园、局）发放安全生产宣传资料3.2万份，3290人参加咨询活动；邀请安全专家授课16场，2300人接受安全教育，组织安全警示教育79场，受众6221人，开展应急救援预案演练活动96次，5644人参加预案演练活动。年内，区应急局指导各街道（园、局）建成各具特色的安全文化长廊13个(13个街道(园、局)每个1个)，安全生产示范体验馆2个（荷花园家居安全体验馆、芙蓉区素质教育基地）。通过以上宣传教育活动，树立全区的安全生产意识，推动了全区安全生产主体责任的落实。

2019年6月14日，芙蓉区开展“防风险、除隐患、遏事故”安全生产月宣传活动

图自区委办

【烟花爆竹打非治违“清剿行动”】2019年1月24日，区安监局下发《关于开展春节期间烟花爆竹“打非治违”行动的通知》，组织各街道（园、局）开展烟花爆竹打非“清剿行动”，各街道（园、局）行动迅速，成效明显。五里牌街道在巡查中发现2家杂货店非法经营烟花爆竹，执法人员对非法经营的烟花爆竹进行依法没收，对无证照经营烟花爆竹的门店下达执法文书2份。东屯渡街道排查小门店216家次，其中有4家超市门店存在非法销售烟花爆竹，收缴盘鞭7盘、小礼花11件、其他种类烟花若干。东岸街道在行动中检查经营门店40余家，发现非法经营烟花爆竹的单位2家，收缴小烟花12件。经历此次行动，烟花爆竹零售门店于2月从芙蓉区全部退出。

【防灾减灾日宣传活动】 2019年5月10日，区应急局牵头，芙蓉区减灾委员会成员单位在阿波罗商业广场东侧前坪，启动芙蓉区的全国第11个防灾减灾日（5月12日）宣传活动，主题为“提高灾害防治能力，构筑生命安全防线”。活动历时3个小时，展示防灾减灾应急知识展板36块，发放防灾减灾宣传册、防灾减灾购物袋、防灾减灾纪念品等宣传资料8000余份，广大群众热情参与，宣传取得了良好效果，提高了居民防灾减灾意识和减灾避灾能力。

【安全生产专业委员会组建】按照“管行业必须管安全”的原则，2019年5月22日，区安委办印发《长沙市芙蓉区安全生产专业委员会组建方案》，在长沙市率先组建成立9个安全生产专业委员会，分别是交通运输安全生产专业委员会、烟花危化工矿安全生产专业委员会、道路交通安全委员会、消防安全委员会、建筑施工安全生产专业委员会、商贸和特种设备安全生产专业委员会、学校安全专业委员会、文化旅游安全专业委员会、农林水利安全生产专业委员会，各安全专业委员会主任由芙蓉区政府副区长等担任。区安全生产专业委员会办公室设在区应急局。安全生产专业委员会职责是指导行业领域安全生产工作，定期开展行业“体检”。

【安全生产“双十佳”评选活动】 2019年5月7日，区应急局组织辖区各生产经营单位、各街道（园、局），开展2019年芙蓉区安全生产“十佳企业负责人 十佳安全生产监督管理员”评选暨应急安全知识网络答题活动。该次活动各街道（园、局）推荐参评27人，6月14日，区安委办组委会最终评选出向桢等20名优秀个人和东屯渡街道办事处等6个先进单位。

【危险化学品安全知识考试】 2019年6月18日，区应急局在局会议室举行危险化学品重点企业主要负责人及安全管理人员安全知识和业务能力考试，全区危险化学品生产、储存企业以及加油站主要负责人及安全管理人员30余人参加。考试采取闭卷方式，题目从危险化学品考核合格证考试题库中选取，重点测试危险化学品安全知识、企业主要负责人及安全管理人员职责等内容，题目有判断题、选择题及问答题。通过考试达到检验辖区内危险化学品重点企业主要负责人及安全管理人员真实安全知识和业务能力的目的，夯实了企业主体责任。

【“危化三年行动”搬迁任务完成】 自2016年长沙市开展“危化三年行动”（危险化学品全程安全管理整治三年行动）以来，芙蓉区按计划推进长沙市芙蓉区西龙助剂化工厂和长沙安达燃油配送有限公司搬迁任务。长沙市芙蓉区西龙助剂化工厂于2018年5月已拆除生产设备，关停生产。2019年10月12日湖南新凯达石油化工有限公司（原长沙安达燃油配送有限公司）油罐区的所有油罐完成油料转移，罐底部油阀门全部拆除，公司整体搬迁至望城区铜官工业园，标志着芙蓉区完成全市“危化三年行动”搬迁任务。为按时完成湖南新凯达石油化工有限公司搬迁任务，芙蓉区政府、区应急局多次与长沙市应急管理局、长沙市望城区政府进行协调，帮助该企业完成搬迁。

【专业化应急救援队伍成立】 2019年10月31日，在区应急局组织推动下，隆平高科技园成立了长沙市省级园区第一支网格化应急救援队，救援队在全园布局6个应急救援站点，对应组建6个应急救援分队，队伍人数60名，各救援队通过自愿报名、单位初审、园区审核的方式，向网格区域内所辖单位征召具有应急救援专业技能的精干力量作为应急志愿者，每支救援队设队长1名、副队长1名。救援队由隆平高科技园党工委副书记、管委会主任易新宇任担任总指挥，应急救援队办公室设园区社会发展局，由社会发展局局长邹建国任办公室主任，办公室负责协调统筹救援队建设及日常运行工作。救援队按照事故风险特点，配齐配强消防、特种设备、有限空间、危化等应急救援常备物资，常备物资定点存放在固定地点，由各救援队负责保管和维护，不得随意挪用，定期对设备物资进行点检，按期申请更换，确保设备物资完好。

【危险货物道路运输“四必查”联合执法行动】 2019年12月2—3日，区应急局联合区交通局、区行政执法局、区公安分局治安一队对辖区内6家烟花爆竹批发公司进行“四必查”（查验车辆“道路运输证”、驾驶人、押运人员及装卸作业人员的从业资格证是否与承运的货物相适应；查验压力容器是否在检验合格有效期内；查验车辆是否悬挂符合国家标准《道路运输危险货物车辆标志》要求的标志；销售剧毒化学品、易制爆危险化学品的，查验相应的购买许可证件或证明文件）联合执法行动。通过检查发现芙蓉区6家烟花爆竹批发公司均为委托运输，6家企业均签订委托协议，直接从公司所租赁储存仓库运输至港口或客户，未发现非法违法运输烟花爆竹行为。

（欧君华）

消防救援

【概况】 按照应急管理部统一安排部署，2019年12月31日，更名后的芙蓉区消防救援大队挂牌成立。同日，原所辖五个消防中队更名消防救援站（五一广场消防救援站、五里牌消防救援站、定王台消防救援站、湘湖消防救援站、东岸消防救援站）并同步挂牌。截至年底，大队有人员182人，其中干部28人，消防指战员27人，政府专职消防员115人；有消防车23台。

2019年，全区发生火灾39起，直接经济损失61.5万余元，同比上年，火灾起数下降65.79%，直接财产损失下降67.9%，全区未发生重特大火灾及群死群伤事故，社会消防安全环境持续稳定。1人被省消防救援总队记三等功，4人被市消防救援支队记三等功。

消防救援与后勤保障。全年辖区消防救援站对222家重点单位制作数字化预案，接警1177起，出动1432次（含增援），出动消防车2271辆次，消防人员1.45万人次，抢救被困人员135人，疏散人员446人，抢救财产价值1593.8万元。强化后勤保障。大队2019年预算1840万元，同比增长21.8%。芙蓉区张公岭中心消防站建设，项目总面积为1.17万平方米，年底完成主体工程。推进五里牌消防救援站等提质改造。实现消防车辆装备配置现代化，进一步优化车辆配备结构、升级个人防护装备，个人防护装备、抢险救援器材100%配齐。

执法服务。大队推进消防安全执法检查专项行动，包括“电气火灾”“三合一场所”等重点专项工作。完成全国及省市“两会”、第一届中非洲经贸博览会、2019年中华龙舟赛等大型活动会议消防安全保卫工作。大队出动检查3200人次，检查单位1912家，发现火灾隐患2887处，督促整改火灾隐患2879处，下发行政处罚决定书40份，下发查封决定书19份，责令“三停”（停产停业、停止使用、停止施工）12家，罚款60.5万元。督促指导三湘南湖大市场区域性火灾隐患整改，督促金都水岸大厦、曼哈顿大厦、天园假日小区重大火灾隐患整改，联系省市媒体对辖区3家重大火灾隐患单位实行媒体曝光。

消防宣传。大队面向行业主管部门、街道、村居委会负责人、微型消防站站长、驻村辅警、基层网格员、重点单位管理人等“七类重点人群”，分3个批次开展消防安全培训，参会人员1600余人。同时，辖区5个消防中队依托“警营开放日”、消防安全联合演练的形式，培训宾馆、饭店、学校、幼儿园等各类人员4000余人，另消防监督员继续开展“每周半日”宣教活动，全年在支队消防消防信息网207篇，总队消防信息网发稿46篇，总队政工信息网发稿17篇，部局政工信息网发稿3篇。大队调动各街道开展警示性排查，发放“安全取暖警示性排查宣传单”，帮助居民群众认识不安全取暖行为，舍弃不安全取暖习惯，利用街道微信群宣传安全取暖常识。

【安全工作检查】 2019年1月22日，区委书记于新凡一行到芙蓉区建筑工地及建材大市场开展安全工作大检查。区建设局、安监局、商务旅游局及消防大队主要负责人参加检查。于新凡一行先后检查火炬高层安置房建筑工地安全生产及三湘南湖大市场消防安全工作。在三湘大市场灯石城，检查团听取企业负责人关于灯饰家居广场提质改造的相关情况介绍。2017年以来，灯石城投入2000余万元启动对灯饰家居广场的提质改造，拆除构成重大危险源的楼顶钢架顶棚；对老旧供电线路进行升级改造，电力增容1000千伏安。改进消防设施设备，增加消防专用水塔、消防喷淋系统和消防控制室；对卖场进行了整体包装改造，增设观光电梯，配备中央空调和新风系统，完成重大火灾隐患单位的摘牌工作，提升企业安全水平。同时，通过提质改造使市场容貌焕然一新，提升市场的品质和档次。检查完后，于新凡指出：消防安全在安全工作中最为重要，各单位各部门，要增强安全意识、责任意识、忧患意识，防范于未然，行动上要严格执行安全责任制和管理机制，形成整治重大火灾隐患强大合力，严格控制重大火灾隐患增量，及时消除隐患。

【超高层建筑灭火救援联合实战演练】 2019年4月25日，芙蓉消防大队3个消防救援站联合投资大厦单位人员、社区民警、交警和120急救中心在芙蓉区投资大厦开展灭火救援实战演练。湖南投资大厦位于五一大道，城市CBD金融核心腹地，总建筑面积近11万平方米，建筑高度150米，AAAAA甲级写字楼。地上36层，其中1～8层为裙楼，每层约3000平方米，9～36层为主楼，每层约2000平方米。演练假设大厦写字楼10层弱电井因用电过负荷短路引发火灾，火势迅速蔓延扩大，楼内有人员被困。随着酒店消防警报的响起，大厦各部门立即组织人员按照预定的疏散逃生路线进行逃生撤离。演习结束后，大队指挥部指挥所有车辆停水停压，所有参演人员到大厦前坪集合，组织现场讲评，针对演练中存在的问题及时进行纠正。该次演练，提高大厦人员的自防自救能力，同时增强了消防

2019 年 4 月 25 日，芙蓉消防大队组织开展超高层建筑灭火救援实战演练

区消防救援大队　供图

队员应对超高层建筑的火灾扑救能力。

【“安全生产月”消防宣传活动】 2019 年 6 月 14 日，由芙蓉区应急管理局牵头，区交警大队、区交通局、区消防大队等多部门在万家丽广场联合开展第 18 个全国安全生产月咨询日，以“防风险、除隐患、遏事故”为主题的宣传咨询活动。芙蓉消防大队宣传小组在万广场前坪开展消防安全宣传。活动现场，大队设立咨询台、宣传展板，向过往的路人、群众发放宣传资料和讲解消防法规、防火灭火知识，现场解答群众提出的家庭防火、发生火灾后如何逃生、初期火灾扑救等问题。活动中，消防展板以醒目的标识和图片向过往的群众宣传如何在紧急情况下逃生自救和必要的防火常识，引起众多群众驻足观看。在消防知识宣传台前，宣传人员向群众现场讲解消防知识和解答各种咨询，并向群众发放消防知识宣传资料和宣传用品。该次宣传活动中，大队展示宣传展板 2 版，发放消防宣传读本 110 余份，发放消防安全警示小卡片 150 余份，接受群众咨询 80 余人次。

【中非经贸博览会消防安全保卫工作会】 首届中国—非洲经贸博览会 2019 年 6 月 27—29 日在长沙举行。6 月 21 日，区政府在办公楼五楼会议室组织召开中非经贸博览会消防安全保卫工作会，芙蓉区副区长、区公安分局局长章晓波，消防大队大队长、教导员，区应急管理局局长出席会议，各消防安全委员会成员单位分管负责人、隆平高科技园、湘湖管理局及各街道分管负责人等 50 余人参加会议。会上，区消防大队大队长李颖玲宣读《芙蓉区第一届中非经贸博览会消防安全保卫方案》，区应急管理局局长黄革就芙蓉区中非经贸博览会安全生产工作进行安排部署。章晓波讲话要求各部门要把工作重点集中到中非经贸博览会消防安保上，结合实际，对本系统的消防安全形势进行分析研判和综合评估，开展隐患排查整治工作。要坚持政府统一领导，部门依法监管的原则，完善消防责任网络和消防组织建设。

【全区重点人群消防安全培训】 为全面提升芙蓉区消防安全管理水平，为中非经贸博览会创造良好的消防安全环境，2019 年 6 月 24 日，大队组织对辖区行业部门主管人员及隆平高科技园、湘湖管理局及各街道分管负责人等 20 余人在区政府会议室开展集中消防安全培训。大队长为与会人员讲解消防法律法规、消防安全责任、政府及其职能部门消防安全职责、消防行政于刑事责任追究、各行业常见消防隐患及排查方法、消防安全管理档案台账的建设。同时，要求各行业部门、街道强化政治意识、提高政治站位，增强做好消防安全工作的责任感和紧迫感，落实好行业部门责任、行业监管部门责任，建立健全消防职责体系，不断强化火灾防控综合治理，推进火灾隐患常态化排查整治。

【全区消防安全专项整治行动动员部署会】 2019 年 8 月 12 日，芙蓉区在区政府五楼会议室组织召开消防安全专项整治行动动员部署会。区政府副区长章晓波出席会议，区委宣传部、区委政法委、区政府办、区公安分局、区应急管理局、区消防救援大队及区消防安全委员会各成员单位、隆平高科技园、湘湖管理局、各街道和派出所相关负责人等 50 余人参加会议。区政府副调研员梁福才主持会议。会上，区公安分局副局长彭金炬通报全区1—8月火灾情况，区消防救援大队宣读了消防安全专项整治行动方案，区应急管理局局长黄革安排部署阶段工作，与会单位分别就做好消防安全专项整治行动作了发言。章晓波在讲话中提出，要吸取火灾事故教训，分析研判本系统、本辖区消防安全形势，铺开消防安全检查整治；开展住宅小区专项整治，贯彻落实《长沙市住宅物业消防安全管理规定》，组织对住宅小区消防安全检查，公安派出所开展为期3个月的专项行动，开展消防监督执法和消防宣传教育，区消防救援大队负责对公安派出所消防监督业务的指导；落实电动车停放充电管理责任，继续开展电气火灾综合治理，开展火灾隐患排查整治。

【消防安全教育演练进校园】 2019年8月29日，大队宣传人员到湘一芙蓉第二中学，初一年级组长、班主任在教官的指导下对初一年级新生开展消防紧急疏散演习。针对辖区中小学火场逃生、救援疏散等事项，大队宣传人员根据校园环境设计消防演习方案，就学校每个楼层、教室的分布、火灾发生时应该注意的事项做详细说明。疏散演练前，大队宣传人员用通俗易懂的语言为学生们讲解火灾的危险性，火灾发生时应如何保护自己、如何报火警、怎么逃生。演习开始后，校园内响起紧急报警声，老师们印导学生附下身子，用打湿的毛巾捂住口鼻，有序从各个楼梯和教室逃生，快速安全到达指定逃生地点，整个演练活动紧张有序，学生疏散用时2分24秒，演练效果令人满意。随后，大队宣传人员向同学讲解灭火器、空气呼吸器、消防防护服等器材装备的用途并现场演示。 芙蓉大队以辖区学校新生开学军训为契机，开展“消防教育进军训”活动，湘湖消防救援站在长沙市第六中学，结合现场提问，零距离的与学生们面对面交流，介绍校园防火、灭火及逃生方面的常识。大队联合区公安分局、区教育局、区红十字会到辖区长郡芙蓉实验中学开展消防应急演练，讲解防火及火灾扑救知识，纠正错误逃生动作，播放典型火灾事故案例视频，提高师生在面对火灾时的应急和处置初期火灾的能力。

【“119”消防日宣传活动】 2019年11月9日，芙蓉区消防救援大队组织开展全国第28个“119”消防日宣传活动。大队创新消防宣传形式，将提前精心打印的宣传资料及“119”内容的书籍，在五一广场地铁站及新世界百货进行集中宣传、发放，资料主要以消防知识、正确报警方法、自救逃生技能、防火常识、灭火器使用方法、如何扑救初起火灾等为内容的消防基本常识。活动现场还设置了消防车辆、器材、装备展示区、消防法制内容咨询区、消防宣传车宣传区等区域。先进精良的消防车辆装备器材、内容丰富的消防知识科普等，吸引现场公众驻足观看、参与体验。芙蓉区消防救援大队5辆消防车悬挂消防标语，开展消防车巡游活动。 车上悬挂宣传标语，通过芙蓉区的主要区域，在中山亭、精彩生活超市、浏阳河婚庆公园、芙蓉区政府、长沙火车站等地停靠，引起社会广大人民群众对消防工作的重视和关注。

【开展集中“夜查”活动】 2019年12月24日、25日晚，为做好平安夜、圣诞节期间的消防安全保卫工作，大队到辖区内的宾馆、酒店、娱乐场所开展平安夜、

2019年11月9日，芙蓉区消防救援大队组织开展“119”消防日宣传活动

区消防救援大队　供图

圣诞节期间集中消防安全夜查行动。检查组重点查看被检查单位疏散通道是否畅通，场所消防安全工作人员是否经过消防安全培训上岗，安全出口是否上锁，场所内消防设施、器材是否配备齐全并完整有效，场所内消防巡查检查记录是否规范完整、场所员工对消防安全掌握程度等情况。大队出动检查人员22人次，检查宾馆酒店8家、公共娱乐场所5家，检查中，发现部分场所存在常闭式防火门未保持常闭、室内消火栓被装饰物遮挡等问题。针对检查中发现的问题，检查组当场反馈给单位的消防安全责任人，并督察整改。

【消防救援大队挂牌仪式】2019年12月31日，长沙市消防救援支队芙蓉区消防救援大队举行挂牌仪式，区人民政府副区长章晓波、区应急管理局局长黄革、芙蓉区消防救援大队大队长、教导员出席仪式，大队全体干部、文员、五一广场消防救援站全体指战员及各消防救援站指战员代表等50余人参加仪式。大队长李颖玲主持仪式。上午10时8分挂牌仪式开始，全体肃立，高唱国歌。3名身着制式服装的消防救援人员护送中国消防救援队队旗走到队伍前列。随后芙蓉区消防救援大队教导员姜柏红致辞，副区长章晓波代表芙蓉区政府对挂牌表示祝贺并讲话。（宁　倩）

信　访

【概况】2019年，芙蓉区信访工作围绕“三无创建”“中华人民共和国成立70周年百日会战”和进京上访治理三大工作重点，落实工作责任，优化工作举措，夯实工作基础，集中化解了一批信访突出问题和矛盾纠纷，“减存量、控增量”取得明显成效，信访形势持续向好。完成5个特护期（全国、省、市、区“两会”和“中华人民共和国成立70周年”）、4个重要节点和敏感时段（元旦、春节、“五一”、中华龙舟大赛（长沙·芙蓉站））期间的信访维稳工作。没有发生进京赴省到市重复集访，没有发生涉访极端恶性事件和造成重大影响的舆情事件。信访交办件办理工作采用24小时内交办到位的工作机制，责任清晰、办理高效，按时办结率100%。按期办结省委巡视组交办信访件，按期办结中央扫黑除恶第16督导组交办信访件。2019年，芙蓉区获评长沙市“信访工作目标管理考核优秀单位”，蒋红波等4人被评为“信访工作优秀个人”。

领导责任强化。坚持“每天都是特护期”总体要求，把维护社会稳定作为第一责任，始终保持信访工作高压态势。摸排重点对象和重点问题，细化重点对象稳定措施。落实县级领导（四大家班子成员）坐班公开接访制度和街道（局）班子成员坐班公开接访制度。年内县级领导公开接访227天，接待来访群众222批495人次，全部按要求落实首接、首办责任。省信访联席办通过视频系统抽查县级领导坐班接访情况18次，市信访联席办现场暗访县级领导坐班接访情况1次，所有县级领导均在岗履职。

组织调度推进。区委书记于新凡，区委副书记、区长周春晖，区信访工作联席会议第一召集人蒋红波（区委副书记），召集人刘文立（区委常委、政法委书记）、章晓波（副区长、区公安分局党委书记、局长）调度信访工作80余次。召开区委常委会会议4次，传达学习国家、省、市通知和会议精神，听取信访工作汇报，分析访情态势，部署信访工作。2月26日召开全国“两会”特护期信访工作会议，成立信访工作领导小组及工作小组，确保责任清晰，任务明确。4月15日召开全区信访工作专题会议，要求举全区之力，退出全省“信访工作重点县市区”统一调度，实现信访工作良性运转。9月12日召开中华人民共和国成立70周年庆典特护期信访工作会议，听取各责任单位信访工作情况汇报，安排部署下阶段工作。10月10日召开全区信访工作专题调度会议，对中华人民共和国成立70周年庆典特护期信访工作进行小结，对下阶段进京上访治理、积案化解、源头治理等工作进行安排部署。

信访案件办理。规范初信初访。推行网上信访，将所有信访事项纳入网上流转，实现“可查询、可跟踪、可督办、可评价”，力争“让数据多跑路，群众少跑腿”，提升群众满意率。年内办理来信347件（同比上升31.44%），办理网信687件（同比上升41.06%），初信初访的办结率100%。信访部门和责任部门信访及时受理率分别为99.6%和99.2%，信访事项按期办结率99.7%，群众满意率94.8%。突击积案调处。落实信访积案排查调处和化解对接机制，组织相关部门单位就重点信访案件、重点信访对象进行沟通协调、联合接谈，推动信访问题化解。全年化解信访积案10件11人。处置非正常上访。稳妥应对和积极处置信访对象非正常上访的违法行为，保持对进京非访对象的违法行为进行依法打击处理的高压态势，推进“专案经营”工作，促进信访秩序理性回归。

存在的问题和困难。信访基数大，信访总量高位运行，信访工作形势仍然严峻，任务依然繁重；基层信访骨干力量薄弱，人员不稳定，基础业务工作有待进一步规范化、精细化和专业化；重复信访较多，信访群众依法维权意识有待增强。

【“三无”街道、社区创建】 根据2018年长沙市信访联席会议办公室下发《关于进一步做好“三无”区县（市）和“三无”乡镇（街道）创建工作的通知》要求，2019年，区信访局继续在全区开展“三无”乡镇（街道）、“三无”村（社区）创建活动，各街道（局）、村（社区）对照创建活动认定标准（无进京非接待场所有关人员上访登记和国家信访局越级上访、无到市级及以上集访、无极端恶性事件和负面舆情炒作）进行自评和申报。经区信访局对申报情况进行初审，市信访局进行评选认定，2019年芙蓉区创建“三无”街道（局）4个、村（社区）49个。湘湖管理局、文艺路街道、五里牌街道、火星街道获评2019年度长沙市信访工作“三无”街道，跃进湖社区等49个社区获评2019年度长沙市信访工作“三无”社区。

【信访法治宣传活动】 2019年5月30日，区信访局联合区委依法治区委员会办公室、区司法局、区农业农村局、区民政局、东湖街道办事处、湖南农业大学、湖南厚义文化建设有限公司等部门和单位在东湖街道市民健身中心举办“助力乡村振兴，优化营商环境，促进文明法治”信访法治宣传活动。现场设置了法治文艺演出、法律知识有奖竞答等活动环节，发放《信访条例》《湖南省信访事项复查复核办法》《依法逐级走访宣传手册》等法规及其他宣传资料1000余份，活动吸引近400名群众热情参与，进一步增强基层群众依法维权和逐级走访的意识。

【邯郸市复兴区到芙蓉区考察交流】 2019年5月14日，邯郸市复兴区委副书记张军率区法院、公安分局、信访局、司法局及部分街道（镇）负责人一行10人到区考察交流信访工作，区委常委、区政法委书记刘文立，区政府副区长、区公安分局党组书记、局长章晓波，区公安分局政委刘志平，区政府副调研员尹上敏及相应区直部门、部分街道负责人陪同考察交流。考察组一行到东湖街道参观“东湖夜话”民主议事平台，到区情展示馆听取区情介绍，两地双方进行座谈交流。座谈会上，两地双方探讨交流重点关注的相关问题，相互汲取对方好的经验做法，推动两地信访工作发展。

【化解信访问题典型案例】 芙蓉区文艺路街道识字里社区86岁老人江某周系湖南省建筑设计院退休职工，是一位因2016—2017年间陆续被骗为儿媳、孙女治病的医药费4万余元而多次到各级各部门上访的老信访户。2019年4月上旬，江某周写信到国家信访局表达诉求，该信件被交办至文艺路街道办事处。区信访局及时组织所属街道、社区对江为周反

2019年5月14日，邯郸市复兴区考察组一行10人到区考察交流信访工作

区信访局　供图

映的情况进行了调查核实。经调查，江为周妻儿早逝，儿媳王某、孙女江某均患有精神疾病，由他一人照料，经济压力巨大，体力难以支撑，要求政府给予救助并帮助其追回被骗钱款。4月28日，区信访局相关负责人下访文艺路街道办事处，约谈信访人江为周，认真听取其诉求和意见；随后，组织该街道、社区相关负责人召开会议，根据信访人诉求和家庭实际困难商议化解方案，并着手为其解决系列生活困难问题：为其申请计划生育特别家庭扶助金、为其儿媳申办伤残特别扶助金、为其孙女申请残疾补贴和基本的免费药物；街道每年根据实际情况为其孙女申请适当的困难救助，安排专门工作人员对其家庭进行长期联点帮扶；区信访局每年根据实际情况向其孙女江某进行适当的救助，2019年信访救助金额为1万元；老人被骗医药费通过法律途径追回。6月初，信访人的诉求按照解决方案全部得到落实，儿媳和孙女的生活、医疗得到了政策帮扶和保障，为其解决了后顾之忧，老人非常感谢党和政府为群众排忧解难，表示不再上访。化解江某周信访问题典型案例文章《走进基层信访局——多方迅速行动，86岁老人的生活重燃希望之光》由长沙市信访局（6月3日）、湖南省信访局（6月28日）、国家信访局（6月28日）微信公众号公开推荐。（陈银花）

信息与数据建设

【概况】 2019年，根据政府机构改革要求，将原区电子政务管理办公室的职责与智慧芙蓉数据资源建设相关信息化公益服务职能整合，组建长沙市芙蓉区数据资源中心，为区政府直属正科级的公益类事业单位。内设机构有办公室、数据资源室、项目应用室3个科室。2019年，芙蓉区数据资源中心认真贯彻落实市委、市政府关于数字政府建设、政府信息公开工作各项要求的规定，做好“互联网+政务服务”工作，取得了一定的成效，获得了中国电子政务理事会颁发的“2019年互联网+政务先进单位”奖，芙蓉区政府门户网站“优化营商环境”专栏获得“2019年政府网站精品栏目”奖，芙蓉区人民政府网微信公众号获得“2019年微服务卓越奖”，芙蓉区人民政府网“蓉易办企业服务平台APP”获得“2019年互联网+政务服务创新应用”奖，区数据资源中心党组书记、主任舒志刚获得“2019年政府网站最佳管理者奖”个人奖项。

【数据资源规划管理】 2019年4月，区数据资源中心出台《芙蓉区政务云管理暂行办法》和《芙蓉区政务信息资源共享管理办法》，对全区电子政务集约化建设、管理和应用，加强全区政务信息系统互联互通和公共数据共享等，出台政策规定，完善工作基础管理和具体要求。6月，完成全区数据资源目录梳理，掌握全区各部门政务信息资源现状、形成《芙蓉区政务信息系统整合共享项目成果输出文档集》。7月，完成全区各部门电子证照目录梳理归整，形成全区电子证照目录清单，区直部门确认存在的证照目录75个，收集证照模板75个，证照用户信息35条，电子印章模板133个，存量证照数据近12万条。

【助力优化营商环境】 2019年5月，为配合芙蓉区政府举办优化营商环境推进大会暨“5·20企业服务日”系列活动，区数据资源中心按活动要求及时完成区政务大厅弱电升级改造工作，增加95条网络布点，优化大厅政务网络布局。打造“蓉易办”微信服务平台。该平台基于区政府门户网站和微信公众号，包含“我要办”“我要说”“我要查”“我要评”4个子栏目，涉及在线办事、交流互动、信息查询等功能，致力打造政务大厅“24小时不打烊”。优化区政府门户网站，对区政府门户网站的政务公开、办事服务、互动交流等栏目的结构和内容进行优化调整，打造“最多跑一次”升级版，进一步完善政府门户网站“最多跑一次”目录清单。在优化营商环境推进大会举办当天，全程做好“在线评议政府”投票的技术保障工作。

【推进“互联网+政务”服务】 协调区行政审批服务局共同推进“互联网+政务”一体化平台建设，完成了市政府交办的电子证照对接、智能大厅对接、政务服务门户推广等工作。按长沙市“数据营商集中攻坚”工作要求，提前18天完成芙蓉区“我的长沙”APP推广任务数5万，完成率100%。推进芙蓉区消费信息平台建设，整合财政、楼宇、公安、互联网等多渠道消费数据，通过对各类数据的综合比对分析，掌握芙蓉区行业经济信息。完成人大预算联网监督系统建设，实现系统对预算的分析、预警、审查、服务等功能的使用。配合政法委、公安部门实施“雪亮工程”，对视频监控增点扩面，整合网络信号，智能化运维，参与加强和创新社会治安防控体系建设活动。

【政府门户网站运行】 截至2019年12月31日，区政府门户网站发布信息1万余条。其中包括：芙蓉要闻840条；隆平高科技园区、区直各部门、各街道动态3162条；各类研究报告100份；通知公告714篇；政府文件20份；规范性文件10份；政策解读46篇；财政信息76条；人事信息33条；政务信息公开652条。同时，还围绕“优化营商环境”“文明创建”“关注民生”“年度专项工作”区政府重点要点工作建设了4个专题栏目。微信公众号“芙蓉区人民政府网”推送信息126条，官方微博“芙蓉政务”发布信息158条，全年图文阅读量40余万人次。区长信箱收到人民群众信件213件，回复率、办结率100%。依申请公开在线受理32条申请，回复率、满意率100%。

【政务网络运维保障】 2019年9月，区数据资源中心对芙蓉区信息化资源进行归整管理，将区教育专网进行改造，整合并入区电子政务外网，加强了全区网络集约化建设。为确保政务网络安全，继续以购买服务的方式，聘请第三方网络安全监测团队和云计算中心运维团队，定期对网络环境和服务器进行巡检，并针对“两会”、国庆等重要时机节点进行特护期重点安全保障，及时发现安全隐患和漏洞并进行整改，力争将网络安全风险降至最低。2019年度，在网络安全监测方面，常规巡检12次，特护期巡检3次，网络安全隐患应急响应4次。在云计算中心运维方面，处理故障1476次，其中服务器存储64次，机房基础设施592次，网络系统312次，会议系统180次，终端系统281次，计算机外设安装调试47次。（黄　弋）

督　察

【概况】 2019年，芙蓉区政府督察工作围绕规范督察程序、健全运行机制，提升政府工作执行力全面展开，推进全区决策部署的贯彻落实。全年发出交办通知（函）140件，督察通报35期，督办事项取得实质成效。

年内，区政府督察室按照芙蓉区年度政府工作报告安排，制定全区督察工作责任制任务分解表，明确各相关责任单位及完成时限，并要求辖区各责任单位定期反馈进展情况。围绕区委区政府工作重点，做好重大项目建设、财税收入征管、安全生产、食品安全、防汛排渍、黑臭水体整治、节假日城市管理等各项工作督察，确保相关工作有序推进，落实到位。承接6次市政府工作报告任务落实、市政府会议纪要议定事项落实、市领导批示件办理情况落实等工作任务，完成市级重大项目开工、建筑工地扬尘和渣土管理、黑臭水体整治、安全生产和消防安全等业务督察的对接工作。办理建议提案和网络信件。办理人大代表建议、政协委员提案155件，其中省市建议提案22件、区建议48件、区提案85件，所有建议提案均按要求与代表委员进行了沟通交流，政府督察室对办理进展进行跟踪督办，代表委员满意和基本满意率100%。收到“区长信箱”来信203封，办结率100%。

2019年，区政府督察室创新工作制度，以“督少、督准、督狠(力度)”为工作原则的“蓉易办”督察新模式，构建了完整的督察闭环，形成了常态。打造政府绝对执行力，推进全区重要决策部署的贯彻落实。该项工作模式在全省督察经验交流会上代表长沙市进行推介和分享，并在全省范围推广。

【“蓉易办”督察工作新模式】 2019年，芙蓉区政府督察室创新思维、着力重点，推出了“蓉易办”督察新模式。“蓉易办”以“督少、督准、督狠（力度）”为工作原则，按拟定清单、核实清单、交办清单、整理清单、核定事项、客观评价、当众通报、持续督办、绩效兑现九个步骤开展督察工作。通过“蓉易办”督察新模式，打造政府绝对执行力，推进全区重要决策部署的贯彻落实。该工作方式赢得领导和职能部门的认可。在12月17—20日为期4天的全省政府系统督察能力提升培训班上，芙蓉区代表长沙市分享和推介“蓉易办”督察工作模式经验。（吴康达）

机关后勤服务

【概况】 2019年，区机关后勤服务中心紧扣全区中心工作和全年目标任务，以服务干部职工为主线，主动作为、履职尽责，做好了安全保卫、工程维修、物业监管、膳食服务、会务服务、公车保障、垃圾分类等方面工作，确保机关大院运转有序。年内，区机关事务中心创建为长沙市公共机构生活垃圾分类示范单位。

安全保卫。对机关大院监控硬盘进行扩容，实行24小时值守，及时掌握机关大院安全动态，解决安保工作中存在的问题，维护好上访秩序和机关大院工作秩序，进一步减少安全隐患。重点做好了中华人民共和国成立70周年相关后勤保障工作，包括机关大院节庆环境布置、特护期机关大院安全保障等。组织清运堆放于办公楼一楼及负一楼空地的各种待报废办公桌椅、办公物品及杂物，排查各单位仓库安全隐患并整改到位。确定每月最后一周周五为安全检查日，每季度对消防设施开展1次功能性测试检查，每月组织机关事务中心及物业公司全体人员开展1次安全生产培训学习，并将楼顶、地下室、设备间等易疏忽的地方作为重点检查处。9月10日，联合区纪委、区委督察室督察机关大院各单位安全生产工作、垃圾分类、办公用房使用情况，并下发督察通报。

工程维修。对机关大院、公卫大楼及人武部的设施设备做到定期检查，并实行痕迹化管理。配电间、空调主机房、强弱电井、监控室及各类消防设施设备运转良好，保障业主的生命财产安全。主要做好南门警务室改造、6台电梯更换、政务中心改造、直饮水合同签订、三菱电梯维保合同签订、机关大院休闲亭改造、公卫大楼LED照明灯节能改造、中央空调大修及低氮改造、区纪委监委功能房建设等工作。配合做好机构改革办公用房调整、楼层指示牌及各办公室门牌制作、政务中心改扩建项目等相关工作。

物业监管。物业公司按照“物业管理合同”履职，包括维修、绿化、保洁、安保、会务以及为业主提供的其他服务等。5月31日，服务合同到期，中心采取公开招标的形式确定下一个服务期机关大院物业管理服务方。6月3日开标，锦峰物业公司中标，并签订新一轮物业管理服务合同。完成新一轮机关大院绿植补种及绿化摆放询价工作。做好机关大院生活垃圾分类减量工作。7月组织召开芙蓉区机关大院垃圾分类工作会议，40个区直机关垃圾分类工作分管领导、垃圾分类专干，物业公司主管和保洁员等106人参加。每月对机关大院各单位垃圾分类工作落实清理进行流动红旗及星级评比，区机关后勤服务中心被评为2019年度长沙市生活垃圾分类示范单位。

膳食服务。落实“和包支付”进食堂工作，做好食堂就餐人员分流，开辟盒饭窗口、蒸菜及盖码饭窗口。督促食堂推新，改善膳食质量，提升干部职工满意度。丰富超市货品，并对货品价格进行把关。强化食品安全管理，加强对食品采购、储存、加工的管理、卫生和安全工作，把好了“入口关”。

会务服务。会务服务实行硬件软件双促进模式。在公共会议室加装会议屏蔽仪，会务工作更加规范化、制度化，提升会议服务水平，采用全方位服务原则，节节不落。按规定完成会务工作中承担的会场布置、卫生、音响、茶水等工作任务，确保了区委、区政府各场(次)会议的顺利召开。加强办公用房管理，做实办公用房管理基础性工作，进一步核实底数，动态调整办公用房管理档案资料，根据国管局及省市要求，填报全国党政机关办公用房管理信息系统。

公车保障。巩固党政机关公务用车制度改革成果，加强公务用车管理。完善公务用车平台建设，积极落实公车派车系统“全省一张网”。执行用车审批制度，科学、合理调配车辆，做到有条不紊。实行一车一台账，严把平台车辆加油、维修、保险、洗车关，控制车辆运行成本，保障好公务出行。平台车辆无事故发生，做到安全运行。完成公车平台公车定点维修单位询价，做好平台司勤人员合同签订工作，6月15日，组织公车平台司勤人员参加芙蓉区“安康杯”驾驶员技能竞赛，并包揽该次技能竞赛的团体一、二、三等奖。

【机关大院物业管理服务方招标】 芙蓉区机关物业管理服务合同（2016—2019年）于2019年5月31日到期。经区领导同意，中心采取公开招标的方式，确定芙蓉区机关大院2019—2022年物业管理服务方。该项目于2019年6月3日开标，中标单位为深圳市锦峰物业经营管理有限公司，并签订了新一轮物业管理服务合同。

【和包智慧食堂运营】 2019年，芙蓉区机关事物中心在和包智慧食堂的建设过程中，积极推动和包食堂落地和智慧食堂场景打造，区政府下属各部门从个人用户和包下载、智慧食堂激活到使用和包智慧食堂二维码支付进行配合，将和包应用场景做实做优。10月23日完成和包食堂的线上签约，原有磁卡设备下线，所有在芙蓉区政府食堂以及公卫食堂就餐的人员下载和包并在和包食堂上线时100%使用和包就餐。11月18日芙蓉区政府食堂12台扫码机具、芙蓉区妇幼保健院2台机具上线使用，移动专业人员进行现场技术支持。12月1日原有磁卡设备全部下线，至年底芙蓉区政府食堂日均用和包支付就餐量610人次，公卫食堂120人次，使用和包就餐率100%。和包智慧食堂启用后通过手机和包支付方式，替代原有的餐卡支付餐费模式，避免了职工因忘带餐卡或餐卡遗失不能就餐的情况。为和包支付提供了更多消费场景，也方便了职工就餐。

【机关大楼电梯更换】　芙蓉区区政府机关大院主办公楼6台奥的斯电梯安装于2003年。经湖南省特种设备检测院对6台奥的斯电梯进行安全运行性能评估检测显示，6台电梯均存在“使用年限较长，无上行超速保护装置和轿厢意外移动保护装置，平衡系数不合格，轿厢与面对轿厢入口的井道壁间距超标等问题”，建议按TSGT7001-2009《电梯监督检验和定期检验规则—曳引与强制驱动电梯》进行更换。经区领导同意，芙蓉区机关事务中心采取公开招标的方式确定新电梯供货及安装方。该项目于2018年5月3日开标，中标单位为上海三菱电梯有限公司。中标金额为214.8万元，2019年4月更换完毕。

【机关大院垃圾分类工作及培训会】　2019年7月9日，芙蓉区机关事务中心在区办公楼会议室组织召开芙蓉区机关大院垃圾分类工作及培训会议。区政府党组成员、副区长梁汝岚出席，会议由区机关事务中心党组书记、主任李小平主持，区市容环境卫生维护中心主要负责人，40个区直机关垃圾分类工作分管领导，垃圾分类专干，锦峰物业公司主管和保洁员等106人参加。会上，区机关事务中心党组成员、副主任李理宣读了芙蓉区机关大院垃圾分类工作要点。区市容环境卫生维护中心党组书记、主任张军从为什么要进行垃圾分类、生活垃圾分类做什么、生活垃圾分类怎么做三个方面进行业务指导。副区长梁汝岚对机关大院垃圾分类工作提出具体要求。之后，现代环境科技有限公司就生活垃圾分类工作相关知识及“收宝多”可回收袋使用方法进行培训，并现场与各单位垃圾分类专干进行互动投放示范，更好地让大家做到准确分类和投放。

【公车驾驶员技能比赛获奖】2019年6月25日，芙蓉区机关事务中心组织全区73台公车平台司勤人员参加芙蓉区总工会在长沙市星马机电驾校开展的芙蓉区“安康杯”驾驶员技能竞赛。此次竞赛重在强技能、保安康，提升职工素质，构建和谐芙蓉。为提高公车平台驾驶员职业技能水平，增强交通安全意识，树立芙蓉区公车平台良好形象，区机关事务中心公车平台以竞赛为契机，组织开展系统培训，在竞赛中赛出好成绩，包揽技能竞赛的团体一、二、三等奖。（陈　静）

政协长沙市芙蓉区委员会

Changsha Furong District CPPCC

责任编辑・谭丽霞

综　述

【概况】 2019年，芙蓉区政协根据长沙市委办公厅《关于芙蓉区机构改革方案》关于推进人民政协履职能力建设、加强人民政协民主监督、优化政协专门委员会设置有关精神，专门委员会和办事机构依章程设立，实行总量控制。区政协新组建1个专门委员会，即区政协社会法制和民族宗教委员会；原来的5个专门委员会根据职能职责的调整更名，其中人口资源环境委员会更名为区政协农业农村和人口资源环境委员会，群团联络委员会更名为区政协委员学习联络委员会，文教卫体委员会更名为区政协文教卫体和文史委员会，经济科技委员会更名为区政协经济科技和外事委员会，提案法制委员会更名为区政协提案委员会。调整后，区政协机关设置办事机构1个，专门委员会6个。2019年，政协委员届中调整，因工作变动等原因，23人辞去职务，1人因病辞世，新增补25人。截至年底，政协委员总数195人。

2019年是人民政协成立70周年。芙蓉区政协以习近平关于加强和改进人民政协工作的重要思想为遵循，突出党建引领，抓实主题教育，持续推进主题实践活动，推动政协事业实现新发展。

突出政治建设。严守政治规矩，在区委领导下谋划政协工作，将区委"品质提升年"工作主题贯彻落实到政协工作全过程。及时向区委请示重大事项、报告重点工作、反映重要情况。每月召开一次党组会议，研究重要事项，发挥党组把方向、管大局、保落实的作用。始终把"讲政治""守规矩"作为委员履职的底线边界，注重对委员的思想引导，组织委员到遵义接受革命传统教育。强化理论武装，先后打造"政协学习日""阅读分享会""委员沙龙"等学习载体，依托"学习强国""政协云"等移动平台，结合"不忘初心、牢记使命"主题教育，开展习近平新时代中国特色社会主义思想、习近平关于加强和改进人民政协工作重要思想的专题学习。依托"委员沙龙"开展的委员讲坛、诵读红色经典活动，深受委员欢迎。加强支部"五化"建设，到长沙历史馆、湖南第一师范、刘少奇故居等开展党性教育。发挥党员委员的先锋模范作用。在政协全会、异地培训、学习考察等重大活动中，成立临时党组织，强化党员委员第一身份，发挥党员委员在委员队伍中的"关键少数"作用。举办"政协之光——庆祝人民政协成立70周年"展览。发动政协委员开展理论研究，围绕新时代政协作为提交理论文章18篇，杨鲲、陆亚玲、刘雅浪、陈健玲、夏良伟等9名委员的论文获奖，提交论文数量和获奖论文数量均居全市第一。

拓展履职渠道。出台《政协委员履职考评办法》，对委员履职实现量化管理、动态考核。继续推进"智慧政协委员工作室"建设，拓宽履职平台、畅通履职渠道。区政协五届四次会议期间，通过大会发言和分组讨论形式，组织广大委员与区领导协商讨论，围绕"品质提升年"主题活动的意见建议进入区委区政府决策视野。围绕"芙蓉区夜间经济发展"开展常委会专题协商，围绕"生态文明建设""税收制度改革""部门机构改革职能职责变化"开展界别协商，为区委区政府决策提供有价值的参考。组织园区基础设施建设提案专题协商，发挥提案助力发展、促进工作的作用。开展主席会议视察监督，围绕产业发展、"最多跑一次"改革、公安派出所工作、社区矫正、基层医疗服务队伍建设、劳动就业、生活垃圾分类等开展视察调研，形成《做好"五字文章"促进芙蓉区"夜间经济"发展》《关于对我区就业工作的调研报告》《关于进一步提升我区行政效能的调研报告》等较高质量调研成果，群团界别组形成《关于发展壮大芙蓉区社区社会组织的调研报告》，法制界别组通过调研推动与区法院、区检察院形成网上互动交流机制。

融入发展大局。通过政协提案、民主监督、社情民意、微建议等多途径，建利民之言，献惠民之策，推动老旧小区电梯加装、城市绿道建设、预付卡安全监管、公交地铁无缝换乘等群众关注的民生问题。依托政协云微建议平台，及时办理和转办公共交通、物业管理等民生方面微建议14条。参与区政中心工作，协助引进今朝星市集智慧农贸市场项目。组织和发动委员投身社会公益事业，助力精准扶贫。继续开展"爱心助学"活动，为结对帮扶的龙山县靛房镇22名贫困学生筹集助学款近4万元；联合区工商联在龙山县靛房镇开展"牵手靛房，点亮山村"活动，筹款16.55万元，为靛房镇信地村村民安装98盏爱

心太阳能路灯，解决当地村民夜间出行难问题，获得新湖南、华声在线等媒体报道。（徐舒婷）

【委员履职能力提升培训班】2019年6月24—29日，区政协党组书记、主席郑明带队，到贵州省遵义市举办政协委员履职能力提升培训班红色文化教育主题活动。副主席范伟民、洪曙光、杨爱斌，2018年度优秀政协委员及部分新任街道政协联络工作负责人49人参加。培训由遵义会议研究中心承办。在为期6天的学习培训中，遵义会议纪念馆副馆长吴德坤作《十九大精神与遵义会议》的专题授课，遵义市政协原提案委主任徐念怀主讲《政协委员如何撰写优质的社情民意信息》。全体学员到遵义会议会址和陈列馆、红军山烈士陵园、娄山关战斗遗址、茅台四渡赤水纪念公园、苟坝会议会址、息烽集中营、习近平考察脱贫致富情况的花茂村等地参加现场教学、拓展教学和情景教学，瞻仰革命旧址和战斗遗址，重温长征历史，了解革命艰难历程。在培训班结业仪式上，郑明为全体学员颁发结业证书，学员代表黎明星委员发言。（何益波）

【政协机关启动“不忘初心，牢记使命”主题教育】2019年9月10日，区政协党组书记、主席郑明率全体机关党员干部到湖南第一师范学院旧址开展革命传统教育，在重温入党誓词仪式中，区政协机关启动“不忘初心，牢记使命”主题教育活动。大家参观湖南省第一师范学校旧址，了解第一师范学院的历史沿革、学校情况以及毛泽东在一师求学、工作的经历。郑明强调，全体机关党员干部要以先辈为榜样，将伟人精神根植于心，推动主题教育往深里走、往心里走、往实里走。要以实际行动践行共产党员的初心和使命，进一步立足本职、开拓创新，推动芙蓉区政协事业再上新台阶。

【区政协守纪律讲规矩专题研讨会】2019年10月18日，区政协举行“守纪律、讲规则，清正廉洁作表率”专题研讨会。区政协党组副书记范伟民主持会议，政协机关副县级以上领导及各委办正副主任参加会议。会上大家围绕“守纪律、讲规矩，清正廉洁作表率”主题和杜家豪书记专题党课“做一名守纪律讲规矩重自觉的共产党员”依次分享学习心得体会。大家纷纷表示将继续心存敬畏之心，保持警觉之心，从日常点滴做起，将纪律规矩变成一种本能，将纪律规矩转化为为民情怀，勇于担当、奋斗前行、努力创造政协新作为。该次专题研讨获得区主题教育指导小组的肯定，认为政治站位高、问题切入准、联系工作实、精炼效果好。

【“诵红色经典，担时代使命”政协委员沙龙】2019年11月18日，区政协“委员沙龙”暨“诵红色经典，担时代使命”主题党日活动在佳兆业广场党建活动室举行，区政协全体班子成员、各地区委员组委员代表和全体政协机关干部参加活动。区政协党组书记、主席郑明致辞，来自13个街道和机关党支部的党员干部、党员委员、界别群众代表选送15个节目。全场分为4个篇章，初心篇：《长征路，英雄路》《为了红色记忆》《半条被子》；使命篇：《不朽》《向困难进军》《永恒的雕像》《有一首歌》；时代篇：《沁园春·长沙》《沁园春·雪》《我的南方和北方》《稻田赤子袁隆平》和谢子龙影像馆分享；启航篇：《朗读中国》《绣红旗》《祖国，我爱你》。政协人以诗朗诵形式，展现红色经典中承载的红色记忆，凝聚时代力量。

【举办“政协之光”展览】2019年9月29日，由区政协举办的庆祝中国人民政治协商会议成立70周年“政协之光”展览在隆平水稻博物馆开幕。区政协主席郑明出席并致辞。展览分为“人民政协的辉煌历程”“芙蓉政协的前世今生”“政协委员的履职风采”3个板块，以图片展板的形式呈现人民政协的发展历程和政协委员的精神风貌，向中国人民政治协商会议成立70周年献礼。芙蓉区政协副主席范伟民主持启动仪式，区政协副主席洪曙光、杨爱斌出席。启动式后，各地区委员组分别组织政协委员参观展览，包括政协机关在内240人次参观展览。（徐舒婷）

重要会议

【区政协五届四次全会】2019年2月27日至3月1日，政协长沙市芙蓉区第五届委员会第四次会议在区举行。2月27日，在大会开幕式上，应到委员194名，实到188名。区政协主席郑明，副主席范伟民、洪曙光、谢志鹏、杨爱斌、陈庆，秘书长成正良，出席会议的区委、区政府、区人大、隆平园主要领导在主席台前排就座；政协老领导及区委、区政府、区人大、区人武部、隆平园其他领导，区公安、法院、检察院主要负责人在主席台就座。各街道党政主要负责人，区直部门、市垂直管理部门驻区单位主要负责人等400余人参加会议。区政协副主席谢志鹏主持大会并宣布开幕。郑明代表政协长沙市芙蓉区第五届委员会常务委员会向大会报告工作。范伟民受政协常务委员会委托，向大会报告提案工作情况。张天翼、沈文强等5位委员分别代表各界别组作大会议政发言。全体政协委员列席区五届人大四次会议开幕式，听取区人民政府工作报告。委员分组讨论政协常委会工作报告和提案工作报告，分组协商政府工作报告、区经济和社会发展计划与执行情况报告、区财政预决算报告、区人民法院工作报告、区人民检察院工作报告。会议期间，组织全体政协委员到长沙市一中双语实验中学、芙蓉区社会福利中心、华智国家水稻分子育种中心等重点项目现场观摩考察。大会表彰了2018年度先进集体和优秀委员，马智刚等40名委员获得优秀政协委员称号，东屯渡等4个地区委员组获得先进地区委员组称号，《发挥隆平新区区域优势 打造种业硅谷特色经济》等10份提案被评为优秀提案，《银行“拒绝”调查令难题亟待早日破解》等14篇社情民意信息被评为反映社情民意信息优秀稿件。孔俊等4名委员作履职经验交流发言。大会审议通过了区政协提案委员会关于五届四次会议提案审查情况的报告、关于常委会工作报告的决议、关于提案工作报告的决议和大会政治决议。大会闭幕式上，区委书记于新凡出席并发表讲话。

【区政协党组会议】 2019年，政协党组会议举行九次。

3月28日，专题学习中央扫黑除恶工作精神；研究了区政协领导班子成员分工调整、政协党组2019年党建工作要点及在全区政协委员中继续开展尽“四心”责任，做“四有”委员，助力全面建设“四个芙蓉”主题实践活动的实施方案。

5月14日，传达学习市政协社情民意信息工作会议精神、《长沙市文明行为促进条例》；研究了区政协关于市政协庆祝人民政协成立70周年系列活动执行方案、“政协之光”展览活动组织工作、政协机关集中开展形式主义官僚主义专项整治行动相关工作、电子政务内网接入区建设工作等。

6月17日，传达学习“不忘初心，牢记使命”主题教育工作会议精神；研究部署区政协机关支部委员会改选及支部“五化”建设工作。

7月4日，传达学习中组部、中宣部等联合印发的《关于开展向张富清同志学习的通知》和《中共中央关于授予张富清同志“全国优秀共产党员”称号的决定》精神；研究《关于进一步加强和规范向区委请示报告的通知（征求意见稿）》的意见建议、政协机关党组织升格等有关工作。

8月21日，交流讨论机关事业单位工作人员双向选择工作事宜；通报芙蓉区政协机关关于申请固定资产核销情况。

8月30日，根据年初计划，研究政协之光展览工作，确定展览布展单位。

9月17日，专题研究《芙蓉区政协党组及机关关于开展“不忘初心、牢记使命”主题教育的实施方案》。

10月15日，传达学习习近平总书记在中央政协工作会议暨庆祝中国人民政治协商会议成立70周年大会上的讲话精神；研究推荐芙蓉区科学技术协会第五次代表大会代表人员。

11月12日，传达学习习近平总书记在第二届中国国际进口博览会开幕式上主旨演讲；通报靛房镇“点亮乡村”活动情况；研究政协委员届中调整工作；研究“诵红色经典，担时代使命”委员沙龙活动、政协机关文明创建工作。

【区政协主席会议】 2019年，政协主席会议举行五次。

1月29日，第二十一次主席会议。会上就拟评优秀地区委员组名单、拟评优秀委员名单进行审议。

3月28日，第二十二次主席会议。学习传达政协长沙市委员会2019年工作要点；根据机构改革，研究并通过了领导班子成员分工调整；研究区政协2019年度协商工作计划；研究区政协重点提案工作；研究政协之光展览活动组织机构名单；研究政协机构设置更名和相关人事工作。

6月17日，第二十三次主席会议。学习传达汪洋在全国地方政协工作经验交流会上的讲话；

听取到宁乡市政协学习基层民主协商工作的情况介绍；学习贯彻区文明委2019精神文明建设及文明城市创建工作要点精神；研究区政协探索建立政协“双联”制度工作等。

11月12日，第二十四次主席会议。通报关于靛房镇开展“点亮山村”活动的情况；研究通过届中政协委员人员调整名单；研究部署“诵红色经典，担时代使命”委员沙龙活动。

11月29日，第二十五次主席会议。审议《区政协五届五次会议工作方案（草案）》。

2019年3月27日，政协委员走进区纪委监委，感受“开门反腐”

区政协　供图

【区政协常委会议】　2019年，政协常委会议举行三次。

1月30日，第十二次常委会。审议通过五届四次全会工作方案及大会发言材料；审议通过了区政协评先评优人员名单。

4月19日，第十三次常委会。听取芙蓉区楼宇经济相关工作情况介绍；传达学习了全国政协十三届二次全体会议主要精神；讨论通过了区政协领导班子成员分工及政协2019年工作要点；协商讨论了区政协2019年度协商工作计划及区政协2019年度重点提案工作。

11月14日，第十四次常委会。专题协商芙蓉区“夜间经济”发展；听取靛房镇开展“点亮山村”活动的情况汇报；审议表决通过区政协人事事项及届中委员调整事项。　（徐舒婷）

民主监督

【概况】　贯彻区委《关于加强和改进人民政协民主监督工作的实施意见》，民主监督工作趋向制度化、规范化。引导支持各地区委员组围绕安全生产、食品安全、校园周边环境等重要工作组织开展视察监督。调整充实18个职能部门派驻的民主监督员队伍，督促指导民主监督小组开展工作，真建言建真言，从被动响应到主动发声，变被动监督为主动监督。探索开展政协委员走进纪委监委活动，零距离感受纪检监察工作，多维度探讨政协民主监督与纪委监委执纪监督的结合方式。发挥社情民意信息在民主监督中的作用，全年反映社情民意信息71篇，被全国政协采用3篇，省政协采用1篇，市政协采用10篇，获得省市领导批示6篇，获全市政协系统反映社情民意信息工作二等奖，信息被全国政协采用实现零的突破。其中《为基层工作人员“网络减负”的建议》获得省委常委、市委书记胡衡华批示，推动市委出台专门文件为基层干部减轻“网络负担”。

【政协委员走进纪委监委】　2019年3月27日，湖南茶业集团股份有限公司总经理黎明星、湖南金顺达律师事务所执行主任肖宏等14名政协委员，在区政协主席郑明带领下，走进区纪委监委机关，近距离感受纪检监察机关的“开门反腐”。区纪委监委通过实地参观、现场讲解、图文展示、互动交流等方式详细介绍了区纪检监察机关的组织架构、工作职能，展示监察体制改革以来全区党风廉政建设和反腐败斗争工作成效。区纪委监委相关负责人向委员告知各类监察举报渠道，赠送监察法等书籍。通过走进纪委监委机关，委员们了解到，监察体制改革以来，区纪委监委主动接受各方监督，民主生活会主动征求人大代表、政协委员意见，区纪委全会主动邀请党代表、人大代表、政协委员列席，全会报告全文对社会公开。该次“政协委员进纪委监委”活动，是区纪委监委进一步贯通党内监督和政协民主监督，首次“敞开大门”近距离接受社会的监督和检阅。郑明表示，该次活动是政协民主监督的新探索，进一步加强政协与纪委监督计划、监督方式、监督成果的对接，增强监督实效。（成正良）

调研考察

【调研“朝辉劳模创新工作室”】

2019年2月21日，芙蓉区政协主席郑明带领主席会议成员和荷花园地区委员组政协委员调研“朝辉劳模创新工作室”。荷花园街道党工委书记孔干陪同，全国先进工作者、荷花园街道政协联络工作负责人刘朝辉介绍情况。郑明一行考察“朝辉劳模创新工作室”成果示范点支控中心和特色花街情况后，到“朝辉劳模创新工作室”，观看劳模创新“一路走来”宣传片，听取刘朝辉对“朝辉劳模创新工作室”的介绍。自2011年成立以来，工作室以为民服务为宗旨，以群众满意为目标，以社会化服务与管理为平台，以各级工会组织支持为保障，探索基层公共服务管理模式创新，取得了丰硕成果，2015年获“湖南省示范性劳模创新工作室”、2017年获“全国示范性劳模创新工作室”称号。刘朝辉介绍了荷花园地区组政协委员为劳模工作室建言献策、服务群众方面所作出的贡献。政协考察团对“朝辉劳模创新工作室”取得的成绩给予高度评价，认为“朝辉劳模创新工作室”立足基层，不断创新社会管理，发挥了示范引领作用，取得了良好的社会成效。郑明建议将劳模工作室与智慧政协委员工作室建设进一步结合，为地区经济社会发展贡献更多的智慧和力量。

2019年2月21日，区政协主席郑明（右三）率队考察“朝辉劳模创新工作室”

区政协　供图

【区卫生服务中心调研考察】

2019年4月18日，区政协主席会议成员考察社区卫生服务中心，区政协主席郑明，副主席范伟民、洪曙光、杨爱斌、陈庆，政协有关委办负责人、部分政协委员参加，区卫健局主要负责人陪同调研。郑明带队考察了马坡岭街道社区卫生服务中心和荷花园街道社区卫生服务中心，在荷花园街道社区卫生服务中心召开座谈会。会上区卫生健康局就芙蓉区基层卫生工作情况进行了汇报，区卫健局相关领导、医卫中心代表与委员进行交流。芙蓉区全区有社区卫生服务中心13个，社区卫生服务站39个，推行家庭医生签约服务、创新服务模式、“一校一医”专业化配备，其芙蓉区基层卫生工作的典型经验，获得省市卫健委和居民群众认可。委员们提出加大政策扶持引进基层医疗人才，强化医联建设实效，衔接做好术后康复服务等建议。郑明对卫健局工作给予肯定，同时建议：进一步探索新办法，提升服务功能，发挥家庭医生服务平台作用；加强队伍建设，推进深化改革，用好资源优势推进医联体建设。

【区政协考察公安派出所工作】

2019年5月15日，芙蓉区政协主席会议考察区公安派出所工作，区政协主席郑明，副主席范伟民、洪曙光、谢志鹏、杨爱斌，区政协有关委办负责人参加，分局党委书记、局长章晓波，副局长彭金炬、李忠等陪同考察。郑明主席一行实地察看了五里牌派出所和马王堆派出所的办公办案场所，在马王堆派出所召开座谈会听取芙蓉区公安工作相关情况汇报。湖南金顺达律师事务所执行主任肖宏、湖南金猫职能科技有限公司总经理陈德明、湖南顺腾成套桥架有限公司总经理刘志丰3名委员参加座谈，提出进一步加大东站片区“黑猫旅社”整治，发挥委员桥梁作用支持公安工作顺利开展等建议。郑明对芙蓉公安工作给予高度评价，要求政协机关及委员进一步关心芙蓉区公安工作，为推动芙蓉公安解决实际问题做好鼓与呼。

【社区矫正工作调研】 2019年5月29日，芙蓉区政协主席会议调研区社区矫正工作，区政协主席郑明，副主席范伟民、洪曙光、谢志鹏、杨爱斌、陈庆及区政协有关委办负责人参加，副区长和区司法局主要负责人陪同调研。郑明一行先后到荷花园司法所、东屯渡司法所和区社区矫正中心，实地察看社区服刑人员队列训练、矫正中心管理系统，听取区社区矫正工作情况汇报。芙蓉区社区矫正中心于2017年2月建成并投入使用，2018年成为湖南省社区矫正信息化建设试点单位，集监管、教育、帮扶指导为一体，加强和创新对社区服刑人员的管理。截至2019年5月25日，累计接收社区矫正人员1546人，解除矫正1286人，在册260人。通过强化队伍建设、实行矫正刑罚、加强监督管理、推进帮教结合，促进社会稳定。湖南麓和律师事务所副主任刘毅、湖南金州律师事务所高级合伙人张华、芙蓉区科技局副局长唐子茹等政协委员参加调研并在座谈会上发言，提出做好社区矫正工作的“管”与“帮”，推动完善社区矫正工作立法，从心理咨询、社会支持、生存支持方面加强人性化管理等建议。郑明强调要进一步研究延伸矫正工作范围，做到“管”与“帮”两手抓，增强社区改造效果；进一步提炼总结芙蓉司法矫正经验，形成品牌扩大影响。

【到望城考察产业扶贫工作】 2019年9月3日，区政协党组成员到省级美丽乡村建设示范村——长沙市望城区乔口镇盘龙岭村，考察学习精准扶贫工作。区政协党组书记、主席郑明，党组副书记、副主席范伟民，副主席洪曙光，党组成员、副主席杨爱斌及有关委办负责人12人参加考察。一行人参观盘龙岭村党总支青年党支部、“水八仙+小龙虾”养殖基地等，在村部召开座谈会，听取盘龙岭村党总支书记刘浩和文和友联合创始人杨干军关于产业扶贫的经验介绍。近年来盘龙岭村以消除贫困群体为着力点，构建乡村振兴保障体系，以土地流转为突破点，点燃乡村振兴发展引擎，文和友企业助力精准扶贫取得成功。双方就如何加强党的建设，发挥党员示范带头作用，助力产业扶贫扶智等充分交流。郑明表示乔口镇盘龙岭村的示范建设成果值得借鉴，要重视发挥党建引领作用，注重做好农村土地流转、精准扶贫、产业发展的文章，发挥产业发展辐射效应，助力扶贫攻坚取得新成就。

【考察区生活垃圾分类工作】 2019年12月18日，芙蓉区政协主席郑明率主席会议成员考察区生活垃圾分类工作，副主席范伟民、洪曙光、谢志鹏、杨爱斌、陈庆及区政协有关委办负责人和部分政协委员参加，副区长李学军以及区市容环境卫生维护中心有关负责人陪同考察。郑明一行先后视察文艺路街道乔庄社区，东湖街道龙马社区生活垃圾分类情况，在龙马社区召开座谈会。会上区市容环境卫生维护中心主任张军介绍芙蓉区垃圾分类情况。

2019年12月18日，政协主席会议成员考察生活垃圾分类工作

区政协 供图

2019年财政在垃圾分类工作中投入1亿余元。突出问题导向，贯通“三个环节”，围绕“垃圾乱扔”“垃圾混装”“垃圾出路”问题，加强统筹规划。做好“三个结合”，做好“连心行动＋垃圾分类”“文明创建＋垃圾分类”“优化环境＋垃圾分类”的结合文章。全区77个社区生活垃圾全覆盖工作验收通过率100%。参会政协委员与职能部门交流，提出了着重治理源头问题、发挥互联网作用加大宣传效应、垃圾分类意识从娃娃抓起等意见建议。区政府副区长李学军指出，2019年全区垃圾分类稳步推进，2020年计划在消化区内农贸市场垃圾、探索实行垃圾定点定时定车收集、撤除高档小区楼道传统垃圾桶、实现物业公司垃圾分类责任倒逼机制、湿垃圾分类纳入考核硬指标等方面下足功夫。郑明讲话对于全区垃圾分类工作开展情况给予肯定，强调要形成政府主导、单位配合、居民支持的局面，建立倒逼引导机制，解决家庭、农贸市场和餐厨垃圾三个源头问题。

（徐舒婷）

提案工作

【概况】 2019年，芙蓉区政协五届四次会议征集提案110件，立案85件，未立案25件，立案率77.27%。区政府系统承办提案85件。这些提案中经济科技类23件，城建城管类38件，文教卫体类10件，社会法制类14件。经各承办单位的共同努力，所有提案均在规定时间内办理完毕，见面率100%，办复率100%，满意率100%。已经解决或基本解决的（A类）有40件，占提案总数的47%；正在解决或列入计划逐步解决的（B类）有42件，占提案总数的49%。各承办单位采纳提案建议，提案成果得到有效运用。区政协常委会坚持“围绕中心、服务大局、提高质量、讲求实效”的提案工作方针，创新工作方法，健全工作机制，拓展工作渠道，不断提高提案工作制度化、规范化、信息化水平。

*组织领导。*区委、区政府组织召开全区提案交办会，支持区政协运用提案履行职能。经区政协主席会议确定，从85件提案中遴选10件为重点提案，由主席、副主席分别领衔督办。区委书记、区长关注重点提案，《关于隆平高科技园城市功能配套建设的建议》和《加大精准扶持力度促进优质企业扎根芙蓉区的建议》两件提案分别由书记、区长领衔督办。其余8件重点提案分别由政府条线主管领导领衔承办。主席带队调研重点提案办理，参加重点提案办理专项会商，对办理效果进行评估。10件重点提案办理全部达到预期效果。

*质量把控。*区政协五届四次会议明确每年10月为“提案集中调研撰写月”。2019年“提案集中调研撰写月”活动中，选定81个事关芙蓉区经济社会事业各个方面的提案参考题目。针对81个题目，区政协组织开展为期7天的集中调研和为期5天的集中撰写。根据调研情况，各街道和相关参加单位邀请关联职能部门负责人召开政情通报会。活动结束，当即收到提案66件。“提案集中调研撰写月”活动的开展，大幅增强了撰写提案的调研意识，提高了委员的调研参与度和提案撰写的针对性，促进委员与相关单位的沟通、协商和联系，提高了提案的质量。

*提升实效。*提案办理方式从“答复型”向“落实型”转变。交办协商，加强与区政府相关部门的沟通联系，对一些涉及部门职能交叉或调整的提案进行复审，进一步明确承办单位职责。做好遴选协商，发挥示范带动作用。遴选部分代表性强、涉及面广、影响力大的提案，作为区重点提案。做好办后协商，推动提案二次办理。针对跨年度提案，开展“回头看”，加强跟踪回访和办后协商，客观评价办理情况，推动双方充分交流，着力解决个别提案难以协调、委员“被满意”、办理单位认为委员难沟通等问题，促成提办双方协商一致、达成共识。

【开展重点提案调研】 2019年6月12日，区政协主席郑明率队就区政协五届四次全会第1号重点提案《加大精准扶持力度，促进优质企业扎根芙蓉区》的办理落实进行专题调研，区政协副主席范伟民、洪曙光及有关委办负责人和张天翼、黄艳、程卫权等政协委员参加调研。区政府副区长黄金国陪同调研，提案主办单位区商务局和协办单位区行政审批局、隆平高科技园招商合作局等相关负责人参加。郑明一行实地考察湖南特音电子有限公司和瑞幸咖啡（长沙）有限公司，对企业的办公环境、经营状况、政府扶持等情况进行了了解。在瑞幸公司召开的座谈会上，各承办单位就1号提案办理情况进行汇报，调研组一行的政协委员和参会企业等还就提案的办理与各承办单位相关负责人展开交流。黄金国表示，将继续加大扶持力度，着力“四个精准”，共同努力将芙蓉经济做大做强，争创全国标杆。郑明对1号提案的办理进展情况给予肯定，强调各承办单位要继续增强加快发展的紧迫感；寻找促进企业扎根的路径方法；共同努力将提案办出高水平。

【组织“提案集中调研撰写月”活动】 2019年10月10日，区政协提案委组织召开“提案集中调研撰写月”活动动员会，明确每年10月为“提案集中调研撰写月”。区政协主席郑明，各委办主任，各街道政协联络工作负责人和联络员参加。区政协副主席范伟民主持会议。会上，集中学习《芙蓉区政协提案集中调研撰写月活动方案》，提案委主任饶诚就提案撰写工作开展专题业务培训。郑明强调，开展好提案集中撰写工作必须做到思想认识要提高，提案标准要把握，提案选题要准确，提案调研要深入，提案撰写要规范，提案月成效要凸显。经与政府有关部门沟通和会商，集中调研选定81个事关芙蓉区经济社会事业各个方面的提案参考题目。以地区委员组为单位，围绕81个提案参考题目分别组织开展为期7天的集中调研，并安排5天时间集中组织撰写。根据调研情况，各街道和相关参加单位还邀请关联职能部门负责人召开了政情通报会，推动委员知情明政、精准履职。至活动结束，提交提案66件。通过集中调研活动的开展，实现委员参与度和提案质量双提升。 （饶　诚）

委组工作

【政协专门委员会】 2019年，政协各专门委员会发挥各自特点和优势，为芙蓉区经济建设和社会发展做出努力。经济科技和外事委围绕“夜间经济发展”组织开展常委会专题协商，围绕“最多跑一次”改革开展界别协商。委员学习联络委组织发动委员参加市政协“庆祝人民政协成立70周年”系列活动，在市政协组织的乒乓球赛、羽毛球赛、篮球赛、摄影比赛等各项赛事中取得优异成绩。农业农村和人口资源环境委围绕就业工作开展对口协商，《关于芙蓉区就业工作的调研报告》被省政协评为优秀调研报告。文教卫体和文史委组织委员开展经常性兴趣小组活动，成立摄影、乒乓球、文艺舞蹈3支业余兴趣小组，丰富委员精神文化生活，增强政协组织的凝聚力和向心力。社会法制和民族宗教委协助区委制定出台《关于加强和改进人民政协民主监督工作的实施意见》，调整充实18个职能部门派驻的民主监督员队伍，督促指导民主监督小组开展工作，从被动响应到主动发声，民主监督工作趋向制度化、规范化。

【政协地区委员组】 2019年，在区政协的指导下，各地区委员组深入推进“智慧政协委员工作室”建设，在完善机制、科学管理、发挥作用上下功夫，通过工作室联系委员与群众，收集社情民意。马王堆地区委员组智慧政协委员工作室，依托律所资源，为群众提供义务法律咨询服务。东湖地区委员组坚持智慧政协委员工作室“线上+线下”相结合，强化阵地建设，打通政协组织和政协委员联系服务群众“最后一公里”。开展学习培训和视察调研活动。荷花园地区委员组委员参观“劳模工作室”，分享刘朝辉委员参加国庆70周年现场观礼感悟。湘湖地区委员组邀请专家开展社情民意信息和提案撰写培训，信息工作成果丰硕，彭江委员获评全市反映社情民意信息工作先进个人。文艺路组以“四进”活动为主线，组织委员定期学习交流。东屯渡地区委员组定期为委员选送书籍，持续开展“享·阅读”活动，提高委员理论水平。湘湖地区委员组邀请专家开展社情民意信息撰写的讲评培训；火星地区委员组组织委员参加“讲习夜校”47人次；定王台地区组组织委员参与全区经济发展交流座谈，在履职中提升参政议政能力。助力脱贫攻坚，服务社会事业。东湖组陈旭迪委员为驻区高校在校学生设置勤工俭学岗位，提供实习岗位90个，为溆浦县兴华希望小学捐赠校服400套。马坡岭组黎明星委员发挥湘茶集团优势，为麻阳县西晃山茶业公司提供技术培训、市场信息、资金帮扶等支持。马王堆组肖宏委员创建律政同心公益联盟，组织开展“冬日送温暖，律政有真情”活动，筹措8.9万元物资慰问182名环卫工人和50户困难家庭。韭菜园地区委员组调动委员企业力量，4家委员企业组织200余人参与文明创建工作。该组委员企业为平江县就业困难群体送去就业岗位130个。文艺路地区委员组委员为辖区群众提供义务健康咨询讲座，为残疾人家庭送去爱心关怀物资。火星街道谢衎委员利用幼教资源，为辖区困难幼儿入园减免学费，受益幼儿400余人。

（徐舒婷）

·附·

芙蓉区民主党派

2019年，芙蓉区民革工委、民盟工委、民建工委、民进工委、农工党工委、致公党工委、九三学社工委7个民主党派的基层组织下设支部（支社）43个，有成员1142人。其中任省人大代表2人，市人大代表、市政协委员29人，区人大代表、区政协委员73人。九三学社芙蓉区工委主委罗尔曼任芙蓉区人大常委会副主任。民主党派在区政协常委中任职23人，担任市、区行业特约监督员22人。2019年，芙蓉区民主党派成员获区优秀政协委员15人，优秀人大代表14人。

参政议政。芙蓉区民建工委在2019年的市、区两级人大、政协会议上提交建议、提案20余件。佐登妮丝国际美容化妆品（广州）有限公司总裁助理张治学在“两会”上分别提交《关于加快完善分级诊疗制的建议》《关于进一步完善未成年人社区矫正工作的建议》《成立护理公司》的建议；湖南益致联合实业发展有限公司董事长李坤《关于加强城市公共消防安全基础设施的建议》被列入市政府重点办理提案。上海市海华永泰（长沙）律师事务所主任曾昕发表的《规制与惩责：区块链金融交易刑事犯罪分析》稿件，被人民法治网刊登，《区块链存证体系探索研究》被国家级杂志《网络空间安全》2019年7月刊登发表。湖南欧亚药业有限公司董事长林开朝提交的《推进长沙市多层次资本市场快速发展的政策建议》列为市长重点督办提案。长沙市就业服务中心财务部部长、民建芙蓉区工委主委潘向阳撰写的党派集体提案《打造交通微循环，构建“化龙池”片区特色街区的建议》获芙蓉区优秀提案。湖南众鑫天和建设项目管理有限公司总经理黄小利的《加大APP模式运用力度，促进芙蓉区政府投资转型》被评为区政协优秀提案。九三学社撰写的理论征文《完善民主党派在人民政协中发挥作用的机制》入选2019长沙市政协主编的《庆祝人民政协成立70周年理论征文选编》，集体提案《长沙市极不利大气指数条件下霾污染治理分析调研》获市委书记胡衡华批示并被列为市政协重点督办提案，副市长刘明理领办。农工党胡可军撰写的《关于长沙人才新政在我区落地的建议》，获芙蓉区政协优秀提案。致公党全年共提交提案建议及社情民意16篇，课题《把握三个原则，明确三个导向，下足三种功夫，增强党外人士思想政治引导针对性、实效性研究》，获芙蓉区区委统战部课题调研成果一等奖，《为基层减负应提高调研的精准性和实效性》中建议被长沙市政协和市委统战部采用。民盟全年提交社情民意5篇，民革提交社情民意50余篇。芙蓉区民革工委主委、三湘律师所副主任汤炳煌提交的《关于进一步加强对涉民营企业案件羁押必要性审查的建议》《应重视对律师依法执业过程中人身安全的保护》《关于推动解决扫黑除恶专项斗争中“律师会见难”问题的建议》《居民小区内经营性棋牌室应依法取缔》4篇社情民意被民革省委采纳。

服务社会。各民主党派成员参与地区各项社会事务，为推动当地经济和社会发展做出贡献。民建芙蓉区工委为定王台街道金沙里社区社区流动儿童筹款6.26万元，另筹集6万元筹建社区儿童服务站。孔俊带领支部部分会员，前往石门县三圣乡中心小学资助学生、学生家庭，现金4.85万元，捐书金额近20万元。九三学社区工委组织走访困难群众活动，实行点对点扶贫帮困。王秀贵帮助麻阳贫困户销售5000件麻阳冰糖橙，个人捐资7000元。民进芙蓉区工委为桑植县竹叶坪募得善款1.19万元，参与科技助力产业扶贫指导活动20余次，其中到溆浦县开展的“科技助力产业发展博士团”活动受到中国网、《人民日报》海外网网站、《中国教育报》等多家媒体的关注和报道。民盟芙蓉区工委参加长沙民盟关爱事实孤儿活动捐款。农工党芙蓉区工委点对点帮扶困难家庭并逢年过节进行物资资助，曹安平资助10余名贫困学子学费。农工党员们到春华镇敬老院进行口腔健康宣传义诊，发放牙膏牙刷并捐款 1 万元，开展法律援助案件 20 余件。致公党芙蓉区工委王静、邓美香为湘西都完小学捐款 5 万元，陈谦等党员在龙山靛房镇捐款 1 万余元。民革与芙蓉区西湖社区共同建设同心书屋。全体党员出资近 4 万元，捐赠 5000 余册图书，开展各类公益活动 25 场次，捐款捐物 30 余万元，孙湘晖向芙蓉区修业小学捐赠 18 万元。

·表 5·　2019 年芙蓉区民主党派基本情况表

党派组织名称	下属支部（社）数（个）	成员人数（人）	省人大代表数（人）	市人大代表政协委员数（人）	区人大代表政协委员数（人）	主要分布领域	特约监督员人数（人）
民革工委	3	82			10	同民革历史、同台湾各界有联系的人士，法律界人士	2
民盟工委	9	291	1	4	10	教育、文化	1
民建工委	5	168	1	3	13	经济、法律、新社会阶层	2
民进工委	10	141		4	10	教育、新闻出版	3
农工工委	8	227		10	9	医疗卫生	1
致公工委	4	127		2	12	侨胞、海外人士	7
九三工委	4	106		6	9	科技界	6
合　　计	43	1142	2	29	73		22

（邱辉平）

芙蓉区纪律检查委员会
芙蓉区监察委员会

Commission for Discipline Inspection of Furong
Supervision Committee of Furong

责任编辑・谭丽霞

综　述

【概　况】 监察体制改革后，区纪委与区监委合署办公，实行一套工作机构、两个机关名称，履行党的纪律检查和国家监察两项职责，对中共长沙市纪律检查委员会、长沙市监察委员会和中共长沙市芙蓉区委员会全面负责。区监委对芙蓉区人民代表大会及其常务委员会负责，接受其监督。2019年，区纪委监委有内设机构11个，派驻纪检监察组9个，巡察办1个，巡察组2个，街道纪（工）委13个。2019年，全区纪检监察系统履行党章和宪法赋予的职责，坚持稳中求进总基调，推进全面从严治党向基层延伸，持续推动芙蓉区纪检监察工作高质量发展。2019年获评湖南省纪检监察信息工作先进单位。

着力改革创新，提升治理效能。规范请示报告制度，年内向市纪委市监委报告工作49次，向区委报告工作53次。落实提名考察办法，完成2批次9个街道新任纪工委书记、副书记的任前考察工作，对9个派驻纪检监察组和13个街道纪工委书记集中开展述职评议。深化纪检监察工作一体化建设，重新调整划分为3个片区，制定《片区工作管理办法》，启动片区会审机制。理顺派驻纪检监察工作机制，明确工作职责，监督精准度不断提高。发挥区街一体、分片管理、反腐败协调小组的作用，协力办理区城建投、原工商分局等系列案。注重体制机制创新，制定《关于综合实施“四位一体”监督的暂行办法》。

坚持刀刃向内，打造纪律铁军。坚持党的理论学习先行，把学习贯彻习近平新时代中国特色社会主义思想作为贯穿全年工作的主线，以“素质提升年”为总揽，开展“讲政治、强修养”全员培训学习活动，培训1500余人次。深化“不忘初心、牢记使命”主题教育，开展“从我区纪检监察信访举报看基层党建工作”等10余项重点课题调研。开展主题党日活动、案件质量评查、优秀文书评选等活动，在比学赶超中不断提升党性修养和业务能力。建立问题线索预警督办系统，提升问题线索管理科学化水平。汇编《干部监督管理手册》，规范有关事项报告、请销假等制度。定期廉洁家访，建立纪检监察干部家庭档案，强化8小时外的监督。主动开门反腐，聘请6名特约监察员，首次开展政协委员进机关活动，接受社会监督、民主监督。坚持刀刃向内，纪检监察干部6人次被提醒谈话，1人受到党纪政务处分并被调离纪检岗位。

【区纪委五届四次全会召开】 2019年1月25日，中共长沙市芙蓉区第五届纪律检查委员会第四次全体会议，在区政府机关会议中心召开。区纪委委员17人，在职副县级以上领导，区监察委委员，区委巡察组、区纪委监委派驻组负责人，区人大、区政协各委办负责人，区直机关各单位、各人民团体党员主要负责人，隆平高科技园、各街道党（工）委书记，市垂直管理单位党组（党委）主要负责人，部分党代表、人大代表等近300人参加会议。区委副书记、区长周春晖主持会议。区委书记于新凡发表题为《以永远在路上的坚韧和执着，将全面从严治党推向深入》的讲话。会议听取并审议通过王长陵代表区纪委常委会所作的《坚持稳中求进，强化政治引领，推动新时代纪检监察工作高质量发展》工作报告。会议传达学习中央、省、市纪委全会精神，总结2018年芙蓉区纪检监察工作，部署2019年任务。于新凡在讲话中肯定了区纪委监委一年来的工作，指出了存在的问题和不足，就做好2019年纪检工作提出具体要求。他强调，要以政治建设为统领，坚决把“两个维护”落到实处；要持续纠治“四风”，推动中央“八项规定”精神落地生根；要保持反腐倡廉高压态势，坚决惩治腐败；要健全完善监督体系，推进纪检监察体制机制创新；要坚持以人民为中心，整治群众身边不正之风。

【纪检监察机关扫黑除恶专项斗争推进会】 2019年3月21日，全区纪检监察机关扫黑除恶专项斗争推进会在区机关大楼627会议室召开，市纪委常委、市纪委监委扫黑办主任瞿浩，区委常委、纪委书记、监委主任王长陵等相关领导出席，相关区直单位、各街道负责人60余人参加会议。会上，区纪委常委、监委委员李长松传达了省、市关于开展扫黑除恶专项斗争工作的通知精神，区纪委副书记、监委副主任舒序松对下一步区纪检监察机关扫黑除恶工作重点进行安排部署。

【特约监察员聘请仪式】 2019年10月21日，芙蓉区监委举行

2019 年 10 月 21 日，芙蓉区监委举行特约监察员聘请仪式，现场为首批特约监察员颁发聘书　区纪委监委　供图

特约监察员聘请仪式，芙蓉区委常委、纪委书记、监委主任王长陵现场为6位第一届特约监察员颁发聘书，聘期2年。该次聘请的特约监察员由区党代表、人大代表、政协委员、基层社会团体代表、学校代表组成，根据2019年7月出台的《芙蓉区监察委员会特约监察员工作办法（试行）》，特约监察员对全区纪检监察机关及其工作人员履职情况实行监督，提出加强和改进纪检监察工作的意见、建议，对起草重要文件、提出监察建议等提供咨询意见，参加区监委组织的调查研究、监督检查、专项工作等。（戴　聪）

党风政风建设

【概况】　2019年，区纪检监察工作注重教育引领，突出源头防控。抓党的政治建设，以向力力、李晓宏案为鉴，开展以案释纪警示教育。通过一线调研、明察暗访等方式，找出制约营商环境优化的痛点堵点。公开通报6起不担当不作为乱作为、2起领导干部“提篮子”的典型案例，严肃查处胡某某等12人违规收受红包礼金、唐某某违法经商办企业的问题，在全区形成强烈震慑。把住选人用人关，出具廉洁审查意见126人次。在“不忘初心、牢记使命”主题教育中，专题督察4次，对17家流于形式、敷衍应付的单位予以通报。建立监督监察函告制度，发放纪律检查建议书、监察建议书等52份，推动问题整改落实。持续运用好“互联网+监督”平台和党风廉政信息系统，强化源头治理，赢得标本兼治综合效果。

【全区干部作风建设暨区委巡察工作通报会议】　2019年6月24日，全区干部作风建设暨区委巡察工作情况通报会议，在区机关会议中心召开。市纪委副书记、市监委副主任刘金文，全区在职县级领导，区直各单位、隆平高科技园、湘湖管理局和各街道班子成员近600人参加会议。会议由区委副书记、区长周春晖主持。区委常委、纪委书记王长陵，区委常委、组织部部长何溪桥分别就全区干部作风建设情况、区委第五轮巡察情况进行了通报。相关被通报单位主要负责人就解决服务不到位、监督不得力、增加企业负担以及对群众诉求推诿扯皮等问题作现场表态发言。刘金文在通报会上讲话。区委书记于新凡在讲话中强调，全区各级党组织要把管党治党作为第一要务，坚定担负起全面从严治党主体责任，高度重视巡察整改，推进全面从严治党向基层延伸。同时对被通报单位提出了明确整改要求。

【纪检监察系统“我和我的祖国”演讲比赛】　为庆祝中华人民共和国成立70周年，2019年6月28日，区纪检监察系统在区机关二楼会议室举行“我和我的祖国”主题演讲比赛。区纪委监委领导班子、区委机关各室、各派驻纪检监察组、区委巡察机构、各街道纪工委负责人150余人参加活动。经两轮专题培训和层层选拔推优后，16名来自全区各纪检监察系统的选手参赛，最终评选出一等奖1名，二等奖2名，三等奖4名。市纪委监委政策法规室主任姚喜琳、市纪委监委组织部副部长刘芳佃、区政府办副主任吴康达、区网信办主任李向华等应邀担任评委并为获奖选手颁奖。区委常委、纪委书记、监委主任王长陵做点评讲话，指出该次比赛是对全区纪检监察干部的一次成果检验，是对落实“三个年”建设的凝心聚力。　（戴　聪）

2019年6月24日，芙蓉区召开全区干部作风建设暨区委巡察工作情况通报会议
区纪委监委 供图

执纪监督检查

【概况】 2019年，区纪委监察委聚焦中心工作，严肃监督执纪。全年运用“四种形态”批评教育帮助和处理405人次。处置问题线索240件，立案118件（含乡科级25人），结案97件，处分87人，留置5人，移送司法3人，挽回经济损失1836.23万元。加强中央重大决策部署落实不力等重点问题问责力度，全区问责党员领导干部15人，给予党纪处分4人，其中2名乡科职干部受到严重警告处分。查处形式主义官僚主义问题4个，组织处理12人。查处违反中央“八项规定”精神突出问题63件，立案29件、处分29人、组织处理34人。开展扶贫领域专项治理，发现问题38个，组织处理41人。紧盯吃拿卡要、优亲厚友等群众身边的腐败问题，查处案件58起，处分33人，追缴违纪资金182万余元，退还群众资金124.8万元。重拳整治涉黑涉恶及“保护伞”，受理问题线索25件，立案11件，查处充当黑恶势力“保护伞”3人。受理信访举报88件，较上年下降29.09%，越级访53件，较上年下降36.14%，信访件转立案5件，党纪政务处分7人，组织处理16人。守住办案安全底线，连续多年执纪审查零违纪、零事故。

【机构改革纪律监督】 2019年，芙蓉区实行党和政府机构改革。2月，区纪委监察委成立芙蓉区机构改革督察工作领导小组办公室，制定出台《在党和国家机构改革工作中强化督察的方案》，针对政治纪律、组织纪律、机构编制纪律、干部人事纪律、财经纪律、保密纪律6项纪律问题对全区机构改革监督工作做出安排部署。改革实施过程中，通过参加会议、查阅资料、实地走访、抽查核实等方式，加强对机构改革各项纪律执行情况的日常监督，保证全区机构改革有序进行。

【查办原工商分局破坏营商环境系列案】 2019年4月，区纪委、区委区政府两办督察室组成的干部作风督导组，在调研“优化营商环境、改进干部作风”情况时，发现区市场监督管理局（原市工商局芙蓉分局商事登记科）存在影响营商环境的问题。4月30日向该局下发问题交办函，要求整改。5月5日，该局在没有对存在的问题开展调查研究，提出整改措施的情况下，向区纪委提交解释说明为主的情况报告。之后，市有关部门对该局政务窗口暗访，相关问题依然存在。经调查发现，该局存在少数工作人员与中介机构内外勾结、利益输送等问题。区纪委监委7月成立专案组对上述问题查办。2019年12月，该案办结，13名该局涉案党员干部受到党纪政务处分，21名涉案临聘人员全部受到解聘处理。

【查办胡某某等人收受红包礼金系列案】 2019年6月10日，区纪委监委在办案过程中发现区行政审批服务局审批三科科长胡某某涉嫌违纪问题的线索。7月4日，经区纪委监委主要领导批示，对该线索进行初核。初核过程中，发现胡某某等多名区公职人员涉嫌违纪问题。10月该案办结，17名涉案党员干部受到党纪政务处分及组织处理。该案涉及多家区直单位相关工作人员，在芙蓉区产生了较大影响。（戴 聪）

群众团体

Mass Organization

责任编辑 · 谭丽霞

长沙市芙蓉区总工会

【概况】 2019年，芙蓉区总工会辖5个系统工会，13个街道工会联合会，1个园区工会联合会。2019年新建工会组织344家，发展会员5,314人,现有基层工会3,598家(涵盖法人单位7,195家)，会员184，232人。2019年，区总工会围绕“党政所需、工会所能、职工所盼”这一主线，完成各项工作任务。连续二年被市总工会评为绩效考核一等奖单位，创建为市级文明单位。

加强思想引领。邀请全国劳动模范、中国工会十七大代表董志平到区宣讲中国工会第十七次代表大会精神。开展“学习贯彻习近平重要讲话和中国工会十七大精神”有奖征文比赛，评选出优秀作品15件。开展“禁毒知识有奖问答”“宪法知识有奖问答”等活动。

规范基层组织。年内两新组织工会建会率95%。推动楼宇商圈新建工会组织6家。完善《街道(园、局)工会联合会目标管理考核办法》和《基层工会组织积分制考核办法》，评选基层工会组织“标兵单位”“优胜单位”各10个，奖励经费100万元。评选区级“模范职工之家(小家)”10个，推荐市级模范职工之家、职工小家各3个，评选区级“职工书屋”示范点5个。在全市率先开展基层工会组织和工会会员实名制登记工作业务培训。实行和包支付交纳工会会费，在全市率先实现党政机关事业单位全覆盖。

职工队伍建设。推荐龙继红、刘焕林获评“全国五一劳动奖章”，推荐华智水稻、顺丰速运两家基层工会获评“湖南省工人先锋号”，推荐芙蓉区职工5人获市21届“劳动模范”、1人获市“先进工作者”称号。开展芙蓉区“五一先锋岗”“最美劳动者”评选，10个集体和10名个人获评(见表6)。至年底，芙蓉区有市级以上“劳模和工匠创新工作室”7家。刘朝辉作为湖南劳模杰出代表，受邀在北京天安门广场参加国庆70周年观礼活动。组织“安康杯”劳动竞赛，全区参与职工超过2万人。组织全区13个街道、74个社区参加全市“垃圾分类劳动竞赛”。挑选能手参加市“十行状元、百优工匠”技能大赛，获评状元1名、工匠4名，5人获市级奖金18万元，创芙蓉区历史最佳。组织“我和我的祖国”职工合唱比赛和交响音乐会，获省总组织的“百万职工同声唱”视频节目评选比赛一

·表6· “芙蓉五一先锋岗”“芙蓉最美劳动者”获奖一览表

芙蓉五一先锋岗(集体)10个		芙蓉最美劳动者(个人)10名		
序号	单　位	序号	姓　名	单　位
1	芙蓉区国库集中支付局	1	陈　军	长沙韶光铬版有限公司
2	芙蓉区人民法院执行局	2	胡小淳	湖南亚华种业科学研究院
3	湖南国祯环保机电维修班	3	黄爱迪	湖南颐而康保健有限公司
4	隆华国际酒店餐饮部中厨房班	4	黄　静	芙蓉区长郡芙蓉中学教师
5	芙蓉区马王堆滩头坪社区“5180”法律服务站	5	盛小芳	芙蓉区火星街道社区卫生服务中心
6	芙蓉区园林绿化维护科	6	王云忠	芙蓉区定王台城管执法中队
7	芙蓉区市政局沟渠维护队	7	徐　香	韭菜园街道军区社区主任
8	袁隆平农业高科技股份有限公司创新组	8	阳　硕	芙蓉区统计局
9	长沙振升集团喷涂二班	9	张秋玲	湖南万众和社区服务管理有限公司
10	中油阳光物业管理有限公司长沙分公司工程部	10	周稳根	长沙和捷实业有限公司

(区总工会)

等奖。连续七年举办“芙蓉工运杯”职工篮球赛，成为芙蓉区最有影响力的单项品牌赛事。

关心关爱职工。开展“四送四助”（春送岗位、助就业，夏送清凉、助健康，秋送助学、助圆梦，冬送温暖、助解困）活动。全区工会系统举办招聘会13场，提供岗位7500余个，当场达成就业意向1046人次。筹集资金30万元，为一线职工送去高温慰问物资6000份；为困难职工提供救助、慰问金100万余元。开展工资集体协商。树立2家市级、5家区级示范性企业，组织1100家企业基层工会与行政开展工资协商。组织帮扶救困。通过开展临时救助、大病救助、在职职工住院医疗互助行动等活动，使因病致困职工及时得到救助。暑期高温时节，区委区政府领导对区城管、市政、环卫、园林、执法大队、公安、交警等在酷暑中坚守岗位的一线工作人员开展集中慰问，区总工会送去慰问物资3600份，慰问金25万元。与优秀单身青年交友平台“优单”签订了为期三年的框架协议，举办“爱在芙蓉”单身职工交友联谊系列活动。全面摸底困难女职工，建档681份。开展妇科普查和“两癌”筛查1.4万余人，为女职工购买医疗互助和女职工特殊疾病保障1.18万人次。

提升专业人员素质。加强工资集体协商指导员和社会化工会工作者等工会骨干力量建设，解决其正常待遇问题。提升基层工会干部业务素质，通过举办“新任工会主席培训班”“模范职工之家创建培训班”“基层工会规范化建设培训班”“工资集体协商业务培训班”“工会财务人员业务培训班”等主题班次，提升全区工会干部的业务素质。

【助力脱贫攻坚】 2019年，区总工会响应号召，担负起助力贫困群众脱贫奔康的职责，完成各项目标任务。项目扶贫。根据实际需求为麻阳贫困群众量体裁衣，提供专项经费30万元，举办“一户一产业工人”麻阳职工技能培训班，由颐而康技能培训学校具体负责培训，年内完成培训28人，就业24人，实现24户家庭就业脱贫。该项目获省、市培训优秀项目。教育脱贫。2019年资助9名麻阳贫困学生就读颐而康培训学校三年制中专，学费、生活费全免，承诺毕业时百分之百推荐就业。消费扶贫。落实省、市总工会和芙蓉、麻阳两地党委、政府确定的扶贫项目，年初筹集资金30万元，为麻阳代售椪柑100余吨，解决椪柑滞销的燃眉之急。11月组织全区181家工会、11784名职工开展百万资金消费扶贫活动，为麻阳代销锦蜜冰糖橙、小籽花生、富硒红糖等优质农产品，代销总额170余万元。全年，区总工会以消费扶贫方式，购买麻阳农产品241万元。

【庆“五一”职工合唱比赛】 2019年4月10日，为庆祝“五一”劳动节迎接中华人民共和国成立70周年，芙蓉区总工会联合全区各级工会组织，在区政府会议中心举办“我和我的祖国”——庆“五一”职工合唱比赛。活动现场，16支合唱团的近1000名职工，用歌声庆祝中华人民共和国成立70周年。火星、东岸、五里牌、朝阳、荷花园、东屯渡6个街道工会联合会获得比赛二等奖，中国教育工会芙蓉区委员会、区卫健局工会委员会、隆平高科技园工会联合会和湘湖、东湖、马坡岭、马王堆、文艺路、定王台6个街道工会联合会获得一等奖。

2019年4月10日，芙蓉区庆“五一”职工合唱比赛在区会议中心举行

区总工会　供图

【承办市职业技能单项竞赛】 2019年9月6日，由长沙市总工会、市委组织部等单位主办，芙蓉区总工会、长沙市清洁行业协会、长沙亚欣电器技术股份有限公司承办，湖南劳动人事职业学院协办的长沙市2019年“十行状元、百优工匠”技能竞赛之中央空调清洁维护竞赛在学院开赛。长沙市12个区（县、开发区）60名选手经过3天比赛，评比产生状元1名，工匠9名，芙蓉区总工会选送的选手吴颀获得竞赛第一名，获长沙市“十行状元”称号，获市委、市政府奖金6万元，芙蓉区总工会选送的其他3名选手获第二、第七、第九名，均获长沙市“百优工匠”称号，每人获奖金3万元。

【刘朝辉参加国庆观礼】 2019年9月28日，全国先进工作者、芙蓉区荷花园街道政协联络处主任兼恒达社区党委第一书记刘朝辉进京参加国庆观礼活动。刘朝辉26年扎根基层，把原来“脏、乱、差”的恒达社区建设成“全国和谐示范社区”，创办的“朝辉劳模创新工作室”，是全国唯一聚焦基层治理与社会创新管理的劳模工作室，国庆前的9月17日，她获中共中央、国务院、中央军委颁发的“庆祝中华人民共和国成立70周年”纪念章。10月1日清晨，刘朝辉和湖南团的其他代表们抵达天安门边的观礼台，现场观看庆祝中华人民共和国成立70周年阅兵式及群众游行活动，2日载誉归来。

【第七届“芙蓉工运杯”职工篮球赛】 2019年10月10日，由芙蓉区委、区政府主办，区总工会承办的芙蓉区第七届“芙蓉工运杯”职工篮球赛在区政府机关球场开幕。市总工会经费审查委员会主任向欣，区委副书记蒋红波，区人大副主任、区工会主席马京沙，区政协副主席杨爱斌出席开幕式。区总工会党组书记刘瑜讲话，蒋红波宣布赛事开幕。职工篮球赛历时19个比赛日，46支参赛队伍经历132场比赛。湖南和本供应链有限公司、湖南中观天下科技有限公司、湖南信义科技集团有限公司获企业组前三名，教育系统、区交警大队、湘湖管理局获机关组前三名。

（熊卫俊）

2019年10月2日，全国先进工作者刘朝辉（中）参加国庆观礼载誉归来

恒达社区　供图

共青团长沙市芙蓉区委员会

【概况】 芙蓉区现有各级团组织219个，团员2970人，其中学生团员452人。共青团芙蓉区委员会行政编制3人，现有人员5人，其中，书记1人，副书记1人，普通干部1人，政府雇员1人，公益性岗位1人。另选配挂职副书记1人、兼职副书记3人协管相关工作。

2019年，团区委围绕团的根本任务，发挥职能作用，各项工作呈现新气象。芙蓉区共青团系统先后获评“全国五四红旗团支部”（湘湖管理局西湖社区团支部）“湖南省五四红旗团委”（荷花园街道团工委）“长沙市五四红旗团委（团支部）”“长沙市示范性基层团组织”等荣誉，接受团中央、团省委的调研观摩，各项工作得到了团中央、团省委、团市委和区委区政府的肯定。

思想引领。持续开展以“青春心向党·建功新时代”为主题的“青年大学习”行动，学习宣传贯彻习近平新时代中国特色社会主义思想，线上参学人数20万人次；组织410名新团员开展集体入团仪式，集中收看纪念“五四运动”100周年大会直播；组织基层团干集中参观雷锋纪念馆、湖南省党史陈列馆，召开学习贯彻中共十九届四中全会精神报告会。组织开展纪念“五四运动”100周年主题活动，相关内容最终形成微宣讲入选区委红色教育品牌《湘江评论溯初心》精品课程。持续开展“向日葵”青少年思想引领计划、“开学第一课”“阳光假期”“行走的团徽”“爱心捐赠零花钱”等形式多样的主题教育实践活动，引导学生团员在寒暑假期间参加志愿服务活动。打造“青年发声”新平台。全年通过团属新媒体“芙蓉青年”微信公众号、“芙蓉区团委”微博发送图文，结合垃圾分类、禁毒维权、脱贫攻坚等中心工作发送互动性和趣味性文章700余篇，单篇最高阅读量破万。

组织建设。推进基层团组织规范化建设工作，依托“智慧团建”整理整顿基层团组织。落实推优入党、和包支付收缴团费等工作，团员管理实现应录尽录。开展“话党恩、讲团史”精品微团课竞赛活动，提高基层团组织组织力量和工作水平。推树9个集体和个人获评长沙市五四红旗团委、团支部，个人获优秀团员、优秀团干部等荣誉。德政园社区团支部先后接受团中央书记处书记徐晓和省委群团改革调研组的调研。配齐“专挂兼”（职）相结合的领导班子，组织“青春心向党，建功新时代”“基层团组织规范化建设工作”“青年之家管理运营”等专题培训，团干部培训做到全覆盖。落实双重领导体制，开展“不忘初心、牢记使命”主题教育；发挥区青年社会组织孵化中心“创益蜂巢”平台凝聚作用，孵化4家青年社会组织，新引入2家青年社会组织进行培育。召开青年服务项目供需对接会，指导社会组织开发的4个项目在社区落地，“乐邻帮”项目获得湖南省第四届青年志愿服务项目金奖。

服务社会发展。结合“营商环境优化年”工作主线，推动长沙市首家青年人才驿站落地。搭建青年交流展示和资源汇聚平台，开展海峡两岸创业青年交流座谈会、长沙市青年人才交流分享等活动。组织芙蓉创业大讲堂，公务员国考培训班，帮助青年提升技能，创业就业。组织青年志愿者4000余人次围绕经济发展、生态环保、文明创建、赛事保障等中心工作开展志愿服务活动，打造“芙蓉青年爱心汇”“文明实践365之青春先行”等青年志愿服务项目。助力精准扶贫，为靛房镇九年制学校捐赠图书3000余册。组建垃圾分类青年宣讲团，开发垃圾分类课程十余堂，组织各类垃圾分类活动上百场。依托“创益蜂巢”青年之家，联合辖区高校、社会组织建成芙蓉区大学生志愿服务实践基地，发动不同行业领域的青年加入志愿服务中。号召岗位建功。关注快递小哥、传统匠人等新兴群体，从各行各业中选树10位“芙蓉青春追梦人”。发挥“青”字号品牌示范引领作用，凝聚和举荐一批青年科技人才、青年一线职工，评选10名市级、24名区级“青年岗位能手”，5家市级、15家区级“青年文明号”。组建“青年讲师团”开展7场微宣讲，覆盖青年群体近500名。

青年成长成才。管好用活“青年之家”青少年综合服务平台。开展“大调研，大走访”活动，围绕青年之家管理运营情况开展专题调研，推动青年之家提质升级。开展“我和我的祖国”“青年之家”主题活动季等活动，全区21家青年之家累计开展形式多样的活动360余场，服务1.2万人次。探索在楼宇商圈打造特色“青年之家”，新建1家省级、1家市级、2家区级“青年之家”综合服务平台。升级打造楼宇党群服务中心“青年汇”第二季项目，整合政府部门、青年社会组织、非公有制企业等组织资源实现阵地共建、活动共推、资源共享。“充电小课堂、交友会客厅、放松加油站、公益大本营”四大板块全年开展各类青年服务活动50余场，服务青年1500余人次，活动多次获湖南电视都市频道、“新湖南”客户端、《长沙晚报》等主流媒体宣传报道。相关经验在全区党建带团建经验分享会上做典型介绍。持续关注重点青少年群体权益保护。依托“12355”青少年服务平台，开展2019年中高考减压“阳光行动”和青少年暑、寒假自护教育活动。实施希望工程“杜鹃花开”“一元捐”“圆梦行动”等爱心助学活动，号召各级团组织开展百万市民禁毒签名活动。提供亲情关爱、学业辅导、心理疏导等各类服务百余次，为青少年健康成长保驾护航。

【慰问“暖冬行动”青年志愿者活动】 2019年2月1日，共青团长沙市委副书记赵雪峰携市青基会、市青志联、共青团芙蓉区委一行到长沙火车站，慰问春运期间坚守一线的青年志愿者们。赵雪峰一行先后到长沙火车站进站口、铁路爱心妈妈屋、长沙火车站学雷锋志愿服务站，了解春运期间青年志愿者们的服务内容和服务中遇到的困难，对大家参与春运志愿服务的行为给予高度赞扬，送去保暖手套、暖手宝、保温杯等慰问品与新春祝福。为贯彻落实团中央、团省委、团市委《关于全面深化实施2019年服务春运"暖冬行动"工作的通知》和长沙市政府2019年春运工作会议精神，共青团芙蓉区委在2019年春运期间开展以"青春志愿行 奉献新时代"为主题的青年志愿者服务春运"暖冬行动"。活动为期40天，青年志愿者们在长沙火车站、汽车东站、地铁口等旅客人流集中区域，开展引导咨询、秩序维护、重点帮扶、便民利民、应急救援等志愿服务，为困难群体提供义务订票服务。2019年春运期间，组织发动志愿者200余人，服务时长超800小时。

【长沙青年人才分享活动】2019年2月22日，"筑梦星城 长沙 放飞青春梦想"长沙青年人才分享活动（芙蓉站）在湖南影像创客空间"青年之家"举行，共青团长沙市委副书记周坤、长沙市委组织部人才二处副处长周祎、共青团长沙市委组织部部长谢波，长沙市青年岗位能手、芙蓉区青年岗位能手以及各界创业青年代表30余人参加活动。袁隆平农业高科技股份有限公司生物技术实验室主任王凯、长沙爱尔眼科医院科室主任唐琼燕、芙蓉区两岸青年文化产业孵化基地副理事长唐荣利、长沙市共享家社区发展中心总干事胡克4位优秀青年代表围绕"如何做新时代的追梦人"主题，结合各自岗位实际和成长经历，分享青春故事。

【团中央到区调研基层团建】2019年4月11日，共青团中央书记处书记徐晓到芙蓉区调研基层团建和"青年之家"工作，共青团湖南省委副书记李志超，共青团长沙市委书记叶妙，共青团长沙市委副书记周坤陪同。在荷花园街道德政园社区，团中央书记处一行人参观了"青年大学习"展厅、"启园""艺园""创园"等团属阵地，详细了解基层团组织建设和创益蜂巢"青年之家"平台的运营情况，对芙蓉区主抓基层团组织标准化示范性建设和"青年之家"服务平台建设的实践做法给予肯定。团中央书记处一行还参加了德政园社区团支部组织的"青春建功新时代"主题团日活动，聆听芙蓉区育英二小副校长谭敦和芙蓉交警大队重案组组长周文星2位青年代表的事迹分享，与来自学校、企业、机关等领域的10余名团员青年们一起交流讨论，勉励团员青年立足岗位、砥砺奋进，在实现中华民族伟大复兴"中国梦"中实现人生价值。

【纪念"五四运动"100周年主题活动】 2019年4月30日，芙蓉区"青春心向党 建功新时代"纪念五四运动100周年主题活动在区机关会议中心举行。共青团长沙市委副书记赵雪峰，区委书记于新凡，区委副书记、区长周春晖，区委副书记、隆平高科技园党工委书记卓精华，区人大常委会主任廖铁成，区政协主席郑明，其他区委常委、区人大政协领导，各街道党工委书记，区直机关有领导，区属各级团组织负责人，湖南农业大学、湖南司法警官职业学院、湖南生物机电职业技术学院的团委书记，全区各中小学、两新组织、楼宇企业的青年代表们500余人参加活动。于新凡致辞。活动分为3个篇章。第一篇章"百年五四 青春足迹"，芙蓉区20名年轻干部情景朗诵，重现青年毛泽东当年在长沙芙蓉区修业学校创刊《湘江评论》并亲自撰写《湘江评论》创刊词的历史时刻，重温一代代青年在革命、改革、建设道路上奋进场景。第二篇章"奋斗芙蓉 青春力量"，由各级团组织推选出的10位"芙蓉青春追梦人"通过展演形式，展现他们的青春奋斗事迹。周春晖为10位优秀青年颁发"芙蓉青春追梦人"荣誉奖杯。第三篇章"未来有约 青春追梦"，芙蓉青年通过视频《微言说追梦》，从数字化政务、智能化交通、信息化教育、数据化医疗、自动化农业等方面畅想未来，描绘蓝图。活动现场为147名新团员举行集体入团仪式，赵雪峰、卓精华、廖铁成、郑明为新团员代表颁发团员证。活动结束后，赵雪峰和芙蓉区属各级团组织负责人，与会团员青年代表们一起收看纪念"五四运动"100周年大会直播，聆听总书记习近平的重要讲话。

【"青年汇"项目第二季活动发布会】 2019年6月5日，芙蓉区楼宇党群服务中心"青年汇"项目第二季活动发布会在佳兆业广场楼宇党群服务中心召开。共青团长沙市委基层工作部副部长邓旺，芙蓉区委组织部副部长、两新党工委书记钟海荣，共青团芙蓉区委书记金甜，共青团芙蓉区委副书记孙金益、挂职副书记汤莎、兼职副书记申洙林，各街道团工委副书记，楼宇党群服务中心负责人以及团员青年、社会组织青年代表们近50人参加活动。活动现场，共青团芙蓉区委副书记孙金益通过PPT讲解“青年汇”，带领大家走进“青年汇”，了解“青年汇”；团市委邓旺、两新党工委钟海荣，团区委金甜，青年社会组织负责人代表刘科上台启动“青年汇”项目。“青年汇”项目自2018年开展以来，开展活动30余场，服务1000余人，“充电小课堂”“交友会客厅”“放松加油站”“公益大本营”四大品牌获得广大楼宇青年的支持与好评。“青年汇”第二季（2019年6—12月），开展活动28场，四大品牌每月都有活动。有手工DIY、法律、金融讲座等经典项目，也有联谊交友、运动嘉年华等适合当代青年需求的特色项目。

【“长沙蓝”生活垃圾分类青少年暑期实践】 2019年7月26日，“长沙蓝”生活垃圾分类青少年暑期社区实践交流展示活动在芙蓉区马王堆街道滩头坪社区开展。活动由共青团长沙市委主办，团区委承办。分为“点点环保课堂”、主题社会实践活动、变废为宝现场回收活动三个部分，通过课堂教学、活动实践等方式激发社区群众特别是青少年参与支持生活垃圾分类的热情，加深青少年对生活垃圾分类知识的认识。共青团长沙市委副书记赵雪峰，30家青年社会组织负责人、各区县团委负责人，滩头坪社区青少年约100余人参加活动。

【特别主题团日活动】 2019年9月23日，共青团芙蓉区委在长郡芙蓉实验中学田径场开展“我与祖国共奋进——国旗下的演讲”特别主题团日活动。共青团长沙市委兼职副书记何平，共青团芙蓉区委书记金甜，共青团区委副书记孙金益，挂职副书记汤莎以及长沙市长郡芙蓉实验中学全体师生参加活动。团员教师彭思饶佳讲述自己成为一名人民教师的心路历程；共青团长沙市委兼职副书记、全国道德模范提名奖获得者、“向日葵女孩”何平做国旗下演讲，告诉同学们珍惜当下生活，积极面对生活挫折，做社会主义的建设者和接班人。特别主题团日活动是芙蓉区庆祝中华人民共和国成立70周年主题宣传教育实践活动的重要内容。通过“沉浸式”的仪式教育，唱响礼赞新中国、奋进新时代的青春主旋律，激发青年团员的爱国情感和民族自豪感。

【献礼国庆70周年主题小报评比】 2019年9月30日，共青团芙蓉区委与芙蓉区教育局联合组织开展“手绘垃圾分类新时尚 献礼新中国成立70周年”主题小报评比活动结果出炉，该次活动有全区40所中小学全员参与，收到作品1万余份，经学校推优，交到区里作品178份。最后，评选出特等奖作品30份，一等奖作品60份，二等奖作品88份。获奖名单及优秀作品在“芙蓉青年”微信公众号展出。

【海峡两岸大学生创业交流分享会】 2019年10月14日，来自台湾的海峡两岸大学生创业交流研习营一行50人，到芙蓉区两岸青年文化产业孵化基地开展“台湾青年在湖南”创业分享交流活动。活动由共青团中南大学委员会和共青团芙蓉区委员会联合承办。活动中，基地负责人带领大家参观了两岸青年文化产业孵化基地，详细介绍基地建设以及青年创业就业发展状况。三位在湘创业台湾青年代表与两岸学子就职业生涯规划、创业项目选择、就业环境、创业前景、政策扶持等开展交流讨论，并鼓励台湾学子来湘创业就业。

【团省委到区调研共青团改革工作】 2019年11月21日，共青团湖南省委副书记谢君毅、省委改革办改革一处处长李钦等一行5人到区调研共青团改革工作，长沙市委副秘书长谭慧慧、共青团长沙市委书记叶妙、市委改革办专职副主任曾向阳、芙蓉区委副书记蒋红波陪同。在荷花园街道德政园社区，调研组一行参观了“和园”“启园”“艺园”和“创园”等团属阵地，社区团支部书记师雅丹向调研组介绍基层团组织建设和创益蜂巢“青年之家”平台运营情况。调研组对德政园社区基层团组织标准化示范性建设工作和“青年之家”服务平台运营情况给予肯定。

【“青年大学习”主题活动】 2019年12月13日，共青团芙蓉区委组织开展“不忘初心跟党走，青春建功新时代”青年大学习主题活动。各区直部门团组织负责人，街道团工委副书记，社区（村）团支部书记、区属两新团组织负责人及芙蓉区青年之家负责人100余人参加活动。上午，团干们先后参观雷锋纪念馆及湖南省党史陈列馆，对志愿服务精神，对党的艰辛历程有了更加深刻的了解，纷纷表示要继承和发扬建党初期的奋斗精神，把初心和使命落实到本职岗位上，发挥共青团作为党的助手和后备军的作用。下午，团干部团队素质拓展活动在月亮岛红土体育网球中心举行。通过"巅峰时刻""极速60秒"等团队协作拓展活动，加强了团干之间交流和互动，提升了共青团组织的凝聚力和向心力，为今后顺利开展团组织工作打下了基础。该次"青年大学习"主题活动针对青年团干部的特点和需求，采取实地教学结合团队建设的方式，寓教于乐，受到青年团干的欢迎。

（丁　玲）

长沙市芙蓉区妇女联合会

【概况】　芙蓉区女性总人数为20.18万人，其中育龄妇女人口（15～49岁）人数为9.77万人。截至2019年12月，芙蓉区有妇女组织124家，其中机关事业单位45家，教育系统25家，卫生服务系统8家，商务楼宇、商圈市场20家，新经济组织13家，新社会组织13家。区域内有省、市、区三级"妇女儿童之家"35个。2019年，区妇联把工作重心融入到服务大局、服务妇女、服务基层，推动妇女儿童事业和经济社会协调发展，获得了一批国家和省、市级荣誉。区教育局获评全国"巾帼文明岗"；定王台卫生服务中心、泉昇大酒店2家单位获评长沙市"三八红旗集体"；齐庆、饶婷2人获评长沙市"三八红旗手"；妇联兼职副主席朱珠获评2019年第三季度"长沙好人"之"敬业奉献"奖。评选出6户市级"最美家庭"（分六个类别），在全市"安全教育进万家"示范家庭评选活动中，芙蓉区的范磊恒家庭获评"十佳示范家庭"。全年举办男女平等国策、全国十二次妇代会宣讲、妇女权益保护、家风家教宣传和"美家美妇"、妇女儿童之家、"家家幸福安康工程"活动320余场次，参加人员1.92万余人次。

组织建设。纵深推进妇联组织改革创新工作。区妇联三届执委现有45人，各街道、社区（村）妇联组织配备妇联主席368人，其中兼职副主席276人；有执委1510人。2019年全区新建妇女组织52家。开展示范"妇女儿童之家"创建活动，评选出示范"妇女儿童之家"5家。推送执委年度履职优秀案例"微故事"20个，其中执委杨陶如的微故事在2019年10月31日《今日女报》"妇联执委履职故事"专栏发布。全区各级领导班子中女性占有一定比例，"两代表一委员"比例逐年提高。制定基层妇女培训计划，开展基层妇联主席和执委培训2次，1200余人参加。芙蓉区妇联成立"美家美妇"巾帼宣讲团，在全区13个街道开展送课下基层活动，送课内容包括法律维权、婚姻家庭、亲子教育、健康养生等类别，送课42节，参与人数约3360人。各级妇联组织开展各类教育培训61场（次），提高女干部和妇女工作者的综合素质。

关爱服务。芙蓉区妇联、各街道妇联2019年先后组织开展创业培训80场次，培训2560人，实现就业1360人。举办各类招聘会21场，介绍女性就业、再就业2956人，和人社局联合为有创业意愿的妇女提供贴息贷款325万元，扶持22名妇女创业。全面落实适龄妇女（35～64岁）"两癌"免费检查，为1.05万人实施"两癌"免费检查，查出宫颈癌疑似患者356人，确诊65人，乳腺疑似患者27人，确诊11人。完成民生实事项目1200人"两癌"免费检查目标任务。推进"湘女关爱保"工作，完成"湘女关爱保"投保金额30.59万元。3月，推荐青年女干部、女博士朱丽作为优秀青年女性代表派驻龙山县一线扶贫，得到当地政府和群众的认可、赞扬，朱丽的扶贫事迹向省妇联推荐。通过"青少年爱心基金会"帮助贫困学子建档立卡，开展"春蕾助学"活动。394名女童受到帮助，发放补助金20.61万元，"春蕾助学"金1.3万元。争取资金开展单亲母亲、特困妇女春节慰问活动，为13名区级"两癌"救助对象发放慰问金2.6万元，3名特困及单亲母亲发放慰问金6000元。

法律维权。2019年，区妇联利用重要节点开展女性维权、法制宣传教育活动，编印发放各类知识读本、宣传资料2.4万份，举办各类维权知识讲座480场。成立100支"妈妈禁毒联盟"小分队，开展禁毒宣传活动180场次，参与人数1940人，发放禁毒宣传资料1.2万余份。建立以区婚调委为中心、以公安派出所为后盾、以13个街道“司法所+婚调室”和79个社区婚调站为基础的三级维权网络，以“妇工+社工+义工+专业力量”模式开展婚姻家庭服务和妇女维权服务。年内接待准离婚夫妻、调解家庭纠纷矛盾262对，调和82对，其中重点解剖167对，陪伴家暴3对，出具家庭暴力告诫书14份，签发人身保护令1次。8月始，以政府购买服务的形式，启动“为爱加MI”婚姻家庭调适服务项目，每周一期以讲座的形式，以“提升爱的能力，构建幸福平台”为内容，为婚姻调解工作落地社区和街道，探索一套标准化的流程和方法。全年开展沙龙19期，为700余名妇女提供心理辅导、学习和帮助。

宣传服务。全年在重要节点组织系列形式多样、主题鲜明的特色活动，发放宣传资料2.1万余份。在各媒体发稿计500余篇。指导全区各街道、社区和单位妇女开展垃圾分类工作，建立线上线下交流群，印制了宣传资料8000余份。把垃圾分类作为评选社会和社区公益类先进家庭和优秀人物的主要条件之一。

【关爱儿童亲子系列活动】2019年，围绕“政策友好、空间友好、服务友好”三个维度，开展芙蓉区儿童友好城市试点工作。组织全区各级妇联组织参加儿童友好城市创建公益活动。定王台街道丰泉古井社区获评中国儿童友好城市首批试点社区。开展亲子阅读活动，区妇联向全区中小学赠送价值3000元书籍。杉木小学年内申请为全省中小学性别平等教育进课堂项目试点学校。2019年，联合国儿童基金会ECD项目（儿童早期发展社区家庭支持项目）试点工作完结，区财政拨付26万元经费继续支持该项目的开展，在保留原有8个项目点的基础上新增4个项目点，与滩头坪社区卫生服务中心、袁家岭西南商圈党群楼宇服务中心、金沙里社区妇女儿童之家开展合作。全年全区项目点平均每月开放天数16天，累计服务家长、儿童640余人次，为320余名家长提供科学育儿指导。在全国妇联系统婴幼儿照护服务工作专题调研会上，芙蓉区作为ECD项目代表作典型经验发言。

【清廉好家风家教系列活动】2019年5—6月，在全区范围内，各级妇联组织集中开展家风家教宣传展示活动。评选出10位“芙蓉最美女性”、30户最美家庭。芙蓉区妇联、芙蓉区纪委区监委联合开展“清廉好家风”主题活动，向全区党员干部家庭发出“倡清廉家风，建和谐家庭”的倡议书。以政府购买服务送课的形式，启动“守护明天，守护幸福”全省首个家长学校开展家庭性教育的项目，委托长沙市杨陶如家庭成长关爱中心，在芙蓉区开展爱·本源性教育。截至12月，已覆盖20所中小学幼儿园，开展100场孩子课、60场家长大型公益讲座，累计受益辐射人群超5万人。

【“三八”国际妇女节主题活动】2019年3月8日晚，“巾帼心向党　建功在芙蓉”庆“三八”国际妇女节巾帼风采展示活动在区机关会议中心举行。长沙市妇女联合会主席文方、副主席石莉波，芙蓉区区委书记于新凡、区委副书记、区长周春晖，全体区委常委、全体县级女领导出席，区直部门、各街道（园、局）妇联分管负责人、妇联主席、妇联专干，各社区（村）妇联主席、妇联专干，芙蓉区妇联第三届执行委员会全体委员300余人参加。晚会在卫计系统和城管系统的舞蹈《花开芙蓉新时代》中开始。于新凡随后致辞，代表区委、区人大、区政协、区政府向在座的妇女们致以节日的祝贺。区妇联1月以来在全区范围内开展寻找“芙蓉最美女性”活动。各级妇联组织层层发动，通过组织推荐、自荐、互荐等形式，寻找和发现芙蓉最美女性。活动现场举行了芙蓉最美女性颁奖仪式，市、区领导为10位爱岗敬业、践行美德的优秀女性典型颁奖。晚会文艺演出中，有歌曲串烧《美丽女人心》、舞蹈《灼灼芳华》、快板舞《巾帼建功心向党》、运动秀《动感活力你最美》、戏曲联唱《梨园巾帼情》、诗朗诵《芙蓉巾帼赞》，区女领导干部联谊会选送，全体县级女领导表演旗袍秀《水墨兰亭》，以旗袍、团扇、纸伞等展示湘女魅力，区女干部职工合唱团、区教育局表演的合唱《玛依拉》《长沙巾帼之歌》结束全场活动。

【干部家属参观廉政警示教育基地】2019年11月6日，芙蓉区纪委区监委、芙蓉区妇联联合开展“清廉好家风”主题活动，组织干部家属集中参观长沙廉政警示教育基地。该基地由序厅和主展厅组成，主展厅包括“旗帜”“利剑”“忏悔”“铸魂”“前行”5

2019 年 11 月 6 日，区纪委监委、区妇联联合开展“清廉好家风”主题活动，组织干部家属集中参观长沙廉政警示教育基地　　图自区委办

个部分。通过典型违纪和职务犯罪案例以案释纪、以案说法；展厅播放落马官员的深刻忏悔，同时集中展示近年来长沙党风廉政建设和反腐败斗争的系列成果。警示教育形式直观、生动、富有感染力，参观者深受教育。芙蓉区妇联给全区每位副科实职以上领导干部家属发放一份“倡清廉家风，建和谐家庭”倡议书，发挥廉洁文化的教育引导作用。

【参加市妇联合唱比赛获金奖】 2019 年 3 月 8 日，长沙市妇联在长沙实验剧场举办 2019 年长沙市纪念“三八”国际妇女节暨“长沙巾帼之歌”合唱比赛活动，15 个单位团体、1000 余位选手参加，比赛设金奖 2 个，银奖 5 个，铜奖 8 个。芙蓉区妇联由全区女干部代表、区教育局女教职工代表组建区女干部职工合唱团，以曲目《玛依拉》《长沙巾帼之歌》参赛并获金奖，区妇联同时获组织奖。　　（周　偲）

长沙市芙蓉区科学技术协会

【概况】 长沙市芙蓉区科学技术协会（以下简称“区科协”）是区委领导下的人民团体，长期与区科技局合并设置、合署办公。2019 年 9 月因机构改革成为独立建制单位，区科协机关内设办公室，有在职在编干部 4 人。职责定位“四服务”：为科技工作者服务、为创新驱动发展服务、为提高全民科学素质服务、为党和政府科学决策服务。区科协采用委员会制度，2019 年换届产生的第五届区科协，有委员 49 人，其中常务委员 21 人，副主席 5 人（其中兼职副主席 4 人），主席易智勇。

企业科协建设。2019 年完成 4 家企业科协组织建设工作，组织动员全区 75 家（含隆平高科技园 26 家）规模以上高新技术企业以团体会员的形式加入了长沙市企事业科协联合会。与隆平高科技园经贸局联合举办“企业科协工作培训活动”，邀请企业界和区科技局负责人共同加快推进企业科协创建工作。华智水稻、凯德自控、森美思环保、隆平高科、惠农科技等 25 家重点高新技术企业负责人参加培训。

科普网络建设。运用“互联网＋科普”，结合全国科技活动周、“文明实践 365”等宣传活动，发动居民群众关注科普中国网站、微信、微博等，宣传“科普中国”“科普湖南”“长沙科普”等互联网科普平台资源作用，推动传统媒体与新媒体融合发展。社区“科普 e 站”建设和管理。在各街道、社区、学校开展“科普 e 站”屏媒摸底调查，按照社区、学校等基层单位的确切需求为导向，按需定制。年内新增 1 个市级“社区科普 e 站”示范点（马王堆街道滩头坪社区）。对已建好和正在建设的“社区科普 e 站”，加强日常监督和管理，完善个性化内容，及时更新屏媒内容，发挥好“e 站”作用，推进科普中国落地应用。截至年底，芙蓉区有“社区科普 e 站”25 个，其中校园“科普 e 站”5 个，市级以上“科普 e 站”示范点 6 个。

服务中心工作。按照区委宣传部（区文明办）的要求开展一系列“文明实践 365”科学普及志愿服务项目的宣传活动，开展文化科技卫生“三下乡”活动、新时代文明实践志愿服务宣传、“4·26”知识产权周宣传活动等，科普志愿者向居民群众发放垃圾分类、防灾减灾、健康生活、长沙市文明行为促进条例等各类科普宣传手册，发放宣传资料 3400 份。

【全国科普日活动】 2019 年 9 月 14—20 日，芙蓉区围绕“礼赞共和国，智慧新生活”全国科普日活动主题，重点举行六大主题活动：“礼赞共和国，智慧新生活”暨2019芙蓉区全国科普日活动启动式，科普进社区之“新湖南航天展”，科普进社区之“智慧新生活，科创成果展”，“礼赞共和国，智慧新生活”校园科普宣传活动，科普进社区之“科技兴军 强国富民”，科普场馆开放活动。其他相关单位自行组织开展群众性科普日活动。科普宣传活动深入街道、社区、学校，围绕人工智能、大数据、物联网、量子通信等前沿科技以及涉及公众“衣、食、住、行”的智能信息新技术，采取科学实验表演秀、传统花鼓戏、小品、快板、魔术、3D、机器人、VR等人工智能的主题展示、有奖知识问答、科普知识互动游戏等多样化的科普宣传方式，引导广大居民群众、青少年参与。

【区科协第五次代表大会】 2019年11月21日，区科协第五次代表大会在区会议中心召开。长沙市科协党组书记、副主席李范坤，芙蓉区委副书记、区长周春晖，区委、区纪委、区人大、区政协负责人出席，兄弟区（县、市）科协领导，隆平高科技园、湘湖管理局、各街道党（工）委书记，区直有关部门负责人，历届区科协主席以及来自全区各行各业的科技工作者代表240人参加会议。大会总结过去五年的工作，制定未来五年工作计划。大会听取易智勇所作的《创新科协服务方式、奉献“四个芙蓉”建设，为实现芙蓉区高质量发展做出新贡献》工作报告，审议通过关于工作报告决议。大会选举易智勇为区科协第五届委员会主席，朱彬为专职副主席，李玲、周玲玲、赵从健、魏仲珊4人为兼职副主席，邓量等21人为常务委员。按照省、市科协深化改革精神，区科协第五次代表大会代表中，来自基层一线的科技工作者比例77%，45岁以下青年科技工作者的占比70.1%。新经济和社会组织、新型研发机构和战略性新兴产业的代表人物占比增加。周春晖在会上讲话指出，区科协第四次代表大会以来，芙蓉区科技战线做了大量富有成效的工作，连续多年蝉联全国科技进步先进城区、全国科普示范城区。芙蓉区科技工作者先后获国家科技大奖11项、湖南省科技奖励110项。周春晖要求科技工作者更加主动地服务中心、服务高质量发展，以科技创新提升人民群众的获得感。科协组织要发挥桥梁纽带作用，更好履行新时代科协职能。李范坤祝贺大会召开，希望芙蓉区科协履行好服务职能，在高质量发展中找准工作切入点，在创新发展中明确目标定位，积极奋发作为。芙蓉区委副书记蒋红波在闭幕式上讲话。（祝　波）

2019年11月21日，区科协第五次代表大会在区会议中心召开

图自区融媒体中心

长沙市芙蓉区工商业联合会（商会）

【概况】 2019年，芙蓉区工商联有有13个街道商会，1个社区商会。7个行业及其它商会。区政协副主席洪曙光担任区工商联主席，统战部副部长张德林任党组书记，全职副主席1人，企业兼职副主席、副会长22人，执常委144名，会员总数1000人。会员中现有人大代表8人、政协委员22人。工商联是党和政府联系非公有制经济人士的桥梁纽带，是政府管理和服务非公有制经济的助手。2019年，芙蓉区工商联组织学习贯彻习近平新时代中国特色社会主义思想，聚焦市“两个年”（产业项目建设年，营商环境优化年）建设，改革创新，精准服务，推动民营企业高质量发展。

强化政治引领。组织商会秘书长和部分非公企业家近百人参加贯彻中共十九届四中全会精神宣讲报告会，学习、传达《中共中央国务院关于营造更好发展环境支持民营企业改革发展的意见》。组织会员参加市工商联传达全国“两会”精神暨“营商环境优化年”工作推进会、“解放思想 创业富民”大讲坛、湘商大讲坛、长沙市经理进修学院“第二期企业高层领导培训班”及有关专题讲座。联合区委党校、两新党工委、财政等部门开设芙蓉区优化营商环境培训班、“红色CEO”智享汇及优化营商环境“每周一局（行）”等学习培训。年内组织会员、企业家参加市、区各类学习培训近400人次。会员中的人大代表、政协委员建言献策，全年提交人大建议、政协提案20件。区工商联答复政协提案1件。

优化营商环境。制定并实施《关于落实长沙市“营商环境优化年”1+4方案及芙蓉区优化营商环境相关工作任务的方案》，构建芙蓉区常态化政企沟通机制和企业家权益保护相关机制。“助力会员企业解决土地供应招商协议纠纷案”被评为长沙市工商联系统服务营商环境优化年工作典型案例。开展调查研究，商会、企业、楼宇，听取企业心声，召开各类座谈会11次，走访企业百余家，收集意见建议近百条。归类整理问题，对接区优化办，抓好跟踪反馈。联合区检察院举办“检察护航民企发展”检察开放日活动，邀请十余位民营企业家代表走进芙蓉区检察院，实地感受检察机关护航民企的“窗口”服务。响应区委、区政府“品质提升年”的号召，调研了解民营企业在发展过程中存在的困难，撰写《基层商会建设探讨》和《如何在新形势优化营商环境中凸显工商联职能》的调研报告。组织服装商会、文化广场商会及各街道商会15个商会62名企业家及商会秘书长参加2019一乡一品国际商品博览会暨第四届全国民族地区发展大会开幕式，3家区企业参展。长沙市工商联副主席田桂元率队到区考察调研芙蓉区优化营商环境工作，对芙蓉区予以肯定。

加强组织建设。召开第六届三次执委（扩大）会议，选举产生2名区工商联副主席（副会长），增补13名工商联执委，对2018年市“四好商会”及“一会一品”创建单位予以表彰及授牌。组织16名街道商会会长（秘书长）参加全市乡镇（街道）商会建设现场经验交流会。服装商会在民政局注册、换届，文艺路街道商会换届。年内，东屯渡街道商会获评市工商联“四好”商会，湖南旺德府投资有限公司董事长周晓辉、湖南楚才伟业投资有限公司公司董事长华楚才、湖南乐佳科技集团有限公司董事长徐元、湖南万联数码科技开发有限公司董事长李志刚4人获长沙民营经济“最美建设者”称号。

推进光彩事业。组织22家会员企业及部分政协委员，到龙山县靛房镇信地村开展点亮乡村活动，筹集善款16.55万元为乡村安装路灯。文化广场商会开展3次捐资助学活动，向偏远乡村捐赠图书、资助贫困学生，全年捐款捐物60万元。布艺商会在郴州市汝城县土桥镇永丰中学开展爱心资助活动，与9名品学兼优的贫困学生实行长期“一对一”资助。魅力四射酒吧坚持爱心助学15年，兴建魅力四射希望小学，致力贫困地区教育事业。湖南沃成科技有限公司（湘贵实业）自2006年始持续开展“传递爱心、点燃希望”爱心助学公益活动，每年捐资助学扶贫帮困。湖南省茶叶集团股份有限公司签约芙蓉区·麻阳“携手奔小康”重点项目，与麻阳苗族自治县西晃山有机茶业有限责任公司签订合作协议。

【区工商联第六届三次执委（扩大）会议】 2019年4月11日，芙蓉区工商业联合会第六届三次执委（扩大）会议暨税务知识培训在区政府会议室召开，区工商联第六届全体执委、拟新增执委、各基层商会秘书长及企业财务负责人等100余人参加会议。区政协副主席、区工商联主席洪曙光总结芙蓉区工商联（商会）2018年主要工作并对2019年工作做出部署；会议选举产生2名区工商联副主席（副会长），增补13名工商联执委；对2018年市“四好商会”及“一会一品”创建单位表彰及授牌；向5位被聘为“长沙市营商环境特约监督员”的企业家颁发聘书。芙蓉区税务局副局长陈焕新及税务局税政专干为与会企业家及财务负责人专题讲解减税降费新政策。

【区优化营商环境培训班】 2019年7月4—5日，区工商联和区委党校联合，在区政府六楼会议室举办2019年芙蓉区优化营商环境培训班，辖区内企业负责人和中高层管理人员55人参与学习。培训邀请省委党校经济学领域专家教授戴军讲授《当前经济形势分析》，组织参观远大城并与远大高管现场互动交流。市场监管局、行政审批服务局、税务局等13个职能部门相关负责人与培训班学员一起参加企业家座谈会，为企业现场答疑解惑。区委常委、统战部部长喻志刚参加座谈并讲话。

【西部县级工商联现场学习交流会】 2019年7月10日，由全国工商联主办的西部部分省份县级工商联干部培训班现场教学活动，在芙蓉区工商联会员单位湖南省茶叶集团股份有限公司举行，省工商联会员处副处长张耿率领来自青海省、新疆生产建设兵团等地的县级工商联主席和党组书记50余人参加。学员们在茶叶集团股份有限公司总经理黎明星的带领下参观茶叶博物馆，区政协副主席、区工商联主席洪曙光陪同。在茶叶集团会议室举行现场学习经验交流，区委统战部副部长、工商联党组书记张德林主持交流会，区工商联副主席李燕平就区工商联创2015年全国“五好”工商联的做法及经验作汇报。青海、新疆生产建设兵团的代表就各自工商联的工作开展情况作介绍，就如何在新形势下加强工商联工作、发挥工商联的作用提出建议。张耿对芙蓉区工商联近年来的工作给予肯定，对芙蓉区工商联、湖南省茶叶集团有限公司提供现场教学平台表示感谢。

【与邵阳市北塔区工商联（商会）缔结友好商会】 2019年11月25日，邵阳市北塔区政协副主席、工商联主席肖国球带领北塔区工商业联合会一行5人到芙蓉区交流学习，与芙蓉区工商业联合会在区政府七楼会议室开展座谈，芙蓉区政协副主席、区工商联主席洪曙光与对方现场签订缔结友好商会协议，搭建两地工商界经贸往来合作平台，助推两地经济健康协调发展。截至年底，与芙蓉区工商职结为友好商会的有2个。

【“点亮乡村”光彩事业活动】 2019年12月14—16日，芙蓉区政协党组书记、主席郑明，区委常委、统战部部长喻志刚，区政协副主席、区工商联主席洪曙光及区部分政协委员、区工商联部分执委一行20余人到龙山县靛房镇实地考察，举行“点亮乡村”暨“爱心助学”捐赠仪式。龙山县委常委、统战部部长黄勇，县委常委、副县长张红民，县政协副主席、县工商联主席余志国参与捐赠仪式。该次活动由区政协、区工商联联合发出倡议，为靛房镇信地村、先锋村安装太阳能路灯，为该镇九年制困难学生“一对一”扶贫助学。区工商联、工商联会员企业家和政协委员奉献爱心，募集到善款20.35万元，其中，捐赠16.55万元用于靛房镇“点亮乡村”工程，另为19位家庭困难学生每人捐赠2000元“爱心助学金”。在芙蓉区帮扶队的努力下，经过现场勘查、设计规划、生产安装等为期2个月的筹备实施，98盏太阳能路灯遍布信地村各组，为群众夜间出行提供安全保障。捐赠仪式上，郑明指出，要发扬传统美德，凝聚社会力量，聚焦靛房镇脱贫攻坚，坚决打赢脱贫攻坚战。受赠学生代表发言感恩社会。 （莫　让）

长沙市芙蓉区残疾人联合会

【概况】 2019年，芙蓉区持证残疾人为4586名，其中重残1745人，多重残疾102人，新增办证270人，注销111人。芙蓉区残疾人联合会（以下简称区残联）落实区委、区政府“品质提升年”工作部署，紧扣“惠民生”主题，从残疾人“康复、宣传、教育、维权”方面发力，进一步提高芙蓉区残疾人生活质量。

残疾人康复。为165名0~17岁儿童实施抢救性康复，其中有97名0～6岁儿童享受到自闭症、听力、脑瘫康复训练，68名7～14岁儿童享受到听力、脑瘫康复训练，总投入158万元。为全区各街道的232户残疾人家庭适配232件辅助器具，投入7万元，惠及聋人、盲人、智力和肢体四类残疾人群体。携手长沙爱尔眼科，到各社区开展眼疾筛查、治疗服务。全年筛查2572人，全免费救助眼疾患者117名，其中白内障15例，配发助视器80例，胬肉15例，青光眼、眼底病、泪道手术治疗7例。患者的医疗费，除医保报销外，个人支付部分由区残联全额承担，投入12万元。安排各社区卫生服务中心康复专业人员为符合条件的对象提供免费上门康复服务指导、康复评定、康复护理、康复训练等服务，全年救助患者30名，投入3万元。

慰问宣传。常态化在“爱耳日”“世界自闭症日”“全国助残日”“国际聋人节”“12·3国际残疾人日”等残疾人节日，开展各种宣传慰问活动。全年开展“进社区、访家庭”走访慰问270户残疾人家庭，2个残疾人服务机构，发放现金物资16万元。在长沙市第六届学雷锋扶残助残“善行四十佳”评选表彰中，芙蓉区唯爱特殊儿童教育融合中心、芙蓉区喜来声语言听觉康复中心被评为为“十佳爱心机构”，芙蓉区家欣心翼精神康复会所负责长被评为为“十佳爱心个人”，芙蓉区火星街道陶家山社区残协专干骆晶为“十佳基层残疾人工作者”、芙蓉区听力残疾人李莹为“十佳自强模范”。区残联开展的“世界自闭症日”健步走活动，“残疾人专场交友活动”“残疾人眼疾康复项目”，在湖南都市等主流电视媒体播出。

就业帮扶。全年为5名残疾人发放养老保险补贴3.9万元，15户贫困残疾人家庭发放助学金4.8万元，3名残疾人申报发放创业扶持金6.16万元。对两家区级残疾人托养服务机构投入60万元，用于残疾人学员日常托养生活补贴。指导机构申报辅助性就业项目，鼓励残疾人在机构中开展工疗、娱疗、农疗，早日回归社会。通过“量体裁衣”做实残疾人居家托养服务，以政府购买方式投入19.2万元为全区80名智力、精神及肢体重度残疾人提供上门陪护、家庭卫生清洁、心理疏导等服务。筛选15名残疾人对象，在湖南成才职业培训学校进行为期3～6个月不同课程的就业创业突击培训，投入近15万元。落实省、市关于促进残疾人就业“两走三见”（走进用人单位、走访残疾人，见人、见事、见需求）活动要求，走访企业20家，面谈残疾人10人，了解残疾人的权益保障和实际在岗情况。开展企业按比例安排残疾人就业核定工作，核定企业122家，核定安排就业残疾人180余人。

维权工作。新增办理残疾人公交爱心卡124张，为全区残疾人统一购买了“意外伤害险”，投入近10万元。恒达社区和全区16户残疾人家庭实施无障碍改造，为24户残疾人家庭配发辅具，总投入20余万元。为79名残疾人机动车车主发放燃油补贴，41名残疾人定时发放“叽叽车”补贴，为117人办证残疾人提供鉴定费减免，总投入近30万元。全年处理来电、来信、来访近千人次，接待集访20余人次，“12345”热线回复率100%，满意率100%，残疾人无到省进京非访集访等信访问题。

【为残疾儿童送教上门】 2019年继续与区教育局对接，为适龄未入学残疾儿童送教上门。全面摸底各街道适龄残疾儿童的入学情况，摸底名册反馈至区教育局在系统中核查。期间区残联邀请特教中学老师，对送教上门的老师们开展如何送教、注意事项等针对残疾人儿童特殊教育的集中培训。全年分两期对22名和12名残疾儿童开展服务。区残联定期电话回访，反馈家长的建议意见至区教育局，及时调整教育方式。“六一”国际儿童节期间，区残联为22名残疾人儿童购买书包、文具、牛奶等用品，与老师们一同送至残疾人儿童家中。

（万梦诗）

长沙市芙蓉区红十字会

【概况】 2019年，芙蓉区红十字会落实上级红会关于群团组织改革会议精神，深化横向协同，推进“三救三献”（应急救援，人道救助，应急救护；献血，造血干细胞捐献，遗体和人体器官捐献）工作水平提升，年内获中国红十字会总会报刊宣传先进集体三等奖，长沙市红十字会造血干细胞宣传工作先进集体，长沙市红十字会红十字应急救护大赛三等奖。

救助赈济。协助开展省人道救助摸底工作，建立省红会人道救助需求库，收集芙蓉区重特大疾病困难家庭95户。为患重特大疾病的6户困难家庭申请省人道救助金3万元，为5例0～14岁白血病患儿申请小天使基金17万元。成功申报杨家山社区省级博爱家园并获项目建设资金15万元。春节期间“博爱送万家”活动，发放物资价值6.39万元、慰问金7万元，惠及530户困难家庭。实施“学雷锋社区陪伴公益项目”，全区陪伴对象22人，开展点对点陪伴服务和慰问。申报“红十字友阿社区陪伴公益项目”4人，慰问金4000元。

救护培训。年内完成救护员培训151人，心肺复苏+自动体外除颤仪培训45人，普及培训1.81万人次，连续3年在社区开展暑假青少年防溺水等应急救护知识的普及培训。选派1人参加总会的国际急救认证培训师培训班，协助湖南省红十字会完成省级的国际急救认证师资提高班，参与总会对其他省的国际急救认证督导工作。选派9人参加市红会师资班初训，3人参加复训。截至年底，芙蓉区有注册救护师资39人。

捐献工作。2019年芙蓉区实现4例遗体和人体器官捐献；在中国人体器官捐献平台志愿登记人数592人。年初，走访慰问上年6例器官捐献者家属。开展献血和造血干细胞捐献宣传活动35场次，218人采集血样标本加入“中华骨髓库”。

【红十字会“博爱进万家 温暖你我他”活动】 2019年1月22日，由芙蓉区红十字会主办，火星街道陶家山社区承办的“博爱进万家、温暖你我他”——红十字社区服务站博爱暖冬活动在陶家山社区雷锋志愿广场举行，红十字志愿者和社区居民群众近100人参加活动。活动现场，区红十字会常务副会长易淑珍讲话，红十字救护师资和志愿者现场做应急救护演练和救护操的表演，红十字志愿者表演诗朗诵《红十字之歌》。活动期间，区红十字会发放价值6.39万元物资和7万元慰问金慰问困难家庭。

【省红会调研员到杨家山社区调研】 2019年4月28日，湖南省红十字会调研员邓四清一行到杨家山社区指导“博爱家园”项目选点创建工作。长沙市红十字会党组成员、副调研员肖容成，芙蓉区政府副区长、区红十字会会长梁汝岚，区红十字会常务副会长易淑珍，荷花园街道办事处主任陈璞，街道办事处副主任宋曦全程参加。邓四清先后参观社区“湖南好人榜”、博爱超市、红十字志愿服务站、七彩生活坊等阵地，观看社区文化宣传片，听取社区书记肖萍对“博爱家园”建设项目的工作汇报，对社区的服务阵地、地理位置、组织资源给予肯定。他强调，要以社区为中心，进一步覆盖辖区小区和楼栋，实现“小区有专人 户户能知晓”的网格化全覆盖救助体系。

2019年7月18日，杨家山社区博爱家园项目点授牌暨“社区公益节”开幕仪式在锦泰广场举行　　区红十字会　供图

【世界红十字日主题活动】 为纪念第72个“5·8”世界红十字日和第11个“5·12”全国防灾减灾日，5月8日，区红十字会联合区教育局，在芙蓉区素质教育基地开展“爱心相伴‘救’在身边”的主题宣传及青少年应急避险路演活动。区红十字会会长梁汝岚，长沙市红十字会党组成员、秘书长黎跃刚，区教育局、区文明办、东湖街道等领导及红十字志愿者代表、基地全体师生等近300人参加活动。组织“我是红十字人”宣誓，通报红十字活动的情况，向区属各中小学发出创建红十字应急救护培训模范学校的倡议。黎跃刚讲话介绍长沙市红十字会工作。梁汝岚宣布红十字青少年急救小超人应急避险路演活动启动。素质教育基地的学生们在“地震体验”“救护”“人防”“楼宇逃生”4个区域开展应急避险演练。

【参加市救护大赛获奖】 2019年6月27日，长沙市红十字会举办“关爱生命，救在身边”应急救护大赛，全市各区、县、市和市服务队的10支代表队参加大赛。通过知识必答题、抢答题、“红十字救在身边”主题演讲、灾害事故场景演练4个环节，湖南农业大学5名学生组成的芙蓉区代表队排名第四，获得三等奖。

【杨家山“社区公益节”开幕式】 2019年7月18日，杨家山社区博爱家园项目点授牌暨“社区公益节”开幕仪式活动在芙蓉区锦泰广场举行。长沙市红十字会党组书记、专职副会长唐俊杰，芙蓉区红十字会会长梁汝岚、常务副会长易淑珍，荷花园街道工委书记孔干等出席，杨家山社区爱心企业、党员、居民志愿者200余人参与活动。活动中，唐俊杰为杨家山社区"博爱家园"项目授牌，梁汝岚为辖区家庭困难儿童代表发放爱心书包。"红色益+"项目联盟红十字服务在签约之后启动。公益联盟单位向社区博爱超市捐赠爱心物资。2019年，杨家山社区申报湖南省"红十字博爱家园"项目单位，获省财政拨入15万元用于"博爱家园"项目建设。区红十字会依托该社区，通过城市博爱家园建设，围绕防灾减灾、应急救护、养老照护、健康促进、人道救助和人道传播等红十字会核心业务，补充社区公共服务，夯实基层组织阵地，提升为民服务能力。

【世界急救日宣传活动】 2019年9月12日，为纪念第20个"世界急救日"，芙蓉区红十字会联合五里牌街道办事处、晓园管理处在晓园公园开展世界急救日"生命护航'救'在身边"主题活动。区红十字会常务副会长易淑珍、五里牌街道工委书记王宏武、晓园管理处书记周玲、主任张晋等出席活动。区红十字会常务副会长易淑珍向晓园管理处书记周玲授牌"红十字救护站"，"中国好人"叶小兰向五里牌社区居民，湖南省红十字会无偿献血志愿服务队优秀志愿者申小仙颁发荣誉证书。活动采取打卡游园，学习急救知识的模式，向参加活动的群众、企业代表、公园内锻炼身体的居民近200人普及应急救护知识。

【骨髓捐献主题宣传活动】 2019年9月20日是第5个"世界骨髓捐献者日"，由湖南省红十字会造血干细胞管理中心、长沙市红十字会指导，芙蓉区红十字会主办的主题为"感谢你，捐献者"宣传活动在文艺路街道湘府社区举行。省红会造血干细胞管理中心主任张赞，市红会党组成员，副调研员肖容成，区红十字会常务副会长易淑珍等领导出席，现场200余人参与。活动现场，中南大学湘雅附属第二医院血液科护士长袁皖为群众讲解科普知识《造血干细胞移植技术与捐献流程》；捐献造血干细胞的志愿者温佐望、王程分别讲述自己的捐献经历，受捐者刘永平分享自己与白血病斗争最后重获新生的故事。市红会向芙蓉区造血干细胞志愿服务队文艺路分队授旗，志愿者代表宣读《捐献造血干细胞，传递生命新希望》倡议词。现场还通过宣传展板、咨询展台、发放宣传资料等形式，向过往群众讲解造血干细胞捐献的意义。

【承办市红十字会星级志愿者表彰大会】 2019年12月29日，长沙市红十字会2019年星级志愿者及优秀志愿服务队表彰会在东郡二小举行，大会由长沙市红十字会主办，芙蓉区红十字会承办，芙蓉区东郡二小和长沙市红十字会志愿服务队协办。市红十字会党组书记、专职副会长唐俊杰，芙蓉区副区长、区红十字会会长梁汝岚等出席，各区县市红十字会志愿服务工作分管领导、各志愿服务队骨干及受表彰的各星级志愿者代表、红十字青少年团团员、东郡二小学生及家长等近500人参会。东郡二小校长段美华致辞。大会举行舞蹈表演、青少年队员志愿服务宣誓、为团队授旗等活动。长沙市红十字会志愿服务队队长陈旭总结2019年全市红十字志愿服务工作，报告2020年的工作计划；长沙市红十字会党组成员、秘书长黎跃刚宣读表彰通报。大会为2019年1～5星级志愿者颁发证书，表彰一批优秀志愿服务团队。芙蓉区红十字会志愿服务队获评优秀志愿服务队，芙蓉区14名志愿者根据志愿服务工时数分别被评为1～5星级志愿者。 （袁丹丹）

法　治

Nomocracy

责任编辑・谭丽霞

政法委与综治

【概况】 2019年，根据《芙蓉区机构改革实施方案》，不再设立区委社会管理综合治理委员会及其办公室、维护稳定工作领导小组及其办公室，有关职责由区委政法委员会承担。2019年，区委政法委各项工作取得新成效，年度公众安全感民意调查成绩位列内五区第一，被评为湖南省综治工作先进区县，继续保持湖南省“平安县（市区）称号。

维护大局持续稳定。全区政法战线围绕为中华人民共和国成立70周年大庆营造安全稳定社会环境总目标，先后取得全国“两会”、中央扫黑除恶湖南专项督察及回头看、中华人民共和国成立70周年、第七届军运会、中共十九届四中全会等特护期，11个重要节点，70余个重大活动信访维稳攻坚战的胜利，全面实现维稳工作目标。落实维稳属地责任、主管责任、主体责任，完善落实排查预警、风险防控、节点管控、应急处置机制，开展稳定风险摸排调研，分别建立项目建设、民生、涉法涉诉、金融等领域工作台账。全年办理群众来信1034件（同比上升36.25%），初信初访办结率100%。落实信访积案排查调处和化解对接机制，化解信访积案10件11人。创建“三无”（无重复上访、无集体上访、无信访积案）街道3个、社区51个。

社会治安综合治理。按照“属地管理”和“谁主管，谁负责”原则，明确公安刑侦、街道、派出所的具体职责，重点开展富家湾地区及其周边、长沙火车站地区及其周边、长沙汽车东站及其周边乱象问题集中整治。整治期间收集重要线索20余条，刑事拘留嫌疑人27人，打掉团伙3个，摧毁违法犯罪窝点14处，追缴电动车31台，摧毁上述3个地区及其周边违法犯罪的组织体系。当地刑事案件和治安案件的发案率同比下降57.9%和51.3%。以打击娱乐场所“黄、赌、毒”问题专项整治行动为切入点，打击黄赌毒和黑恶势力及其背后的“保护伞”，破获黄赌案件274起，抓获违法犯罪嫌疑人1156人。持续开展打击制毒犯罪“除冰肃毒”行动、堵截毒品和制毒物品双向走私“净边”行动、排查吸毒人员“清隐”行动等专项行动，破获涉毒刑事案件123起，抓获毒品犯罪嫌疑人207人，查获吸毒人员1173人，强制隔离戒毒276人，裁决社区戒毒290人，缴获各类毒品40.19千克。

创建平安芙蓉。全区建成星城园丁服务站77处，设置171个护学岗、8个地铁站值守点，17万余人注册使用星城园丁APP，在全市“互联网+群防群治”工作综合考核中，达标率排名全市第一；“百万人禁毒签名”发动率排名全市内五区第一；通过互联网平台征集各类违法举报线索11079条，协助侦破案件280余起。“互联网+群防群治”模式在基层的全面推广。将社会情绪、社会心态等情况纳入平安建设形势整体研判、动态监测重要内容。完善“三调联动”工作流程和对接程序，综合运用法律、政策、行政手段，结合人民调解、司法调解、行政调解，在全区范围推广纠纷大调解机制。全年各级各类人民调解组织成功调处纠纷3227起，协议涉及金额5583.76万元，处理重大疑难复杂纠纷73件。全区以区级中心为龙头、以街道服务站为支撑、以社区服务点为基础的三级公共法律服务实体平台体系初步建立，小事不出社区，大事不出街道，矛盾不上交的良好法治环境逐步形成。重点关注本地有肇事肇祸患前科精神障碍患者，逐人核实状况。全区登记在册严重精神障碍患者2635例，2561人在管，管理率97.19%，定期规范随访率92.79%。85名三级以上肇事肇祸严重精神障碍患者信息全部录入全国重性精神病人信息管理系统，按照入库标准及时更新信息。对在册421名有经济困难精神障碍患者开展医药救助1919人次，发放价值39.4万元精神药物，结算医疗费约17.2万元，做到免费住院，应救尽救。全年各级各类人民调解组织成功调处纠纷3227起，协议涉及金额5583.76万元，处理重大疑难复杂纠纷73件。

优化法律为民。区法院创新“6+3+6”工作模式，优化改组由6名员额法官、3名法官助理、6名书记员组成的速裁团队，主攻简易债权债务民商事案件，大幅节省企业诉讼时间成本。区公安分局将14项行政审批事项归并单一窗口集中办理，搬迁分局及5个派出所户政窗口至区政府和街道，实现“让群众只跑一次”。区市场监督管理局和隆平高科技园分别设立检察联络室，区检察院选派中层骨干定期驻点提供企业法律服务。在“12309”检察服务中心增设企业信访窗口，畅通经济主体申请监督渠道，规范民事诉讼监督案件的受理和审查程序。

政法队伍建设。立足政法工作实际，开展“文烈宏涉黑组织案件”系列警示教育活动。推行“五提醒”超前教育，做到纪律条规常提醒、重点岗位重点提醒、节假日前集中提醒、薄弱环节专门提醒、苗头性问题个别提醒。全年组织全区各政法单位开展集体廉政谈话12次，提醒谈话7人次，函询2人次。全年受党纪政纪处分干部5人。联系司法体制改革实践需要，突出专业技能培训，健全教、学、练、战一体化教育培训机制，组织全区公安系统2800余人次参加省、市各类业务培训。

【扫黑除恶斗争】 2019年，围绕扫黑除恶三年为期的总目标和深挖根治的阶段性要求，全区打掉黑社会性质组织2个、涉恶犯罪集团3个、涉恶犯罪团伙11个，破获刑事案件102起，依法刑事拘留涉黑涉恶犯罪嫌疑人292人，查封、冻结、扣押涉案资产2430万元；提起公诉涉黑涉恶案件22件191人，判决认定涉黑涉恶案件20件184人，先后破获部督“1·03”网络贩枪案、部督“1·10”网络专案、部督“10·08”系列涉恶团伙案等大要案件。全区涉黑涉恶腐败及“保护伞”三项问题立案11件、办结11件，党纪政务处分11人，采取组织措施提醒谈话3人。

【网格化社会服务管理】 2019年，区平安办以“网格化管理、社会化服务、信息化支持”为方向，编制下发《关于在全区开展社会管理综合治理网格化服务管理工作的实施方案》，通过“定格、定人、定责、定序”，依托综治网格化管理工作平台，提高综治管理服务水平。全区按照“任务相当、方便管理、界定清晰”的原则，划分13个一级网格，78个二级网格，413个三级小网格，生成有效网格编码505个，网格覆盖率100%，专兼职驻网工作力量3390人。推行“一栋一册、分色管理”模式，全面实施网格化管理，基本建立“以城市化为核心、网格化为基础、信息化为支撑”的新型社会管理机制。

【平安建设暨国庆安保推进会】 2019年9月29日，芙蓉区召开2019年平安建设、扫黑除恶、禁毒暨国庆安保工作推进会议。区委常委、政法委书记刘文立出席会议并讲话，区政府副区长、公安分局局长章晓波作工作报告。会议由区人民法院院长李才坤主持。章晓波总结2019年上半年全区政法重点工作，区人民检察院检察长王均全宣读2018年年度全区派出所班子成员考核评估情况的通报。刘文立讲话就全区政法重点工作提出4个方面的要求：强化责任意识，为中华人民共和国成立70周年大庆营造安全稳定的社会政治环境；提升政治站位，持续深化扫黑除恶专项斗争；压实工作责任，坚决打赢新一轮禁毒人民战争；完善治理体系，巩固扩大平安建设成果。区委政法委、区法院、检察院、公安分局、司法局领导班子成员，隆平高科技园分管领导，区直相关单位分管负责人，各街道（局）的书记、政法主任，刑侦大队、禁毒大队、治安一大队的班子成员，各派出所所长、教导员，各社区（村）书记参加会议。　　（黄　珣）

公　安

【概况】 长沙市公安局芙蓉分局下设指挥中心（办公室）、政治工作办公室、纪委（监察室）、后勤保障科、警卫科5个科室；辖法制大队、人口与出入境管理大队、网络安全保卫大队、单位内部安全保卫大队、国内安全保卫大队、刑事侦查大队、经济犯罪侦查大队、禁毒大队、第一治安管理大队、第二治安管理大队、第三治安管理大队、特巡警大队、城管大队13个大队和定王台、文艺路、韭菜园、蓉园、五里牌、朝阳街、湘湖、马王堆、火星、荷花园、东屯渡、马坡岭、东岸、东湖14个派出所。2019年，芙蓉分局以做好国庆70周年安保维稳工作为主线，开展“不忘初心、牢记使命”主题教育，维护政治安全、社会安定、人民安宁，各项工作取得成绩。

推进队伍建设。推进“不忘初心、牢记使命”主题教育，每月至少一次集中政治理论学习。注重典型引路，全年分局获得省市区荣誉13项，个人获得国家级荣誉称号1项，省厅战时个人二等功1个，省级表彰12项，市局三等功27个，嘉奖119个。签发“局长嘉奖令”18期通报表扬26人，表彰“季度之星”4期36人。涌现出了王忠、毛志平、莫自家、屈新星、张泰轩、王立平、胡宣等先进典型。开设“芙蓉课堂”组织业务培训，受到副市长唐向阳肯定。选出一批能力强、业绩突出、群众公认度高的干部，提拔中层正职12人、中层副职（含中队干部）73人。在扫黑除恶专项行动中，“90”后民警胡宣因表现突出得到火线提拔。运用大数据思维，综合公安业务、车门禁、钉钉考勤等数据，对全警工作绩效和日常表现分析研判，强化请示报告、上班考勤纪律，月均异常考勤人数同比下降91%。汲取原党委委员、副局长周斌胜等身边反面典型的深刻教训，按照市局有关要求，开展季度巡查，全年问责民辅警168人次，上追一级问责48人次，上追两级问责24人次，消除队伍中的风险隐患。

稳定社会大局。打击效能显著提升。坚持“日办一案”，推行“团队作战、所队协同”运行机制，将抢劫、抢夺、入室盗窃等六类即时性侵财警情定为“24小时内破案”适用类型。通过资源整合，侦查作战响应时间由过去1～2天缩短至10分钟。2019年全局立刑事案件3891起，破案1138起，破案率29.25%，全市排名第一。全年立盗窃案件1912起，破案607起，破案率31.75%，居全市首位。推进“云剑”行动，全年抓获各类逃犯170人。破获命案积案4起，侦破率100%。坚持“日开一会”，推进扫黑除恶专项行动。核查省、市、区通报央督线索122条，办结率100%，破获“11·07”“5·08”“9·05”等涉恶类犯罪案件57起，打掉涉黑犯罪组织2个、涉恶团伙2个，恶势力犯罪集团1个，刑拘涉恶犯罪人员135人。整治重点地区治安环境，富家湾地区发案同比下降57.9%。全年开展“零点行动”11次，破获黄赌案件306起，抓获违法犯罪嫌疑人1456人。围绕中华人民共和国成立70周年大庆安保维稳工作主线，运行“前置防线、前瞻治理、前端控制、前期处置”工作机制，强化信息支撑、分类管控，完成70周年大庆、首届中非经贸博览会、第三届中华龙舟赛等重大安保任务41场次，拦截涉访重点人员26人，在长稳控重点人员424人次，实现“两会”、国庆期间在京零非访登记。维护省委大院、省公安厅、市公安局、区委区政府安全稳定，出动警力7000余人次，处置各类集访事件107批次。以长沙火车站、富家湾等重点地区为轴心，织密巡逻防控网络。芙蓉快警出动警力9936人次，处置各类警情635次。运用法治思维、法治手段，依法处理涉稳对象39人，彻底扭转全区维稳被动局面。

改革促进转型。向改革要内动力。按照“中心主战、警种主建”原则，将分散的作战单元整合为集约的作战中心。组建情报指挥中心，建立情指一体、情勤对接、综合评估机制，实现扁平指挥、高效运转。强化侦查作战中心，建立多资源无缝对接、多手段同步上案、多警种合成侦查等机制，实现合成作战、精确打击。完善基础防控中心，建立“中心牵头、警种协作”的社会治安分析评估、警情动态监测预警、治安要素一体化管控等机制，实现立体布防、精准防控。增设为民服务、执法监管、数据资源等中心。同时，在派出所建立综合勤务指挥室，畅通警务运行的“神经末梢”，推进体系化、结构性、全方位的改革。分局改革工作受到国务委员、公安部党委书记、部长赵克志，副省长、省公安厅党委书记、厅长许显辉和副市长、市公安局党委书记、局长唐向阳的肯定。

科技提升战斗力。实施大数据战略，开展市局“警务中台”试点，推进“五大智慧”云防体系建设，整合省委维稳指挥平台资源，打造可视化、智能化、信息化的芙蓉公安大数据实战平台。实行“多图合一”、24小时在线，全体民警在一个平台上作战，无障碍享用全域资源。具有芙蓉公安特色的“日办一案、24小时破案机制”，副市长唐向阳在全市公安工作会上推介。打造芙蓉区人脸库，无缝对接省委维稳指挥平台、火车站联勤联动中心与天网工程、人脸识别系统。采集8000余路社会视频，补充天网视频盲区。全年支持和直接参与抓获犯罪嫌疑人790人。推进“校外、校岗、校内、校餐、校车”五校安全管理模式，建成具备“安全管理、智能预警、应急处置”等功能的“智慧安校”系统。“智慧安站”成效明显，长沙火车站连续7个月无扒窃警情；“智慧安居”试点稳步推进，所有重点人员和污水监测数据均纳入平台管控。2019年12月底，公安部禁毒局、国家禁毒委督导组先后到分局考察，对芙蓉区禁毒工作给予高度赞扬。

强化基层基础。投资近2000万元，完成分局机关大院维修改造，建成全省一流的侦查作战中心，初步完成10个派出所提质改造，按标准完成14个社区警务室提质改造。更新置换公车28辆，市政府配发租赁电动车22辆。强

2019 年，芙蓉公安打造大数据实战平台　　芙蓉分局　供图

化机制支撑。强力推进“互联网+群防群治”防控机制，推广“星城园丁”APP平台应用，在“星城园丁”APP平台上设置171个护学岗，保证校园安全。推进二维码标准地址建设，“一标三实”信息采集率、及时率、准确率均超95%。强化理念支撑。坚持以人民为中心的发展理念，开展争创“枫桥式派出所”“枫桥式警务室”“五心五零社区”竞赛活动。推进“放管服”改革，启用为民服务中心，14项行政审批业务归集到同一窗口集中办理。分局和10个派出所户政窗口分别搬迁至区政府、街道政务中心，推行“马上办、网上办、就近办、一次办”，网上预约办理14.7万余人次，做到“数据在云上、服务在网上、应用在掌上”。加强警企联系，优化营商环境，侦破“7·23”销售假冒注册商标专案和大汉集团员工职务侵占案，维护企业的合法权益。

【“智慧安校”平台建设】2019年，芙蓉区各类中小学校和幼儿园171所、在校师生10.8万余人。为贯彻落实公安部、教育部《加快推进全国中小学幼儿园安全防范建设三年行动计划》，推进公安大数据应用，在长沙公安“警务云”整体框架内，芙蓉分局创新开发推广应用“智慧安校”系统，从“校门、校岗、校园、校餐、校车”五个维度，推进全区校园安全的信息化前端感知和立体化安全防范，“智慧安校”平台利用部署在全区校园的100路人脸识别探头、10套电子围栏等前端设备，依托自建的涉校黑名单库（肇事肇祸精神病人，重点上访、吸毒、扬言报复社会和校园霸凌等相关人员）、省厅“风控系统”、网逃及重点人员大数据库，实时进行信息碰撞比对筛查，指挥作战中心对预警信息及时跟进深度挖掘和研判，通过处早处小，把矛盾问题和安全隐患发现在萌芽状态，处置在初始阶段。分局与区教育局统一明确“五校”管理工作标准，印制《芙蓉区护校安园工作手册》，明确视频巡查、法治校园、隐患整改、一键报警、智能预警“五措保安”工作措施。落实省厅、市局基础建设要求，实现了实行封闭式管理、专职保安配备率、校园“一键式”紧急报警和视频监控系统与公安机关联网率、一校一护学岗、硬质防冲撞设施安装率“五个百分百”。平台实施分类管理和监督功能，将所有学校分为重点类、关注类、放心类进行 三级分类管理。区教育局将安全工作考核目标纳入教育督导评估体系，教育、公安定期开展联合检查和集中整治，共同解决校园安全难点问题，2019年，分局处置“校园110”一键报警有效警情17起，调处治安纠纷9起，各类校园警情得以及时高效处置。

【公安宣传工作】2019年，“新媒体工作室”融合微信、微博、抖音，全年发文5848篇，发布视频408个，其中原创文章270余篇，总浏览量近3.0亿次，获赞317万个，得到众多官方媒体转载和社会关注。2019年，“芙蓉公安”新浪微博，先后被评为全国政务微博影响力基层榜第三名、2019年度湖南省十大公安微博，“芙蓉公安”新媒体团队被评为2019年度长沙市十大新媒体运营团队。11月28日，“芙蓉公安民警上门为袁隆平院士办理身份证获赞”视频被人民网、《中国日报》、小央视频、澎湃新闻、新湖南金鹰955电台等主流媒体和湖南政法、长沙发布、长沙警事、南阳政法等政务抖音号转发，播放815万余次，转发1916次，点赞5万余次。

2019 年 2 月 3 日，副省长、省公安厅厅长许显辉（ 前排右五 ）看望基层民警

芙蓉分局 供图

【省公安厅到区看望基层民警】 2019 年 2 月 3 日，副省长、省公安厅党委书记、厅长许显辉一行到芙蓉分局韭菜园派出所、蓉园派出所看望慰问基层一线执勤民警并督导检查春节安保工作。省政府副秘书长张银桥，省公安厅党委副书记、常务副厅长袁友方，市人民政府副市长、市公安局党委书记、局长唐向阳等领导参加督导慰问。在韭菜园派出所、蓉园派出所，许显辉认真检查春节值班备勤、视频巡查和勤务保障等工作情况。与节日期间坚守岗位的公安民警握手并致以新春祝福。他强调，要牢固树立“百姓过节、公安过关”“群众放假、民警站岗”的意识，做好各项工作，确保全省人民群众在喜庆祥和的氛围中欢度新春佳节。他指出：要以贯彻落实全省公安派出所三年行动计划为契机，进一步加强基础设施建设、增强警务保障能力、提升公安工作水平。

【侦破“7·30”故意伤害网络主播案】 2019 年 7 月 30 日 1 时许，公安分局接到报警称，在长沙市韶山北路一公交车站，发生一起女子（为网络主播）被捅伤的案件。案发后，引发舆论和网民的高度关注。人民网、澎湃新闻、《新京报》等多家网络媒体报道转载，省公安厅、市公安局领导高度关注，由刑侦大队、文艺路派出所、网安大队、法制大队、政工室、监察室等单位精干警力组成的专案组，迅速启动“日办一案”运行机制，刑侦大队、文艺路派出所办案民警前往浏阳、江西等地，通过传统的视频侦查和走访调查相结合的方式，连续 16 小时视频侦查，克服嫌疑人不使用通信工具和身份证等难题，8 月 2 日凌晨 4 时许在江西省萍乡市将嫌疑人现场抓获，“7·30”故意伤害案告破。

【省公安到区督导国庆安保维稳工作】 2019 年 9 月 20 日，省公安厅党委副书记、常务副厅长袁友方带队到区检查督导国庆安保维稳工作，市公安局党委委员、副局长徐波跃，区人民政府副区长、分局党委书记、局长章晓波等陪同检查。袁友方一行实地视察长沙火车站、城市快警点、地铁站，督导城市快警和地铁安保工作，听取工作汇报，慰问基层民警。随后袁友方一行到杨家山中石化加油站，检查安防设备及措施，查看相关台账，对加油站现场安全、基础安全防范和消防设备等工作提出具体要求。

【市局到区督导安保安全生产工作】 2019 年 9 月 27 日，市人民政府副市长、市公安局党委书记、局长唐向阳到芙蓉分局，督导检查国庆 70 周年安保及安全生产工作。市公安局相关部门负责人，区人民政府副区长、分局党委书记、局长章晓波章晓波陪同检查。唐向阳先后检查高家坡路西陇苑安置小区路段、湖南药圣堂中药科技有限公司、东岸派出所、芙蓉区育才二小安全防范及保卫工作。在芙蓉分局指挥作战中心，唐向阳听取指挥作战中心负责人和副局长王坚介绍长沙公安“警务云”芙蓉公安大数据实战平台建设及运行情况，章晓波汇报大庆安保总体工作情况。唐向阳对芙蓉分局大数据实战平台建设、70 周年大庆安保工作予以肯定。对于下一步安保工作，他强调，要严守战时纪律，严格落实党委主体责任，一级抓一级；要抓好任务督导，突出抓好重点人、护学岗等重点工作，提高防范、处置突发事件的能力；要抓好工作保障，向党委政府争取支持，做好70周年大庆安保保障工作，促进队伍建设和基层基础建设。

【节前安保工作检查督导】2019年9月30日，湖南省委常委、长沙市委书记胡衡华到蓉园派出所，考察重点单位节前安保及宣传工作。区委书记于新凡，区长周春晖，分局局长章晓波陪同考察。蓉园派出所管辖的蓉园社区，为湖南省委机关各部、办、委等单位所在地，是芙蓉区重点安保地区。胡衡华强调，安保维稳工作要压实压紧，各部门、各单位要高度重视、协调配合，切实做好国庆大典期间各项稳控工作。

【赵克志到芙蓉分局考察】2019年11月13日，国务委员、公安部党委书记、部长赵克志在湖南、广西调研期间，到芙蓉公安分局考察。芙蓉分局作为湖南省129个分县局代表，接受公安部考察。为迎接该次考察，省公安厅党委副书记、副厅长袁友方，省公安厅党委书记、厅长许显辉先后到分局，检查督导各项准备工作，观看长沙公安“互联网+群防群治”工作“星城园丁”PPT和芙蓉公安情报指挥系统操作流程、“智慧安校”系统演示，听取“芙蓉公安大数据应用平台”建设和迎检工作情况汇报，提出准备工作具体要求。赵克志一行观看了情报指挥中心、基础防控中心和侦查作战中心，对“芙蓉公安大数据实战平台”和“智慧安校”系统建设给予肯定。副省长、省公安厅党委书记、厅长许显辉，市委副书记、市长胡忠雄、区长周春晖等领导陪同视察。

【市政法委到分局调研】2019年11月29日，市委常委、政法委书记钟钢一行到芙蓉分局调研。市公安局副局长徐波跃，区长周春晖、区人大常委主任廖铁成、区委常委、政法委书记刘文立、分局局长章晓波等陪同调研。在分局一楼侦查作战中心，钟钢一行观看长沙市公安“互联网+群防群治”工作“星城园丁”PPT和芙蓉公安“智慧安校”系统演示。实地察看马王堆派出所辖区金域蓝湾小区“互联网+群防群治”服务站、朝阳街派出所综治中心建设情况。在朝阳街道五一东村社区召开座谈会，周春晖主持。刘文立汇报“互联网+群防群治”工作开展情况，钟钢对芙蓉公安工作给予肯定，并就如何落实中共十九届四中全会精神、坚持和发扬新时代“枫桥经验”、推进“互联网+群防群治”工作提出要求。

【公安部调研禁毒工作】2019年12月24日，国家禁毒办常务副主任、公安部禁毒局局长梁云一行到芙蓉分局调研禁毒工作。省禁毒委副主任、省公安厅党委委员、副厅长李介德，市禁毒委常务副主任、市人民政府副市长、市公安局局长唐向阳等领导陪同调研。在芙蓉分局侦查作战中心，区禁毒委副主任、分局局长章晓波汇报芙蓉区禁毒工作以及分局自主研发的“重点人员分类管平台”建设和运行情况。在分局局务会议室，唐向阳主持召开座谈会。市局副局长韦树恒汇报长沙禁毒工作总体情况，会议播放长沙禁毒工作视频。梁云对于长沙市及芙蓉区禁毒工作予以肯定，提出推广芙蓉区利用涉毒污水检测等技术手段打毒品犯罪的经验做法。

【侦破部督“11·07”系列涉黑犯罪团伙案件】2018年下半年，

2019年3月28日凌晨，“11·07”专案在长沙等3省6市集中收网

芙蓉分局　供图

芙蓉分局从辖区发生的刘某被诈骗案入手，发现该案背后涉及受害女性50余人，均为无力偿还高额借款利息后被组织卖淫团伙控制强迫卖淫。同时，长沙市公安局在侦破涉黑专案中发现，涉案的许多失足女被多家“套路贷”团伙控制转卖至卖淫场所。在前期侦控研判的基础上，2018年11月7日，长沙市公安局成立由副市长、市公安局党委书记、局长唐向阳任组长，省厅、市局有关人员任副组长，从全市抽调精干力量，大侦查作战中心统筹，刑侦支队、网技支队牵头，全市各警种、各分区县市局广泛参与的“11·07”特大“套路贷”涉黑恶专案组，并将该案报请公安部督办，力求“全链条”打击“套路贷”团伙，彻底摧毁盘踞在长沙的涉黑涉恶、组织、强迫卖淫团伙。芙蓉分局成立分局“11·07”专案组，由副区长、分局党委书记、局长章晓波任分局专案组组长，分为内勤、网技、外调等五个工作小组，举全局之力侦办此案。经侦查，掌握文某团伙、文某林团伙、谭某凯团伙、周某团伙四个犯罪团伙、65名成员的基本情况，查明组织架构，掌握犯罪证据。2019月3月28日凌晨，在市公安局统一指挥下，分局出动400余名警力，同时在湖南省长沙市、怀化市、湘潭市、益阳市、广东省广州市、云南省中缅边境3省6市集中收网，部督“11·07”系列诈骗、强迫卖淫、非法拘禁、敲诈勒索涉黑涉恶犯罪集团案件告破，抓获嫌疑对象86人（长沙战区45人、外地战区41人），查扣大量借款合同。

【破获融资类系列合同诈骗案】 2018年1月，公安分局经侦大队接群众报警，称被江苏某公司以帮助企业提供融资服务为名骗取人民币200万元。经立案侦查，专案组利用内外网资源深度分析研判，查清以袁某某、钱某某为首的犯罪团伙乘民营企业急需资金之机，以提供融资服务为名，通过设置合同陷阱和障碍，非法占有融资服务费的犯罪事实。该团伙手法隐蔽、专业性强、流动性大，受害企业遍及北京、江苏、浙江、云南等8省，受骗金额2000余万元。2018年11月2名主要犯罪嫌疑人抓获归案。2019年7月，在公安部统一指挥部署、省公安厅经侦总队具体指导和市公安局支持下，经深挖扩线，专案组梳理出一批涉及外省的融资类合同诈骗案件线索，发起专案打击，取得多项战果。

（莫有胜）

·交　警·

【概况】 芙蓉区交警大队是长沙市交警支队下辖的勤务大队，民警200人，辅警111人，下辖综合管理中队、处罚教育中队、秩序管理中队、122事故处理中队、停车场管理中队、路面勤务14个中队、机动中队、铁骑中队，负责维护芙蓉区东起长棚路、西至黄兴路、南始人民路，北达八一路、车站路、浏阳河大道沿线的交通安全与交通秩序管理。辖区内现有视频监控112个（其中高位高清33个，低位高清89个），电警设备覆盖87个路口367个卡口摄像头，实现全辖区全时段、无死角的网格化视频巡逻。2019年，大队围绕“防风险、除隐患、遏事故”工作中心，抓队伍建设和勤务管理，规范执勤执法，严查交通违法，全年辖区未发现一起较大以上交通事故。年内，大队被评为湖南省文明标兵单位、2019年度全省酒驾醉驾专项整治行动先进集体、湖南省公安交警系统抗击冰雪雨雾恶劣天气成绩突出集体。大队“日行一善，善行一生”志愿服务项目被评为“湖南省学雷锋优秀志愿服务项目”称号。

队伍建设管理。2019年，大队以党的政治建设引领政治建警，开展“不忘初心，牢记使命”主题教育，贯彻落实“一岗双责”制度及“政治督察制度、每日（周）讲评制度、谈心谈话制度、走访慰问制度、队伍风险隐患排查制度、队伍建设汇报制度”六项制度。开展主题征文演讲、专家学者专题培训、观看警示教育片等活动，统一全警思想，坚定理想信念。打造大队党建文化墙，展现出大队在政治建警、一岗双责、警组制改革、芙蓉风采、日行一善等具体工作取得的成效。市公安局、市交警支队负责人，省外交警支队和有关部门负责人先后参观。强化钉钉考勤，制定考勤配套考核办法，提升队伍管理精细化和警力部署精准化。成立执法监管中心，推进支队执勤执法监督模块运用。制定《执法记录仪使用管理规定》《规范查处涉酒案件规定》等规章制度，落实执法流程，建立工作清单制，以制度管人，流程管事。建立负面清单制，对民警、辅警不作为乱作为实行严格责任追究并全队通报。组织开展“从警三十年”“退休离岗”

仪式，增强民警的职业荣誉感、归属感和责任感。开展“雷锋式交警”“雷锋式辅警”评选活动，一中队代理指导员郭超、二中队指导员阳州被评为“雷锋式交警”，二中队辅警杨卫、十四中队辅警张龙伟获评“雷锋式辅警”。举办百人轮训，大队50岁以下民警分两年完成事故岗位轮训，事故民警、情报中心民警到芙蓉分局刑侦大队轮训。连续6年开展“日行一善，善行一生”学雷锋志愿服务活动。

提升管理效能。推进交通管理现代化、交管服务便民化、交警队伍正规化及法治交通和智慧交管建设。推进“‘3、3、3、2日常管理’+‘警组制勤务改革’工作机制”，依据年龄、工作量、工作性质划分为3类勤务、实行3类考核和3组勤务津贴，日常工作中2个负面清单，强化民辅警的职能职责。严格勤务执法。依托交警岗亭设立各警种联合星城快警平台，加强多警联动和区域的守点、巡线、控面。依托“智能三期”“大交管中心”（在政府主导下的全方位覆盖交通管理体系）建设，利用大数据助推实战，打击辖区交通违法犯罪。针对辖区交通乱源，结合日常执法，开展交通问题顽瘴痼疾集中整治行动等各类交通专项整治行动956次，出动警力1.8万人次。全年查处各类交通违法行为47.84万起，其中机动车占道类违法行为（含电子警察抓拍）31万余起，机动车涉牌涉证交通违法行为1.14万起，超员违法行为64起，非客运车辆载人违法行为1632起，车辆未年检未按规定报废违法行为67起，渣土车交通违法行为1065起，货车交通违法行为1.29万起，教练车交通违法行为258起，公交车交通违法行为678起，行人交通违法行为2058起，不礼让斑马线违法行为2316起，汽车假套牌73台，摩托车假套牌87台，酒驾1545（含醉驾613）起。全年大队侦破交通肇事逃逸案件5起，交通肇事案件9起，行政拘留100人。

交通隐患排查。全面排查辖区内事故多发路段、隧道、临水临崖、急弯陡坡路段、学校周边路段，落实对隐患道路的源头监管和排查治理要求。2019年，大队排查出道路交通安全隐患22起，治理16起，其中人民路浏阳河桥、营盘路浏阳河桥两处亡人事故多发路段均治理到位，亡人事故数明显下降。芙蓉区一般程序事故立案数、死人事故数、财产直接损失数分别比上年下降8.33%，8.33%，17.3%，全年辖区未发生一起较大以上交通事故。刑事立案60起，其中刑拘54起，取保候审51起，逮捕3起，移送检察院起诉51起。侦破交通肇事逃逸案35起，伤人以上逃逸案侦破率100%。

优化交通设施。排查辖区内交通设施、标志标线破损不全等安全隐患问题，更新规范辖区内交通标志、标线，科学配时信号灯，消除辖区内东二环、人民路浏阳河桥、营盘路浏阳河桥、高家坡路等事故、拥堵多发状况。全年更新标线30余次，更换、按照标牌100余次。新增3条可变车道，满足朝阳商圈及省委区域的居民群众出行。组织交通优化辖区32处交通拥堵点，收到国金中心、万家丽国际购物广场、朝阳社区、湘雅附二、湖南湘绣博物馆等企业和单位的感谢信和锦旗。结合地铁3号、6号线交通施工需求，大队提前分析研判，主动与地铁施工方对接，满足保证交通最大可行率和地铁施工需求，车辆保有量持续增加，芙蓉区高德拥堵指数逐年下降，2019年比2016年下降3.9个百分点。

存在的困难和问题。科技设备投入有待进一步增加，以加大非现场执法力度；部分交警岗亭使用年限较长，设备、电路老化严重，影响正常办公；劝导员待遇偏低，人员流动频繁。

【交通安全宣传】 2019年，民警深入社区、企业、学习、单位、家庭开展交通安全授课800余场次，受教育人数6万人次。发放宣传资料8万份，制作交通安全宣传展板50块，新闻媒体报道300场。举办交通安全主题活动12场次。与湖南农业大学开展“警校协同共治、共创平安校园”为主题的交通安全宣讲活动，与育才二小、大同小学、燕山小学等学校开展“交通安全进校园”宣传教育活动，与滴滴代驾公司在餐馆企业、KTV等娱乐场所开展“拒绝酒驾”宣传。联合区教育局、区交通局开展校车、客旅运车辆、危险化学品运输车辆的交通安全联合整治与宣传工作，检查各类重点车辆3000台，下达整改通知书120份。

【校园交通安全管理】 2019年，芙蓉交警大队采取“宣、管、治”，多措并举推进“护校安园”行动，打造安全、畅通、有序的校园交通安全环境。组织排查校园及周边风险隐患，加强部门协作、警校联动，规范辖区校园周边道路秩序管理，加强校园周边道路的隐患排查，落实交通安全责任。结合辖区各学校开学、接送学生上放学秩序管理为重点，落实“护学岗”勤务，抓实校园、幼儿园“高峰勤务”机制落实，对地处交通复杂路段的学校和幼儿园，在上学、放学时段派警力维护校园门口的交通秩序。开展校园周边交通秩序整治，在校车和接送学生车辆集中通行的重点路段时段，增设临时执勤点，加大校园周边及途经校园主要路段的电动自行车闯红灯、逆行及机动车闯灯越线、超速超载等交通违法行为打击力度，防止上下学时段校园周边涉及学校师生的伤亡事故发生。

【“警组制”改革】 2019年，芙蓉交警大队推行警组制勤务改革。警组制勤务按照“路面勤务”“重点交通违法查处”“交通事故处理”“道路施工审批”四个方面实施，详细实施方案汇编成册。警组制路面勤务：以多警联动、区域巡逻执守为切入点，革新警组制铁骑勤务机制，完善长沙交警交通管理模式，实现“有警必接、接警必快、处警高效”的铁骑交通管理勤务工作格局。重点交通违法查处：通过以最小作战单元为依托，灵活组建重点违法行为打击警组，面对一般行政案件，灵活高效完成查处办理。对于刑事案件或其他重要案件，相互配合，各自分工，精准固定关键证据，打击违法犯罪。警组制事故处理：通过开展集中轮训和系统学习，提升民警事故处理能力，警组内统筹协调，快速有效，提高群众满意度。警组制涉路占道施工审批：履行各自工作职责，服务于城市道路工程建设，以道路安全畅通有序的交通环境为目标，保证出行安全。秩序中队交通优化专干与路面中队长、指导员落实好各项工作细则，实现涉路工程道路处的交通规范。

【设置辖区3条“可变车道”】 2019年4月1日，芙蓉区在人民路曙光路口东口、八一路韶山路口北口、解放路朝阳路口东口启用3条“可变车道”。可变车道的分界线为锯齿状，路面上印有“可变车道”字样。进入路口后，车辆根据可变车道专用信号灯指示方向行驶。3条车道平峰期为直行车道，在高峰期路口左转车辆压力大时，通过智能信号系统，将可变车道的直行信号灯改为左转信号灯，可变车道行驶方向则由直行改为左转。通过设置“可变车道”，合理利用了道路资源，解决特殊时间段交叉口流量分布不均衡的问题，提高道路利用率及通行效率。以人民路曙光路口为例。优化前高峰时间东口左转排队35辆，优化后减少到排队21辆，优化率40%。

【携手湖南农大开展交通安全宣传活动】 2019年5月16日，芙蓉交警大队携手湖南农业大学开展以“警校协同共治、共创平安校园”为主题的交通安全宣传活动。湖南农业大学副校长张立、保卫处处长李家福，长沙交警支队副支队长李宝山、处教科副科长肖强、122大队大队长秦杰、芙蓉大队大队长李智文以及来自湖南农业大学的400余名师生和芙蓉交警大队30余名民警参加活动。活动中，芙蓉交警通过“机动车与机动车”“机动车与非机动车”等4个不同的交通事故处理演练及事故受伤急救处理，提高学生们在遇到常见交通事故的应急处置能力。活动现场，交警与学生们进行交通安全知识抢答、警用装备演示、赠送安全头盔等互动。湖南农业大学副校长张立表示，活动的举行是警、校双方长期友好协作关系的重要成果和集中体现，今后将努力探索共建共治新方法、新模式，将学校的交通治理得更好，让学校交通安全工作再上台阶。

【举行“从警三十年”纪念章颁发仪式】 2019年6月12日，芙蓉交警大队举行“再一次出发——从警三十年”纪念章颁发仪式，支队党委委员、副支队长李宝山出席，大队长李智文、教导员刘浩平，副大队长陈勇、黄韩斌参加。仪式上，刘浩平向获得荣誉纪念章的14位民警表示祝贺。民警王兵发言，回忆从警路上的艰辛、快乐与收获，分享三十年来工作生活感悟。李宝山在仪式上表示，荣誉纪念章的授予是厚爱、是荣誉、是深情、也是敬畏。希望所有获得纪念章的优秀民警不忘初心，牢记使命，继续前行，将对党忠诚，敬业为民的精神薪火相传。

【省厅领导慰问芙蓉交警】 2019年8月2日，副省长、省公安厅党委书记、厅长许显辉带队督导检查长沙暑期道路交通安保工作并慰问基层民辅警，徐显辉一行到芙蓉交警大队八中队看望慰问芙蓉交警及劝导员，省公安厅副厅长汤向荣，副市长、市公安局党委书记、局长唐向阳，省交警总队总队长蒋建湘、政委杨能等省市领导陪同。许显辉详细了解芙蓉交警大队夏季高温期间勤务部署和工作开展情况，要求各级公安机关负责人要关心关爱基层民警，科学安排警力，领导带班值勤；叮嘱芙蓉交警要认真践行“人民公安为人民”的根本宗旨，落实道路交通安全管理各项工作举措，营造安全、有序、畅通的道路通行环境。

【半年度道路交通安全工作会议】 2019年8月12日，芙蓉区道路交通安全委员会在区政府627会议室，召开上半年道路交通安全工作会议，区直单位和垂直管理部门、各街道办事处、湘湖管理局、隆平高科技园等35家单位分管负责人参加会议，副区长、区公安分局局长章晓波出席会议。会上，芙蓉区道路交通安全委员会办公室副主任、芙蓉交警大队副大队长陈勇通报区道安委2019年上半年工作。提出下阶段道路安全工作工作计划。芙蓉区上半年道路交通安全管理工作取得新的成绩，一般程序事故数、死亡人数、七日内死亡人数、事故受伤人数分别同比下降24%、53.85%、50%、11.36%，未发生重特大交通事故，道路交通安全工作的综合治理硬实力、依法治理震慑力和源头治理防控力均明显增强，全区道路交通安全形势总体平稳向好。章晓波讲话强调，各级各部门要推进道路交通安全管理工作，加强道路交通安全隐患排查，强化交通安全宣传教育，查处重点违法行为，以大数据思维找准问题导向进行精准施策。

【国庆交通安保】 2019年国庆长假期间，芙蓉交警大队结合辖区实际，强化路面执守和巡逻管控，在以五一商圈为核心的各重要路口安排警力值守疏导，以警组制方式安排巡逻民警加强重点路段的巡逻管控，在商圈、火车站、万家丽路、环线、娱乐场所等重点节点、路口路段全方位开展交通安全整治大行动，严查酒驾醉驾、货车闯禁、无牌无证等各类重点交通违法行为。落实防风险、保安全、护稳定各项措施，保证国庆期间芙蓉辖区交通安全、畅通、有序。国庆期间，未发生一起涉警负面舆情，未发生一起死人交通事故，未发生长时间大面积拥堵。国庆交通安保任务如期完成。

【“拒绝酒驾”宣传活动】 2019年10月21晚，芙蓉交警大队联合滴滴代驾和餐饮企业在马王堆海鲜市场开展“拒绝酒驾”交通安全宣传工作。数据显示，2019年1—8月，长沙代驾需求同比增长49.37%，从代驾需求看，每日19时30分至24时是代驾需求的高峰时段。夜经济活跃地区是长沙代驾热点街区。活动现场，芙蓉交警通过投放拒绝酒驾宣传资料和海报，将酒驾的危害、法律法规宣传前移到了餐桌上，同就餐市民共同营造自觉杜绝酒驾的良好氛围。10月24日晚，“拒绝酒驾”交通安全宣传活动走进辖区温莎KTV，在进出口、包间内、休息区等醒目位置摆放了温馨提示席牌和宣传海报等宣传物品。召集餐饮场所负责人和服务员担任“酒后禁驾”义务宣传员，随时提醒饮酒顾客“喝酒不开车”，将反酒驾从严查向预防前移。

【长沙国际马拉松赛事交通安保】 2019年10月27日，“2019长沙国际马拉松赛事”在长沙举办，为保证参与选手、观众的交通安全，芙蓉交警大队全警停休，全员上岗，全力保障。民警们摆放临时隔离护栏，引导分流无关车辆、行人，对保卫任务过程中可能遇到的交通突发问题进行排查，及时查缺补漏，消除运动员行经路线事故安全隐患和其他影响通过的不安全因素。完成了该次国际马拉松比赛的交通安保任务。

【参观长沙市公安局警史陈列厅】 2019年11月20日，芙蓉交警大队开展“不忘初心，牢记使命”主题教育党日活动，教导员刘浩平带领中队干部及优秀民辅警代表20余人到长沙市公安局参观警史陈列厅。市公安局警史陈列厅位于市公安局机关院内，占地约400平方米，2019年9月开展。通过300余幅图文影像和近100件实物档案，参观民警和辅警看到老一辈长沙公安不忘初心、坚定理想的革命意志和对党和人民的赤子情怀，同时回顾了长沙公安在社会事业发展中，忠诚履职、不懈奋斗的发展历程。（王 琼）

检 察

【概况】 2019年，长沙市芙蓉区人民检察院（以下简称“区检察院”）下设办公室、政治工作办公室、侦查监督科、公诉科、监察室、控告申诉科、民事行政检察科、监所检察科、案件管理科、法警大队10个科室局队。现有中央政法专项编制60个，工勤编制2个，实有在职干警59人。2019年，芙蓉区检察院继续开展“司法公正长沙行”活动，向区人大常委会主任会议定期通报检察工作情况。邀请辖区内各级人大代表和政协委员、人民监督员参与申诉案件公开答复和视察、座谈、调研等活动30余次；邀请代表委员、劳动模范、在校师生和民营企业家参加各类检务活动100余人次。青年干警列席检委会制度获省检察院推介。设立区检察院驻隆平科技园检察联络室，升级“12309”检察服务中心。发布案件程序性信息2675条，提供案件流程信息公开查询296人次。全年免费提供刻录案件材料光盘587张，通过“芙蓉检察”微信公众号推送检察工作动态、重大案件信息53期，在市级以上各类媒体发表检察宣传文稿264篇。

2019年，芙蓉区检察院获评检察日报社“二〇一九年度全国检察宣传先进单位”，获共青团团省委颁发的湖南省“青少年维权岗”（2018—2019）、长沙市委市政府办公厅联合评定授予的“2018年度建设更高水准全国文明城市工作先进集体”、长沙市人民检察院授予的“2019年度长沙市先进基层检察院”称号。检察院机关被国家机关事务管理局、国家发改委、财政部联合评定为“国家级节约型公共机构示范单位”。1名干警被全国妇联授予“全国维护妇女儿童权益先进个人”称号，1名干警获全国检察宣传先进个人；4名干警被市检察院记三等功，2名干警被市委办和市政府办授予优秀个人称号。区检察院为7名从检30年检察官颁发“检察荣誉章”。

【案件管理】 2019年，区检察院案件管理科紧紧围绕“管理、监督、服务、参谋”四大职能开展工作。统一受理侦查机关和区监察委移送的审查逮捕、审查起诉、延长侦查羁押期限、申请强制医疗、申请没收违法所得、报请指定管辖等案件。全年受理审查逮捕案件797件1211人，受理审查起诉案件1149件1711人，不予受理案件3件3人。全年扫描案卷751案3175卷。依托全国检察机关统一业务应用系统和案件信息公开系统，加强流程监控，创新监控方式。对执法办案行为和案件质量全过程跟踪、预警、评查。对报送案件退回补充侦查的案件、办结的案件统一备案登记、审查，对在程序或实体上发现有问题的案件不予通过送案审核，承办部门必须整改后方准予案件出口。全年召开检察委员会会议11次、含23个议题，检察长列席审判委员会1次。2019年1—11月为领导的宏观决策提供3份季度统计分析。推进案件信息公开工作，全年程序性公开信息2675条，公开法律文书348份。接待阅卷587件次，查询613件次。2019年4月，由案件管理科牵头对业务部门已办结或正在办理的涉黑涉恶案件开展专项督察，成立专项督察小组逐案评查，评查了“9+2”案件、23个涉恶案件、2个督导组调卷的案件。案件管理科落实推行青年干警列席检委会制度。6月，省检察院案件管理办公室编辑的《案件管理工作情况》以《长沙市芙蓉区检察院推行青年干警列席检委会制度》为题推介了该项制度和做法。为加强对检察业务数据质量专项督察工作的领导，成立以党组副书记、副检察长为组长的检察业务数据专项督察工作领导小组。

【监所检察】 2019年全年办理监外执行检察监督案件8案8人，发出建议8案8人，采纳8案8人；办理羁押必要性审查案件40案40人，发出建议35案35人，采纳变更回复34案34人；办理财产刑监督案件16案16人，发出纠正违法通知书16案16人，回复15案15人；办理指定居所监视居住监督案件3案3人；办理暂予监外执行监督案件5件，发出回复函5份；没有发生超期羁押的现象；按照高检院、省市院工作部署，开展了“社区矫正人员两节两会专项检察”“社区矫正人员扫黑除恶”“指定居所监视居住专项检察”“社区矫正人员劳动学习专项检察”；发表信息材料2篇，发表宣传稿件2篇。1件刑事执行检察案件获评2018年度全国检察机关刑事执行检察建议典型案例；1件刑事执行检察案件获评2018年度全省检察机关刑事执行检察优秀案件。

【刑事检察】 2019年，区检察院受理审查逮捕案件807件1223人，审结796件1209人，批捕各类犯罪嫌疑人973人，不批捕236人；受理审查起诉案件1188件1739人，审结1170件1747人，提起公诉1507人，不起诉235人，附条件不起诉5人。邱某某等42人组织，领导传销活动、抢劫、非法拘禁案，李某某等9人寻衅滋事案被评为长沙市扫黑除恶优秀案例。发挥“捕诉一体”机制优势，将证据要求向侦查前端传导，提前介入引导侦查17次。贯彻刑事诉讼法确立的认罪认罚从宽制度，开展教育转化、刑事和解、量刑协商等工作，适用认罪认罚从宽制度办理案件950件1162人，案件适用比例为81.2%；驻交警大队检察室，统一行使交通肇事、危险驾驶刑事案件的立案、审查（批捕、起诉）、法律监督、引导侦查、法制宣传、化解矛盾等六项职责，不断完善涉驾案件快速办理机制。强化立案和侦查活动监督，监督立案15件、撤案12件，发出纠正违法通知书11份。审判监督，提起抗诉1件，向法院发出纠正审判活动违法通知书1份。公诉科被市团委、市青工委评为2019年度长沙市“青年文明号”。

【民事行政检察】　2019年，区检察院办结民事检察案件39件，支持起诉15件（发出支持起诉意见书9件），办结执行监督10件，办结审判程序中审判人员违法行为监督9件并发出检察建议，办结裁判结果监督案件5件。发挥驻区生态环境局、市场监督管理局检察联络室职能，加强“两法衔接”，不断拓展行政检察案源。围绕征地拆迁、社会保障等领域，开展行政非诉执行专项监督活动，完成区重点项目强拆现场监督6次。聚焦弱势群体、民生领域，办理督促履职案件1件，行政机关采纳并及时履职。

【控告申诉检察】　2019年，处理各类来信47件，接待来访116件260人次。其中办理控告案件34件，程序性回复34件，程序性回复率100%。办结刑事申诉积案2件，办结申请国家赔偿案件1件，受理国家司法救助案件4件（其中3件系未成年人），救助4人，发放救助金5万元。在全国全省“两会”召开期间、中央扫黑除恶督导组督导期间、迎接国庆70周年期间，提前制定工作方案，细化责任分工，对存在上访隐患的加强联络协调，做好释法说理工作，保障了相关会议、假日、重要工作期间的社会秩序稳定。制定《长沙市芙蓉区检察院院领导公开接访规定》，与检察长接待日制度相结合，保证每周二有一名院领导在检察服务大厅值班接访，便于群众反映诉求。2019年，院领导先后接待来访20次108人。制定下发了《信访接待、处理联动机制》《实施信访答复操作规定案管监控机制》，坚持使用网上信访信息系统统一登记、统一回复、统一管理、统一监督，实行“日清日结、随办随回复”，确保群众来信“七日内程序性回复、三个月内实体性答复制度”的贯彻落实。进一步深化律师参与化解和代理涉法涉诉信访案件工作，继续推进律师日常值班、定点接访工作机制。1—10月，值班律师在检察服务大厅接待群众来访11人次，参与认罪认罚案件82件次。全面推行律师代理申诉机制，拓展值班律师参与信访工作范围。

【公益诉讼检察】　2019年，区检察院树立“通过诉前程序实现维护公益目的是公益诉讼最佳状态”的理念，发挥诉前程序的功能作用。全年受理公益诉讼案件49件，同比上升32%。完成诉前程序25件，发出检察建议4份，作终结审查决定8件，进行线索受理和立案23件，提起行政公益诉讼案件2件，对1个单位开展公益诉讼回头看，督促行政机关依法履职。检察长王均全出庭办理全省首例国土出让金行政公益诉讼判决案件，推动长沙市自然资源和规划局全面履职。区检察院1份检察建议被评为全省公益诉讼优秀检察建议。

【未成年人帮教】　2019年，对涉嫌轻微犯罪并有悔罪表现的未成年人，不批捕11件16人，附条件不起诉4件5人，相对不起诉6件7人。对未成年人赵某某寻衅滋事一案作出附条件不起诉决定，积极帮扶、教育，助其考入大学。办理的“邓某虐待被看护人案”和“女童刘某被性侵维权案”入选长沙市妇女儿童维权优秀案例。贯彻落实最高人民检察院“一号检察建议”，与省检察院联合举办“携手关爱，共护明天”检察开放日活动。联合区妇联对涉罪未成年人家长开展亲职教育培训，与区法院联合组织100名小学生参与“我要当小法官”法庭模拟观摩。未成年人检察工作模式得到最高人民检察院第九检察厅转发肯定，未检专干徐艳侠被全国妇联授予“全国维护妇女儿童权益先进个人”称号。

【迎新春联欢会为从检30年颁发荣誉章】　2019年1月25日，为庆祝改革开放40周年暨检察机关恢复重建40周年，区检察院在办公楼会议室举行2019年迎新春联欢会暨从检30年“检察荣誉章”颁发仪式。联欢会上各部门干警自导自演集体舞、诗朗诵、独唱、相声、小品、大合唱等13个节目，全院干警与退休老干部100余人参加。检察机关恢复重建40周年，最高人民检察院决定向从事检察工作30年以上为人民检察事业作出贡献的检察人员颁发“检察荣誉章”。联欢会上，区检察院检察长王均全向李传良、杨吉滨、刘婉平、伍芳、蔡铃、徐青山、陈艳、周晓红、周洪波9人颁发荣誉章并表示祝贺，寄语青年干警向荣誉章获得者学习。

【寻衅滋事案】 2019年3月20日，芙蓉区法院公开开庭审理一起涉恶案件。2016年至2017年，被告人李某某等9人为谋取不法利益，经常纠集在一起，多次在长沙市芙蓉区张公岭村有组织地采用滋扰、纠缠、聚众等手段扰乱在建工地正常施工秩序，造成工地停工数日损失5万余元，李某某持刀砍伤施工现场负责人致轻微伤，造成恶劣的社会影响，系恶势力犯罪。9名被告人均系张公岭村村民。区检察院于2018年12月12日起诉到法院。该案是区检察院依法严厉打击横行乡里、强揽工程的“村霸”的恶势力犯罪的典型案例。在办理该案的过程中，承办人发现相关国家机关工作人员对村民阻工纠纷处置不力，有纵容、包庇村民阻工的行为，甚至有召集、鼓动村民开展上述不法行为的嫌疑，涉嫌为“涉恶”犯罪充当保护伞。为在打防并举、标本兼治上下功夫，有关线索和材料移交区检察院扫黑办、区扫黑除恶领导小组、区纪委监委，相关涉案人员被立案调查并给予相应处分。针对该案凸显的问题，区检察院对案件发生辖区的马坡岭街道办事处发出检察建议，得到区委书记的肯定批示。

【帮扶未成年人获新生】 2019年7月25日，区检察院依法对未成年人赵某某作出不起诉决定。赵某某因涉嫌寻衅滋事罪被公安机关于2018年12月27日移送审查起诉。2019年1月25日区检察院对赵某某作出附条件不起诉决定，并根据具体案情设置六个月的考验期。该案的被告人案发时系在校读书的未成年人，属于初犯，到案后认罪态度好，有悔罪表现。案发后已赔偿被害人经济损失，取得被害人谅解，被告人的父母均在本地，可以对其进行有效监管。案件的办理过程中，未成年人检察专干根据该项工作规律特点，开展“检社合作”模式，联合社工力量对赵某某进行心理治疗、针对其家庭开展家庭治疗、对其父母开展亲职教育，综合运用亲情、法律、心理多种方式精准化帮扶，帮助赵某某回归校园。设置的考验期满后，区检察院做出上述决定。通过监督回访发现，赵某某参加高考进入高校后，学习成绩优秀，热心学校社团活动。

【区检察院驻隆平园检察联络室成立】 2019年10月25日，区检察院驻隆平科技园检察联络室成立并举行揭牌仪式，隆平科技园党工委副书记、管委会主任易新宇，区检察院党组书记、检察长王均全出席揭牌仪式，易新宇致欢迎词，区检察院党组副书记、副检察长师伟，区委政法委副书记刘汉祥，隆平科技园管委会党工委委员、管委会副主任曾敏，区优化办主任杨俊峰及检察联络室工作人员共同参加揭牌仪式。驻隆平科技园检察联络室受理园区内的控告申诉，促进依法办案和服务企业相统一，是区检察院推动芙蓉区“非公经济”高质量发展，与企业加强沟通联络，对园区“非公经济”靠前服务，履行法律监督职能的新平台。王均全指出，检察联络室要扎实履职，主动走访企业，帮助企业提高经营管理法治化水平，立足检察职能，配合园区，增强法律监督能力，保障企业和企业家的合法权益，营造公平有序的法治营商环境，展示芙蓉检察形象。

【司法救助帮扶困难家庭】 2019年12月17日，芙蓉区人民检察院检察服务中心，一位女士找到控告申诉科的郑凯科长，拿出锦旗，感谢芙蓉区检察院的救助，感谢郑检察官的帮助。该女士的儿子小周（化名）是长沙市芙蓉区人民检察院一起司法救助案的申请人，2018年8月24日，小周因同学发生纠纷上前劝架，被人砍伤，经法医鉴定，评定为轻伤二级，犯罪嫌疑人因家中困难无法支付医药费，小周家庭困难也无法负担。2019年10月30日，小周家人向检察院申请司法救助。收到申请后，检察官通过审核申请材料、调取原始案卷、走访学校，掌握案件基本情况及申请人的家庭经济生活状况后，于2019年11月4日作出救助1

2019 年 12 月 17 日，受助人向检察院控告申诉科送锦旗　区检察院　供图

万元的决定。

【全省首例国土出让金行政公益诉讼获判决支持】　2019 年 12 月 30 日，长沙铁路运输法院判决确认，长沙市自然资源和规划局（以下简称市资规局）未依法对湖南省建筑工程房地产开发公司（以下简称省建筑工程公司）履行法定职责的行为违法，判令被告在判决生效后依法履行法定职责。这是该院集中管辖长沙地区一审行政案件以来办理的首例行政公益诉讼案件，也是全省首例国土出让金行政公益诉讼判决案件。

2018 年 10 月 22 日，区检察院向长沙市国土局发出检察建议书，建议其全面依法履职，采取措施依法追缴省建筑工程公司土地价款 492.39 万元。11 月 20 日，市国土局向省建筑工程公司邮寄“补缴土地价款催办通知书”却未有效送达，要求该公司 7 日内申请办理修改出让合同手续，逾期不到场，将依法作出追缴土地价款决定，并启动司法追缴程序。市国土局未采取上述措施收缴欠款。经省、市检察院审批后，2019 年 11 月 27 日，区检察院以公益诉讼起诉人的身份向长沙铁路运输法院提起行政公益诉讼，诉请确认市资规局（2019 年 1 月由原市国土局等组建）少征收省建筑工程公司开发涉案土地的国有土地使用权出让金及违约金等费用的行为违法，判令市资规局依法全面履行征收涉案土地的国有土地使用权出让金 492.39 万元及违约金的法定职责。长沙铁路运输法院于 2019 年 11 月 27 日受理后，组成由院长为审判长的 7 人合议庭。12 月 26 日，区检察院检察长王均全带队出庭审，经举证、质证，双方围绕行政机关是否全面履行职责这一争议焦点展开辩论。12 月 30 日，长沙铁路运输法院做出上述判决。

（刘文丽）

法　院

【概况】　2019 年，芙蓉区人民法院（以下简称区法院）受理各类案件 3.86 万件（含旧存），全省排名第一，同比增长 38.99%；审（执）结各类案件 3.77 万件，全省排名第一，同比上升 54.65%；员额法官人均结案 628 件，全省排名第一，同比增加 67.51%。全年结案率 97.49%，创历史最好成绩。区法院在工作中坚持改革创新，推动工作质量效率和公信力不断提升。在全市范围内首先设

2019 年 12 月 26 日，行政公益诉讼判决案件审判现场　　区检察院　供图

立运行“律师调解工作室”，被《南方周末》大版面报道。首先探索“诉前鉴定”工作，相关经验被省高院在全省法院推介推广。借力互联网信息技术推动执行工作，全国首次使用“电子封条”查封房产，被中央广播电视总台、《人民日报》、新华社等媒体集中报道。区法院被长沙中院授予“改革创新法院”、被最高法院政治部授予“全国法院司法宣传先进单位”荣誉称号。

政治建院。结合法院工作实际，开展“不忘初心、牢记使命”主题教育。通过集中学习培训、廉政警示教育、党校教授辅导、专题研讨交流等，干警工作主动性、积极性增强，创下两月结案近1万件的纪录，法官人均结案数同比大幅上升，为全市法官人均结案数的1.7倍。夯实基层党组织建设，召开“三会一课”78次，组织党建活动48次，国庆主题党日活动获湖南省法院新媒体大赛一等奖。开展结对共建，组织法律咨询志愿服务12次，走访慰问困难群众500余人次。以党建促队建，审执绩效大幅提升，年结案率较上年提高9.88个百分点，案件审理周期缩短70天，立案一年以上案件全部审结。主动检视工作中存在的问题，开展政治建设巡查、工作作风督察、裁判文书送达和虚假诉讼清查等专项整治，整改相关问题20个。制定《督察工作规定》，院领导带班督察，发布全院通报4次，实名通报干警30余人次。

服务大局。强化环境司法，院长开庭审理重大涉环境资源案件，助推“污染防治攻坚战”。审理被告人刘某江、尹某秀经营金属制品厂超标排放重金属污水污染环境案，当庭判处有期徒刑并处罚金。公开开庭审理涉地铁6号线施工噪声污染赔偿纠纷案，引导支持市政重点工程建设，依法要求建设企业文明规范施工，构建城市建设和谐环境。创新形式开展环资普法宣传，以案释法解读环保法律，发放宣传资料500余份。组织夜市经营者环保普法讲座。强化金融司法，受理金融纠纷案件11508件，审结11488件。成立金融审判速裁团队，对金融纠纷案件快立快审，平均审理周期同比缩短65天。平等保护金融企业和借贷人的合法诉求，金融纠纷案件服判息诉率97.9%。成立专业执行组，集中开展金融案件执行风暴行动，为金融企业执行回款11.68亿元。支持推进城市房屋拆迁、集体土地征收等中心工作。依法依政策审结征地补偿行政纠纷21件，推动黄土塘、地铁6号线等项目快速推进。审查蔡锷路棚户区改造等项目案件79件，依法支持省市重点项目建设顺利推进。依法强制执行征拆案件53件，腾空、拆除房屋6000余平方米。召开座谈会、走访园区，主动听取企业的司法需求，制定《“营商环境优化年”活动规划》，指导企业防范法律风险，依法保护企业家人身和财产安全。从严从快打击破坏营商环境的违法犯罪，非法阻挠在建项目工程建设、破坏建安企业施工环境的李启征等9名被告人被从重判处二年至三年四个月不等有期徒刑。支持民营企业新华联某公司作为被告的建材买卖合同纠纷案的诉求，双方当事人胜败皆服、自觉履行判决，送感谢信、锦旗致谢法官，点赞“法治就是最好的营商环境”，“新湖南”等媒体专题报道区法院做法和典型案例。

改革创新。优化诉讼服务。做好立案登记和诉讼服务工作，全年新受理案件35192件，立案数居全省基层法院之首。加强和完善自助诉讼、多元调解、咨询导诉等建设，方便群众诉讼立案和来信来访。探索推进诉前鉴定，对81起案件委托诉前鉴定，提高诉讼效率。试行预约接待制度，推行首访必接、当天接待、分级接待法。推进跨域立案建设，率先全省完成第一例跨域立案。依法为当事人缓减免诉讼费用16.31万元，发放司法救助金57人41.29万元。完善繁简分流。贯彻简案快审的速裁理念，组建以6名法官为核心的金融审判速裁团队，受理信用卡等金融纠纷11168件，审结11141件，人均结案1856.3件，个人最高结案2002件，创全省法院历史新高。实行简易程序优先审理，简易程序适用率同比提高27个百分点，办案周期大幅缩短。推进审判队伍专业化，组建破产、征地等专业审判团队，办案质量稳步提升，案件服判息诉率91.63%，申诉率降至0.16%。创新调解机制。推行特邀调解制度，规定调解前置程序的适用范围，扩充调解员队伍，将优秀人民陪审员、公证员、行业协会专业人员等纳入特邀名单。上线人民法院调解平台，推进“一站式”多元解纷和“一站式”诉讼服务平台建设。优化“律师调解工作室”运行机制，委托律师调解民商事纠纷989起，调解周期缩短至30天。借力科技创新。推动信息化、智能化建设，对金融借款合同纠纷、信用卡纠纷等案件探索建立要素式审判信息化平台，该类案件的平均审理周期缩短至16.5天，审判质效显著提升，获得省、市法院的肯定和支持。推广使用“闪信+”电子诉讼通知，送达32799次，提高送达效率，破解送达难题。推进数字法庭、电子卷宗、文书智能纠错等信息系统建设。

从严治院。推进法院内设机构改革，坚持服务审判、提高效能原则，减少管理层级，明确部门职责，内设机构由原来的15个精简为10个。重新确定内设机构负责人，鼓励年轻业务骨干参与竞岗，十余名80后干警走上中层领导岗位。改善人员配置，公开招录专业干警9人，招聘合同制司法辅助人员43人。加强教育培训，组织全院干警集中学习12次、专题学习36次，选派优秀业务干警外出学习20余人次。开展岗位大练兵、业务能手比赛，增强法官助理、书记员的信息科技运用、社会沟通等职业技能。为干警配套购买法律专业书籍1000余册。鼓励职业共同体建设，分专业组建刑事、民事等研讨交流平台。开展“正风肃纪巩固年”活动，加大投诉举报线索的核查力度，核查线索67条，查处问题5个。加强重点岗位、重点人员的党风廉政建设，组织执行局全体干警召开廉政警示教育会议。

存在的问题和困难。案件数量持续增长，审判压力不断加大，法官长期处于超负荷状态，身心健康堪忧，职业保障亟待改善；党风廉政建设和反腐败工作面临的形势仍然严峻复杂，司法权的运行监督管理机制需进一步完善；干部队伍司法理念、司法能力建设不到位，与新时代要求、人民群众期待相比还需进一步提高；智慧法院建设不能适应形势发展要求，信息化、智能化建设需在更高层次、更宽视野中加快推进。

【刑事审判】　2019年区法院受理刑事案件1111件，审结1081件，判处罪犯1449人。贯彻宽严相济刑事政策，适用认罪认罚从宽制度审理案件725件，适用速裁程序审理案件295件，对1051名犯罪情节较重、不认罪悔罪的被告人从严适用实刑。推进扫黑除恶专项斗争，审结涉恶犯罪案件18件138人，判处五年以上有期徒刑57人。集中公开宣判“天津天狮”涉恶系列案，多名人大代表、政协委员受邀旁听，多家主流新闻媒体采访报道。依法处置涉黑恶犯罪财产，没收非法所得1466万元、判处罚金46万元。严厉打击黄赌毒犯罪及其“保护伞”，审结案件104件136人，判处十年以上有期徒刑11人、五年至十年有期徒刑18人。

【民商事审判】　2019年区法院受理民事案件22070件，审结21751件。化解劳动争议、人事争议纠纷788件。审结交通事故、雇员受害等人身权案件258件，保护受害者合法权益。稳妥审结医疗纠纷68件，促进医患关系和谐。审结网络购物、产品责任等消费者权益案件727件，引导商家诚信经营、消费者理性维权。审结物业纠纷案件329件，明确开发商职责，规范物业公司管理。倾力调解矛盾尖锐的55名业主与某建设公司房屋买卖纠纷系列案，为小区上千户购房者妥善解决同类问题提供了司法范例。审结婚姻、赡养等家事案件464件，有效平息家庭矛盾。

【行政审判】　2019年区法院加强行政审判，助推法治建设。受理并审结行政案件138件，其中判决行政机关败诉20件。支持、监督行政机关依法履职，开展行政负责人庭审观摩活动，提升领导干部法治思维与依法办事能力。保护行政相对人合法权益，发挥行政争议调解职能，推进行政争议实质化解，协调办理司法征收案件214件，保障重点工程项目顺利推进。2019年5月1日起，全省基层法院施行一审行政案件集中管辖制度改革，长沙市辖区内基层人民法院一审行政案件由长沙铁路运输法院集中管辖，集中管辖实施后，非集中管辖法院对辖区一审行政案件不再行使管辖权。

【执行工作】　2019年区法院推进执行攻坚，受理执行案件14020件，执结13407件，执结到位金额25.36亿元。推进“切实解决执行难”，实现当事人胜诉权益，获评“芙蓉五一先锋岗”。利用凌晨、周末、节假日等有利时机，组织专项执行行动159次，搜查102次、罚款29万元、司法拘留99人、移送追究刑事责任1人。网络拍卖执行标的1016件，成交金额7.6亿元，最高法院全媒体直播芙蓉法院执行行动，1400余万网友围观点赞。纳入失信被执行人名单2171人次、限制消费令名单10276人次。

【司法监督】 2019年区法院主动接受人大及其常委会的监督，邀请全国、省、市、区人大代表到执行现场，见证和监督重大执法活动。落实人大常委会决议，组织员额法官向人大常委会述职，接受人大代表的无记名投票测评，满意度全部为100%。汇报贯彻落实《中华人民共和国水污染防治法》工作情况，接受人大常委会和人大代表的专题询问。主动接受区政协和政协委员的民主监督，邀请政协委员旁听和监督重要庭审。召开民主监督员、律师、企业家代表座谈会，听取意见建议，改进法院工作。自觉接受社会各界监督。坚持阳光司法，向当事人公开审判执行流程信息2万余条，庭审网络直播案件5566件，公开裁判文书38311份，司法活动环节公开率99.91%。

【司法宣传】 2019年区法院落实“谁执法谁普法”责任制要求，创新普法方式，开展“送法进校园”“我要当小法官”“国家宪法日”“法院开放日”系列活动10期。召开未成年人合法权益保护典型案例新闻发布会1场、职务犯罪典型案例通报会1场。在各类媒体上发稿70余篇。主动发布法院讯息，官方微信推文106篇、微博468条、抖音382条。

【非法阻工寻衅滋事审判案】 2019年3月20日，公开开庭审理一起涉恶案件。2016年至2017年，李某某等9人为谋取不法利益，经常纠集在一起，多次在长沙市芙蓉区张公岭村有组织地采用滋扰、纠缠、聚众等手段，扰乱在建工地正常施工秩序，造成恶劣社会影响。2017年9月11—13日，李某某等9人以青苗补偿费没有到位及拖欠工程款为由，鼓动、召集数十名村民前往湖南丽时服饰有限公司（以下简称丽时公司）工业用地建设项目施工现场进行阻挠，推翻数十米已经砌好的围墙，造成工地无法施工。阻工行为给施工单位造成损失1万余元。2017年9月底至10月上旬，李某某等9人纠集其他村民到芙蓉区生态新城项目建设工地，以青苗补偿费没有到位为由阻止工地施工，并要求承揽该项目的围挡、门楼和洗车槽等工程。10月9日晚，又前往该工地要求施工单位另行支付每车100元的运输费。遭拒后，李某某持菜刀将施工单位负责人陈某砍伤。陈某伤情经鉴定构成轻微伤。阻工行为造成施工单位损失5万余元。法院审理认为李某某等9名被告人为谋取不法利益，有组织地多次采用滋扰、聚众造势手段扰乱工地建设秩序，严重影响他人工作和生产，破坏经济秩序和社会秩序，犯罪事实清楚，情节恶劣，证据确实充分，依法判处李某某等9人犯寻衅滋事罪。分别判处两年至三年四个月不等有期徒刑。

2019年8月26日，暑期“送法进校园”之“我要当小法官”主题实践活动在区法院举行
区法院 供图

【企业污染环境案】 2019年4月17日，公开开庭审理一起污染环境案并当庭宣判。2015年4月起，刘某江、尹某秀在位于长沙市芙蓉区远大二路258号湘训仓库内自行经营的长沙市新尔罘金属制品加工厂，承揽金属制品加工业务，超标排放未经处理的生产废水进入地面及地下管道。2018年7月12日，该加工厂被长沙市芙蓉区环保局查处。同日经鉴定，二楼废水池排口中的废水铬2590毫克/升（标准为1.5毫克/升）、镍23.6毫克/升（标准为1.0毫克/升），二楼电解池排口废水中锌10100毫克/升（标准为2.0毫克/升）、镍430毫克/升（标准为1.0毫克/升）。庭审

中，两被告人表示认罪认罚。法院审理认为，两被告人在经营金属制品加工业务时，未经处理直接排放含有铬、镍、锌等重金属的生产废水进入地面及地下管道，严重污染了环境。两被告人的犯罪事实清楚，证据确实充分。检察机关指控的罪名成立，量刑建议适当。两被告人认罪认罚，且经审前社会调查符合实施社区矫正的条件，对其适用缓刑不致再危害社会。依法判决被告人刘某江、尹某秀犯污染环境罪，判处刘某江有期徒刑一年，缓刑一年，并处罚金人民币1万元；判处尹某秀有期徒刑九个月，缓刑一年，并处罚金人民币1万元；禁止两被告人在缓刑期内从事与排污有关的经营活动。

【未成年人权益保护新闻发布会】2019年5月30日，芙蓉区法院在第一审判庭召开未成年人合法权益保护新闻发布会，公开发布区法院2013—2018年未成年人合法权益保护审判工作情况和5起典型案例。湖南省律师协会婚姻家庭委员会副主任邓佳、长沙市儿童活动中心主任李万峰、区法院党组成员、副院长谷国艳等出席新闻发布会。芙蓉区长沙市实验中学、五一中路小学等15所中小学校安全法制教育工作负责人，育才第三小学50名五年级学生应邀参加。该次新闻发布会发布了《芙蓉区法院未成年人合法权益保护审判工作白皮书》，自2013年1月1日至2018年12月31日，芙蓉区法院审理涉未成年人权益保护案件557件，其中民事案件415件，案由涵盖抚养费纠纷、健康权纠纷、机动车交通事故责任纠纷等24类案由；刑事案件142件，涵盖抢劫、故意伤害、盗窃等13类案由。发布会公布了金某诉傅某健康权纠纷案、张某诉李某抚养费纠纷案、张某诉李某机动车交通事故责任纠纷案、曾某拐骗儿童案、阿某申请何某抚养权纠纷案5起典型案例。发布会通过典型案例，以案释法，呼吁全社会共同营造护航未成年人健康成长的良好氛围。新华网、《潇湘晨报》、湖南都市频道等10余家媒体对新闻发布会进行报道。

【司法技术工作调研】2019年9月4日，最高人民法院行政装备局司法辅助工作办公室主任皮侃郑、最高人民法院调研员李永良、河北省高级人民法院司法技术室主任徐丽英、湖南省高级人民法院立案信访局严领蓉一行4人到区法院调研司法技术工作。长沙市中级人民法院党组成员、副院长黎军，审判管理办公室主任廖征、副主任刘完玲等陪同调研。调研组参观了立案大厅、诉讼服务中心等场所，详细询问了年内立案、“一站式”多元解纷机制和“一站式”诉讼服务中心建设工作情况，对区法院认真贯彻立案登记制要求、依法立案保障当事人诉权，推进速调速裁、律师调解试点等多元化纠纷解决机制建设工作的做法及成效表示肯定。座谈会上，区法院向调研组详细汇报了2017年以来的司法鉴定、评估和拍卖工作情况。黎军、廖征、刘完玲就全市10家中基层法院司法技术工作情况以及当前存在的困难和问题向调研组汇报。皮侃郑肯定长沙市两级法院司法技术工作的做法及成效，回应大家工作困惑，对下一步工作提出要求：要结合“不忘初心、牢记使命”主题教育，从服务司法体制综合配套改革、现代化诉讼服务体系建设等工作大局出发，实事求是、因地制宜、开拓创新、蹄疾步稳地解决司法鉴定领域中存在的突

2019年5月30日，区法院举行未成年人合法权益保护新闻发布会

区法院 供图

出问题；要主动将司法技术工作融入“一站式”多元解纷机制、“一站式”诉讼服务中心建设，进一步提升工作水平，更好地服务审判、执行中心工作。

【涉恶刑事案】 2019年10月15日，在湖南省高级人民法院的统一部署下，芙蓉区法院公开宣判一起涉恶犯罪案件。卢某军、李某生等7名被告人因犯抢劫罪、非法拘禁罪分别获刑。

2017年以来，被告人卢某军受其上线人员安排，在本市多地以“天津天狮集团”从事传销活动名义进行相关犯罪活动，形成了“树形”组织的犯罪集团，由大经理、经理、大主任、主任等层级构成。李某生作为大主任负责各个窝点的管理，并向经理卢某军报告工作。他们通过抢劫、非法拘禁等手段，多次实施违法犯罪活动，形成恶势力犯罪集团。

2017年7月至2018年7月，该犯罪集团实施多次抢劫和非法拘禁。卢某军、李某生参与抢劫作案48次，抢劫金额40余万元；卢某军、李某生参与非法拘禁他人10次。经审理，法院以卢某军、李某生等7名被告人犯抢劫罪、非法拘禁罪，分别判处十六年至一年六个月不等有期徒刑，并处6万元至2万元不等罚金。

【推进跨域立案工作】 2019年10月17日，作为管辖法院，芙蓉区法院与协作法院岳阳市中院合作完成一起债权人撤销权纠纷的跨域立案工作，该案系湖南法院系统首起通过“湖南移动微法院”跨域立案的案件。11月4日，首次作为协作法院，与管辖法院益阳市大通湖区法院合作完成一起民间借贷纠纷的跨域立案工作。两起案件均在30分钟内完成立案手续。“湖南移动微法院”跨域立案系统上线以来，区法院积极应用、规范操作，2019年完成跨域立案66件，其中作为协作法院申请跨域立案43件，作为管辖法院受理跨域立案23件。区法院贯彻落实最高人民法院关于跨域立案诉讼服务改革的相关要求，打造“一站式”诉讼服务中心，让诉讼群众实现“家门口”立案，让跨域立案司法便民举措惠及更多人民群众。

【省高院到区法院调研】 2019年10月21日，湖南高院党组书记、院长田立文通过“四不两直”方式到区法院视察调研“不忘初心、牢记使命”主题教育开展情况，检视主题教育成效，看望慰问基层一线干警。湖南高院审委会专职委员彭亚东，长沙中院党组书记、院长肖新平等陪同调研。田立文一行察看了区法院诉讼服务中心、律师调解工作室、特邀调解工作室、民商事案件速裁团队、刑事审判庭、综合审判庭、执行局、“闪信+”送达中心、电子卷宗扫描中心等场所。在调研座谈会上，田立文一行听取区法院领导班子的工作汇报。田立文指出，区法院作为全省法院收案数最多的基层法院，狠抓执法办案第一要务，审判质效与上年同期相比有大幅提升，在解决送达难、鉴定难等方面探索创新，取得了有益经验。田立文要求，开展“不忘初心、牢记使命”主题教育，进一步提高政治站位，践行司法为民宗旨，不断满足新时代人民群众对公平正义的新要求新期待。坚持问题导向，全面深化司法改革，加大信息化建设力度，推进“一站式”多元解纷和诉讼服务体系建设，把更多矛盾纠纷化解在诉讼之外。

2019年10月21日，湖南高院党组书记、院长田立文（左三）到区法院调研
区法院　供图

【“公证司法辅助中心”揭牌】 2019年11月29日，区法院与长沙市华湘公证处举行“公证司法辅助中心”签约暨揭牌仪式。长沙市司法局党委委员、副局长荀飞正到场指导。区法院副院长曾梦佳与长沙市华湘公证处主任谢茜雅共同签署《司法辅助事务框架合作协议》，互换协议文本。荀飞正、曾梦佳共同为华湘公证处驻芙蓉区法院“司法辅助中心”揭牌。“公证司法辅助中心”接受法院委派开展公证调解等司法辅助工作，有利于推动法院审判辅助事务的“一站式”建设，有利于促进社会纠纷解决资源的合理配置和高效利用，推动多元化纠纷解决机制建设。揭牌仪式结束后，华湘公证处派驻区法院“司法辅助中心”公证员随即投身到公证司法辅助工作中，5名公证员常驻值班，不间断接受法院的芙蓉调解委派任务。万科物业金域蓝湾项目系列物业纠纷调解成功后，当事人送来“清正廉政 为民服务”锦旗表示感谢。

【媒体见证强制执行腾空房屋】 2019年12月1日，执行局出动警力200余名，在新闻媒体的监督和见证下，对一处涉案企业房屋实行强制腾空。该次行动系原告湖南省文化物资有限责任公司（以下简称文化物资公司）与被告湖南国医堂中医科学研究院公司（以下简称国医堂公司）房屋租赁合同纠纷案的执行行动。2019年初，国医堂公司租下文化物资公司位于长沙市迎宾路附近鹏程世家大厦1到3楼、面积近4000平方米的房屋用于经营。装修完毕后，国医堂公司开始拖欠房租。5月29日，经区法院主持调解，双方自愿达成调解协议。调解书生效后，国医堂公司未按约定付清拖欠租金。文化物资公司催讨无果，遂向区法院申请强制执行。该次执行行动由湖南电视都市频道“芒果都市”全程直播，22万网友在线观看。“法官辛苦了”“伸张正义”等互动评论持续刷屏。“芒果都市”抖音账号发布视频累计播放千万次，点赞18.2万次。新闻媒体直播扩大了人民法院依法执行的影响力，起到良好法治宣传教育作用。

【区法院“国家宪法日”活动】 2019年12月4日，区法院在第一审判庭开展第六个“国家宪法日”暨典型职务犯罪案例通报活动。东屯渡街道扬帆社区、国电电力湖南新能源开发有限公司、湖南同湘律师事务所党支部、中南林业科技大学政法学院等单位等120余人参与活动。活动中，区法院综合办公室钟建林通报了被告人黄秋年非国家工作人员受贿、贪污一案的案情及判决情况，并结合宪法相关规定，阐述该案例的廉政警示教育意义，提醒大家遵纪守法、勤政廉政，认真对待自己的职权和职务。政治部副主任邓梦曦带领与会人员集体诵读宪法“总纲”和“公民的基本权利和义务”部分条文。活动最后，大家集体诵读了北宋著名理学家周敦颐的《爱莲说》，共同接受了中国传统廉政文化的熏陶。

【新任人民陪审员宪法宣誓】 2019年12月12日，区法院组织189名新任人民陪审员召开就职宪法宣誓大会。区人大监察和司法委员会主任委员提名人选黄萍，区法院党组书记、代理院长李才坤出席并讲话。区法院党组成员、政治部主任张立民主持会议。区司法局副局长邓国平、区法院有关负责人及全体新任命的人民陪审员参加。张立民宣读区人大常委会对189名人民陪审员的任命决定。全体人民陪审员在庄严的国旗下举行宪法宣誓。新任人民陪审员代表舒盈渊作任职表态发言。资深人民陪审员代表康毅分享陪审工作体会。黄萍讲话要求人民陪审员充分认识陪审工作的重要性，不断提高政治站位，增强责任感和使命感，切实做好“三个表率”。李才坤讲话希望人民陪审员当好“6个员”:“审案员”“执行员”“宣传员”“调解员”“联络员”“监督员”，不做“4种人”:“稻草人”“局外人”“老好人”“两面人”，以过硬的政治业务素质，认真履职，维护司法公正。会议向新任人民陪审员颁发了任命书，开展集中岗前培训，提升人民陪审员履职水平。　（向彬彬）

司法行政

【概况】 2019年3月机构改革，芙蓉区司法局与政府法制办合并，新成立的司法局为正科级单位，内设办公室、法制科、社区矫正管理科、依法行政指导监督科、公共法律服务管理科5个科室，公益一类全额拨款事业单位（芙蓉区基层公共法律服务中心）1个，下辖13个司法所，管辖瀚轩、耀银、泰宗3个区属律师事务所和正星、长清、三湘、东岸、平安5个基层法律服务所。有政法专项编制

42 人，全额拨款事业编制 2 人。局长 1 人，副局长 4 人。2019 年，芙蓉区司法局发挥司法行政的职能优势，忠诚履职，锐意进取，各项重点工作稳步推进。

（王　慧）

【法治政府建设】 2019 年 3 月 14 日区委全面依法治区委员会成立，办公室设在区司法局。5 月 30 日，区委全面依法治区委员会召开第一次会议，审议通过《中共长沙市芙蓉区委全面依法治区委员会工作规则、协调小组工作规则、办公室工作细则》《中共长沙市芙蓉区委全面依法治区委员会 2019 年工作要点》并形\成“会议纪要”。会上传达学习习近平关于全面依法治国的相关指示和依法治国办、依法治省办、依法治市办会议精神，部署依法治区工作。继续加强重大行政决策合法性审查，对政府行政行为实行法律把关，政府文件法律审查全覆盖，重大事项法律参与不遗漏。2019 年应对区政府作为当事人的行政诉讼案件 190 件，行政复议案件 34 件，无一起败诉或行政行为被撤诉，本级行政复议受理 119 件，审查规范性文件 3 件，各类文件 1049 件，重大合同文本 175 份，提出法律意见 1117 条，出具《法律意见书》493 份。推进相对集中行政处罚权改革，牵头梳理行政处罚 1957 项，行政强制 43 项，行政检查 104 项，全部交由区行政执法局行使。

【法治宣传工作】 2019 年，继续推进“七五”普法，抓好法治芙蓉建设。利用“农村法治宣传月”“青少年法治宣传教育周”“12·4”国家宪法日等时间节点开展大型主题宣传活动 5 场次。组织全区 5514 名国家公职人员参加学法考试，参考率和通过率均 100%。建设法治文化，“法润三湘”公共法律服务志愿者、“5180 法务工作室”、社区法治文化主题公园及法治文化长廊贴近群众，为居民普法起到正面引导作用。（王明华）

【公共法律服务】 2019 年，推进全区公共法律服务体系建设，构建起以区级中心为龙头，以街道服务站为支撑，以社区服务点为基础的三级公共法律服务实体平台体系。为丰富实体平台服务内容，区司法局对接长沙公证处及 3 家司法鉴定机构，将公证、司法鉴定业务引进区级中心实体平台，服务事项由原来的法律咨询、法律援助拓展到咨询、援助、公证、司法鉴定等领域服务事项，方便居民群众。

扩大法律援助覆盖面，推动“应援尽援”工作开展，针对特定群体免除法律援助事项范围审查和经济困难审查。2019 年受理法律援助案件 305 件，其中民事案件 177 件、刑事案件 124 件、行政案件 4 件。开辟农民工讨薪申请法律援助“绿色通道”，简化审查程序，免除经济困难审查，及时提供法律援助维权。开展“法律援助案件质量提升专项活动”，规范法律援助案件办理流程，创新推行“值班律师优先指派”“点援办案制”“落实政府购买法律援助服务”等机制，加强案卷质量管理，落实案件跟踪回访制度，近三年年均受理法律援助案件 280 余件，所受理案件无一人投诉。

通过政府购买服务方式为全区社区（村）配备法律顾问 79 人，培训基层“法律明白人”（村干部）79 人，采取集中授课和网上自学的方式提升基层依法治理理念和自我管理能力。

【人民调解工作】 2019 年，区司法局在全区范围内开展“大排查、早调解、护稳定、迎国庆”专项调解活动，依法及时化解矛盾纠纷。年内全区各级人民调解组织化解矛盾纠纷 3955 件，其中重大复杂疑难纠纷 94 件，调解协议涉及金额 7007.39 万元。全区有 6 个专业性行业性调解组织、13 个街道人民调解委员会和 79 个社区（村）人民调解委员会，拥有专职人民调解员 35 名，兼职人民调解员 515 名。年内无因调解不及时或调处不当而引发“民转刑”、非正常死亡、群体性械斗和群体性上访事件。荷花园司法所获评全省司法所工作表现突出单位，朝阳司法所所长谭俊获评全省司法所工作表现突出个人。

（刘　娜）

【社区矫正及安置帮教】 2019 年芙蓉区新接收社区服刑人员 301 人、解除矫正 293 人，至 12 月 25 日社区服刑人员 279 人，刑满释放人员 628 人。受法院、检察院、监狱委托办理社会调查评估 243 例，进行法制教育 145 场次，3200 人次。开展对社区服刑人员上门走访 3200 人次，建立心理咨询档案 254 册，开展团体心理辅导 3 场。从全国监所、社区矫正衔接刑释解矫人员 288 人，重点刑释解教人员“必接必送”，接回率、全国刑释系统核实率、回执率、衔接率、刑释解矫人员帮教率均100%，重新犯罪率控制在2.8%以下。

2019年“智慧矫正”建设纳入省司法厅试点工作范畴，完成监狱远程探视系统建设，开展社区矫正有关突出问题专项整治活动、社区服刑人员查毒（尿检）活动、社区矫正“特赦”工作、服刑在押人员未成年子女“小海豚关爱成长计划”活动、中华人民共和国成立70周年安全维稳活动、“发挥职能优势，服务乡村振兴战略”等专项活动。

【矫正对象回归社会】 陈某某，1981年7月出生，居住地为长沙市芙蓉区，因犯危险驾驶罪被长沙市芙蓉区人民法院判处拘役4个月，缓刑6个月，缓刑考验期自2018年11月6日至2019年5月5日止。2018年11月6日，陈某某到芙蓉区司法局报到，由马坡岭司法所负责对其社区矫正期间进行日常管理。马坡岭司法所为陈某某建立了由司法所工作人员、社区综治专干、辖区民警、陈某某妻子组成的社区矫正小组。社区矫正小组成员共同签订矫正责任书，明确各自职责，马坡岭司法所根据陈某某的犯罪类型、生活情况、人际关系、风险评估、需求评估结果等方面并经矫正小组讨论，为其制订个性化的矫正方案，落实具体矫正措施，包括加强对陈某某的监督管理；加强法制教育和行为规范教育；督促陈某某每月参加社区服务，更好地融入社会。陈某某经营着一家饲料厂，每月按照司法所规定按时报到，汇报自己的思想、活动以及家庭情况，按要求上交书面的活动情况报告，佩戴电子定位监控设备。司法所定期联合社区居委会工作人员对其走访，进行心理疏导，帮助其树立正确的人生观和价值观。社区矫正效果明显。陈某某重新树立生活信心，由原来的内向压抑变得乐观开朗，与家人关系日益融洽，为其他的社区矫正对象树立了榜样。考验期满，陈某某解除矫正。

2019年8月29日，受援人陈某（中）向芙蓉区法律援助律师刘昭（左一）赠送锦旗 区司法局 供图

【陈某获法律援助案】 2019年6月3日，陈某到芙蓉区公共法律服务中心寻求法律帮助。陈某于2018年10月入职某公司，2019年4月11日因工负伤入院治疗，5月22日公司单方通知陈某要求解除劳动关系，且未支付因工负伤治疗期间的工资，也无经济赔偿金。中心律师刘昭经询问得知公司一直未与陈某签订劳动合同，陈某伤情还在恢复中，无法工作，家庭负担重，经济困难。援助中心认为，公司单方面解除与劳动者的劳动关系属于违法，且公司未与劳动者签订劳动合同并购买社会保险，违反劳动合同法。刘昭指导陈某准备申请法律援助的材料。芙蓉区司法局公共法律服务管理科审核后，决定给予陈某法律援助，并指派律师刘昭作为其代理人。通过劳动仲裁，陈某与公司达成仲裁调解，公司以银行转账方式支付陈某工资、经济赔偿金、二倍工资、医疗费等1.5万元。陈某表示满意，到法律援助中心送去锦旗。 （易正君）

【工伤赔偿调解案】 2019年10月14日，马王堆街道人民调解委员会受理一起工伤赔偿案调解申请。2019年6月，王某某受雇于长沙浏阳人夏某，在夏某承包的一处施工工地从事废旧墙体拆除工作。7月3日，王某某在工作时因横梁断裂不慎从脚手架上坠落，造成右手肘关节鹰嘴骨骨折。夏某将王某某送至湖南省马王堆

医院救治，支付医疗费用1.1万元。后双方因赔偿金额产生争执，共同向街道人民调解委员会申请调解。调解委指派调解员摸清案件的发生经过，掌握双方的诉求，并制定初步调解方案。调解员应用背靠背、面对面等调解技巧，了解双方当事人的请求，依法依理解答当事人的提问。同时调解员发现双方关系熟识，雇佣中相处良好，雇主支付全部医疗费并安置前来探望王某某的家人，王某某对此表示认可。调解员耐心细致沟通，王某某自愿降低赔偿要求。另一方面，调解员向夏某解释雇主对雇员的人身损害承担的无过错责任。最终双方达成调解协议并当场履行，双方当事人对调解结果均表示满意。

（刘　娜）

2019年12月4日，芙蓉区“12·4”国家宪法日宣传活动在阿波罗商业广场举行，图为志愿者们向宪法宣誓　　区司法局　供图

【芙蓉区“国家宪法日”宣传活动】　2019年12月4日，芙蓉区“12·4”国家宪法日宣传活动在阿波罗商业广场举行，活动由芙蓉区委全面依法治区委员会办公室主办，区司法局承办。区委政法委副书记李清、区司法局局长芮岸伟、五里牌街道党工委书记王洪武出席。活动中，芙蓉区“法润三湘”志愿者大队的志愿者们举起右手举行宪法宣誓，社区志愿者们表演自编自演的文艺节目。活动现场，区行政审批服务局、行政执法局等17个区直单位通过设置展板，发放宣传册等方式向人民群众宣传《中华人民共和国宪法》《中华人民共和国行政许可法》等法律法规，志愿者们还为现场群众免费提供法律咨询和法律服务。芙蓉区“法润三湘”志愿者大队部分志愿者、五里牌街道、社区工作人员、阿波罗商场员工及现场居民群众400余人参与活动。

（王明华）

【基层法律服务工作者业务培训班】　2019年12月6日，芙蓉区司法局举办2019年基层法律服务工作者业务培训，参与此次培训的芙蓉区司法局分管副局长徐永春，基层公共法律服务中心工作人员及全区基层法律服务工作者近50人。长沙理工大学法学院副教授、湘潭大学法学博士陈骞受邀为学员们授课。培训中，授课老师理论联系实际，讲述生动案例，为学员们讲解基层法律服务工作者职业道德和执业纪律、知识产权以及诉讼可视化等工作实务及职业技巧，具有很强的针对性和实效性。现场提问环节，陈骞针对参训学员们提出的问题逐一解答；长沙市芙蓉区正星法律服务所法律服务工作者吴正耕、欧阳婷分别就基层法律服务工作作经验交流。

（汤秀平）

劳动仲裁

【概况】　根据政府机构改革行政执法改革要求，2019年芙蓉区劳动保障监察大队行使的人力资源社会保障领域的行政处罚权以及与之相关的行政强制权、执法检查权划入长沙市芙蓉区行政执法局，不再保留区劳动保障监察大队。经区委编办同意，区人力资源和社会保障局增设一个内设科室劳动纠纷调处科，负责原劳动保障监察大队承担的宣传劳动保障法律法规，督促用人单位遵照执行，对用人单位执行劳动保障法律法规情况进行检查，受理劳动保障方面的举报投诉，处理劳资纠纷。

【劳动人事争议仲裁】　2019年，芙蓉区劳动人事争议仲裁院严格执法，公正办案，确保劳动者“劳有所得”。芙蓉区劳动人事争议仲裁院收到劳动争议案件1385件，其中不予受理104件，案外调解115件，立案受理1166件，法定时效内全部审结，按期结案率100%，调解率62.5%，为劳动者挽回各种经济损失4000余万元。

【劳动纠纷调处】　2019年，芙蓉区劳动保障监察大队（劳动纠纷调处科）受理举报投诉案件148件，为218名劳动者追回工资337.12万元，为18名劳动者追缴社会保险92.89万元。

·表7·　2013—2019年受理劳动人事争议案件数量和标的汇总一览表

	2013年	2014年	2015年	2016年	2017年	2018年	2019年
受理案件数（件）	214	433	318	328	350	754	1166
标的额（万元）	413	500	600	800	1968	2498	4000

【保障农民工工资支付】　2019年，办理农民工劳动报酬保证金交存核费业务82家，有55家施工单位交存农民工劳动报酬保证金4526.69万元，保障被拖欠、克扣的农民工劳动报酬及时支付。全年开展多次大排查工作，排查建筑工地21个，其中政府投资项目7个，涉及农民工人数3054人，实行按月足额支付工资规定的在建工程项目覆盖率100%。建筑工地劳动用工实名制管理、建立农民工工资专用账户管理、推行银行按月代发工资等制度落实情况覆盖率100%。

【部际联席会议核查工作组抽查考核芙蓉区保障农民工工资支付工作】　2019年4月17日，解决企业工资拖欠问题国务院部际联席会议核查工作组到芙蓉区社会福利中心建筑工地实施实地核查考核，省人社厅副厅长、省公务员局局长孟祥利，长沙市政府副秘书长蒋集政，区常务副区长谭雄伟陪同核查。围绕保障农民工工资支付工作的落实，进一步治理好拖欠农民工工资的问题等工作，核查工作组一行认真查验在建工地用工劳动合同、花名册、实名制信息采集、考勤信息、工资结算和支付台账、设立农民工工资专用账户等资料，核验芙蓉区在建工地农民工工资支付保障制度落实情况的合规性和真实性。核查工作组对芙蓉区农民工工资支付工作给予肯定。　（吴　娜）

军　事

Military Affairs

责任编辑・谭丽霞

人民武装

【概况】 2019年，芙蓉区人武部坚持以习近平新时代中国特色社会主义思想和强军思想为引领，贯彻落实上级党委全会精神，完成各项工作任务。

思想政治建设。学习习近平重要讲话精神，开展深化“传承红色基因、担当强军重任”和“不忘初心、牢记使命”两项主题教育活动。坚持党管武装。区委常委会召开专题议军会，会议传达学习习近平强军思想及省军区、警备区党委全会精神，听取人武部部长作武装工作情况汇报，研究解决人武部人员补配和民兵训练基地建设问题。年内，召开人武部主官任免命令宣布大会和专武干部任职命令大会。民兵调整改革。区委主要领导多次听取区人武部专题汇报，现场解决民兵改革工作中的实际困难。开展“第19个全民国防教育日”启动仪式暨开展国防教育进校园活动，组织第三届“爱我国防”高校大学生演讲比赛。省军区联合区人武部、区委宣传部在军区社区迎宾路打造240余米长的国防教育长廊向社会开放。年度各项工作在《人民日报》《湖南日报》《中国国防报》《中国民兵》《国防教育周刊》等媒体报道40余条。芙蓉区人武部主办“湖南省第三届‘爱我国防’高校大学生演讲（芙蓉赛区）比赛，获得湖南省全民国防教育委员会授予的“优秀组织奖”。

国防力量建设。兵役征集。4月开始，调整征兵领导小组和办公室组成人员，组织征兵办工作人员集中办公，组织体检政考业务培训，全区兵役登记在全市率先达到100%。召开定兵会议择优定兵，举办新兵入伍欢送活动，在省级多家媒体报道，形成参军入伍光荣氛围。芙蓉区人武部是全市9个县（市区）中唯一没有退兵的单位，年底被长沙警备区评为“征兵工作先进单位”。战备训练。组织干部参加省军区演习，协调召开学生军训工作会议，组织军训教练员集训，完成大学和高中学生军训工作。落实中央军委关于深化民兵调整改革部署，先后5次组织区民兵应急连、民兵防空2连等分队拉动演练。年度民兵训练完成率100%。10月，顺利通过中央军委国防动员部对芙蓉区深化民兵调整改革工作检查验收。正规化建设。落实上级“四个秩序”正规化建设试点任务，对“三室一库”、文体活动室、灯光照明、营区绿化等投入整治，营院面貌焕然一新。推进“星级达标”建设，荷花园、东屯渡、韭菜园3个街道主动请求争创五星，带动全区各街道工作积极性。

双拥工作。走访慰问困难退役军人，给立功受奖官兵家庭送喜报和慰问金。参加省市最美退役军人评选活动，芙蓉区退役军人陈荣被省评为“最美退役军人”。组织干部职工和部分民兵分队在汛期巡堤，通宵值守。连续3年，组织民兵应急分队参与“中华龙舟赛·芙蓉赛区”水上安保任务。

2019年9月10日，芙蓉区人武部举行新兵欢送仪式　　区人武部　供图

【党管武装述职评议大会】 2019年1月23日，2018年度党管武装工作述职评议大会在区机关二楼会议室召开，区长周春晖主持会议，全体区委委员、候补委员及人武部班子成员参加。各街道（局）党（工）委书记，区教育局、区卫计局、区城管局党委书记就履行党管武装职责情况述职。各述职人总结本单位工作成绩，分析下一步工作形势、任务，提出难点、要点。全体区委委员、人武部班子成员对述职对象测评打分。区委书记、人武部党委第一书记于新凡对述职对象进行逐一点评，要求大家进一步增强党

2019 年 10 月 11 日，芙蓉区第三届“爱我国防”高校大学生主题演讲比赛在湖南农业大学举行　　区武装部　供图

管武装工作的使命感和责任感，凝心聚力推动全区党管武装工作再落实。

【街道专武干部任职命令大会】 2019 年 7 月 19 日，芙蓉区人武部在区机关会议室组织召开宣布专武干部任职命令大会，区委常委、组织部部长何溪桥，人武部部长、副部长及各街道专武干部 35 人参加。会议由区人武部部长主持，副部长宣读 13 个街道专职人民武装干部任职命令，新任基层武装部长表态发言。何溪桥表示，要进一步强化专武干部的身份认同，彰显专武干部的责任担当和特殊作用，并对专武干部提出希望：要绝对忠诚，做到政治过硬；履职尽责，做到业务过硬；加强学习，做到能力过硬；夯实作风，做到纪律过硬。

【“爱我国防”高校大学生主题演讲比赛】 2019 年 10 月 11 日，湖南省第三届“爱我国防”高校大学生主题演讲比赛芙蓉赛区在湖南农业大学举行。演讲比赛由芙蓉区全民国防教育委员会、芙蓉区人武部主办，湖南农业大学武装部承办。长沙警备区政治工作处主任，区人武部部长、政委等领导出席。“爱我国防”大学生主题演讲比赛经辖区 7 所高校初赛选拔，湖南农业大学、湖南水利水电职业技术学院、湖南警察学院、湖南司法警官学院等芙蓉区高校 15 名选手进入区决赛。设立一等奖 1 名，二等奖 2 名，三等奖 3 名。参赛选手讲述了大学生参加军训或参军入伍的实践体会，抒发对支持国防建设和军队建设的情感。评委由芙蓉区委宣传部、共青团芙蓉区委、区教育局组成，湖南省演讲专业委员会会员、湖南省首届小学校长演讲比赛一等奖获得者熊伟红作点评。湖南水利水电职业技术学院陈美蓉获得区决赛一等奖。出席演讲赛的领导当场为获奖选手颁奖。

【深化民兵调整改革工作检查】 2019 年 10 月 31 日，中央军委国防动员部领导率工作组到区检查 2019 年深化民兵调整改革工作情况，长沙警备区司令员，芙蓉区委常委、常务副区长谭雄伟，区人武部部长、政委等领导陪同。网络安全防护排顺利通过军委国防动员部检查验收，实现零扣分。

（童　舒）

人民防空

【概况】 2019 年 3 月芙蓉区机构改革，区人防办作为国防动员委员会的常设办事机构，与住房和城乡建设局合署办公，实行一套工作机构，两个机关名称。住建局内设人防管理科及二级机构区人防指挥通信站。人防管理科、人防指挥通信站，有行政编 5 人，事业编 1 人，政府雇员 1 人。负责全区人防工程管理、人防指挥通信。2019 年芙蓉区人民防空以提升防空袭能力，推进融合发展为统领，实行长期准备、重点建设、平战结合的方针，完成各项工作任务，取得良好的工作成绩。

人防工程管理。2019 年，人防办完成人防工程平战转换试点前期准备、选点工作。安全普查全区人防工程，重点排查安全隐患、检查人防设备设施状况，督促工程管理单位进行问题整改。雨季之前，对部分重点地下人防工程等结构安全状况、自排设施淤渍状况、抽排设备设施运行状况等进行一次安全检查。督导相关部门及单位落实安全责任制度，做好人防工程积水排查和防汛排涝设施维护检查，加强值守，做好应急处置准备，保证人防工程安全。5 月底，接受市人防办组织的汛期人防工程安全检查。

人防宣传教育。区人防素质教育基地开展面向中小学生的人防教育培训活动按教学计划常规进行，确保每期参加教育实践活动的学生接受不少于8课时的人防教育培训，2019年培训6700人次。防空警报试鸣日当天，基地300名师生参与演练。常态化在“5·12”全国防灾减灾日、“9·21”全民国防教育日组织开展人防宣传活动，发放人防宣传资料，向社区居民和企业员工传授人防逃生知识。年内，组织270余名人防人员开展人防业务知识专家授课集中学习和抢险设备操作培训工作。

人防指挥通信。新安装2台警报器，检查维护全区警报器43台，完成统控设备升级改造工作。参加市人防办多次组织的指挥通信演练和军事化训练，锻炼队伍，提高指挥通信管理水平和操作水平。2019年11月1日完成全省警报试鸣日演练，鸣响率100%。

2019年11月1日，上海市民防办（人民防空办）领导到芙蓉区参观人防宣教基地　　区人防办　供图

【人防开放日活动】　为纪念第19个全民国防教育日，2019年9月20日，芙蓉区住建局（人防办）与社区携手举办的人防开放日活动，社区专干、楼栋长、业委会成员和居民等参加。参与人员观摩人防工程，听工作人员讲解工程的单元结构、基本布局和防护功能，掌握战争状态下遇空袭时基本疏散隐蔽知识。2018年以来，芙蓉区人民防空贯彻“长期准备、重点建设、平战结合”的方针，第二次面向居民群众举办人防开放日活动。

【人防业务知识和抢险操作培训】2019年10月16—17日，芙蓉区住建局召开全区人防业务知识和抢险操作培训大会，辖区各人防工程单位的管理人员、街道人防专干270人参加。16日业务培训在区政府会议中心举行，芙蓉区住建局副局长赵德玉会上讲话，强调新时期人防工作的重要意义，特别是人防工程的日常维护和检查工作对于人防管理人员职责的重要性。17日在长沙县人防疏散指挥中心举行抢险操作实践培训，参训人员开展抢险设备和心肺复苏的实际操作。该次学习与实践相结合的培训方式受到参训人员的欢迎。

【上海市民防办到区参观交流】2019年11月1日，上海市民防办（人民防空办）科技宣教处调研员王晓圣、主任科员王升2人到区参观人防宣教基地——芙蓉区素质教育基地和东湖社区。湖南省人防办法规处主任科员封蕾、长沙市人防办法监处刘剑和芙蓉区住房和城乡建设局副局长赵德玉陪同。考察组一行实地参观人防宣教基地——芙蓉区素质教育基地的“人防天地”展厅，听取区住建局关于人防宣传教育工作开展情况的介绍，就人防宣传教育工作机制、推进举措等内容与芙蓉区开展交流。考察组随后参观了省人防宣传示范社区——东湖社区的“人防之窗”展厅。考察组对芙蓉区人防宣传教育工作给予高度评价，表示要要学习芙蓉区人防宣传教育工作先进经验，不断加强两地沟通交流，共同推动人防工作再上新台阶。

（汪　琳）

经济管理

Economic Management

责任编辑 · 谭自然

区域经济管理

【概况】 2019年，根据政府机构改革要求，芙蓉区发展和改革局不再加挂芙蓉区物价局牌子；新增研究拟订推进社会信用体系建设、统筹协调全区电网设施建设及煤电油气运保障工作、监测和评估人口变动情况及趋势影响、完善重大人口政策咨询机制、拟订人口发展规划和人口政策等相关职能；划入组织实施国家战略和应急储备物资收储、轮换和日常管理职责；划入原区能源管理办公室、区机关后勤服务中心承担的行政职责；划出组织编制并实施主体功能区规划职责、重大项目稽察职责、价格监督检查职责、药品和医疗服务价格管理等职责。年内，芙蓉区发展和改革局以“产业项目建设年”“营商环境优化年”为抓手，紧扣建设“四个芙蓉”奋斗目标，努力推进全区经济高质量发展。2019年，全区生产总值增长8%，固定资产投资增长8.5%，城镇居民人均可支配收入增长8.6%；全年铺排各类重点项目155个，完成投资153亿元。

宏观经济管控。做好经济运行监测分析，完成芙蓉区2019年半年度、年度国民经济和社会发展计划执行情况与2020年国民经济和社会发展计划草案的报告。2019年5月，牵头组织各部门开展2018年度产业发展扶持评审工作，评审出13类符合政策的奖项，奖励金额为4115.15万元，于“5·20企业服务日”系列活动启动仪式上对招商银行股份有限公司长沙分行等432家企业兑现区2018年度产业发展扶持奖励，增强企业信心。为顺应上级相关产业政策调整，根据区域经济发展实际情况，结合近年经济奖励申报、评审和表彰中出现的具体情况，2019年5月出台《关于促进区域经济发展的奖励办法》，2019年的经济发展奖励办法以服务业发展为重点，设置招商引资、发展贡献2个板块、14个奖项，进一步优化经济结构，转化增长动能，发展“四新”经济，提高区域经济发展的活力和质效。10月出台《关于促进区域经济发展的奖励办法的实施细则》。

推进项目建设。2019年全区铺排各类重点建设项目155个（续建项目42个，新建项目73个，预备项目40个），年度完成投资153亿元。全年下达项目立项批复152份，对13个达到一定投资规模的项目进行可行性研究评审并下达批复，对17个项目进行概算审查，累计审减金额7098万元。加强政府投资小额工程管理，会同区住建局完成《芙蓉区政府投资项目小额工程施工单位库管理规定》的修订及发文工作。全年争取保障性安居工程配套基础设施、老旧小区改造配套基础设施等中央资金3077万元。制定出台《芙蓉区2019年“产业项目建设年”活动实施方案》。

“两型”社会建设。2019年，对丰泉古井社区、化龙池社区及西湖社区的老旧小区家庭厨房实施餐厨油烟改造，安装餐厨油烟净化设备1534台，继续推进餐厨油烟净化。开展“两型”示范及创建，育才三小获省级“两型”示范学校、乔庄社区和五一东村社区获省级“两型”示范社区、长郡芙蓉中学获市级“两型”创建学校、丰泉古井社区和滩头坪社区获市级“两型”创建社区，推进省级龙马“两型”宣教基地建设，打造“农”字特色，多家单位和项目获省市级资金支持。2019年，全区推荐晓园公园电力示范改造工程等7个重点节能项目进入长沙市2019年度节能项目备选，湖南高华环保股份有限公司等4个项目单位获得2019年长沙市节能专项资金34万元；推荐文艺路街道东广济桥社区、韭菜园街道桐荫里社区、荷花园街道杨家山社区、定王台街道金沙里社区4个单位参加市级禁燃区内社区“煤改气”清洁能源综合评价项目评选，并获得补贴资金20万元。2019年4月出台《2019年度芙蓉区公共机构生活垃圾分类工作方案》、12月出台《长沙市芙蓉区公共机构垃圾分类集中攻坚行动方案》，指导各公共机构活动。全区公共机构举办各类主题宣传活动700余场，全年培训600余人次，做好全区公共机构政策解读、业务培训等活动，生活垃圾投放实现分类投放、分类收集、分类运输、分类处理，超90%的一级机构实现与互联网回收公司签订合作协议并回收，设施设备投放率100%。指导、培育区机关事务中心成功创建长沙市公共机构生活垃圾分类示范单位。

维护价费市场秩序。2019年，出台《长沙市芙蓉区本级行政事业性收费及政府性基金目录清单的公告》和《芙蓉区政府定价管理经营服务性收费目录清单》。全年办理各类价格认定412起，标的金额1280余万元，未出现一起因价格认定结论错误引发的行政复议和行政诉讼。2019年1—5月，通过“12358”和“12345”平台，受理各类价格投诉举报件763起，群众满意率超99%（政府机构改革后，该职能划出）。对粮油肉鱼、禽蛋菜、调味品、水果等14大类65个品种的老百姓日常生活必需品的价格开展一周3次监测，编制《芙蓉区价格监测工作情况分析》2篇。（游涵淇）

【营盘东路三期道路建设工程】营盘东路三期道路建设工程西起长星路，东至星沙大道，全长1563米，标准路幅宽46米，总投资约2.8亿元，规划为城市主干道，是隆平新区与星沙片区重要的连接线，项目的建设对片区经济社会发展起到推动作用。该工程于2019年开工，主要实施道路工程、路基工程、附属工程、排水工程、环境景观工程、照明工程、天网工程及相应的市政和城管等一体化配套设施。截至年底，已完成道路全线雨污水管及路基施工、隆园四路至星沙大道第二层水稳基层摊铺及综合管线埋设，预计2020年实现通车。（刘　浩）

【节能宣传周启动仪式】2019年6月18日，芙蓉区发展和改革局组织全区各级各类公共机构近140名代表在区政府会议室举行2019年节能宣传周启动仪式。启动仪式上，12名绿色节能志愿者代表集体宣誓，区内71家公共机构单位的节能代表在“绿色发展节能我先行”的启动仪式牌上联合签名。节能宣传周以“绿色发展，节能先行”为主题，宣传倡导简约适度、绿色低碳的工作和生活方式，营造崇高节俭、厉行节约的良好氛围。（杜　琼）

【区级信用信息平台建设】2019年6月30日，芙蓉区建立区级信用信息平台，主要内容包括完善区本级的公共信用信息数据子库，在信用长沙网上开通信用芙蓉区门户子网站，为全社会提供信用政策法规宣传、信用建设动态、信用信息发布与查询、异议投诉受理等服务。落实“七天双公示”制度，全年累计报送“双公示”信息4.08万条，其中行政许可2.76万条，行政处罚1.32万条。建立覆盖全行业的信用信息共享平台，标志着以政府为主导、信用为核心的新型市场监管体制的形成。（陈　哲）

财　政

【概况】2019年，根据政府改革要求，非税收入管理局更名为财政事务中心，为财政局二级机构（事业单位），已经没有行政职能，原专项稽查工作由财政局本级执行。2019年芙蓉区完成地方一般公共预算收入32.76亿元，其中：税收收入22.35亿元，比上年增长22.33%，非税收入10.41亿元，比上年下降6.00%，全年完成地方一般公共预算支出58.88亿元，其中，区本级地方一般公共预算支出50.96亿元，为调整预算的104.43%。财政管理工作在全省绩效考核中被评为AA级，获得奖励800万元，预算绩效管理、信息宣传、暂付性款项管理、财政税政法制等多项工作获评全省先进，被评为长沙市示范化“五化”党支部。

【收入管理】落实省、市关于组织收入工作的决策部署，坚持定期召开财税调度会，按季、按月制订收入计划，以总部经济、消费和零售服务业、个人限售股减持、房屋租赁税收委托代征、非税收入等八个方面为重点，进一步加强区级税收征管，夯实地方财力；坚持减税降费与依法征管两手抓，全年实现减税17.9亿元、社保降费1.12亿元；开展地方税种专项清理“百日竞赛”行动，狠抓“房、土、印”三大地方税种，入库税收1.73亿元；制定印发《关于进一步加强财税收入管理的工作方案》，加强评估核查，挖掘税收潜力，清理欠税企业1726户、追回欠税9305万元，核查异常企业4165户、查补税收3.66亿元。

【财政管理】全面实施预算绩效管理，完成部门整体支出评价工作全覆盖，涉及资金42.1亿元，开展重点绩效评价工作，涉及资金26.8亿元；加强国有资产管理，对全区2326处不动产进行实地核实勘查清理，持续推进经营性资产处置，全年实现处置收入1.44亿元；采取收回部门结转结余资金、收回历年欠款等方式盘活资金4.8亿元，重点用于各项民生事业发展需要；推进向上争资工作，全区各单位主动向上争取资金，全年到位3.82亿元，完成全年计划的124.59%；建立健全库款预警机制，进一步防范支付风险，推进预决算公开，晒政府、部门预算家底和“三公”经费明细。

【债务管理】 落实中共中央关于打好防范化解重大风险攻坚战的决策部署，在政府债务管理上坚持防化并重的思路，2019 年区财政局从统筹债务还本付息、推动融资平台公司转型、化解隐性债务三方面，打好“三大攻坚战”：建立债务还本付息预警机制，区财政局 2019 年向债务单位发出 12 批次还本付息预警，较好地保障了到期债务的兑付，确保资金不断链；组织召开区属融资平台转型调度会议 24 次，与债权人沟通、协商，10 月，率先完成 2 家融资平台公司转型工作，序时进度在 9 区县中排名第一； 建立隐性债务化解责任机制。财政局根据当年度隐性债务化解计划，将化债所需资金统筹纳入年度预算，并要求相关单位加快资金回笼。截至 2019 年 12 月底，全区隐性债务化债进度 116.73%，较好地完成了年度隐性债务化解工作。

【预算执行】 预算目标完成。全年完成地方一般公共预算收入 32.76 亿元，为调整预算的 103.66%，其中：税收收入 22.35 亿元，为调整预算的 108.48%，比上年增长 22.33%，非税收入 10.41 亿元，为调整预算的 94.62%，比上年下降 6%。全年完成地方一般公共预算支出 58.89 亿元，其中，区本级地方一般公共预算支出 50.96 亿元，为调整预算的 104.43%。牢固树立过紧日子的思想，压减会议费、差旅费等一般性支出，从严控制“三公”经费，将筹措的资金全部用于支持三大攻坚战、保障和改善民生等重点领域，全年民生支出 44.86 亿元，占一般公共预算支出的 76.19%。

·国有资产监督管理·

【概况】 2019 年，芙蓉区国有资产事务中心进一步摸清全区国有经营性资产及非经营性资产，建立完善资产照片及资料台账。稳步推进资产处置工作，处置国有经营性不动产 6 处，成交金额 1.44 亿元。从严把关 2020 年度部门预算编制，资产配置预算工作申报总金额 0.86 亿元，同比上年申报总金额 1.4 亿元下降 39%，审核后金额 0.53 亿元，同比上年审后金额 0.95 亿元下降 44.2%。按规定严格履行资产处置申报审批手续。加大资产管理监督力度，推进“三供一业”（企业的供水、供电、供暖和物业管理）国企非经营性资产移交工作，杜绝国有资产流失。招标选取定点评估机构，提高资产评估效率，对单位申报的资产评估项目第一时间完成评估并反馈结果，同时引入评估报告专家评审机制，提高评估报告的质量和评估结果的准确性。

·财政统发工资·

【概况】 2019 年，芙蓉区财政统发工资中心有统发工资单位（包括单位二级机构）131 家，比上年增加 6 家，其中：区直属单位 71 家、教育部门 60 家；工资统发月均人数为 4138 人（在职 4110 人，离休 28 人），其中：区直机关总人数 1598 人（在职 1584 人，离休 14 人），教育系统总人数 2540 人（在职 2526 人，离休 14 人）；全年发放工资奖金 3 亿元。

【住房公积金和个人所得税代扣代缴工作】 2019 年，芙蓉区统发工资中心围绕年度绩效考核工作目标，贯彻落实省、市、区工资会议精神，落实工作任务，保证了全区统发单位公积金的及时足额缴纳，全年代扣代缴住房公积金 1.05 亿元。年内响应国家关于个人所得税改革的要求，加强个人所得税代扣代缴工作。将个人所得税由中心统一代扣代缴变更为各单位自行代扣代缴。明确各单位为个人所得税代扣代缴主体，负责单位人员个人所得税的代扣代缴工作。主动与税务部门做好对接，安排好相关的个税业务培训和证照登记办理工作。完成了个人所得税改革的相关工作，进一步规范了个人所得税在芙蓉区行政事业单位的征缴工作。

·国库集中支付·

【概况】 2019 年，芙蓉区纳入国库集中支付预算单位 151 家，比上年增加 15 家（含一级单位和二级机构 138 家，街道 13 个）。全年通过国库集中支付 92457 笔，支付资金 53.40 亿元，同比增长 6.40%。其中直接支付 83750 笔，支付金额 53 亿元，占总支出 99.27%；授权支付 8707 笔，支付金额 3919.80 万元，其中公务卡结算金额 1833.15 万元，占授权支付 46.77%。紧盯重点资金的监管，对 56 个政府投资项目账户施行双控管理，全年支付资金笔数 1362 笔，双控支付项目资金 18.82 亿元，保障全区重大项目有序推进和重点资金有效利用。

·政府采购监督管理·

【概况】 2019年，芙蓉区政府采购监督管理工作完成挂网政府采购项目138项，比上年减少12项。其中：公开招标67次；竞争性谈判51次；单一来源7次；竞争性磋商13次。节约率6%。在对采购金额大的、涉及面广的采购项目进行的绩效评价中将采购项目的规划与决策、项目资金使用和管理、项目组织与过程控制、项目绩效情况5个方面的评价指标的评价结果作为下一年部门预算的安排依据，明确不得无预算采购和超预算采购。“无预算不审核、无计划不采购、无预算不支付”，把好采购预算执行的监督关和采购资金支付的审批关。发挥监管职能，政府采购规范化程度不断提高。随机抽取部分采购项目、采购人进行监督检查，加强与各相关部门的沟通，督促采购人、代理机构及时有效的处理质疑，依法处理政府采购投诉。

·财政事务·

【概况】 2019年，芙蓉区财政事务中心着力做好各个职能的“提升、规范、深化、创优”，在完善非税征管系统、提升征管水平上下功夫，在深化非税改革、进一步规范非税管理上下功夫，在围绕系统目标考核、奋力推进争先创优上下功夫，履职尽责，完成了年度目标任务。2019年，区级非税收入完成10.41亿元，其中：专项收入2284万元，行政事业性收费收入2605万元，罚没收入3514万元，国有资产（资源）有偿使用收入4.54亿元，其他收入5.03亿元。

【非税电子化改革】 继续推进非税电子化改革，丰富非税缴款方式，全区各学校在已开通微信缴费的基础上又推出了和包支付缴费；城管系统的罚没收入也开通了微信缴费。推动多领域的微信缴费试点、电子化改革工作。

【财政票据管理】 发挥财政票据管收控收作用，做好财政票据年检工作，完成了全区115家用票单位2018年度的财政票据年检工作，年检合格率100%；坚持“专人凭证、限量供票、缴旧领新、收入稽核”原则，规范领票，全年向全区用票单位发放财政票据85.60万份，比上年增加1.81万份，同时通过票据系统对已使用的财政票据进行了核销。

【统计结算管理】 认真做好银行数据的统计接收，财政事务中心及时做好接收、比对、审核工作，确保非税收入能及时缴库，往来资金能及时拨付单位，2019年接收审核银行数据1684批次，划解、审核、拨付资金1083笔。清理待查收入，2019年累计手工确认待查收入1638条，进一步减少汇缴专户的沉淀资金。

【“党建大联盟”成立】 为落实新时代党的建设总要求，促进区域党建资源互通共享、工作优势互补，芙蓉区财政局统筹联合辖区范围内的机关单位、社区、银行、企业共同打造有力度、有深度、有温度的党建品牌“党建大联盟”，2019年3月7日，芙蓉区财政局牵头组织召开“党建大联盟”成立大会暨第一次联席会议。芙蓉区财政局党组书记、局长刘孟乾，中国建设银行长沙铁银支行党委书记、行长邵国威，中共工商银行长沙韶山路支行党总支书记、行长谢衡湘，长沙农商银行芙蓉支行党总支书记、行长李少兴，芙蓉区委两新工委专职副书记刘佩，芙蓉区税务局副局长范文超，人民新村社区党委书记王枭、曙光社区党总书记易唯以及联盟单位相关负责人40人参加会议，以“党建大联盟”为服务载体，形成跨行业系统、跨组织架构的多维度直联直通信息化格局和服务网络，为中小企业搭建发展平台，通过组织资源共享、人才队伍共育，持续推动营商环境再优化，进一步提升党组织服务经济发展、服务人民群众的整体能力。建立“一对一”联系服务机制，创新开展优化营商环境“每周一局（行）”活动，与200余家企业建立常态联系，为企业解决融资逾3亿元。

【财政局“服务直通车”活动】 2019年10月11日至11月11日区财政局开展了“服务直通车”活动。直通车活动由局班子成员带队，相关业务科室共同参与。期间，开通了社区工作服务、预算编制服务、协税护税服务3辆直通车，走访的单位、街道、社区30余家。通过直通车活动，摸清走访单位人员配备、工作事务等情况，宣传财务管理等方面的政策和规定，收集单位财务管理中存在的问题；摸清预算单位经费来源、安排及缺口等方面的情况，重点了解单位2020年工作重点和专项工作铺排，确保了

2020年预算编制工作稳步推进；摸清了走访单位财政收入、房产税、个人限售股减持、跨总分机构引入高管个税等情况，及时解决了协税护税过程中遇到的困难和问题。

【财政局主题教育党课】 为转变干部作风，激发干事创业热情，2019年7月25日，芙蓉区财政局党组书记、局长刘孟乾为全体财政干部上了一堂生动而深刻的党课，局班子成员及全局干部共同参加学习。课上，刘孟乾以《勇于面对困难 敢于迎接挑战 不忘初心 奋力前行》为题，分别从我们的现状、我们的身份、我们的初心、我们的态度4个方面与大家开展交流。他强调，作为财政干部，要改变紧张焦虑、精神懈怠的几种状态；要做好为人父母、为人子女、家庭成员、党的干部、共产党员的“五重身份”；要坚守培植财源、为民理财、深化改革、改善作风的“四个初心”；要具备不念过去、不负现在、不畏将来的“三不态度”，他还鼓励大家在面对工作和生活中的困难和问题时，要有直面现实的勇气和热爱生活的心态。该次党课既接地气又聚人气，感染了每位财政干部，大家纷纷表示：在今后的工作中，一定要做到勇于面对困难，敢于迎接挑战，不忘初心，奋力前行，以更饱满的精神状态推动各项财政工作取得新成效。

【财政业务培训会议】 2019年12月10日，芙蓉区财政局在区政府会议室组织了大型的财政业务培训会议，会议由芙蓉区财政局党组成员罗振军主持，芙蓉区所有预算单位、社区、卫生服务中心及其它区属单位财务负责人和相关经办人员150人参会。该次培训会议设置了主讲老师授课和各业务主管科室长现场答疑两个环节，邀请长沙市国库集中支付核算中心副主任杨满星作为主讲老师，并发放芙蓉区财政局自编的业务培训资料。杨满星讲解财务管理的新政策和新规定及具体业务流程。答疑环节大家举手提问，提出日常工作中碰到的问题和疑惑，杨满星和各业务主管科室长一一进行解答，对以后工作提出了解决途径。参会人员纷纷表示，该次培训内容丰富实用，具有很强的实践性，了解了政策和规定，进一步提升了各单位依法理财的意识和管理水平。 （曾 瑜）

税 收

【概况】 2019年是国税地税征管体制改革后的开局之年。国家税务总局长沙市芙蓉区税务局聚焦主责主业，以组织收入为中心，实施减税降费，持续优化税收营商环境，加快推进队伍融合，各项工作持续稳步推进，呈现出新特点、新面貌、新成效。年内，办税服务厅被长沙市青工委、共青团长沙市委和长沙市优化营商环境协调事务中心联合评定的优化营商环境“群众最满意”青年文明号。

税收收入。2019年，芙蓉区税务局完成区财政口径收入21.23亿元，同比增收3.45亿元，增长19.38%。按区级口径收入分税种入库情况来分，增值税10.37亿元，占比48.85%，同比增长5.00%；企业所得税1.77亿元，占比8.33%，同比减少24.84%；个人所得税1.01亿元，占比4.76%，同比减少7.13%；房产税2.53亿元，占比11.89%，同比增长23.16%；土地增值税2.22亿元，占比10.47%，同比增长32.49%；印花税0.83亿元，占比3.93%，同比增长25.72%；耕地占用税2.49亿元，占比11.71%，同比增长6357.17%。

减税降费。为进一步减轻企业税费负担，激发市场主体活力，确保减税降费措施不折不扣落实到位，芙蓉区税务局聚实力、出实招、谋实效，统筹推进各项减税降费政策落地生根。2019年，芙蓉区税务局落实减税降费17.93亿元。其中，区本级4.87亿元，分税种情况来分，增值税2.70亿元，企业所得税0.75亿元，个人所得税1.05亿元，房产税0.34亿元，印花税0.02亿元。

优化营商环境。2019年，芙蓉区税务局通过完善税收诚信体系建设，客观、公正地确定纳税人信用等级，协调金融机构为上千户A级、B级纳税人提供信贷服务，为企业发展增强后劲。依法征税，遵循国家税务总局组织编制的《权力和责任清单范本（2019年版）》，统一行政执法裁量。推行《行政执法公示实施办法（试行）》《行政执法全程记录实施办法（试行）》和《重大执法决定法制审核实施办法（试行）》“三项制度”，促进执法规范，营造公平竞争的经济发展环境。

便民办税。2019年，芙蓉区税务局拓宽税务机关“最多跑一次”事项范围，实现纳税人办理

149个涉税费事项“最多跑一次”。加强与外部门的协作与共享，实现不动产登记、房屋交易、税费缴纳“一窗受理、一站办结”，纳税人只需“进一扇门、交一套材料、一次性缴税（费）、领一次证”，方便纳税人办事。

助力民营企业发展。年内，芙蓉区税务局开展“新机构 新服务 新形象”服务建设提升专项活动，走访辖区内康通电子、宏程房地产等6000余户企业，召开“问需求、优服务”民营企业座谈会30余场，问需问计，抒困解难，良品铺子总经理张军表示，减税的力量不仅在节省税款本身，更多的还在协商整条产业链的价格，共同提升竞争优势。为提升服务质效，在国金中心诚邀威登贸易、特斯拉汽车等20余家企业代表，召开“阳光雨露行春风 新企新程话芙蓉”恳谈会，交流情谊，畅叙发展。同时，与3家金融机构联合开展“银税互动”，助力解决小微企业融资难、融资贵、融资慢问题，纳税人获得感明显增强。

【国金中心政企恳谈会】 2019年3月19日，芙蓉区税务局在长沙国金中心牵头承办“政企恳谈会”，区委副书记、区长周春晖，区委常委、常务副区长谭雄伟以及区财政局、商务局等部门负责人及长沙国金中心路易威登贸易有限公司、特斯拉汽车等20余家企业代表参加。会上，区税务局局长熊玲对最新减税降费优惠政策作了宣讲。区商务旅游局局长戴静，向国金中心入驻企业介绍了芙蓉区招商引资相关奖励扶持政策。长沙尼依格罗有限公司总经理Jorgen Christensen，九龙仓长沙置业公司高级营运总经理马振辉代表入驻企业作了发言，对芙蓉区政府、税务部门给予国金中心的关心与支持表示感谢，并围绕行业趋势、企业经营、创新升级、优化环境等方面作了分享交流。周春晖表示，长沙国金中心的企业是湖南商业的标杆，各位企业家更是引领长沙时新的示范，是芙蓉区经济发展的宝贵精华。国金中心各企业要立足实际，用心经营，充享优惠，全力发展；税务部门以及政府的相关部门要加满油，把稳舵，鼓足劲，扶植企业解决具体困难，政企联手，不断优化营商环境。

【开通“税务小蓝帽”汽车办税服务通道】 2019年4月9日，10余家驾驶汽车前来办税的纳税人，从入口进入芙蓉区税务局晚报大道办公区环形车道，按指示牌驶入“汽车办税专用车道”，停靠在“税务小蓝帽”窗口，递交涉税办事资料后，先后快速办理纳税申报、发票领用、个人所得税完税证明开具、存款账户账号报告、财务会计制度及核算软件备案报告等10余项“快易简”业务，整个过程纳税人不用排队、不用拿号、不用找停车位、不用上下车。实现了纳税人三分流，即车流、人流、业务流，节约了办税时间，增强了纳税人的办税体验感和获得感。该项办税流程是芙蓉区税务局率先全国创新设立的首个“税务小蓝帽”汽车办税服务通道。办税多元化的创新探索，得到了国家税务总局、中国网、新华网、人民网、湖南卫视、搜狐、湖南经视、新湖南、红网等媒体的争相报道。当日，省、市税务局领导及区政府相关领导以及中国电信湖南分公司、中国工商银行湖南分行、湖南友阿集团等企业代表100余人共同见证了“税务小蓝帽”的办税流程。

2019年4月9日，芙蓉区税务局率先全国创新设立首个“税务小蓝帽”汽车办税服务通道

图自区委办

【税法宣传进校园】 2019年5月14日，芙蓉区税务局税法宣传队走进大同第二小学三年级3班，举行“减税降费如春风 税法知识润童心”主题活动。活动首先是结合小学生的兴趣爱好，利用妙趣横生的课件、生动形象的宣传片，近距离观摩智能办税厅，让孩子们直观地学习税法、了解税法，宣传税法；随着同学们在隆平园智能办税厅，声情并茂的自编自演朗诵了原创诗歌《减税降费润心田》，活动还选聘10位品学兼优的学生担任“小小税收宣传员”，芙蓉区税务局党委委员、副局长易强为他们佩戴 “税收宣传志愿者”绶带并颁发聘书。该次税法进校园主题活动，旨在通过讲解税法知识，引导同学们树立诚信纳税理念，搭建起税收与家庭的桥梁，不断提高税费宣传的影响力和渗透力，让孩子们心中“税法”的种子生根发芽，开花结果。

【机器人进驻智能办税厅】 2019年6月21日，隆平园智能办税厅引进一款专门为税务咨询定制的机器人“小芙”，作为隆平园智能办税厅负责税务咨询的“引导员”，税务机器人“小芙”采用了行业领先的语音识别、语义理解、语音合成、语音交互，人脸识别、智能线上知识库等人工智能(AI)技术，不但“能说会听”，还“能思考、会判断”，她能提供智能化、人性化的咨询、引导、预约、迎宾等便捷人性化的智能服务。“7×24小时小芙”的全新服务模式，将人工智能与纳税服务深度融合，在解答纳税人疑问的同时，还能提供纳税服务宣传，带给纳税人全新的办税体验，减少了纳税人等候时间，让办税也可以萌萌哒。

2019年，隆平园智能办税厅引进机器人作为引导员，图为机器人“小芙”

图自区委办

【减税降费进园区】 2019年4月24日，芙蓉区税务局围绕第28个税收宣传月“落实减税降费 促进经济高质量发展”主题，联合隆平高科技园管委会、芙蓉区发改局、财政局等单位，在隆平产业园举办“创响三湘 减税降费进园区”活动，活动现场安排了普惠性减税降费政策宣讲、发放减税降费政策大礼包、开展普惠性减税降费政策知识抢答、组织现场答疑咨询等环节，吸引了园区近200家企业代表参与互动。该次宣传周活动，为税企之间提供了良好的交流平台，宣传了减税降费税收新政，确保减税降费政策红利落地生根，增强企业实实在在的获得感。

【省税务局拜访袁隆平院士】 2019年10月19日，湖南省税务局党委委员、副局长袁继军，带领湖南省税务学会秘书长黄文龙一行，在长沙市税务局党委书记、局长文延风，芙蓉区税务局党委书记、局长熊玲的陪同下，拜访世界杂交水稻之父、中国工程院院士袁隆平，并对他获得“共和国勋章”表示祝贺。袁隆平对税务部门一直以来在水稻研究发展中给予的支持表示感谢，并就杂交水稻科技创新项目转化为经济成果相关税收问题进行咨询与了解。袁继军对袁隆平90岁高龄仍艰苦奋斗科研田间、心系百姓无悔奉献的精神，表达崇高的敬意。他表示，税务部门一定会一如既往地关心支持杂交水稻的研发工作，衷心祝福袁院士保重身体健康，事业再创佳绩，早日梦想成真。

（何 颖）

金 融

【概况】 按照2019年政府机构要求，芙蓉区金融工作办公室更名为芙蓉区金融事务中心，是区政府直属公益一类事业单位，为正科级。原区金融工作办公室承担的行政职能划出至区政府办公室。区金融事务中心内设机构调整为3个：办公室、金融服务室、资本市场服务室。调整后，区金融事务中心全额拨款事业编制8名。湖南省金融创新特色产业园管理委员会为长沙市芙蓉区金融事务中心所属公益一类全额拨款事业单位，核定全额拨款事业编制5名。截至年底，芙蓉区有省级金融监管机构4家；银行省级分行12家；证券总部机构1家，省级分公司10家；省级保险机构15家；资产管理省级分公司1家；期货法人2家；第三方支付省级分公司22家；融资性担保公司10家；小额贷款公司6家；全区金融机构及营业网点300家以上。年内实现金融业税收20.34亿元，完成金融业增加值240.43亿元，占全市金融业增加值的28.31%。湖南省金融创新特色产业园申报成为湖南省第三批服务业示范集聚区。

招商引资。通过政策引导，从机构入驻、发展、人才激励等全方位给予金融机构政策扶持；优化营商环境，打造芙蓉金融管家服务品牌，为金融机构提供优质服务；依托地段、楼宇优势，因地制宜，对接不同品质楼盘，帮助企业寻找最佳地段，通过系列举措，年内引进盈亚证券投资咨询有限公司1家全国性金融机构，引进兴业证券湖南分公司、中山证券湖南分公司、中原证券湖南分公司、大家产险湖南分公司、太平洋保险代理湖南分公司、烽火台保险经纪有限公司湖南分公司6家省级金融机构。

银企服务。搭建政银企业交流合作平台，联动辖区金融机构，年内举办银企融资对接活动12场，为全区中小企业对接信贷资金近30亿元。牵头园区设立中小企业风险补偿基金，隆平高科园与建设银行合作助保贷项目，与光大银行万家丽支行共同设立5000万元风险补偿基金，2019年已向园区内5家企业发放贷款2100万元，未有风险代偿。区金融事务中心组织区域内小额贷款及融资担保公司申请到位市金融业专项资金336.8万元。

上市服务。搭建专业辅导平台，提振上市信心。主动邀请券商、会所、律所等中介机构专家团队到企业实地指导，组织重点拟上市企业、优质培育企业到香港、深圳等地区学习培训以及参加境外融资对接会等形式多样活动，为企业搭建起融资平台。2019年7月启用芙蓉重点上市后备企业小名单群，通过邀请前发审委委员的专家和拟上市企业培训负责人到企业现场指导，举办企业上市沙龙，召开闭门论证会和中介机构提供一对一咨询等多种形式，为相关部门和企业负责人60人次提供业务辅导培训，与18家企业负责人开展一对一交流，为9家拟上市企业协调解决问题 。实施全程跟踪服务，加快推进上市进程。重点督促相关部门提前介入为拟上市企业提供税务、环保和“五险一金”等方面的政策指导，帮助其研究和制定方案，避免企业在上市过程中“走弯路”，全年为83家拟上市企业解决问题61个。对年内计划报会和报辅导的企业实行优惠政策即报即补，2019年落实奖励资金888.14万元。截至年底，芙蓉区有上市公司6家，新三板挂牌企业11家，湖南股权交易所挂牌企业12家。另有77家上市后备企业，其中省上市重点后备企业8家，市上市重点后备企业33家。

防范金融风险。按中央“六稳”政策要求，芙蓉区防控金融风险，落实属地管理责任，守住风险底线。通过关口前移，强化源头把控，提升楼宇品质成为打非常态工作，楼宇风险防范经验得到全市推广；搭建平台，全程监测预警，建设区域性金融风险大数据监测预警与处置平台，监测全区企业4万余家，将风险分成5个等级，对较大、重大类138家风险企业进行实时监测；打早打小，各级联动处置，形成街道、派出所、工商所联动，楼宇层面，形成社区、警务室、楼宇物业联动，上下一盘棋的工作局面，年内开展各类风险排查行动6次。铺天盖地，加大宣传力度，年内开展各类宣传活动50余场，保护人民群众合法权益，做好前端防控。截至年底，排查风险企业95家，年内新增立案3起，提前处置风险20起，含清退资金的打早打小案件14起，清退人数615人，清退资金2808.22万元，陈案化解3起并全部完成，化解率100%。

优化金融营商环境。年内区金融事务中心以协调解决金融企业各类具体问题为抓手，努力优化金融营商环境，开展“芙蓉金融管家，助力企业发展”活动，收集20家企业的具体融资问题，逐个制定专业解决方案，从投融资对接、多层次资本市场上市（挂牌）、金融风险防范、金融机构入驻等多方面提供优质、高效“管家式”服务，构建全面金融服务体系。确定上门联点服务工作机制，由分管领导及联络员针对银行机构诉求形成责任牵头机制每月定期走访，年度共访企业62家，走访企业121次，收集企业问题数68个，均得到及时解决。政务平台免费推荐金融产品，定期发布政府权威政策指数、企业产品介绍、区内的热点聚焦及金融机构或企业的活动信息内容等，创造辖区内金融机构更便捷的信息互通平台。

【楼宇风险排查整治行动部署会议召开】 2019年2月21日，在区政府办公大楼召开重点楼宇金融风险排查整治行动部署会，铺排调度全区预防和化解楼宇金融风险工作，区委常委、政法委书记刘文立，副区长、区公安分局局长章晓波等领导出席并讲话。区委宣传部、区政府办等部门，14个街道分管负责人，14个派出所副所长近40人参加会议。会议明确，成立14个排查行动小组，对网络平台经营企业，非法集资、传销、放贷及电信网络诈骗等涉众型经济犯罪风险隐患开展为期50天的集中整治，并对7栋商业楼宇进行重点排查，严控金融风险，保障辖区金融安全。前期，金融事务中心也对重点楼宇进行授课培训，就楼宇精准招商、防范金融风险进行交流，形成了内外联动的楼宇风险排查机制。

【金融系统妇女庆“三八”活动】 2019年3月7日，以“春姿绽放，女神驾到”为主题的芙蓉金融丽人私人定制沙龙在九龙仓国金中心举行，活动由芙蓉区金融工作办公室主办，九龙仓置业有限公司协办。辖内金融机构、上市后备企业等30余位女性高管参加该次活动。现场，色彩形象师与现场来宾互动交流穿搭技巧，摄影老师手把手教学如何用手机拍出时尚大片。活动旨在丰富区内金融企业“三八”妇女节活动形式，加强金融机构女性高管间的沟通交流，展现金融行业女性领军人物风采。

【召开“5·20企业服务日”融资对接会】 2019年5月20日，资本市场县域工程试点推进会暨“5·20企业服务日”资本对接会在中石油大厦举行，湖南省地方金融监管局副巡视员胡军，长沙市人民政府金融工作办公室资本市场建设处处长曾珍，芙蓉区委副书记、区长周春晖等领导出席活动。银行、金融中介机构、商协会、投资机构以及区重点企业150余家单位和企业负责人参加活动。会上，8家企业在金融机构获得融资，签约融资金额2.72亿元，芙蓉区兑现2018年区上市及挂牌企业政策奖励资金240万元，银政企代表上台举行点火仪式，启动该次资本对接活动。作为芙蓉区“5·20企业服务日”最为重要的系列活动，该次会议旨在推进资本市场县域工程试点，提升重点后备企业上市及小微企业融资平台对接服务，助推区域经济社会高质量发展。

【银行机构座谈会】 2019年6月5日，区委副书记、区长周春晖在区政府会议室主持召开会议，专题调研银行分支机构意见诉求，听意见、解难题、谋发展。会上，15家银行机构负责人从营造金融生态环境、搭建综合对接平台等方面提出意见和建议，并结合各自实际，就停车困难、头寸车进出不便、不良资产处置诉讼时间长等问题提出请求。周春晖针对机构的建议和请求一一回复，并要求相关部门主动上门服务，务

2019年5月20日，资本市场县域工程试点推进会暨“5·20企业服务日”资本对接会在中石油大厦举行　　区金融事务中心　供图

实高效抓紧对接，在规定时间内对银行机构的请求给予服务、解决。会后，区优化办、城管局、园林局等部门立即上门，20余条诉求在一周内基本得到解决。

【金创园获批全省现代金融创新示范聚集区】 2019年9月29日，经省服务业发展联席会议专项协调小组牵头部门初审、第三方机构现场察看、专家评审、省服务业发展联席会议办公室审核和省委主任办公会议审议，湖南省金融创新特色产业园获批湖南省第三批服务业示范聚集区。该次入选第三批现代服务业集聚区的产业园18个，包括研发设计类、文化创意类、现代金融类、信息服务类等，服务业示范集聚区对于推进服务业集聚、集约发展，促进服务业与其他产业融合发展具有示范引领作用。

【全省首个防范非法集资咨询服务工作站揭牌】 2019年11月13日，长沙市防范非法集资咨询服务工作站揭牌仪式在芙蓉区定王台街道丰泉古井社区举行。湖南省地方金融监管局稳定处处长高友慧，长沙市政府副秘书长卢兴映，长沙市金融办主任李晓斌等领导出席活动并为工作站揭牌。长沙各区县（市）打非办负责人，芙蓉区金融机构代表，长沙市防范非法集资咨询服务志愿者代表，志愿服务站工作人员等参加会议。该站是全市第一家，也是全省第一家防范非法集资咨询服务站，旨在通过服务工作站作用，“解答一次咨询、帮助一个家庭、教育一个群体”的工作模式，提升市民对非法集资等非法金融活动的识别和防范能力，当天防骗咨询热线“84212345”开通。

【中山证券有限责任公司湖南分公司落户芙蓉区】 2019年12月12日，中山证券有限责任公司湖南分公司在新华大厦举行开业仪式。中山证券有限责任公司湖南分公司李顺意为中山证券有限责任公司湖南分公司在湘发展的现况及经营发展理念致辞。中山证券有限责任公司，成立于1992年，总部位于深圳，注册资本17亿元，是一家全牌照的综合类证券公司，拥有投资银行、零售业务、资产管理、固定收益、证券投资等业务体系。中山证券有限责任公司湖南分公司在芙蓉区的落地，为区内金融产业集聚增添了新力军。

【网贷平台风险处置工作会议】 2019年12月19日，芙蓉区在政府办公楼召开网贷平台风险处置工作会议，芙蓉区委副书记蒋红波，区委常委、政法委书记刘文立，区政府党组成员、副区长、区公安分局党委书记、局长章晓波等领导参加会议。区政法委、区公安分局、区政府办等10余个部门负责人30余人参会。自10月16日湖南省地方金融监管局公告取缔24家网贷机构后，如何化解P2P网贷行业的金融风险是摆在各地区的重点难点，会议进一步传达了省、市关于平台风险处置工作有关精神，对芙蓉区网贷金融风险相关维稳、信访工作作出了安排。蒋红波强调，要高度重视，责任上肩，防止群访、极端行为等情况的发生；要做好工作，加大办案、司法处置等工作力度，落实属地责任，按照方案分工，推进工作。（徐梦妍）

·小额贷款公司·

【概况】 2019年，芙蓉区小额贷款公司6家。年度小额贷款营业总收入4829.34万元。辖区内6家公司注册资本金11.8亿元，注册资本2亿元（含）以上的为湖南省平安普惠小额贷款有限公司、长沙市芙蓉区友阿小额贷款有限公司和长沙市芙蓉区旺德府小额贷款有限公司3家；注册资本在1亿元（含）以上的为长沙市芙蓉区崇格小额贷款有限责任公司和长沙市芙蓉区山水小额贷款有限责任公司。辖区小额贷款公司无国资或国资背景公司参股，均为民营小贷公司。2019年年末，6家小额贷款公司期末贷款余额为8.41亿元，年内有长沙市芙蓉区友阿小额贷款有限公司、长沙市芙蓉区旺德府小额贷款有限公司、长沙市芙蓉区山水小额贷款有限责任公司3家获得湖南省风险补偿专项资金，长沙市芙蓉区山水小额贷款有限责任公司1家获得长沙市金融业发展专项资金扶持。

（周　亮）

· 表 8 ·

2019 年芙蓉区小额贷款公司经营情况表

机构名称	资产总计（万元）		负债总计（万元）	从业人员数（人）	12 月末贷款余额（万元）	1—12 月发放贷款（万元）				12 月末不良率（%）
	注册资本	融资额				贷款总额	个人贷款额	企业贷款额	涉农贷款额	
湖南省平安普惠小额贷款有限公司	50000	0	469.73	23	8409.41	5633.81	5633.81	0	1550	0
长沙市芙蓉区和生小额贷款有限公司	8000	0	271.00	8	8069.50	0	0	0	0	39.80
长沙市芙蓉区友阿小额贷款有限公司	20000	0	70.53	12	32319.71	12539	5209	7330	0	7.05
长沙市芙蓉区崇格小额贷款有限公司	10000	0	130.19	4	9575.82	10	10	0	0	53.51
长沙市芙蓉区旺德府小额贷款有限公司	20000	0	7.70	17	15997.50	11263	11263	0	0	22.25
长沙市芙蓉区山水小额贷款有限责任公司	10000	0	36.64	13	9770.50	4404	4254	150	150	33.05

（周　亮）

· 融资性担保公司 ·

【概况】 截至年底，芙蓉区有融资性担保公司 10 家。2019 年参加全省分类评级的公司 9 家（平安普惠担保由于 2018 年 8 月迁入芙蓉区，未参加评级），最终，A 类 1 家，即：湖南长银担保投资有限公司；B 类 4 家，即湖南联保担保集团有限公司、湖南友阿投资担保有限公司、湖南立信融资担保有限公司、湖南天安担保投资有限公司；C 类 4 家，即湖南中融企业信用担保投资有限公司、湖南赛格投资担保有限公司、湖南中保投资担保有限公司、湖南融泰投资担保有限公司。

一、实收资本情况

全区 10 家公司中，实收资本为 2 亿元的 1 家，实收资本在 1 亿元以上 2 亿元以下的 5 家，实收资本 1 亿元以下的 3 家；具体情况见表 9。

· 表 9 ·

2019 年融资性担保公司实收资本情况表

序号	公司名称	实收资本（万元）	备注
1	湖南联保担保集团有限公司	14800	
2	湖南中融企业信用担保投资有限公司	5020	
3	湖南长银担保投资有限公司	10380	
4	湖南融泰投资担保有限责任公司	10180	
5	湖南赛格投资担保有限公司	8000	
6	湖南天安担保投资有限公司	10000	

·续表9·

序号	公司名称	实收资本（万元）	备注
7	湖南友阿投资担保有限公司	20000	
8	湖南立信融资担保有限公司	5000	
9	湖南中保投资担保有限公司	10728	
10	平安普惠融资担保有限公司湖南分公司		非独立法人

二、业务经营情况

2019年融资性担保业务开展情况：

截止2019年12月，10家公司中有7家有新增融资性担保业务，未开展新的融资性担保业务的有3家。除没有提供相关资料外，10家公司中，融资性担保责任余额均未超过净资产的10倍。具体业务情况见表10。

·表10·　2019芙蓉区融资性担保公司业务情况表

序号	公司名称	在保余额（万元）	2019年业务开展情况
1	湖南联保担保集团有限公司	11035	有
2	湖南中融企业信用担保投资有限公司	0	无
3	湖南长银担保投资有限公司	2000	有
4	湖南融泰投资担保有限责任公司	9349.47	无
5	湖南赛格投资担保有限公司	461	有
6	湖南天安担保投资有限公司	49824.13	有
7	湖南友阿投资担保有限公司	11264.37	有
8	湖南立信融资担保有限公司	6068	有
9	湖南中保投资担保有限公司	800	无
10	平安普惠融资担保有限公司湖南分公司	15400	有

三、客户保证金管理情况

10家公司中，有6家收取了保证金，并存入在合作银行开户的专门账户，建立了对收取及退还客户保证金的专账及专户管理，监控融资担保业务的真实、合规。具体情况见表11。

·表 11· 2019 芙蓉区融资性担保公司客户保证金情况表

序号	公司名称	客户保证金专户管理	客户保证金台账	备注
1	湖南联保担保集团有限公司	有	有	
2	湖南中融企业信用担保投资有限公司	–	–	未收取客户保证金
3	湖南长银担保投资有限公司	有	有	
4	湖南融泰投资担保有限责任公司	有	有	
5	湖南赛格投资担保有限公司	–	–	未收取客户保证金
6	湖南天安担保投资有限公司	有	有	
7	湖南友阿投资担保有限公司	有	有	
8	湖南立信融资担保有限公司	–	–	未收取客户保证金
9	湖南中保投资担保有限公司	–	–	未收取客户保证金
10	平安普惠融资担保有限公司湖南分公司	有	有	

（史佳琪）

审　计

【概况】 2019 年，芙蓉区审计局坚持政治建设统领审计工作，牢牢把握审计机关首先是政治机关的政治定位，围绕服务芙蓉区推进高质量发展开展审计工作，各项工作成效明显。全年完成审计项目 281 个，查出管理不规范金额为 2.06 亿元，违规金额 32 万元，政府工程造价审计核减金额 2.78 亿元，核减率 15.41%。在湖南省审计厅《审计观察》发表政府投资审计全覆盖经验做法，连续六年获评“长沙市建设工程造价管理先进单位”称号，局党组获评区委组织部示范化“五化”党组织称号，局领导班子获得区委区政府 2019 年度绩效考核一等班子。

【财政财务收支审计】 在年度本级财政预算执行及其他财政收支审计中，通过大数据技术运用与传统审计模式的结合，揭示了 6 大类 18 个方面的问题，发现餐厨油烟专项资金存在估算不符、合同签订不合理、消防安全培训结算人数不实、上级专项资金拨付、申报审核、后续跟踪和监督、绩效评价等环节的问题，提出严格财政预算管理、提高专项资金使用效益、提高财政综合管理水平等建议 10 条，得到了区人大和政府的肯定。对区公办幼儿园 2017—2018 年度办学情况专项审计调查，摸清了全区公办学前教育规模不断扩大、保教质量不断提升的基本现状，揭示了公办幼儿园在举办条件、招生与学籍管理、教职工管理、食堂管理、财经制度执行、政府采购、资产管理方面存在的问题。2019 年财政财务收支审计和专项审计调查查出的管理不规范问题金额 15848 万元，违规金额 3 万元，发现非金额计量问题 52 个，提出审计建议 14 条。

【经济责任审计】 认真落实新修订的《党政主要领导干部和国有企事业单位主要领导人员经济责任审计规定》，以促进规范权力运行与制约为目标，依法履行审计监督职责，开展经济责任审计工作，重点关注了民生保障服务、城市建设及管理、集体资产及投资管理、拆迁资金支出以及自然资源资产管理、征收资金使用等方面的问题。全年实施经济责任审计项目查出管理不规范金额 4720 万元，违规金额 29 万元，发现非金额计量问题 64 个，提出审计意见及建议 19 条。

2019 年 6 月 20 日，审计署审计长胡泽君（前排中）一行到区调研基层审计工作　　区审计局　供图

【政府投资审计】　履行审计程序，实施交叉独立“三审”审核制度，控制政府投资项目建设工程造价，防范审计风险。集中业务力量重点突破浏阳河东岸风光带、生态新城二号安置小区、马坡岭小学、双新小学等一批重点建设项目的结算审计工作，全年完成政府投资审计项目 271 个，项目送审金额 18.07 亿元，审计核减金额 2.78 亿元，核减率 15.41%，控制政府投资工程造价，防止财政资金的流失。

【审计管理】　贯彻落实“两统筹”工作精神，采取“1 拖 N”审计模式，对审计对象所在单位的经济责任审计、自然资源审计、专项资金审计，进行融合式审计，按教育、卫生、建设、经济类等条线安排审计项目，对全区卫生服务中心和公立幼儿园开展专项审计调查，推进审计全覆盖。6 月 20 日，芙蓉区作为湖南省审计厅推荐的审计署调研湖南省基层审计工作的唯一一个基层单位，接待审计署审计长的调研，在由省委常委、常务副省长谢建辉主持的调研会议上，芙蓉区审计局向审计署汇报落实“两统筹”推进审计全覆盖和“党建强审”“文化育审”经验做法，获得了审计署和省审计厅的好评。年内，全区被审计单位采纳审计建议制定《关于贯彻落实过“紧日子”要求进一步加强和规范部门预算管理的通知》《关于进一步加快支出进度的通知》《芙蓉区工信局专项资金管理办法》《长沙市芙蓉区社区卫生服务中心政府采购管理制度》等 14 项制度；移送问题线索 7 起，已移交区纪委办理；完成市审计简讯 11 篇、《审计观察》1 篇、《中国审计报》5 篇信息。（刘丽君）

统　计

【概况】　2019 年，芙蓉区统计局围绕中心工作，着眼服务高质量发展大局，以精品意识打造芙蓉统计服务品牌，争做党委政府的“数库”和“智库”，夯基础、抓创新、强队伍，各项工作均顺利推进。面对经济下行压力，芙蓉区统计局在做好市对区绩效考核经济指标的监测和民生实事、小康等其他相关数据统计指导工作的同时，为全区实现“稳预期”“保增长”建言献策。经测算，2019 年全区实现地区生产总值（GDP）1126.32 亿元，同比增长 8.0%，其中实现第一产业增加值 0.005 亿元，第二产业增加值 143.01 亿元，第三产业增加值 983.29 亿元；实现规模以上工业总产值 132.38 亿元；固定资产投资 367.96 亿元；社会消费品零售总额 955.77 亿元；完成实际利用外资 81419 万美元；城镇居民人均可支配收入为 59033 元，同比增长 8.6% 左右。芙蓉区第四次全国经济普查工作助推了“四上”单位申报工作，全年申报 267 家，排名内五区第一，为推动全区高质量发展奠定了坚实基础。年内，区统计局获评“全省第四次全国经济普查先进集体”。在长沙市统计局、国家统计局湖南省及长沙市调查队年终评比中，获得 2019 年度长沙市全国月度劳动力调查、采购经理调查特等奖；获得长沙市 2019 年度工业生产者价格统计调查一等奖、城乡住户调查一等奖。反映芙蓉区统计人员风貌的视频作品《最美统计人》，获全省统计系统 2019 年“湖湘统计心向党、砥砺奋进新时代”微视频大赛一等奖，东方新城社区普查员刘凡先进事迹被国家级报刊《中国信息报》专题报道；“芙蓉统计”微信公众号宣传排名全国区县统计系统第 8 位。

【第四次全国经济普查工作】第四次全国经济普查作为2019年全区的重点工作，芙蓉区委区政府高度重视，区主要领导于新凡、周春晖亲自调度，多次对进度、质量做出批示，区经普办统筹指导各街道（园、局）经普办开展具体工作，全区选聘普查指导员和普查员547人，通过与高校合作的方式分批次安排100名应届毕业生充实基层力量。在普查登记阶段，为全区14个街道（园、局）拨付足额经费，保障四经普工作的正常开展。在2018年清查的基础上，全区按照国家经普要求和进度安排，4月30日前完成了2万余家法人和产业活动单位、2000家抽样个体户的入户登记，并于5月集中组织了数据审核验收工作，顺利通过省、市、区9轮事后数据质量抽查。6月15日国家检查开始后，区经普办在区长周春晖的迎检调度下，全区街道、社区结合各自实际制定迎检方案和预案，确保一盘棋联动迎检。同时，对标国检要求，对数据质量进行了新一轮梳理自查，据第三方机构数据质量监测显示，芙蓉区为全市各区县（市）最优。芙蓉区四经普工作开展情况的长篇通讯《芙蓉花更好，经普情更暖》被国家级统计报刊《中国信息报》专利采用。

【统计服务】 准确把脉经济发展态势，对重点经济数据工业、固定资产投资、服务业和商贸业每月提供指标进度分析，并及时发布预警预报，为全区经济社会高质量发展提供精准、优质的统计服务。全年，编印《统计监测》7篇、《经济参考》12篇、统计分析11期、解读统计数据6条，为区领导和各经济职能部门掌握全区经济形势提供重要参考。同时，定期编印《经济运行快报》和《芙蓉区2018年国民经济和社会发展统计公报》，公开地区生产总值、工业、固定资产投资、商贸服务、城镇居民可支配收入等国民经济和社会发展相关统计数据。

【统计工作基层基础】 坚持把配强统计人员和优化网格化管理作为抓好统计工作的基础，形成了覆盖区、街道（园）、社区（村）、企业各级的统计网格体系，全区13个街道统计站都与党政办合并，隆平园设经贸局统计科，街道统计人员50人。全区78个社区，有社区统计员80人。各街道（园、局）统计站均有固定的办公用房和硬件配备，社区服务大厅均设置“统计服务”窗口。按照《街道统计站基层基础工作目标管理办法》，对统计工作开展情况和差错进行季度通报和月度绩效扣分，并报送区绩效办，为统计工作的开展提供保障。组织全区统计人员开展业务培训工作，全年，结合年报、定报、学习、培训和会议等时机和场合，宣讲统计法律法规知识5场，专业培训10次，参培人员2500余人次。局内干部完成了国家统计局网上学习40个课时，参加长沙市干部教育培训网络学院、“学习强国”“红星云”的学习，选派8人次外出参加长沙市统计局和组织部的培训，全区统计队伍素质能力得到进一步提升。5—7月，贯彻落实习近平总书记对统计工作的重要思想论述和国家、省、市统计局的决策部署，结合经普数据质量督察和新增报表企业资料审核，组织联点干部集中开展业务面对面指导，排查整改2017年以来全区统计数据质量，排查企业894家，并根据筛查情况，将不符合联网直报要求的单位进行申报退库。在全区机构编制改革后，组建“统计监督科”，落实职责和配强人员，强化统计法治监督作用，每季度坚持统计和报送《领导干部违规干预统计工作记录台账》。

【经济普查工作调研】 2019年1月3日，在“四经普”首登日，湖南省委常委、常务副省长陈向群到定王台街道浏正街社区的湖南投资大厦，和普查员一起现场走访调研长沙市芙蓉区原创美学理发店、长沙豆芽文化传播有限公司的普查登记工作，并向全省普查员和普查指导员表示慰问。陈向辉要求全省各级普查机构和普查人员全面调查第二、第三产业的发展规模、布局和效益，摸清全部法人单位资产状况，准确反映湖南省在提质增效、转型升级、动能转换等方面取得的新进展。

【第十届统计开放日暨“最美普查员”表彰活动】 9月25日，芙蓉区第十届“中国统计开放日”暨“最美普查员”表彰活动在朝阳街道宇成广场举办，芙蓉区第四次全国经济普查领导小组副组长蒋虎韬、陈卓，朝阳街道党工委副书记、办事处主任罗希奠以及全区统计人员和社区群众150余人参加活动。现场隆重表彰黄晓英、刘凡等35名基层普查员，并授予“最美普查员”称号。活动现场还进行了红歌联唱、统计

2019 年 9 月 25 日，芙蓉区第十届“中国统计开放日”暨“最美普查员”表彰活动在朝阳街道宇成广场举办　　区统计局　供图

工作三句半等精彩纷呈的文艺表演。活动情况被省、市 11 家新闻媒体予以报道。

【全省人口台账试点取得成果】2019 年，芙蓉区被湖南省统计局指定为全省人口台账统计试点区县，区统计局在省市统计局的精心指导下，主动创新作为，与成都清数科技有限公司合作，完成了《长沙市芙蓉区“人口台账”统计大数据应用课题研究》，确立了以手机信令结合部门行政记录实现人口数据动态监测的研究成果。4 月 26 日，湖南省统计局人口社会统计处领导肯定了芙蓉区初步成果。要求把人口台账试点课题与第七次全国人口普查工作相结合，向全省推广方式方法，为湖南省人口统计工作打造亮点。

（阳　硕）

市场监督管理

【概况】 2019 年，根据芙蓉区机构改革要求，将市工商行政管理局、市质量技术监督局的相关职责，区食品药品监督管理局的职责，以及区发展和改革局的价格监督检查职责，区科学技术局（区知识产权局）的知识产权管理职责整合，组建区市场监督管理局（以下简称区市场监管局），对外加挂区知识产权局牌子，同时承担区食品安全委员会日常工作。区市场监管局内设办公室、协调应急科、食品药品监督管理科、质量技术监督管理科、市场监督管理科 5 个科室。现有干部职工 217 名，其中在职干部职工 125 名、退休干部 92 名。年内，区市场监管局坚持稳中求进，深化改革，狠抓监管，力促发展，担负起市场监管职责，着力构建起一个覆盖生产、流通、消费全过程的监管体系，提升市场监管和服务水平，展现市场监督管理事业的新形象。2019 年 9 月，区市场监管局、区市场监管局马坡岭市场监管所被评为长沙市 2018 年度长沙市食品安全工作优秀单位。

存在的问题和困难。机构整编和人员调整后，区市场监管局在职干部职工平均年龄超过 51 岁，整体年龄偏大，使用自动化办公设备的能力较为薄弱；质量、食品安全、知识产权监管专业技术人员缺乏；与区行政执法局、区行政审批局的工作职责尚未厘清等问题。

·商事监督管理·

【概况】 2019 年，芙蓉区市场监管局承担全区市场主体综合监督管理。主要监管对象有各类市场主体 112389 户，企业 44420 户，个体工商户 67969 户。其中食品销售经营者 7490 户，餐饮服务经营者 3730 户，药品门店 320 户，医疗器械经营门店 370 户，医疗机构 360 户，化妆品经营户 980 户，食品生产企业 16 家，中小学校 42 家，幼儿园有 118 家，农贸市场 26 家，特种设备相关单位 1944 家，锅炉设备 234 台，压力容器设备（含气瓶）7728 台，电梯设备 7964 台，起重机械设备 637 台，场（厂）内机动车辆 87 台，大型游乐设施 5 台 / 套，重点工业产品生产企业 50 家，3C 强制性认证产品生产企业 13 家，认证机构 4 家，检验检测机构 37 家，有各类管理体系认证证书 1565 张，实施监督检查企业 230 家，强检计量器具使用单位 470 家。

交易管理。组织开展 16 批次市场监管部门 1496 条“双随机、一公开”抽查任务工作，抽查市场主体 2000 余家；牵头组织区人社局、区卫健局、区税务分局四个部门对旅行社、酒店行业开展部门联合“双随机、一公开”抽查市场主体 65 户；净化网络商品交易市场环境，对 8892

家年报申报无网站的企业进行网络交易检查；开展“网剑”专项行动，通过网络商品抽检的方式，结合群众投诉举报，加大对网络交易违法行为的查处力度，办理涉网案件6起，罚没2.6万元；检查无照经营291户，引导办照289户，立案查处无照经营2户，罚没入库500元，向相关部门抄送无证经营10户；摸排“1040工程”（传销案）等聚集型传销活动，出动检查人员3793人次，车辆815台次，清查流动人口1万余人次，清查出租屋7962间。组织4次打传扫黑宣传活动，投入专项资金9万余元，出动人员1988人次，悬挂横幅、标语2048幅，利用电子显示屏等现代设备发出警示、提示567条次，发放宣传资料8.54万份；按照片区管辖的原则，开展广告业整治专项行动2次，检查网站54个，查处涉嫌违法广告1起，罚没款7000元，责令整改2家；开展《中华人民共和国广告法》宣传，约谈及行政指导互联网平台、电子商务平台5家。

消费维权。加快推进“五线合一”工作，2019年受理“12315”“12331”“12358”“12365”“12330”“12345”热线平台接待消费者咨询、投诉、举报工单1.44万件，做到件件有着落，事事有回音，为群众挽回经济损失187万元。成立涉企收费专项检查组，对区教育局、交通运输局、行政审批局、人力资源与社会保障局、工业和信息化局、住建局、文化旅游体育局、医疗保障局、卫生健康局、长沙晓园管理处等各收费单位及企业开展专项检查；受理各类价格投诉85起，其中驾校收费问题31起，处理物业价格收费问题44起，下发责令整改书3次。

信用建设。辖区45480户市场主体完成年报，企业年报率89.49%，列内五区第一；公示经营异常名录3791条，公示严重违法失信企业名单301家；吊销“僵尸企业”1848户；司法冻结及解除71起；归集全区36个涉企单位信息7739条。

知识产权保护。2019年，完成小微企业知识产权托管任务81家，开展知识产权专利预警分析项目2个，推进知识产权转化为金融支撑力，协助企业用知识产权质押融资3000万元，办理知识产权行政执法案件98件，其中专利案件77件，商标2案件21件，开展芙蓉区知识产权宣传周活动4场，大型培训会议2场，并按照新标准、新要求完成知识产权双随机检查、商标印制企业专项检查、知识产权代理机构专项检查等多项综合工作。开展知识产权专项整治行动，对“飞利浦”“OPPO”“VIVO”“华为”“五粮液”“茅台”等商标侵权开展专项执法行动，查处商标侵权案16起。

【查处某烟酒店侵犯注册商标专用权案】 2019年8月中旬，区市场监管局接到消费者举报，反映某烟酒店销售假冒五粮液牌及国窖牌注册商标的酒类产品，请求市场监管部门予以查处。经调查了解，某烟酒店在经营过程中，采取商品回收的方式，以2300元的较低价格回收购进4瓶国窖牌1573酒类商品和4瓶五粮液牌酒类商品，以7120元高价售出，获利4820元。8月29日，区市场监管局日对当事人的经营场所及消费者购买的五粮液牌、国窖牌1573酒类商品进行检查，并通过生产厂家宜宾五粮液股份有限公司、泸州老窖股份有限公司进行鉴定并出具鉴定证明书，当事人销售的以上酒类商品均为假冒生产厂家五粮液牌及国窖牌注册商标的产品。根据《中华人民共和国商标法》第六十条规定，区市场监管局作出责令立即停止侵权行为，没收侵权的4瓶五粮液牌酒类商品与4瓶国窖牌1573酒类商品，罚款人民币1万元的处罚决定。该案件维护了消费者合法权益，净化了消费市场，展现了区市场监管局依法履职的正面形象。

【知识产权促进及培训工作会议】 2019年9月30日，区市场监管局（区知识产权局）组织召开全区知识产权促进及培训工作会议。全区知识产权领域优秀骨干企业代表、部分高校、科研单位代表及部分科技类初创企业代表80余家负责人参会，建设银行、交通银行、长沙银行、长沙农商行等区金融服务领域合作伙伴银行代表参加会议，并与隆平高科、有色金属研究院、稀土研究院等知识产权优质先进企业代表现场交流座谈。长沙市知识产权局党组成员、副局长徐拥军就知识产权开展专题授课，各银行以及知识产权专业代理机构与各企业就托管融资服务深入对接。该次培训提高了企业知识产权运用和管理水平，帮助企业与托管机构及银行之间搭建良好沟通桥梁，为全区科技创新发展打下基础。

【消费者权益保护日活动】 2019年3月15日，芙蓉区“信用让消费更放心”“3·15”国际消费者权益日暨诚信主题活动在华海3C广场举行。该次活动由区文明委、区消费者委员会、长沙金融业联合会主办，区委宣传部（区文明办）、原区工商分局、区金融办、朝阳街道办事处承办。长沙市市场监督管理局党组副书记、副局长比干则勇，区政府副县级干部易学义、长沙市市场监督管理局食品生产安全监管处处长胡朝晖、区金融办主任肖利参加。易学义致欢迎辞，比干则勇在现场作了“信用让消费更放心”主题讲话，表达了继续严厉打击各类侵害消费者权益行为，维护公平正义的消费环境的决心。现场设置18个咨询台、20块消费维权宣传展板，还现场受理消费者投诉、接受消费者咨询230次，发放宣传资料1500余份。

【“个转企”工作推进】 制定《长沙市芙蓉区关于支持个体工商户转型升级为企业工作的实施方案》，成立全区“个转企”工作领导小组，区委常委、常务副区长谭雄伟任组长，区政府党组成员、副区长黄金国任副组长，领导小组办公室设区市场监管局，由区市场监管局局长兼任办公室主任，30个成员单位分管副职任办公室副主任。2019年，芙蓉区“个转企”工作坚持“政府主导、部门协作、街道为主”的总体方针，以“转得来、稳得住、做得大”为目标，以年纳税额10万元以上的、经税务部门认定为增值税一般纳税人的、拥有商标、专利等自主知识产权，或开设品牌连锁店的个体工商户为重点发展对象，推动200家个体工商户转型升级为企业。“个转企”工作引导和鼓励个体工商户做大做强，加快了经济发展方式转变和产业结构优化升级。

·质量技术监督管理·

【概况】 2019年，区市场监督管理局在质量技术监督管理方面发挥职能优势，紧贴品质提升，确保质量安全，助推质量发展。

标准化管理。2019年，推荐袁隆平农业高科技股份有限公司申报国家级服务业标准化试点项目，对获得国家级粮食生产全过程服务业标准化试点项目企业袁隆平农业高科技股份有限公司开展实地调研，助推企业按时、按质达到阶级性成果；配合省局考核评估验收亚欣环境科技（湖南）有限公司承担的医院洁净手术部空气净化系统清洗消毒省级标准化试点项目；完成产品和服务标准自我声明公开目标数量345项，超额完成市局下达目标，完成率121.05%，完成数量列内五区首位；推荐琴海数码、香他她餐饮、锦华国际旅行社、荣辉网络科技有限公司4家单位申报获得2019年度省级标准化试点项目；建立区级质量品牌培育库18家，帮助省茶业集团、英氏企业对标省长质量奖、市长质量奖要求开展品牌和质量提升；组织参与国家市场监管总局质量发展局组织的质量管理状况调研；参与万众和社区居家养老评估标准编制研讨会和中法标准化调研交流活动。

特种设备安全监管。结合工作实际，强化特种设备现场监督检查，打击各类非法违法行为，排查和解决影响特种设备安全的薄弱环节和突出问题。制订《2019年度特种设备安全执法监察工作计划》，由区安委办牵头，采取安全巡查的办法，对各街道特种设备工作落实情况进行考核排名，在安全生产联席会议上对排名靠后的单位进行约谈并就特种设备安全和节能监管工作中存在的问题进行协调解决。继续聘用4名专职特种设备安全协管员，分成2个组，对全区14个街道（园、局）特种设备开展日常巡查，及时排查消除各类安全隐患22处，向芙蓉区的特种设备使用单位下发《落实安全生产主体责任告知书》。开展特种设备领域“压实企业安全生产主体责任年”活动，做好重要时段、重大节会期间安全保障工作，持续开展区局领导带队检查安全生产工作，坚决执行安全隐患“一单四制”（隐患清单、交办制、台账制、销号制、通报制）的工作模式和要求，对长沙九兵物业管理有限责任公司管理的佳天雅苑小区在用的4台不合格电梯、中国建设银行湖南省分行管理的锅炉未经检验2起重大隐患实行跟踪督办，督促隐患单位整改，消除重大事故隐患，未发生较大以上特种设备安全生产责任事故和不良社会影响事件。全年出动专业执法检查人员300余人次，检查单位92家次，检查设备768台次，开出特种设备安全检查文书36份，查处隐患32处，督促整改20处，移送一起特种设备违法行为到区行政执法局进行处罚。组织对全区40余家承压类设备使用企业开展集中约谈活动，开办一期特种设备安全培训，培训电梯使用单位电梯安全管理人员42人。

计量服务。组织对辖区内长远加油站、东盛加油站等7家在用计量加油机开展专项监督检查。组织对辖区内大型超市、33家农贸市场、2家车检机构和1家加气站开展计量监督检查和涉安重点企业计量检查等专项行动。配合省计量院完成组织芙蓉区4家眼镜制配场所、4家法定计量使用单位的监督抽查工作；配合市局组织对辖区8家眼镜制配场所开展“双随机 一公开”监督检查，全年检查眼镜制配场所50余家次；配合区发改局组织对辖区内6家建设单位115根充电桩的充电基础设施计量设备的检查验收工作；8月开展免费计量器具备案工作，为辖区内23家企业（公司）9419台次计量器具进行备案，免费金额3万元；为全区14个街道、园、局和13个市场监管所配备标准法码，依法加强农贸市场计量监管，使民生计量惠及民生。

产品质量监管。组织28家企业参与诚信建设万里行，发布信用信息，开展信用承诺。走访调研区内企业年后复产复工情况，开展帮扶活动，对湖南佳豪电器设备有限公司等单位的帮扶事迹被《长沙晚报》正面报道，督导芙蓉区英氏控股集团、华智水稻生物技术、华天酒店集团等19家重点企业和辖区内省茶业集团、长沙市仟吉食品2家企业分别参加市局组织举办的重点企业全面质量管理提升培训和第二批质量诊断服务启动仪式暨专家见面会；组织辖区内5家企业相关人员参加市局组织的第六届省长质量奖申报工作业务培训，组织辖区内湖南颐而康保健连锁股份有限公司、湖南国旅国际旅行社有限公司、中国移动通信集团湖南有限公司、中南大学湘雅二医院4家单位申报省长质量奖。

【“质量月”进校园宣传咨询活动】 2019年9月30日，区市场监管局在大同古汉城小学组织开展“营造校园质量安全环境，护助少年儿童健康成长”为主题的“质量月”宣传进校园活动。该次活动邀请长沙市眼镜商会副会长卢星宇为大同古汉城小学的同学们就“珍爱眼睛、保护视力”进行爱眼护眼常识讲座。在多功能厅，卢星宇针对大家对视力问题上的误区、如何预防近视等方面知识给予指导，眼镜商会5名志愿们现场为同学们提供镜片清洗、眼镜检测校准、眼镜维修和视力普查等服务。在护眼知识和安全常识互动有奖抢答环节，同学们踊跃参与抢答，场面十分热烈，老师和同学们表示受益匪浅。活动现场，区市场监管局副局长刘正军就加强校园食品和儿童用品安全监管，营造校园质量安全环境为小朋友们答疑解惑。区市场监督管理局产品质量科、食品生产流通科设置咨询台，向广大师生宣传和普及儿童用品、食品和保健食品相关知识，现场接受老师和同学们的咨询100余次。该次活动发放《儿童用品消费安全手册》《食品安全宣传资料》《电梯安全常识》等宣传资料500余册。

【“5·20”世界计量日活动】 2019年5月17日，区市场监管局在人民东路大润发超市一楼组织开展主题为“国际单位制（SI）——根本性飞跃”的“5·20”世界计量日宣传活动。活动邀请中南水务科技有限公司、国网长沙供电公司、新奥燃气公司和长沙市眼镜商会的8名专业人员，现场提供水表、电能表、燃气表计量咨询和眼镜检测、眼镜清洁维修等相关服务。活动现场通过电子屏幕发布“计量在您身边”等宣传标语，吸引大量前来购物的市民朋友驻足，他们咨询并踊跃填写民生计量调查问卷，参与红网“计量知识有奖网络竞赛”活动。该次活动发放《中华人民共和国计量法》《消费安全常识宣传手册》500余册，接受300人次的咨询，收回调查问卷200余份。

【电梯维保单位集中约谈及培训会议】 2019年7月31日，区市场监管局在机关会议室组织全区38家重点特种设备使用单位安全负责人开展集中约谈活动及培训会议。活动采取宣传政策法规，讨论事故案例、签订承诺书等方式进行，详细解读了特种设备安全相关法律法规和省、市、区相关安全生产文件精神要求，认真分析近段时间发生在湖南省的安全生产事故和特种设备安全事故案例。原市场监督管理局局长赵小午从安全生产的重要性和落实企业安全主体责任两个方面，要求各特种设备使用单位按照“三落实、两有证、一检验、一预案”的要求抓好落实。38家重点特种设备使用单位签订了《长沙市芙蓉区特种设备相关单位落实安全生产主体责任承诺书》。该次集中约谈和培训，增强了重点特种设备使用单位的安全管理和主体责任意识，为保障芙蓉区特种设备安全奠定了坚实的基础。

·食品药品监管管理·

【概况】 2019年，区市场监管局在食品药品监管方面，完善监管体制，提高监管效能，强化“从农田到餐桌”的全程监管，推进食品安全示范城市创建工作，全区食品安全监管形势持续稳定向好，全年未发生食品安全事故，被评为2019年度全市食品安全优秀单位。马王堆海鲜水产批发市场被评为省级规范化管理食用农产品批发市场，大润发超市被评为省级“放心肉菜示范超市”。

推进基础建设。以中小学校（幼儿园）周边小餐饮、百姓喜爱消费的粉（面）为重点，集中打造600家“明厨亮灶”工程，建设高标准小型餐饮店。2019年，全区158家学校幼儿园“明厨亮灶”视频厨房建设覆盖率100%。对全区6530家食品经营企业进行对标检查和现场指导，要求食品销售企业落实索证索票、资质查验，食品安全培训、食品安全自查等制度。组织大型农贸市场、大型连锁超市等企业开展电子追溯试点，大润发，精彩生活、步步高、万家丽生活超市等11家大型超市销售的婴幼儿配方乳粉全部实行电子追溯体系。在马王堆海鲜水产批发市场一级批发商中推行“一物一码”电子追溯系统，实现“来源可溯，去向可查，责任可追”的目标。具体参照“盒马鲜生”的食品安全管控办法，要求市场内批发大户设置“二维码”，消费者通过扫码可以看到商户的相关证照、产品信息、检测报告等情况，做到明明白白消费、安安心心食用。

落实日常监管。对12480余家食品生产经营企业（门店），380家学校、企事业单位实现全覆盖监管。在全覆盖的基础上对全区食品生产经营单位进行“双随机一公开”（在监管过程中随机抽取检查对象，随机选派执法检查人员，抽查情况及查处结果及时向社会公开）的日常监管检查，监管检查100%，“双随机一公开”覆盖率按经营单位的5%抽查，公示率100%。开展药品零售企业执业药师挂证行为、中药及中药饮片、特殊药品、专管药品专项整治；开展医疗器械无菌和植入性医疗器械经营企业、化妆品经营使用单位专项检查行动；开展药品零售经营企业、医疗器械经营企业监督检查，监督检查覆盖率100%；审核上报并被国家药品不良反应监测系统接收的药品不良反应302例，医疗器械不良事件70例，化妆品不良反应35例。加大食品抽检力度，以快速检测打头阵，定量检测做铺垫，监测食品安全。通过食品快检和委托三方抽检等方式确保食品安全，定性抽检2.1万批次，对抽检不合格的128批次全部进行不合格食品后处置，定量抽检2220批次，其中不合格53批次，均立案查处。药品流通领域质量抽检，抽检30批次，合格率100%。完成“两节两会、龙舟赛、中非经贸博览会、三考、香港永州联谊会、国金中心一周年庆典、国际工程机械展览会、中国航天日、共和国之旅、互联网岳麓峰会、中非经贸论坛、国际轨道交通博览会、博鳌亚洲论坛等重大（重宾）保障活动65次，出动保障监管人员2680人次。

开展专项整治。开展“农产品质量安全行”、“护苗”行动、小餐饮提质改造等21项专项整治、专项检查。在“不忘初心、牢记使命”主题教育中重点整治食品安全领域漠视侵害群众利益问题，成立联合行动工作组和综合协调，开展农贸市场、保健食品、肉及肉制品、乳制品、食用油、酒类、粉丝面制品、“护苗”、小餐饮提质改造、火锅夜宵、一桌餐、私房菜等专项整治行动；开展打击“黑窝点”“黑作坊”“假冒伪劣”产品，取缔3家加工猪头肉、红薯片、油炸饼黑作坊，当场收缴猪头肉制品150千克、油炸黑作坊用油320千克、假酒20余瓶，解决食品安全突出问题，不断增强人民群众获得感、幸福感、安全感。通过食品生产经营企业、餐饮单位、学校幼儿园、街道（社区）、小区430余块电子显示屏播放宣传整治行动内容和投诉举报电话，广泛发动全民参与。在门户网站公示“整治食品安全联合行动举报投诉电话”，畅通投诉渠道。利用报纸、网络、电视台等媒体宣传整治行动60余条次，扩大食品药品安全整治行动影响。

【最优最差农贸市场评选】 2019年，区市场监管局联合城管部门，通过现场检查、查阅资料等方式开展规范化农贸市场考评，考评对象为辖区内26家农产品批发市场、农贸市场。两个部门派专人按照《长沙市规范化农贸市场评分标准》进行评比，每季度在全区评选出一个“最佳农贸市场”和一个“最差农贸市场”，将评比结果报长沙市市场监管局，并在《长沙晚报》上进行公示。评选的两个“最差农贸市场”由市局组织约谈所在街道的负责人和市场开办方负责人，各自提出整改措施，在规定的期限内整改到位。评选活动改善了市场经营环境，强化了各级食品安全监管部门属地监管责任，督促了农贸市场开办者以及场内食品经营者主动履行食品安全主体责任，发挥媒体和群众的监督作用，营造良好的社会共治氛围，确保市民放心消费。

【明园蜂业调研】 2019年5月8日，湖南省市场监督管理局副局长陈跃文到芙蓉区湖南明园蜂业科技有限公司就食品安全、企业发展情况进行视察调研。长沙市市场监督管理局党组书记陈旭、副局长肖志杰及省局特殊食品处、食品审评中心、长沙市市场监管局生产处负责人、原区市场监督管理局局长赵小午，副局长刘正军及隆平高科技园副局长罗辉陪同。湖南明园蜂业科技有限公司相关负责人就企业文化发展、食品安全体系建设、国家食品安全示范城市对标创建和企业管理工作、相关产品创新研发、企业未来发展方向等情况做汇报。调研组成员对明园蜂业在创建国家食品安全示范城市、发扬企业文化和蜂产品行业示范引领等相关工作给予肯定。陈跃文强调并要求：企业要落实主体责任，严把源头关，要把企业的社会责任放在第一位；要加强企业自身管理，创新企业管理方法，时刻保持市场竞争力；各监管单位要加强执法人员业务培训，要加强与企业的沟通，把握企业的所需所想，做好企业的“勤务员”，为企业创造良好的营商环境。

【“非洲猪瘟”防控】 2019年，组织召开“非洲猪瘟”防控工作推进会11次、培训会7次，参会单位和人员涉及区市场监督管理局、区农业农村局、街道（园、局）食安办、社区相关负责人及辖区大中型超市、农贸市场负责人、生猪产品经营者和冷库经营者、大型餐饮服务单位（含中央厨房）、中小学、大专院校、幼儿园、企事业机关单位食堂、二级以上医疗机构食堂、建筑工地食堂相关负责人、网络交易平台生产经营单位相关负责人等3540人，发放《关于强化外来生猪产品产销对接管理做好防控“非洲猪瘟”工作推进长沙放心肉智能监管工程的通告》4000份，签订《芙蓉区“非洲猪瘟”疫情防控食品安全责任书》3800份；要求市场开办方每天对农贸市场进行清扫，保持摊位清洁，做到市场内无过夜垃圾；要求全区26家农贸市场按规定进行消毒，全年消毒4252场次、消毒面积15万平方米，使用84消毒液8504瓶；开展“非洲猪瘟”防控专项整治行动、打击私屠滥宰防控“非洲猪瘟”保证生猪产品质量安全专项治理行动、肉及肉制品专项治理等专项行动310次，出动执法人员6545人次、检查肉制品生产企业7家次、农贸市场26家、商场超市217家、检查餐饮服务者3274家次、经营肉及肉制品的摊位1144家次、冷库78家次，收缴问题猪肉2170千克。

【中华龙舟大赛食品安全保障】 2019年4月20—21日，中华龙舟大赛在浏阳河芙蓉区段东屯渡水域举行，区市场监管局强力保障比赛期间的食品安全，成立了“中华龙舟大赛”食品安全保障领导小组，局长亲自挂帅，指挥调度。13个街道食安办、区市场监管局、区城管局参与保障工作。在赛事活动开展前期，食品安全保障领导小组制定了中华龙舟大赛食品安全预定方案和应急处置方案。全区13个街道（园、局）食安办对辖区特别是比赛水域周边的食品生产经营门店进行巡查，消除处置食品安全隐患35个。区市场监管局与比赛水域周边20家餐饮单位负责人签订《食品安全责任书》，落实经营者主体责任，同时，组织45家酒店、饭店从业人员开展赛前食品安全集中培训，加强从业人员的规范经营。赛事期间，区市场监管局出动执法人员874人次，执法车辆326台次，检查食品门店1800余家，下达责令整改通知书35份，立案查处违法行为6起，严控食品质量安全关卡，保障了参赛人员的安全健康，确保中华龙舟赛事顺利进行。

（王中全）

农业·水利

Agriculture & Water Conservancy

责任编辑·谭自然

农 业

【概况】 2019年，根据芙蓉区机构改革实施方案，组建芙蓉区农业农村局（以下简称区农业农村局），作为区政府工作部门，对外加挂区林业水利局、区扶贫开发办公室牌子。区委农村工作领导小组办公室设在区农业农村局。内设科室包括办公室、农业林业科、水利科、农村事务科。

2019年，芙蓉区有5个行政村分属3个涉农街道。农村人口1.27万人，耕地面积140.7公顷。随着城市化快速推进，农业生产逐步缩减，传统农业基本退出。但芙蓉区云集湖南农业大学、湖南省农科院等多家涉农科研院所、高校，拥有以袁隆平、官春云、印遇龙、邹学校4位院士为代表的生物育种领军人才，并有种子企业等30余家，2019年，创建“省级优质农副产品供应示范基地（示范片）芙蓉区种业产业”，通过省级验收（全省仅14家），打响芙蓉区种业品牌。芙蓉区人民政府政府（农业农村局牵头负责）获评第二十一届中国中部（湖南）农业博览会优秀组织奖，张萍获评第二十一届中国中部（湖南）农业博览会先进个人。区农业农村局被评为市级文明单位。

（高铭阳）

·养殖业·

【概况】 2019年，全区生猪、家禽等规模养殖业退出，仅保留东湖街道东湖渔场和金山度假村开展休闲垂钓，渔塘水面28.33公顷，水产养殖量近54吨。

动物疫病防控。年内，芙蓉区辖区未发生区域性重大动物疫情，动物疫病防控工作取得成效。实施城区宠物狂犬病春、秋集中免疫、全区有免疫宠物犬只6500余只，采集血清样80份，发放宣传资料1100份。经市动物疫病预防控制中心检测，狂犬病抗体水平合格率达市级要求标准。开展H7N9流感防控、指导市场方和市场经营户开展清洗、消毒工作，并开展流行病学调查和普查工作，出动防控人员100余人次，发放消毒药品170千克，发放消毒技术规范宣传材料1500份。同时，对辖区内各农贸市场开展流行病学调查和普查工作，采集家禽拭子样35份、环境样6份，经长沙市动物疫病预防控制中心检测，经检测全部合格。开展非洲猪瘟防控、区重大动物疫病防治指挥部（以下简称区防指）组织区市场监督管理局局、区城管局、区行政执法局等11个成员单位及各街道负责人参加省、市“非洲猪瘟”防控工作视频会议，部署“非洲猪瘟”防控工作，确保辖区“非洲猪瘟”疫情稳定。区城管局联合区环卫、公安、交警、环保等部门开展餐厨垃圾等专项整治行动，采取设点与巡逻的形式，分别在东二环、人民东路、远大一路等重要进出城口设立餐厨垃圾监督检查点，防范偷运私运餐厨垃圾养猪；对餐饮门店的餐厨垃圾收运情况落实收运台账，禁止将餐厨垃圾交给无资质单位或人员收运。区市场监督管理局联合街道（社区）对辖区内的农贸市场、大中型超市、社区生鲜超市、冷库开展检查，未发现违规违法行为。区动物卫生监督所对辖区农贸市场、科研院所开展“非洲猪瘟”防控监督检查和宣传工作，发放宣传资料500余份，张贴《“非洲猪瘟”防控知识宣传》挂图200份。做到宣传、发动全覆盖。同时，区动物卫生监督所储备2.5吨消毒药和其他应急防疫物资。

动物卫生监督执法。开展动物检疫和动物卫生监督执法工作。年内，区动物卫生监督所受理动物申报检疫2200次，检疫实验动物70余万只。通过手机APP实时上传日常监管数据，覆盖辖区动物交易市场、动物诊疗机构、兽药经营门店、实验动物生产经营企业和动物病原微生物实验室。办理动物卫生监督案件1起，结案1起，罚款415元。开展兽药经营执法工作。办理兽药案件2起，结案2起，没收违法所得1680元，罚款6080元。开展渔政监管工作。办理涉水案件2起，刑事拘留3人。渔政执法10次，出动180人次，收缴渔网19张、地笼网1200米，罚款金额20万元。清理“三无”船舶（即无合法证件的渔船（包括垂钓船、排筏和浮动设施等）、长期停泊不用、无人管理的渔业“僵尸船”（包括垂钓船、排筏和浮动设施等和常年禁渔水域内违规停泊的渔船）3条。

农产品质量安全保障。制定下发《芙蓉区整治农产品质量安全联合行动专项行动方案》，明确专项行动的重点问题、工作措施及相关各单位的职责分工等内容。加大巡查监管力度。出动检查工作人员150人次，执法车辆30余台次，对辖区的农资市场、东湖渔场、东大门兽药市场等经营企业进行监督检查200余次。

配合市水产站技术人员分别对东湖渔塘开展抽样检测，现场抽取水样和鱼样。全年开展定量检测12批次，经检测水产品全部合格。金山休闲渔业自行开展快速检测20批次，合格率100%。开展宣传发动工作。与农资经营户签订承诺书近100份，发放宣传资料1000份，接待咨询人数数百人，悬挂横幅数条，增强经营者依法经营意识。

【农贸市场猪肉检疫检查】 2019年9月10日，区农业农村局联合区市场监管局、区城管局、区商务局和相关街道、区动监所和社区负责人，对芙蓉区马王堆街道的古汉城农贸市场、银港农贸市场、龙柏农贸市场、火炬二片农贸市场、九道湾农贸市场等6个农贸市场开展突击检查，出动执法车辆7台次，执法人员30余人次，检查肉食摊位23处，依法收缴无检验检疫证明的猪肉及制品320千克，送到长沙县动物无害化中心无害化处理。（郑冠伟）

·农产品加工·

【概况】 全区有农业产业化国家级龙头企业2家（湖南省明园蜂业有限公司、绝味食品股份有限公司）；农业产业化省级龙头企业5家（湖南佳信佰生物技术有限公、湖南省怡清源茶业有限公司、湖南希望种业科技股份有限公司、湖南科裕隆种业有限公司、湖南泰邦农业科技股份有限公司）；农业产业化市级重点龙头企业3家（湖南活力种业科技股份有限公司、长沙市惠瑞生物科技有限公司、长沙华创农产品贸易有限公司）。截至年底，农产品加工业销售总产值56.60亿元。从事农产品加工企业职工4756人，固定资产20.03亿元，总资产61.44亿元。（高铭阳）

·林　业·

【概况】 2019年，全区有林地28.4公顷，活立木总蓄积2.36万立方米，林木绿化率27.22%，林业总产值4.03亿元。

森林资源督察。2019年，国家林业局中南林业调查规划设计院下发芙蓉区疑似违法图斑3个。通过向市林业局查阅档案、与湖南省农科院多次沟通，召开协调会议，以及外业实地调查，芙蓉区3个图斑全为合法图斑。

森林防火和有害生物防治。落实森林防火工作措施，年内未发生森林火灾。抓好森林防火的宣传教育，发放宣传教育手册1000份；加强24小时森林防火值班值守和隐患排查工作。年内，未发现松材线虫等重大林业有害生物。

野生动物保护。开展辖区爱鸟周活动，规范野生动物经营行为。发放宣传图册200余份，并张贴到街道、社区等公共场所。配合长沙市林业执法大队和区市场监管部门，开展农贸市场、宾馆、饭店保护野生动物宣传和检查，严禁乱捕滥猎、非法贩运的行为。

（高铭阳）

水　利

【概况】 浏阳河芙蓉区段由南向北再向西穿区而过，河段长13千米。域内有长善垸和东岸垸，两个堤垸一线防洪堤长15.3千米。其中，长善垸内防洪保护面积21.85平方千米，设计防洪能力为200年一遇。东岸垸内防洪保护面积7.2平方千米，设计防洪能力为100年一遇。长善垸和东岸垸大堤均为土堤，堤顶高程吴淞标高41.5米左右。浏阳河芙蓉区段保证水位36.68米（吴淞标高）、警戒水位36.00米（吴淞标高）、最高水位为2017年的40.08米（吴淞标高）。2019年全区防洪形势保持稳定，未发生较大险情。

城区排涝。随着城市开发建设的加快，浏阳河芙蓉区段的排渍泵站，由原来的农业排涝标准提高到城市排涝标准。区内排渍泵站主要有长善垸内的亭子港、东屯渡、中心、三角塘和东岸垸内的杉木港、砂咀子、罗溪港7处泵站，排渍泵站装机容量为55台2.59万千瓦，排渍能力达到年暴雨强度一年一遇的标准。全区7处排渍泵站的供电线路均采用双电源供电，增强泵站运行的可靠性，提高城市防内涝的保证率。

防洪排涝。7月7日开始，长沙连续遭遇强降雨天气，浏阳河水位持续升高，从7月8日的32.72米（浏阳河东岸垸水位）开始迅速上升，7月11日4时达到峰值37.36米。7月8日20时起芙蓉区启动防汛Ⅳ级应急响应，7月9日12时起将防汛应急响应提升至Ⅲ级，7月16日22时水位降至35.99米，低于警戒水位；7月18日8时解除防汛应急响应。此次强降雨期间，芙蓉区委、区政府领导密集调度、蹲点值守，落实责任、组织抢险工作，做好城区防汛工作；7处泵站运行正常，重点堤段、区域实行24小时全天候值守，杨家湾撇洪渠出口左岸挡墙部分垮塌、滨河路营盘路桥附近路面塌陷等3处隐患按照预案处理完毕，防汛情况正常。全区在防汛期间召开防汛会商会18次，派出防汛工作组53批次，巡堤除险投入劳力1.1万人次，消耗砂石料2400立方米，彩条布1200平方米，编织袋6000余个。

（朱　康）

·河长制·

【概况】 2019年，芙蓉区认真落实省、市河长制会议精神，加快河湖长制从“有名”到“有实”转变，实现河湖环境加速好转，水质加速提升，生态加速修复。

提升水质。浏阳河芙蓉段较上年同期相比水质明显好转，黑石渡断面水质由Ⅳ类升为Ⅲ类，实现年初制定的年均值达到Ⅲ类及以上水质目标。支流圭塘河、杨家湾通过区县共治，除雨季和枯水时段仍存在下行风险外，水质状况逐步好转。2019年黑石渡断面有效监测天数363天，达到和优于Ⅲ类及以上天数322天，优良以上天数88.7%。

控源截污。年内投入经费5171万元，新建污水收集管道5.7千米，雨污分流改造6.96千米，完成农大片区神龙路、丹桂路等周边公共雨污分流管网改造。3月完成三角塘、东屯渡、亭子港泵站等重点排口污水溢流计量设备安装启用；5月初完成长善垸污水提升泵站进水廊道拓宽，并配合长沙市住建局加速长善垸污水提升泵站扩容改造。6月对农科院鑫达贵都三口塘水面垃圾杂草及塘底淤泥开展整治。9月完成浏阳河沿线多处泵站前池清淤，10处河湖“四乱”问题彻底销号，11处入河排口均实现全截污。

科学控污。优化7处排渍泵站起排水位，4处提升泵站集水池限高值，发挥现有排水设施使用效率，挖掘各类排水设施系统性使用潜能，建立联合控污和科学排污机制，基本实现浏阳河芙蓉段晴天无污水下河，雨天10毫米降雨量以下不溢流。7—12月，7处排渍泵站下雨43天仅机排26天，减少溢流天数27天，溢流率减少42%。4处污水提升泵站提升总量5450万吨，减少污水下河863.72万吨。

联合共治。建成芙蓉区河长体系，建立长效机制，日常巡河形成常态。2019年9名区级河长巡河108次，20名街道河段长巡河835次，21名村级河长巡河916次。设立31名河道警长，办理涉水案件2起，刑事拘留3人。渔政执法10次，出动180人次，收缴渔网19付，罚款金额20万元。配备8条河道保洁船，31名民间河长、31名河道巡查员、6支志愿者队伍时刻活跃在河湖保护一线。

媒体宣传。新华社和《经济日报》《湖南日报》《长沙晚报》等13家媒体重点采访浏阳河，深度报道浏阳河芙蓉段，2019年河长制工作内容上稿中央媒体5篇，省级媒体13篇，市级媒体17篇。

（刘玉陶）

扶贫工作

·对口帮扶怀化市麻阳苗族自治县·

【概况】 2019年，芙蓉区对口怀化市麻阳苗族自治县精准扶贫工作，以“两地一家亲、携手奔小康”为主题，坚持具体化、项

2019年，芙蓉区继续深化脱贫攻坚战略，加大对口帮扶怀化市麻阳苗族自治县精准扶贫工作力度。图为2019年麻阳苗族自治县扶贫产业冰糖橙喜获丰收。

图自区融媒体中心

目化、长效化，实施“三个一”工程，推进麻阳苗族自治县精准脱贫。

组织领导。2019年4月28日芙蓉区支持麻阳苗族自治县脱贫攻坚工作领导小组办公室与麻阳苗族自治县扶贫开发领导小组签订《芙蓉区—麻阳县2019年扶贫协作帮扶协议》，区县主要领导召开4次扶贫协作联席会议和1次重点项目集中签约仪式。区委书记于新凡，区委副书记、区长周春晖先后到麻阳苗族自治县调研“携手奔小康”扶贫协作工作。4月17日区政府常务会议、5月17日区委常委会议专题研究对口帮扶工作，推进麻阳苗族自治县精准脱贫。

人才支援（交流）。麻阳苗族自治县新增派11名优秀干部到芙蓉区挂职。芙蓉区教育选派11名优秀教师、卫健选派8名医技人员赴麻阳苗族自治县开展支教、支医服务。与麻阳苗族自治县31所中小学校建立结对帮扶关系，双方中小学相互交流学习39次。完成尧市镇小江村等21所村卫生室提质改造工作。合办青年干部实训营，双方52名青年干部参加。

资金支持。2019年芙蓉区拨付对口帮扶麻阳苗族自治县援助资金1370万元。投入资金占上年度财政收入比例的0.132%，财政援助资金数与2018年相比增长14.17%。开展爱心助学、爱心资助、产业培训等社会帮扶资金67.88万元。

产业合作。根据麻阳实际情况，重点推进麻阳万亩再生稻、冰糖橙品质提升扶贫产业园项目建设，及重点扶持17家新型经营

2019年12月7日，“消费扶贫·爱心助农”2019麻阳冰糖橙长沙推介活动将在长沙IFS国金中心前坪举行　　图自融媒体中心

主体。惠及农户4744户1.88万人，使贫困人口稳定就业、增产增收。引导4家企业达成4个项目合作，企业当年投入22.5万元。湘茶集团帮助麻阳西晃山茶业公司通过欧盟有机茶认证，在基地建设、茶园培管、加工技术、产品销售等方面开展深度合作；顺丰速运与麻阳茜果农业科技、“三农”兄弟林业开发有限公司在农产品运营、线上线下销售、物流运输等达成合作协议；长沙英业网络科技有限责任公司投资20万元，与麻阳春天农业发展有限公司合作成立湖南春芙贸易有限公司，重点开展家禽养殖、农产品销售等合作；湖南宝臻供应链管理有限公司与麻阳米米生态农业科技有限公司合作成立麻阳福地生态农业科技有限公司，在京东商城销售麻阳特色农副产品。全年累计消费扶贫购买麻阳锦红冰糖橙、富硒小仔花生、甘蔗制红糖等农产品160.91万元。

劳务协作。组织40余家企业携2万余个职位召开二次专场招聘会，达成就业意向300余人；组织50名建档立卡贫困户进行育婴员技能培训，学员全部结业；组织30位贫困居民参加为期14天保健按摩班培训，24人实现稳定就业。全年吸纳125位麻阳苗族自治县籍贫困劳动力人员转移就业或就近就业。

【扶贫工作调研】 2019年10月20日，芙蓉区委书记于新凡带队到麻阳苗族自治县实地调研“携手奔小康”扶贫协作，区委副书记、隆平高科技园党工委书记卓精华，区委常委、常务副区长谭雄伟，区政协副主席、农业农村局局长、扶贫办主任陈庆，隆平高科技园工会主席阳林艳以及区财政局、区商务局、区接待服务中心主任等部门负责人12人参加调研。于新凡一行考察了易地扶贫搬迁集中安置小区龙升家园、麻阳冰糖橙品质提升扶贫产业园，并在麻阳苗族自治县行政中心召开芙蓉

区·麻阳苗族自治县“携手奔小康”重点项目集中签约仪式，现场湖南湘茶集团与麻阳西晃山茶业公司、顺丰速运与麻阳茜果农业科技、三农兄弟林业开发有限公司、长沙英业网络科技有限责任公司与麻阳春天农业发展有限公司、湖南宝臻供应链管理有限公司与麻阳米米生态农业科技有限公司，在产业技术、农产品运营、家禽养殖、农产品销售等方面达成项目合作。（鲁红英）

·对口帮扶湘西州龙山县靛房镇·

【概况】 靛房镇下辖20个村（社区），总人口2.23万人，其中建档立卡户1588户、6434人，贫困发生率28.8%。2017—2018年，在第一批工作队的用心帮扶下，直接或间接帮扶15个村顺利出列，1371户5718人稳步脱贫。2019年3月第二批队员进驻以来，帮扶工作围绕“两不愁三保障”（“两不愁”：农村贫困人口不愁吃、不愁穿；“三保障”：保障义务教育、基本医疗和住房安全）和贫困户脱贫、贫困村退出和贫困县摘帽来开展，帮助2个村退出，带动282户1147人脱贫增收。

基础设施建设。2019年，芙蓉区铺排对口帮扶资金1430万元，同比上年增长43%，资金使用率71.62%。截至年底，绕镇大道（芙蓉大道）、先锋村便民桥实现通车，方便村民出行；靛房镇九年制学校综合楼和学生宿舍投入使用，解决千余名学生的教学和住宿问题；增加投入30万元对全镇未达到危房改造标准的17户危险、破损房屋（包含贫困户和非贫困户）进行统一修缮，增进民生福祉；芙蓉区政协捐赠15万元，在信地村和先锋村安装路灯199盏，点亮乡村之路。

产业就业发展。围绕“两不愁三保障”，做好产业发展和劳动力转移就业“两业”文章，增强“造血”功能。精选产业项目。投资1200万元，打造靛房土家文化旅游产业建设项目。与浙江湘阳农业开发有限公司共同种植白茶200公顷，打造靛房镇白茶种植示范园；种植羊肚菌20公顷，成效显著。为易地搬迁安置户发放蜂箱239箱，解决易地搬迁村民的后续发展问题。打通农产品销售通道。对靛房农特特产进行产品包装设计，在微信、政府网站等多媒介搭建销售平台，并联系湖南“好爸爸”生鲜等企业帮助宣传推介。2019年，通过工会采购、搭建销售平台、食堂定向采购、直播带货等方式，销售农副产品76.8万元。多渠道解决就业。对于弱劳力的安排公益性岗位，153人已上岗；对于全劳力的安排就业扶贫专场招聘会，帮助41名建档立卡户实现转移就业，产业项目带动就近就业184人。

社会帮扶合力。倾心教育扶贫帮扶。开展爱心助学、送教下乡、暑期夏令营等等活动30余次，号召社会各界捐赠资金物资价值65.1万元；为学校建立信息化图书馆、添置课椅、学生床、寝室集中柜、图书与学习用品，促成32个贫困学生与社会成功人士结对帮扶。倾情医疗帮扶。组织医院在靛房开展医疗帮扶活动，免费为当地群众义诊200余次，捐赠药品3万元。倾力宣传推介，对接各级媒体，宣传对口帮扶工作中的亮点、特色，50余篇靛房脱贫攻坚相关稿件在中宣部“学习强国”、新华社、湖南卫视等媒体报道。

【帮扶工作调研】 2019年5月10日，芙蓉区委副书记、区长周春晖率区委组织部、区政府办、农业农村局、财政局、隆平园招商合作局以及湖南省茶业集团相关负责人一行，到龙山县靛房镇调研对口帮扶工作。周春晖一行先后到靛房镇信地村走访该村部分建档立卡贫困户和兜底户，查看靛房镇土家文化广场、芙蓉大道、靛房镇九年制学校综合大楼建设情况，详细了解项目规划、建设资金、建设进展等情况以及面临的问题和困难。周春晖要求对口帮扶工作一定要围绕“两不愁，三保障”户脱贫和村退出、县摘帽的脱贫标准，对标对表，精准施策，精准发力，做好基础设施建设、产业发展等方面的帮扶工作，引导社会力量参与，齐心协力助推龙山打赢脱贫攻坚战。（朱 丽）

工业·园区

Industry & Industrial Park

责任编辑·谭丽霞

工业和信息化

【概况】 2019年4月，根据《芙蓉区机构改革方案》，长沙市芙蓉区经济和信息化局更名为长沙市芙蓉区工业和信息化局，属芙蓉区政府正科级工作部门（简称区工信局）。区工信局机关行政编制7人，领导职数3个，其中局长1人，副局长2人。2019年，区工信局以产业项目建设年为抓手，以营商环境优化、品质提升为目标，落实推动产业转型升级的系列组合政策，结构调整取得新进展，项目建设取得新突破。

工业经济平稳运行。2019年，全区以营商环境优化年为主线，工业经济保持平稳运行，产业项目势头良好。全区实现规模以上工业总产值132.38亿元，同比增长-3.9%，实现规模以上工业增加值38.21亿元，同比增长3.6%，全年新增规模以上工业企业7家。金色农华、恒德种业入围市第六批智能制造试点示范企业，康通电子、凯德技术等7家企业确定为长沙首批工业和信息化类小巨人企业，传统工业加快向智能制造转型。“五个100”（2018年湖南省产业项目建设年提出的重大项目）项目稳步推进，隆平高科企业总部基地、长沙现代服务业产业园等一批重大产业项目相继建成投产，投资120亿元的隆平生物种业产业园项目签约，生物育种产业预计全年完成产业链产值70亿元。“四新经济”（新技术、新产业、新业态、新模式）初具规模，完成工业投资44.85亿元，增长50.4%；完成工业技改投资3.16亿，增长243.2%，工业技改投资占工业投资的比重7.1%.组织企业申报工业企业智能化技术改造补贴，为3家企业申报专项资金65.41元；完成工业企业研究与发展（R&D）投入3.47亿元。2019年度工业项目扶持资金申报工作成效突出，向省市推荐97家企业申报省市级项目扶持资金，58家企业获批，补贴金额4838.45万元。

信息产业稳步增长。规模以上信息消费企业63家，全年实现营业收入33.4亿元,较上年增长2.3%。家庭光纤到户率90%，4G网络覆盖率95%。2019年5家企业入围2019年首届湖南省互联网企业50强榜单。组织46家企业申报省移动互联网专项资金，组织52家企业申报市移动互联网专项资金，15家企业获批820万元扶持资金。组织企业申报2019年市人工智能产业专项扶持资金。5G建设加快推进。部署5G网络建设三年行动计划，完成32个机房选址，电信已建设开通站址120个，移动已开通143个，在省委、芙蓉广场、五一广场等区域开展5G应用试点。

电力攻坚强力推进。与国网长沙公司签订合作框架协议，完成“2035规划”（长沙市电力设施专项规划）中新增的合平、支五、红杉、望龙4个变电站选址工作，韶光变、新安变项目启动施工，马王堆变实现交地，农大变完成场平，城东变完成规划选址手续办理，星芙—鼎黎项目交付投产，相关通道路由项目完成计划编制。完成17个专改公项目设计查勘筛选和上报工作。

营商环境持续优化。以中小微企业服务中心为平台，开展“芙蓉大讲堂”系列活动，围绕减税降费、社保筹划等主题组织开展专题讲座。举办“创客中国”芙蓉赛区相关活动，组织企业参加“星创同行”公益服务活动，开展“2019小微双创—产业发展”系列培训活动，受到企业好评。

存在的主要问题。工业经济呈现持续萎缩态势；电力“630”攻坚面临诸多挑战，非法阻工、资金缺口等问题制约项目推进进度；信息化建设面临诸多压力，基站建设推进不快；信息产业发展较为零散，没有形成拳头产品和抱团效应；“三供一业”改造工程点多面广，情况较为复杂，推进进度不均衡等。

（张赛萍　郭泽武）

【企业办社会职能分离工作和企业改制】 2019年，根据《芙蓉区中央驻长企业、省属企业职工生活小区提质改造实施方案》，芙蓉区驻长企业、省属企业职工生活小区改造实施主体由区城市人居环境局进行统筹、指导（区城市人居环境局相关职能、人员划转到位前的提质改造统筹、指导由区城市管理局负责）。职工生活小区提质改造工作由所在街道负责实施，街道办事处主任为第一责任人。区工信局负责督促企业资金到位、开展企业协调、对接市企改办，整体把控提质改造工作项目进度。2019年，组织开展37个央企省企职工生活小区物业改造，推进以国企供水、供电、供热、物业管理分离移交地方工作。由区政府实施物业改造的省企职工生活小区有16个，改造资金总额为1836.05万元，16个小区改造资金到账1836.05

万元。由区政府实施物业改造的央企职工生活小区21个，改造资金总额为4035.88万元，已到账18个小区3879.88万元，未到账3个小区156万元（市邮政3个小区：定王台25.5万元、五里牌85.5万元、东岸45万元）。年底，各街道已完成项目立项，进入改造方案设计、线下审图、编制预算、财评及确定施工单位等阶段。企业改制稳步推进，遗留问题妥善解决。区物资公司遗留问题处置工作取得重大进展，区政府常务会议审议通过遗留问题处置方案，足额筹集到相关资金，和有关各方达成协议，员工合理诉求得到回应，相关处置程序稳步推进，多年未决的遗留问题有望彻底解决。

【国有企业退休人员社会化管理】 2019年，在完成中国有色金属长沙勘察设计研究院有限公司国有企业退休人员社会化管理试点工作的基础上，根据中共中央厅字〔2019〕19号、湘办发电〔2019〕79号、长办〔2019〕98号等文件精神，全面推进全区国有企业退休人员社会化管理工作。结合芙蓉区实际，制定《长沙市芙蓉区推进国有企业退休人员社会化管理工作实施方案》。2019年，按照“接得住、交得稳、管得好”工作要求，根据市企改办统一安排部署，第一批国有企业退休人员社会化管理任务全部完成，签订协议25份，移交人数3729人，党员1403人，活动用房2078.11平方米。（郭泽武）

【“企企通·万企上云”部署动员会】 2019年7月2日，芙蓉区召开“企企通·万企上云”部署动员会，区工信局副局长方建龙、联通芙蓉分公司总经理廖伟林、副总经理刘湘维、14个街道、园、局和20余家企业参会。会上，方建龙宣读《2019年芙蓉区“企企通”信息化建设活动方案》，作出具体的工作部署和要求；联通芙蓉分公司负责人讲解企业上云的相关知识和案列。2019年，芙蓉区计划上云企业250家，上云标杆企业12家。

【5G网络建设及规划机房用地会议】 2019年8月23日，芙蓉区召开5G网络建设及规划机房用地会议，长沙市通讯管理办公室副主任陈波，芙蓉区副区长黄金国，长沙市移动公司工程建设部主任崔海，富汇通信建设公司负责人吴坚，芙蓉区工信局主要负责人，区自然资源规划局、区市政中心、区城管局、区园林中心、区城投公司相关负责人，各街道分管负责人参会。会上，崔海汇报芙蓉区5G网络建设工作，提出芙蓉区的5G建设目标和相关规划、5G通信汇聚机房需求和目前存在的问题。区工信局局长王庄宣读《长沙市5G建设推进工作方案》，明确各级部门的职责分工和相关责任人。黄金国作总结发言。长沙是5G建设试点城市，市委书记胡衡华于8月2日召开专题会议，部署5G工作三年行动计划。黄金国提出：2019年重点是推动5G机房建设，确保22个规划机房落地，进而推动基站和光交的建设；各单位要明确分管领导，并根据职责分工配合好相关工作；做好机房用地选址工作，确保选址科学合理，不占用绿化带、人行道等公共资源。（文程遥）

·中小微企业服务·

【概况】 芙蓉区中小微企业服务中心以科技成果转移转化和项目开发为基础工作，带动科技就业和科技创业。2019年，中小微企业服务中心举办各类型活动18场，其中税务服务系列专题沙龙3场，企业创新发展知识讲座4场，“2019小微双创——产业发展”系列培训活动4场，举办“创客中国”大赛（芙蓉赛区），“星创同行”高峰论坛、中小微企业政策宣传等。开展投融资服务、项目申报、法律咨询等服务活动，服务中心组织专家私聊，为企业发展“把脉”，了解企业需求，遴选服务机构，严把服务质量关，企业满意率超95%。

【2019年“创客中国”芙蓉赛区比赛】 2019年5月28日，2019年“创客中国”芙蓉区中小微企业创新创业大赛决赛暨颁奖仪式在湖南投资大厦16楼举行。该次大赛是根据省、市工信部门关于举办“创客中国”省、市中小微企业创新创业大赛的安排部署，为打造中小微企业创业创新升级版，促进中小企业高质量发展而举办。赛前5月16日，区政府举行“创客中国”芙蓉区中小微企业创新创业大赛赛前培训暨抽签仪式，中国路演产业联盟创新创业服务领域首批路演辅导咨询师毛邓担任培训主讲师，对BP（Basis Point基点：用于金融方面）和路演进行实战演练及案例分享，帮助企业提高路演质量，增强路演能力。芙蓉赛区决赛中，20家入

围企业参赛，项目囊括人工智能、环保科技、高新材料、移动互联网、新能源和文化创意等多个领域、多个行业。大赛邀请5位各行业领域内的资深专家导师担任评委组，采用评委评分加异议讨论相结合的方式，按照创新性、成长性、市场前景、团队能力及风险应对五个维度进行评判。最终凯德技术长沙股份有限公司、湖南晖龙集团股份有限公司、租机侠科技有限公司、长沙亚欣电器技术服务有限公司、湖南科臣环境科技有限公司等6家企业项目获市赛参赛资格。

2019年5月28日，“创客中国”芙蓉区中小微创新创业大赛决赛暨颁奖仪式在湖南投资大厦举行。 区工信局 供图

【中小企业政策宣传月活动开展】2019年11月15日，芙蓉区中小微企业服务中心组织开展以“企业专利情报利用”为主题的中小企业政策宣传月活动。11月22日，芙蓉区中小微企业服务中心在湖南摄影城开展“六个一”法律进企业活动，为多家企业普及法律常识；下午开展经济合同知识分享沙龙，30余家企业参加。通过相关法律知识宣传，为企业经营规避法律风险。

【小微双创培训活动】 2019年9月26日，在长沙市工业和信息化局的指导下，由长沙市芙蓉区人民政府主办，芙蓉区工业和信息化局、芙蓉中小微企业服务中心共同承办的“芙蓉区2019年小微双创——产业发展系列培训活动”（第一场）在区政府214会议室举行，长沙市工业和信息化局党组成员、副局长周双恺，长沙市工业和信息化局中小企业处处长王笑笑，芙蓉区人民政府副区长黄金国出席。活动邀请湖南大学MBA、圣卡洛斯大学管理哲学博士、湖南正源方略企业管理顾问有限公司首席合伙人、执行董事石明华讲授“新经济特征下企业商业模式创新之道”，从政策角度和产业角度解读新经济的发展方向，并以多维度多视角分析建议企业在新经济下该如何创新，随后石明华和与会企业高管互动，现场答疑解惑。芙蓉区2019年小微双创——产业发展系列培训活动，从9月开始至12月开办3场，另邀请清华大学MBA、机械工程及计算机网络工学双学士讲师孙行健为企业讲授《企业营销管理创新》，邀请工商管理硕士、长沙托马斯企业管理顾问有限公司首席讲师陈志华讲授《企业精细化管理》。培训主要涵盖大数据驱动产业转型升级和创新、企业精细化管理、市场需求分析、精准营销、商业模式、盈利模式创新等。惠及超过100余家企业、400余名企业中高管人员。系列活动获得湖南经视、湖南公共频道、新浪网、《长沙晚报》等各大主流媒体宣传报道。

（刘　义）

隆平高科技园

【概况】 隆平高科技园成立于1997年，规划面积18平方千米，地处省会长沙东部，是中部水、陆、空立体交通网络中心枢纽。西连长沙市中心，南临浏阳河，北靠长沙经济技术开发区，是长沙高新技术产业开发区一区四园之一。园区管委会下设办公室、招商合作局、经济贸易局、规划建设局、社会发展局、企业党委，另有财政分局为芙蓉区财政局的派出机构。截至2019年12月，园区工作人员79人，其中在编人员34人，招聘人员45人。根据长编委发〔2014〕13号文件规定，园区主要负责对管辖区域内的开发和建设项目实行归口管理。2019年，隆平高科技园党工委、管委会以精心打造“种业硅谷”、推进项目建设为工作核心，推进转型升级，落实年度目标任务。

2019年，隆平高科技园完成技工贸总收入283.2亿元；完成规模工业总产值124.05亿元，同比增长2.5%，其中规模工业增加值35.83亿元，同比增长9.6%；完成“四上”服务业总营业收入144.09亿元，增长32.31%，其中增加值40亿元，增长24.5%；完成高新技术总产值130亿元，增长10%；完成固定资产投资增长率17.3%；完成全口径税收13.15亿元，增长35.4%，亩均税收32.74万元，继续领先全市省级园区。全年新引进世界500强企业项目2个、税收过百万企业13家、外资企业14家，新注册企业986家，实际利用外资2.15亿美元。园区获批省服务业示范集聚区、获批创建国家现代农业产业园。

项目建设。仁孚汽车湖南总部基地、平商创智中心等项目开工；银通科技智能燃气表产业化基地进入装修阶段；丰兴实业（芙蓉中央产业园）、琴海数码、嘉庆德隆、凯德隆盛等项目建设提速；长沙现代服务业产业园、丽时大厦、意家门窗基地、华智国家水稻分子育种中心一期等5个项目竣工投产。完成土地征拆约58公顷，实现所有项目地块扫尾清零。解决嘉庆德隆、一带一路、志宏科技等项目调规障碍，建立重大项目奖补激励机制，兑现英氏控股、苏宁电器奖补资金300万元。启动实行规划验收容缺受理机制。

“种业硅谷”建设。顶层设计完成。市政府出台“种业硅谷”发展规划和21条专项政策，市财政计划三年投入1.5亿元，当年到位5000万元。申报创建国家现代农业产业园获农业农村部批准立项，获批中央财政资金1亿元，当年到位3000万元。启动申报国家生物种业技术创新中心。园区编制三年行动计划，建设专项资金管理平台，发布资金管理办法和申报指南。突出“特色+效益”，中心从农作物拓展到畜禽水产、林果花卉、微生物、种业服务等五大领域。定期更新“两图两库两池两报告”（产业链全景图、现状图；项目库、客商库；资金池、人才池；招商报告、分析报告），客商库扩充到370家，人才库137人，资金池规模5亿元。实施精准招商。新引进产业链企业73家、项目25个，35家形成产值。种业上下游企业150家，占全省的47%、全市的80%。总投资120亿元的隆平生物种业产业园项目签约。“种业硅谷”22个项目实施进度45%，完成投资15.4亿元。隆平高科、华智种企总部两基地引进企业13家。“两中心”（种业硅谷成果转化中心、隆平生物种业创新中心）项目前期工作进展顺利。“一核心园区”（隆平生物种业产业园）启动规划报建。

创新驱动。园区坚持科技创新与动能转换“双轮驱动”。推动企业“入规、升高、扩面、上市”，新增入规企业31家；新认定高新技术企业15家，总数57家；新增市级智能制造试点企业2家，拟上市（挂牌）企业13家，3家企业获批新三板督导补助资金60万元。新认定省、市高精尖人才11人，高端人才70人。袁隆平院士获颁“共和国勋章”，袁隆平、官春云、印遇龙院士获评省“最美科技工作者”。新增中国工程院院士1人（刘仲华），截至年底，区域内有中国工程院院士5人。新增省级公共服务平台、省院士工作站、湖南省“5个100”重大项目3个，新增发明专利申请50件、专利合作条约项目10件，培育高价值专利组合1个；完成技术交易合同1亿元，研究与开发经费占主营业务收入比例超过5%。

环境优化。贯彻落实“营商环境优化年”活动要求，营造亲商宜商、扶商安商的发展环境。成立园区企业服务中心，编制服务指南，精简办事流程，推行“一窗受理、分类审批、统一出件”和“一网通办”，企业办事不见面、不跑腿、不求人，省时、省力、省心。承接78项下放权限，一次办、网上办比例100%，电子监察系统无红黄牌警告，“12345”市民服务热线满意率96%。设立隆平税务分局，升级芙蓉隆平智能办税厅，企业办税不出园、不限时。成立园区检察联络室，打通企业维权“最后一公里”。组建隆平高科技园企业联合会，开展企业沙龙主题活动10次，政企沟通常态化、制度化。组织银企对接会5次，达成融资意向4亿元。利用小微企业风险补偿基金、助保贷解决企业资金需求8900万元；155家企业获奖补资金2596万元，60家企业获项目补贴5000万元。兑现人才奖励190万元，落实企业减税9000万元、降费1200万元。慰问困难职工435人次。落实麻阳产业扶贫项目5个。

园区建设。园区夜景亮化、

绿化提档等品质提升项目竣工，纬十四路、京珠高速人行通道投入使用，京珠高速东辅道完成改造。新建公共停车场2个，新增车位200个，“隆平巴士”专线开通，为园内职工提供免费通勤。建立省级园区长沙市首支网格化应急救援队伍，首批队员60人。开展安全生产隐患大排查，领导带队检查安全生产97人次。开展扫黑除恶专项行动，化解各类矛盾纠纷36次，园区保持平安稳定。推进城市更新、优二兴三，采取行政、经济和市场手段促闲置低效用地合理利用，盘活低效闲置用地7公顷、厂房1.3万平方米。收回省药检院闲置土地1.87公顷。解决东湖干休所1.2公顷土地权属争议。协调颐而康受让大红陶瓷低效用地1.33公顷、租赁豪意电器低效用地。

【隆平高科技园企业联合会成立】2019年3月26日，长沙市隆平高科技园企业联合会发起人筹备会暨第一届会员大会，在隆华国际酒店举行。为满足企业互动交流、反馈迅速、协同高效的迫切需要，由隆平高科技园管委会牵头，包括湖南省茶业集团股份有限公司、长沙苏宁物流有限公司、特格尔医药集团股份有限公司、湖南丰兴实业有限公司、爱尔眼科医院集团股份有限公司、湖南雄天投资集团有限公司等10家企业单位联合发起，共同组建“隆平高科技园企业联合会”。秉承“整合园区资源、提升企业质效、集聚商机人气、推进品质发展”的理念，在相关部门的指导下，为隆平高科技园和企业实现高质量发展提供多样化服务。

【“长沙·中国隆平种业硅谷”专项政策出台】2019年3月18日，市政府办公厅发布关于支持“长沙·中国隆平种业硅谷”加快建设发展的意见》（以下简称《意见》），助推“种业硅谷”建设发展。《意见》包括科技支持政策、人才支持政策、用地支持政策、融资支持政策、企业集聚支持政策及其他事项6个方面、21条，自2019年4月1日起施行，有效期5年。《意见》明确，市政府同意成立市级协调领导小组，2019—2021年的三年内，市财政设立每年5000万元的“种业硅谷”建设发展专项资金。

【“长沙·中国隆平种业硅谷”发展规划出台】2019年3月25日，经市政府批准，市农业农村局印发《“长沙·中国隆平种业硅谷”发展规划（2019—2025年）》（以下简称《规划》）。《规划》分析隆平园区的条件和优势、机遇和挑战，明确“种业硅谷”建设的总体要求：战略定位为“一地两区”，即种业重大原始创新策源地、种业发展最佳生态示范区和种业文化交流展示区；空间布局以“一园”（隆平高科技园）为核心区，以“六镇”（长沙县春华镇、路口镇、高桥镇、金井镇、开慧镇、福临镇）为拓展区，以“多基地”（多个省内、国内、国外基地）为辐射区；实施“五大行动”“五大工程”，即种业科技创新行动、种子生产供应行动、种业交易会展行动、种业服务优化行动、种业交流合作行动，国际种业总部基地建设工程、产业技术创新战略联盟发展工程、种业企业培育工程、种业人才聚集工程、种业金融创新工程；到2025年实现“四大目标”，即种业创新能力一流、高端人才加快集聚、各类企业做大做强、产业集群质效双增。5月22日，园区在国家杂交水稻工程技术研究中心举行“长沙·中国隆平种业硅谷”发展规划及政策新闻发布会。

【隆平园入选国家现代农业产业园创建名单】2019年6月12日，农业农村部、财政部公布2019年

2019年3月26日，隆平高科技园企业联合会成立　　隆平高科技园　供图

国家现代农业产业园创建名单，长沙市芙蓉区现代农业产业园（即隆平高科技园）入选。隆平高科技园拥有袁隆平、官春云、印遇龙、邹学校4位中国工程院院士，拥有世界级优势项目——超级杂交水稻，聚集160余家生物育种产业链上中下游企业。根据《规划》，2025年“种业硅谷”计划院士工作站11个，国家级人才工程入选者17人，列入长沙市重点人才引进计划的高端人才20人，创新团队8个，种业企业总部落户长沙的数量100家。

【园区基因技术产业链建设调研】2019年8月7日，市委副书记、市长、湖南湘江新区党工委书记胡忠雄到隆平高科技园调研基因技术产业链建设工作，实地走访隆平高科、药圣堂制药、省茶业集团、明园蜂业等公司，并听取全市基因技术产业链工作汇报，芙蓉区委副书记、区长周春晖，隆平高科技园党工委委员、管委会副主任罗辉陪同。上半年，园区产业链完成产值35.65亿元，同比增长34.8%；引进企业和项目51个，完成投资5.4亿元，新增国家级平台（国家现代农业产业园）1个，省级平台（湖南省细胞组织库、湖南省细胞制备中心）2个，新成立长沙市杂交水稻机械化制种产业技术创新战略联盟，种业企业150家，其中规模以上企业20家。胡忠雄指出，基因技术产业链是长沙22条产业链中的重要产业链，是长沙践行“创新引领”战略、布局未来新兴产业的重要元素。芙蓉区委区政府要加快基因技术产业链建设发展。隆平高科技园要做好“精实深细”文章，打造成长沙创新活力最足、创新动力最强的创新引领名片。

【国家水稻育种基地一期工程投入使用】 2019年9月24日，华智水稻生物技术有限公司搬迁至国家水稻分子育种研发基地。该基地由农业农村部主导，一期工程建筑面积5.5万平方米，包括4栋主体建筑及附属、地下工程，该工程2018年1月11日开工，于2019年10月31日完工。一期工程投入使用，标志着“种业硅谷”核心区重点项目建设取得新进展。华智生物计划依托“四平台”（品种测试平台、种质资源创新平台、分子育种平台、生物信息与重要功能基因解析平台）、“三中心”（生物育种新技术研发中心、种子质量分子检测中心、生物育种大数据研发中心），计划把该基地建成国际一流的现代种业高科技研发中心与技术服务中心。

【隆平生物种业产业园项目签约】2019年9月24日，隆平生物种业产业园项目签约仪式在湘麓山庄七号楼多功能厅举行，是长沙加快建设“长沙·中国隆平种业硅谷”的标志性工程。省委常委、市委书记胡衡华，市委副书记、市长、湖南湘江新区党工委书记胡忠雄会见中国中信集团党委副书记、副董事长、总经理王炯一行，并见证项目签约。副市长邱继兴主持签约仪式。市政府秘书长张能峰，市发改委主任夏文斌，市工信局局长康小平，市自然资源和规划局局长冯意刚，市农业农村局局长吴石平，市商务局局长高伟，芙蓉区委书记于新凡，区委副书记、区长周春晖和隆平高科技园党工委书记、区委副书记卓精华，党工委副书记、管委会主任易新宇等参加会见和签约活动。该项目是“种业硅谷”核心区的重点招商项目，总投资120亿元，总建筑面积120万平方米，按照“产城融合、宜居宜业”理念，建设长沙生物产业的公共服务中心、

2019年8月7日，长沙市市长胡忠雄（左一）到隆平园调研

隆平高科技园　供图

2019 年 9 月 24 日，隆平生物种业产业园项目签约　隆平高科技园　供图

成果转化中心、企业孵化中心和人才聚集高地。项目由中信城开、中信农业携手武汉东湖高新投资、开发、建设和运营，重点发展生物种业、生物制造、生物服务及现代服务业等产业。项目计划建立国家及省级创新平台 10 余个，汇聚高端人才 300 余名，引进和培育优质生物科技及现代服务类企业 800 余家，实现年产值 300 亿元。

【刘仲华当选为中国工程院院士】 刘仲华，1965 年 3 月生，湖南衡阳人，中共党员，国家植物功能成分利用工程技术研究中心主任、教育部茶学重点实验室主任、湖南农业大学教授、茶学学科带头人。1988 年获湖南农业大学茶学硕士学位，1999 年晋升湖南农大教授。他长期从事茶叶深加工与功能成分利用、茶叶加工理论与技术、饮茶与健康等方向的研究与教学工作。截至 2019 年 11 月，刘仲华先后主持国家和部省级项目 30 余项，制订国家标准 5 项，发表关于茶的学术论文400余篇，获得国家发明专利 40 余项。他有关茶叶的理论和技术、标准，多次获外经贸部、商业部、湖南省科技进步奖，2008 年、2016 年两次获得国家科技进步二等奖（均排名第一）。2019 年 11 月 22 日，刘仲华当选为中国工程院院士，为湖南茶业界首位院士。隆平高科技园的院士人数增至 5 人。

【长沙市重大产业项目观摩团到隆平园】 2019 年 12 月 12 日，湖南省委常委、长沙市委书记胡衡华，市委副书记、市长胡忠雄率市四大家领导及各区县（市）、园区、市直部门和相关国有企业负责人组成的观摩团，到隆平高科技园，现场观摩“种业硅谷”隆平高科总部基地。每年年底举行全市性、高规格的产业项目流动观摩和点评会，是长沙形成的传统。芙蓉区委书记于新凡，区委副书记、区长周春晖，园区负责人及区其他有关领导陪同。于新凡在项目展板前向观摩团详细介绍了芙蓉区、园区项目建设总体情况及隆平高科总部基地的发展历程、重大成果，袁隆平农业高科技股份有限公司副总裁陈志新带领观摩团观看 PPT，了解观摩项目的建设进展、战略举措及愿景目标。观摩团成员驻足观赏展厅内陈列出的隆平高科自主研发的水稻、小麦、黄瓜、食葵、辣椒等产品。胡衡华表示，“产业项目建设年”“营商环境优化年”是推动经济工作特别是推动制造业高质量发展的重要抓手，要抓到痛点、抓出亮点，形成比学赶超的浓厚氛围。隆平高科作为建设“种业硅谷”的核心平台，要坚持创新为上、人才为先、科技为首的发展理念，紧盯目标、精准发力，助力“种业硅谷”做好做强做响。（周　密）

商贸·楼宇

Trade & Building

责任编辑·谭丽霞

商贸综述

2019年芙蓉区机构改革，区商务和旅游局更名为区商务局，原旅游管理职责划入文化旅游体育局。2019年，芙蓉区完成社会消费品零售总额955.77亿元，比上年增长9.7%，其中实现限额以上企业零售总额306.3亿元，同比增长9.3%。实际到位外资8.14亿美元，比上年增长9.39%；其中完成外商直接投资3.43亿美元，完成实际利用省外境内资金149.50亿元，同比增长16.05%。外贸进出口额13.81亿美元，同比增长33.6%；加工贸易811万美元，同比增长-34.66%。对外承包工程和劳务合作完成营业额2.07亿美元，同比增长28.63%。（戴　颖）

招商引资

【概况】　2019年，芙蓉区引进世界500强项目4个（湖南体育产业园项目、国家生物种业技术创新中心、小鹏汽车湖南总部项目、友阿股份与Seven & I控股公司签署的湖南省“7-ELEVEn”便利店特许经营项目），超额完成全年任务。引进税收百万元以上的企业80家。通过小分队招商、上门招商和专场招商会等方式在上海、北京、深圳等地外出招商，引进优质资源，推动项目落地。年内，举办“长沙CBD高端楼宇推介会”、“2019长沙市芙蓉区·深圳珠宝商恳谈会”、“5·20企业服务日”系列活动之商协会及非公经济代表人士座谈会、长江商学院EMBA32期五班全体同学“走进芙蓉·政企恳谈会”，召开北京回湘企业家招商恳谈会，副区长带队到上海上门招商。多次统筹调度全区招商资源，精心包装CBD重点楼宇、隆平新区、浏阳河文旅产业带等重点区域招商项目，重新制作2019年全区招商宣传片、招商手册。内、外资项目个数分别为186个、14个，其中重大项目11个，分别是：湖南体育产业园项目，隆平生物种业产业园项目，国家生物种业技术创新中心，小鹏汽车湖南总部项目，友阿股份与Seven & I控股公司签署的湖南省“7-ELEVEn”便利店特许经营项目，平江商会总部基地项目，熙林国际培训中心项目，盈亚证券投资咨询有限公司，颐而康服务总部基地，湖南英氏营养食品有限公司，畜牧科研实验平台基地。

【跨境电子商务业务培训会】　2019年1月10日，区商务旅游局联合全球电商巨头Ebay唯一官方授权湖南代理商——长沙威盟信息咨询有限公司举办跨境电商业务培训会议，40余家电商企业、外贸企业业务负责人参加培训，副区长黄金国出席并致辞，区商务旅游局、CBD办主要负责人参加会议。黄金国强调，芙蓉区将抓住长沙市成为全国第22个跨境电子商务综合试验区的有利契机，发展芙蓉区跨境电商产业，引导和鼓励中小微外贸、商贸企业、电子商务企业围绕跨境电子商务，结合数据、产业、物流等在细分领域和细分市场占据制高点，提高企业发展质量和水平，增强核心竞争力。黄金国向现场企业家发出邀请，欢迎企业家和战略投资者来芙蓉区创业投资。

【省领导到苏宁物流走访调研】　2019年2月12日，湖南省副省长何报翔一行走访调研湖南苏宁物流有限公司，省政府副秘书长罗建军，省商务厅厅长徐湘平，市政府副市长邱继兴，副秘书长王体泽，市商务局副局长黄立斌，

2019年2月12日，副省长何报翔（前排左一）参观苏宁物流基地

图自区融媒体中心

芙蓉区委副书记、区长周春晖，副区长黄金国等省、市、区主要领导陪同走访调研。湖南苏宁物流有限公司位于隆平高科技园，由“苏宁易购”投资建设，2014年注册。一期（隆平）占地10.67公顷，二期（望城）占地28.8公顷，总面积50万平方米，仓储30万平方米，存储能力17万套，全省17个XD配送点，162个快递点，大小件所辐射湖南省全境（含乡镇）是湖南区域占地面积最大、仓储面积最广的物流公司。自运营以来，湖南苏宁物流面向社会开放物流资源，除承接苏宁易购渠道物流业务以外，还涉及供应链物流、仓配物流、揽件速递等业务，可满足200亿元销售规模服务。何报翔到企业仓库，详细了解企业的运营和具体作业情况，肯定苏宁物流在智能化物流领域所做出的成绩，希望企业继续投入建设，将苏宁物流打造成信息化、机械化、环保化、现代化的物流产业园，为湖南的经济发展做出更大的贡献。

2019年2月26日，长沙CBD高端楼宇推介会上，国金中心与入驻企业签约

图自区融媒体中心

【长沙CBD高端楼宇推介会】 2019年2月26日，长沙CBD高端楼宇推介会在长沙国金中心T1楼73层会议室举行。来自上海、武汉等地对长沙有投资意向的世界500强、中国500强及行业领先等50余家企业高管受邀参加推介会。推介会由长沙市商务局、长沙市芙蓉区人民政府共同主办，芙蓉区商务和旅游局承办，第一太平戴维斯物业顾问（武汉）有限公司长沙分公司、九龙仓（长沙）置业有限公司、长沙世茂投资有限公司、湖南佳兆业房地产开发有限公司、长沙耀达楼宇经济发展有限公司协办。长沙市副市长邱继兴，长沙市政府副秘书长王体泽，长沙市商务局党委书记、局长高伟，芙蓉区委副书记、区长周春晖等领导及相关区直部门、街道负责人参加会议。周春晖致辞，感谢大家的到来，简要介绍芙蓉区五一商圈优越的地理位置，长沙国金中心、世茂广场、佳兆业广场3家代表湖南最高水准的AAAAA级写字楼和芙蓉区优良的营商环境，表示“今年是长沙市‘营商环境优化年’，芙蓉区将以‘不叫不到，服务周到，随喊随到，说到做到’的态度为企业提供更优更快更好的服务，希望与企业家和战略投资者携手共进，合作共赢。”邱继兴致辞中表示，商务楼宇被誉为“立体的开发区”和“垂直的商业街”。长沙内五区现有商务楼宇660栋，其中亿元楼宇超过35栋，总建成面积超过2300万平方米。楼宇经济已经成为引领长沙高质量发展、产业优化升级、财税持续增收的强力引擎。区商务旅游局局长戴静详细介绍长沙市和芙蓉区优良的投资环境以及该次活动期间的区级奖励政策，国金中心、世茂广场、佳兆业广场3家楼宇的代表介绍各自项目亮点及商家推出的特惠条款。活动结尾，长沙国金中心与湖南特音电子有限公司、华为技术有限公司、成都携程旅行社有限公司长沙分公司、支付宝（中国）网络技术有限公司湖南分公司及口碑（上海）信息技术有限公司、中科聚信信息技术（北京）有限公司举行签约仪式。

【长沙市外贸业务工作培训会（芙蓉区专场）】 2019年3月8日，区商务旅游局在湖南投资大厦楼宇服务中心，举办2019年长沙市外贸业务知识培训会（芙蓉区专场）。长沙市商务局、星沙海关、市国税局、区商务旅游局、长沙银行、Ebay（易贝）公司、长沙电子口岸有限公司相关负责人出席，58家企业，70余人参加培训。市商务局、长沙市国税局、星沙海关分别就2019年最新扶持政策、出口退税、报关流程等细致讲解；长沙银行、Ebay（易贝）公司、长沙电子口岸有限公司等单位就外贸综合服务、业务开展、外贸融资申报等事项详细介绍。培训结束后，与会企业表示参加此次培训受益匪浅，对芙蓉区举办该类高质量的培训予以赞赏。培训让企业了解到最新的政策动态，加强企业与企业、与政府部门之间的交流。

【长沙市芙蓉区·深圳珠宝商恳谈会在深举办】 2019年4月19日，由芙蓉区人民政府主办、芙蓉区商务局承办的“2019长沙市芙蓉区·深圳珠宝商恳谈会”在深圳举行。芙蓉区委常委、常务副区长谭雄伟，副区长黄金国，区财政局和区商务局主要负责人出席，深圳珠宝协会会长单位金富鑫、新三板上市企业客莱谛、深圳知名品牌完美爱钻石等十几家品牌珠宝企业参加恳谈会。会议由黄金国主持。黄金国致欢迎辞并介绍芙蓉区区情、产业发展优势和综合配套服务，客商们观看芙蓉区和黄金街招商宣传片。商务局主要负责人对长沙黄金街作“筑巢引凤 金耀星城”主题招商推介，解读“金十条”招商政策，呼吁深圳珠宝企业家们携珠宝产业荣归故里投资发展。黄金之城珠宝交易中心董事长郭雷介绍黄金街发展概况。位于芙蓉区建湘路的“长沙黄金街”，发展聚集10余家省级黄金珠宝品牌代理商及二级批发商、30余个省级珠宝品牌运营中心，覆盖全省5000余家终端门店，年交易额100余亿元，成为中南地区最大的黄金珠宝交易中心。会上，受邀珠宝商发言，与芙蓉区领导友好交流，表达进驻黄金街的发展意向，为芙蓉区珠宝产业发展建言献策。最后，谭雄伟作总结，介绍长沙市、芙蓉区的经济发展情况以及芙蓉区经济发展重要地位，表达芙蓉区政府对打造黄金街的决心，希望在深圳发展的黄金珠宝企业到芙蓉区抱团发展，共同将黄金珠宝产业做大做强。

【蔚来汽车五一广场体验店开业】 2019年8月24日，上海蔚来汽车五一广场体验店（湖南首家，全国第十家）在惠农大厦一楼举行开业仪式。上海蔚来汽车创始人、董事长兼CEO李斌先生首次到长沙为蔚来汽车体验店站台并宣讲公司及产品发展理念。长沙市人民政府副市长邱继兴，市商务局副局长黄立斌，芙蓉区委副书记、区长周春晖，副区长黄金国等市、区领导，芙蓉区商务局等区直相关部门主要负责人应邀参加开业仪式。邱继兴、周春晖、在体验中心参观了蔚来汽车当前面市的三款产品——EP9、ES8、ES6，与董事长李斌就当前新能源汽车的发展趋势、中国新能源汽车品牌如何与国际大牌竞争、蔚来汽车的开发理念以及在湖南的投资计划开展交流。李斌向各位领导和嘉宾介绍蔚来汽车的发展历程，2018年4月进驻长沙后的销售业绩，他希望蔚来汽车能在长沙这座充满活力的城市大卖，进而像北、上、广、深等城市一样，在芙蓉区建设NIO House（蔚来之家）供蔚来的车主们聚会、休闲及社交。副市长邱继兴表示蔚来汽车因为其独特的发展理念，纵向开发的高投入以及优秀的市场口碑一定能在新能源汽车道路上迅速发展，邱继兴介绍长沙发展汽车制造业，特别是发展无人驾驶技术上的众多优势，希望蔚来汽车做到“蔚来已来”。开业仪式后，长沙市市长胡忠雄在市政府接见了李斌一行。

【北京回湘企业家招商恳谈会】 2019年8月30日，芙蓉区人民政

2019年8月30日，芙蓉区举办北京回湘企业家招商恳谈会　图自区委办

府在长沙国金中心 MFG 会议室，举办北京回湘企业家招商恳谈会。区人民政府副区长黄金国，隆平高科技园管委会副主任曾敏，商务局、现代服务业发展中心、金融事务中心、隆平高科技园招商局主要负责人，北京湖南青年创业促进会优秀企业家代表一行 40 余人参会。黄金国介绍芙蓉区区情优势，商务局局长戴静详细推介 2019 芙蓉区促进区域经济发展的奖励办法及重点项目，曾敏介绍隆平高科技园，企业家代表一一发言，表达深厚家乡情怀，就扎根长沙、投资芙蓉进行探讨和交流。黄金国在讲话中强调，芙蓉区是一片投资兴业的沃土，欢迎北京湘籍青年企业家回长沙创业，希望双方进一步加强交流和合作，共谋发展，共创辉煌。

【长沙国金中心招商工作调研】 2019 年 9 月 5 日，芙蓉区委副书记、区长周春辉一行到长沙国金中心调研，区政府办、商务局、现代服务业发展中心、金融事务中心、定王台街道主要负责人随行。座谈会在 73 楼会议室，长沙国金中心写字楼租赁、出售、商业以及写字楼运营服务商（MFG）负责人参加，副区长黄金国主持。国金中心写字楼租赁、出售负责人详细介绍招商情况、工作打算以及政策建议，商业负责人汇报商业整体运营、纳税情况、非独立法人转企业法人、写字楼物业管理存在的困难，MFG 负责人汇报公司概况、长沙项目以及入驻企业情况，与会部门分别就各自职能汇报自长沙国金中心开业以来与该项目对接、服务的情况。周春晖表示，长沙国金中心是长沙乃至湖南的名片、形象、标杆，下一步，相关部门要进一步加强和长沙国金中心的对接、提供“保姆式”服务；进一步做实新增“四上”企业、固定资产投资、社会消费品零售统计申报等工作，加强政企联动，形成合力，引进优质企业。

【中信正业与清华大学考察团到区考察】 2019 年 9 月 6 日，中信正业资产管理有限公司与清华大学考察团一行 9 人就高端医养项目及清华大学优势产业资源导入到芙蓉区考察，芙蓉区人民政府副区长黄金国，副区长刘宪，区商务局、自然资源局、城建投公司主要负责人参加会见。黄金国简要介绍了芙蓉区区情。考察团提出建立高端医养项目及清华大学优势产业资源导入的相关要求。黄金国、刘宪就区域项目资源做详细介绍和重点推介，就合作的具体事宜开展洽谈。黄金国强调，高端医养项目落户及清华大学优势产业资源导入对提升城区品质和产业升级至关重要，芙蓉区会在法律和政策的范围内给予支持，希望双方能够就该项目的落地进行深入洽谈。

【世茂环球中心与 IWBI 签约】 2019 年 9 月 17 日，在世茂环球金融中心，举行“WELL，COME to Changsha！”世茂商业及主题娱乐与国际 WELL 健康建筑研究院（IWBI）双城签约仪式。芙蓉区人民政府副区长黄金国、芙蓉区商务局负责人、IWBI 亚洲区高级副总裁 Tony Armstrong 和世茂商业及主题娱乐写字楼总监杨煜共同出席签约仪式。WELL 建筑健康认证，由国际 WELL 建筑研究院建立，是世界上较为完整、专门以人的身心健康为核心的建筑认证与评价标准。该次签约仪式标志着世茂环球金融中心成为湖南首个 WELL 认证注册项目，作为考量人类健康与建筑环境之间关系的重要作品，接受 WELL 标准 100 余项检验。

【湖南跨境电商体验中心启动仪式】 2019 年 9 月 21 日，湖南北欧投资管理有限公司在长沙发起建立的集进口商品展示、体验功能与跨境电商于一体的省级平台——“湖南跨境电商体验中心”启动仪式在芙蓉区宇成朝阳会议中心举办。湖南省商务厅巡视员肖彬、芙蓉区人民政府副区长黄金国出席，政府、企业、商户各方参与，共同见证湖南跨境电商体验中心启动。该次活动由湖南省商务厅作为指导单位，湖南北欧投资管理有限公司和湖南宇成投资集团有限公司主办和承办，长沙市芙蓉区商务局、欧盟湖南总商会、湖南省名优特产商贸协会、湖南欧亚快线健康产业有限公司、中国国际卫视综艺台、沙特阿拉伯湖南总商会、芬中经济合作署、丹麦湖南总商会共同协办。湖南北欧投资管理有限公司董事长唐勇在致辞中介绍，湖南跨境电商体验中心成立数月，有丹麦、芬兰、法国、韩国、新西兰、荷兰、迪拜、马来西亚、老挝等国包括保健品、化妆品、食品等在内的 30 家知名品牌与场馆计划入驻体验中心。作为服务湖南与欧洲乃至全球的商品进出口贸易的桥梁，中心将为湖南省跨境电商的发展提供新的平台，满足湖南及周边省份的消费者在直采进口食品、精美百货等“一站式”购物需求、线上线下相结合的国际化鲜明体验中心。体验中心内设全球进口产品展示体验区、进口餐饮体验区、进口酒类品鉴区、新品发布区，实现跨境电商公共服务中心、企业孵化器等多功能于一体的互动体验平台。该平台的建立，预计可为湖南省外贸年进出口额贡献30亿～50亿美元。

【中铁建设集团高层到访芙蓉区】 2019年10月11日，中铁建设集团副总经理孙洪军带队的高层考察团到访芙蓉区，区长周春晖接洽，副区长黄金国，区商务局、区城建投及区棚改办主要负责人参加会见。周春晖介绍芙蓉区经济社会发展概况、区位优势和东湖片区项目基本情况，中铁建设集团考察团介绍集团概况及优势、业务板块、华中地区在建项目等情况，就东湖湿地片区开发提出初步合作设想。双方就合作的内容和模式举行洽谈与交流，取得原则性共识。

【区政府与芬兰寒克雅奇公司签订合作协议】 2019年11月6日，芙蓉区人民政府与芬兰寒克雅奇公司在上海虹桥金古源豪生酒店签订合作协议。芬兰宏卡公司总裁Mr. Pasi Kivel等相关负责人，芙蓉区政府副区长黄金国，湖南北欧投资管理有限公司董事长唐勇，芙蓉区商务局主要负责人参加签约仪式。芬兰宏卡公司是一家成立于1967年的欧洲跨国上市公司，是国际知名的高品质蛋白质膳食和脂肪制造商，是欧洲农业畜废处理行业的龙头企业，该企业专门以动物屠宰废弃物、餐厨垃圾等为主要原料进行循环再生利用。在未来3～5年内，该公司计划在湖南长沙、永州、常德、衡阳等地投资建设五个循环经济生态产业园，主要建设内容为芬兰寒克雅奇环保循环经济产业链以及全自动化生猪屠宰生产线等，单个产业园项目的投资额约2.5亿欧元，总投资额约12.5亿欧元，园区年产总值预计超过200亿人民币。在生态经济园内，宏卡将做到“100%废弃物处置、100%无污染、100%来料再利用”，为湖南省内的屠宰废弃物及餐厨垃圾带来很好的治理效果。

【到上海考察企业】 2019年11月7日，副区长黄金国带队拜访国泰世华银行（总部位于台湾）上海分行（大陆总部），与行长彭昱兴及高管就长沙设立分行事宜举行洽谈。黄金国就国泰世华银行关注的省市区引进外资银行的相关政策、区位优势、台资企业情况、人才资源及产业基础作了详细介绍，双方就具体问题展开交流。在上海期间，黄金国还带队拜访世茂集团，与集团副总裁赵军及其高管洽谈，双方就长沙世茂广场项目优质产业导入、项目去化以及项目拓展等事项展开深入交流；拜访奥山控股集团，与集团副总裁张金及高管洽谈。双方就芙蓉区3号地块设计方案、地块调规、挂牌时间、冰雪项目及产业导入展开交流。

【长江商学院EMBA32期五班考察芙蓉区】 2019年11月11日，长江商学院EMBA32期五班企业家受邀考察芙蓉区，期间“走进芙蓉·政企恳谈会”召开。区长周春晖，副区长黄金国、隆平高科技园管委会副主任曾敏，宣传部、统战部相关负责人，及区政府办、区财政局、区发改局、区商务局等区政府有关部门负责人参会。会议由黄金国主持，周春晖表示欢迎企业家代表的到来，他从悠久的历史文化、突出的产业优势、一流的营商环境等方面推介芙蓉区。商务局详细推介2019芙蓉区经济发展奖励办法及招商项目，隆平园招商局介绍了隆平高科技园基本情况及招商政策。各企业家就外资、外贸、项目招商、企业上市等方面政策及服务与各部门展开交流。

【星沙海关调研芙蓉区外贸工作】 2019年12月10日，星沙海关关长曹传清一行到访芙蓉区，区长周春晖，副区长黄金国，区商务局主要负责人，浙商中拓集团，湖南鲸鱼，佳兆业集团相关负责人参加座谈。会上，黄金国介绍蓉区外贸工作开展情况、当前困难、下一步工作打算以及相关工作请求。浙商中拓集团、湖南鲸鱼详细汇报了企业经营情况、当前困难以及工作请求。曹传清表示将一如既往支持芙蓉区外贸工作，就企业的诉求一一进行回应，当场指导企业如何顺利开展业务。周春晖强调，感谢星沙海关对芙蓉区的支持，希望下一步能加强与星沙海关的对接，共同助力芙蓉外贸发展。

【重点楼宇调研】 2019年12月26日，区长周春晖、副区长黄金国带队走访调研佳兆业广场和世茂环球金融中心楼宇项目，区政府办、区商务局、区城管局、区现代服务业中心、区金融中心、区市政中心、辖区街道五里牌和定王台等单位主要负责人参加。周春晖一行实地考察项目现场并召开座谈会，听取企业方关于项目进度、招商情况与计划、存在的困难和诉求等方面汇报，与会区直部门主要负责人做表态发言，黄金国提出企业要做好招商规划、企业入驻工商税务服务等意见。周春晖肯定了两个项目的努力和成绩，表示政府将和企业共同发力招商引资，力争将楼宇招满、招好。会上企业提出的困难与问题现场交办至各职能部门。

（戴　颖）

2019 年芙蓉区落实“一圈两场三道”任务，图为提质改造后的农贸市场

图自区委办

商贸流通

【概况】 2019 年，全区完成社会消费品零售总额 955.77 亿元，比上年增长 9.7%，其中实现限额以上企业零售总额 306.3 亿元，比上年增长 9.3%。分行业看，批发业实现销售额 218.20 亿元，同比增长 9.7%；零售业实现销售额 624.14 亿元，同比增长 9.5%；住宿业实现营业额 14.87 亿元，同比增长 5.2%；餐饮业实现营业额 98.56 亿元，同比增长 11.4%。根据全区限额以上批发和零售企业商品销售情况统计，全年零售额 10 亿以上的商品类别中累计增速前三位的是：汽车类零售额增长 66.4%，化妆品类零售额增长 19.0%，粮油、食品类零售额增长 18.7%。累计增速后三位的是：石油及制品类零售额增长 –12.6%；日用品类零售额增长 –11.0%，服装、鞋帽、针纺织品类零售额增长 –2.5%。全年亿元以上商品交易市场 12 个，完成商品成交额 395.30 亿元，排名前三位的是湖南省三湘南湖大市场、马王堆海鲜水产批发市场、湖南黄金之城珠宝有限公司（黄金之城珠宝交易中心），实现交易额 295.77 亿元。

民生实事。全年完成 5 家农贸市场新建、4 家农贸市场提质改造、6 家社区门店建设，超额完成“一圈两场三道”任务，今朝星市集作为精品农贸市场示范区被列入市级观摩点。促消活动丰富多彩。9 月 29 日启动“越夜越精彩　芙蓉我最红”夜经济之星评选活动，消费者和商家踊跃参与，抖音网络传播量 435.4 万人次，最终根据点赞量评选出以 IFS 国金中心、徐记海鲜为代表的 10 家优秀企业获得芙蓉夜经济之星，10 位夜经济消费者获得“芙蓉我最红”红人称号奖。同时还推选出具有代表性的 8 张芙蓉夜经济名片及 30 家芙蓉夜经济示范门店，为市民夜间消费提供指导，活动得到市领导和区主要领导的点赞。参与重大展会。组织辖区企业参加“2019 中国国际食品餐饮博览会”和“2019 一乡一品国际商品博览会”，政府全额出资搭建展厅，帮助企业进行宣传推广，获得省商务厅中国国际食品餐饮博览会会务组颁发的“优秀组织奖”。打好“蓝天保卫战”。全年完成农科院、荷晏、长安、南湖、高桥和蓉园 6 座加油站地下油罐改造任务，完成中石油长沙分公司下属的古曲路和人民东路 2 个加油站油气回收在线监控设施的安装任务，保证各项环保指标达标。借助电脑经销商商会、三湘南湖商会平台组织中小微企业召开银企对接会、招聘会等，助推企业发展。

【农贸市场提质建设工作调研】 2019 年 3 月 27 日，长沙市商务局副局长毛鹏程一行到区调研农贸市场提质建设工作，区商务局局长戴静陪同。毛鹏程一行先后考察施工中的定王台街道文运街智慧生鲜超市、荷花园街道的福鸿农贸市场，试营业的韭菜园街道的本社生鲜、马坡岭街道的东宜万国生鲜市场，详细查看市场内的装修建设情况，听取关于项目进展情况和全区农贸市场提质建设情况介绍。毛鹏程对芙蓉区的2019年农贸市场提质建设前期开展的工作表示肯定，要求工程要保证施工质量和安全，建设全市示范性市场，打造智慧型农贸市场，有条件的市场建设果蔬垃圾回收处置设施。

【农贸市场提质建设平面图联审】 2019年4月12日，芙蓉区农贸市场提质建设领导小组办公室在区政府1032会议室，召开农贸市场提质建设平面图联审会，商务局、市场监督管理局、生态环境局芙蓉分局、消防大队相关工作人员，湘湖、定王台、朝阳、韭菜园、荷花园、马坡岭、东岸街道相关负责人，今朝庄园市集、曙光农贸市场等8个农贸市场的负责人、设计人员参加会议。会上，各市场的设计人员和市场负责人首先阐述市场平面布局图设计，各街道补充陈述，职能部门对设计图提出意见和建议。会上领导小组办公室再次明确提质建设工作要求：消防设计必须由有资质公司进行设计施工，市场装修要采用不燃、难燃材料，冷库、排风排烟等设备必须采用正规合格设备，市场内严禁搭建阁楼、严禁设置生活用气、用电、用火；市场内必须在消费者易见处设置食品快速检测室，豆制品、米粉必须全封闭、冷链，卤味熟食等直接入口食品与活禽、水产区不能相邻相对；市场内干湿分离，设置隔渣沉淀池，如有油烟道必须专用，不能向下水道排放，空调、烟机等设备外机设置不得影响周边居民；需进行网上环保备案并进行水质检测；原则上具备条件的市场2019年都应进行智慧系统建设；最终经市、区两级验收合格达到建设规范的市场，通过财政审计后的才能获得相应补贴；在施工期间安全第一，新建和规模较大的市场必须办理施工许可证。

【督察区加油站地下油罐改造工作】 2019年5月9日，长沙市商务局局长高伟，副局长黄立斌，市场运行调节处处长伍智峰等一行人到区督察加油站地下油罐改造和在线监控安装工作，区商务局局长戴静、副局长邓志文陪同。中石油片区经理向高伟汇报古曲路加油站地下油罐改造、在线监控安装、废旧油罐拆解等工作情况，戴静汇报芙蓉区油气回收工作。高伟强调：加油站属于特种行业，要紧绷安全生产这根弦；要进一步加大加油站地下油罐改造工作的力度，所有站点必须配备防渗池或进行双层罐改造；加快在线监控系统安装工作，中石油要与市商务局对接；注意加油站日常经营中的环境污染问题，确保环保投诉问题及时解决。

【五一商圈业态发展情况调研】 2019年5月9日，长沙市商务局局长高伟，副局长黄立斌，市场运行调节处处长伍智峰等人一行调研五一商圈业态发展情况，芙蓉区商务局局长戴静，天心区商务局局长李念奇，步行街管委会主任杨波和相关工作人员陪同。高伟一行从火宫殿出发，实地考察药王街、太平老街，在茶颜悦色太平老店三楼召开座谈会，天心区商务局、芙蓉区商务局、步行街管委会、太平老街管委会相关负责人就五一商圈提质提档、业态转型升级工作作简要汇报。高伟强调：要重点抓好产业业态培育工作，让商户感受到政府的人性化、标准化，结合人大调研提出建议，借助多方平台，形成合力。要注意点、线、面结合，发挥好政府的引导功能，避免各区县同质化竞争，发展差异化特色，形成各区县所独有的文化特色，形成业态连接。市、区、街三级联动，发动市场方、各级协会的力量，制定长效发展机制，形成品牌化、特色化的东西，利用专业化的市场运作，做好顶层设计，营造良好的营商环境，引导产业与业态的有效结合。

【今朝星市集现场办公会】 2019年7月5日，芙蓉区委副书记、区长周春晖，副区长黄金国，政府办、住建局、商务局、城管局、行政审批局、交警大队、湘湖管理局、韭菜园街道、火星街道主要负责人一行到今朝星市集农贸市场召开现场办公会，为企业现场解决问题。今朝星市集位于车站北路138号香泽南湖大厦项目地下负一层及夹层，面积4000平方米，服务周边10万居民。香泽南湖大厦前身是今朝宾馆，因资金升级改造计划停摆。2014年，湘湖管理局引入新的投资方，将烂尾楼升级改造为香泽南湖大厦，同时顺应“一圈两场三道”建设的要求，利用原来的地下室配套建设农贸市场。2018年4月湖南省营横世邦贸易有限公司收购并开办了现代化的智慧农贸市场今朝星市集，2019年6月市场开业，满足车站北路各住宅小区以及省委周边居民的生活需求。香泽南湖大厦负责人汇报今朝星市集开业以来的情况，运营中遇到的问题和困难，现场各部门对企业的问题一一提出解决方案。周春晖指出，农贸市场提质建设工作是“一圈两场三道”中的一项民生工作。为农贸市场解决运营困难，是一项经济工作，也关系到营商环境的优化，各部门要统一思想，切实为企业解决实际困难。

【安全生产和企业发展调研】 2019年9月25日，长沙市商务局副局长黄立斌、流通业发展处处长张增辉等人一行调研芙蓉区安全生产和企业发展情况，芙蓉区商务局局长戴静、副局长邓志文和相关工作人员陪同。黄立斌一行人听取长远加油站安全负责人张静，关于长远加油站地下油罐改造、在线监控安装、国庆期间安全生产等工作的汇报，黄立斌肯定长远加油站的工作。一行人在乐和城6楼会议室与湖南友谊阿波罗商业股份有限公司、湖南省新华书店有限责任公司、中国石油天然气股份有限公司湖南长沙销售分公司等10家公司就消费升级和企业发展现场座谈，就如何确保企业高速发展，破解企业存在难题，开展现场交流。

【第一批便民生鲜农产品供应体系项目通过市复核】 2019年10月29日，长沙市商务局、市实事办、市住建局、市城管局、市自然资源和规划局、市市场监督管理局、市生态环局、市房地产测绘队组成复核小组，对芙蓉区第一批已验收的5个农贸市场和5个生鲜门店进行便民生鲜农产品供应体系建设工作复核，芙蓉区人民政府副区长黄金国、副调研员虢中华，区实事办、住建局、商务局等部门负责人，湘湖管理局、朝阳等8个街道相关人员参加。复核组在区政府会议室，听取区商务局代表区农贸市场工作领导小组汇报芙蓉区2019年便民生鲜农产品供应体系建设工作情况，查阅市场和门店建设的相关资料，随机抽取2个农贸市场、2个社区门店到现场复核，查看市场和门店的建设情况并实地测量面积。市复核组对芙蓉区的便民生鲜农产品供应体系建设完成情况表示满意，芙蓉区通过复核。

【加油站改造工作会议】 2019年11月22日，在区政府会议室召开芙蓉区加油站环保改造工作会议，区商务局、环保局和各加油站片区经理和站长参加会议。中石油、中石化和各站点主要负责人汇报加油站地下油罐改造和油气回收设备安装的情况，结合各负责人的情况汇报，芙蓉区商务局副局长邓志文提出对加油站的工作要求，区环保局针对当前市蓝天办反馈的情况提出下一年各站点必须进行双层罐和三次回收的工作要求。

【“越夜越精彩 芙蓉我最红”活动颁奖】 2019年12月4日，芙蓉区“越夜越精彩，芙蓉我最红”颁奖典礼在IFS国金中心西北广场举行，长沙市人民政府副市长谭勇，长沙市商务局副局长毛鹏程，芙蓉区委副书记、区长周春晖，区委副书记蒋红波，宣传部部长伍艳飞，区人民政府副区长黄金国，相关区直部门、获奖企业代表和各类新闻媒体等200余人出席颁奖典礼。2019年，芙蓉区作为中心城区发挥自身优势，落实长沙市人民政府办公厅《关于加快推进夜间经济发展的实施意见》，出台各种措施，繁荣夜间经济，促进消费发展。“越夜

2019年12月4日，芙蓉区在长沙国金中心西北广场举行“越夜越精彩，芙蓉我最红”活动颁奖典礼

图自芙蓉之窗

越精彩，芙蓉我最红”夜经济之星评选活动暨抖音挑战赛自9月启动，吸引了上千家商家及数万消费者的参与，他们通过拍摄具有芙蓉区夜经济亮点特色的短视频并上传抖音，小视频亮点、笑点不断，抖音网络传播量435.4万人次。活动通过新媒体传播手段，以年轻人喜欢的新潮方式，依托社交媒体的传播与参与，最终根据点赞量评选出以IFS国金中心、徐记海鲜为代表的10家优秀企业获得“芙蓉夜经济之星”、10位夜经济消费者获得“芙蓉我最红·红人奖”。同时芙蓉区还推选出极具代表性的8张芙蓉夜经济名片及30家芙蓉夜经济示范门店，为市民夜间消费提供指导，形成“打卡芙蓉网红店，宣传芙蓉夜经济”的氛围，实现消费者和商家在夜色之下，互联网之上的双向互动良好局面。2019年前三季度，芙蓉区实现夜间经济营业额约200亿元，日均消费数14.8万人次，成为长沙最红火、最有特色的消费区域。（戴　颖）

楼宇经济

【概况】 2019年3月，根据芙蓉区委机构编制委员会《关于长沙市芙蓉区机构改革涉改科技事业单位调整的通知》，长沙芙蓉中央商务区管理办公室更名为区现代服务业发展中心，为区政府直属正科级公益类事业单位。全额拨款事业编制12名，主任1人，副主任3人。区现代服务业发展中心主要职能：贯彻执行国家、省、市、区有关促进楼宇经济、现代服务业发展的法律法规、方针政策，负责全区楼宇管理服务，为区域楼宇经济发展提供组织、协调、服务等工作；组织协调区现代服务业发展日常工作；承办区委、区政府交办的其他事项。2019年，芙蓉区现代服务业发展中心落实“优化营商环境年”“品质提升年”等相关要求，各项工作有序推进。

做优楼宇服务。楼宇服务中心开展“红色CEO智享汇”和“税务直通车”“创客中国”芙蓉区中小微企业创新创业大赛等25场“CBD共享家”活动。加快楼宇服务站建设。制定下发《芙蓉区楼宇服务站建设方案》《楼宇服务站工作指南》，明确建设标准和服务规范，建立楼宇服务站建设运营“十个一”模式。建成楼宇服务站16个，为入驻企业提供党务、政务、商务、事务服务，开展银企对接会、流动审批服务等各类惠企服务活动101场次，依托“楼长制”和楼宇服务中心（站），解决楼宇企业问题需求215个。

提升楼宇品质。开展楼宇资源摸底，分类建立楼宇资源基础台账。依托“芙蓉楼宇”微信公众号定期发布楼宇闲置资源信息，举办芙蓉区商务楼宇资源对接会，搭建楼宇资源对接平台。2019年全区98栋重点楼宇新增市场主体897个，完成楼宇招商面积约20.61万平米。引导湖南投资大厦、佳兆业广场、长房国际大厦等新建楼宇，发展金融、电商、房产、双创等专业特色楼宇，授予长房国际大厦“房产总部大楼”。引导银华大厦、华菱大厦、香泽南湖大厦完成提质改造。国金中心、湖南投资大厦、宇成朝阳广场、友阿总部大楼、世茂环球金融中心、东盈商业广场等新建项目均按照计划顺利推进装饰装修和招商工作，长房国际大厦、大汉海派实现交房。佳兆业广场、文化大厦（二期）、恒大珺悦府等在建商务项目有序推进。

助力项目申报。申评省级服务业示范集聚区。推荐隆平高科技园、湖南省金融创新特色产业园申报并获评第三批省服务业示范集聚区。指导企业申报市服务业引导专项资金。组织推荐苏宁智慧社区O2O生活平台——苏宁小店、易分销跨境电子商务服务平台2个项目申报并获2019年长沙市现代服务业引导专项资金95万元。组织开展市服务业“三百工程”申报，入选重点项目2个、重点商务楼宇22栋，服务“三百工程”的项目和楼宇，按要求开展季度监测和服务，全年报送并解决问题9个。

存在的主要问题和困难。存在部分楼宇产权分散，配套设施老旧，物业管理水平、楼宇综合品质有待提升等问题。中心城区交通压力日益增大，停车位稀缺，楼宇周边基础设施配套有待完善。近年大体量新建楼宇陆续交付，楼宇去化压力加大。

【“房产总部大楼”专业楼宇授牌仪式】 2019年5月28日，长房国际大厦“房产总部大楼”专业楼宇授牌仪式在长房国际大厦举行。芙蓉区委副书记、区长周春晖，副区长黄金国，区商务局、区现代服务业发展中心、荷花园街道相关负责人，长房集团党委书记、董事长李建国等长房集团企业负责人、长房国际大厦业主

2019 年 5 月 28 日，“房产总部大楼”专业楼宇授牌仪式在长房国际大厦举行　　区现代服务中心　供图

等 100 余人参加授牌仪式。周春晖为长房国际大厦颁授“房产总部大楼”牌匾。房产总部大楼成为芙蓉区继总部大楼、金融服务大楼、影像创意大楼、律政服务大楼、文化创意大楼后第 6 栋授牌的专业楼宇。

【芙蓉区两地获评“湖南省服务业示范集聚区”】 2019 年 10 月 31 日，根据湖南省发展和改革委员会《关于公布第三批湖南省服务业示范集聚区的通知》，由芙蓉区人民府组织申报，长沙市发展和改革委员会推荐，经湖南省发展和改革委员会评审和公示，并报湖南省人民政府同意，芙蓉区隆平高科技园和湖南省金融创新特色产业园获评第三批湖南省服务业示范集聚区，该次获评第三批湖南省服务业示范集聚区 18 家。

【商务楼宇资源对接会】 2019 年 9 月 29 日，芙蓉区在湖南投资大厦楼宇服务中心，举办商务楼宇资源对接会。芙蓉区人民政府副区长黄金国、长沙市发改委服务业处处长童晔来出席会议。区商务局局长戴静、区金融事务中心主任肖利、区现代服务业发展中心主任易鑫参加活动。第一太平戴维斯、戴德梁行、仲量联行、世邦魏理仕等房地产咨询机构代表，MFG 写字楼运营服务商、长沙亿达产业运营管理有限公司等招商运营平台公司代表，楼宇业主、楼宇招商运营负责人代表共 50 余人参加活动。友阿总部大厦、中国石油大厦等八栋商务楼宇招商负责人作楼宇推介。第一太平戴维斯、戴德梁行、仲量联行、世邦魏理仕等专业机构和平台公司，为各楼宇提供招商经验、思路和方向。　　（陈晓宇）

交通·邮政·通信

Transportation & Post & Communication

责任编辑·谭自然

交　通

【概况】　2019年，根据《芙蓉区机构改革实施方案》，芙蓉区交通运输局由事业建制调整为区政府工作部门，为正科级，划入原区相关部门承担的渔船监督管理职责，内设机构调整为3个。根据芙编委发〔2019〕33号文件，设立长沙市芙蓉区交通事务中心，为区交通运输局所属公益一类全额拨款事业单位。2019年，芙蓉区交通运输局狠抓道路运输安全监管，压实企业主体责任，以长沙火车站地区为重点开展打非治违，消除安全隐患，擦亮城市“窗口”，推进“营商环境优化年”活动，创新思路、转变作风，健全机制，提升班子的整体效能，实现辖区道路运输安全有序，全年无交通安全生产责任事故。2019年，区交通运输局获评“长沙文明单位”“市公路管理局农村公路综合项目管理优秀单位”“市运管处道路运输统计工作先进单位”等。在芙蓉区第十一届全民健身运动会获得机关组羽毛球团体赛二等奖。　（李　露）

【道路运输安全监管】　区交通局坚持“狠抓责任落实、夯实安全基础、加强执法监管、预防减少事故”目标，开展“压实企业安全生产主体责任年”和安全生产大检查活动，着力维护辖区交通安全生产稳定形势。抓好重点时段、重点部位的运输安全。春运、两会期间发放宣传资料1000余份，以微信群的方式向企业推送天气预警、春运快报和事故警示10余条；安检行包16.07万件，收缴危险物品327件，春运、两会期间辖区无事故发生、无乘客滞留。组织道路运输企业及从业人员开展“文明出行 有我承诺”签名活动。对辖区9家“两客一危”运输企业开展了安全生产体检工作，对上级通报的红色预警企业开展3次安全生产约谈。6月，对辖区微小企业（三类维修企业）开展安全生产主体责任落实情况的督导检查，检查企业30家，发现问题20余项。同时督促“两客一危”运输企业开展了道路运输领域应急演练活动，7家媒体进行报道。开展“大排查、大体检、大整治”专项行动。吸取江苏“3·21”特大事故、湘潭“9·22”重大道路交通事故教训，从4月起，每季度组织开展交通运输行业安全生产“大排查、大体检、大整治”专项行动，对辖区8家客运企业、1家危险货物运输企业开展3轮专项检查行动。组织企业安全主要负责人进行安全生产主体责任排查，督促企业落实驾驶员填写《行车日志》和危险货物运输车辆随车配备《道路危险货物运输安全卡》的工作制度。联合区交警大队对辖区内的农村公路客运和安保设施开展排查，排查出红园路、西龙路等4条安全隐患交由街道整改。

2019年6月14日，芙蓉区交通局开展道路运输安全宣传咨询活动

区交通局　供图

【路政执法】　区交通局严厉打击非法营运行为，重点整治长沙火车站及其周边地区非法营运乱象，规范道路交通营运秩序。协调市、区相关职能部门的上下联动，辖区公安、交警、城管等职能部门以及相关街道的左右联动，加强了对长沙火车站、汽车东站、湘雅二医院等重点区域和八一路、人民路、车站路等重点路段的整治，重点加强班线运输专项整治，把打击非法营运工作延伸到全区各个角落，全年查扣非法营运车辆294台。联合部门执法，取缔5处非法营运“黑站点”。根据前期蹲点拍摄获取的视频、照片资

料，联合市交通行政执法局、区火车站综管办、交警、城管等部门开展专项行动，查封长沙火车站南侧贵宾通道至行包房一线涉嫌私设黑站的门店5处，净化了辖区道路运输市场发展环境。利用治超信息平台监管重点道路通行市场。将打击货运车辆超限超载执法重点落在汽车东站周边市场和几条进出城区的主干道及较大建材市场上，通过强化重点路段、地块的监管力度，维护辖区货运市场的安全稳定，全年检查超限超载车辆260台次，查扣超限超载车辆11台。

【运政管理】 区交通局加强交通政务服务窗口工作流程，以“党员示范岗”引领推进工作，加强审批项目的事中、事后监管，优化审批流程，优化服务质量，提升部门形象。结合“互联网＋政务服务”工作，完善机制，强化服务，推进“最多跑一次事项”改革，编撰交通政务窗口服务指南，做好宣传引导工作，完成7项“互联网＋政务”的实施清单录入和1项“互联网＋监督”的责任清单认领，发放宣传手册500余份。精简优化办事程序，规范办证流程。对前来办事的业户提交的资料仔细对比审核，把关货运车辆检测，清理逾期年检的车辆。全年年审车辆2105台，受理新车入户车辆107台，过户变更82台，注销逾期年检车辆493台。对不符合公告注销条件的逾期年检的85台车辆通知经营者限期整改。

【车载ETC发行工作专题会议】 为贯彻落实《国家发展改革委交通运输部关于加快推进高速公路电子不停车快捷收费应用服务实施方案》及长沙市人民政府关于加快推进高速公路电子不停车快捷收费应用服务工作部署，2019年8月2日，芙蓉区政府组织召开高速公路ETC发行工作专题会议，安排部署全区高速公路ETC发展应用及办理工作，成立工作领导小组，领导小组办公室设芙蓉区交通局，由区交通局统筹指导协调相关工作，落实工作责任及保障措施，确保按期高效完成各项目标任务。区直相关的8个部门，14个街道（园局）及6个发行公司银行30人参加会议。

【铁路沿线安全隐患集中整治】 根据省、市关于开展铁路沿线安全环境集中整治工作要求，2019年11月14日，区政府对市政府交办的铁路沿线几处安全隐患开展专项集中整治，区交管局协调区直13个部门50余人分2批开展集中整治行动，拆除违章房屋5处，600余平方米；加固或更换彩钢瓦房屋顶6处，近2000平方米；拆除广告招牌2处；劝离废品店1家，拆除防尘网1000余平方米。涉及的12处隐患点已于12月23日全部按要求整改到位，在全市率先完成整改任务。 （李　露）

邮　政

【概况】 2019年，中国邮政集团有限公司长沙市芙蓉区分公司（以下简称“芙蓉区分公司”），管理机构设6部（寄递事业部、金融业务部、集邮与文化传媒部、渠道平台部、市场营销部和综合部），下辖10个综合类金融营业网点（车站中路、朝阳路、曙光路、五一中路、蔡锷中路、定王台、八一路、南湖市场、火星大道、东岸新桥）、3个纯邮务类网点（省委大院、火车站、荷花园）、速递邮政合并为10个揽投部站、5个普邮投递班（车站路、荷花园、韶山路、五一路、马坡岭）、3个邮政代办所（迎宾路邮政所、解放中路邮政所、火星邮政所）、1个邮件综合处理的大宗班和1个零售配送班。截至年底，芙蓉区分公司有员工460人，年内，业务收入完成8920万元，完成年计划进度的101.26%，增幅35.16%。

【邮政生产经营】 年度报刊大收订完成收入601.6万元，完成计划的105.72%，规模、增幅及缴款率均局全市第一；集邮完成401.5万元，完成年进度的100.39%，进度全市排名第七；函件完成616.5万元，完成进度的134.02%，进度全市排名第四；分销业务完成228万元，完成进度114%，累计进度排名全市第四；包速收入完成3346.4万元，完成全年计划的106.1%，进度排名全市第二、增幅全市排名第一；电子邮政业务和代理车险完成进度均列全市五区四县第一。

【强化普服践行国企担当】 芙蓉区分公司践行“人民邮政为人民”的服务宗旨，坚持普服为“根”、客户为“本”，提升服务质量和服务水平。普遍服务全程时限达标率、邮政营业网点月均运营率、服务满意度、风控管控指标均达标。芙蓉区分公司服务范围内集中了省委、省政府、省政协、省军区等省级政府机构，抓好邮政普遍服务、特殊服务显得尤为重要。强化基础管理，提升服务水平，建立普遍服务长效保障机制，建设普遍服务管理体系，健全服务质量监督检查体系和服务质量分析会制度，确保全区普遍服务质量良好。比照机要邮件要求，做好各级政府、巡视组邮件的投递工作，从未出过任何纰漏，屡次赢得各级政府对邮政的认可和赞扬。（黄微微）

移动通信

【概况】 2019年年初，因机构调整，原中国移动通信集团湖南有限公司长沙分公司城北分公司拆分调整为中国移动通信集团湖南有限公司长沙分公司芙蓉区分公司与中国移动通信集团湖南有限公司长沙分公司开福区分公司。中国移动通信集团湖南有限公司长沙分公司芙蓉区分公司（以下简称“芙蓉区公司”）是中国移动湖南有限公司长沙分公司的下辖机构，位于芙蓉区五一大道800号。截至年底，芙蓉区分公司有员工145人，下设综合部、营销中心及政企客户中心3个部门及以八一路—湘湖网格为代表的8大网格。年内，芙蓉区分公司秉承“客户为根 服务为本”理念，完善“后台为前台、党员为群众、全员为客户”服务体系和全方位联动的服务协同，竭诚为辖区内居民提供各项通信保障工作。

【业务运营】 公司以“大连接”战略为主线，推动“四轮驱动（4G发展、政企经营、宽带发展、新业务运营）融合发展。年内，4G客户44.6万户，4G渗透率88.84%。落实国务院提速降费要求，取消流量漫游费，客户省内流量统一免费升级为全国流量。推进5G建设，推出动感地带、全球通5G套餐，打造“新和家庭套餐，宽带电视免费用”，提供和目、固话、语音遥控器等智慧家庭产品，宽带资源已覆盖辖内646个小区，端口数20.6万个，九级地址数32.2万个，端口有效利用率43.48%。截至年底，全年宽带活跃用户净增1.8万户。

【客户服务】 坚持以“客户为根、服务为本”的服务理念，持续改善服务质量，深化服务理念落地，保证品质优势，聚焦关键商业过程感知提升、业务不知情定制治理、投诉总量压降等重点工作，从影响客户感知的关键要素和焦难点问题着手，围绕“筑牢网络质量生命线、守住客户权益底线、打造客户感知高线”开展针对性服务质量提升工作，赢得客户口碑和信任，不断巩固服务领先优势。按照实名制工作要求，全年移动电话实名率100%。持续开展“满意服务365”系列活动，强化与客户互动，推动产品服务质量持续提升，狠抓信息安全管控，加强源头管理、核查处置、优化监测能力、严格考核问责，维护清朗网络空间。全年芙蓉区分公司客户满意度完成值82.16，领先度8.59，同比提升3.07个百分点；家庭宽带客户满意度同比提升1.27个百分点。提高政治站位，坚持以人民为中心的发展思想，坚决落实监管部门有关携号转网工作部署和要求。规范经营行为，遵守携号转网“五个禁止”，做好携号转网惠民工程。

【推广和包支付】 响应政府“打造移动支付第三城”的战略目标，推出并优化中国移动提供的移动支付业务和包卡及十大应用场景，为用户带来的优惠感和幸福感。十大应用场景囊括公交出行、水电燃气缴费、党费及工会会费、公共服务、和包收缴学费、智慧食堂、和包示范街区等，通过开展首次下载登录礼、推荐下载消费礼、惠民生活缴费礼、周三和包日，充话费九折、扫码立减、校园用户充话费送红包、随机返红包、现场活动等优惠方式，把惠民利民落到实处。年内重点打造和包“交费助手95折”业务免费开通场景、芙蓉区政府食堂、芙蓉区妇幼保健院食堂慧食堂、和包缴纳学费、和包小卖部等多项和包惠民便商优惠，通过向居民宣传和包送流量、省话费、优惠乘坐公交地铁、省水电燃气费等优惠提高和包的居民认可度和活跃度。截至年底，芙蓉区和包支付活跃商户1.3万户，和包支付活跃用户6.5万户。（谢翠薇）

城市建设

Urban Construction

责任编辑・谭丽霞

建设管理

【概况】 长沙市芙蓉区住房和城乡建设局（长沙市芙蓉区人民防空办公室）组建于2019年3月，由原区城乡建设局、区人防办、区住保局合并组建而成，属区政府工作部门。有在职在编工作人员52人（含政府雇员）、临聘工作人员36人（含各街道物业社工）。机关内设科室6个：办公室、住房管理科、工程管理科、水务管理科、物业管理科、人防管理科。下设二级机构5个：区物业维修资金管理中心、区建筑企业服务中心、区建设工程质量安全监督站、区住房保障服务中心、区人防指挥通信站。主要工作职能包括：建筑行业监管、建筑企业服务、物业行业监管、维修资金管理，建设工程招投标备案和施工图审查，工程建设质量安全监督，房地产市场调控，城区排水管理，住房保障服务，人防工程管理与指挥通信，工程建设项目消防验收和消防验收备、消防设计审查验收，既有多层住宅增设电梯备案等。（甘　泉）

·建筑业管理·

【概况】 2019年，全区建安企业333家。2019年，区属企业完成建安产值287.4亿元，比上年增加1.4%。2019年完成公开招标项目33个，标的额9.75亿元，邀请招标1个，小额工程抽签项目76个，设计抽签项目2个。处理2018年招标项目投诉1起，举报1起。年内开展安全生产检查20余家。

施工图审查。受理施工图审查申请173笔，办结160笔。累计为企业申报施工图审查及消防设计审查实施购买服务118笔，通过优化办事流程、缩短审图时限、代付审图费用等方式，为企业节约审图费用70余万元。先后为湖南马王堆建筑工程有限公司解决银行账户冻结问题，湖南对外建设集团有限公司未结案官司影响企业发展等问题，为企业排忧解难。

“一圈两场三道”建设。2019年，芙蓉区落实市政府提出的该项民生设施建设项目，住建局负责牵头、协调域内自行车道和停车场的新建、改建工程，及分布在各街道的“15分钟生活圈”建设。截至年底，完成14座停车场、5566个泊车位、50.6千米自行车道的新建和改建工作，完成芙蓉区“一圈两场三道”年度工作任务。

安全生产监管。落实安全生产责任，局领导班子长期坚持分组带队巡查，在节假日、两会等重点特护期，放弃休假，对辖区内35个建筑工地、284个物业小区、237个人防工程、1604套保障性住房、1100套棚改安置房实行地毯式巡查，发现并排查各类安全隐患625例。先后组织开展打非治违春雷行动、夯实企业安全生产主体责任年、2019年安全生产月、住建领域安全生产隐患大排查等系列安全生产专项检查工作。全年无重大安全事故发生。

工程管理。2019年度完成区监建设工程项目（标段）35个，区管建筑工程的受监率100%。其中质量合格项目16个，质量优良项目4个，质量合格率100%，优良率25%。完成白果园化龙池一期工程、香泽南湖大厦等15个项目的质安监督注册手续。通过日常巡查发现质量安全隐患218处，下达《建设工程施工质量安全隐患整改通知书》59份，《停工通知书》2份，《不良行为告知书》4份，发送工作联系函3份，下发设备限制使用书2份，办理机械设备使用登记16台。组织开展安全标准化阶段性评价4次。受理消防验收备案项目57个，办结发放备案凭证41个；受理必审必验项目14个，办结发放验收合格证10个。浏阳河人行景观桥（汉桥）项目获评湖南省优质工程和芙蓉奖，长沙市芙蓉区浏阳河东岸风光带建设项目投资与设计施工总承包获得全国优质工程奖。

【建筑工地扬尘整治】 2019年，为落实建设工程领域工地扬尘整治目标，区住建局建立了监管部门巡查督办、建设单位负总责，施工单位具体负责，监理单位负监督责任的“四位一体”的文明施工综合整治目标体系。严控住建领域工地裸土覆盖、扬尘以及非道路移动机械尾气排放。2019年芙蓉区住建局排班360余组，出动千余人次，全体男职工放弃节假日和晚上休息时间，实行“7×24小时”轮班制，攻坚“蓝天保卫战”。下达整改通知书16份，对4家单位实施行政处罚，罚款金额16万余元。

【“治欠保支”专项工作】 2019年与区人社局联合对区域范围82个项目开展治欠保支的日常巡查和专项执法检查，联合人社部门对全区劳动保障专干开展专题业务培训。对全区在建项目拖欠农民工工资情况实行拉网式排查。发现问题及时整改。2019年中秋节、国庆节两节前后，联合区人社部门、各街道对全区范围内在建项目治欠保支长效机制落实情况开展了大排查活动4次，检查企业79家。芙蓉区在建项目无拖欠农民工工资情况。推广应用“湖南省建筑工人实名制管理平台”，11月中旬组织全区279企业实行平台入网培训，11月25日始入网运行，督促各项目录入、更新和维护工程实名制相关数据（包括但不限于项目信息，人员信息、考勤、进退场、工资等），要求区域所有在建项目通过平台核实项目日常考勤报表，落实发放农民工工资。（刘婵丹）

·房地产市场管理·

【概况】 2019年，芙蓉区新建商品房批准预售面积44.94万平方米，其中住宅批准预售面积25.03万平方米，新建商品房网签面积56.56万平方米，其中住宅35.51万平方米，住宅成交均价9520元/平方米，非住宅成交均价11543元/平方米。全年房价涨幅小，成交均价低，调控成效显著，全区房源供应充足。坚持“房住不炒”定位，执行明码标价，落实一房一价制度。

国有土地房屋产权处遗。芙蓉区有国有土地房屋产权处理遗留问题项目52个，完成43个，剩余9个项目完成相关基础工作，制定处置方案，取得市处遗办下发的交办通知书。与市不动产登记中心对接，完善登记入窗的前期工作。（张晓芳）

·物业服务行业管理·

【概况】 2019年受理审核189家物业服务企业的自律信息资料，89家物业服务企业的诚信等级信息资料，受理关于收费、停车、业委会选举、房屋质量、设备维护、限制买水买电、破坏房屋结构等投诉1142个，其中回复市区长信箱、信访、纪委各类收件25封，组织召开矛盾协调会议30余次，服务群众满意率保持96%以上。为40余个准备成立业委会的小区发放选举资料并实行业务指导，审批已成立业委会资料并备案34个，其中新成立（首届）业委会24个。督察辖区内的物业小区文明创建，督促224家物业服务企业整改，保证物业服务行业创建工作全面达标。

安全督察。加大安全生产宣传和监督检查力度，排查全区284个物业小区的消防设施设备、外墙脱落情况、易燃易爆危险物品存放情况、玻璃幕墙破损情况，发现消防安全隐患625起，通过对物业服务企业抓督促、抓落实，已全部整改到位。近200家物业服务企业对各自管辖的小区开展消防演练并制定了消防应急预案。

垃圾分类。组织参与垃圾分类的物业服务企业187家，物业小区220家，物业小区户数8.79万户，完成设置分类投放点2413个，分类投放桶6465个，物业小区垃圾分类宣传达到全覆盖。（陈俣依）

【老旧房屋电梯加装】 根据长沙市人民政府办公厅出台《长沙市既有多层住宅增设电梯管理规定》以及《长沙市既有多层住宅增设电梯办理细则》文件，2018年，芙蓉区铺开电梯加装工作。既有多层住宅增设电梯所需建设资金及运行使用、维护管理资金主要由业主承担。业主可以申请使用本人及配偶的住房补贴，申请提取住房公积金与维修资金。鼓励政府机关、企事业单位对自行管理的职工住宅组织实施增设电梯工作。自2018年9月至2019年12月底，全区完成收件受理加装电梯88台，其中2018年收件受理15台，2019年收件受理73台。12月，江永县人民政府副县长唐亚辉带队到区学习交流老旧小区加装电梯改造工作的做法和经验。（吴阳宇）

公共工程建设

【概况】 2019年芙蓉区机构改革，原芙蓉区工务局更名为区公共工程建设中心，为区政府直属正科级公益类事业单位。主要职能：负责区政府财政投资的公共工程和公益性社会事业项目（包括市政基础设施和安置房）的代建管理工作。内设办公室、财务、工程、招标、前期室5个科室。2019年中心铺排各类项目49个，其中市重大项目15个，区级项目34个，2019年完成投资约7.45亿元。

【市级条线考核项目】 2019年，完成6个市级条线考核项目任务。

发改市重点工程项目。包括教育房建项目，道路市政项目等。新安小学完成建设并移交学校；八一路小学及幼儿园完成主体建设，分别移交学校和教育局（二次装修）；东郡小学、育才二小扩建工程完成并移交给教育局；社会福利中心与省六建公司签订补充协议并与人寿堂集团完成全部移交；张公岭消防站主体工程全部完成；黄土塘棚改安置小区主体部分完成桩基；文体中心（文化中心）基本完成。

电力“630”攻坚项目。配套路由建设项目韭菜园路杆迁土建完成，车站北路杆迁土建完成，火炬路捞湘、黎湘线下地土建路由通道完成，窑岭变、韶光变电站配套路由完成设计。

“一圈两场三道”项目。自行车道及健身步道改建项目完成。2019年，中心完成45.6千米，占全区总任务的90.12%；完成火炬路、晶子园路、望龙南路、大河南路的人行道新改建任务。

河长办及环保截污项目。双桥港周边区域截污项目施工单位进场施工，完成约30%土方开挖；杨家湾撇洪渠出口南侧挡墙完成施工图。

市交通领导小组项目。完成火炬路捞湘、黎湘线下地土建路由通道，蔡锷路于9月完成施工图审查备案和预算编制，项目交至蔡锷路两厢棚户区改造项目有机更新项目部。

化解债务工作考核。2019年年初申请新增东郡小学、育才二小、新安小学、文体中心等15个一般债券资金项目1.5亿元，经调整债券指标为1.48亿元，截至12月30日全部使用完毕，配合区财政化债办顺利完成了市对区的化债资金考核。

【临时交办项目】 新安小学、八一路小学周边整治、支27路建设、附二医院十四病室电力杆迁移完成，“区委书记直通车”项目老屋园路人行道整治工程、保密项目省委招待所危房改造工程项目按期完成。政务大厅休候区加建项目进入基础施工，张公岭消防站红线外绿化正进入预算编制，东岸小学围墙项目完成基础。

【八一路小学及幼儿园项目】 该项目位于八一路与迎宾路交汇处西南角，净用地面积1.4公顷，建筑面积1.7万平方米（其中幼儿园面积3574平方米），预估总投资7.01亿元。其中小学18个班，幼儿园9个班。建设内容为教学楼南北栋、科技综合楼、体艺楼、综合楼、幼儿园、地下车库以及室外道路、围墙、绿化等附属工程。项目于2017年9月启动建设，2019年12月完成主体建设，八一路小学及幼儿园项目是芙蓉区黄土塘棚改项目的重要一环，为解决新建区域市民子女上学问题，适龄儿童就近入学的需要。

2019年，完成“一圈两场三道”项目中的自行车道建设　　图自区委办

【张公岭消防站项目】 该项目位于远大路与望龙路交汇处东北角，总用地面积1.17公顷，项目总建筑面积1.27万平方米。主要建设包括综合楼、附楼、门卫等附属设施，设立地上停车位25个，室内消防车位10个。项目2018年10月开工建设，2019年12月完成主体工程。张公岭消防站项目系集备勤、战勤功能于一体的中心消防站，是芙蓉区第一座中心消防站。建成后常驻消防人员150人办公与训练，配置10辆大型专业消防车，包括举高型、灭火型、指挥型等专业消防车，可以容纳25辆各类消防救援车辆，基本满足芙蓉区各类消防救援工作，从指挥、装备、战备、灭火、训练、宣传等各方面，提高芙蓉区消防部队的整体战斗力和后勤保障能力。（邓雪晴）

建设投资

【概况】 芙蓉区基建投资中心以企业法人的形式，通过市场运作机制，代表政府行使国有资本投、融资主体职责，负责组织芙蓉区政府授权的基础设施的投资和建设管理以及国有资本运营。

2019年，中心铺排各类项目27个，其中建设项目17个，预备库项目10个，总投资84.35亿元，完成年度计划投资9.36亿元，投资完成率100%，各项目完成年度目标任务。完成新增融资金额23.5亿元，归还融资本金26.47亿元，利息支出6.24亿元。

【项目建设进展】 2019年，区基建投资中心稳步推进各项目建设。其中

房屋建设：火炬安置房地块一项目一期交付分房，其他地块项目按进度推进。

道路建设：总投资6400万元的合平路完工，龟山路（营盘路—黄元路）全线通车，营盘路、滨河路、纬六路、桐西路、东屯路等按计划推进。

旧城改造：白果园化龙池有机更新项目基本完成建设。

电力建设：人民东路电力改造项目完成建设，马王堆220千伏输变电工程滩头坪路隧道全面实施。

“城中村”改造：办理东屯村、张公岭村、西龙村、杉木村4个“城中村”及东湖统征地用地手续，其中张公岭村“城中村”用地（18.5公顷）启动拆迁。

【白果园化龙池有机更新项目】白果园化龙池片区地处长沙市三千年历史老城区，位于市中心。项目的实施承载“让老城区更具长沙味，让老百姓更有幸福感”的历史使命。在实施过程中，芙蓉城建投遵循“留改拆，以留为主”原则，把宜居惠民、文脉延续放在首位。在改造风格上。遵循“街巷格局不变、空间尺度不变、文化记忆不变”整体思路，以危房改造、立面改造、功能改造为主，完善公共基础设施，打通街巷交通微循环，增加公共序化空间，提质街巷绿化园林景观。在宜居功能上，从居民生活功能需求出发，方便居民生活，提升居住品质。其中一期为登隆街经苏家巷、白果园巷、化龙池巷两厢区域，北至解放路，南至大古道巷，占地面积约3.2公顷，2019年10月完成建设。二期为苏家巷两厢区域及苏家巷以南整个白果园化龙池未改造区域，占地面积5.87公顷，2019年底完成片区建设。三期为苏家巷以北、解放路以南的丰泉古井片区，占地面积6.4公顷。

【火炬安置房地块一项目一期】火炬安置房项目（地块一）属于“城中村”改造项目。强调“以人为本”，本着节约土地资源、高效利用现有土地，提高城市形象和居民生活品质的思想，创造既能享受现代都市文明又能享受生态自然的居住环境。项目建成后，可改善“城中村”区居民的居住、生活、交通、基础设施及生态环境等方面的条件，并促进“城中村”的开发与长沙市“一洲两岸、山水洲城”城市格局的形成。项目占地6.01公顷，总建筑面积21.64万平方米，包括9栋高层住宅与3栋配套用房，2192户。分两期（四个标段）开发：一期为4栋高层住宅888套，可安置1000个指标。一期于2017年2月21日开标，2019年11月完成建设。

【合平路二期】 项目位于东湖街道，是一条南北向城市主干道，北起人民路，南至滨河路，道路全长1417.12米，标准路幅宽36米，双向4车道，总投资6405.77万元。该项目于2017年9月开工，2019年12月建成。合平路二期的建成进一步优化了隆平新区的路网基础设施，提升了区域公共服务承载能力，为周边居民提供了快捷而便利的出行环境。

（黄　标　郭　炯）

·表12·　2019年芙蓉区部分重点建设项目一览表

（政府投资项目）

单位：万元

序号	项目单位	项目名称	建设性质	所属区域	建设规模和内容	起止年限	预估总投资	资金来源	2019年预计投资	2019年主要建设内容
1	区城建投	营盘路三期	新建	马坡岭街道	长星路—星沙大道，长1563米，宽46米，规划为城市主干道	2019—2020	28189	区财政	2000	完成部分道路主体工程

·续表 12·

序号	项目单位	项目名称	建设性质	所属区域	建设规模和内容	起止年限	预估总投资	资金来源	2019 年预计投资	2019 年主要建设内容
2	区城建投	龟山南路	续建	马坡岭街道东岸街道	营盘路—黄元路，长 1450 米，宽 18 米	2017—2019	19033	区财政	200	远大路以北完成建设
3	濉头坪旧城改造投资有限公司	火炬村整村改造项目	续建	马王堆街道	占地 51.3 公顷，包括征地拆迁及建设 32.3 万平方米安置房	2016—2021	260000	市区财政	1500	一二标完成建设；三四标完成部分主体工程；五标完成基础工程
4	芙蓉新城置业有限公司	芙蓉生态新城三号安置小区（二期）	续建	东岸街道	占地 8.9 公顷，建筑面积 15.57 万平方米，拟建设高层安置小区	2017—2021	118339	自筹	6000	完成部分主体工程
5	芙蓉新城置业有限公司	芙蓉生态新城四号安置小区（一期）	续建	东湖街道	占地 9.2 公顷，建筑面积 28.5 万平方米，拟建设高层安置小区	2017—2021	135390	自筹	10000	完成部分主体工程
6	芙蓉新城置业有限公司	芙蓉生态新城二号安置小区（二期）	续建	马坡岭街道	占地 8.5 公顷，建筑面积 18 万平方米，拟建设高层安置小区	2017—2021	110519	自筹	5800	完成部分主体工程
7	区城建投	滨河路五标	续建	东岸街道	京珠东辅道—长白路，长 1600 米，宽 26 米	2017—2019	26699	区财政	400	完成主体
8	区城建投	桐西路东段	续建	马坡岭街道	双杨路—京珠西辅道，长 759 米，宽 26 米	2018—2020	10147	区财政	2000	完成部分路基及排水工程
9	区城建投	纬六路	续建	东岸街道	滨河路—双杨路，长 600 米，宽 20 米	2018—2019	7296	区财政	3440	完成建设
10	区城建投	东屯路	续建	东岸街道	双杨路—京珠高速公路西侧辅道，长 550 米，宽 12 米	2018—2020	5000	区财政	2000	完成路基土方工程
11	白果园街区建设开发有限责任公司	白果园化龙池有机棚改（二期三期）	新建	定王台街道	主要内容包括沿线建筑外立面改造，道路排水工程，水电气改造工程及景观亮化工程等	2019—2020	26000	区财政	26000	二期 4 月开工，三期 7 月开工
12	区城建投	人民东路电力改造项目	新建	东岸街道	位于隆平公园范围内，电力部分全长 500 米，土建部分全长 800 米	2019—2020	5000	区财政自筹	2000	完成部分改造
13	芙蓉新城置业有限公司	隆平新区“城中村”改造	新建	马坡岭街道	总用地面积 18.83 公顷，征收面积约 25 万平方米，涉及合法房屋 127 栋	2019—2022	86645	自筹	40000	完成部分征收

·续表 12·

序号	项目单位	项目名称	建设性质	所属区域	建设规模和内容	起止年限	预估总投资	资金来源	2019 年预计投资	2019 年主要建设内容
14	区城建投	马王堆 220 千伏输变电工程滩头坪路隧道	新建	马王堆街道	滩头坪路隧道（变电站—万家丽隧道），长约 500 米	2019	4700	区财政	4700	完成建设
15	区公共工程建设中心 / 区民政局	芙蓉区社会福利中心	续建	东湖街道	建筑面积 6.4 万平方米，建设养老床位 900 张，社会救助管理床位 80 床	2016—2020	52000	区财政	500	完成主体
16	区公共工程建设中心	张公岭消防站	续建	东岸街道	占地 2 公顷，新建特勤站及占勤站	2018—2019	12800	区财政	7000	完成建设
17	区公共工程建设中心 / 区教育局	新安小学	续建	马坡岭街道	占地 1.8 公顷，建筑面积 1.3 万平方米，规模 24 个班	2017—2019	12350	区财政	300	完成建设
18	区公共工程建设中心 / 区教育局	八一路小学及幼儿园	续建	韭菜园街道	占地 1.4 公顷，建筑面积 1.5 万平方米，其中小学 18 个班，幼儿园 9 个班	2017—2020	70100	区财政	800	完成教学楼建设
19	区公共工程建设中心 / 区棚改办	韭菜园街道棚改安置小区	续建	韭菜园街道	占地 1.5 公顷，总建筑面积约 11 万平方米	2017—2020	142000	自筹	500	完成地下室部分主体工程
20	区公共工程建设中心 / 区棚改办	韭菜园街道棚改配套公共绿地项目	续建	韭菜园街道	占地 0.8 公顷，主要建设内部道路、配套绿化广场、小游园等	2018—2020	48020	区财政	28000	完成八一路小学前道路建设
21	区公共工程建设中心 / 区文化旅游体育局	文体中心	续建	马王堆街道	含老年大学、老干活动中心等，占地 3 公顷，建筑面积 4.5 万平方米	2018—2020	43000	区财政	1500	文化中心完成主体，体育中心完成桩基础施工
22	区公共工程建设中心	芙蓉区 630 攻坚配套路由建设项目	新建	芙蓉区	包括农大变配套路由（长白路）、市场变配套路由（车湘路、湘湖路、远大一路）、窑岭变（曙光横街、铁曙路、窑岭变电站至人民路 800 米隧道）、火炬路 1.55 千米路由通道、韶光变配套路由（大元路）、城东变配套路由（远大路）、韭菜园路杆迁、车站北路杆迁	2019—2020	32000	区财政	10000	完成部分路由通道建设

·续表 12·

序号	项目单位	项目名称	建设性质	所属区域	建设规模和内容	起止年限	预估总投资	资金来源	2019 年预计投资	2019 年主要建设内容
23	区公共工程建设中心/辉煌国际/当代置业	政企共建道路工程	新建	马坡岭街道	浏京路西段：农园路—滨河路，长 320 米，宽 20 米；桐西路西段：农园路—滨河路，长 311 米，宽 26 米；纬四路：桃园路—双杨路，长 340 米，宽 12 米	2019—2020	5000	区财政自筹	2800	完成部分道路主体
24	长沙市芙蓉棚改投资有限责任公司	蔡锷中路两厢棚改项目	续建	定王台街道	占地 19.5 公顷，需征收房屋 1626 户、18.5 万平方米（包括有机更新）	2016—2020	340000	自筹	80000	完成 95% 征收任务
25	区城管局	五一商圈周边提质改造	新建	定王台街道	对五一商圈周边进行综合整治，包括立面、楼宇亮化、绿化等	2019—2020	8000	市区财政	7500	完成市政设施改造
26	区城管局	2019 年社区提质改造	新建	芙蓉区	汤家岭社区、凌霄社区提质改造	2019	4000	区财政	4000	完成改造
27	区城管局/轨道集团	车站路“六位一体”提质改造	新建	五里牌街道朝阳街道湘湖街道	对车站路（远大路—人民路，营盘路—浏阳河大道）沿线进行综合整治，包括立面、亮化、绿化等	2019—2020	5000	自筹	4000	完成部分改造
28	区教育局	学校提质改造及安全隐患整治工程	新建	芙蓉区	分块实施以下工程：（1）区属学校、园所及二级机构的零星安全隐患整改与提质改造；（2）教室照明改造为低蓝光、零频闪 LED 灯；（3）新学校装修，包括中房瑞致幼儿园、新安小学、八一路小学与幼儿园装饰装修、长房东云台幼儿园等学校	2019	7400	区财政	7000	完成建设
29	全区各街道及相关部门	一圈两场三道建设工程	续建	芙蓉区	根据市级一圈两场三道建设行动计划实施生活圈、停车场、农贸市场、人行道、自行车道等项目（历史步道除外）	2018—2019	10000	区财政	5000	完成建设
30	湖南农业大学/区住建局	片区雨污分流管网建设项目	新建	东湖街道	农大片区神农路、丹桂路等主管网进行改造，分两期实施	2019—2020	7000	区财政自筹	2000	一期完成建设

（区发改局）

城市人居环境建设

【概况】 2019年3月，根据长沙市有关机构改革方案，芙蓉区组建芙蓉区城市人居环境局。该机构为区政府工作部门，正科级。办公地址：市芙蓉区荷花路168号惠通大厦8楼。内设3个职能科（室）：办公室、项目规划科、项目建设管理科；核定人员编制（行政编）7人（2019年底实有人员6人）。配置局长1人，副局长2人。下辖区棚户区改造事务中心、区城市房屋征收和补偿管理办公室2个二级机构。主要职责：落实各级政府关于优化城市人居环境（包括历史文化名城保护、近现代建筑和历史建筑保护，城区范围内历史街区、棚户区、老旧小区改造，“城中村”改造，危旧房改造和建筑微改造，房屋征收补偿等）相关法律法规政策，拟定规划，组织实施，统筹协调，监督管理全区城市人居环境工作。

2019年，芙蓉区城市人居环境局坚持以人为本，推进“幸福芙蓉”建设。落实市、区政府整体工作部署，推进“一圈两场三道”建设，开展城市有机更新、城市体检，实施棚户区改造货币补贴审批、城市房屋征收补偿等工作。

存在的问题。城市有机更新及“三改”工作职能衔接不畅。机构改革未有相关专业人员随职能划转转隶，区城市人居环境局现有工作人员对接的业务条线过多，了解改造项目情况不够，无法就具体项目持续跟进。棚户区改造货币补贴（15万元）审批中，与项目指挥部工作人员协调一致不够，审批政策多变加大审批难度，退件多。

【“一圈两场三道”建设】 2019年芙蓉区城市人居环境局负责牵头统筹“一圈两场三道”建设工作。新建和巩固“15分钟生活圈”项目16个；新建、改建农贸市场8个，社区门店6个，建成公共及配建停车场14处，新增停车位5596个；建成自行车道50.6千米，人行步道35.76千米，历史文化步道10.6千米。以宜居宜家、宜业宜商为目标，结合基层社会治理、优化营商环境，建设16个集党务、政务、商务、事务于一体的楼宇服务站。在居民的生活圈都将开设1家以上苏宁小店，方便居民“购物零距离”。在新改建农贸市场推广开通“和包支付”。通过招商引资盘活原今朝宾馆、原长沙巧克力厂遗留项目的闲置用地，建成高标准今朝星市集农贸市场和福鸿农贸市场。

结合城市发展的实际，把“一圈两场三道”建设与提升城市品质紧密结合。在马坡岭街道芙蓉生态新城安置小区通过加装电梯，建设社区公园、社区卫生服务中心、育才东屯小学、万国城幼儿园、东宜万国生鲜市场等市民配套设施，基本解决5分钟内生活需求，东岸地区拆迁原住民在教育、医疗、文体等方面享受与中心城区同样高品质服务。推进白果园化龙池历史文化步道建设，古街古巷与周边核心商圈高端服务业形成优势互补和产业融合。该地区成为长沙首家社区博物馆，先后组织“元宵喜乐灯会”和“国风创意市集”等系列活动。一期改建完成后，引进专业策划团队，促进项目二期区域业态升级。

【白果园化龙池项目实施情况】 白果园化龙池有机更新项目贯彻“留改拆”理念，对片区内文物建筑进行修缮，传承历史记忆、留住文化脉络，通过拆除违章建筑、打通片区内交通微循环，切实提升片区内人居环境，增强人民群众幸福感和获得感。项目一

2019年，改造后的白果园化龙池焕然一新　　图自区委办

期工程实施期间，腾房124户，拆除违法建设20处2000平方米，拆除危房50户3000平方米，加固100户4500平方米，重建36户3000平方米。铺设地下管网2000米，整理和重新布设各类管线1万米，安装路灯30处、摄像头50个，新增绿化景观25处、雕塑小品20处。年内，一期全部完工，二期工程全面开工，完成工程量94%，包括市政排水、电力、等管网改造3340米，危房加固175户、7300平方米；立面改造1252户、改造面积近10万平方米。项目三期工程为苏家巷以北白果园片区未改造区域，占地约6.4公顷，住户748户，改造面积10万平方米，三期工程7月15日开标，东茅街、育英街完成混凝土基层、市政排水及综合管线布设，已完成道路两厢的外墙主体的装饰施工及东茅街沥青路面施工，里仁巷和民主巷已完成综合管线更换，完成麻石和沥青路面铺设，总体工程量完成89%。

【蔡锷中路有机更新项目】 2019年新启动的有机更新项目，区域总占地面积33公顷，涉及住户2800户，房屋建筑面积24万平方米，预计投资3亿元，从2019年至2021年进行项目建设。计划改造房屋300栋、建设历史步道9条，打造历史文物景点4处。在项目实施中因地制宜，突出“三留三改三拆”原则，做到释空间，展新貌，惠民生。涉及有机更新和历史步道建设区域启动房屋和违章拆除，截至年底，拆除房屋1360平方米、拆除违章建筑850平方米。完成概念设计方案、初步设计方案，并进场施工。

【文物保护修缮工作】 2019年12月4日，由项目建设单位组织专家对《湘江评论》印刷处旧址、长沙公沟遗址（原名：长沙公沟遗迹）、化龙池（古）建筑群、学宫照墙进行验收；湖南省粮食局原办公楼（市级）、苏家巷36号公馆（市级）两方案已报市文物局已批复，区城投在区行政审批局已经办理修缮许可，修缮改造已完成并于12月19日完成初步验收。

【老旧小区及危房改造】 2019年纳入中央补助支持的老旧小区改造计划中，天平公寓老旧小区改造基本完工，公安厅大院、二院进度70%，白果园化龙池老旧小区改造项目与城市有机更新工作同步推进。完成曙光路小区2栋危房改造。

【城市体检】 2019年，芙蓉区纳入长沙市城市体检试点区，定王台街道、韭菜园街道为试点街道，体检标准56项（比原定增加1项）。区城市人居环境局根据城市体检指标体系收集数据并汇总，安排专人实地调研，针对街道区域的各类公共服务设施（中学、小学、幼儿园等）、停车设施、建筑类型、蜘蛛网现象等现状摸查并绘制现状图。12月，完成芙蓉区区级、韭菜园街道、定王台街道的城市体检报告初稿，经调整修改后，形成评审版城市体检报告。

【棚户区改造货币补贴审批】 棚户区改造货币补贴审批工作原属于住房保障局，因机构改革调整到芙蓉区城市人居环境局。2019年，芙蓉区纳入棚改货币补贴计5个项目，补贴（15万元）发放48户。已完成火星项目和五里牌肉联厂项目周边棚改项目的结算，审批棚改安置补贴资格167户，金额2505万元；五里牌肉联厂及周边棚改项目棚改安置补贴审批户数为108户经额1620万元。

（彭　平）

·城市房屋征收补偿·

【概况】 2019年3月，经长沙市芙蓉区机构编制委员会批准，长沙市芙蓉区城市房屋征收和补偿管理办公室调整为区人居环境局所属正科级公益一类全额拨款事业单位，核定全额拨款事业编制7名。领导职数为：主任1人，副主任2人，负责全区国有土地上房屋征收与补偿工作。

2019年，芙蓉区新启动国有土地上房屋征收项目3个，征收单位3家，私房13户，涉及土地面积1.39公顷，征拆房屋面积8714.87平方米，补偿金额0.8亿元。跨年度扫尾项目2个：蔡锷中路两厢棚改项目完成签约私房1599户，单位49家，补偿金额3.14亿元，拆除面积4.73万平方米；黄土塘棚户区改造项目完成签约私房984户，单位25家，补偿金额0.95亿元，拆除面积12万平方米。完成项目腾地结算21个，解控返还监控资金0.23亿元；完成友谊东、火星镇棚改项目房屋拆除腾地以及征收成本结算工作，拆除可出让土地7.13公顷。超额完成区政府下达的50万元增资任务，增资458万元，超额完成816%。

征收业务培训。为提高队伍业务素质和工作能力，邀请长沙市征收办许复平，针对房屋拆除安全事故防控、施工扬尘防治等业务开展培训，同时就征收项目结算和涉征信息公开注意事项等问题交流探讨。召开五里牌蒸菜街项目前期调查摸底动员会议。针对该项目涉及的五里牌车站社区和邮政大院两处房屋，进行入户调查走访，调查内容包括房屋产权人基本情况及房屋情况、产权人安置意向等，调查摸底工作。通过设置举报信箱、深入项目一线、开展自查自纠等形式，开展群众身边腐败和作风问题专项整治。对近三年来征收补偿资金和发布公告的程序、征收法规政策执行情况、征收补偿资金管理拨付补偿情况、信访积案等开展排查，达到规范征收流程、维护被征收人利益的效果。区委第二巡察组对征收办开展为期一个月的巡察。巡察工作围绕党的政治建设、思想建设、组织建设、作风建设、纪律建设等方面，听取工作汇报，与领导班子成员和干部群众个别谈话，调阅、复制有关文件、档案等资料，列席有关会议。

存在的问题：扫尾项目整体推进不快，征收相关法律政策宣传形式比较单一，房屋征收工作全面信息化建设有待提升。

【东岸中学项目征收】 2019年1月10日，东岸中学项目发布征收范围公告，启动征收工作。该项目位于东岸乡望龙村，包括原湖南省劳动人事学校和马坡岭小学两个区块，占地面积4.33公顷，征收房屋面积1106.68平方米。1月15日，项目指挥部召开被征收人座谈会，现场解答项目情况及征收依据、征收政策等，并就补偿方案等事项征求听取被征收人意见建议。4月4日，完成征收签约，5月13日，项目房屋安全倒地，征收工作全部完成。 （王艳平）

·棚户改造·

【概况】 2019年3月芙蓉区机构改革，长沙市芙蓉区棚户区改造办公室更名为长沙市芙蓉区棚户区改造事务中心，为长沙市芙蓉区城市人居环境局所属公益一类全额拨款事业单位，核定全额拨款事业编制7名。主要负责组织实施芙蓉区范围内棚户区改造项目申报、运作、融资等工作。2019年，集中精力服务棚改项目、推动项目攻坚扫尾清零。年内，市政府下达芙蓉区棚改任务1481户、改造面积13.82万平方米、完成投资4.67亿元。截至2019年10月底提前完成年度市级棚改考核任务。

项目扫尾结算。蔡锷中路两厢棚改项目需征收拆除私房1626户，剩余未签约住户全部进入司法强征程序，加快腾房倒房，拆除房屋面积5万平方米。火炬村项目、火星镇项目、五里牌肉联厂项目于12月完成征收结算、项目前期费用结算、棚改公司财务结算、棚改安置补贴结算，长沙市人居环境局予以认可。

土地出让。火炬村项目近7.7公顷经营性土地实现出让，成交价格16.96亿元，打造湖南省第一个规模性体育产业园。黄土塘棚改项目1.47公顷已完成土地划拨至芙蓉棚改公司用于安置房建设。火星镇、五里牌肉联厂及周边、友谊东项目倒房腾地，3个项目投入资金26.9亿元，腾地10公顷，可出让净用地约7公顷。该3个项目已完成棚改结算、土地整合等手续，正在办理规划调整、土地出让手续。

建设开工。黄土塘项目中的八一路小学、火炬村项目中的火炬中学、滨河小学均已交付使用，黄土塘及火炬村项目中安置小区正在有序实施推进，确保如期交付被征收人。

统筹征拆服务。对接市财政局、市人居局、市棚改公司，筹措各类资金6.86亿元，保障项目资金需求。配合指挥部办理被征收人购买新桥安置房网签手续646套，办理经适房实物房源入住手续约30户，完成火星镇、五里牌肉联厂、友谊商店棚改项目房屋拆除倒地、渣土清运工作并验收，为项目推进做好服务。配合“630”攻坚，完成五里牌肉联厂项目市场变土方处置工作。

服务全局。协助区城投推进白果园化龙池片区改造，组织完成蔡锷中路两厢有机更新项目立项、概念方案设计、地下管线和现状房屋测量、危房排查和鉴定、设计施工总承包招标等工作，落实项目资金并启动项目一期建设。配合化债工作。协同区财政局开展化解地方政府债务等工作。2019年化解政府隐性债务12.45亿元。配合区财政处置城东棚改公司名下存量资产，通过拍卖方式处置三良大酒店，拍卖价款9348万元。超计划完成年度争资任务，实现争资1800万元。

【外国高官到区考察都正街棚改工作】 2019年10月18日，来自阿富汗、多米尼加、马耳他、利比里亚、埃塞俄比亚、牙买加6

国的部级干部、主管等到芙蓉区都正街考察棚改工作，实地查看都正街、白果园化龙池项目、东牌楼棚改项目（国金中心）。在座谈会上，国际友人一行观看项目宣传片，了解长沙市棚改工作经验和做法，对长沙市棚改给予高度赞赏和肯定，认为长沙市棚改有地方特色，有成效，既改善群众的居住条件，也促进城市发展和城市品质提升。这是长沙首次迎来发展中国家部级官员对棚户区改造经验的专项学习考察。

【省住建厅总工到区调研棚改项目】 2019年3月11日，湖南省住建厅党组成员、总工程师易继红率省住建厅住房保障处处长彭国安、副处长尹清源一行调研指导白果园化龙池有机棚改及历史步道建设项目工作，长沙市城市人居环境局局长周飞、芙蓉区政府调研员何磊等相关负责人陪同。调研组实地察看项目建设现场，听取工作情况汇报后，调研组对项目有机棚改方式以及项目建设成果给予肯定，希望相关责任部门要继续加快推进项目改造进度，争取早日完成百果园片区改造，进一步提升老城区品质。

【白果园化龙池项目调研】 2019年6月11日，湖南省住建厅住房保障处处长姚志宏一行到区调研白果园化龙池有机棚改及历史步道建设项目工作，长沙市人居环境局副调研员王纯智等相关负责人陪同察看。姚志宏一行实地察看白果园化龙池项目建设现场，听取项目情况介绍，对项目建设取得的成效及亮点特色工作给予肯定。姚志宏强调，相关责任部门要做好各项工作，加快推进项目建设步伐，提升项目品质，打造出更加宜居并充满着历史记忆的街区。 （廖　薇）

2019年6月11日，湖南省住建厅领导到区调研白果园化龙池有机棚改及历史步道建设项目工作　　区棚改事务中心　供图

征地服务

【概况】 2019年芙蓉区机构改革，原区征地办公室承担的行政职能划入区政府办公室，改为区征地服务中心，为区政府直属正科级公益类事业单位。主要负责农村集体土地上的征地补偿安置工作。有编制5个，工作人员17人。2019年全区启动103号令拆迁项目5个，征拆土地40公顷，拆迁房屋171栋，动迁人口773人。实施跨年度扫尾项目20个，实现15个项目交地，腾地119.2公顷。被征地农民纳入社保192人，回迁被征地农民安置指标1058.5个，分配保障住房939套。

探索拆迁新模式。2019年，抓住2018年103号令补偿标准调整契机，利用新标准的奖励政策，推出新的拆迁模式，采取公示制，将每家每户的农集成员、补偿金额、违章补助、大病救助、集体设施等全部张榜公示，由过去补偿谈价钱过渡到谈事实、谈数据，提高拆迁腾地的工作效率。2019项目全部实现3～4个月拆迁，5～6个月交地的目标。

维护群众合法利益。按时发放已拆待安群众双倍过渡费。通过精细核算无误，将发放面积、金额等公示确认后，发放2019年双倍过渡费1.1亿元，为部分在外过渡群众缓解燃眉之急。及时拨付“租地复绿”租金。收集掌握各村征拆需复绿土地情况，申请落实3151.69万元“租地复绿”租金拨付到位，保障拆违农民基本生活。开展征地拆迁中农村集体经济组织成员认定。落实《芙蓉区征地拆迁中农村集体经济组织成员认定办法》，全年组织初审农村集体经济组织成员身份认定3批204人次。处理群众来信来访。落实好信访工作领导责任制，了解民意，化解民怨，全年处理信访诉求4起，政府信息公开申请12起，“12345”市民热线24起。

【征地项目进展】 2019年，实现15个扫尾项目清零，倒房30余栋，拆除违章10万余平方米，保证一系列在建项目的顺利建设与开工。妥善回迁安置被征地农民。年内启动AD地块项目、火炬村保障住房一期自愿提前回迁涉及拆迁项目12个，安置1058.5个指标、分配939套房源。全年货币安置方式安置2批次47个指标，发放货币补贴1288万元。

（刘昱沣）

电力建设管理

【概况】 2019年，芙蓉区工信局贯彻落实《长沙市电网供电能力提升三年行动计划（2018—2020）》（又称电力“630”攻坚），推进落实芙蓉区方案。区政府将电力“630”攻坚纳入区政府重要议事日程，推动项目建设。韶光变、窑岭变、城东变等项目手续先后完成；与电力部门沟通对接，在全市率先签订框架协议，加强规划、建设、投产各环节衔接，确定最优通道路由设计方案，节约资金预算。针对涉电舆情，芙蓉区多次组织电力、环保、规划等部门及相关专家召开对话会，组织街道社区工作人员上门入户做宣传解释工作，化解矛盾。针对一小部分不法分子聚众阻工现象，组织公安、行政执法等力量开展集中整治行动，化解农大变、新安变等项目阻工，保障项目建设顺利推进。通过优化设计方案、增设隔音屏等措施，回应居民群众合理关切，争取居民群众理解支持。

【2019年芙蓉区电网“630”攻坚重点项目】

新安变。新安110千伏变电站位于星沙大道和远大路交汇处东北角，于1991年建成投运，2004年进行增容改造，主要为周边小区及隆平高科技园供电。2019年10月，为满足新增负荷的接入，提高新安变供电可靠性，市供电公司耗资920万元，对1号主变增容改造，12月底完成改造并投入运营。

韶光变。韶光110千伏输变电工程位于长沙县X035县道（规划东四路）与在建大元路交叉处东北角，占地面积0.6公顷。2019年5月启动站址拆迁，7月底交地于市供电公司，市供电公司实施变电站主体建设，预计2020年6月30日前完成投产。该工程投资估算约6317万元（含路由）（土建部分由区政府负责，电气部分由市供电公司负责），投产后主要用于东湖街道和长沙县经济开发区榔梨街道周边区域供电。

星芙—鼎黎线路迁改。长沙隆平生态家园鼎功—黎托双回、星城—芙蓉双回220千伏线路改造工程，位于东岸街道，线路穿京港澳高速、京港澳高速西辅道、滨河路，长度约0.5千米，终端塔四基，项目投资约2100万元（土建部分由区政府负责，电气部分由市供电公司负责）。工程2019年3月开始施工，11月底建成并投入使用。项目主要用于隆平公园及东岸街道周边区域供电。

【电网建设合作框架协议签订】 2019年1月29日，在区政府大楼524会议室，区政府在内五区率先与国网长沙供电公司签订电网建设合作框架协议。区委副书记、区长周春晖，国网长沙供电公司党委书记孟军，副区长黄金国，副区长刘宪，区直相关部门负责人，长沙供电公司副总经理姚震宇，国网长沙供电公司发展部、建设部负责人等出席签约仪式。协议内容包括6座变电站的选址建设，12条配套路由建设，4座新增变电站规划选址等。项目总投资电气部分约35亿元（市供电公司承担），土建部分约3亿元（区政府承担），计划将芙蓉区电网建设成网络坚强、结构合理、安全可靠、运行灵活、经济高效的城市电网。会上，孟军在讲话中表示，芙蓉区发展思路清晰，与市委、市政府工作安排高度契合。从电力增幅看，芙蓉区地方经济发展势头良好、充满活力、前景广阔。市供电公司以签订框架协议为契机，持续加大芙蓉区电网建设与改造投入力度，履行协议，为芙蓉区发展提供坚强电网保障。周春晖在讲话中感谢市供电公司对芙蓉区发展的关心和支持。

（陈佳豪）

城市管理

City Management

责任编辑·谭自然

城市管理

【概况】 2019年，根据政府机构改革要求，区城管局划入原市政、园林、环卫局行政管理职责、原城乡建设局燃气热力管理职责；划出爱国卫生运动及与行政执法有关的行政处罚权、行政强制权和执法检查权。改革后的芙蓉区城管局设有办公室、市容监管考核科、基础设施管理科、综合管理科4个内设机构。年内，区城管系统以全方位提升城市品质、优化管理水平为总体目标，围绕“品质提升年”“优化营商环境年”工作要求，提升城市管理标准，提质辖区综合环境，全年召开区级层面城管工作会议30余次，较好地完成了各项工作任务，在市对区年度绩效考核中为全市3个一类城区之一。

【城区日常管理】 按照城市管理精细化、常态化、长效化的工作要求，2019年，芙蓉区依托数字化管理平台，以网格化管理为基础，结合市级部门发现并交办的重点问题，落实城市管理负面清单扣分制。全年区城管数字化指挥中心受理各类城市管理问题13.4万条，较2018年上升13.55%，办结处置各类网格化案件4.4万件，问题整改率100%。1—12月市城管部门发现并交办市容秩序（环卫、园林、市政）方面问题3093个，已整改3080个，整改率99.58%，完成“市容秩序方面交办问题整改到位率98%以上”的年度考核任务。

【城区项目建设】 在区委、区政府倡导“精准投入、精美建设”的大环境下，城管局落实指示、调整思路、统筹铺排、精准推进。全年完成重大项目建设3个，详细情况见表13：

·表13· 2019年度芙蓉区城市管理局重点项目建设情况一览表

序号	项目名称	起止年限	建设性质	总投资额（万元）	2019年投资额（万元）	建设内容
1	滩头坪社区天平公寓小区提质改造项目	2019—2020	改建	842.56	772.16	主要涵盖社区环境整治、地面改造、地下管网、园林绿化、市政工程、城市家具、公共配套设施等
2	汤家岭社区与凌霄社区老旧小区基础设施建设建设项目	2019—2020	改建	1523.90	500.00	汤家岭社区老旧小区北临省委大院、蓉园宾馆，南至八一路，西至司法厅，占地面积约7.98公顷；凌霄社区老旧小区紧邻火星学校，占地面积约2.01公顷。主要建设内容包括园林工程、照明工程、道路交通工程、管网工程和弱电工程等
3	五一商圈综合整治项目	2019—2020	改建	4000	2000	主要对五一商圈周边进行综合整治，包括立面清洗、地面铺装、楼宇亮化、配套绿化工程等

【城区综合整治】 2019年3月机构改革后，区城管局不再承担行政执法职能。根据最新工作职责，主要是严抓全区各主次干道、省委周边、火车站周边、五一商圈周边、农贸市场周边等重点区域的综合整治和重大节日、重要活动期间市容市貌巡查管控工作。年内，按照市城管委城市品质提升行动要求，以街道为单位，在全区各主次干道、五一商圈、省委周边、火车站周边等重点区域开展“三清六治”（道路街巷全时段清扫、公共设施全面清洗、绿化设施深度清洁；全面治理乱停乱行、乱贴乱挂、乱摆乱设、露天焚烧、市场综合、乱搭乱建六类市容乱象）专项整治行动。推动城区“三美”（美丽窗口、美丽街区、美丽家园）建设。全年交办城市管理问题近3万件，

清理违规搭建遮阳棚(伞)3939个，取缔违规废品回收站点164家。为喜迎祖国70华诞，芙蓉区城管委办公室制定并下发《长沙市芙蓉区喜迎国庆70周年专项整治行动实施方案》，在全区范围内开展“拆围透景”“织补提质”“治乱美化”“清洗净化”“楼宇亮化”5大专项整治行动。在中非论坛、国际机械展览会及省、市、区领导视察督导等重要活动期间，督察交办市容秩序问题1300余个，确保全区市容环境干净整洁、市政道路平整美观、城市街景清新靓丽。

【城管环保网格化工作部署暨业务培训会议】 2019年1月3日，芙蓉区在区政府会议中心组织召开“城管环保网格化工作部署暨业务培训会”。区城管局、环保局、城管执法大队、市政局、园林局、环卫局分管负责人，隆平高科技园、湘湖管理局、火车站综管办、各街道城管办主任、网格化平台操作员，各社区网格长、协管、环保网格人员300人参加会议。会上，网格化系统开发单位技术人员就网格化系统在电脑端、手机移动端的具体操作步骤和规则进行现场演示及讲解，并针对参会人员的现场提问进行答疑和辅导。随后，区城管局副局长邱礼、区环保局副局长曾科分别就下一步全区城管、环保条线网格化工作目标作了明确要求和部署。最后，区城管局局长罗明立要求区城管环保条线各单位要认清城管环保网格化工作的重要意义，按照市区两级要求抓好落实，确保市级城管环保网格化系统顺利运行，推动全区城市管理水平持续提升。

【“卫生大扫除 洁净迎新年”活动】 2019年1月26—27日，芙蓉区在全区范围内开展“卫生大扫除 洁净迎新年”集中清洗活动。该次活动在五一商圈、火车站广场、省委周边、汽车东站周边设立4个集中清洗点位，并以街道为单位，设立10个分活动现场。全区参加大扫除人员4500人，于1月26日上午9时统一行动。其中门店业主及志愿者800余人，出动洒水车74台，机扫机洗车37台。按照“清垃圾，清堆物”“清死角，洗立面”“洗路面，洗设施”的要求对全区主次干道，背街小巷，车站、公园、绿化设施、居民小区进行清洗和清理。清洗果皮筒8000个、路灯杆、箱柜等各类设施1200个，清运堆物、清运垃圾近170吨。

【区人大常委会专题调研城市管理工作】 2019年4月16日，芙蓉区人大常委会主任廖铁成一行专题视察调研城市管理工作并召开座谈会。芙蓉区政府副区长李学军，城管局部分班子成员、市政设施维护中心、园林绿化维护中心、市容环境卫生维护中心及城管执法大队主要负责人等8人陪同调研。在听取区城管系统工作情况汇报后，廖铁成肯定了区城市管理工作所取得的成绩，并就提升全区城市管理标准提出具体建议。

【湖南师大课题组到区开展立法调研】 2019年8月14日，湖南师范大学法学院教授、课题组负责人王彬辉，湖南师范大学法学院讲师、博士陆强，湖南师范大学法学院研究生梁杰，长沙市城管执法局餐厨执法大队副大队长郭海涛一行到芙蓉区就《长沙市餐饮油烟污染防治条例（草案）》立法工作召开调研会议。芙蓉区城管局副局长熊光明，相关街道城管执法中队中队长及餐饮门店业主代表13人参加会议。会议主要听取各餐饮门店业主代表和城管执法部门在餐饮油烟防治工作方面的诉求和建议。参会门店业主代表表示：希望政府尽快出台相关标准、法规，加强在油烟净化器选择、安装和后续维护方面的指导管控。各驻街城管中队队长则希望与会专家能在新出台的《长沙市餐饮油烟污染防治条例（草案）》中明确油烟净化装置的监管和处罚标准，提供执法处罚依据，让日常执法师出有名。在听取各方意见后，王彬辉承诺，课题组将会继续调研，广泛收集建议，综合考量研究，完成《长沙市餐饮油烟污染防治条例（草案）》起草工作。 （周骁畅）

·城管行政执法·

【概况】 2019年10月31日，按照政府机构改革方案，原芙蓉区城管执法大队更名为芙蓉区行政执法大队。年内，芙蓉区行政执法大队贯彻落实各项工作要求，创新执法管理模式，继续深化最严城市管理，严抓市容秩序整治，集中开展违规广告招牌、农贸市场及校园周边、机动车占道违停、共享单车乱象、违规渣土运输等各类城市管理乱源乱象专项整治行动。全年办结各类执法案件8594件，完成办案金额283.06万元。

专项整治。铺排乱源乱象“交叉执法”整治行动。3月，成立市容秩序乱源乱象“交叉执法”专项整治工作领导小组，针对辖区主次干道、重点区域、重要场所开展专项执法整治行动。查办市容环境、门前责任、店外经营、乱摆摊担等各类案件2075起，罚款金额50.15万元；继续推进环保督察“回头看”工作常态执法。针对2018年中央环保督察交办的113件协办案件，根据市、区统一调度，定期开展现场核查和回访，确保问题整改到位，违规乱象不反弹；严控违法建设行为。2019年拆除各类违建121处，面积3.25万平方米，其中拆除历史违建97处3.11万平方米，拆除新建违建24处1410平方米。拆除长沙饭店楼顶等7处大型户外广告设施。

环境治理。持续推进“蓝天保卫战”环境综合治理，全年开展综合执法600余次，出动执法力量6636人次、车辆2800余台次，办理环保类案件403起，罚款101万元；开展餐饮油烟整治执法，以空气监测点周边大气质量管控为核心推进全区域治理，完成市蓝天办下达的10批次、2575家餐饮单位油烟污染整治任务，完成全区3010家餐饮门店油烟净化器安装覆盖工作；推进渣土扬尘整治，加强辖区渣土运输“点、线、面”管控，高密度巡查建设工地，全年检查整改工地问题292次，办理渣土场尘类案件317件，罚款89.53万元；全面取缔违规夜市、露天烧烤，每周开展2次以上整治行动，全年取缔露天烧烤、违规夜市摊担245处，收缴烧烤架82个，立案30起，处罚2.34万元；严查露天焚烧垃圾行为，全年查处焚烧垃圾案件43件，处罚2.96万元。

应急保障。2019年初低温雨雪天气期间，全体执法干部实行24小时轮班值守制。其间，发动400余人次执法力量，清理辖区主次干道和重点区域冰雪，完成铲冰除雪任务。4月，组织100名执法干部，参与“中华龙舟大赛”维稳保障工作。6月，为确保第一届中国—非洲经贸博览会召开，对重点区域、重要场所及宾客入住酒店及周边区域开展密集守点执法和徒步巡逻管控，展示芙蓉区良好的市容环境秩序。10月，出动执法人员200人参与长沙马拉松赛安保行动，为赛事顺利开展提供强保障。

【智慧执法综合应用平台发布启用】 2019年2月21日，芙蓉区城管执法大队邀请《湖南日报》、红网、《长沙晚报》、长沙新闻频道、长沙政法频道等多家新闻媒体，召开芙蓉区城管智慧执法综合应用平台媒体交流会，展示应用信息化技术提升执法服务的新举措。长沙市城管支队支队长彭建波、市城管执法局执法监督处处长杨力沙、区城管执法大队大队长罗明立、教导员汤道建及东屯渡街道主任虞正等40余人出席活动。该次发布会对芙蓉区城管智慧综合应用平台建设背景、应用目的、使用方法等进行了介绍，新升级的芙蓉区智慧执法综合平台在原有执法办案系统上进行升级开发，通过引入云计算、大数据分析等先进技术，建成具有执法事件处置、在线执法办案、执法数据分析功能的芙蓉城管执法综合应用平台，结合手机、打印机等移动办案设备，实现执法人员一线全程办案。同时，通过执法全程留档记录的方式，执法人员只需固定当事人违法事实，可以不再暂扣当事人违法经营物品，降低执法过程中的对抗冲突，实现柔性执法，构建“非对抗性执法”新模式。发布会后执法队员带领媒体单位在荷花路沿线参与现场执法体验，全方位展示城管智慧执法综合应用平台的便捷高效与公正便民等特点。

【拆除东湖村大型违法建筑】 2019年6月25日，区城管执法大队按照区政府统一部署，会同住建、资规、公安、东湖街道等部门启动对东城志高混凝土有限责任公司侵占东湖村六组集体土地违法建筑的拆除工作。该次拆违行动，出动执法人员150人，车辆30台次，历时20余天，拆除违法建筑5000余平方米，东湖村被侵占土地得到全部清退。

【区行政执法大队挂牌成立】 2019年10月31日，根据芙蓉区机构改革方案，“长沙市芙蓉区城市管理综合执法大队”更名“长沙市芙蓉区行政执法大队”，当天，13个辖区中队更名“行政执法中队”，并完成揭牌仪式，全体执法人员制服标识也统一调整为“芙蓉”和“行政执法”字样。6月，湖南省司法厅作出《湖南省司法厅关于同意长沙市芙蓉区进一步推进相对集中行政处罚权改革工作的函》批复芙蓉区行政执法局行使25个方面的行政处罚权以及相关的行政强制权、执法检查权。该次行政执法大队更名工作的完

2019年10月31日，“长沙市芙蓉区城市管理综合执法大队”更名为“长沙市芙蓉区行政执法大队”并完成揭牌仪式　　区行政执法大队　供图

成，标志着芙蓉区成为湖南省综合行政执法体制改革试点先行区，执法体制改革工作全面启动。

（孙　业）

火车站综合治理

【概况】　长沙火车站地区综合管理办公室（简称火车站综管办）是隶属芙蓉区政府的正科级事业单位。主要职责是协调区直各职能部门管理长沙火车站广场及周边地区（站区）的治安秩序、交通秩序、经营秩序和市容秩序。管辖区域含东、西2个广场26万平方米。站区集铁路、轻轨、地铁、公交、货运枢纽于一体，平均每天人流量15万人次，高峰期20万人次。驻区单位有长沙车站、长铁公安处、邮局、公交公司等市属以上单位14家，经营单位及门店216家。2019年，火车站综管办协调和团结铁路单位和市、区各职能部门，践行“三大工程、九大行动”，深化站区综合治理，提升省会窗口形象，打造平安、有序、文明、洁净站区，为建设“四个芙蓉”作贡献。年内，被市护路护线联防办评为先进单位。

存在的问题和不足。综合管理有待加强；硬件设施相对落后严重制约窗口形象的提升；管理体制不顺导致综合治理事倍功半。九龙治水管理模式导致力量没有得到整合，无法真正形成合力。

【联勤联动打造平安站区】　路地警力“六位一体”联勤联动构筑反恐防暴治安维稳坚实防线。公安分局在火车站地区组建联勤联动办公室，组织市武警、市特警、区巡警、治安二大队、铁路特警、车站派出所等路地警力六位一体，在出站口、进站口、售票厅、五一路口等重要部位实施武装警戒，在广场及周边地区实施武装巡逻，强化进出站安全检查，重点管控，做到“警灯不熄、巡逻不止”。2019年，站区没有发生涉恐涉暴涉黑恶案件、重大恶性刑事案件、有影响的群体性事件。

【综合整治打造有序站区】　火车站综管办牵头路地公安、民政残联、交通、交警、工商、城管、食药监、市政、园林、环卫等各部门，开展多部门联合执法集中行动，共享法律资源，整合管理力量；由上述各单位抽调人员组成站区多部门联合执法队，分两班集中整治拉客喊客、非法营运、流动摊贩、违规广告、流浪乞讨、电的等各种乱象。建立站区集中整治微信群，实时调度、通报集中整治工作；建立督察检查制度，综管办每日自查自纠，及时通报问题，要求责任单位即时整改。以实施网格化管理为抓手，着力构建职责明确、指挥有序、管理精细、信息共享、服务有效的管理网格体系，将站区常驻管理力量网格部署，实现站区24小时综合管理全方位、全时段、全天候无死角。年内，治安秩序方面：长铁公安车站派出所及治安二大队治安拘留159人，行政处罚596人次，喊客乱象得到治理，治安形势明显进一步好转；经营秩序方面：查封出售假烟、无证出售香烟门店12家次。交通秩序方面，抓拍1.76万台次，查处违停1.93万台次；查扣摩的1.14万台次；查处黑车、网约车、违规运营大客车294台次，黑车非法营运、摩的及社会车辆乱停乱靠等乱象得到有效治理。市容秩序方面：民政局、残联反复劝阻、劝离、送返流浪乞讨，卖唱乞讨等乱象好转；城管火车站中队拆除75平方米历史违法建筑1处，拆除广告灯箱96个，查处乱吐乱扔240人次；市政局修补广场砖62平方米，铺沥青路面4465平方米，确保了各类设施完好。

【精细管理打造洁净站区】 环卫所员工108人，专职负责站区卫生保洁工作，实行24小时环境保洁。每日冲洗广场地面，推行垃圾分类投放。同时与车站保洁公司密切协作，确保24小时整洁清爽。实施“蓝天保卫战”，环卫每日洒水降尘，城管部门协调和要求地铁3号线站区项目建设单位完善施工围挡，防止渣土裸露，取缔餐饮门店煤炉。园林、市政等加大养护维护力度，确保园林绿化及公用设施完好。

【温馨服务打造文明站区】 利用省会窗口优势，建设社会主义核心价值观宣传阵地，成为全市三个试点地区之一。长沙车站成立“广铁U彩”志愿者服务队、火车站综管办联合市血液中心在广场设置志愿服务岗，招募志愿服务市民，年内招募志愿者600余人次，为旅客市民提供温馨贴心志愿服务。将每一个执勤人员培养成长沙百事通、活地图、活雷锋，提供秩序维护、导乘咨询、扶老携幼等免费服务，定期开展主题活动。城管坚决取缔历史违章建筑、违规户外广告，严查重罚流动摊贩、店外经营、乱扔乱吐，规范共享单车摆放，耐心劝导袒胸赤膊、随地躺卧、大声喧哗等不文明行为。联合民政局、残联等部门反复劝阻、劝离、送返流浪乞讨，卖唱乞讨等乱象。在站区广泛宣传，制作语音资料在巡逻车24小时不间断地播放温馨提示、文明守则和法律法规；印制《关于进一步规范和加强火车站及周边地区综合治理的通告》张贴在火车站及周边地区的每一家店铺和公共场所内；所有一线执勤人员工作中也不失时机对周围的人们进行政策宣讲，为文明城市建设工作营造浓厚氛围。年内，完成国家文明委考核验收任务及市对区每季度文明指数测评工作。

【节假日保障】 强化与站区职能部门之间、铁路单位的协同配合，确保各节假日站区平安稳定。重大节假日和春运期间，强化进出站安全检查和广场巡逻巡查，提升旅客安全感。火车站综管办牵头建立站区路地多部门联席会议机制，建立“站区联席委员会”微信群，对各部门综合治理工作予以实时调度。春运期间，火车站综管办与长沙车站紧密协作、迎战春运，制定春运工作方案、突发事件快速处置预案、极端气候条件下应急预案、旅客紧急疏散预案等，开通第二售票处，搭建临时候车棚，开展志愿服务活动，开展专项整治行动，为旅客营造平安便捷舒适的出行环境；长沙车站每日通报旅客售票、到发、积压和滞留旅客情况（等待购票的旅客人数为积压人数，已购票而不能按时乘车的人数为滞留人数），为站区管理部门迎战春运提供决策依据。

【火车站文明城市建设工作督导】 2019年11月18日，长沙市委副书记、市长胡忠雄率队到长沙火车站督导文明城市建设工作。芙蓉区委副书记、区长周春晖率队陪同检查。胡忠雄详细询问站内设立星火雷锋服务站的具体情况，并向几十年如一日为乘客提供免费维修服务的志愿者刘镜辉送去亲切慰问，同时指出车站服务窗口要始终坚持以旅客为中心，提升服务水平，解决旅客反映集中的问题，重点做好场站内禁烟劝导和动态保洁工作，为旅客提供更舒适整洁的候车乘车环境，打造人民满意示范服务窗口。

【工作指挥调度中心建设项目启动】 为贯彻落实省、市“9·13”会议精神，确保火车站地区安全稳定，按照区政府常务会议有关部署及区委政法委书记刘文立2019年9月27日会议安排，11月，火车站地区安全维稳工作指挥调度中心项目建设启动。该项目由市财政投入专项经费260万元，由火车站综管办承租长沙车站候车室南侧一栋400平方米2层楼，装修改造成集广场动态视频监控、多警种信息共享、广场公共安全系统等于一体的指挥调度中心，预计2020年5月建成启用。

【延长广场免费停车时长】 为进一步提升站区公共服务能力，营造广大旅客市民温馨便捷的出行环境，根据芙蓉区发改委要求，火车站广场收费停车场2019年10月1日起免费停车时长由原来的15分钟延长至30分钟。该次免费停车时长变动虽然导致停车场经济效益下降，但旅客市民将直接受益，省会窗口形象将进一步提升，社会效益显著。2019年度停车场收费143.68万元，较上年减少38万元，下降20%。（肖健康）

环境卫生管理

【概况】 2019年，根据政府机构改革要求，将区市容环境卫生局和行政职能划入区城市管理局，改为芙蓉区市容环境卫生维护中心，为区城管局所属正科级公益类事业单位。有职工480人（在职职工145人，退休职工335人），公益性岗位人员288人。2019年，芙蓉区启动品质提升年行动计划，区市容环境卫生维护中心以建设“清洁城市”为主线，以“创先争优”为目标，以精细化管理为手段，不断提升环卫管理能力和服务水平，全区市容环境质量得到提升。区环卫中心机关支部获评市、区示范化“五化”党组织。

清洁城市建设。2019年，环卫维护中心落实清扫保洁精细化、网格化管理要求，以环卫所为单位，将辖区内各主次干道和背街小巷，划分成若干个网格单元，定人、定岗、定路段，网格任务量化责任到人，实现每日清扫保洁846万平方米、日维护地下通道21座、人行天桥9座，日均清掏果皮筒、收集桶1.37万只，日均冲洗、洒水道路约800千米。生活垃圾日产日清，日清运垃圾200余车次，年清运垃圾约26万吨，生活垃圾无害化处理率100%。在春节、国庆节等重要节日期间集中组织清洗清扫，清理堆物等整治行动，日常常态化安排洒水车20台、机洗机扫车35台、护栏清洗车1台联合街道、发动市民群众开展“周末大清洗”活动，实现主干道每天清洗1次，次干道和背街小巷3天清洗一次。

生活垃圾分类。牵头组织推进全区垃圾分类。做到“一日一督察、一周一调度、一月一通报”，专门抽调7人组成督导组，对13个街道76个社区681个小区开展督察指导，全区开展各类宣传活动400场次，发放宣传资料20万份、倡议书20万份、宣传信息90万条，入户宣传15万户次，组织垃圾分类志愿者队伍3000余人，负责宣传动员和“桶边指导”，全区居民群众知晓率90%。2019年9月，全区77个社区均按市政府要求实现全覆盖，覆盖率100%。

主干道降尘。在主次干道及重点区域每天安排各型机洗车45台、人机配合清洗水车60台、洒水作业车44台、雾炮车2台，安排清洗人员约300人进行洒水降尘和深度清洗保洁，保证道路洁净无泥沙扬尘。落实渣土管理的“新规范、新机制”要求，每天由监管员、巡查员分2次对工地现场情况进行督促，不达标的工地立即停工整改。全年开展联合整治约264次，出动2622人次，整改工地47个次。

环卫设施建设。全区有公共站厕187座，其中公共垃圾站91座、公共厕所96座。2019年，站厕改造按照分档设计、分类改造、分批实施原则，总投入3500余万元，高标准新建隆平园公共垃圾站厕1处，提质改造站、厕97处。根据芙蓉区环卫设施设备两年三改任务标准要求，11月全区187座公共站厕全部完成提质改造。更换新能源车23台，建成10座垃圾分拣中心、5座大件垃圾暂存点和1座易腐垃圾中转站，辖区内环卫设施设备水平得到显著提升。

重点工作保障。针对年初低温冰冻雨雪天气，及时调派车辆和作业人员，对省委大院、火车站等重点区域及全区3座跨河大桥、城中主次干道及二环线等易结冰桥梁、道路洒盐除冰，保证全区交通安全畅通有序。在中华龙舟赛期间，出动清扫保洁人员200人次，清运垃圾200车，铺排移动厕所30个，做好河堤保洁、移动厕所清理、场内垃圾清理等工作，展示精致精美的芙蓉形象。在首届中非经贸博览会期间，在重点区域及周边增加保洁频次，延长作业时间，同时加强地下通道清扫保洁和道路两侧标示标牌的清洗工作，提高各项作业质量，确保博览会期间重点区域及周边环境卫生干净整洁。在文明创建工作期间，每日出动各类清洗、清扫作业车辆125台，人员近2000人，在省委周边、国金中心及火车站广场等重点区域开展环境卫生集中整治，对路面油污、积泥积沙、泄水板垃圾、喇叭口泥沙、墙面“牛皮癣”、立交桥下空间、绿化带内垃圾、树洞内烟头等进行深度清洗清理，确保辖区内主次干道、重点区域、背街小巷路面无堆物，无泥沙扬尘。同时及时更换果皮桶，维修站厕设施，确保环卫设施设备完好、干净整洁。

存在的主要问题。一线清扫员和驾驶员工资标准低，人员流动性较大，一定程度上影响日常工作开展；各环卫所移交至街道管理之后增加了大量的维护作业面积和维护项目，而相应的工作经费预算和标准却没有提高，日常经费缺口较大。

2019年，新购置的新能源湿垃圾专用运输车投入使用

市容环境卫生维护中心　供图

【芙蓉区市容环境卫生维护中心挂牌】　2019年3月19日，根据芙蓉区机构改革统一部署，芙蓉区市容环境卫生维护中心在文艺路8号挂牌，芙蓉区政府副调研员梁燕斌、环卫维护中心班子成员及科室负责人参加仪式。环卫维护中心隶属区城管局下属的二级机构，前身为芙蓉区市容环境卫生管理局。有在编职工145人，退休职工335人，公益性岗位人员288人。内设党政办、业务督察科、劳动人事科、基建科、财务科、纪检监察室、工会、安全生产科8个科室。

【23台新能源车投入使用】　2019年5月21日，投入近4000万元购置的23台新能源车，交付使用，6月开始上路作业。新能源车具有低噪音、减少排放污染、节约能源的优势，在“蓝天保卫战”、生活垃圾分类工作以及提高日常保洁作业标准中都起到了十分重要的作用，同时也对环境保护起到积极作用。

【消防演练教育活动】　2019年8月8日，环卫维护中心在汽车队停车场组织开展消防安全演练。环卫维护中心副主任常坚、汽车队、机械化作业班组30余名职工参与，为达到消防演练的效果，演练人员实地演示灭火器的使用，规范有序地对汽车队停车场模拟的着火广场进行扑救。20台作业车辆仅用10分钟时间迅速有序地撤离“火灾”现场，达到消防演练预期效果。

【人大建议、政协提案办理面商会】　2019年8月23日，环卫维护中心召开关于人大建议、政协提案办理面商会。芙蓉区人大常委会副主任宋晋武，区政协副主席范伟民，区人大选举任免联络工委主任段向阳，区政协办提案委员会主任饶诚到会指导。张军就相关建议提案的办理情况做了详细汇报，与会的代表和委员均对提案办理答复表示满意，并就建议提案中存在的难点、热点、焦点问题进行了探讨交流。

【庆祝环卫工人节】　2019年10月25日，环卫维护中心400余名干部职工在芙蓉区会议中心举行庆祝第二十四届环卫工人节活动。芙蓉区委副书记、区长周春晖，区委副书记蒋红波，区人大常委会副主任严国益，区政府副区长李学军，区政协副主席、农业农村局局长陈庆，市城管局调研员魏中宁，处长钟庭及湘湖管理局、各街道相关领导出席活动。活动首先对评选出来的年度环卫工作先进集体和先进个人进行表彰，表彰先进个人114名、先进班组14个和先进集体6个。由环卫一线干部职工自编自演的文艺节目在诗朗诵及大合唱《没有共产党就没有新中国》中拉开序幕，啦啦操《中国梦》、广场舞《我们都是追梦人》、大合唱《我和我的祖国》等歌舞节目精彩纷呈，展现出“宁脏我一人、洁净千万家”的环卫精神和环卫干部职工不忘初心、牢记使命，凝心聚力，为建设“四个芙蓉”奉献力量的坚定信念。

【垃圾分类工作调研】　2019年11月2日，芙蓉区委副书记、区长周春晖，芙蓉区副区长李学军一行，现场调研芙蓉区生活垃圾分类工作。调研组先后到定王台街道藩后街社区人民银行小区、文艺路街道乔庄社区、韭菜园蓉园社区省委大院等9个现场点，分别听取了垃圾分类情况介绍，实地察看运行情况，随机仔细询问居民对于垃圾分类工作的看法和体会，并针对不同点位提出具体指导意见。

【隆平园站厕建成】 2019年7月，隆平园站厕新建项目交付使用。该站厕位于长沙现代服务产业园，建设内容为高标准垃圾站和公共厕所，占地面积232.88平方米，两层，总建筑面积为391.96平方米，项目总投资约200万元，项目资金来源为隆平园高科技园。该站厕于3月29日动工建设，7月15日建成并投入使用。

（尹艺璇）

市政工程管理

【概况】 2019年3月，根据政府机构改革要求，原长沙市芙蓉区市政工程管理局划出行政职能并更名为“长沙市芙蓉区市政设施维护中心”，为区城市管理局所属正科级公益类事业单位，编制缩减为60人。年内，市政中心以“精细化管理”为主线，紧抓“品质提升”主攻点，以高质量管养水平力促城区市政设施高效运转，完成市区下达的主要业务指标，年内市政中心被中共长沙市委长沙市人民政府授予“文明单位”，人行道维护队队长鲁恩来被中共长沙市委长沙市人民政府评为“长沙市先进工作者”。

日常市政设施维护。年内，市政设施维护中心维护队完成路槽修整2.15万平方米，沥青灌缝2100米，修补沥青路面3.16万平方米；修整人行道1.83万平方米，隔离设施2683个，侧平石1509套米，运料土2244立方米；管道疏浚58.95万米，清理淤泥3309.8吨，疏通各类井4.16万个，调整井座247座，清掏化粪池1.36万座；应急处突主动及时。落实24小时领导带班、服务热线值班、值守制度，加强辖区冰雪灾害天气期间市政维护应急处置工作，2019年铲冰除雪出动人员115人次、维护作业车辆26台次。

民生工程项目建设。全年完成燕山街鸿飞巷改造、高家坡路下穿京珠高速涵洞积水应急改造、东湖路与人民路交汇处喇叭口改造、八一路道路整修项目、晓园路人行道整治项目、白沙湾路人行道整治项目、建职院道路排水改造等工程。完成韶山路、八一路、曙光路、长岛路、晓园路、蓉园路、蔡锷路、高家坡路、车站路、五一大道市政井及其他管线单位井合计931套窨井的提质改造；着力推进“一圈两场三道”中的人行道改建工作，全年完成22条、35.76千米的人行道改建任务，完成率101.56%；对无物业管理的社区楼栋化粪池进行清掏整治，完成识字里社区化粪池11个施工点的改造项目。

解决落实民生诉求。帮扶联点社区进行路面修复、化粪池和下水道疏通等工作，支援非联点社区、街道及时解决市政类民情问题，全年处置群众来电1080条，城管110（市政类）案件108条，“12345”市民服务热线446条，连续获得长沙市“12345”市民服务热线处置评比9个第一名。数字化处理各类案件4693条，确保每月结案率100%，受到市民的普遍称赞。

汛期城区防涝排渍。完成浏阳河大道、万家丽路、车站路、八一路、营盘路、韶山路等路段排水管道的清淤疏浚；对工务局支27路、燕山街鸿飞巷、荷花园32号、富家湾A区6栋、省委南门、防水市场、识字里、车站北路、圭河路育才三小龙王庙等堵塞、塌陷的排水管道进行新建、改造，改造管道338米；4—6月汛期期间，市政中心按照等级响应模式及区、街道、社区三级联动方式，重新制定城区防汛应急预案，落实24小时领导带班、服务热线值班、值守制度，确保汇报及时、处置高效，防汛出动21次，出动人员3997人次，设备907台次，在第一时间确保芙蓉区内涝险情得到快速、妥善处置。

重大活动服务保障。主动服务全市、全区大局，坚持标准化保障、精细化维护、常态化管控，做好“2019年中华龙舟大赛”“第一届中国—非洲经贸博览会”“庆祝中华人民共和国70周年”“2019年长沙国际马拉松”“全市重大产业项目流动观摩会”等重大活动的市政道路环境保障工作，地毯式大排查活动场所周边市政设施，按照先重要区域，后次要区域的顺序，开展市政设施维护工作，对破损、缺失的市政设施，如井盖丢失、损坏、道路坑槽、护栏破损以及部分道沿的损坏进行维修，创造整洁优美、规范有序的市容环境，受到市民及外国友人的好评好感。

存在的困难和问题。人员配备严重不足。2019年机构改革后，芙蓉区市政中心核定编制由原来的81个减少至60个，干部职工队伍老龄化现象严重；维护设备维护经费短缺等。

【窨井设施优化整治】 根据长城管委关于印发《长沙市城区主次干道窨井设施整治改造工作方案》的通知要求，芙蓉区由市政中心牵头，各管线部门配合对芙蓉区“新建、在建”主次干道车行道范围内不符合防盗、防坠、防沉降、防异响要求的所有窨井设施进行提质改造。全年对韶山路、八一路、曙光路、长岛路、晓园路、蓉园路、蔡锷路、高家坡路、五一大道、车站路等10条道路市政井及其他管线单位窨井进行优化整治，完成931套窨井改造提升。

【浏阳河排污口动态巡查制】 为落实河长制工作要求，区市政中心主任牵头，分管领导具体负责，以科室为单位，每周对浏阳河流域11个排口实行动态巡查，做到每日巡查及“一排口一台账”，记录巡查日记及影像资料，发现污水下河及时查找原因，及时解决。同时，每周向区级河长上报排口综合治理情况及工作进度，确保排污口动态巡查的上下联动、监管到位。 （邓子军）

园林建设与绿化

【概况】 2019年，按照芙蓉区机构改革要求，长沙市芙蓉区园林管理局更名为长沙市芙蓉区园林绿化维护中心，属于区级事业单位，承担的行政职能划入区城市管理局。中心内设工程科、维护科、绿化管理科、纪检监察科、办公室、财务科、浏阳河风光带综合管理办公室、五一广场综合管理办公室、后勤科9个职能科室。有职工251人。其中在编在职在岗职工64人，临聘公益性岗位人员187人。2019年，芙蓉区园林绿化维护中心坚持“四个园林”（生态园林、民生园林、文化园林、品质园林）理念，围绕“四个芙蓉”战略目标，新增绿地面积24.13公顷，建成公园、游园7个。在市对区的5次城管考核工作中，取得园林类1个第一、2个第二的成绩。

存在的问题。经费短缺问题。全年维护经费既要用于99条主次干道、76个社区、36个社区公园、3个广场以及浏阳河风光带的日常绿化养护，又要用于临聘人员工资福利支出，甚至还为省委周边花化彩化建设、部分老旧小区提质及一些临时任务支出经费，一钱多用，难以打开精细化维护的工作局面。

【园林工程】 完成解放路街心转角水体改造工程，改造面积500平方米；提质京珠西辅道边坡绿化，整治路段全长1134米，面积1.5万平方米；完成京珠高速东辅道（远大路—高家坡路）道路两厢绿化工程，为东、西两侧人行道栽植行道树，增加东侧行道树树池及树池盖板；改造2号线地铁口及五一商圈周边树围，安装玻璃钢树池篦子400套。

【园林维护】 2019年，修剪行道树2万余株，补栽乔木800棵、麦冬草1.3万平方米、草皮3万平方米，清除杂草15万平方米，及时处理死危树、断枝事件200起。开展抗旱保苗工作，出动洒水作业车辆2000台次、作业人员4000人次，保障城区绿地植物正常生长。在国庆、“两会一节”、中非博览会等重要节假日、重大活动中，摆放布置鲜花近150万株；对“两点三线”（黄花国际机场、高铁站两大门户，机场高速—长沙大道、长永高速—三一大道、花侯路3条主要交通线路）、芙蓉广场、省委周边等重要区域新增鲜花盆景50万盆。

【绿化管理】 2019年，处理占绿毁绿事件20起、为民办实事（市“为民办实事”项目）现场排查处理死危树15起，办结市区数字化来单、“12345”市民来单等1320起。做好中华龙舟赛赛区安全、设施、绿化巡查，维修更换亮化景观灯、堤灯266盏，清理垃圾21吨；出动800余人次上路巡查，处理绿化问题600起，及时更新广场、社区公园等地公益广告69块，营造爱绿护绿好风尚。

【造绿复绿】 新增绿地面积24.13公顷。林荫工程：建成黄泥塘路、龟山南路、滨河路（五标）、东湖路（二期）、合平南路5条林荫道路；建成人民东路与马王堆路东北角（长房国际大厦）与人民路与合平路交界口（华智）2处林荫广场及中房瑞致三期、浏阳河婚庆公园2个林荫停车场。城乡公园工程：建成万家丽空中花园、九龙仓城市公园、隆平高科游园、东驿公园二期4个城市公园，省政府机关二院社区、远大二路与长星路东北角、长房国际大厦3个游园。空间绿化工程：建成九龙仓立体绿化、万家丽空中花园2处空间绿化。小区绿化工程：建成火炬村安置房、中房瑞致三期、九龙仓绿化、友阿总部附属绿化、海派国际附属绿化、龙湖碧桂园6个小区绿化。学校绿化工程：建成新安小学绿化工程。街心转角工程：建成长房国际大厦街心转角、营盘路与王家湖路东北角街心转角绿化工程。街巷庭院工程：建成藩后街、登隆街2处庭院工程。

【解放路街心转角水体改造工程】解放路街心转角水体改造工程项目于2019年3月开工，2019年7月完工，改造面积约500平方米。该项目秉承“生态优先、以人为本、综合功能”的建设理念，主要建设内容为池底加深、水底铺装、给排水管改造、麻石护栏及物理净化过滤系统安装等。同时，结合海绵城市建设要求，设置假山叠水，配以景观灯，打造了一副假山喷细泉、碧水漾红鲤的怡人景观，给城市中心市民提供了休闲、娱乐、健身的好去处。

【国庆绿雕】 为进一步提升城区绿化景观颜值，增添节日喜庆氛围，给广大市民带来美好的视觉感受，历经为期45天的施工，芙蓉区园林绿化维护中心分别在芙蓉路立交桥、人民东路入城口、迎宾路与五一路交汇处、凌霄花街、长星游园和锦泰广场城际铁路长沙站进站口6个重要节点新增改造8处大型绿雕作品献礼国庆。绿雕作品造型各异，独具匠心，主要采用红色系、黄色系鲜花，并利用中华人民共和国成立70周年元素的广告面板以及象征和平、友谊、圣洁的和平鸽相互融合，彰显国庆节日文化内涵以及对祖国欣欣向荣、繁荣富强的美好祝

2019年国庆节，凌霄广场新增迎国庆大型花雕　园林绿化维护中心　供图

福。在全市的项目评选评比活动中，人民东路入城口和凌霄广场绿雕分别获得综合三等奖和人气三等奖。

【“3·12”植树节活动】 2019年3月12日，芙蓉区在红旗路匝道与滨河路口义务植树基地举行2019年全民义务植树活动。市城管局副局长黄哲，芙蓉区委书记于新凡、区委副书记、区长周春晖率区委、区人大、区政府、区政协四大家班子成员及区直部门、街道党政主要负责人、社会团体等400人参加义务植树活动。义务植树活动主会场主要分为4大地块，占地近2公顷，计划分两期打造为集观赏、游玩于一体的东湖生态绿地。通过成片栽植桂花、梅花、樱花、紫薇等彩花植物，着力打造“四季有景、四季有花”的花海景观效果，提升城区绿化品质，让良好的生态环境成为最普惠的民生福祉。当日栽植花植树木316株。

【增花添彩工程】 从服务民生的角度出发，芙蓉区园林绿化维护中心在原有绿化的基础上，按照长沙市花化彩化五横五纵的整体铺排，在车站路、芙蓉路、八一路和韶山路，通过栽植一批花期长、颜色艳、耐低温的时令鲜花，打造一条条错落有致、色彩斑斓的绿化景观带。截至2019年12月11日，栽植时令草花22.6万株。（雍思乐）

晓园公园管理

【概况】 长沙市晓园公园占地面积3.73公顷，东邻长沙火车站，南临五一大道，西靠晓园路，北依八一路，位居城市中心位置，是展示全市风景绿化水平的一张重要名片。2018年移交芙蓉区政府管理后，公园为芙蓉区差额拨款事业单位，行政级别为正科级，内设办公室、人事科、园林科、财务科、综合科、纪检监察室6个职能科室；

2019年8月，公园人事调整，按照双向选择、身份对等的工作原则，先后分流或调出28名干部职工到区属市政、园林、环卫三个部门和东湖街道。经过人员分流后，管理处核定编制20人，实有职工117人，其中，在编在岗20人，编外合同制人员7人，离退休人员90人。年内，晓园管理处按照高质量发展的要求，主动转观念、拓新路、克难题，结合晓园实际，推进绿色惠民工程，将绿色惠民福利送达市民游客身边。年内创建为市级文明单位。

【公园绿化美化】 实施增花添彩，按照“品质提升年”的工作要求，以“一园一花一特色”的工作思路，坚持绿化、美化、彩化的有机统一。春季栽种郁金香1.5万株，夏季栽植睡莲65盆、荷花50盆；开展了冬春绿化，引进特色树种黄槿、水杉、桃树、榆树、榉树，宿根花卉萱草等各类植物新品7种；公园黄土裸露整治，种植耐荫的花草2000余平方米；全年新植、移植乔、灌木50余株，丰富公园植物品种；冬季补播1.5万平方米常绿草坪，凸显公园草常绿的景观特色。做好节日氛围布置。在元旦、春节、五一、国庆等重要节日期间，在花境、花坛、花带换花5万余盆；春节西门以“迎新春福气到”为主题布置大型绿雕造景；国庆以中华人民共和国成立70周年为主题，以绿雕打造巨型邮票造景，为祖国生日送祝福，绿雕造景成为公园驻足留影的热点，吸引了10余万名游客纷纷驻足拍照，营造了喜庆祥和节日氛围。开展精细养护。实行网格化管理，组建绿化养护专业队伍，加大公园养护日常巡查力度，定期或不定期对绿化修剪、病虫害防治、水肥管理、卫生保洁等工作情况进行督察，确保园内植物生长健康。实施园区常绿草坪建设，对园区草坪进行冬季草籽补播种，确保园区四季常绿。开展樱花节活动。3—4月，“樱花节”活动期间，举办了第一届市民游客随手拍活动，评定了一等奖1个，二等奖2个，三等奖3个，最佳人气奖1个，提升了市民游园品质。

【公园基础管理】 推进“厕所革命”，安排专人负责公厕日常清洁与维护，定时维修更新公厕内设施，确保公厕符合公共卫生管理标准。完善基础设施。对园区基础设施建档编号，定期维护、及时维修园内石桌椅、健身器材等基础设施设备；对云水居厕所和亲子广场厕所蹲位挡板进一步更换；对车行区地面维修200余平方米，以确保公园设施的完好率，公园的满意度不断提升。强化综治管理。召开安全生产和综治建设工作会议，与各科室、驻园单位签订安全生产、综治维稳目标管理责任书，把各项任务分解到基层干部职工，落实责任制，全园连续十余年无火灾、无重大刑事案件、无安全生产责任事故，继续保持“市红旗等次平安单位”荣誉称号。做好汉桥、数字馆的现场管理。按照区政府的工作交办，晓园从2019年4月起负责汉桥和数字馆维护运营工作，晓园通过人员考察审定，合理搭建维护班子，细化作业标准，强化日常监督考核等措施，确保晓园、汉桥、数字馆的良好景观环境和良好运营秩序，市民游客满意率超85%。推进文明创建，以文明创建为契机，迎检期间延长工作时长，一日一通报，完成各项迎检工作任务。2019年晓园公园获评市委、市政府颁发“市级文明单位”。

【公园优质服务】 推行开门办园，晓园始终遵循以服务市民游客为宗旨，让市民游客满意是公园各项工作基本落脚点。在全市各公园中首推共建共管机制，晓园联合五里牌街道、社区以及晓园游客代表委员会，经常与园内市民锻炼团队开展学雷锋志愿者活动、社会公益性活动，公园形成上下联动，齐抓共管的良好氛围。推行游客代表制。成立7人的市民游客委员会，由市民游客民主推选热衷于晓园公益事业的义务志愿者产生，提升市民在生态环境建设中的参与度。定期发放游客调查问卷，收集市民游客对公园维护建设的建议和意见。9月，晓园主要领导了解到市民游客反映健身器材缺乏的问题后，晓园自行出资1万余元，新增了单双杠、云梯3项健身器材，全年更新和新增健身器材27件套落实到位，得到市民游客的肯定，并送来感谢信和锦旗，晓园的服务工作得到了市民游客的支持和理解。全年收到市民游客的建议和意见39条，接待游客246万人，同比上升11%，市民满意度90%。（邹阳辉）

自然资源·生态环境

Natural Resources & Ecological Environment

责任编辑·谭自然

自然资源和规划管理

【概况】 2019年，根据政府机构改革要求，原长沙市城乡规划局芙蓉区分局和原长沙市国土资源局芙蓉区分局合并成立为长沙市自然资源和规划局芙蓉区分局（以下简称芙蓉区自然资源和规划局），为长沙市自然资源和规划局的派出机构，正科级，核定机关行政编制12名，机关后勤服务全额拨款事业编制1名。芙蓉区自然资源和规划局内设办公室、党建监察科、自然资源保护利用科、空间规划和项目审批科、征地拆迁和法规科、财务科6个科室；设直属机构执法监察大队、征地拆迁事务所2个；设派出机构自然资源和规划所2个（东岸管理所、中心管理所）。2019年，芙蓉区自然资源和规划局围绕服务区域经济发展的目标，立足工作职责，聚焦聚力抓重点，优化区域营商环境，为推进芙蓉区高质量发展提供了坚强的要素保障。

规划审批。2019年，核发个人住宅《建设工程规划许可证》5项，审批面积207.35平方米；核发临时建筑《建设工程规划许可证》5项，审批面积6586.84平方米；补发农民安置房（多层）建设工程规划许可证2项，审批面积17139.09平方米。按照《长沙市既有多层住宅增设电梯办理细则》要求，根据老旧楼宇的实际情况，科学审批备案电梯加装方案。全年审批既有多层住宅增设电梯项目55个，其中核发建设工程规划许可证50个，项目备案5个。无越权审批行为，案卷正点率、合格率100%。

用地服务与耕地保护。2019年上报用地计划18个项目，145公顷；上报供地计划49个项目，99.98公顷。发布拟征地告知书3份，用地面积2.57公顷。市局业务窗口办理农用地转征调查红线3宗地，2.57公顷；办理土地划拨（收回）前期调查12宗地，15.46公顷；国有土地确权4宗，0.887公顷。2019年，完成湖南省农业科学院隆平农业创新中心创新大厦辅楼、张公岭村和杉木村两个村的“城中村”改造等重大项目的“农转征”工作。按照2019年区政府“城中村”改造计划，配合区直各部门完成张公岭村和杉木村“城中村”改造项目用地报批工作，报批面积70.9公顷；完成西龙村“城中村”改造项目52.25公顷的调查蓝线和测绘等部分用地审批的前期工作。配合棚改公司办理用地手续，协调用地单位收回国有土地，为各棚改项目提供国土用地资料、合法用地证明、房屋权属和使用性质证明，对历史建筑进行合法性认定。完成东湖村统征地等6个项目的耕地占补平衡挂钩工作。配合区政府完成与东湖街道、东岸街道、马坡岭街道及三个街道下辖村的2018—2022年耕地保护目标管理责任书签订工作。与省厅耕地保护监督处核对芙蓉区旱改水承诺函兑现完成情况，并已盖章确认；与省厅耕地保护监督处核对占补平衡指标库，解决沅江市旱改水指标无法入库、津市水田指标等级降级、华容县治河渡镇上高村、下高村旱改水产能指标额外扣除等历史问题。指标均已足额划入芙蓉区指标库。

征地拆迁。2019年完成签约98栋142户。按照“三公告、一登记、三榜公示”的要求，全年下达《限期腾地告知书》12份，《限期腾地决定书》22份，《限期腾地催告书》22份；核发《征地补偿安置方案征求意见公告》4份，《征地补偿安置方案实施公告》4份。在征地拆迁过程中，无人员伤亡、无安全责任事故发生。2019年处理信息公开事项68件，“12345”市民热线82件，接待群众咨询200余次。协调配合法院，应对征地拆迁的行政诉讼工作，全年办理行政诉讼案件120余个，申请强制腾地案件21个。未发生较大群体性事件、较大网络安全及舆情事件。

国土空间规划编制。芙蓉区自然资源和规划局落实部省市关于区县国土空间规划工作要求，统筹安排芙蓉区2019—2035年城市规划编制工作，联合芙蓉区政府各职能部门完成第一轮基础底图、空间单元划分、自然资源保护要素、基本生态控制线、城镇开发边界、道路交通图等基础数据的校核及问题反馈工作。

卫片执法与批后管理。全年进行土地执法监察动态巡查146次，下发停止违法用地通知书15份。对批后管理项目从严管理，全年完成建设项目放线15项；建设项目正负零验收9次；项目验收39个，验收面积142.93万平方米；下达停止建设通知书3份；违法建设线索上报3项；移送城管3项；下达限期整改通知书3份；完成规划公示41项，参加听证会12次；依申请出具规划专业咨询意见278份。工程项目批后管理到位率、放线检查到位率、

2019 年 7 月 13 日，长沙市自然资源和规划局芙蓉区分局挂牌成立

自然资源和规划局芙蓉区分局　供图

正负零检查到位率、公示到位率均为 100%。落实武汉督察局土地违法违规问题整改要求。年内对 2016—2018 年武汉局例行督察反馈未整改到位的 2 宗违法用地进行整改，已全部整改到位。对 2018 年度 6 宗土地卫片违法用地进行整改，整改到位 4 宗，整改到位率 66.67%。对 2019 年前三季度 9 宗卫片违法用地进行整改，整改到位 5 宗。完成对国家自然资源督察武汉局认定的 12 宗闲置土地处置工作，处置到位 9 宗，处置面积 77.67 公顷，达到省、市规定的整改要求。开展对空闲土地盘活工作，芙蓉区有空闲土地 46 宗，盘活 33 宗，盘活面积 108.21 公顷。落实增存挂钩闲置土地处置工作的要求，芙蓉区 4 宗增存挂钩土地，处置到位 2 宗。

地质灾害巡查与预防。2019 年，芙蓉区自然资源和规划局加大地质灾害巡查和隐患排查力度，通过发放明白卡和告知函形式，预防地灾事故发生，对西龙村杨家湾组舟桥部队驻地坡下滑坡险情进行重点监测；配合和支持芙蓉区安全生产“大排查大管控大整治”等专项行动，全年组织地质灾害巡查 98 次，专项检查行动 30 次，河长制巡查 50 次。全年无地质灾害事故发生。

【长沙市自然资源和规划局芙蓉区分局挂牌仪式】　按照政府机构改革要求，原长沙市城乡规划局芙蓉区分局和原长沙市国土资源局芙蓉区分局合并成立为长沙市自然资源和规划局芙蓉区分局。2019 年 7 月 13 日，芙蓉区自然资源和规划局在车站北路 236 号（原区国土分局旧址）挂牌。芙蓉区副区长刘宪、长沙市自然资源和规划局党组成员、副局长刘国梁参加挂牌仪式。当日的挂牌标志着政府机构改革中长沙市自然资源和规划局芙蓉区分局成立。

（姜李忞）

环境保护与治理

【概况】　2019 年，根据政府机构改革要求，组建长沙市生态环境局芙蓉分局，由长沙市生态环境局直接管理，不再保留芙蓉区环境保护局。年内，长沙市生态环境局芙蓉分局继续深化“放管服”行政审批改革，参与“蓝天保卫战”行动，巩固环保督察整改成效，落实环境监管执法，推进污染防治项目实施，各项工作取得明显成效，区域环境质量不断提升。年内马坡岭空气质量监测站点优良天数 253 天，PM_{10} 较上年同期上升 3.2%，$PM_{2.5}$ 较上年同期上升 2.1%；火车新站空气质量监测站点优良天数为 264 天，PM_{10} 较上年同期下降 5.4%，$PM_{2.5}$ 较上年同期上升 4.3%。2019 年浏阳河芙蓉区段出境断面（黑石渡）水质 6、7 月份为 II 类，10 月为 IV 类外，其余月份均为 III 类，年度水质稳定达到 III 类，完成目标任务。年内，营造环保宣传氛围，创建“绿色社区” 14 个，制作“蓝天保卫战”工作视频 3 个，发放宣传资料 3 万余份，发布“蓝天保卫战”公益广告 3000 余次。全年在湖南经视、长沙新闻频道、《长沙晚报》等主流媒体发布新闻报道 90 次（篇）。6 月 5 日在《湖南日报》刊登《赢在蓝天碧水间——长沙市芙蓉区打好污染防治攻坚战综述》专版 1 期。

存在的问题和困难。面临站点周边环境整治力度要加大、环保督察长效机制有待巩固提升、个别突出环境问题亟待重视解决等问题。

【大气污染综合治理】 继续以“六控”“十个严禁”为抓手和重点，坚持标本兼治，推进大气污染综合治理，实施精准治污。落实特护期应急响应机制和特护期工作措施，加强重污染天气的应对和管控。整合小微站、组分站、挥发性有机物（VOCs）在线、餐饮油烟在线监测、扬尘在线监控等平台，建立统一指挥“一张网”，污染源管控“一张图”。探索推进颗粒物和臭氧协同减排新举措，确保空气质量不断改善。2019年“蓝天保卫战”，累计出动12.17万人次，开展综合执法1197次，夜间联合执法行动388次。查处环境违法、禁燃区内销售散煤、建筑工地扬尘污染、机动车交通违法等各类案件4907起（处罚款739.97万元），行政拘留2人。监管对双杨石材城、翔铭广告市场等重点企业，督促整改问题21个。在特护期采取“最严处罚、最严停工、最严追责”等措施，对金茂等3个在建工地开处“最严停工”15天的处罚。

【行政审批】 深化“放管服”行政审批改革，2019年受理审批环境影响报告表项目4项，登记表备案257项。完成15家热力生产及供应、家具制造行业单位排污许可证的核发初审。修改完善本级权利清单服务清单指南，推进简政便民工作，完成“最多跑一次”“一件事一次办”“互联网+”平台内容修改并投入使用。开展长江经济带战略环评湖南省“三线一单”编制工作，对接上级部门完成芙蓉区管控单元、园区管控单元等准入清单的修改。

【扬尘污染控制】 统筹推进污染防治项目实施。2019年，各项目牵头单位针对扬尘问题突出、部分项目进度滞后等情况迅速整改，加强统筹调度，完成生态环境类污染防治项目31个。率先开展燃气锅炉低氮改造试点。芙蓉区在政策、资金、摸排等方面提前部署，加快推进改造进程。建立联络员制度，制作改造流程图，完善施工监管、验收流程及资料清单等制度，确保全过程监管；强化部门行业管理责任，落实街道（园、局）属地责任，区环保局主动上门宣讲政策，多方沟通协调，建立周调度、月讲评机制。2019年，列入改造任务的燃气锅炉（设施）201台，已签约147台，完成改造验收117台，拆除、停用10台，实现减排氮氧化物近60吨，完成率63.18%，全市排名第一。推进全国第二次污染源普查。成立污染源普查领导小组及办公室，统筹协调，落实经费，引入专业技术第三方充实普查队伍。通过技术准备、宣传发动、清查建库、入户调查、数据核算等阶段，科学划分普查小区14个，对照4874家基本单位名录库，重点调查72家工业医院，162台锅炉，18个加油站，1个储油库。深入现场1600余次，填报数据10万个，开展各级审核近10轮，修改完善数据2万个，基本完成污染源普查定库工作。对普查对象的精准筛选和把控，受到生态环境部、省级和市级核查组的高度评价。

【环境监管】 加强环境质量和执法监测，5处水质自动监测站、18处空气质量监测小微站和16处挥发性有机物（VOCs）在线监测设备正常运转，在浏阳河流域布设38点位水质监测点位，为科学合理治理流域污染提供依据；建立和整合环境监测大数据平台，为“蓝天保卫战”和“河长制”工作提供监测数据，长善垸、国祯污水处理厂和长沙新振升集团在线监测设备连通率100%。全年开展执法监测516次，出具监测报告140份。落实监管执法，铁腕执法、严管重罚环境违法行为，全年开展大气污染防治特护期监管执法、浏阳河水环境执法、危险废物监管执法、蓝天利剑交叉执法等重点专项执法52次，办理环境违法案件20件（含移送公安机关刑事拘留2件，查封扣押3件），罚款金额53.18万元。建立和完善城管环保四级环境监管网格体系，组织开展网格化监管、危废规范化管理等业务培训6次。全年办理环境信访投诉438个，处理率和回复率100%。巩固环保督察工作成果，对三轮环保督察交办件整改情况自查自纠，对重点交办信访问题进行抽查，无敷衍整改、“一刀切”等问题。2019年11月，完成“回头看”交办问题整改销号。

【危险废物规范化管理培训】 2019年3月11日，芙蓉区环保局组织27家汽修企业在湖南申湘汽车销售有限责任公司内举办汽修行业危险废物规范化管理培训会，邀请长沙市固废站相关负责人就危废相关法律法规、危废标志标牌规范、危废管理和贮存处置标准，以及危废申报等相关内容进行培训。培训会在申湘公司内组织现场观摩。通过把汽修行业人员“请进来”培训，再“走出去”

2019年6月13日，全市锅炉改造现场观摩会在隆华大酒店召开。图为技术专家在锅炉房内讲解酒店燃气锅炉低氮改造过程　　图自区委办

观摩，提升汽修行业企业主体的防保意识，促进了全区危废物规范化管理。

【锅炉低氮改造现场观摩会】 2019年6月13日，全市锅炉低氮改造现场观摩会在芙蓉区隆华大酒店召开。市委副秘书长、市委办公厅主任、市蓝天办主任曹再兴，市蓝天办副主任莫金文，长沙市生态环境局局长潘胜强等市领导，以及各区县（市）政府有关负责人50余人参加观摩会并作指导。参会人员参观了隆华大酒店锅炉房锅炉低氮改造现场，第三方服务单位技术专家详细讲解酒店燃气锅炉低氮改造的过程。

【环保文化艺术节文艺晚会】 2019年5月8日，芙蓉区联合湖南农业大学举办的“湖南农大第十六届环保文化艺术节晚会”在农业大学礼堂举行。市委副秘书长、市委办公厅主任、市蓝天办主任曹再兴，市生态环境保护局副局长赵玲芳、副局长刘英杰，芙蓉区区委常委、区委办主任易新宇，区政府副区长李学军等领导，湖南农业大学校领导等嘉宾和学生700余人观看晚会。晚会以播放《芙蓉区蓝天保卫战》视频开场，围绕“蓝天、碧水、净土”三大保卫战，以舞蹈、歌曲、话剧、走秀等艺术形式，宣传芙蓉区环境治理的成果，推动生态文明建设。

【超标废水排放整治案】 2019年9月3日，芙蓉区五一西路一门诊部超标排放废水，违反《中华人民共和国环境保护法》第二十五条规定，芙蓉区环保局经现场检查和调查取证，下达了责令停止排污决定书，并依据《环境保护主管部门实施查封、扣押办法》（环境保护部令第29号）第四条规定，对该单位医疗废水处理发生器予以查封（扣押），并责令该单位停业整顿1个月，医疗废水经检测达标排放后方可恢复营业。这是芙蓉区环保局严厉打击违法违规环境行为、铁腕治污的一个缩影。　（谭　平）

·黑臭水体综合治理·

【概况】 2019年芙蓉区在建立“长制久清”的长效管理机制基础上，对完成整治的黑臭水体做好后期维护和管理，建立巡查和考核制度，保障水体的长制久清。4月，完成王家湖泵站排口改造工程，率先在全市实现旱季全截污、全收集、全处理。在亭子港、东屯渡、王家湖、三角塘等排口安装污水下河流量计，对下河污水进行计量，通过联合控污和科学排污等手段，减少污水下河的情况，保证浏阳河沿线各类排口雨天、晴天一个样，营造“河畅、水清、岸绿、景美”的生态环境。浏阳河年度水质由原来的劣Ⅴ类提升到Ⅲ类标准。浏阳河片区雨污分流工作，农大片区雨污分流改造一期工程，提前全面完工。

【小微黑臭水体整治】 2019年，芙蓉区开展小微黑臭水体整治工作，完成鑫达贵都酒店前坪三口塘截污，对杉木港（大同瑞致小学东段）实施综合整治。为解决双桥港周边居民截污问题，安装小型一体化污水处理设备，将上游居民生活污水收集处理达到一级A标准后排入双桥港。该项目由区公共工程建设中心实施，预计2020年6月初完成项目建设，可以彻底解决双桥港上游居民生活污水截污问题。　（邹　笑）

教　育

Education

责任编辑・谭自然

综　述

2019年，芙蓉区教育局有区属二级机构7个，中学5所、小学35所，在职教师2548人，在校中小学生51689人。辖区内幼儿园118所，其中公办园28所（区属12所），民办园90所，在园幼儿25284人。民办培训学校97所，在校学生23751人。年内芙蓉区教育局紧扣“打造幸福教育，办老百姓家门口的好学校”这一目标任务，推进义务教育优质均衡发展。先后获得2019年国家义务教育质量监测实施优秀组织单位、全国巾帼文明岗、全国第六届中小学艺术展演优秀组织奖、全国国防教育工作先进单位、湖南省“平安校园建设先进县市区”、长沙市智慧教育培育区等荣誉。消除大班额做法作为成功案例写进省教育厅《关于全省消除义务教育大班额工作和首批芙蓉学校建设工作9月进展情况的通报》受到表扬，省教育工作领导小组秘书组编《湖南教育快讯》专刊刊发“芙蓉区体艺项目助推幸福教育”，义务教育优质均衡推进工作经验在全市教育大会上重点推介。

存在的问题。优质教育资源总量仍显不足，名学校偏少。干部教师队伍领军人才的数量加快建设。教育治理体系能力建设与依法治教的要求存在差距。（刘奇　黄波）

教育教学

【概况】　2019年，芙蓉区深化教育教学改革，建设“生本课堂”，最大程度地调动学生的内在积极性，组织学生自主学习。进一步探讨“以学习为中心”的课堂教育模式改革，组织“聚焦核心素养，建设生本课堂”教学竞赛活动。率先全省在每所学校设立首席信息官（CIO），制定《芙蓉区智慧教育行动计划（2019—2022）》，铺开信息化试点。实施智慧教育，投资2600万元建成育英小学、大同古汉城小学两所“长沙市未来学校”推动人工智能时代的学校变革，探索面向未来的新型学校样态。两所“未来学校”所有教室都升级为智慧教室，配备了透明计算智慧黑板、透明计算智慧课桌以及智慧校牌、云课堂等设备，教学大数据和教学资源平台等信息化系统，使信息化的教学应用覆盖到了每个老师和学生。在全区中小学生中开展核心价值观教育和理想信念教育，开展“追梦新时代·礼赞七十年”等主题系列活动。通过大数据分析对“体艺2+1”项目实施监测，81.75%在校学生掌握2项体育技能和1项艺术特长。建设学校特色项目72个，项目覆盖率97%，创建国家、省、市科普艺体类基地校42所，全国特色学校17所，省级足球特色学校3所，市级科技教育特色学校3所、艺术特色学校2所。完善全区小学生综合素质评价体系，利用“人人通”平台实时记录开展中小学生综合素质评价工作。获全国第六届中小学艺术展演优秀组织奖；组织参加教育部2019年“一师一优，一课一名师活动，获教育部优课15节、省级优课23节、市级优课50节，在全市各区获奖排名第一，获市级优秀组织奖。

【潇湘爱乐交响乐团走进校园】2019年3月13日，湖南省文化厅高雅艺术进校园活动暨潇湘爱乐交响乐团专场音乐会在育英西垅小学体艺馆拉开帷幕。周小诗等艺术家们先后演奏《四小天鹅》《狩猎波尔卡》《宫崎骏组曲》等乐曲。育英西垅小学300名师生参加活动。该次活动进一步促进了“体艺2+1”项目的落实，让孩子们与文化艺术产生共鸣。

【第一届“新苗杯”羽毛球赛】2019年3月30日，由芙蓉区教育局科普艺体中心主办，芙蓉区羽毛球协会承办的“2019年芙蓉区第一届新苗杯羽毛球比赛”在育才二小举行，来自全区8所学校的50名运动员代表参加。比赛分为4个单项组别与3个亲子组别，176场比赛。最后育才双新小学获得7金6银5铜、育才第二小学获得2金2银9铜、育英小学获得1金2银1铜。该次比赛改变传统的竞赛模式，加入赛前素质测试，以及亲子竞赛模式。通过比赛进一步促进芙蓉区少儿羽毛球项目的蓬勃发展，为培养终身体育意识打下基础。

【名师公益课堂启动仪式】　2019年5月14日，芙蓉名师公益课堂启动仪式暨名师公益课堂观摩活动在湘一芙蓉中学举行，副区长梁汝岚，长沙市纪委市监委驻市教育局纪检监察组长谢小红，区教育局班子成员以及局属各单位负责人、工作室首席名师及卓越教师代表、家长代表和新闻媒体代表等300余人参加会议。会上发布芙蓉区中小学“名师公益课堂”实施方案。芙蓉区教育局在全市率先启动名师公益课堂，旨在借助以名师为龙头、学校为基地、教研组为单位、卓越教师为主体的公益团队，以线上线下结合、线下为主的形式，为学生提供公益课后辅导，满足不同层次学生的学习需求。

【东郡小学获得全球 DI 创新思维总决赛“创意创新奖”】 2019 年 5 月 26 日，2019 年度全球 DI 创新思维总决赛在美国密苏里州堪萨斯城落下帷幕。东郡小学发光少年队杨知谦、赵泽天、李知墨、陈程诚、刘昭洋、唐博釜等队员通过历时一年的训练和竞赛，经过省赛、国赛层层决选，入围全球总决赛，与全球参加学习服务类（SL）挑战的 60 支中学生精英团队同台竞技，他们的参赛主题“改善社区空气质量问题”最终获“创意创新奖”。

【青春诗词大会庆“六一”】 2019 年 5 月 30 日，芙蓉区中小学生“青春诗词大会”暨庆祝第 70 个“六一”国际儿童节主题教育活动在大同瑞致小学举行。团市委副书记康然、区政府副区长梁汝岚、团市委学生少年权益部部长张国金及参赛学生代表、志愿者代表、家长代表等近 400 人参加。全区 39 所中小学通过个人必答、团体必答和终极 PK 环节，展开激烈比拼。最终大同第二小学、燕山小学、育英小学获得特等奖，张行知等 10 名同学获“诗词小达人”称号。该次青春诗词大会活动是贯彻落实习近平总书记关于弘扬中华优秀传统文化的指示精神，培育和践行社会主义核心价值观，向祖国七十华诞献礼的一次全区庆“六一”主题教育活动，发挥了经典诗词诵读对中小学生思想道德建设的引领和推进作用，提升了全区中小学生阅读经典诗词的好习惯及传统文化素养。

【中国少年培育联盟年会】 2019 年 6 月 19 日，“基于中国少年培育理念的学校文化建设——2019 中国少年培育联盟年会”在芙蓉区大同瑞致小学召开。湖南师范大学教科院副院长、博导刘铁芳，湖南省教科院基础教育研究所所长刘建琼等以及来自北京、台湾、广东、江苏、甘肃等全国各地的教育专家以及省内各地州市、各兄弟区的代表，区属中小学校负责人及各学校教师代表等 300 人出席活动。会上，大同瑞致小学展示水墨童画、自然笔记、自然与阅读、梨花雨合唱团、小宇宙足球、自然剪纸艺术、自然与刺绣、自然与花艺 8 个学校新自然教育特色课程。学校蒋思意、王芳、何碧芳 3 位老师分别从课程解读、兴发教学案例分析、改善师生关系 3 个方面带来了《基于国家课程下的课程统整和教学方式变革》《兴发教学在课堂教学中的应用》《以爱育爱》的主题分享。中国少年培育联盟以“育中国少年，成生命气象”为基本理念，意在针对当前教育与个体成长中的无根化问题，着力培养自信豪迈的中国少年。

【启动主题阅读活动】 2019 年 6 月 27 日，由湖南省教育厅、人民日报社少年客户端、人民日报社湖南分社、湖南省少工委主办的“湖南省中小学校‘学习新思想，做好接班人’主题阅读活动启动仪式”在长沙市一中双语实验学校举行。省教育厅党组成员、副厅长王玉清，《人民日报》少年客户端副总编辑祝晓虎，人民日报社湖南分社社长杜若原，省少工委常务副主任陈艳英，芙蓉区副区长梁汝岚及教师、学生代表 400 余人出席仪式。活动包括两个主题，一个是“走进新时代”，讲解新时代的新形势、新特点和新内涵；另一个是学习习近平总书记用过的典故。一中双语实验学校的学生表演了精彩的组诗诵读《满江红》《沁园春·长沙》《离骚》号召大家一起刻苦学习，践行新时代中华少年的爱国誓言。该次活动旨在通过阅读学习，使中小学生了解新时代，认真学习习近平新时代中国特色社会主义思想，做好社会主义建设的接班人。

【立项教育部“十三五”规划课题】 2019 年 6 月 26 日，教育部公布 2019 年度全国教育科学课题立项名单，芙蓉区育英学校申报的课题“共享发展理念下中部地区乡村‘精准扶教’研究”入选全国教育部重点课题，是湖南省中小学唯一入选的课题。该课题研究的总体框架为乡村教师培养和资源共享两个方面，关注乡村教育文化和乡村学生心理问题。旨在通过共享发展理念与教育相结合推动农村教育事业发展，促进教育公平和教育均衡。

【林君倩语文课例获全国奖项】 2019 年 12 月 5—8 日，全国“统编本语文教材”教师模拟课堂教学总展在昆明举行，芙蓉区姜宇婷初中语文工作室教师林君倩的课例《湖心亭看雪》以读促悟，文本挖掘与意境营造融合，充满文言美感，最终获2019年度中国语文现代化学会真语文专业委员会学术年会总冠军。

【馆校美术教育共建十年成果展】2019年12月30日，由湖南省博物馆、长沙市少年宫、芙蓉区教育局共同主办的“以美连接历史和未来”——馆校美育共建十周年成果展示交流活动在湖南省博物馆举行。湖南省教育厅党组成员、副厅长唐亚武，省博物馆馆长段晓明，区教育局党委书记、局长徐青春以及长沙地区中小学美术教师、芙蓉区局属各中小学、幼儿园行政代表、美术教师300余人参加活动。2008年，湖南省博物馆和芙蓉区教育局以“美育大课堂”的方式开启了馆校合作共建之旅，而今走过了整整十度春秋，迎来了金黄的拾穗季节。该次展览展出作品546件，均出自芙蓉学子之手，其创作灵感亦都源于馆校美育大课程的启迪。在活动现场，来自芙蓉区的大同第二小学、马王堆小学、湘一芙蓉二中、大同古汉城小学等共同开展《馆校美术核心素养成长营》展演活动，将舞蹈、情景剧、说唱、服装秀等丰富的艺术表演形式融合起来，鲜活地呈现馆校美育基于学生、老师、学校的收获，也成为该次交流展示活动的亮点。会上还发布了馆校美育课程共建成果《馆校美育研学教材》，整合自2008年来馆校课程共建和教育合作成果，聚焦学生美术核心素养培养。双方还签订新十年馆校美育共建基地合作协议。

（刘奇　黄波）

师资建设

【概况】 2019年，芙蓉区优化教师队伍建设，面向社会公开招（选）聘中小学教师112名，其中选调中小学骨干教师36名，公开招聘中小学教师70名，遴选免费师范生6名。实施卓越教师队伍建设工程，评选114名区级卓越教师，20名老师被遴选为长沙市第二批中小学卓越教师。遴选区级名校长6名，其中首席名校长2名，名校长4名。年内建立周方苗小学校长工作室（市、区级）。举办“首届中小学教师素养大赛”，全区在编教师参加各级培训1695人次，覆盖率65.8%。开办芙蓉区新进教师培训班、卓越教师提升班、学科教育岗培班、第四期后备青年干部培训班等区级各类教师业务培训班25个，全区1275名教师参加。组织45名教师参加局第四届后备干部培训班，116名管理干部参加区教育系统干部行政管理赋能高级研修班，暑期交流64名干部。推进《芙蓉教师宣言》主题师德教育活动，《芙蓉教师宣言》群诵成为重大节日及活动的固定环节，使《芙蓉教师宣言》在芙蓉教师中“入脑入心见行”。开展师德师风建设，弘扬依法从教、以德育人、严谨治学、积极进取的行业新风，全面落实“两个责任”，全年有8名在职教师违规补课被处分。制定印发《芙蓉区公办中小学教职工备案制管理实施方案》，率先全市确定设立编外教师5年消化期，每年消化编外教师核定数的20%。获2019年长沙市少先队辅导员风采大赛特等奖，大同小学校长龙继红获“全国五一劳动奖章”。

【“殷蓉劳模创新工作室”挂牌】2019年3月4日，芙蓉区教科中心工会举行“殷蓉劳模创新工作室”挂牌仪式，是芙蓉区教育系统首个劳模创新工作室。殷蓉是芙蓉区小学数学教研员，曾获“全国模范教师”、全国教育系统“巾帼建功标兵”，20年来如一日，关爱教师、爱岗敬业、恪守师德，业务能力强。无论是在本职工作上，在骨干引领中，还是对省内外的学术交流中，都起到了模范带头的作用。她的先进事迹曾于2018年9月被湖南都市频道做专题报道，2019年被《湖南教育》杂志做专门人物采访。该工作室的成立旨在发挥其在教育教学、教师培训、教育科研等各项工作中的引领辐射作用，促进幸福教育内涵发展，努力建设全省领先、全国一流的芙蓉研训。

【龙继红获“全国五一劳动奖章”】2019年4月23日，北京人民大会堂举行2019年庆祝“五一”国际劳动节暨“全国五一劳动奖”和“全国工人先锋号”表彰大会，来自芙蓉区大同小学校长龙继红获“全国五一劳动奖章”，并作为湖南省5位代表之一参加表彰会。龙继红是第十届国家督学、全国优秀校长、湖南省特级教师、湖南省优秀教育工作者、长沙市第十四届、十五届人大代表。先后担任芙蓉区育英学校、育才学校校长及育才三校总校长。其教学研究课题多次获奖，并在国家省级教学刊物上发表论文50余篇。

【芙蓉区首届中小学教师素养大赛】　2019年9月25日，在区教科中心举行芙蓉区首届中小学教师素养大赛。该次比赛分为全能比赛和单项比赛，涵盖中小学所有学科有282名教师参赛，比赛分为三笔字（钢笔字、粉笔字、毛笔字）、普通话、微课展＋微课说3项。东郡小学、育才第三小学、育才第二小学、东风小学、湘一芙蓉第二中学获优秀组织奖，陈丫欢、周觅、张望等19人获全能比赛一等奖，李希宁、罗纳、谢珣等20人获三笔字比赛一等奖，李湘莲、李扬、黄菁等19人获普通话比赛一等奖，朱晓阳、安浩然、李思思等19人获微课比赛一等奖。

【芙蓉区代表队获市首届辅导员风采大赛特等奖】　2019年9月24日，"青春心向党·建功新时代"长沙市少先队辅导员风采大赛在天心区实验小学拉开帷幕，来自市直以及各区县（市）的300余名少先队辅导员代表参赛。芙蓉区代表队先后参加少先队基础知识测试、主题演讲、少先队活动案例讲解、少先队工作情景处理答辩、少先队活动现场辅导、辅导员技能展示6个项目的比赛，最终获4个单项特等奖和团体特等奖。

【"周方苗校长工作室"授牌仪式】　2019年12月5日，长沙市周方苗校长工作室授牌仪式暨第一次研讨活动在芙蓉区育英学校举行。长沙市教育局党委副书记、副局长孙传贵，区教育局党委书记、局长徐青春，湖南省电教馆研究室副主任余剑波等参加活动。工作室设有首席名校长、顾问、名校长、成员等团队，首席名校长为芙蓉区育英学校校长周方苗，名校长有天心区湘府英才小学校长谢宏斌等来自长沙市19所小学的校长、书记、副校长。授牌仪式上，周方苗从搭建学习平台、未来学校治理体系、团队校联动和办学思想等方面畅谈工作室研究设想。孙传贵为"长沙市周方苗校长工作室"授牌。

（刘奇　黄波）

教育保障

【概况】　2019年，芙蓉区年内投入近1.7亿元，新改扩建四校两园（新建八一路小学、东郡第二小学、东云台幼儿园、金域蓝湾幼儿园，改造育才第二小学、东郡小学）并按期投入使用，新增学位2700余个，消除中小学大班额117个，助力芙蓉区"15分钟生活圈"建设。全年投入近900万元完成大同小学传达室建设，曙光路小学校门、外墙改造，蓉园小学功能室改造，素质教育基地宿舍楼、运动场改造，育英西垅小学悬浮地板更换等55所学校的提质改造项目，12所配套幼儿园权证转移登记。发挥芙蓉区青少年爱心基金的救助帮扶作用，资助区内和对口帮扶地区758个困难家庭近110万元。出台《长沙市芙蓉区中小学课后服务工作实施办法》在全区中小学开展课后服务，1.8万余名学生参加。

【东郡二小新校举行开学典礼】　2019年9月2日，东郡第二小学新校投入使用并举行第一个开学典礼。学校地处芙蓉区东北角，东接长沙县泉塘街道，北靠长沙经开区，西近星沙大道，南临芙蓉区汇一城小区，占地面积1.47公顷，预设24个班规模。学校创

2019年9月，东郡第二小学建成并投入使用　　区教育局　供图

立“金种子”的办学理念。

教育安保

【概况】 2019年，芙蓉区成立校车管理领导小组，制定《芙蓉区校车管理考核办法》。定期召开安全会议，每月开展隐患排查、整治等活动，与交警部门联合开展打非治违行动。所有公民办学校、幼儿园的专职保安员配备率100%，封闭化管理100%、“一键式”紧急报警、视频监控系统达标率100%，“护学岗”设置率100%，硬质防冲撞设施安装率100%等“五个100%”落实到位。召开专题会议2次，组织公安、城管、市场监管等部门对校园周边环境进行联合行动9次，净化校园周边文化环境。成立由公安、交警、街道、教师、家长志愿者等组成的“五位一体”护学岗。23家无证办学（园）机构被引导规范或取缔关停，完成民办培训学校和幼儿园分类管理171家。年内，芙蓉区被评为湖南省平安校园建设先进区。

【“做自己的首席安全官”宣传教育活动】 2019年3月25日，湖南省公安厅组织学雷锋志愿服务队携手芙蓉区燕山小学开展“警校共建、护校安园”湘警青年志愿服务启动仪式暨“做自己的首席安全官”宣传教育活动。省公安厅巡视员覃德泽出席，省直机关工委和团工委、省教育厅、省公安厅、长沙市公安局、区教育局、辖区街道及社区负责人，以及学校师生及家长代表、公安厅学雷锋志愿服务队等600余人参加活动。省公安厅向燕山小学授予“警校共建、护校安园”湘警青年志愿服务联系示范点匾牌，向首批派驻学校的法制辅导员颁发聘书。之后，燕山小学“做自己的首席安全官”“小职业，大社会”安全知识大课堂开讲。来自公安厅治安总队、反恐怖总队、交警总队等警种的“警察老师”们通过安全知识的讲授、趣味知识的闯关互动、防身技能演示给孩子们上了一堂实用生动的安全教育课。

【游泳安全进校园活动】 2019年6月12日，由湖南省体育局主办的2019年全国青少年体育冬夏令营暨湖南省青少年“体育·新时代”游泳夏令营“珍爱生命，预防溺水”游泳安全进校园活动在育英西垅小学举行。省体育局党组副书记、副局长熊倪，省游泳运动协会主席蔡曙等参加活动。省游泳运动协会游泳救生员高级培训师王英对学校四年级全体学生进行主题为“珍爱生命，预防溺水”的安全教育讲座。该次活动旨在让更多的学生知安全、懂安全、忧安全，让每一个孩子都能珍爱生命、学会自我保护、健康快乐地成长。

（刘奇　黄波）

学前教育

【概况】 2019年，芙蓉区公办和普惠性民办幼儿园占比达园所总数的84.7%，公办幼儿园在园幼儿较2018年提高7.08个百分点，学前三年教育毛入园率超100%。成立由局属德政园幼儿园、白沙湾幼儿园等5所公办幼儿园和小哈佛幼儿园、湘景幼儿园等6所民办幼儿园在内的第三学前教育集团，使全区学前教育集团化覆盖36所公民办幼儿园，占全区幼儿园总数的30.5%。开展全区幼儿园幼师持证上岗、师资配备专项督察工作，对存在无证上岗的幼儿园下发限期整改通知，全部整改到位。两所新建公办幼儿园东云台幼儿园、金域蓝湾幼儿园投入使用。继续推进住宅小区配套幼儿园整治工作，新签订小区配套幼儿园移交协议6份。德政园幼儿园被评为湖南省保育教育规范园。

【第三学前教育集团成立】 2019年11月27日，芙蓉区教育局第三学前教育集团成立大会在德政园幼儿园隆重举行，长沙市教育局语言文字处处长雷俐、芙蓉区政府主任督学周率、岳麓区学前教育理事会理事长向松梅及区公办园、普惠园100余名园长出席。集团化办园是大势所趋，也是民生所需，旨在以集团领头人带动芙蓉区学前教育均衡发展，逐步实现集团内“办园条件同改善、规章制度同完善、园务管理同规范、保教质量同提升”的良好局面，在区域内形成“资源共享，优势互补，以强带弱，共同发展”的学前教育新格局。

教育督导

【概况】 2019年，芙蓉区继续加强教育督导工作，顺利完成第三届督学及教育督导评估专家聘任工作，选聘督学顾问6人、督学 82 人、督导评估专家 45 人。组织督导团，对 10 所小学进行素质教育督导评估，最终评估等第为 9 个优秀，1 个良好。完成 30 个幼儿园办园行为督导评估，评选出 8 个良好、22 个合格幼儿园。开启行政区域内所有经审批注册的幼儿园（含民办）责任督学挂牌督导工作，对全区 118 所幼儿园开展地毯式“幼儿园规范办园行为”专项督导。开展开学工作、家长满意度测评、寒暑假违规补课、义务教育优质均衡发展推进工作、减负提质、章程规划的实施情况、综合学科建设等随访和专项督导。经全市统一监测，芙蓉区义务教育均衡系数小学为 0.17，中学为 0.23，均衡度比上年有提升。顺利完成国家义务教育质量监测，被教育部评为县级“优秀组织单位”。

【义务教育优质均衡发展经验在市级研讨会上推介】 2019 年 3 月 28 日，长沙市 2019 年教育督导工作部署暨义务教育优质均衡研讨会在市教育局举行，长沙市人民政府主任督学周灿、长沙市教育局督导处处长梁瑛、长沙市教科院副院长章勇、各区县人民政府主任督学、教育督导室主任等 20 余人参加会议。芙蓉区人民政府主任督学周率作为会议唯一经验推介发言人，以“多措并举，促进教育优质均衡发展”为题做经验分享，介绍芙蓉区推进义务教育均衡发展的举措和经验。

【开展幼儿园专项督导】 2019 年 11 月 20 日至 12 月 4 日，芙蓉区 30 名幼儿园责任督学经过系列入职培训后，首次上岗，对全区 118 所幼儿园开展“幼儿园规范办园行为”专项督导。督学们对照《教育部幼儿园办园行为督导评估细则》，通过听取幼儿园汇报，查阅档案资料，访谈教师、家长、幼儿，实地查看幼儿园环境等方式，全方位的督察幼儿园办园条件、房屋安全、保育教育、教职工队伍、内部管理等，了解幼儿园规范办园行为情况。在督导过程中，督学们对发现的问题及时指出、并提出合理建议，对突出问题则现场出具《整改通知书》，对幼儿园明确提出整改要求和整改时限，确保督导实效。

【思政课建设工作调研】 2019 年 3 月 27 日，长沙市委副书记朱健到芙蓉区大同小学、长郡芙蓉中学调研思想政治课建设工作。市委副秘书长谭慧慧，市委组织部副部长杨俊，市教育局党委书记、局长卢鸿鸣，区委书记于新凡，副区长梁汝岚等陪同调研。大同小学校长龙继红和长郡芙蓉中学校长吴胜军先后向调研组汇报学校德育课程建设和思政课程的开展情况。调研组还视察大同小学和长郡芙蓉中学校园文化，对大同小学“一花一树皆文化，一梯一步皆文明”独具魅力的校园创生文化，有创意的德育工作给予高度评价，对长郡芙蓉中学的思政课程建设和科技创新给予充分肯定。

【省领导到区慰问芙蓉学子】 2019 年 5 月 31 日，中共湖南省委副书记乌兰一行到芙蓉区育才学校慰问全体师生。省委副秘书长秦国文，省委教育工委书记、省教育厅厅长蒋昌忠，团省委书记汤立斌，省妇联主席姜欣，长沙市委副书记朱健，市教育局局长卢鸿鸣，区委书记于新凡陪同参加活动。乌兰指出，在基础教育阶段，特别是在传统文化学习的背景下，要探索不同年龄阶段的认知差异，研究每个年龄段的教育重点，落实立德树人的根本任

2019 年 5 月 31 日，湖南省委副书记乌兰（图中）一行到芙蓉区育才学校慰问全体师生　　育才学校　供图

务，为孩子们健康成长、全面发展营造良好环境。

【《湘江评论》陈列馆举行开馆仪式】 2019年6月25日，《湘江评论》陈列馆开馆仪式暨芙蓉区新时代讲习堂开讲式在修业学校举行。长沙市委组织部常务副部长刘汇，芙蓉区委副书记、区长周春晖，市委组织部副调研员、干部一处处长师军，区委组织部常务副部长许琼山，市委组织部二支部党员干部，芙蓉区、麻阳苗族自治县中青干部实训营全体学员以及修业学校师生代表100余人参与活动。区团委、区教育局、修业学校分别用情景朗诵、教师合唱、体操特色表演等形式，带领大家重温一代代青年们在革命、改革、建设中热血奋进的场景。《湘江评论》陈列馆暨修业学校校史馆，位于芙蓉区马王街28号修业学校内，展厅面积246平方米。场馆分为两个部分，一是《湘江评论》陈列馆，从思考·谁主沉浮；亮剑·激扬文字；向前·中流击水把《湘江评论》创刊的背景、影响及历史意义进行介绍。二是修业学校校史馆，校史馆从文化之魂、百年印记、红色基因、精英辈出、强基固本、载誉而歌6大板块将学校发展历程进行了呈现与展示。

【芙蓉区教育大会】 2019年9月6日，芙蓉区在区政府会议中心召开全区教育大会，全面贯彻落实全国、全省、全市教育大会精神，推进芙蓉教育高质量发展，加快教育现代化建设，部署芙蓉区新时代教育发展工作。区委书记于新凡，区委副书记、区长周春晖，区人大主任廖铁成，区政协主席郑明，区委副书记蒋红波、卓精华，区委常委伍艳飞、何溪桥等出席，于新凡在大会上强调，芙蓉区教育工作要坚持党对教育事业的全面领导、坚持把立德树人摆在首位、坚持教师主导地位、坚持素质教育理念，坚定不移强化师资队伍建设、促进教育事业优质均衡发展，提升全区教育教学质量，营造全社会关心支持教育事业的良好氛围。会议还进行了年度表彰。刘英、刘复经等321位老师分别获得"优秀教育工作者""优秀责任督学"等称号，燕山小学、湖南省公安厅分别获得"教育科研先进单位""尊师重教先进单位"等称号。全区教师代表，区直各部门、街道相关负责人400余人参加大会。

2019年6月27日，《湘江评论》陈列馆、修业学校校史馆举行揭牌仪式

图自区委办

【省领导到楚怡学校考察】 2019年11月13日，湖南省人民政府副省长吴桂英到楚怡学校考察，省人民政府副秘书长彭翔，省教育厅党组书记、厅长蒋昌忠，长沙市人民政府副市长刘明理等相关领导参加。吴桂英先后参观学校体操馆、旧址和校史馆，了解学校历史文化及办学思想，并肯定芙蓉区为打造幸福优质教育所付出的努力。区委书记于新凡，区教育局党委书记、局长徐青春等陪同调研。

【基础教育工作调研】 2019年11月18日，长沙市人民政府副市长刘明理到芙蓉区调研基础教育工作。市政府副秘书长厉江华，市教育局党委委员、副局长缪雅琴，区委副书记、区长周春晖，副区长梁汝岚等陪同调研。调研组一行先后到长郡芙蓉实验中学、大同小学、修业学校视察校园，了解各学校办学情况，参观湘江评论雕塑和青年毛泽东当年编写《湘江评论》旧址。刘明理指出，芙蓉区以"办老百姓家门口的好学校"为任务目标，努力打造优质均衡的幸福教育，确实抓对了内涵，促进了芙蓉区各方面的发展。

【叶晓颖受聘担任法治副校长】2019 年 12 月 4 日是第六个国家宪法日，湖南省人民检察院党组书记、代理检察长叶晓颖，长沙市人民检察院党组书记、检察长王勋爵，芙蓉区委书记于新凡，长沙市一中校长、党委书记廖德泉，区委常委、区委办主任刘洪波，副区长梁汝岚及区人民检察院、区教育局负责人等到长沙市一中双语实验学校参加宪法宣传活动。学校校长李强致辞，并向叶晓颖颁发聘书，聘请她担任学校法治副校长。叶晓颖为全校师生作题为《法律是我们每个人的守护神》法治讲座，号召学校师生“尊崇法律、崇尚法治、从我做起”，成为德智体美劳全面发展的社会主义合格建设者和可靠接班人，成为担当民族大任的时代新人。

（刘奇　黄波）

·表 14·　2019 年芙蓉区教育局局属学校、幼儿园基本情况表

序号	单位名称	地　址	成立时间（年度）	班级数（个）	教师数（人）	学生数（人）
1	育才学校	芙蓉区解放中路南元宫 22 号	1976	25	67	1160
2	育才第二小学	芙蓉区东华路 91 号	2010	48	127	2245
3	燕山小学	芙蓉区长岛路 24 号	1989	24	63	1087
4	楚怡学校	芙蓉区五一路文运街 104 号	1906	12	36	544
5	马王堆小学	芙蓉区古汉路 88 号	1990	29	77	1388
6	东郡第二小学	芙蓉区远大二路 725 号	2019	10	29	431
7	大同小学	芙蓉区八一路 337 号	1948	26	64	1210
8	楚怡学校	芙蓉区五一路文运街 104 号	1906	12	36	544
9	实验小学	芙蓉区藠子园路 62 号	2018	21	58	951
10	育英第二小学	芙蓉区马王堆路东玺门社区	2010	34	92	1641
11	育英西垅小学	芙蓉区农园北路 207 号	1945	49	138	2326
12	杉木小学	芙蓉区东岸街道杉木村六组	1935	12	34	474
13	朝阳小学	长沙市人民中路 585 号	1978	24	69	1120
14	大同第二小学	长沙市芙蓉区晚报北街 10 号	2006	36	98	1743
15	大同古汉城小学	芙蓉区古汉城社区新汉路东	2011	34	91	1579
16	大同第三小学	芙蓉区东湖街道合平村泉坝路	2015	36	93	1652
17	东风小学	芙蓉区马坡岭街道东站社区	1940	30	77	1399
18	东郡小学	芙蓉区马王堆中路 201 号	1911	39	109	1907
19	大同瑞致小学	芙蓉区东岸街道望龙路 191 号	2016	42	107	1939
20	火星第二小学	芙蓉区龙柏路朝霞巷 46 号	2007	16	49	725
21	燕山小学	芙蓉区长岛路 24 号	1989	24	62	1087
22	五一中路小学	芙蓉区五一大道南侧乔庄 37 号	1945	12	39	490
23	育华小学	芙蓉区复兴街 94 号	1957	12	36	499
24	修业学校	芙蓉区马王街 28 号	1903	12	38	522

·续表 14·

序号	单位名称	地　　址	成立时间（年度）	班级数（个）	教师数（人）	学生数（人）
25	燕山第二小学	芙蓉区芙蓉苑小区内	2009	31	88	1469
26	育才双新小学	芙蓉区纬二路 11 号	1926	32	94	1467
27	育英学校	芙蓉区解放东路 322 号	1950	29	91	1396
28	育才东屯小学	芙蓉区东屯路	2018	27	69	1242
29	东晖小学	芙蓉区车站中路 62 号	1982	13	31	572
30	火星小学	芙蓉区凌霄路 6 号	1942	28	78	1336
31	八一路小学	芙蓉区韭菜园路 136 号	1945	10	31	418
32	曙光路小学	芙蓉区曙光北路 130 号	1950	21	59	888
33	蓉园小学	芙蓉区晚报大道和光街 105 号	1999	21	64	988
34	东茅街小学	芙蓉区东茅街 76 号	1912	6	21	185
35	浏正街小学	芙蓉区浏正街	1946	12	36	422
36	长郡芙蓉中学	芙蓉区马王堆中路 238 号	2010	43	174	2153
37	长郡芙蓉实验中学	芙蓉区远大二路 43 号	2016	51	197	2512
38	湘一芙蓉第二中学	芙蓉区马王堆北路 39 号	1972	36	151	1757
39	湘一芙蓉中学	芙蓉区五一大道 502 号	2012	46	186	2080
40	一中双语实验学校	芙蓉区王家湖路	2018	25	95	1160
41	白沙湾幼儿园	芙蓉区东白沙湾社区连姻路 120 号	2015	6	39	264
42	朝阳幼儿园	芙蓉区凯通国际城小区内	1981	12	44	460
43	德政园幼儿园	芙蓉区荷花园街道德政街 46 号	2002	9	56	427
44	东岸锦城幼儿园	芙蓉区长星路 168 号东方人家小区	2014	9	42	361
45	东湖路幼儿园	芙蓉区人民东路合平社区	2016	12	42	382
46	东云台幼儿园	芙蓉区人民东路 469 号	2019	4	24	136
47	芙蓉公寓幼儿园	芙蓉区荷花路芙蓉公寓小区	2016	9	38	336
48	金域蓝湾幼儿园	芙蓉区晚报大道 569 号	2019	6	35	225
49	农园路幼儿园	芙蓉区农园路 7 号	2015	12	60	533
50	万国城幼儿园	芙蓉区远大路 1389 号	2018	8	35	302
51	鑫科明珠幼儿园	芙蓉区浏阳河大道 98 号	2017	6	36	258
52	星城世家幼儿园	芙蓉区人民东路 398 号	2011	9	63	443

（刘奇　黄波）

科学技术

Science and Technology

责任编辑・谭丽霞

综　述

2019年3月，芙蓉区实施机构改革，原与科技局合署办公的区知识产权局划转至区市场监管局，区知识产权局的版权管理职责划入区委宣传部。原与区科技局合署办公的区科学技术协会划出，成立独立的一级预算单位；原区人社局的外国专家管理职责划入区科技局。各项交接工作于2019年5月底前完成。机构改革后，芙蓉区科技局本级核定7名行政编制，新设下属事业单位——科技创新服务中心，核定事业编制3人。芙蓉区科技局主要负责全区科学技术进步的宏观管理和统筹协调；组织实施全区科技计划，参与编制重大科技工程和科技基地的建设规划，申报管理国家、省、市各级科技计划和创新基金；牵头组织实施全区科技下乡、科技扶贫以及科技平台建设工作；贯彻实施科技人才资源合理配置，负责全区学术专家顾问团和外国专家、科技人才的日常管理工作。

2019年，芙蓉区研究与发展（R&D）投入占GDP比重1.55%；全年认定高新技术企业83家（见表17），新认定科技创新小巨人企业4家（见表18）；完成技术合同成交额9.943亿元；推荐省、市科技项目43个，获得上级科技项目扶持资金1620万元，11个项目被评为“湖南省重大科技创新项目”（见表19）。截至年底，全区拥有科技企业孵化器3家、众创空间14家，平台面积3.64万平方米，各类重点实验室、工程技术研究中心等100余家；2个项目获得国家科学技术进步二等奖（见表15），42个项目获得湖南省科技奖励。

科技管理

【概况】　2019年，芙蓉区科技局推进科技政策扶持、高新产业发展、科技成果转化、科技平台建设、科技人才培育、科普培训工作等工作，为区域经济社会发展提供重要科技支撑。

科技政策扶持。2019年，芙蓉区出台《芙蓉区促进区域经济发展的奖励办法》，加大对高新技术企业以及企业研发投入的扶持力度，对辖区高新技术企业按排名予以奖励，推动全区科技创新发展。全年通过抓省、市、区三级科技政策兑现，推荐湖南惠农科技有限公司、湖南农大等42家单位获得湖南省研发财政奖励补贴760余万元；推荐湖南邮电规划设计院有限公司等83家单位获得长沙市研发奖补资金981万元。

高新产业发展。2019年，芙蓉区科技条线继续实施高新技术企业强基工程，通过培育重点、加大投入、择优引进，推进高新技术产业稳步发展。截至年底，芙蓉区拥有有效高新技术企业208家，全区高新技术产业规模进一步增大，高新技术产业对经济社会的贡献进一步提升。

科技成果转化。搭建平台，组织大型产学研合作推介活动，推动高校、科研院所、企业等形成的科技成果向中小微科技企业转化，形成具有核心竞争力的产品。涌现了湖南农大和湖南省茶叶集团、湖南农大和长沙绿叶生物等单位产学研合作协同创新典范。

科技平台建设。加速推进科技平台建设。2019年，芙蓉区科技局帮助豪丹科技获评国家级科技企业孵化器。引导帮助湖南农业大学大学生创新创业众创空间、芙蓉区两岸青年文化产业孵化基地、邦和众创等6家单位申报长沙市级科技众创空间。推进研发机构发展，园林花卉种质创新与综合利用、蔬菜生物学等5家实验室被评为湖南省重点实验室；湖南省花生工程技术研究中心、湖南省畜禽应用微生物资源开发工程技术研究中心等9家单位被评为湖南省工程技术研究中心。

科技人才培育。宣传国家、省、市、区相关人才政策，关注企业高端人才异动，及时做好人才推荐和服务工作。2019年，袁隆平获“共和国勋章”；袁隆平、官春云、印遇龙3位院士获2019年湖南“最美科技工作者”称号，印遇龙、刘仲华获2019年度何梁何利基金农学奖；刘仲华当选为中国工程院院士。截至年底，全区拥有袁隆平、官春云、印遇龙、邹学校、刘仲华5位院士，专业技术人才9万余人，国家“万人计划”“省百人计划”“市3635人才计划”等各类高精尖人才100余人。

科普培训工作。以“科技活动周”“知识产权宣传周”为契机，开展科普宣传进企业、社区、学校，营造浓厚科技创新创业氛围。全年组织大型科普宣传活动10次，发放宣传资料1.2万余份；全年开展高企认定、研发费用归集、科技惠企政策解读、科技人才管理等各类科技工作培训6场；收集国家、省、市、区科技政策，并汇编印刷480册，全部发放到企业、高校、科研等单位。

困难与问题。芙蓉区金融、地理优势没有充分利用，金融产业对科技行业的拉动不够，中小微企业在融资方面仍然困难重重；部分科技企业在寻求发展、扩大生产的过程中，因土地、租金等原因，迁离芙蓉区；科技人才梯队失衡，高层次的科研和管理人才匮乏；科研成果转化应用率有待提高，科技创新的推进机制需进一步配套完善。

【科技政策培训会】 2019年4月30日，芙蓉区科技局在金山休闲度假村会议中心会议室举办2019年全区科技工作培训会。全区各科技型企业负责人以及各街道（园、局）科技专干等近200人参加。会议邀请长沙市科技局规划财务处副处长蒋会明、高新处副处长余新辉、长沙博士科技有限公司总经理陈艳以及区税务局相关专家分别就湖南省企业研发财政奖补、高新技术企业申报认定管理、技术合同登记以及企业研发经费税前加计扣除等政策进行宣讲与培训。区科技局副局长彭晓斌主持会议，区科技局局长吴立平出席并讲话。该次培训旨在进一步做好科技政策宣传和服务工作，帮助企业熟知并运用好各类优惠政策，受到参训人员好评。

【出台《芙蓉区促进区域经济发展的奖励办法》】 2019年5月17日，芙蓉区委、区政府印发《芙蓉区促进区域经济发展的奖励办法》。该办法提出：在研发投入方面，明确对当年首次评为高新技术企业的，一次性给予5万元奖励，对当年复审评为高新技术企业的，一次性给予3万元奖励；对上年度获得长沙市R&D经费投入前100名的或R&D经费占主营业务收入前100名的规模以上高新技术企业，当年给予企业10万元奖励。

【2019年科技活动周】 2019年5月21日，全国科技活动周芙蓉区启动式在楚怡学校举行，主题是“科技强国 科普惠民”。该次活动由区人民政府主办，区科技局、区科协、区文明办、区教育局承办。长沙市科技局副局长宋新和、芙蓉区政府副区长梁汝岚、区科技局局长吴立平、区科协主席李莉霞、长沙市科技局规划财务处副处长蒋会明，各街道分管负责人，街道、社区、学校科技专干，科研院所和科技型企业负责人、科普志愿者等200余人参加。活动举行科技小制作展、科普小论文、垃圾分类海报展、科幻画报展四类科技小制作评选。在学校不同区域、教室分别设置科学泡泡秀、穿越火线、空气大炮、变色游戏、穿越时空、机器人、虚拟现实等8个不同的体验区和科普作品展区。其中陈列着家长孩子合力制作的纸屋模型，科技感十足的科幻画海报、垃圾分类海报，学生从日常生活中获得灵感和启发的科普小论文，精巧漂亮、充满创意，吸引现场嘉宾、家长及师生拍照留念。在科技活动周期间，芙蓉区科技局在嘉雨社区凯乐湘园二期前坪、东岸街道东驿公园、万国城幼儿园、滩头坪社区公园以及芙蓉区各科普基地等多个场地举行形式多样的科技宣传活动。

【芙蓉区三院士获评湖南“最美科技工作者”】 2019年8月29日，湖南省政府新闻办公室召开发布会，宣布10名科技工作者获2019

2019年5月，科技活动周期间，楚怡学校小学生们在探索各类科技小实验

区科技局　供图

年湖南“最美科技工作者”称号。芙蓉区区域，中国杂交水稻之父、原国家杂交水稻工程技术研究中心主任袁隆平，国家油料改良中心湖南分中心主任官春云，畜禽养殖污染控制与资源化技术国家工程实验室主任、湖南农业大学畜牧学学科带头人印遇龙3位院士位列其中。该次评选活动由湖南省委宣传部、省科协和省科技厅，根据中宣部等6家单位的有关学习宣传活动精神共同举办。通过组织推荐、专家评审、组织考察、社会公示等程序，10位科技工作者获得荣誉。他们在科学研究、技术攻关、科技成果转化、科普服务等方面做出了突出成绩，赢得世界同行的尊重。9月2日起，《湖南日报》、湖南卫视、红网等主流媒体，对10位“最美科技工作者”集中采访宣传报道。

（黄立成）

·表15· 芙蓉区2019年度获国家科技奖重点单位及项目表

序号	奖　项	单　　位	项目名称
1	国家科学技术进步二等奖	湖南农科院（单杨副书记、副院长为第一完成人）等单位	柑橘绿色加工与副产物高值利用产业化关键技术
2	国家科学技术进步二等奖	湖南农大等单位	花生抗逆高产关键技术创新与应用

·表16· 芙蓉区2019年度获湖南省科技奖重点单位及项目表

序号	奖　项	单　　位	项目名称
1	湖南省自然科学奖一等奖	中南大学湘雅二医院	急性肾脏损害和肾脏纤维化的发病机制及防治研究
2	湖南省自然科学奖一等奖	湖南农大	作物生殖发育过程中的碳分配和表观调控机制研究
3	湖南省科技进步奖一等奖	湖南省农业科学院、湖南农业大学等单位	主要蔬菜病毒病成灾致害规律及绿色防控关键技术与应用
4	湖南省科技进步奖一等奖	湖南省农业科学院、湖南省水稻研究所	一等优质香稻“湘晚籼17号”和“农香18”的选育及应用

·表17· 2019年芙蓉区新认定复审高新技术企业名单

序号	企业名称	证书编号
1	湖南森美思环保有限责任公司	GR201943000024
2	长沙道勤生物科技有限公司	GR201943000283
3	湖南欧迈特网络科技有限公司	GR201943000316
4	湖南本安亚大新材料有限公司	GR201943000447
5	湖南腾远智能设备有限公司	GR201943000513
6	湖南橘友生物科技有限公司	GR201943000589
7	长沙智汛通环保科技有限公司	GR201943000633

·续表 17·

序号	企业名称	证书编号
8	湖南百博电子科技有限公司	GR201943000784
9	湖南大湘农环境科技股份有限公司	GR201943000818
10	凯德技术长沙股份有限公司	GR201943001098
11	湖南中翔远威科技有限公司	GR201943001166
12	湖南隆泰环保能源科技有限公司	GR201943001178
13	湖南优蜜食品科技有限公司	GR201943001203
14	爱尔眼科医院集团股份有限公司	GR201943001285
15	湖南隆辉环保有限公司	GR201943001347
16	长沙全程迅通科技开发有限公司	GR201943001696
17	长沙经阁门窗幕墙工程有限公司	GR201943002409
18	新经阁铝材股份有限公司	GR201943001564
19	湖南苋鲜生态科技有限公司	GR201943001695
20	湖南欧格有机认证有限公司	GR201943001771
21	长沙中科晶博生物科技有限公司	GR201943001780
22	长沙百通电子科技有限公司	GR201943002146
23	英氏控股集团股份有限公司	GR201943001940
24	长沙蜂舞人间生物科技有限公司	GR201943001822
25	城光（湖南）节能环保服务股份有限公司	GR201943002078
26	湖南佳信佰生物技术有限公司	GR201943001353
27	长沙赛思德信息技术有限公司	GR201943000160
28	长沙市驰锋科技发展有限公司	GR201943000805
29	湖南日恒智能工程有限公司	GR201943002068
30	湖南三浦信息技术有限公司	GR201943001966
31	长沙豆芽文化科技有限公司	GR201943000458
32	长沙泽福科技有限公司	GR201943001274
33	湖南鼎太网络科技有限公司	GR201943002228
34	湖南沛柏时尚家居科技有限公司	GR201943002218
35	长沙网财信息技术服务有限公司	GR201943001841
36	长沙思觅电子科技有限公司	GR201943001714
37	中机国际环保科技有限公司	GR201943000371
38	湖南省建筑科学研究院有限责任公司	GR201943001307

·续表17·

序号	企业名称	证书编号
39	长沙乐远化工科技有限公司	GR201943001311
40	湖南九华软件有限公司	GR201943001601
41	湖南正步网络科技有限公司	GR201943002364
42	长沙万维信息网络服务有限公司	GR201943000423
43	湖南中彩生态环境科技有限公司	GR201943000142
44	湖南新宇装饰设计工程有限公司	GR201943000995
45	湖南众益文化传媒股份有限公司	GR201943001488
46	湖南原生生物科技股份有限公司	GR201943002011
47	湖南移商动力网络技术有限公司	GR201943000036
48	湖南省佳策测评信息技术服务有限公司	GR201943000240
49	长沙市液化石油气发展有限责任公司	GR201943000531
50	湖南永腾电子有限公司	GR201943000578
51	湖南科臣环境科技有限公司	GR201943000648
52	长沙龙傲信息科技有限公司	GR201943000697
53	湖南省新地科技开发有限公司	GR201943001011
54	长沙金天鹅科技有限公司	GR201943001129
55	湖南国捷信息技术有限公司	GR201943001300
56	长沙有干货网络技术有限公司	GR201943001922
57	长沙博域信息技术有限公司	GR201943002054
58	湖南掌中拍智能科技有限公司	GR201943002216
59	湖南福华信息工程有限公司	GR201943001933
60	湖南时代光华信息技术有限公司	GR201943000162
61	湖南中人人事服务有限公司	GR201943000706
62	湖南省园林建设有限公司	GR201943000759
63	长沙恒飞科技发展有限公司	GR201943000854
64	湖南通远网络股份有限公司	GR201943001015
65	湖南省骁睿铁路科技发展有限公司	GR201943001458
66	中铁二十五局集团第三工程有限公司	GR201943001479
67	长沙中联泵业有限公司	GR201943001162
68	湖南标普互联信息科技有限公司	GR201943001796
69	湖南省科升水务有限公司	GR201943002365

·续表 17·

序号	企业名称	证书编号
70	湖南优影电子科技有限公司	GR201943001917
71	长沙飞波通信技术有限公司	GR201943000314
72	长沙凯和电器有限公司	GR201943000786
73	湖南盛鼎科技发展有限责任公司	GR201943000820

·表 18· 芙蓉区 2019 年获长沙市科技创新小巨人名单

序号	企业名称	技术领域
1	湖南推科管理技术有限公司	电子信息技术
2	湖南智宇科教设备有限公司	先进制造与自动化
3	湖南福华信息工程有限公司	先进制造与自动化
4	长沙国润工业技术有限公司	新材料技术

·表 19· 芙蓉区 2019 年入选“湖南省 100 个重大科技创新项目”一览表

序号	项目名称	实施单位
1	“三分地养活 一个人”粮食高产绿色优质科技创新工程	湖南杂交水稻研究中心
2	茶产业链技术创新项目	湖南省茶叶研究所
3	农业智能装备关键技术研究与应	湖南农业大学
4	主要农作物种子活力及其保持技术研究与应用	袁隆平农业高科技股份有限公司
5	畜禽营养代谢与中毒性疾病防控技术研究	中国科学院亚热带农业生态研究所（农业生态工程省重点实验室）
6	油菜产业提质增效关键技术研究及产业化开发	湖南农业大学
7	辣椒产业升级绿色高效关键技术研究与示范	湖南省蔬菜研究所
8	夏秋茶综合高效利用关键技术研究与示范	湖南省茶业集团股份有限公司
9	水稻优质绿色高效种质创制与重新品种培育	袁隆平农业高科技股份有限公司
10	农田面源污染防控与综合治理	中国科学院亚热带农业生态研究所（农业生态工程省重点实验室）
11	主要农产品质量安全检测与关键控制技术研究与示范	湖南省农产品加工研究所（湖南省食品测试分析中心）

（黄立成）

文化·旅游·体育

Culture & Tour & Physical Education

责任编辑·谭自然

文　化

【概况】　2019年机构改革，芙蓉区文化体育新闻出版局更名为芙蓉区文化旅游体育局，划入旅游职能、划出新闻出版职能，原局属二级机构隆平水稻博物馆独立升格为区属正科级事业单位。机构改革后的芙蓉区文化旅游体育局，有办公室、文化科、旅游和市场科、体育科4个内设科室，有区图书馆、区文化馆、湖南和平解放史事陈列馆、文化市场综合执法局、文化保护和传承中心5个二级机构。年内，芙蓉区文旅体局以全心全意为人民服务为宗旨，以不断提升服务效能为目标，完成年度任务，被省、市评为落实《湖南省现代公共文化服务体系建设三年行动计划》第一批达标先进单位，获奖励经费40万元；获评全市落实为民办实事工程优秀单位、市“扫黄打非”工作先进单位。芙蓉区原创节目情景诗歌舞蹈《召唤》获评市级特等奖、省级二等奖。

存在的主要问题：湖南和平解放史事陈列馆面积受限，无法承接大批量游客参观，影响未来发展；辖区内的文化设施无法满足人民群众日益增长的文化需求；新划入的旅游职能处于磨合阶段，需要加强业务培训，进一步整合部门资源。（卢雅靖）

·公共文化·

【概况】　2019年，文旅体局推进区文体中心建设，截至年底，4.84万平方米的主体工程已完成，装修设计已招标。加快构建现代公共文化服务体系，完成军区、东沙、东郡、东宜、识字岭5个标准化社区综合文化服务中心建设，均具备文化活动室、书刊阅览室、培训教室等多种功能用房，服务效能明显提升。注重打造有芙蓉特色的文化活动品牌，活跃基层文化生活。指导各街道综合文化站、社区综合文化服务中心依托辖区丰富的文化资源，探索基层公共文化服务供给模式，开展形式多样的群众文体活动，打造“请来都正街 好戏天天演”惠民演出、“欢乐闹元宵”主题庙会、马王堆汉文化艺术节、“回家路上”有声读物等一系列贴近群众需求、地域特色浓厚的芙蓉基层特色文化品牌活动。区文化馆免费开放合唱、瑜伽、交谊舞、少儿舞蹈、民族舞等课程，每周开放超过56小时，开放课程300节；区图书馆新办借书证980张，图书借阅量13万册次，接待读者8.98万人次。开展“我们的节日”系列活动、《中华传统文化百部经典》推介芙蓉行系列活动等120场次。

（卢雅靖）

【第五届新节目大赛举行】　2019年，芙蓉区文旅体局举办我和我的祖国——庆祝中华人民共和国成立70周年“欢乐潇湘 品质长沙 幸福芙蓉”相关赛事暨第五届“芙蓉杯”新节目大赛。3月启动“欢乐潇湘”活动，经过层层选拔，来自43支文艺团队的75个优秀节目进入区级总决赛。从中脱颖而出的12个群众文艺精品节目参加区级“欢乐潇湘”群众文艺汇演和省、市“欢乐潇湘”演出。其中情景诗歌舞蹈《召唤》获市级“欢乐潇湘”特等奖和省级“欢乐潇湘”二等奖；京歌舞《圆梦大中华》、群舞《情深谊长》获市级“欢乐潇湘”一等奖；京歌《我爱你中国》、双人舞《草原姐妹》获市级“欢乐潇湘”二等奖。该次活动旨在丰富人民群众精神文化生活，营造欢乐和谐、

2019年，芙蓉区文旅体局举办我和我的祖国——庆祝中华人民共和国成立70周年“欢乐潇湘 品质长沙 幸福芙蓉”相关赛事暨第五届“芙蓉杯”新节目大赛

区文旅体局　供图

健康向上的文化氛围，是芙蓉群众文化交流的平台，是芙蓉文化艺术工作者向祖国七十周岁华诞的献礼。

【5个标准化社区综合文化服务中心建成】 2019年芙蓉区文旅体局为民办实事工程暨建设标准化社区综合文化服务中心目标任务有5个，包括韭菜园街道军区社区、东岸街道东宜社区、东湖街道东沙社区、荷花园街道东郡社区以及文艺路街道识字里社区。2019年10月，5个标准化综合文化服务中心建设工程完工并投入使用。投入建设经费90万元，均配备文化活动室、书刊阅览室、培训教室等多种功能用房，建筑面积均在500平方米以上，经市、区两级检查验收，建设质量达标。为此，芙蓉区文旅体局被评为市“2019年为民办实事优秀单位”。

【第五届千团万户百万市民才艺大赛活动】 2019年10月29日，芙蓉区文化旅游体育局在都正街剧场举办第五届“百姓大舞台 有艺你就来”千团万户百万市民才艺大赛。全区20个团队报名参赛，经过评委现场打分点评，最终双人舞《陪伴》、说唱《长沙往事》、文琴独奏《渔舟唱晚》、舞蹈《格桑欢歌》、女生小组唱《跟你走》、舞蹈《美丽草原我的家》6个节目获得高分并取得参加市级复赛的资格。（刘佳宜）

·文化市场管理·

【概况】 2019年，芙蓉区文化市场监管强管理、保平安。持续、开展了“扫黄打非”五大专项整治行动，确保定王台书市“全面报备 有效审读”工作机制运转，加强校园周边环境整治，确保校园及周边安全，净化文化市场环境。市场管理采取片区负责制和区局、街道、社区三级负责制。全年出动执法人员5000人次，检查经营单位3700家次，其中网吧2900家次，娱乐场所800家次；网吧业主自查2000次，查处违法违规案件16件（网吧案件5件、出版物市场案件7件、印刷厂案件1件、音像制品案件2件）。发放扫黑除恶宣传册120册，悬挂横幅100条、娱乐场所电子显示屏45处，摸排经营场所490次。组织扫黄打非行动出动2700人次、检查文化经营单位4200家次；查缴非法出版物1700册，立案查处16起。确保芙蓉区文化市场平安稳定、健康有序。（卢雅靖）

【“清朗暑假”专项整治行动】 为规范芙蓉区网吧市场经营秩序，确保网吧行业风清气朗、规范健康，给青少年营造良好的暑期文化环境，2019年6月30日至7月31日，芙蓉区文化市场综合执法局对全区网吧开展“清朗暑假”专项整治行动。该次专项整治行动专门制订了相关工作方案，明确组织机构、工作措施、工作要求等，确保专项行动工作落到实处。各街道、社区及各经营单位对照方案整改，整改要求相应得到落实。7月24日，市、区两级文化执法人员现场督察网吧安全生产和“清朗暑假”专项行动开展情况，查看各网吧悬证经营情况、上网顾客身份证实名登记情况、消防安全状况。从检查情况看，芙蓉区各网吧均能守法经营、文明经营，未发现非法、违法违规经营行为。

【出版物市场集中整治行动】 2019年2月26日，芙蓉区文化市场综合执法局联合市文化市场综合执法局执法四处开展了出版物市场集中整治行动。重点检查定王台书市出版物市场、五里牌街道物美文化印刷厂、长沙市实验中学、马坡岭小学校园周边等29家单位，主要检查出版物经营场所证照悬挂、出版物有否侵权盗版、出版物的内容等情况。从检查情况来看，芙蓉区出版物市场整体情况良好，但也存在一些问题，执法人员现场收缴非法少儿出版物46本，并对经营业主就相关政策规定进行宣传教育。该次集中整治行动，对辖区出版物市场进行有效监督，为芙蓉区文化市场的发展提供良好的文化氛围。

【芙蓉区网吧行业综合培训】 2019年4月17日，区文旅体局在景天大酒店会议室举行2019年芙蓉区网吧行业综合培训，全区150余家经营业主参加。培训邀请长沙市文化市场综合执法局执法一处处长李明翔讲解《互联网上网服务营业场所管理条例》和有关文件精神等内容。湖南省消防协会教官吴悔针详细剖析和讲解网吧普遍存在的火灾安全隐患问题、消防安全管理特点及安全防火措施。所有经营业主现场签订并提交《芙蓉区营业性网吧守法经营、文明创建、意识形态、扫黑除恶和安全生产承诺书》。该次培训进一步强化芙蓉区营业性网吧守法经营、文明创建、意识形态、扫黑除恶和安全生产意识，对提升网吧行业自我管理水平，促进芙蓉区文化市场安全、有序、健康发展起到重要作用。

【文化市场安全生产大检查】 2019年12月24日，芙蓉区文旅体局、区文化市场综合执法局联合长沙市文化市场综合行政执法局开展文化市场安全生产联合执法检查。市、区两级文化执法队员分成两组详查辖区的重点地段五一广场和八一路沿线娱乐场所，重点检查各场所消防设施设备、安全生产制度预案、消防巡查记录和台账以及证照规范、定员落实等情况。对检查中发现消防通道有堆物、部分灭火器过期、消防通道指示灯不亮等情况要求经营业主立即整改。检查组向每个场所负责人反复讲解“两节”“两会”期间安全生产工作要点，督促各场所执行好“班前会”制度，落实好安全生产主体责任。该次行动进一步加强了文化市场监管，对消除人员密集场所安全隐患，杜绝各类安全事故发生，确保“两节”“两会”期间芙蓉区文化市场规范有序、健康平安起到重要作用。

【非法盗版侵权专项检查】 为加强文化市场日常监管，打击盗版侵权行为，保护知识产权，2019年12月27日，芙蓉区文化市场综合执法局联合长沙市文化市场综合行政执法局执法四处对定王台书市开展专项检查，重点检查年历市场，对没有正规出版社、没有正规印刷厂家、没有销售定价的对联、年画、挂历等非法出版物进行清查，同时检查出版物经营单位是否持证经营、是否违规销售非法出版物，出版物是否有侵权、盗版等现象，进货单据是否保存完整等，当天检查文化市场经营单位12家，收缴非法侵权盗版物6本。随后，召集部分经营业主代表召开工作座谈会，强调要把安全摆在首位，要守法文明经营，保护知识产权，杜绝非法侵权盗版发售。

（彭火荣）

·文博工作·

【概况】 2019年，芙蓉区文旅体局在文物保护利用方面夯基层、重宣传。举行了“非遗保护 中国实践——2019年芙蓉区‘文化与自然遗产日’非遗宣传展示活动”以及芙蓉区非物质文化遗产项目成果展览，弘扬了优秀湖湘传统文化。对辖区内28处文物点的安全管理做到人防、物防与技防相结合，每个点位责任到人、每日有巡查、次次有登记，针对在巡查中发现的问题，及时进行督促整改，确保各文物保护点的安全。湖南和平解放史事陈列馆累计接待118批次主题参观活动，接待参观群众5106人次，并顺利通过中宣部、国家文物局专家评审，于2019年10月由国务院公布为第八批全国重点文物保护单位。

（卢雅靖）

【程潜公馆被公布为第八批全国重点文物保护单位】 2019年，芙蓉区文旅体局开展全国重点文物保护单位申报工作，经过与市、省、国家文物局，民革中央、民革省委等部门进行多次汇报沟通，聘请专家团队进行专题测绘、研究、编撰，于2019年10月，通过《国务院关于核定并公布第八批全国重点文物保护单位的通知》，程潜公馆被公布为第八批全国重点文物保护单位（全市内五区2处）。

（刘　勇）

【“文化与自然遗产日”非遗宣传活动】 2019年6月4日，“非遗保护 中国实践——2019年芙蓉区‘文化与自然遗产日’非遗宣传展示活动”在湖南省茶叶博物馆举行，展示节目紧扣“非遗”主题，洋溢着浓浓的中国风、长沙味。其间安排3轮非物质文化遗产知识普及抢答环节，让居民群众在观看歌舞节目的同时又增长了“非遗”知识，活动还邀请湖南省茶叶博物馆的茶艺师表演了精彩茶艺。（刘佳宜）

·隆平水稻博物馆·

【概况】 2019年，隆平水稻博物馆以“传播稻作知识、弘扬农耕文明”为宗旨，紧盯开馆目标，发挥场馆社会教育功能，提升知名度和影响力，被授牌为“中国对外援助培训实训基地”和“长沙市对台交流基地”。

全面推进开馆工作。在水稻历史厅、科技厅展陈布展中，自查涉及展陈版面、文物展托、灯光、多媒体、前言、结束语、展品优化等细节问题86项，邀请知名展陈文本专家陈同乐、李建毛、玄松南等专家到馆进行展陈预验收，提出展陈细节整改问题32项，建立清单销号制度，逐一对118项问题整改到位。加强文物征集，全年征集稻作文物及藏品115件，其中从省文物商店征集汉代青铜农具及铜釜31件，稻作期刊藏品81件，接受袁氏宗亲会捐赠袁隆平院士钧瓷肖像2件，全国知名雕塑家袁熙坤创作的袁隆平铜像1尊。9月27日，隆平水稻博物馆建成并举行开馆仪式。央视新闻、湖南卫视、湖南经视、中新社、《湖南日报》、《长沙晚报》等媒体对开馆情况进行了集中报道。中国新闻网到馆拍摄了《似是故人来》稻作文化专题片。

冠名工作稳步推进。年内，隆平水稻就将“隆平水稻博物馆”冠名“中国水稻博物馆”事宜向省、市文物局进行专题汇报。向国家文物局博物馆与社会文物司金瑞国副司长递交冠名工作情况汇报材料，通过省文物局以文件的形式，向国家文物局递交了冠名进展情况的汇报。袁隆平就隆平水稻博物馆冠名“中国水稻博物馆”工作向国家文物局局长刘玉珠写信表明予以支持的态度，得到刘玉珠的回复，由博物馆与社会文物司进行办理，冠名工作得到稳步推进。全年博物馆争取省文化场馆建设扶持经费30万元，基地补助经费11万元，用于场馆建设。

社会教育成效显著。全年接待观众近10万人次。先后接待中央外事办副主任刘建超，省委常委、省委秘书长张剑飞，中央党校中青班社会调研组，非洲东帝汶，中非经贸博览会，中部农业博览会等领导嘉宾110批次到馆参观考察。完成物业招投标工作，由保利天创物业公司负责全馆物业服务。加强日常文物巡视管理，全年举行3次消防培训演练，确保全馆安全零事故。完成长沙市专业科普场馆（基地）、长沙市社会科学普及基地评价工作，并被评为合格单位。

顺利完成机构改革。经研究并报区委、区政府批准，隆平水稻博物馆由原归属长沙市芙蓉区文体新局管理的副科级事业单位调整为长沙市芙蓉区政府直属正科级公益一类事业单位，为正科级。内设机构5个：办公室（加挂保卫部牌子）、公共服务部、文物资料部（加挂研究室牌子）、展陈策划部、产业发展部。调整后，隆平水稻博物馆全额拨款事业编制25名。领导职数为：馆长1名，副馆长2名。

存在的主要问题。专业技术人员还不多；馆藏文物还不够丰富；文博科研能力还不强。

【发展中国家粮食安全部长级研讨班参观】 2019年6月29日至7月1日，参加2019年发展中国家粮食安全部长级研讨班的学员30人，分两批到隆平水稻博物馆参观。嘉宾们在参观博物馆时兴趣盎然。他们在动态耕织图里了解中国传统农耕文化；在农家小院里感受湖南特色美食；在袁隆平与杂交水稻展厅里见证杂交水稻的研究与发展。通过水稻博物馆之行，来自非洲的朋友们认识了湖南，感受了中国稻作文化，对杂交水稻科技发展及中国传统农耕文明有了更深刻的印象。

【“寻根之旅”夏令营参观】 2019年7月11日，来自2019“寻根之旅”华裔青少年夏令营的近百名学生走进隆平水稻博物馆，感受中华传统农耕文化。在“梦想成真——袁隆平与杂交水稻陈列”展厅，大家了解中国杂交水稻的发展过程，以及改革开放以来杂交水稻技术从中国走向世界的发展现状，对袁隆平院士的“禾下乘凉梦”和“杂交水稻覆盖全球梦”深感佩服；在“稻米香万年——中国水稻历史文化陈列”展厅，大家从“稻之作”和“稻之道”（文化篇）两大展览内容了解水稻历史文化，震撼于中华民族不懈开拓、垦殖、成长和进步的史诗；在“奇异的旅程——水稻的一生”展厅，大家通过各类多媒体设备和互动体验项目了解水稻怎么从一粒种子而后成为餐桌上的美食，不断发出阵阵惊叹。

【当代城乡发展规划院副院长考察】 2019年7月19日，中国社会科学院当代城乡发展规划院副院长柴守忠、著名书画家陈海安、华夏通凭有限公司执行总裁郝金江等一行4人考察隆平水稻博物馆。副调研员虢中华首先对柴守忠一行的到访表示欢迎，随后介绍了芙蓉区区情、区位优势，近年来社会经济发展以及“种业硅谷”项目情况。主任易鑫和馆长张瓔分别介绍芙蓉区现代服务业发展和隆平水稻博物馆相关情况。华夏通赁有限公司郝金江主要介绍了公司运营情况，交流了公司拟来湘发展的初步规划和设想。柴守忠对隆平水稻博物馆及周边文化产业发展提出建议。他指出，当前袁隆平的杂交水稻科技基本占据了水稻育种推介的世界领先地位，隆平水稻博物馆可以采取走出去、引进来的方式，将博物馆打造成为面向全世界推广中国农业高科技及优质产品的平台。

【海峡两岸贸易有限公司员工参观】 2019年8月9日，海峡两岸贸易有限公司员工参观隆平水稻博物馆。在讲解员的带领下，公司员工依次参观了历史厅、科技厅和隆平厅，详细观看了3个展厅的主题陈列。大家在“袁隆平与杂交水稻陈列”驻足停留，共同感受袁隆平“禾下乘凉梦”和“杂交水稻覆盖全球梦”。隆平水稻博物馆作为长沙市海峡两岸交流基地和文化窗口交流，发挥自身优势，为来馆参观的企业和观众提供最优质的服务，展示好芙蓉形象。

【获赠两件袁隆平院士钧瓷肖像】 2019年8月20日，重庆袁氏宗亲会会长袁健，湖北亿穗生态农业有限公司副董事长袁典柱到隆平水稻博物馆参观，并向博物馆捐赠2件袁隆平院士钧瓷肖像（编号为0083和0089）。袁隆平院士钧瓷肖像由中国钧瓷玛瑙釉第一人刘书杰亲手制作完成，具有极高的艺术价值和收藏价值，该次捐赠进一步丰富了隆平水稻博物馆的馆藏，充实了藏品类别。隆平水稻博物馆向袁健和袁典柱颁发了收藏证书。

【隆平水稻博物馆建成开馆仪式】 2019年9月27日，隆平水稻博物馆举行开馆仪式。“杂交水稻之父”、中国工程院院士袁隆平致辞，湖南省文化和旅游厅副厅长、省文物局局长陈远平宣布开馆，长沙市文化旅游广电局局长杨长江出席并讲话，芙蓉区委书记于新凡致欢迎词，谢华安、邹学校、官春云、印遇龙等院士通过视频寄语隆平水稻博物馆。开馆仪式由芙蓉区委副书记、区长周春晖主持。

开馆仪式后，与会嘉宾在讲解员的带领下，依次参观水稻历史厅、水稻科技厅和袁隆平与杂交水稻展厅，野生稻模型、距今五六千年的炭化稻谷、早期稻作农具等众多极富历史底蕴的文物与环幕影院、幻影成景、360°全息投影等高科技多媒体技术有效融合，让观众不仅仅只是看到了一粒稻米生长的故事，更感受到了中华民族不懈开拓、垦殖、成长和进步的史诗。芙蓉区委副书记蒋红波，芙蓉区人大常委会主任廖铁成，芙蓉区政协主席郑明，芙蓉区委常委、宣传部部长伍艳飞，芙蓉区人民政府副区长梁汝岚陪同参观。

隆平水稻博物馆展览时间为每周三至周日9：00至17：00凭身份证即可入馆参观。观众除了在展厅感知学习水稻文化知识之外，还可以在博物馆的文化园区开展户外稻田体验活动。园区开辟了水稻梯田，由湖南水稻研究所专业人员种植了全世界优秀水稻品种，给观众在稻田开展户外体验活动提供了天然的场地，实现了一个专题博物馆兼具人文馆、历史馆、科普馆特点，满足不同层次、不同年龄观众参观博物馆的需求。

2019年9月27日，隆平水稻博物馆举行开馆仪式。“杂交水稻之父”、中国工程院院士袁隆平（右三）致辞。 隆平水稻博物馆 供图

【海峡两岸交流基地授牌】 2019年10月24日，在长沙市对台工作会议暨市级海峡两岸交流基地授牌仪式上，隆平水稻博物馆授牌为长沙市“海峡两岸交流基地”，隆平水稻博物馆党组书记孙中华接受授牌。长沙市台办主任袁义和在授牌仪式上指出：希望授牌基地珍惜、管理、运用好“海峡两岸交流基地”，向台胞宣传推介长沙，发挥沟通、交流、合作的桥梁作用。作为一家传播稻作文化、农耕文明及前沿科技的公益性博物馆，隆平水稻博物馆开展丰富多彩的交流活动，为台湾同胞、海峡两岸青年及学

者提供专业讲解和优质服务，成为促进海峡两岸文化交流和传播中华传统文化的重要窗口。

【冠名工作调研】 2019年11月5日，国家文物局博物馆与社会文物司司长罗静一行到隆平水稻博物馆参观调研并进行座谈。湖南省文物局副局长江文辉，长沙市政府副秘书长厉江华，长沙市文化旅游广电局党组成员、市文物局局长曹凛，芙蓉区委副书记、区长周春晖，芙蓉区人民政府副区长梁汝岚陪同。罗静一行在讲解员的带领下，依次参观水稻历史厅、水稻科技厅和袁隆平与杂交水稻厅。在参观过程中，罗静详细了解文物征集、陈列布展、观众接待以及社会效益等情况。随后，在隆平水稻博物馆会议室就隆平水稻博物馆冠名中国水稻博物馆召开专题座谈。座谈会上，隆平水稻博物馆运用PPT视频播放的形式，从场馆区位双一流、展陈策划高起点、藏品征集成体系、公共服务反响好、事业发展添动力等方面做了工作汇报。梁汝岚就如何借助区位优势，扩大博物馆影响等方面发言。周春晖对罗静到来表示欢迎和感谢，从水稻博物馆意义十分重大、建设十分不易和未来十分可期3个方面介绍芙蓉区委、区政府对文博事业发展和博物馆建设的重视与支持。厉江华、曹凛分别代表市政府和市文物局做表态发言。罗静认为隆平水稻博物馆冠名工作是一个非常好的选题，指出博物馆展陈非常用心，展厅各具特色，体现了芙蓉区委、区政府的文化担当和文化自觉。同时，罗静对博物馆做好冠名工作提出：要丰富藏品体系，提质展陈效果，完善场馆配套。罗静表示将推动隆平水稻博物馆的冠名工作。

【消防安全演练活动】 2019年11月19日，芙蓉区隆平水稻博物馆与保利天创物业公司联合举行消防安全演习活动，博物馆全体工作人员和物业公司全体员工近40余人参加。演习开始前，隆平水稻博物馆组织参与该次活动的全体工作人员进行消防知识培训，并实地检查博物馆各消防安全点，随即在博物馆前坪开展应急消防安全演练。整个演练过程中，所有人员均能按照应急预案配合，有序、迅速地完成疏散、灭火等演练任务，演练达到了预期效果。

【湖南省侨联海外侨社团联谊总会参观】 2019年11月29日，湖南省侨联海外侨社团联谊总会一行180人到隆平水稻博物馆参观。海外侨领侨胞分三批次分别参观水稻历史厅、水稻科技厅和袁隆平与杂交水稻展厅。在历史厅，距今4000余年的碳化稻谷、马王堆汉墓出土的稻谷成为大家瞩目的焦点。在科技厅，VR体验、互动小游戏让参观者变身少年，乐此不疲。在隆平厅，大家通过环幕影院、全息投影等了解袁隆平“禾下乘凉梦”和“杂交水稻覆盖全球梦”。参观结束后，海外侨胞们纷纷表示，小小的博物馆是五千年农耕文明的缩影，从中看到祖国的繁荣昌盛，也感受到中华文明的力量，找到了炎黄子孙的文化自信与自豪。

【湖南省科协领导参观】 2019年12月10日，湖南省科协党组书记、常务副主席刘小明率领党员干部一行20余人到隆平水稻博物馆参观，芙蓉区科协主席易智勇，隆平水稻博物馆党组书记孙中华，隆平水稻博物馆馆长张璎陪同参观。在水稻历史厅，水稻栽培历史进程、水稻文化习俗等成为吸引大家的热点；在水稻科技厅，详实的科普数据、真实的科技模具、精美的标本图画，在潜移默化中为大家上了一堂沉浸式科学课；在袁隆平与杂交水稻展厅，省科协党员干部一行通过环幕影院和全息投影等了解了袁隆平的“两个梦”。参观结束后，刘小明勉励博物馆工作人员，要发挥水稻博物馆作为长沙市专业科普场馆（基地）作用，结合三大主题陈列，开展形式多样、内容丰富的科普活动，宣传好科普知识，提高博物馆影响。

【“中国对外援助培训实训基地”授牌】 2019年12月24日，“中国对外援助培训实训基地”授牌仪式在隆平水稻博物馆举行，隆平水稻博物馆馆长张璎接受授牌。一年来，隆平水稻博物馆牢记“传播稻作知识、弘扬农耕文化”宗旨，通过提质展陈效果，提高服务水平，不断扩大博物馆辐射面和影响力，已吸引896名外籍学员在该基地培训实习，该次授牌是隆平水稻博物馆继被授予“中国政府奖学金来华留学生社会实践与文化体验基地”后，获得的第二块国字号招牌。 （刘　翀）

2019年12月24日，“中国对外援助培训实训基地”授牌仪式在隆平水稻博物馆举行，隆平水稻博物馆馆长张璎接受授牌

隆平水稻博物馆　供图

旅　游

【概况】　2019年，芙蓉区文旅体局继续推进浏阳河文化旅游产业带建设，发挥浏阳河婚庆文化园产业资源作用，延伸以婚纱摄影、娱乐消费、孕婴童服务等为主要内容的高品质婚庆文化产业链。以文旅融合为目标，文旅产业活力彰显，各类文旅市场逐步壮大。为湘绣文化创意产业园建设助力；为大红陶瓷、金山度假村提供资金支持；协调指导隆平水稻博物馆申报AAAA景区、茶叶博物馆申报AAA景区；支持园·美术馆选址浏阳河边营业；柳子明故居全面开放；指导支持婚庆园开展“立夏”“露天电影市集”“母婴明星展”等活动，婚庆园逐步成长为一个集“婚庆文化产业”“时尚娱乐”“餐饮美食”和“亲子创意”为一体的七彩小镇。文旅消费模式创新发展。年内，都正街历史文化街区被市文旅广电局评为全市“十大文旅消费示范区”；温莎音乐娱乐城被市文旅广局评为全市“十大夜间经济”示范项目；湖南琴岛文化传播有限公司被市文旅广电局评为全市“十大网间经济”示范项目。《长沙晚报》2019年10月17日专版《夜嗨 醉美芙蓉夜》《芙蓉夜放花千树》对芙蓉区文旅夜经济进行专题报道。

（卢雅靖）

【安全生产工作督察】　为做好6月27日中非经贸博览会宾馆接待服务工作，全省文化旅游行业开展了安全生产“大排查大管控大整治”及市场整治专项工作，2019年6月17日湖南省文化和旅游厅厅长陈献春一行对芙蓉区华天大酒店、通程国际大酒店、湖南宾馆进行了专项督察。督察组先后对三个场所的安全生产制度落实情况，消防、食品卫生等方面的安全许可情况，水、电、气、油、压力容器、管线等设施设备检查维护情况，应急照明设施配备情况等进行了详细检查。陈献春在督察现场提出“万无一失保平安”和“宾至如归保质量”等要求，以确保芙蓉区星级酒店作为长沙市一张亮丽名片呈现在国际友人面前。

【文旅产业融合发展座谈会召开】　为加快推进芙蓉区文旅产业发展，推进消费升级，激发城市活力，提升文化品位，2019年10月11日，芙蓉区文旅体局在区机关会议室组织召开芙蓉区文旅产业融合发展座谈会，会议邀请隆平水稻博物馆、长沙事达国旅、湖南三和商旅、温莎KTV等16家重点文旅企业代表，参会人员通过热烈讨论对芙蓉区文旅产业融合发展工作提出看法和建议，表示比起“单打独斗”更愿意抱团打“组合拳”，形成“文化和旅游不可分割”“文化和旅游企业要紧密融合”等共识。会议还对芙蓉区准备重点打造的2条具有芙蓉特色的旅游线路听取意见：一条以长沙特色为轴的吃喝玩乐线路，将五一商圈、都正街、登隆街等地串起来；一条以稻文化、农耕文化为轴的研学线路，将隆平水稻博物馆、茶叶博物馆、湘绣博物馆、浏阳河产业带、浏阳河婚庆文化园等地串起来，进一步创新文旅产业发展新模式，发掘辖区文化产业发展新的增长点。

【麻阳及芙蓉区浏阳河文化旅游推介会】　为支持麻阳苗族自治县乡村旅游发展，建立与麻阳苗

2019年11月8日，“芙蓉区2019麻阳苗族自治县乡村旅游线路推介会暨芙蓉区浏阳河文化旅游产业带旅游推介会”在万家丽大酒店召开

区文旅体局　供图

族自治县旅游互联互通交流合作机制，做好脱贫攻坚工作，芙蓉区文化旅游体育局于2019年11月8日，在万家丽大酒店11楼长沙厅召开“芙蓉区2019麻阳苗族自治县乡村旅游线路推介会暨芙蓉区浏阳河文化旅游产业带旅游推介会”。麻阳苗族自治县文化旅游广电体育局、芙蓉区文化旅游体育局代表及80余家旅游企业参加推介会。芙蓉区文化旅游体育局党组书记、局长焦英，麻阳苗族自治县文化旅游广电体育局党组书记莫丽萍分别致辞，介绍了两地的旅游亮点特色，希望双方旅游业界能进一步加深了解，建立起旅游互联互通交流合作机制，在线路开发、市场开拓、区域协作等方面加强合作，推动麻阳县乡村旅游，促进麻阳的脱贫攻坚工作。推介会上，芙蓉区星星国旅和同行天下旅行社与怀化宝中国际旅行社现场签约，就麻阳旅游推广达成战略合作协议。

（钟雅媛）

体　育

【概况】　2019年，芙蓉区全民健身活动丰富多彩，举办芙蓉区第十一届全民健身运动会，四年一届的老年人运动会等赛事活动；为民办实事工程落实有力，截至12月底，所有为民办实事工程项目全部完成；连续三年落户芙蓉区的中华龙舟大赛收官，整个大赛参赛队伍不断扩充、竞技水平不断提升、关注度不断提高，让龙舟文化深入人心。年内，芙蓉区文旅体局被列为2019—2022年省羽毛球后备人才基地；参加湖南省羽毛球锦标赛获金牌1枚、银牌3枚、铜牌2枚；湖南省首届社区趣味运动会长沙市选拔赛，获得团体一等奖、个人全能一等奖等奖项；长沙市广场舞大赛获一等奖（金牌1枚）、二等奖（银牌1枚）；长沙市智力运动会，获得围棋成年男子组第一名、女子组第三名、少年甲组第三名，获得优秀组织奖、道德风尚奖；长沙市全民健身知识大赛获总决赛二等奖；获市“羽协杯”区县（市）友谊赛一等奖。

（卢雅靖）

【东屯渡社区智慧健身驿站建成】为提高居民群众的身体素质和健康水平，芙蓉区文化旅游体育局将东屯渡社区228平方米的社区活动场地提质规划建设为社区智慧健身驿站，按驿站标准对现有设施设备进行翻新改造，设立专业体测设备区和体育教学区，为居民提供专业骨龄、骨密度和人的身体素质检测，并有针对性进行运动干预方案设计和科学指导服务，打造青少年儿童体能训练、体质监测与分析、运动处方制定等功能于一体的专业体能训练表现中心。截至年底，工程建设全部完成，项目建设资金20万元。

（黄　薇）

【中华龙舟大赛（长沙·芙蓉站）决赛举行】　2019年4月21日，中华龙舟大赛（长沙·芙蓉站）决赛举行，省人大常委会党组副书记、副主任王柯敏，国家体育总局社会体育指导中心副主任尹国臣，省体育局局长李舜，长沙市副市长陈中，市政协副主席、市体育局局长李平出席。2019年是中华龙舟大赛连续第三年落户芙蓉区，长沙·芙蓉站也是中华龙舟大赛办赛以来的第50站。该次龙舟大赛有来自湖南、广东、福建、江西、湖北等地的48支队伍参赛，包括7支湖南本土队伍。经过角逐，聊城大学队包揽青少年女子组和青少年男子组的100米、200米、500米6个冠军。九

2019 年 4 月 19—21 日，中华龙舟大赛（长沙·芙蓉站）在浏阳河芙蓉区段东屯渡水域举行　　区文旅体局　供图

江双蒸队夺得职业女子组 100 米、200 米、500 米 3 个冠军。湖南本土队伍中，衡阳师范学院队夺得精英公开组 500 米冠军，首次参加中华龙舟大赛的湖南湘乡飞龙队夺得精英公开组 100 米、200 米、500 米 3 个亚军，湖南文理学院队获得青少年男子组 200 米季军。与往年相比，2019 年龙舟大赛有四大创新：项目设置上，除 100 米、200 米、500 米的常规项目设置外，新增 1000 米折返赛项目。奖金设置上，从上年度的 150 万元增加到 160 万元。赛程设置上，日程从原来的三个半天调整为四个半天，即 4 月 19 日下午、20 日全天、21 日上午。赛事直播上，采用 4K 超高清的赛事转播技术并通过 CCTV-5 体育频道、CCTV-5 体育赛事高清频道、CCTV-4K 超高清频道播出，并通过 CCTV-1 综合频道并机直播，提升了大赛社会关注度，龙舟文化更加深入人心。　（卢雅靖）

【芙蓉区第五届老年人运动会举行】　2019 年 4—9 月，芙蓉区文旅体局举行第五届老年人运动会，设有门球、地掷球、乒乓球、象棋、围棋、太极拳（剑）、健身球、气排球、柔力球、钓鱼、广场舞、桥牌 12 个项目。全区有 140 支老年人队伍约 1.5 万人次参加比赛。该次运动会精心组织，各单位根据部门职责分工制定实施方案，明确工作责任人、联络人，确保了活动安全、有序、高效推进。利用各类媒体，加大宣传力度，在全社会形成关注、支持老年人体育事业的良好氛围。针对老年人的特点，解决好了车辆、餐饮、医疗等实际问题。该届老年人运动会参赛项目、参赛人数均已超过之前任何一届，增强了老年人体育健身意识，激发了老年人参与体育健身的热情。　（蔡　巍）

【浏阳河东岸健身步道建成】　2019 年，浏阳河风光带东岸健身步道建设纳入 2019 年长沙市“一圈一道两站点”建设任务，是全市 7 条健身示范步道之一。健身步道东起长榔路、西到西龙路，全长 12.7 千米，由区公共工程建设中心代建，工程于 7 月 23 日进场施工，9 月 1 日完成了所有基础设施建设，10 月 15 日完成所有步道的标识标牌安装工作并投入使用，总投资 40 万元。（黄　薇）

【东驿体育公园建成】　东驿体育公园位于东岸街道黄泥塘社区，公园地处远大路以南、人民路以北、杉木路以西的合围区域，总用地面积 6.64 公顷，是 2019 年全市重点建设的两个体育公园之一。该公园于 10 月 18 日进场施工建设，12 月 15 日建成验收。整个工程项目按照公园的现状和体育公园建设标准及居民群众现实需要，根据老中青不同年龄段的特点分 ABCD 区进行建设，并在原有规划上增加笼式篮球场、笼式足球场，添置国民体质监测器材、儿童健身器材等，满足老中青群体不同的体育健身需求。

【芙蓉区第十一届全民健身运动会】　2019 年，芙蓉区文旅体局以“普天同庆中华人民共和国成立七十周年 全民健身助力芙蓉超越”为主题，举办芙蓉区第十一届全民健身运动会。6 月 21 日，区文旅体局在湘一芙蓉二中举办了芙蓉区第十一届全民健身运动会暨第五届老年人运动会开幕式，湖南省体育局副局长熊倪、湖南省体育局青少处处长杜利民、长沙市体育局副局长李德安等省市区领导参加了开幕式，区委副书记、区长周春晖为开幕式致词。区第十一届全民健身运动会设置

2019年6月21日，芙蓉区文旅体局以“普天同庆新中国成立七十周年 全民健身助力芙蓉超越”为主题，在湘一芙蓉中学举办芙蓉区第十一届全民健身运动会 区文旅体局 供图

拔河混合团体赛、集体跳绳混合团体赛、“捷足先登”龙舟竞速趣味赛、立定接力闯关百米大奖赛、羽毛球混合团体赛、三人制篮球混合赛6大比赛项目，该次全民健身运动会有49支代表团近2万人参赛。

【参加省首届社区趣味运动会长沙市选拔赛获奖】 2019年9月21日，湖南省首届社区趣味运动会长沙市选拔赛在贺龙体育中心举行，长沙市体育局党委委员钟国林出席活动。芙蓉区文旅体局、东屯渡街道共同选拔的3个社区36名运动员组建芙蓉区代表队参赛。该次比赛项目设有个人全能赛（青年组、中年组、老年组）、团体赛（青年组、中年组、老年组），来自全市各社区参赛队员进行了7个运动项目的竞赛。芙蓉区参加全部项目，获得团体一等奖、个人全能一等奖等奖项。趣味运动会将竞技与娱乐相结合，着重鼓励全民参与，注重团队之间的协调配合。芙蓉区通过选拔、组队、训练、参赛等活动环节的开展，让各个年龄阶层的居民达到锻炼身体、增强体质的目的，让他们感受到了邻里之间团结互助的友好氛围，兼具趣味性和互动性，对于增进邻里间的友好情谊起到了重大的作用。 （蔡　巍）

【参加市全民健身广场舞大赛获金奖】 2019年11月3日，由长沙市委宣传部、市直机关工委、市体育局、市总工会共同主办的“庆祝中华人民共和国成立70周年·以舞筑梦”2019长沙市全民健身广场舞大赛在长沙理工大学云塘校区举行，来自市机关、各区（县、市）20支代表队参加比赛。芙蓉区文旅体局走马楼社区艺术团、芙蓉区农业大学离退休处老年大学舞蹈队代表芙蓉区参加比赛。芙蓉区文旅体局走马楼社区艺术团选取《黄河》，以拉丁舞为载体，展现青年拼搏理想、战胜困难的无畏精神。最终，经由9名专业评审、20名大众评审、7名媒体评审组成的评审团打分，获得全场最高分，夺得金奖。农大离退休处老年大学舞蹈队获得铜奖。 （黄　薇）

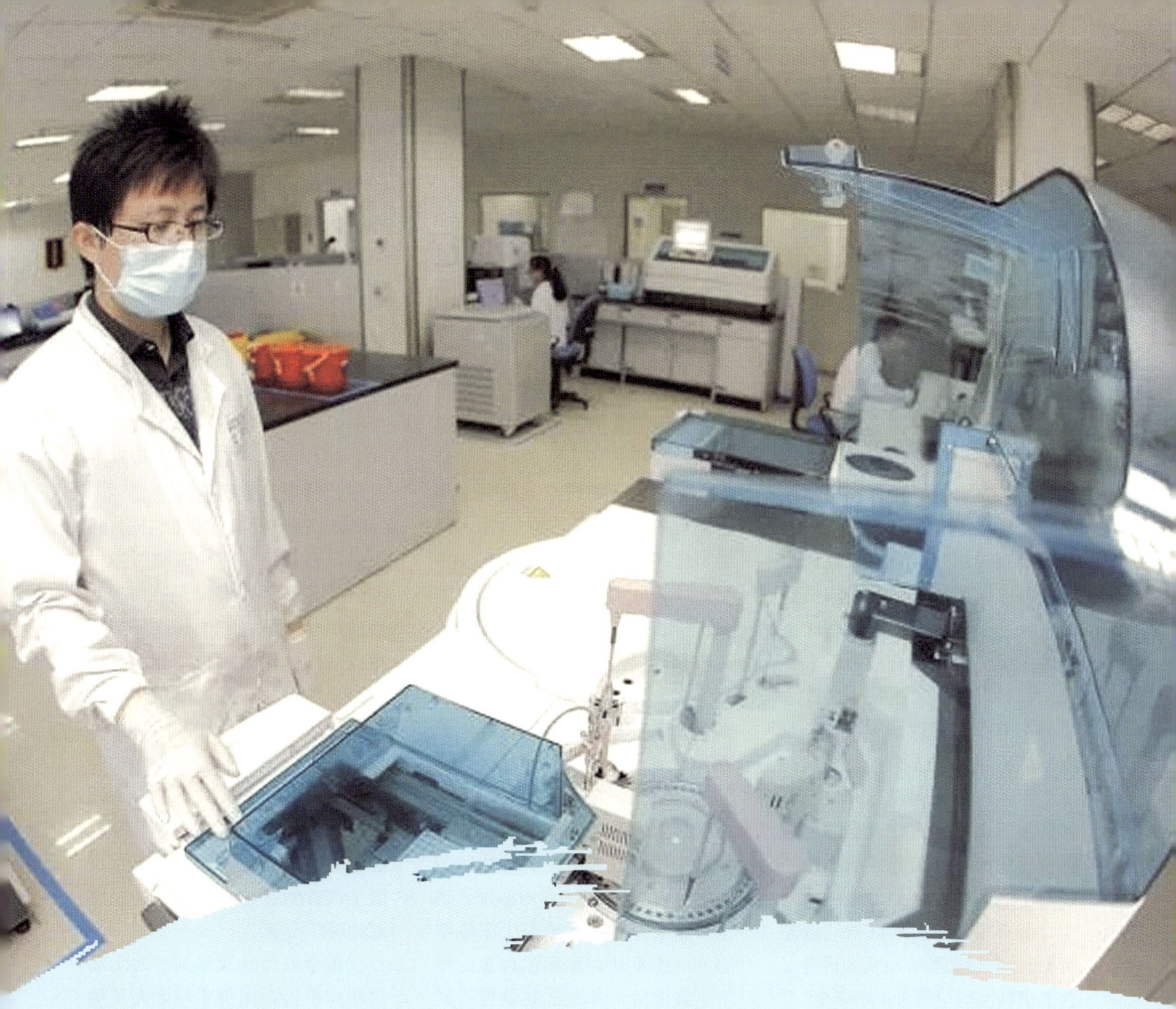

医疗卫生

Medical and Health

责任编辑・谭自然

综　述

【概况】 2019年机构改革，芙蓉区卫生和计划生育局更名为芙蓉区卫生健康局，划入爱国卫生、职业卫生和应对人口老龄化等职责。原局二级机构区卫生计生综合监督执法局整体转隶到区行政执法局，原卫生健康行业行政处罚权以及与之相关的行政强制权、行政检查权划入芙蓉区行政执法局；不单设芙蓉区医疗机构财务集中核算中心。机构改革后的芙蓉区卫生健康局，有办公室、综合监管科、公共卫生科、医政医管科（中医药管理科）、人口监测与家庭发展科5个内设科室。设芙蓉区卫生健康综合事务中心，加挂芙蓉区基层医疗机构财务集中核算中心；有芙蓉区疾病预防控制中心和芙蓉区妇幼保健计划生育服务中心（芙蓉区妇幼保健所）2个二级机构，有芙蓉区定王台街道社区卫生服务中心等11个公益二类差额拨款事业单位。年内，区卫生健康局围绕“品质提升年”工作目标，聚焦主业，自觉担当，突出重点，主动作为，按进度完成省、市、区年度目标任务。年内获评“全省计划生育协会工作先进集体”“2019年度全省计生特殊家庭住院护理补贴工作先进单位”“2018年度省市重点民生项目工作先进单位（2019年3月颁奖）”“2019年市级无偿献血组织工作先进单位”等。

（杨鹏娇）

【爱国卫生运动】 2019年，芙蓉区开展病媒生物防治工作，投入167.2万元，其中95.5万元对全区公共地带进行“鼠蟑”消杀，全年共消杀4次，投入用工1800余个，全区春秋两季集中灭鼠投放毒饵谷1900千克、补投5600千克、灭鼠蜡块3000千克、街道、社区留发给单位、居民户毒饵4200千克。下水道烟雾熏杀夏秋各1次。另71.7万元用于病媒生物基础设施建设，建设灭蚊灯100盏、灭鼠投饵盒600个、诱蝇笼400个、重点单位20家（经费为跨年经费2018年9月至2019年9月）全年创建市级文明卫生单位和市级文明卫生社区各1个。

（熊　梦）

医政管理

【概况】 截至2019年年底，芙蓉区有医疗机构339家，社区卫生服务中心13家（其中湘湖、五里牌2家为民办社区卫生服务中心），社区卫生服务站44家，村卫生室3家，床位数7863张（其中：社会医疗机构床位数1430张，公立医院床位数6266张，基层医疗卫生机构床位数167张），在册医师人数4120人，在册护士人数6643人。

医疗质量控制管理。继续贯彻落实《医疗质量管理办法》《医疗纠纷预防和处理条例》等文件要求，建立全区院感质控小组，发挥医疗质量控制小组作用，强化质控小组指导职能，将质控结果运用至全区医疗卫生机构的校验、医疗机构等级评定结果中。落实《医疗机构校验管理办法》，牵头组织对区发证的医疗卫生机构开展校验现场审查，邀请专家评审组共同对一级医院及基层医疗卫生机构、医疗美容机构等重点机构开展医疗质量、门急诊、病房、病历、护理、药事、院感、检验、影像等质量管理，尤其对院感、用药是否合理，处方和病历是否规范等重点环节开展督察，全年完成医疗机构校验344家，督促整改20家，暂缓校验2家。建立健全抗菌药物临床应用管理机制，促进抗菌药物分级管理，280余家医疗机构制定机构抗菌药物供应目录，并向局医政医管科进行备案，落实品种、品规要求。加强医疗服务过程中重点环节、重点区域、重点人员管理，推进医疗质量，处理辖区内医疗机构医患纠纷，全年受理医疗事故争议和医疗纠纷投诉85起，现场受理答复9起，组织医患双方协调解决29起，报省、市医学会进行医疗事故技术鉴定26起。无二级以上医疗责任事故发生，确保患者的医疗安全。

医学人才建设培训。鼓励基层医疗机构在岗卫生技术人员提高整体素质和学历层次，完善继续医学教育激励机制。补助继续医学教育5人，补助金额5000元。从基层医疗机构选派6名医师进行为期1年的全科医生转岗培训。2019年，全区有全科医师133人，其中西医类101人，中医类32人，每万人口注册全科医师近2.3人，全科医疗队伍不断壮大。完善基层医疗卫生机构专业技术职务评定机制，鼓励基层医疗卫生机构专业技术人员参加“基卫高”“省卫高”的职称考核和晋级晋职。

中医药服务。全区13家社区卫生服务中心均按照标准设置中医科、中药房，均配备至少300

种中药饮片，能提供包含针灸、推拿、火罐、牵引、熏蒸、蜡疗、穴位注射等不少于6种中医药适宜技术，达标率100%。截至年底，全区各社区卫生服务站/村卫生室均配备了1名中医医师或者是能西会中的临床医生，且都能提供针灸、推拿、刮痧、火罐4种以上中医药适宜技术。

卫生健康行业监管。开展医疗乱象专项整治行动，重点解决虚假宣传、管理混乱、证件挂靠、超范围执业、过度诊疗的乱象行为，将打击非法行医专项行动和全年医疗机构依法执业监管检查相结合。开展专项行动5次，出动监督人员931人次，车辆358台次，检查医疗机构382家、医疗美容机构22家、生活美容场所140家、口腔医疗机构43家，处理投诉23起，立案6起，罚款1.75万元，没收违法所得19.76万元。查处无证行医黑诊所2起，取缔2起，没收药品70箱、没收医疗器械7件。

【中医药文化宣传活动】 2019年8月19日，芙蓉区首届“杏林生辉，闪耀芙蓉”中医药文化宣传活动在育才双新小学举办，活动以“中医药服务‘3+3’”创新形式开展（“3库”评选：“芙蓉区中医名师库”“芙蓉区优质基层中医医师库”“芙蓉区优秀中医药管理者库”；“3进”活动：中医药健康文化宣传送进街道、单位和校园）。活动现场开展了中医药文化宣传和中医适宜技术推广活动，对获评“芙蓉区中医名师”“芙蓉区优秀基层中医医师”“芙蓉区优秀中医药管理者”的医师进行表彰。

（张　鋆　潘妮娜　路　通）

2019年8月19日，芙蓉区举办首届“杏林生辉，闪耀芙蓉”中医药文化宣传活动，现场向居民推广中医适宜技术　　区卫健局　供图

基层医疗卫生服务

【概况】 年内，制定《芙蓉区基层医疗卫生机构规范化建设三年行动方案（2019—2021年）》，制定“基层医疗机构补人才、补设备、补服务”方案，为基层医疗卫生机构的长期发展做出整体规划。

家庭医生签约服务。2019年全区推广家庭医生APP在线签约系统，实行家庭医生APP线上签约，将传统的纸质签约优化成电子签约，节约签约成本，提高签约效率，打通服务群众的“最后一公里”。增强全区家庭医生履约能力，提升家庭医生签约服务质量。2019年全区已组建70个家庭医生签约服务团队，“重点人群”签约9.5万余人。

基本药物管理。2019年全区11个公办社区卫生服务中心严格按照要求，通过省药品集中采购平台采购药品，进销存台账完整。全区所有村卫生室基本药物均由社区卫生服务中心代购，实行零差率销售。年内，全区11家政府办社区卫生服务中心完成销售基本药物1501.26万元、从省药品集中采购平台购入基药1855.39万元、非基药382.53万元。非基本药物配备使用金额占比17%，符合占比低于30%的要求。

基本公共卫生服务。围绕“稳定数量、保证质量”的目标，推进国家基本公共卫生服务项目开展。加强项目宣传力度，推进基本公共卫生服务“五进”（进机关、进社区、进学校、进乡村、进家庭）活动，力促基本公共卫生服务项目的全面实施，为居民免费提供14项基本公共卫生服务，提高项目知晓率和居民满意度。

2019年，为辖区常住居民建立电子健康档案人数46.42万人，健康档案建档率77.97%。辖区内预防接种证建证率100%；辖区内乙肝疫苗接种率99.84%；

卡介苗接种率99.91%；脊灰疫苗接种率99.91%；百白破疫苗接种率99.83%；含麻疹成分疫苗接种率99.76%；流脑疫苗接种率99.87%；乙脑疫苗接种率99.82%；甲肝疫苗接种率99.80%。辖区0～6岁儿童数3.9万人，接受1次及以上随访的0～6岁儿童数3.8万人，儿童健康管理率97.79%。辖区内孕13周之前建册并进行第一次产前检查的产妇5936人，早孕建册率92.87%，产妇出院后28天内接受产后访视人数6044人，产后访视率94.56%。辖区65岁及以上常住居民5.9万人，接受健康管理人数2.7万人，老年人健康管理率46.19%。辖区内高血压患者健康管理的人数2.29万人，高血压患者规范管理率81.48%；2型糖尿病患者健康管理的人数8555人，2型糖尿病患者规范管理率80.56%；严重精神障碍患者在册人数2549人，规范管理率99.92%；肺结核患者管理人数245人，管理率94.59%；规则服药率92.94%。辖区内65岁及以上常住居民中接受中医药健康管理服务数3.2万人，老年人中医药健康管理率53.79%；辖区内应管理的0～36个月儿童数为9488人，按照月龄接受中医药健康管理服务的0～36个月儿童数为5312人，0～36个月儿童中医药健康管理服务率55.99%。传染病疫情报告率100%，传染病疫情报告及时率100%。 （陈稳中）

2019年9月26日，芙蓉区卫生健康局与湖南省人民医院签约，共建紧密型医联体

区卫健局　供图

【荷花园卫生服务中心提质改造】 芙蓉区荷花园街道社区卫生服务中心位于芙蓉区东二环一段938号，原建筑面积1500平方米，根据《长沙市基层医疗卫生机构规范化建设三年行动方案（2019—2021年）》文件要求，2019年该中心开展提质改扩建项目，并纳入"2019年市级投资基层医疗卫生机构建设项目计划"，总投资95万元。改扩建后建筑面积1700平方米，其中业务用房1600平方米，行政用房100平方米。改造内容主要有：打造"一站式"服务模式，中心将门诊大厅进行改造，建立"一站式"服务中心，集中为居民提供现场导诊、挂号、建立居民健康档案、慢性病患者面访、家庭医生签约以及政策咨询等各类服务，提高居民就医效率和满意度，扩充了业务项目的开展。打造计划免疫数字化门诊，建立疫苗接种管理系统，实施数字化、智能化改造，从取号、叫号、预检登记，一对一预防接种服务、接种后规范留观到最后扫码离开，实现全程信息化服务，直接提升疫苗预防接种监管力度，全流程闭环可追溯并且保障疫苗的准确安全接种，提升居民满意度。

（阮　贞）

【与省人民医院签约共建紧密型医联体】 2019年9月26日，芙蓉区卫生健康局与湖南省人民医院签约共建紧密型医联体，签约后，芙蓉区将借助省人民医院品牌资源优势，搭建各社区卫生服务中心与省人民医院之间无缝对接平台。在专科建设、双向转诊、人才培养、远程心电、远程影像会诊、家庭医生签约专家团队、高血压糖尿病专病门诊等方面开展共建合作。年内为芙蓉区各街道社区卫生服务中心下发双向转诊卡500张，为各中心预留专家号，并每月派驻全科、心血管内科、神经内科、内分泌科等专家到各中心坐诊，推进解决老百姓"小病不出社区，大病进医院，康复回社区"的就医愿望。

【"优质服务基层行"创建活动】 根据国家、省、市《关于开展"优质服务基层行"活动的通知》要求，区卫生健康局2019年初对芙蓉区"优质服务基层行"活动进行整体安排部署，社区卫生服务中心通过达标创建活动，逐步完善基层医疗卫生机构服务功能、提升服务能力、规范服务质量管理。9月，芙蓉区接受国家、省、市级“优质服务基层行”现场复核评审，朝阳街道社区卫生服务中心达到省级“优质服务基层行”推荐标准，通过湖南省“社区医院”建设试点评估，挂牌为芙蓉区首个“社区医院”，东岸、火星、东屯渡街道社区卫生服务中心达到省级“优质服务基层行”基本标准。

（陈稳中）

【基层卫生信息系统全面更新】根据省、市卫生健康委的统一安排部署，4—12月，全区基层医疗卫生机构的金仕达信息系统替换为湖南省基层卫生信息系统——公卫3.0和医疗3.0子系统，全面推行家庭医生APP线上签约，实现标准、业务、软件、实施、运维“五统一”，以适应“大数据”和“互联网+”公共卫生服务和“互联网+”家庭医生签约等医疗项目的发展需求，逐步完善一体化网上服务体系，完成区域平台数据共享、接口改造等工作，实现芙蓉区基层医疗机构的居民电子健康档案、电子病历信息互通、医疗服务资源数据信息共享，改善了居民看病就医体验感。

（孔振宇）

妇幼保健

【概况】 2019年，芙蓉区妇幼保健所以保障母婴安全和提高出生人口素质为重点，以为妇女儿童提供全方位优质健康服务为宗旨，秉承面向群体、面向基层、预防为主的方针，开展妇幼卫生保健工作。

母婴安全保障工作。落实《长沙市人民政府关于实施全面两孩政策加强母婴安全管理的通知》，完善危重孕产妇和危重新生儿救治与转诊方案，坚持原有工作机制的落实和考核，确定湖南省人民医院为芙蓉区危重孕产妇和新生儿救治中心。年内，发挥属地资源优势与中南大学湘雅二医院、湖南旺旺医院建立了会诊转诊机制，行成分级负责、上下联动、应对有序、运转高效的三级孕产妇危重症急救网络。依托“党建手拉手、保健心连心”妇幼健康联合体搭建纵向网络，紧盯高危孕产妇管理。2019年全区孕产妇死亡率为0（市级标准13/10万以下），5岁以下儿童死亡人数15人，死亡率3.84‰（市级标准：7‰以下）；婴儿死亡人数8人，婴儿死亡率2.05‰；新生儿死亡5人，新生儿死亡率1.28‰。高危管理人数5318人，其中红色预警17人，橙色预警1064人。救助高危特困孕产妇1人，救助经费1万元。对医院危重孕产妇监测工作进行了8次质控，录入孕产妇个案调查表3725例，有合并症及并发症的例2674，危重孕产妇27例，孕产妇死亡1例（非芙蓉区人口）。

集体儿童管理工作。完成对辖区内121家托幼机构进行托幼机构的卫生保健工作综合评估。全年为9974名儿童进行入园入托健康体检，查出其中单纯性肥胖94人，消瘦242人，低体重85人，生长发育迟缓82人，贫血229人，均专案进行管理。托幼机构工作人员体检3013人，查出需离岗治疗或不宜从事幼教人员220人。

省、市级健康民生项目。2019年省民生实事项目：孕产妇免费产前筛查完成4915人，查出异常人数1323人，终止妊娠5人；完成湖南省农村和城镇低保适龄妇女“两癌”免费检查1284人，查出CIN1 15人、CIN2 12人，宫颈癌2人、乳腺癌1人；完成0～6

2019年，芙蓉区开展市级健康民生项目，关注妇女儿童健康，免费为适龄妇女进行“两癌”筛查

区卫健局 供图

岁儿童眼及视力筛查2.72万例，查出视力异常3020人、上睑下垂2人，屈光不正1747人，斜视42人，弱视37人，近视72人。2019年市级健康民生项目：长沙市适龄妇女“两癌”免费检查1.11万人，查出CIN1 146人、CIN2 93人、宫颈癌7人、乳腺癌12人。孕妇外周血胎儿游离DNA免费产前筛查5865人，发现异常49人，确诊13三体、18三体、21三体等20人；新生儿疾病筛查7697人，筛查率102.78%，确诊甲低10人，G6PD12人，已全部治疗；耳聋基因筛查5523人。

出生缺陷综合防治工作。全年免费婚前医学检查2555人，检出疾病人数235人，占9.20%，指定传染病93人，占39.57%（其中性传播疾病2人，占2.15%）；严重遗传疾病8人，占3.40%；有关精神病2人，占0.85%；生殖系统疾病55人，占47.65%；内科系统疾病21人，占8.94%。；全年完成孕前优生健康检查3441人，检出高风险人数421人，高风险率12.23%，早孕随访率96.82%，妊娠结局随访率96.80%。室间质评结果合格率100%。孕前优生检查室间质评结果合格率100%。地中海贫血初筛覆盖率100%，阳性后续检测诊断率93.13%，夫妇同型地贫基因携带随访率100%。围产儿缺陷发生率241.90/万，活产缺陷发生率200.29/万。

免费计划生育基本公共卫生服务。加大避孕节育和生殖健康知识宣传普及，减少非意愿妊娠，全年免费发放避孕药具9.02万人次。为计划生育人群规范提供取环、输卵（精）管复通手术等技术服务，在计划生育有关临床医疗服务中，计划生育手术1204例，其中人工流产及药物流产503例，放置宫内绝育器247例，取出宫内节育器454例，其中围绝经期妇女免费取出宫内节育器303里、恢复再生育手术151例。免费为符合条件者提供再生育相关的医学检查、输卵（精）管复通手术，目标人群覆盖率100%，避孕节育技术服务目标人群覆盖率100%。开展爱心助孕行动，全年为149对夫妇发放爱心卡，进入周期54对，并组织爱心助孕义诊工作，有32对夫妻参加，同时发放爱心卡2张。全年进行病残儿医学鉴定2例，无计划生育手术并发症鉴定。

【0～6岁儿童眼保健及建档工作】 根据长沙市卫生健康委员会《关于印发〈2019年长沙市0～6岁儿童眼保健和视力检查工作方案〉的通知》要求，区卫生健康局从2019年1月1日起，全区推行辖区常住0～6岁儿童眼睛及视力保健并建立健康电子档案项目。制定《2019年芙蓉区0～6岁儿童眼保健和视力检查工作方案》，成立芙蓉区0～6岁儿童眼保健和视力检查工作领导小组和技术指导小组，全区基本公共卫生服务的医疗保健机构承担负责眼睛及视力保健并建立健康电子档案工作的具体实施。按时长沙市卫生健康委员会的要求，芙蓉区2019年需完成1.8万名0～6岁儿童眼及视力筛查并建立健康电子档案。截至12月31日，全区完成0～6岁儿童眼及视力筛查并建立健康电子档案2.72万例，查出视力异常3020人、上睑下垂2人，屈光不正1747人，斜视42人，弱视37人，近视72人。（丁　俊）

疾病预防控制和应急

【概况】 2019年，芙蓉区疾病预防控制工作应对和处置重大传染病疫情和突发公共卫生事件，在重点传染病防控、慢性病防控、免疫规划、健康教育等防病工作以及综合管理能力方面得到提升，辖区疾控事业持续进步和发展，居民健康素养大幅提升。

【传染病防控】 疫情报告和风险评估。2019年芙蓉区报告传染病3.41万例，较2018年（1.65万例）同期上升106.94%，传染病发病率5783例/10万人。无甲类传染病发生，乙类传染病5834例，较2018年（6234例）同期下降6.42%；丙类传染病2.83万例，较2018年（1.02万例）上升175.94%；传染病死亡人数4人，死亡率0.217%。传染病疫情报告综合率99.98%，2019年发出传染病疫情月分析报告12期。组建6支突发公共卫生事件应急机动队，实行分队值班和24小时值班制。7月组织开展登革热、埃博拉、疟疾等传染病防控应急演练。开展3期阶段性、2期专题突发事件公共卫生风险评估风险评估。处置2起突发公共卫生事件。艾滋病防控。2019年纳入日常随访管理的艾滋病感染者和病人已接受结核病筛查的病例检测比例100%；艾滋病病毒感染者/病人CD4检测比例96.5%；接受抗病毒治疗比例88.7%；配偶检测率98.4%。对辖区3所高校1万余名入学新生开展艾滋病入学教育与讲座。全年干预暗娼、男男性行为者、吸毒人员、外来务工人员等高危人群和重点人群3.8万人，检测0.62万人。通过开展外展干预活动，发放宣传资料3.8万份，安全套7.8万支。组织落实艾滋病防治“四免一关怀”政策，发放艾滋病病人住院医疗补助和话费补助34.49万元。

结核病防控。定期开展医疗机构结核病防治督导，上门访视肺结核患者治疗情况，做好患者管理，强化肺结核防治知识和政策的宣传教育，规范处置50余例学校结核病散发疫情。肺结核患者病原学阳性率51.74%，报告肺结核患者和疑似肺结核患者的总体到位率95.47%，肺结核患者治疗率92.03%，基层医疗卫生机构肺结核患者规范管理率98.18%，肺结核患者规则治疗率92.03%，耐多药肺结核高危人群筛查率100%。2019年秋季，区疾控中心联合教育部门对辖区118所托幼机构、小学、中学、大专院校入学新生开展免费结核病筛查，覆盖3.49万人，其中6832人接受结核菌素皮肤试验，结核菌素皮肤试验≥10毫米人数485人，3.49万人接受胸部影像学检查，胸部影像学检查异常人数21人，筛查结果异常者506人，并对所有结果异常者进行追踪随访，确诊活动性肺结核16人，予以休学并纳入肺结核患者管理。

【慢性病防控】 肿瘤随访登记项目工作。年内，将长沙市综合医疗机构报告的1.12万例肿瘤患者纳入社区卫生服务中心进行随访管理，肿瘤患者死亡病例6303例，存活病例4882例；新发病例1591例，粗发病率374.62/10万，死亡869例，粗死亡率204.62/10万，MV%为77.06%，DCO病例67例，DCO%为4.21%。城市癌症筛查工作。招募辖区居民进行肺癌、乳腺癌、结直肠癌、上消化道癌和肝癌临床筛查，2019年完成1237例临床病例筛查工作、736份经济学问卷、创新工程结直肠T1随访卫生经济学问卷280份。心脑血管事件报告。全区医疗机构报告4182例心脑血管病例，其中芙蓉区常住地址报告3072例，发病率516/10万。聘请中南大学湘雅二医院精神科专家每季度开展一次患者风险评估和疑似病例筛查。定期开展严重精神障碍患者档案核查。管理严重精神障碍患者2635人，在册管理率4.58‰，规范管理2445人，规范管理率92.79%，面访率93.21%，服药率95.9%，规范服药率85.84%。

【免疫规划】 2019年重点加强《中华人民共和国疫苗管理法》宣传，加强预防接种门诊督导，规范预防接种各个环节，做好免疫规划工作宣传，全年发放一类疫苗10.53万剂次，发放二类疫苗30.96万剂次。全区基础疫苗的接种率超95%，适龄儿童建卡建证率100%。开展接种率调查2次，全程接种合格率分别为95.6%和99.41%，达到国家规定指标值要求。培训接种门诊、点、医院产科接种员288名。新建5家数字化预防接种门诊。开展全国乙肝监测项目，全区报告乙肝病例1930例。开展“关爱青春期女生健康”——HPV疫苗早接种早保护花蕾行动惠民项目，接种570人次，获评“健康中国行动、宫颈癌防治宣传”先进单位。

【疾病预防检验检测】 加强检验检测能力建设，先后8次参加省市业务主管部门组织的检验检测技术工作培训，组织开展“2019年芙蓉区艾滋病性病检测技术培训班”和疟疾培训，全年，提升辖区基层医疗机构检测能力，完成中心实验室生物安全备案，完善生物安全管理。通过艾滋病、梅毒、尿碘、盐碘、水中锌和氯化物、奶粉中蛋白质等实验室质控和能力认证。全年完成盐碘和尿碘监测样品各300份，省级食品安全风险监测样品75批次125份样品，医疗器械样品1190份，医疗污水样240份，环境卫生类样品268份，生活饮用水样品277份，泳池水54份，生物标本样品2337份。

【健康宣传教育】 健康教育和健康促进工作。2019年全区印刷发放宣传资料248种22.34万份；播放健康教育音像资料201类，3.17万小时；更新宣传栏199次；举办健康教育讲座283次，参加听讲人数4.05万人次；开展公众健康咨询服务活动257次，接受覆盖咨询人数1.71万人次。死因监测。2019年按死亡时间统计，全年报告死亡数3518人，年化报告死亡率5.96‰；按生前住址统计，芙蓉区死亡数3237人，年化死亡率5.49‰；按户籍住址统计，芙蓉区死亡数3029人，年化死亡率7.13‰（2018年末户籍人口数42.47万人）。制定并下发《芙蓉区全人口死因监测工作实施方案》。职业病防治工作。2019年，开展尘肺农民工救治救助工作，完成142职业性尘肺病随访与回顾性调查工作，做好医疗机构和非医疗机构放射卫生调查工作，完成20家企业职业病危害因素监测项目工作。食品安全工作。2019年全区医疗单位报告食源性疾病694例，调查处置芙蓉区食源性疾病事件1起，协助调查18起非芙蓉区食源性疾病事件。全年采集蔬菜样、大米样、调味面制品、中式凉拌菜、蜜饯、豆与豆制品等125份样品，合格121份，不合格4份，合格率96.8%。全年采集辖区内管网末梢水96份，合格率100%。学校直饮水92份，其中春季开学前集中采集44份，合格率91.3%。

利用新媒体广泛开展健康宣教活动，在世界结核病日、全国肿瘤防治宣传周、世界艾滋病日等卫生主题日开展3次现场直播活动，以邀请专家线上授课、直播访谈等方式传递疾病防控知识，线上参与人群活跃，直播点击量20余万。发挥新媒体传播速度快，面积广的作用，扩大健康教育受众覆盖面，宣传效果显著。

【登革热疫情处置】 2019年9月13日晚10点，区疾控中心接宁乡市报告2例本地感染登革热病例，病例感染地为芙蓉区张公岭消防站建筑工地，为长沙市首起本地登革热疫情。9月14日，成立由区人民政府区长担任组长，分管副区长担任副组长，各部门和街道组成的“芙蓉区登革热疫情防控领导小组”。9月16日，经省、市疾控中心专家评估定级为突发公共卫生事件Ⅳ级。全区迅速制定并启动登革热防控预案，建立健全部门单位联防联控工作机制，区委书记于新凡和区长周春晖多次指挥调度，区卫健局、街道、园林局、环保局、公共工程建设中心等多部门700余工作人员，各负其责、相互配合，开展卫生应急处置，落实各项登革热防控措施。加强患者流行病学调查，做好传染源的管理，将芙蓉区红十字医院作为定点登革热病例治疗医疗机构，自9月18日收治首例登革热病例至10月7日最后一例登革热患者治愈出院，28例病例均得到及时救治，康复正常，无死亡病例。组织排查辖区湖南生物机电职业技术学院和湖南省人民武装学校师生1.3万余人，排查疫情区域内小区居民3000余户。购买100.39万元杀蚊烟片、功成幼剋杀虫颗粒、环卫乐毒死蜱水剂、高效氯氰菊酯可湿性粉剂等灭蚊药物开展消杀工作，消毒灭蚊面积70万平方米。广泛开展爱国卫生运动及健康教育，落实日调度日督察制度，发出督察通报12份，落实成蚊杀灭、孳生地清理举措，迅速控制疫情。9月13—23日，发现54例登革热病例，其中实验室确诊病例37例、临床诊断病例17例，全部治愈，无死亡病例。自9月24日起至10月21日，连续28天无新增确诊病例，布雷图指数和成蚊密度监测结果均在安全数值以下，登革热疫情流行的危险因素得到控制，经省、市疾控部门综合评估符合终止登革热疫情突发公共卫生事件Ⅳ级应急响应各项条件，10月22日终止应急响应。 （朱双杨）

2019年9月，登革热疫情防控环境整治现场　　区卫健局　供图

计划生育

【概况】 2019年，符合政策生育率99.72%，出生人口性别比101.61。全年查处“两非”案件1例，无计划生育负面事件。落实计划生育奖励扶助政策。坚持以服务群众为导向，加大宣传力度，营造浓厚氛围，提高群众对奖励扶助的知晓率，严格奖扶对象资格

确认程序，做好公开监督，确保计划生育奖励扶助工作落到实处。2019年奖励扶助对象上报准确和资金到位率100%。发放独生子女保健费59.18万元，城镇独生子女父母奖励（计生发放）801人，发放金额89.58万元。计划生育特殊家庭奖励扶助966人，发放扶助资金927.36万元，到位率100%；特扶家庭老年护理补贴618人，发放护理补贴148.32万元；城市低保扶助380人，扶助金额43.94万元；特扶专项扶助52人，扶助金额28.5万元。

【计生协会工作】 芙蓉区计生协会被评为全省计划生育协会先进集体、计划生育基层群众自治先进单位、2019年度全省计生特殊家庭住院护理补贴工作先进单位、2019年度全省计生协会工作优秀单位。创建“2019年度计划生育基层群众自治先进区”，并创建马王堆街道、火星街道2个省级计生基层群众自治示范街道，朝阳街道人民新村社区、东屯渡街道白沙湾社区2个省级计生基层群众自治示范社区，文艺路街道东广济桥社区市级计生基层群众自治示范社区。在马王堆街道滩头坪社区建立“芙蓉区优生优育指导中心”打造优生优育服务新平台，被确定为省计生协“三结合项目”和芙蓉区改革创新点；在荷花园街道杨家山社区建立省级“会员之家”；在朝阳街道睦邻综合养老中心建立帮扶计生特殊家庭“暖心家园”取得良好社会效益。

【计划生育关怀】 走访慰问138名关心支持人口计生工作因重病大病、自然灾害以及其他特殊情况造成生活困难的计划生育家庭、卫计干部、协会会员，发放慰问金10.5万元。为全区4578户14周岁以下独生子女家庭购买赠送计划生育家庭意外险13.7万余元，为971名计生特殊困难对象购买计生健康保险14.5万余元和发放计生特殊家庭住院护理补理207人、23.79万元。全年受理计生系列保险案件138人次，理赔金额14.4万元。组织卫健系统党员、干部、医务工作者，各级计生协会会员开展“小善举大爱心”慈善募捐活动，募集善款6.2万余元，用于帮扶全省卫健系统因病因灾致困的特困对象。

【计生协会宣传】 2019年5月24日，在朝阳街道举办以“生育关怀—我们和你在一起”暨芙蓉区2019年“5·29”计生协会会员日大型宣传活动。活动期间，全区开展集中宣传活动83次，悬挂宣传横幅100余条，制作宣传板报200余块，发放宣传折页和宣传单2万份，宣传人数1.1万人次。通过网络投票的方式，评选表彰一批先进计生协会志愿者（团体），湖南农大业大学“青春健康教育同伴社”等3支志愿者团队、池凤英等12名志愿者获评长沙市生育关怀优秀志愿者团队和优秀志愿者个人。区计生协1名工作人员被评为省级宣传员。在省计生协举办的庆祝中华人民共和国成立70周年会员艺术作品、新闻作品征集活动中，区计生协推荐参展的作品获得书画类二等奖1个、计生协“好新闻”1篇。《“五环之光”照亮新市民幸福人生——曙光798创意文化园区计生协服务流动人口扫描》在中国计生协第二届“计生协好新闻”评选活动中获得三等奖。

（陶红军　谭　宇）

社会生活

Social life

责任编辑 · 谭自然　谭丽霞

就业创业

【概况】 2019年，根据市政府机构改革要求，芙蓉区就业服务中心 为区人力资源和社会保障局所属副科级公益类事业单位，承担的“就业创业证”核发、小额担保贷款贴息资金给付等行政职能划入区人力资源和社会保障局；芙蓉区促进就业小额贷款担保中心不再单设，芙蓉区就业服务中心加挂长沙市芙蓉区促进就业小额贷款担保中心的牌子。年内，区人社局围绕保障民生、帮扶困难、服务大局，立足就业优先，夯实基层公共服务平台建设，开展各类就业专项活动和就业扶贫工作，进一步完善就业精准帮扶措施，促进重点群体就业创业，全区就业形势稳定。全区新增城镇就业1.66万人，完成目标任务104%；失业人员再就业4985人，完成目标任务116%；就业困难对象再就业2149人，完成目标任务113%；新增农村劳动力转移就业53人，完成目标任务106%；全年发放创业担保贷款45笔，贷款金额1005万元，创业贷款直接扶持创业45人。以春风行动、民营企业招聘周等各项专项活动为载体，全区组织各类招聘会22场，提供各类岗位4.98万个，企业968家，达成就业意向4452人。做好就业困难人员、高校毕业生和失地农民的就业工作，建立就业困难人员数据库，开展职业介绍、就业培训等各项就业援助活动。鼓励更多用人单位吸纳高校毕业生参加就业见习，新增高校毕业生就业见习基地11家。依托区失地中心平台，为失地农民搭建就业平台，开设技能培训班4期，培训学员127人。助力优化营商环境，搭建就业平台化解用工难题，主动走访企业，解决企业实际困难。推进就业扶贫工作。到岳阳平江县、麻阳县、湘西州保靖、龙山、永顺和古丈县6地，组织56家企业，提供就业岗位1.5万个，达成就业意向1145人。先后在龙山县靛房镇和麻阳县举办技能培训，95名贫困学员全部顺利结业。以创业带动就业，7—8月，组织开展创新创业带动就业项目、初创企业一次性创业补贴和初创企业经营场所租金补贴申报工作，在辖区内择优推荐30家企业参评市局2019年度创新创业带动就业项目、2家参评一次性创业补贴和6家参评经营场所租金补贴。全区13家企业获得市级“创新创业带动就业项目”称号、2家企业获得经营场所租金补贴、6家企业获得一次性创业补贴，补贴金额106.81万元。

【劳务协作脱贫专场招聘】 2019年1月，芙蓉区人社局组织16家企业，携5000余个岗位到怀化市麻阳苗族自治县开展“两地一家亲，携手奔小康”劳务协作脱贫专场招聘会，达成就业意愿98人。2月，组织17家企业，携岗位5000余个，先后到湘西保靖县、龙山县靛房镇、永顺县、古丈县举办“情系湘西，乐业芙蓉”暨劳务协作脱贫专场招聘会。现场有700余名求职者与企业达成就业意向。9月，芙蓉区人社局再次组织27家企业携岗位5000余个到怀化市麻阳苗族自治县开展劳务协作脱贫专场招聘会，招聘会达成就业意向103人。

【芙蓉区2019年“春风行动”招聘会】 2019年2—3月，芙蓉区人社局以“春风送岗惠民生、精准服务真扶贫”为主题组织开展“春风行动”系列招聘活动。通过媒体宣传和发放“春风卡”等多种形式，及时帮助农村劳动者、被征地农民了解掌握就业政策、就业信息、求职办法、维权手段等内容。该活动期间，全区举办大型专场招聘会16场，发放各种宣传材料2万份，进场招聘企业933家，提供岗位3.48万个，进场求职1万余人，达成用工意向3307人。

【民营企业招聘周专场招聘会举行】 2019年4月19日，2019年芙蓉区民营企业招聘周专场招聘会在湖南农业大学举行，该次活动由芙蓉区人社局主办，湖南农业大学招生与就业指导处承办，活动以“就业政策惠民企，就业服务促发展”为主题，专门为民营企业招聘员工提供政府专场服务，活动涵盖惠企宣讲、企业用工指导等多项内容。该次活动有68家企业到场，活动现场接收简历351份。

【优化营商环境精准预约式专场招聘会】 2019年5月21日，芙蓉区优化营商环境精准预约式专场招聘会在大润发芙蓉店前坪举行，作为芙蓉区“5·20企业服务日”系列活动之一，芙蓉区人社局与专业人力资源服务机构携手，以政府搭台的形式，免费为企业提供招工用工平台，为劳动者提供干事创业舞台。活动有62家企业参会，提供招聘岗位1983个，现场入场求职者超1000人次，达成意向205人次。招聘现场设立咨询台、放置宣传板，为企业现场讲解各项优惠政策，并针对企业的疑惑逐项答疑，发放芙蓉区人社局编制的《人力资源和社会保障公共服务惠企政策指南》，方便企业查询和办理各项业务。

【公共就业创业服务进校园活动】 2019年10月16日，为贯彻落实国务院、教育部、湖南省教育厅、湖南省人社厅关于进一步做好新形势下高校毕业生就业创业工作的指示精神和部署，推动2020届毕业生实现充分就业，芙蓉区人民政府、湖南农业大学联合举办“公共就业服务进校园”暨湖南农业大学2020届毕业生秋季招聘活动月启动仪式，活动在湖南农业大学修业广场举行。招聘会围绕高校毕业生就业实际和意向，有针对性地邀请108家用人单位参加，提供1万余个工作岗位，其中涵盖计算机、电子商务、农业科技等超50个岗位类别。芙蓉区人社局在会场专门设立咨询台，现场发放政策宣传资料，免费提供劳动就业、创业培训等各项政策的咨询解答，帮助求职学生更好地掌握就业、创业等方面的优惠政策。现场接收简历1344份，复试人数701人，拟录用人数457人。 （刘　菲）

社会保障

【概况】 2019年，根据政府机构改革要求，芙蓉区社会保险管理所整合城乡居民社会保险公益服务职责，改为区社会保险服务中心，为区人力资源和社会保障局所属副科级公益类事业单位，不再保留芙蓉区城乡居民基本养老保险管理服务中心。城镇职工和城镇居民基本医疗保险、生育保险、新型农村合作医疗职责划出区社会保险服务中心。年内，全区基本养老保险参保人数为15.62万人，实际缴费人数14.92万人；城乡居民养老保险参保人数为1.24万人，实际缴费人数4709人；机关事业单位养老保险参保缴费人数5526人；同级财政补助200万元，完成全年目标工作任务200万元的100%；企业养老保险征缴收入13.44亿元，完成年度目标8.8亿元的152.72%；城乡居民养老保险基金征缴530.83万元。区社会保险服务中心落实社保新政，降低企业用工成本，做好失业保险业务下移工作，方便办事群众。推进社会保险征缴网上经办，到12月底已受理单位网上申报3213家。推进社会保险五险统一征缴工作。加强企业社保征缴稽核，完善社保缴费基数核定工作，完成2019年社会保险登记年度验证和缴费工资申报工作，对4826家单位进行社保缴费基数的年审，追缴31家单位社保欠费91.51万元。关注民生需求，按要求做好被征地农民的社会保障工作，被征地农民社保待遇实现按时足额支付。 （吴　娜）

【企业养老保险实现省级统筹】 根据《中华人民共和国社会保险法》和《国务院关于建立企业职工基本养老保险基金中央调剂制度的通知》精神，从2019年7月1日起，芙蓉区企业职工基本养老保险实行省级统筹。实行企业职工基本养老保险实行省级统筹后，全省范围内执行统一企业职工基本养老保险政策、统一基金收支管理、统一责任分担、统一集中信息系统和统一经办管理服务。

【政务大厅增设失业保险窗口】 芙蓉区社会保险服务中心从2019年5月7日起，在区政务大厅增设失业保险对外服务窗口，对外受理失业保险金申领、失业保险金一次性领取、职业技能培训、生育补助申领、一次性丧葬补助及抚恤金申领等业务，截至12月底，办理失业保险业务1100笔。该项业务的开展，缓解长期困扰参保单位和群众在市局大厅办理失业保险业务排长队的情况，提高失业保险业务工作服务质量和办事效率，其各项工作受到办事群众的肯定和好评。

【社会保险降费减负】 区社保服务中心落实省、市基本养老保险费率过渡政策，为全区48家园区参保企业将养老保险单位部分缴费费率从19%降至14%，全年减免养保保险费近500万元。将其它参保单位养老保险从5月1日开始单位缴费部分从19%降至16%，失业保险继续维持1%优惠费率不变，工伤保险在现行费率的基础上再优惠20%，以上3种保险全年减免1.12亿元。

【企业退休人员养老金实现15连调】 根据省人社厅、财政厅6月5日联合印发《关于2019年调整退休人员基本养老金的通知》文件精神，从2019年1月1日起，调整提高退休人员基本养老金水平。芙蓉区人社局于7月底按期完成退休人员的调待兑现工作。芙蓉区企业退休人员养老金已实现15年连续上调，调整后，月人均养老金1916.13元，人均增加118.95元，惠及企业退休人员14460人。　　　（丁文兵）

医疗保障

【概况】　2019年，根据政府机构改革要求，原区人力资源和社会保障局的城镇职工和城乡居民基本医疗保险、生育保险职责，区发展和改革局的药品和医疗服务价格管理职责，区民政局的医疗救助职责整合，组建区医疗保障局，作为区政府工作部门，核定行政编制7名，内设机构有办公室、医药监管科、待遇保障科，下设区医疗保障事务中心，核定全额拨款事业编制5人。年内，芙蓉区医疗保障局聚焦主责主业，理顺医疗保障职能职责，优化医疗保障经办业务，维护医疗保障基金安全，救助帮扶困难群众，各项业务工作稳步推进。

【医疗保险】　深化医疗保障领域“放管服”改革，优化经办服务，改善参保群众参保登记和待遇结算体验。医保窗口实行“一单式告知”服务，印发《异地就医结算申报资料对照表》，办事群众根据对照表清楚了解自己所需提供的申报资料。优化政务服务流程，帮助参保对象在医保待遇报销、参保登记缴费、单位职工生育津贴申领等事项办理上实现“最多跑一次”办结率95%。按长沙市政务服务事项“四级九统”标准化梳理工作的要求，梳理区医疗保障政务服务事项13项大项、67项子项。做好异地就医备案及结算工作，针对异地就医参保人员，推广使用“智慧人社APP”和“社保卡全国通用”，减少群众在异地就医住院中“垫资、跑路”的周折。承接长沙市医疗保障局下放的14项医疗保障行政检查和公共服务事项。2019年1—8月，办理城职、城居异地住院中心报销费用审核445人，支付金额246万元（9月起，城职、城居异地住院中心报销费用审核由市医保局统一协议安排第三方商业保险公司经办）；2019年1—11月，城职、城居异地生育中心报销住院费用审核651人，支付金额115万元（12月起，城职、城居异地生育中心报销住院费用审核由市医保局统一协议安排第三方商业保险公司经办）。2019年，单位职工生育津贴（含男职工一次性生育补助金）审核2050人，支付金额3391万元；“一站式”健康扶贫结算13万元；1～6级伤残军人医疗待遇审核结算支付109万元。2019年末城镇职工基本医疗保险参保人数20.5万人，新增7.32万人；城乡居民基本医疗保险年末参保人数8.93万人。

【医疗救助】　认真执行《长沙市困难居民医疗救助办法》，不断提高医疗救助水平，保障困难群众基本医疗需求。2019年，资助困难群众城乡居民医保个人缴费57万元，有2607名特困供养和低保对象纳入城乡居民基本医保制度覆盖范围。全年医疗救助622人次，发放救助金237.75万元；精神障碍患者药物治疗救助2403人次，发放药品价值52.04万元；精神障碍患者住院救助45人次，待遇结算17.24万元。不断推进健康扶贫“一站式”结算工作，救助对象在定点结算医院诊治，落实“城乡居民医保基本医保+大病保险+医疗救助+财政兜底”健康扶贫综合保障工作，新增“湖南省人民医院（天心阁院、马王堆院）”纳入住院分娩定点结算，保障对象在县域内住院综合保障实际报销比例稳定在89%，转诊县域外的稳定在80%。调研文章《进一步加强特殊困难群体医疗救助工作的思考》在长沙市人民政府主办的《决策咨询》第11期上刊登。

【医保基金监管】　维护医保基金安全监管。开展医保协议医药机构自查自纠，全区医保协议医药机构对单位执行医保政策和医保服务协议情况进行自检自查，并签订《履行医保协议、规范服务行为》承诺书，进一步强化医保协议医药机构的主体责任。开展打击骗取医疗保障局基金专项行动，对全区二级以下定点医院和定点门诊部、诊所、药店实施现场监管，检查医药机构63家（其中POS机刷卡的药店和诊所48家，医疗机构15家）。发现3家药店机构名称、法定代表人等信息变更，停止POS机结算处理；1家诊所因医保管理信息记录不完善约谈其法人代表。发现住院指征把握不严的2家医疗机构，约谈其法人代表；2家医疗机构收费匹配项目不规范，均追回违约费用。

【医疗价格管理】　根据湖南省全面跟进国家药品集中采购和使

用试点扩围工作要求，组织辖区12家公立医疗机构填报并核对往年采购数据，为国家“4+7”品种带量采购数据测算和医疗机构药品采购使用提供依据。召开落实长沙市调整医疗服务价格和国家药品集中采购工作会议，传达落实《湖南省医疗保障局办公室 关于落实国家药品集中采购和使用试点医保配套措施的通知》《长沙市医疗保障协议定点医药机构记分管理办法（试行）》《关于长沙市公立医疗机构取消医用耗材加成同步调整医疗服务价格实施方案》文件要求，规范定点医疗机构服务行为，推动公立医疗机构医疗服务价格改革。

【医保宣传】 针对近年来群众比较关心、关注的医保经办事务热点问题，梳理医保政策宣传内容，年内制作职工医保、居民医保、生育保险、医疗救助、特殊门诊、医保卡及异地就医7类“芙蓉医保政策贴士系列”宣传手册，发放2380册，针对不同类型的参保人员，结合具体就医情况，开展宣教服务，提高了群众对医保政策的知晓度。4—5月开展打击欺诈骗保集中宣传月活动，联合湖南省旺旺医院、街道、社区和街道社区卫生服务中心进医院、进社区、进楼栋，开展形式多样的宣传活动，宣传动员1.87万人次，发放宣传手册资料等1.61万份，制作宣传横幅、宣传板69个，张贴宣传海报670张。2019年10月30日，芙蓉区召开基本医疗保险异地就医宣传工作部署会议，全区街道医保专干、街道社区卫生服务中心医保科负责人、全科医师负责人、慢病管理负责人52人参会，成立异地就医直接结算宣传活动工作小组，发布《芙蓉区异地就医直接结算政策宣传活动实施方案》。

【区医疗保障局挂牌仪式】 2019年3月18日，区医疗保障局在区政府大楼办公室举行挂牌仪式，区委常委、常务副区长谭雄伟主持挂牌仪式并讲话。区医疗保障局党组书记、局长田松柏，党组成员、副局长徐金霞，党组成员、副局长徐宁骏，机构改革转隶相关人员参加。

【医疗保障网格化监管】 根据《关于做好长沙市医疗保障创新改革（先进示范）项目实施工作的通知》要求，制定《长沙市芙蓉区医疗保障网格化监管实施方案》，按照“街域布局、方便监管、统一高效”原则，将全区按街道划分为13个网格，建立“一长三员”制度，每个网格明确区医疗保障局1名干部为网格长、街道分管领导1名为网格管理员、街道医保专干1名为网格信息员和2名网格监督员（在全区“两代表一委员”和居民群众中选聘），各网格采取行政监管、属地协管和社会监督相结合的方式，建立“日常巡查→调查核实→情况反馈→效能评价→部门联动”的监管闭环，对医保经办机构及工作人员、协议医药机构、参保单位和个人开展监督，提升了医疗保障监管效能，营造全民打击欺诈骗保格局。

【党员志愿服务活动】 2019年11月27日，芙蓉区医疗保障局党支部在定王台街道马王街社区开展“医保政策宣传党员志愿服务活动”，主要宣传医保参保登记缴费、异地就医费用结算、欺诈骗保行为处罚和奖励等相关政策，活动现场设咨询台，对群众咨询的医保就医和费用报销、如何办理参保登记等问题进行面对面解答。区医保局及街道、社区约50余名志愿者参加活动，志愿者们还到小瀛洲农贸市场和社区困难居民家庭，开展医保政策宣传。活动发放《芙蓉区基本医疗保险政策宣传册》《芙蓉区医保政策贴士系列》200余份，提高了群众对医保政策的知晓率。

（童　漾）

住房保障

【概况】 2019年，芙蓉区机构改革，原区住房保障局所承担的行政职能划入区住房和城乡建设局，改为区住房保障服务中心，为区住建局所属的副科级公益类事业单位。机构改革后，原区住保局负责的住房保障资格审批及棚改房源调拨等行政职能划入区住建局，住保中心负责公租房配租、租金收缴、应急维修、棚改房源日常管理、区本级机关职工货币补贴申报等相关工作。2019年新增公租房租赁补贴80户、保障人数144人，全年发放公租房租赁补贴52.61万元。审批非定向公租房资格239户，经济适用房货币补贴资格11户，棚改安置补贴资格18户，经济适用房实物保障48户，半边户资格查询67户。异动取消公租房资格34户，取消公租房租赁补贴资格157户。全年公租房实物配租在保对象1604户，租金收缴215万元，腾退房源43套，入户走访3000余次。

公租房日常管理。采取房管员工作制做好房源巡查各项日常工作，对标房源巡查工作要求创新制作《公租房安全巡查工作记录册》《公租房入户巡查工作记录册》，作为房管员的工作手册，保证各项工作操作规范、落实精准。对住户加强政策宣传和安全教育，邀请市普消中心教官在合鑫苑小区开展消防安全培训，提高小区居民和物业从业人员的消防安全意识和防火应急处置能力。

探索管理新模式。为提升芙蓉区公租房服务质量，促进该项工作的可持续发展，区住建局探索新的管理模式，实施公租房后续管理购买服务工作。购买服务项目于2019年11月在市交易中心开标，金科物业服务集团中标。区住建局对标公租房管理相关政策及各项目标任务，成立保障性住房后续管理购买服务考核领导小组，制定详细考核细则及月考评表、工作报表、工作手册等，组织外包公司人员开展详细业务交底和培训，为后续工作开展做铺垫。

【迎国庆第一届邻里节活动】2019年9月25日，住房和城乡建设局在合鑫苑公租房小区组织开展“喜迎国庆”邻里节活动，副局长刘艳及住房保障服务中心全体职工参加，小区居民近100人参与。活动包括“我为祖国送祝福”“国旗靓家园”“红心绘祖国”三个环节。参与者写下对祖国的祝福。其中现场绣制五星红旗和画油画活动吸引众多居民，参与者们亲身体验了湘绣和油画的乐趣，通过亲手绘制的作品表达了热爱祖国、祝福祖国的心声。公租房管理是政府民生工程的延续，活动的举办融洽了邻里关系，让小区保障对象更具幸福感和归属感，推动芙蓉区公租房小区规范管理和文明建设。（娄　婷）

民政事务

【概况】2019年，根据政府机构改革要求，芙蓉区民政局划出的职能有退役军人优抚安置、双拥、军队离退休干部服务管理、救灾救济应急体系建设与管理；医疗救助；组织实施国家战略和应急储备物资收储、轮换和日常管理和老龄工作。2019年，芙蓉区民政局依法履行基本民生保障、基层社会治理、基本社会服务三项职能，聚焦社会救助，聚焦社会治理，聚焦社会服务，发挥了民政在保障民生上的兜底作用。

基本民生保障。按照“应保尽保”的原则，全年救助城市低保截至12月底动态数据为1710户2054人，全年累计发放金额1420.22万元，农村低保20户35人，发放金额22.16万元，特困供养人员39人，发放金额49.27万元。临时救助254人次，发放救助金86.4万元。开展低收入家庭经济评估工作，认定经济适用房、廉租房189户，公租房106户。强化困境儿童兜底保障，孤儿生活费由每月1100元提升至1300元，对辖区内孤儿建档立卡，全区7名孤儿、361名困境儿童，全部录入信息管理系统，实时更新，从助学到助困，全方位保障困境儿童生活。继续实施《长沙市芙蓉区慈善精准救助困难家庭实施办法》，持续开展芙蓉特色的慈善助老、助急、助贫、助无、助医、助葬、助学、助困八大类慈善救助，全年累计救助区内户籍低保群众约1.6万人次，发放救助金近2000万元。从急难帮扶、就业帮扶、基本生活帮扶、住房帮扶、医疗帮扶5个方面开展“五帮扶”活动，将非户籍困难群众纳入活动中，全年帮扶困难群众1188户，发放帮扶资金近367万元。

基层社会治理。加大对社区的投入与管理，2019年下拨社区惠民资金1460万元，健全社区人员管理制度，出台社区专职人员管理办法，实行社区员额化管理。7月下旬开展社区专职工作人员竞争性增补，增补员额42人。推进“三社联动”（在社区治理中，以社区为平台、社会组织为载体、社会工作专业人才为支撑相互支持、协调互动的过程和机制）工作，分类引导街道、社区参加全市“三社联动”供需对接会，引进全市专业化社工机构承接社区的社会化服务，年内落地为老服务、青少年服务、党建引领服务等52个服务项目。加强社工机构和社工队伍建设，2019年新出台《芙蓉区街道社会工作服务站项目实施方案》《芙蓉区街道社会工作服务站项目操作办法》，对加强基层民政经办服务能力，推动政府转变职能和政务服务效能提升起到指导性作用。以政府购买服务的形式，通过个案工作、小组工作、社区活动等服务在朝阳街道进行试点，服务居民1000人次。截至年底，芙蓉区持证社工431人，74个社区通过开展三社联动都引入了社工机构为居民提供服务，实现社工服务项目在芙蓉区的全覆盖。同时，马王堆社区打造成为“全国社会工作服务示范社区”，其中芙蓉区同行者社会工作服务中心入选“美好社区计划”全国首批共营伙伴名单，为湖南省唯一入选社工机构。组织全区395名社区工作人员参加全国社工师考前培训班，通过培训，芙蓉区社工考试通过率高出全国平均水平50%。开展省市级示范、精品、服务品牌创建活动，创建省级和谐社区5个，市级示范社区5个、市级精品社区7个、创建“先锋520”“少年军校”“七彩益”社区为老服务等社区服务品牌6个。年内启动以“建立健全城市社区监督体制机制，开展社区监督管理创新”为主题的全省创新实验区项目建设创建工作，该项目以维护和发展社区居民的根本利益为主旨，创新和完善社区民主监督的组织形式和工作机制，推进城市社区党风廉政建设，创建时间2年，年内完成申报、立项工作。

基本公共服务。以党建为引领，加强芙蓉区社会组织管理工作，要求芙蓉区注册登记的社会组织将“坚持党的全面领导”纳入组织章程，全年完成120家社会组织章程修改工作。依托芙蓉区社会组织孵化基地精心培育孵化社区服务类社会组织，年内培育“芙蓉区至和社会工作服务中心”“芙蓉区好女儿志愿服务中心”“芙蓉区智绘空间美学馆”等社会组织16家，全区各类社会组织342家，备案社会组织756家。深化殡葬改革，继续落实惠民殡葬政策，全年享受惠民殡葬86人，发放惠民殡葬补助资金6.17万元。城区殡葬秩序持续向好，全区火化率实现100%。婚姻登记服务规范，全年办理结婚登记3988对、离婚登记1457对。芙蓉区敬老院完成特护区改造升级，为辖区内“三无”“五保”老人提供集中供养场所，芙蓉区特困老人供养率100%。福彩发行工作安全、平稳、高效，全年完成福彩视频票销售8000万元。

存在的困难与问题。社会救助对象动态管理因系统核对资源不共享，误差率客观存在；公益社会组织力量薄弱，需要进一步加大工作探索；民政资金使用监管工作的长效机制、监管制度还需进一步完善。

【区社会组织孵化基地举行孵化仪式】 2019年1月21日，芙蓉区社会组织孵化基地举行社会组织孵化出壳入壳仪式。区民政局、相关社区负责人及社会工作专家学者约30人参加活动。经过“选种—育苗—栽植—成熟”4个培育过程孵化的“芙蓉区同行者社会工作服务中心”“芙蓉区益心社会工作发展中心”“芙蓉区七彩艺术社”等8家社会组织“破壳而出”。同时，芙蓉区“好女儿志愿服务中心”“芙蓉区睦邻综合养老服务中心”“芙蓉区阿默社会工作服务中心”等7家社会组织又入壳孵化。仪式上，孵化社会组织代表、“三社联动”社区代表分别对孵化过程进行分享。孵化基地顾问、湖南农业大学社会工作专业教授龙欢针对新时代社会治理创新中社会组织的角色作用进行解析。该次活动使大家对社会组织有了更深入的认识，对社会组织在培育发展中做好与芙蓉区重点工作相结合、与居民需求相结合、与引领推广相结合、与社工增能相结合等提供可借鉴的经验。

【市领导春节前走访慰问】 2019年1月30日，长沙市委常委、组织部部长张宏益，市人民政府副市长陈中等市领导一行到区看望慰问困难退休职工、低保户、

2019年1月21日，芙蓉区社会组织孵化基地举行社会组织孵化出壳入壳仪式

区民政局　供图

困难优抚对象及敬老院特困老人。芙蓉区委书记于新凡，区委常委、区委办主任易新宇及相关部门负责人陪同。张宏益一行首先走访慰问了低保户向金鱼、困难优抚对象李华健、王兴满，详细询问了他们的生活情况和实际困难，鼓励他们要对生活充满信心，并送去慰问金、米、油等慰问物资。随后，张宏益到芙蓉区敬老院，仔细查看了敬老院的居住环境和配套设施情况，看望慰问特困老人，并叮嘱敬老院负责人要满怀爱心做好社会福利事业，让老人能舒适地安享晚年。

【“国际社工日”宣传周活动启动仪式】 2019年3月25日，芙蓉区“追梦新征程、社工在行动”国际社工日宣传周活动启动仪式在湖南农业大学举行。长沙市民政局党委副书记、副局长伍仁华，芙蓉区政府副调研员尹上敏，区民政局局长陈洪林，湖南农业大学相关领导及各街道、社区、社工代表、社工机构代表近500人参加活动。该次社工活动为期一周，活动内容包括专题讲座、学术沙龙、摊位宣传、社会工作招聘与实习对接会等。活动上，伍仁华强调，广大社会工作者要担当起时代赋予的关怀百姓民生、促进社会和谐的使命，扎根基层、主动作为，科学、精准评估群众需求，开展有针对性的服务；要坚持学习、提升能力，在用中学，以学促用，不断增强解决社会问题、化解社会矛盾的能力。该次活动向社会大众宣传社会工作服务内容、服务理念，呼吁社会各界更多的社会组织参与到芙蓉区的社会工作中来。

【殡葬宣传月全面启动】 2019年4月4日，芙蓉区启动2019年殡葬宣传月活动。由芙蓉区民政局主办、荷花园街道东方新城社区承办的清明节“移风易俗，文明祭祀”宣传活动东方新城社区举行。长沙市民政局社会事务处处长黄文湘，芙蓉区民政局党组成员、主任科员刘俊成出席活动。活动现场，党员志愿者们进行了“移风易俗从我做起”宣誓活动。通过开展移风易俗有奖知识问答、清明节诗歌朗诵，向居民朋友派发文明祭祀宣传手册，倡导厚养薄葬、丧事简办以及宣传清明期间文明治丧、低碳祭扫，做到不燃放鞭炮烟花，不焚化冥钞，提倡鲜花祭祀、植树祭祀、“网上祭祀”等健康生态文明的祭祀方式寄托对故人的哀思。

【社会工作者职业水平考前培训】 2019年5月25日，芙蓉区民政局在区政府会议室举办2019年度芙蓉区社会工作者职业水平考前培训，培训为期5天，分为初级班和中级班，79个社区（村）453名社区工作人员参加培训。该次培训邀请湖南省内高校资深的专业老师及有实践经验的高级督导授课，对社会工作者职业水平考试知识重点与难点进行梳理，传授应试技巧和解题思路，提高报考人员复习应考能力，提升社会工作从业人员的职业素养和专业工作能力。

【端午慰问敬老院】 2019年6月6日，为践行福利彩票“扶老、助残、救孤、济困”的工作宗旨，芙蓉区民政局党组书记、局长陈洪林带领全体班子成员与福彩部分员工一起走进芙蓉区敬老院开展“公益视频票，端午献真情”慰问活动。芙蓉区中福在线销售中心采购了米、油、洗护用品等生活物资为在芙蓉区敬老院集中供养的50名老人送去节日的祝福。

【特殊困难群体“五帮扶”活动调度会】 2019年9月26日，芙蓉区召开特殊困难群体“五帮扶”活动调度暨座谈会。长沙市民政局党组书记、局长陈昌佳，芙蓉区委副书记、区长周春晖、芙蓉区政府副调研员尹上敏及相关区直部门主要负责人和部分街道、社区代表、部分人大代表、政协委员约30人参加会议。会上，街道、社区代表就如何贯彻“不忘初心、牢记使命”主题教育精神，落实全市特殊困难群体“五帮扶”活动要求结合基层工作实际提出了相关建议，各相关区直部门针对街道、社区提出的问题进行解答。陈昌佳肯定芙蓉区在特殊困难群体“五帮扶”活动中取得的成绩，强调“五帮扶”活动要关注城市非户籍人口，关注接近低保边缘的困难家庭，重点把握好全覆盖、阶段性、帮基本、保重点、控标准、易操作的原则，让城市特殊困难群众享受到党和政府的关心关爱。

·老龄工作·

【概况】 2019年，芙蓉区民政在养老服务设施硬件建设和落实老龄普惠政策上双向发力，提升辖区内老人宜居指数。加快芙蓉区社会福利中心建设，引入上海人寿堂公司参与运营及建设，项目主体建设基本完成，样板间建设及装修施工稳步推进。结合“一圈两场三道”

建设，打造“15 分钟生活圈”，投入福彩公益金近 400 万元用于支持辖区养老事业发展，年内新建 4 个社区居家养老服务中心，实现社区居家养老服务中心全覆盖。普惠保障体系中，为全区 80 岁以上高龄老人发放 100 ~ 500 元的高龄津贴，全年发放高龄津贴 1200 余万元。为全区 1 万名 80 岁以上高龄老人发放春节慰问费 400 万元，为所有 70 岁以上老人购买老年人意外伤害保险，同时为年满 60 周岁以上低保老人每月发放 200 元养老生活补助金，让全区老人能安享晚年。

2019 年 2 月 25 日，芙蓉区福利中心委托运营项目签约仪式现场

区民政局　供图

【区社会福利中心委托运营项目签约仪式】　2019 年 2 月 25 日，长沙市芙蓉区人民政府与上海人寿堂养老服务（集团）有限公司举办了长沙市芙蓉区社会福利中心委托运营项目签约仪式。长沙市民政局副局长范凤芝，芙蓉区委副书记、区长周春晖，区委常委、常务副区长谭雄伟，副区长黄金国，区直机关相关负责人及人寿堂养老集团董事长冯强等约 40 人出席签约仪式。周春晖表示，区社会福利中心项目将以公建民营的运营模式与人寿堂养老集团开展合作，未来双方将从养老服务体系研究、标准化经营管理等实践创新方面开展战略合作，将共同打造全国一流的可引领、可推广、有特色的养老服务品牌。该项目预计 4 月主体竣工，2020 年 8 月正式投入运营。签约后，芙蓉区社会福利中心将会配备国际标准的适老化设施设备，引进集团信息化、标准化经营管理体系，将人性化养老服务理念落实到每一处细节的同时，为入住老人提供更舒适安心的养老服务。

【养老工作调研】　2019 年 4 月 2 日，湖南省民政厅副厅长杨薇，省民政厅福慈处副处长朱宽海、李永胜到芙蓉区视察调研养老工作。芙蓉区政府副区长、区民政局局长陪同。杨薇一行参观了芙蓉区阿默养老服务与朝阳睦邻养老两家社区居家养老机构，重点对医养结合、老年人智能管理系统、社区居家养老服务中心的总体居住环境和服务开展等情况进行调研，并对老人的入住生活情况及治疗效果进行耐心询问。在阿默养老服务中心，杨薇指出，湖南省 60 岁以上老年人口 1245 万，类似老年认知症的患者占比不低，需要大量为老人提供个性化、专业化的服务机构。在朝阳街道睦邻养老社区服务中心，杨薇详细了解睦邻养老通过建立绿色通道及双向转诊，利用 HRA 疾病早期筛查系统给老人风险评估，利用中医防治结合，对老人进行中医调理，药膳、运动调摄、保健养生等工作的情况。杨薇对芙蓉区以政府购买服务的方式引入专业服务团队为老人提供多种模式的养老服务给予高度的肯定，并希望芙蓉区在养老工作上探索创新，总结出可供复制和借鉴的先进经验。

【全国人大代表到区调研养老事业】　2019 年 9 月 3 日，第十二届全国人大常委会委员、全国人大华侨委员会副主任委员、第十三届全国人大代表董中原，湖南省人大常委会委员、联工委主任张云英，长沙市人大常委会党组书记、主任程水泉，长沙市人大常委会副主任黄家惠，长沙市人民政府副市长李蔚等 40 余人到芙蓉区专题调研养老事业。董中原一行到朝阳街道睦邻居家养老服务中心，详细了解居家养老服务中心建设运营情况、优势项目、发展方向和实际建设运营中遇到的困难和问题，并通过与社区、志愿者服务站负责人及老年人面对面交流，倾听民众对进一步强化居家养老服务工作的意见建议。全国人大代表们对芙蓉区因地制宜开展居家养老服务所取得的成绩给予肯定，强调居家养老服务各项工作要立足实际，整合力量，发展“智能定制”，为社区内老年人提供日间生活照料、精神慰藉、助餐、应急帮助、文化娱乐、代办服务等多方面服务，满足多层次养老服务需求。区委书记于新凡、区人大常委会党组书记、主任廖铁成陪同调研。

·救助站管理·

【概况】 芙蓉区地处长沙中心地域，流浪乞讨人员活动频繁，2019年，芙蓉区救助站全年上街劝导168次，出动车辆200辆次，工作人员500人次，劝导流浪乞讨人员接受救助692人次。3—4月，开展政策宣传活动，对省、市有关救助管理工作的实施办法进行集中宣传。上街宣传68次，发放宣传资料8000份。通过政策宣讲，转变跑站人员6名，劝导流浪乞讨人员返乡86人。7月和12月，分别开展了“夏季送清凉”“寒冬送温暖”专项救助活动，对辖区内火车站、汽车站、地下通道、立交桥下、公园等流浪乞讨人员密集区域为流浪乞讨人员送去清凉解暑物品和棉被、棉鞋等保暖物资，让受助人员得到及时救助、妥善安置，确保不出现一例因中暑或严寒而导致伤病死亡现象。11—12月，开展火车站周边流浪乞讨人员整治工作，区民政局班子成员轮流值守火车站，加强对火车站周边流浪乞讨人员劝返力度。全年参与火车站大型整治行动5次，劝走和救助长年以乞讨为生的流浪人员5名，救助124人次，火车站周边流浪乞讨现象得到明显的好转，强讨强要现象得到遏制。

【救助管理站“开放日”活动】 2019年6月19日，芙蓉区救助管理站开展以“大爱寻亲，温暖回家”为主题的“开放日”活动。邀请广大热心市民走进救助管理站，了解救助服务流程，近距离感受受助人员的日常生活状态。活动现场，通过向市民播放宣传片、宣传图片及发放宣传手册等多种方式展示了救助管理站风貌及工作成效。市民先后参观了站内的接待区、生活区、观察室等功能区，救助站工作人员详细介绍了救助管理站的工作职责、工作流程及受助人员的生活起居、医疗救助等情况，让广大市民深刻了解到政府对生活无着的流浪乞讨人员和临时遇困人员的兜底救助政策，感受到救助站在为流浪乞讨人员提供临时食宿、联系亲友、护送返乡等方面提供的细致服务。该“开放日”体验活动，让更多地市民加强了对流浪人员救助工作的了解，提高了社会大众主动关心和参与帮助流浪乞讨人员的意识，让受助群体感受到来自政府与社会各界的关怀与温暖。

【芙蓉救助站专项救助行动】 2019年7月和12月，芙蓉区救助站分别开展了“夏季送清凉”和“寒冬送温暖”专项救助行动。为确保辖区内流浪乞讨人员的安全，芙蓉区在各街道办事处和社区分别设立13个临时救助站和79个咨询服务点，向留宿在街头的流浪乞讨人员发放防暑御寒物品，确保受助人员得到及时救助、妥善安置。联合公安、城管、综治、人社、环卫、卫健、行政执法等职能部门形成合力，对陷入困境、居无定所、生活无着流浪乞讨人员开展主动救助、应急救助。对于自愿接受救助的流浪人员，工作人员护送至站内为其提供食宿

2019年6月19日，芙蓉区开展以“大爱寻亲，温暖回家”为主题的救助站“开放日”活动
区民政局　供图

和返乡帮助；对街面流浪的危重病人、精神病人，及时通知公安机关护送至定点医院或市精神病医院诊治；对不愿意到救助站接受救助人员的发放夏季高温中暑药物和冬季保暖物品。7月和12月的二次专项救助活动，区救助站在辖区内进行拉网式巡查140次，累计救助407人次，发放矿泉水608瓶，方便面738桶。

（彭骏元）

·附·

2019年城镇居民生活状况调查分析

据城镇居民家庭抽样调查资料显示，2019年芙蓉区城镇居民人均可支配收入为59033元，同比增长8.6%。其中人均工资性收入27236元，经营净收入7704元，转移净收入11787元，财产净收入12306元。

全区城镇居民人均消费支出为44854元，其中人均食品烟酒支出为11466元，人均衣着支出3646元，人均居住支出8480元，人均生活用品及服务支出3215元，人均医疗保健支出3254元，人均交通通信支出4498元，人均教育文化娱乐支出8196元，人均其他用品和服务支出1599元。人均自有现住房面积31平方米。

一、居民收入持续增长

2019年芙蓉区城镇居民人均可支配收入为59033元，比上年增长8.6%。从构成收入的四大板块看：

（一）工资性收入依然是城镇居民增收的主要支撑。2019年芙蓉区城镇居民人均工资性收入达到27236元，同比增长8.9%，占人均可支配收入的比重为46.1%。所占比重远超其他收入构成，增长势头强劲，反映了工资性收入对城镇居民增收重点支撑作用。

（二）经营净收入为收入增长提供有力支撑。2019年芙蓉区城镇居民人均经营净收入7704元，同比增长10.1%，增速超其他收入构成，占人均可支配收入的比重为13.1%。持续优化营商环境，坚持简政放权，给经营户提供了一个良好的经营环境，使得经营户收入维持持续较快增长。

（三）财产净收入呈现负增长，结构更趋合理。2019年芙蓉区城镇居民人均财产净收入为12306元，同比增长-7.6%，占人均可支配收入的比重为20.8%。随着城乡住房保障体系不断完善，房屋出租价格趋向合理平稳。

（四）转移净收入增长最快。2019年芙蓉区城镇居民人均转移净收入为11787元，同比增长30.6%，占人均可支配收入的比重为20.0%。城乡居民养老保险金发放标准提高、离退休人员月均养老金增长和新个税政策正式施行三大政策性因素、群众工作直通车的推进和贫困户慰问等政策落地，子女赡养长辈的金额提高助推城镇居民转移净收入大幅度提升。

二、居民消费活跃，消费结构趋向合理

2019年芙蓉区城镇居民人均生活消费支出44854元，同比增长8.4%，消费结构趋向合理。八大类消费均实现同比增长，医疗保健、交通通信和其他用品及服务支出增幅居前三位，增速分别为13.3%、12.5%和11.5%。食品烟酒、居住和教育文化娱乐占人均消费支出比重居前三位，分别占比25.6%、18.9%和18.2%。

（一）食品烟酒消费稳步提高。随着收入水平的不断提高，居民饮食习惯转向追求营养均衡、新鲜多样、科学健康，新鲜瓜果和坚果类等健康食品备受青睐。2019年芙蓉区居民人均食品烟酒支出为11466元，同比增长5.9%，占消费支出比重（即恩格尔系数）为25.6%，所占比例较2018年进一步下降。

（二）衣着消费平稳增长。城镇居民对衣着品牌、品质、时尚性和舒适度的需求不断增加，电商的发展促进了衣着选购渠道的多样化。2019年芙蓉区居民人均衣着支出为3646元，同比增长7.1%。

（三）居住消费增幅平稳。随着改善住房需求的稳步提升，和购房新政的落地，居民居住消费稳步提升。2019年芙蓉区居民人均居住支出8480元，同比增长8.9%。

（四）生活用品及服务支出稳定增长。随着居民对居住环境的要求不断提升，家用电器、小家具及装饰品等生活用品类支出稳定增长。2019年芙蓉区居民人均生活用品及服务支出为3215元，同比增长7.7%。

（五）交通通信支出增长较快。得益于车企减价和通讯运营商采取各种优惠措施，交通和通信类支出增长较快，2019年芙蓉区居民人均交通通信支出为4998元，同比增长12.5%。

（六）教育文化娱乐消费提升。一方面，居民对于子女教育问题更加看重，课后培训和托管等教育支出平稳增长，一方面，旅游、健身等娱乐活动成为居民闲暇时间的休闲首选。2019年芙蓉区居民人均教育文化娱乐支出8196元，同比增长7.6%。

（七）医疗保健支出增速最快。随着人口老龄化的不断凸显、医疗制度改革的深化和社会医疗保障体系的不断完善，居民就医的需求和便利性不断上升，相应的人均医疗保健支出有所增加。2019年芙蓉区居民人均医疗保健支出为3254元，同比增长13.3%。

（八）其他用品和服务支出增速较高。随着收入的提升，居民更加注重个人外在形象和生活品质，选择美容、洗发及保健按摩等服务更加普遍。2019年芙蓉区居民人均其他用品和服务支出为1599元，同比增长11.5%。（曾　尚）

退役军人事务管理

【概况】　2019年3月18日，芙蓉区退役军人事务局挂牌成立，为区政府工作部门，正科级单位，内设办公室、优抚科、安置科、综合科4个科室，核定局机关行政编制7名。主要职能：负责全区军队计划分配转业干部、自主择业干部、复员干部、离退休干部、退役士兵和无军籍退休退职职工的移交安置工作以及全区退役军人的管理服务、权益保障等工作。6月20日，成立芙蓉区退役军人服务中心，为区退役军人事务局所属公益一类全额拨款事业单位，核定全额拨款事业编制8名。主要职能：协助做好退役军人关系接转、就业创业扶持、优抚帮扶、走访慰问、信访接待、权益保障等事务性工作，搭建政策咨询、帮扶援助、沟通联系、学习交流等活动平台。2019年，区退役军人事务局围绕中心、服务大局，深入贯彻习近平总书记关于退役军人工作重要论述精神，用心做好退役军人服务管理工作。

服务保障体系建设。全面理顺工作运行机制，以退役军人为中心，推进全区退役军人服务保障体系“一中心两站”建设。成立区退役军人服务中心，设立街道、社区两级退役军人服务站94个，做到“有机构、有编制、有人员、有经费、有保障”，实现退役军人服务机构区、街道、社区（村）三级全覆盖，确保辖区退役军人活动有场所、诉求有渠道、解困有平台。

优抚双拥。落实“春节”“八一”慰问工作，以重点慰问与普遍慰问相结合，对全区退役军人和优抚对象发放慰问金203万元，慰问驻区部队单位68万元，发送慰问信2万封。建立困难退役军人台账，用足用活用好政策，分类进行救助。制定《芙蓉区退役军人及其他优抚对象家庭解困及临时救助实施细则》，对帮扶对象、帮扶标准、帮扶资金审批等进行规范。全年为伤残军人、军退干部、军休职工、定期抚恤补助对象、家庭困难退役军人、退役士兵家属等各级各类优抚对象发放帮扶、优抚资金3000万元。

安置就业。坚持安置政策刚性、拓展安置渠道。在报到时为退役士兵提供“一站式”服务，不仅协助他们办理落户手续、办理党组织关系转接，并且一并收集他们的家庭情况、就业创业情况、参加创业培训意向、立功受奖情况以及参加保险情况，为后续工作提供详实的基础信息。全年对自主择业干部进行慰问2次，组织座谈会13场次，协助全区自主择业干部参加年度身体健康检查。协同组织部、人社局办好2019年所有军转干部行政关系转接，确保他们按时上编起薪。同时做好2019年随军随调家属安置工作。全年对企业军转干部慰问3次，组织座谈会4场次。完成2019年第三批下岗（失业）转业志愿兵和转业士官再就业和生活解困工作，帮助了一批下岗（失业）转业志愿兵和转业士官实现再就业。全年组织参与退役士兵就业创业职业技能培训4次，组织退役士兵参加长沙市退役军人事务局组织的高职扩招，进一步提升退役士兵学历，增强就业技能。

权益保障。自挂牌成立以来，主动担当作为，牵头成立了区退役军人事务工作领导小组，召开2次区退役军人工作联席会议，研究解决转业士官待遇调标等部分退役军人及军属的历史遗留问题，保障他们的合法权益，维护社会稳定。年内，接待来访人员，及时处理到省市群访、省市信访交办件、国家退役军人网络信访系统交办件和省网络信访系统交办件，未发生一起社会负面舆情。

存在的问题。由于受办公场地限制，退役军人服务中心硬件建设尚未达标；人员配备尚未到位，缺编4人。

【退役军人社保接续工作】 2019年8月9日，区退役军人事务局启动退役士兵社会保险接续工作，联合区人社局、区医保局成立补缴工作专门班子，为符合条件的退役士兵办理基本养老保险和医疗保险审核及补缴。截至12月31日，受理补缴申请1518人，完成第一阶段的社保、医保审核工作。

【专业技术军转干部安置见面会召开】 2019年12月26日，芙蓉区2019年度营职以下及专业技术军转干部安置见面会在区政府会议室举行。会议由芙蓉区退役军人事务局副局长余世文主持，区领导及区组织部、区委编办、区人社局分管领导及接收单位分管负责人22人参加会议。区退役军人事务局领导详细介绍了2019年军转干部安置工作的整体安排，对芙蓉区安置转业干部的政策进行了解读，详细介绍了芙蓉区发展概况、现状及人员编制构成、福利待遇等情况。11名军转干部简要汇报了个人工作经历、技能专长、工作业绩等个人基本情况及对安置岗位的期望与想法，表示将继续发扬部队的优良作风，积极投身芙蓉区经济建设高质量发展大局。接收单位纷纷发言表示欢迎，鼓励他们尽快转换角色，以转业为新的起点，创造新的工作业绩。（李静锋）

民族宗教

【概况】 2019年芙蓉区机构改革，确定将民族事务、宗教事务管理职责划入区委统战部，对外加挂区民族宗教事务局（以下简称区民宗局）牌子，不再保留事业建制的区民族宗教和外事侨务局。2019年，区民宗局落实全市宗教领域问题整改工作会议精神，对标中央宗教工作督察整改工作要求，在全区范围内开展宗教工作督察整改“回头看”。宗教工作纳入各级绩效考核内容，下发《芙蓉区2019年民族宗教工作要点》。举办全区民族宗教法规政策培训班，邀请省民族宗教委处长讲解宗教问题与相关专项工作。宗教工作纳入区委中心组学习计划，宗教政策、理论、法规进入党校主体班教学内容。

开展民族团结进步宣传活动，邀请市民宗局处长到军区社区开展民族知识讲座。军区社区被评为全省民族团结进步创建活动示范单位，接受“全省民族团结进步创建工作互观互检暨现场推进会”与会人员现场观摩。到西北少数民族流出地探索共建在长少数民族服务管理工作机制，与青海省化隆县、循化县签订“少数民族流动人口服务管理跨区协调合作协议书”，助其在长沙建立驻长办事处。帮助少数民族餐饮店在长经营，借助省有关政策完成3户少数民族餐饮店“透明橱窗改造”；帮助2名西北少数民族家庭解决子女入学问题。成立芙蓉区新疆籍务工经商人员管理服务站，接待来访群众20余人次，走访辖区新疆籍人员120人次，解决维吾尔族家庭子女入学问题7人。继续开展开展“民族情深与梦同行”对口扶贫、协调争取海外华侨“黄土计划基金会”资助贫困地区大学生计6万元（龙山20人，麻阳10人，每人2000元），英国女华侨Rita资助龙山、泸溪贫困大学生19人9.5万元。为龙山、麻阳捐赠棉衣900件计18万元。落实民族政策，走访慰问38户特别困难家庭，送去慰问金1.52万元。为参加高考的少数民族考生完成民族成份审核110人，办理少数民族成分变更手续2人。

【举办民族宗教法规政策培训班】 2019年7月17日，芙蓉区举办民族宗教法规政策培训班，区委统战部全体干部、隆平高科技园、湘湖管理局和各街道民宗工作分管领导和民宗专干、全区社区（村）党组织负责人120余人参加培训。区委常委、统战部部长喻志刚做动员。培训班邀请湖南省民宗委宗教四处处长陈晓燕讲解宗教问题与相关专项工作，邀请长沙市民宗局局长罗伟解读中共十九大关于民族宗教精神。

五里牌街道人大工委主任张谊就基层如何开展宗教工作做经验交流。该次培训是根据省委巡视组对全省宗教工作专项巡视整改提出的工作建议，加强基层干部队伍建设，加大宗教理论、法规学习力度，实现宗教政策、法规培训全覆盖的要求而开展，旨在提升基层宗教工作人员的政策理论水平和综合素质，提高民族宗教干部处理矛盾和解决问题的能力，推动芙蓉区民族宗教工作再上新台阶。

2019 年 9 月 11 日，市民宗局副调研员赵萍（左一）到军区社区作民族知识讲座，向听众展示民族服饰　　区民宗局　供图

【民族知识讲座】　2019 年 9 月 11 日，市民宗局副调研员赵萍到韭菜园街道军区社区作“民族团结一家亲，同心共筑中国梦”民族知识讲座，芙蓉区委统战部副部长阳颖，韭菜园街道党工委副书记、办事处主任梁田，党工委委员、组宣委员卜玉龙出席，省军区部队官兵、芙蓉区各街道民宗专干、军区社区少数民族人士及部分党员群众 110 余人参加。赵萍从理论入手，重点讲述中国少数民族起源、少数民族民俗以及维护民族团结的意义和重要性等，党的民族政策和相关法律法规。讲座设“民族服饰体验”的互动环节，连队官兵、远洋集装箱运输有限公司的在职党员及社区七旬老人穿上土家族、壮族和瑶族的民族服饰，展示民族风情，台下听众众连声赞美。

【开展宗教理论集中学习】2019 年 9 月 16 日，芙蓉区委理论学习中心组第八次集体（扩大）学习暨芙蓉名家讲坛在区政府会议中心举行，区委书记于新凡主持，区委理论学习中心组全体成员，全体在职县级领导，区直机关各部门党政主要负责人，区人大、政协各委（办）主任等 190 人参加学习。湖南省委统战部常务副部长谭平就宗教问题授课。谭平将理论与实践相结合，多角度阐释和解读习近平关于宗教工作的重要论述的深刻内涵。于新凡在讲话中指出，全区各级党组织要深入贯彻党的宗教工作基本方针，担当起应负的政治责任，严守政治规矩，注意工作方式方法，依法保障公民宗教信仰自由，依法加强宗教事务管理，依法构建积极健康的宗教关系。发挥宗教在促进经济发展、维护民族团结、增进社会和谐、发展慈善事业等方面的积极作用。

【全省民族团结进步创建工作交流会到军区社区观摩】　2019 年 12 月 25 日，全省民族团结进步创建工作互观互检暨现场推进会在长沙召开期间，与会人员到芙蓉区韭菜园街道军区社区现场观摩，省民宗委领导和来自全省的各市州民宗局相关负责人 60 余人参加。军区社区地处长沙市中心城区，社区常住人口 3900 余人，少数民族 214 人，包括土家族、满族、苗族、壮族等 12 个少数民族。社区坚持与辖区各族人民同呼吸、共命运，凝聚民族团结的力量，促进社区和谐稳定。2019 年 11 月，军区社区被评为“全省民族团结进步创建示范单位”。观摩团一行参观了社区综合文化服务中心的“石榴籽书屋”、少数民族服务站、民族文化展示厅、党史军史展览馆以及国防宣教长廊等。观摩团对军区社区将爱国主义教育、国防教育与民族团结进步创建工作有机结合表示赞赏，认为军区社区的探索与尝试值得学习。　　（曾维平）

街道

Sub-district

责任编辑·吴昌惠

综　述

芙蓉区辖域内除隆平高科技园外共划分有湘湖、定王台、韭菜园、文艺路、朝阳、五里牌、马王堆、荷花园、东屯渡、火星、东岸、马坡岭、东湖13个街道76个社区5个村。各街道设有党工委和办事处，负责对所辖社区（村）的管理。2019年4月，根据长编委发〔2018〕10号文件要求，完成了街道机构改革，取消招商引资、协税护税职能，将工作重心转为优化公共服务，为经济社会发展提供良好的营商环境，构建服务便民、简约精干的基层组织架构。设置党政综合办公室、基层党建办公室、城市管理办公室、公共服务办公室（行政审批服务办公室）、公共安全办公室5个党政机构和财政所，设置1个综合行政执法队和街道政务服务中心（街道党群服务中心）、街道网格化综合服务中心2个街道所属事业单位。2019年，各街道围绕“产业项目建设年、营商环境优化年、品质提升年”目标，推进“强党建工程、提品质工程、惠民生工程”，实现了街域社会经济的全面发展、文化的繁荣和精神文明的提升。（年鉴编辑部）

湘湖街道

【概况】　湘湖街道办事处与湘湖管理局、三湘南湖大市场实业总公司合署办公，既具备一般街道的全部属性，又兼有企业管理的基本职能。湘湖街道位于车站北路以东，东二环以西，远大路以北，浏阳河大道以南，辖域面积2.33平方千米，下辖东湖、南湖、西湖、湘湖、跃进湖、车站北路6个社区，域内居民7516户，户籍人口20537人，街道在职在编人员76人。三湘南湖大市场实业总公司含家电城、建材城、灯石城、汽配城四大专业市场以及富丽华大酒店（简称“四城一酒店”）。2019年，湘湖街道围绕“品质提升年”工作目标，凝心聚力、主动作为，完成全年各项工作任务。报道街道文明创建工作《长沙：文明条例掷地有“声”让美德成为城市标签》一文在中国文明网首屏头条发布；《涅槃腾越　风起湘湖》在《湖南日报》市州新闻进行专版报道。

街域经济。2019年，完成限额以上商贸业社会消费品零售总额19.4亿元，同比增长11.8%，限额以上批发企业商品销售额12.5亿元，同比增长24%；完成其他营利性服务业营业收入12.2亿元，同比增长21%。完成区级税收1.45亿元，完成全社会固定资产投资25.1亿元，增长36%。全年引进全口径税收100万元以上企业6家。2019年局属企业总收入2.49亿元，完成年度总任务的102.5%。

城建城管。重点项目有序推进，将原今朝宾馆“烂尾楼”项目逆袭转变为“亿元楼”，三湘南湖大厦项目开工，打造车站北路、晚报大道等美丽主次干道。年内辖区餐饮门店新装油烟净化器11台，安装率100%；收缴燃煤炉灶5个，散煤50千克，餐饮单位基本使用清洁能源；覆盖裸露建筑垃圾及裸露黄土近1.5万平方米；完成1台锅炉低氮改造工作。全年拆除违章建筑12处657.25平方米。完成社区垃圾分类全覆盖验收工作；对省委周边、汽配城水暖市场、南湖农贸市场、长沙市第六中学校园周边等辖区重点、节点地段店外经营、流动摊贩进行综合整治，市容市貌明显好转。加强建筑行业和物业的管理和检查，全年对建设工地开展常规检查48次，专项检查12次。对物业小区开展常规检查110次，专项检查50次。

公共服务。开展“五帮扶”工作，2019年，急难帮扶2人，帮扶金额6100元；医疗帮扶8人，帮扶金额3.25万元；就业帮扶9人，帮扶金额4.82万元；基本生活帮扶21人，帮扶金额2.73万元。全年完成小餐饮提质改造22家，辖区无食品安全事故发生。推动实现政务服务“就近办”，街道政务服务中心开设行政审批窗口2个，承接区级下放行政审批事项29项，全年办理审批事项600余项。开展公共卫生、计生服务等宣传活动23场次，发放宣传资料1万余份。湘湖日间照料中心健康规范经营，被媒体称为城市民生工程典范。湘湖街道人社站获评长沙市优秀基层人社公共服务平台。

公共安全。化解信访积案，集中力量解决大汉海派、向阳湖、乐嘉花园等一批历史遗留问题；2019年办结网上信访件72件，好评率96%；排查调解矛盾纠纷278起，其中重大纠纷18起，协议金额600余万元。解决群众诉求，全年受理“12345”市民热线363件，满意率99.5%。接到扫黑除恶中央第16督导组交办线索2条，1

条线索核查办结完毕，1条线索正在核查；扫黑除恶信访件15件全部办结。引导小区自治，指导辖区的小区成立业委会，2019年通过区住建局备案成立业委会5个，正在备案2个，已成立筹备组的5个。全年开展安全生产联合排查治理行动12次，排查整治事故隐患50余起。全年治安发案435起，同比下降10.85%，刑事发案200起，同比下降12.86%，火灾报警8起，同比下降38.5%。2019年辖区实现“三无”（无上访、无事故、无负面失控舆情）。

区域党建。局党委下设130个党组织，直管党员859名。以党建统筹推进各领域工作，聚焦市场党建服务。三湘南湖大市场党群服务中心全年接待经营商户和消费者5万人次，解决问题和困难27件，投诉处理满意率100%，三湘南湖大市场“1+N+X”市场发展共同体获评长沙市城市基层党建创新优秀案例，家电城党总支被市委组织部、市两新工委授予“全市党建示范点”。抓实小区党组织建设。梦泽园、万象新天、王府花园等小区党组织实现“有阵地、有人力、有资源、有效果”。“不忘初心、牢记使命”主题教育期间，局属46个党支部召开主题教育动员会46次，主题党课59次，主题党日活动150余次，参与志愿服务人数900人次，走访慰问困难群众653人，市区主题教育简报报道湘湖经验做法9次，“两新党组织”学习小组、“三全学习法”等学习形式，获省委主题教育巡回指导组肯定。2019年，全年各级媒体推介湘湖经验和做法的报道430篇，其中央媒23篇、省媒284篇、市媒123篇。

社区建设。西湖社区根据辖区青年多、单位团员多、直管团员多的特点，将共青团工作贯穿到社区工作的方方面面。2019年，西湖社区有青年志愿者200人，红领巾志愿者600余人，社区团支部将服务青年创业作为工作重点，依托湘湖管理局局属企业三湘南湖大市场、富丽华大酒店的有利资源，搭建就业平台，解决辖区内青年就业30余人次，帮扶2名青年自主创业。同时，团支部依托“雷锋超市”，定期组织青年志愿者为“空巢老人”服务。针对辖区青少年推出了“爱心存折”特色项目，帮扶贫困山区孩子。创办了“金老师工作室”，缓解青少年青春期的心理压力。社区团支部以常态化服务青少年，与辖区单位团组织共驻共建共享资源。2019年5月，西湖社区团支部获全国“五四红旗团支部”称号。南湖社区“七彩银铃之家”项目在原有音乐、美术、舞蹈、健身等项目的基础上，2019年将学习内容进一步扩延，开设的公益讲座深受居民喜爱，不定期邀请专家帮助居民进行情绪疏导，37平方米的图书阅览室藏书2200余册，电子阅览室配有5台电脑，“七彩银铃之家”不仅让社区文化多姿多彩，更让居民学会了乐观健康的生活方式，增添了更多的正能量。2019年10月，南湖社区“七彩银铃之家”获湖南省教育厅授予的湖南省“终身学习品牌项目”。

存在的困难和不足。长沙市湘湖管理局与湘湖街道办事处、湖南省三湘南湖大市场实业总公司合署办公，按“三块牌子、一套人马”模式运行，大部分干部职工既要从事街政各项工作，又要从事企业管理工作，随着各项工作职能下放街道，运行体制不畅，局街工作分配矛盾愈发突出。湘湖街道面积宽、社区多、人口多，早期开发建设的安置小区、商品房小区都存在诸多遗留矛盾和问题需要处置和解决。街道辖区老旧小区多，商务楼宇较少，整体提质改造困难，制约经济发展因素多，招商引资、调整产业结构难度大。

【企业管理】 全年召开总经理办公会9次，集体研究决策重点项目、招商转型、人事管理、资金使用等事项43个。理顺局属企业管理体制方面，清产核资基本完成，清理湘湖房屋、土地及固定资产情况，梳理部分历史遗留问题。制度构建有力推进，经相关部门修订、协商，形成多轮文稿。产权认定有序进行，完成人员基本情况摸底，对登记在册的人员进行分类；形成《投资中心成员资格认定方案》和《股权配置及管理方案》。

【三湘南湖大市场调研】 2019年1月15日，长沙市委副书记、市长、湖南湘江新区党工委书记胡忠雄一行到三湘南湖大市场调研指导。芙蓉区政府区长周春晖、湘湖管理局党委书记李明权、局长刘长学等陪同调研。胡忠雄要求，要把安全生产摆在首位。特别是春节临近，要守住安全底线，加大生产安全和社会治安监督检查力度，尤其是要加强市场消防安全监控和隐患排查，发现问题及时整改，认真落实各项应急措施，确保万无一失。要深化改革、大胆创新，加快完善企业法人治理结构，探索推进混合所有制改革，建立产权清晰、权责明确、自负盈亏、管理科学的现代企业制度。要强化管理、高效运营，引导经营户转企、入规，促进市场提质增效，提升市场品质，增强品牌影响力和人气聚集力。

【就业人才网站落户东湖社区】2019 年 3 月 20 日，由芙蓉区湘湖街道主办、东湖社区承办的“春风送岗稳就业，精准扶贫惠民生”大型现场招聘会暨“湘湖就业与人才服务网”发布会在湘湖街道东湖社区上东印象小区前坪举行。有 100 余家企业参加，提供就业岗位 3000 个，涉及管理型、技术型、制造业、销售类等。比亚迪汽车有限公司、蓝思科技、中国平安、中国联通等大型企业参加该次活动。同时，东湖社区推出“湘湖就业与人才服务网”，该网站打破了社区以往的就业服务模式，顺应当前“互联网+”网络科技时代主流，社区就业工作从静态区域直接跨向广角区域，打破时间、地域、速度等各种局限性，在贴心的基础上更方便更快捷。

【“同心社区”创建工作调研】2019 年 3 月 28 日，市委统战部副部长饶福明、副调研员鲁海文、研究室主任胡振强等一行到湘湖街道西湖社区专题调研同心创建工作。九三学社长沙市委专职副主任委员刘有良、区委统战部常务副部长毛远强、湘湖管理局党委书记李明权陪同参加。饶福明一行参观了社区“同心”阵地，西湖社区书记伍紫琴在社区会议室汇报西湖社区同心创建工作做法及 2019 年的同心创建工作思路。西湖社区围绕“同心同行·共筑共建”主题，凝聚调动各方力量，获评省级“同心社区”示范点。2019 年西湖社区携手九三学社迈向“同心”创建新的征程，凭借长沙市民政局在西湖社区开展国际社区试点建设的契机，以国际化的视野和标准打造高品质国际化生活社区。

【台湾交流团到访湘湖街道西湖社区】2019 年 8 月 28 日，台湾高雄市议员黄香菽一行 33 人，在市台办、区台办的陪同下，到芙蓉区湘湖街道西湖社区参观交流。座谈会上，双方就志愿者活动及队伍建设、民政事务、征兵服役等工作进行交流，并对如何发挥社区公共资源，吸纳更多的社会人士加入社区建设进行交流与探讨。

【三湘南湖大厦项目建设奠基】2019 年 9 月 28 日，三湘南湖大厦项目奠基仪式在火炬西路 Z07-C05 地块隆重举行。该项目预计总投资 4 亿元，设计总建设面积近 9 万平方米，由南北两栋双子楼组成：北栋采用“大底盘+塔楼”布置，1 ~ 5 层为商业裙楼，5 楼以上到 25 层为高级商务写字楼；南栋则是采用独立布置的高尚住宅楼，33 层。项目地下设计了 2 层停车场，可以提供近 600 个停车位，另有地面停车位近 200 个。

【优化营商环境座谈会暨《澎湃湘湖》新书分享会】2019 年 12 月 24 日，“如何努力打造一流营商环境城市”座谈会暨《澎湃湘湖》新书分享会在长沙市湘湖管理局举行。省发改委党组成员、省优化经济发展环境领导小组办公室主任陈永实，长沙市社科联（社科院）主席、首席专家吴安定，长沙市发改委副主任易鹰，《长沙晚报》相关负责人，湘湖管理局主要负责人，三湘南湖大市场相关负责人以及商户代表等出席。《澎湃湘湖》记录和回顾了湘湖 50 余年的发展变迁。座谈会上，与会人员共同探讨湘湖发展之道，从小门店经营解剖一个市场群的成长发展之路，畅谈如何打造一流的营商环境，为进一步优化长沙营商环境提供可供参考的样本。同时，省市领导、专家学者们结合即将在 2020 年 1 月 1 日起施行的《优化营商环境条例》，以湖南三湘南湖大市场为案例，探讨如何推进“5 个进一步”（进一步放宽市场准入、进一步推进公正监管、进一步做到简政便民、进一步提振市场主体投资兴业的信心、进一步完善制度法规）；商户代表畅所欲言，从门店的交税问题、安全问题，孩子求学、老人求医等服务细节，讲述三湘南湖大市场如何优化营商环境。

（周俊霖）

定王台街道

【概况】定王台街道东至芙蓉中路，南至人民路以南，西至黄兴中路，北至中山路，下辖丰泉古井、金沙里、黄泥街、宝南街、藩后街、走马楼、马王街、化龙池、浏正街 9 个社区，辖域总面积 1.48 平方千米。域内居民户数 1.63 万户，户籍人口 7.99 万人，常住人口 8.13 万人。街道在职在编人员

（包括政府雇员）79人。2019年，定王台街道围绕“党建先锋、经济高地、城市客厅、幸福家园”的发展定位，加压奋进、攻坚克难，各项工作取得新进展。街道办事处获评湖南省“文明单位”称号，街道党工委被授予长沙市“先进基层党组织”称号。全年在人民网、光明网、红网、《长沙晚报》《潇湘晨报》、湖南经视等各类媒体发表稿件400余篇。

街域经济。2019年，街道完成区级财税收入5.18亿元，固定资产投资37.75亿元，限上社零额101亿元，批发额88.85亿元，新增“四上”企业38家，完成个体转企业30家。在第四次全国经济普查工作中，完成3678家法人及产业单位、1.39万家个体工商户的清查登记工作。街道继续优化营商环境，通过实地上门走访、召开座谈会等形式，及时了解企业困难和需求，建立10个楼宇党群服务中心（站），为企业提供更优质的服务。年内国金中心写字楼实现全部对外开放招商，引进携程、中科聚信、第一太平戴维斯、花旗银行、特音电子、支付宝等企业入驻。遗留多年的平和堂工商关系由天心区平稳变更至芙蓉区。

城建城管。实施城市有机更新。白果园化龙池有机更新及历史步道建设项目总投资4.4亿元，分三期进行，该项目占地面积15.47公顷，覆盖丰泉古井和化龙池社区14条街巷，涉及居民2662户，改造建筑面积26万平方米，一、二期已建成开放。蔡锷中路两厢棚改项目投资近2亿元，项目占地面积33.35公顷，涉及黄泥街和宝南街社区有机更新住户约2800户。按照人性化、精细化、景观化、时尚化要求，规范交通组织、优化市政设施、美化市容环境、强化城市管理、改善营商环境，提升五一商圈建设。提升城市管理工作水平，全年组织大规模的市容整治行动70余次，拆除长沙饭店楼顶等违章广告22个。全年处置市数字化案件1.02万条，处置率百分之百。推进垃圾分类工作，在全街49个无物业片区设置215组两分类“厨余、其他”垃圾容器，配备110名熟知垃圾分类知识的桶边督导员。与餐饮门店签订《餐厨垃圾管理责任状》，落实餐厨垃圾“撤桶进店”工作。9台垃圾转运车辆在辖区9个社区定时定点清运，实现厨余垃圾收运处置全天候、全覆盖。

公共服务。为居民群众和企业单位排忧解难，完成各项保障性工作。政务大厅2个审批窗口全年受理办理营业执照1063件、小餐饮及食品许可证198件。“12345”市民服务热线工作受理1326起，及时接单率100%，办结率100%，满意率超98%。全年新增城镇就业3520人，失业人员实现再就业376人，就业困难人员实现就业197人，登记失业率3%。开展城市特殊困难群体“五帮扶”活动，为79人发放帮扶金14.63万元。为登记在册的458户低保户653人发放低保金32.06万元。组织开展群众文化惠民活动10次；组织机关干部参加芙蓉区第十一届全民健身运动会，获得街道组第一名；组织辖区内老年人参加芙蓉区第五届老年人运动会，获得优秀组织奖。

公共安全。组织开展安全生产领域“打非治违”、人员密集场所安全专项整治等行动。全年组织安全培训54次，组织大型宣传、咨询活动8次，集中开展警示教育21场次，组织各类安全应急演练60次，执法检查380次，各类执法行动52次。信访工作按照“结案一批、化解一批、稳定一批”的要求，开展矛盾纠纷排查，化解历史遗留重点问题6件，妥善处理东牌楼涉拆历史遗留问题。

区域党建。街道党工委下属党组织63个，其中机关党组织2个，社区党组织9个，“两新”党组织52个，有直管党员1801名，新增中石油大厦、国金中心2个党群服务中心（站）和平和堂、惠农大厦两家区域化党建“芙蓉先锋共同体”成员单位。开办“讲习夜校”和社区微讲坛，将课堂延伸到党员群众身边。开展党员兜底管理，完成800余名在职和离退休党员社区报到。深入基层调研，收集和解决居民生活困难、停车难、老旧楼栋加装电梯、安装天然气等民生问题百余件。

社区建设。丰泉古井社区、化龙池社区以“美丽家园，共同缔造”为引导，配合区政府和街道推进白果园有机更新二、三期建设，打造历史步道3.5千米，历史街巷15条，社区宜居宜游宜业品质全面提升，全年接待国内外考察学习团体60余个。金沙里社区以建设中石油大厦楼宇党群服务中心为抓手，走访楼宇企业，建立企业问题诉求台账，收集并对接解决企业问题40余个。藩后街社区与物业沟通，解决多数居民反应道路需硬化问题，打造一条麻石小道供居民休闲。走马楼青石井商业协会、业主自治协会参与社区治理的经验在全市得到推介。

存在的问题和不足。街道辖区内的白果园化龙池、蔡锷中路两厢和马浏片区3个有机更新改造项目，涉及到6个社区，项目体量大，人员力量不够，拆违压力大。蔡锷中路棚改征收工作以街道为主实施，分散精力多，导致街道机关事务处理能力偏软。街道由于2012年四街合一的遗留问题多，特别是项目拆违、棚改征收扫尾清零问题叠加，导致信访压力大。（杜宇真）

【青石井巷业主共商“巷”事】2019年1月6日，青石井巷业主自治协会在走马楼社区二楼会议室召开青石井餐饮门店自治联盟会议，共同商讨青石井巷未来发展方向以及自治协会具体管理流程问题。会上，青石井巷业主自治协会各门店代表针对青石井巷品牌文化主题定位宣传活动方案、项目策划执行事宜以及业主自治协会组织机构进行讨论并形成了决议。青石井巷位于五一商圈核心地段，以前因定位不明、主题不清，一直无法融入五一商圈。为使青石井巷跟上五一商圈整体建设步伐，在硬件方面，区政府对青石井巷进行了整体提质改造；在软件方面，走马楼社区组织青石井巷业主成立自治协会，共商“巷”事。该次会议调动青石井巷门店业主积极性，由业主自发讨论今后青石井巷整体定位及品牌打造事宜。

【国金中心社会消费品零售额统计工作调研】2019年1月17日，长沙市副市长邱继兴、市政府副秘书长王体泽率长沙市商务局、税务局、工商局、统计局相关负责人到定王台街道国金中心会议室调研国金中心社会消费品零售额统计工作，芙蓉区政府副区长黄金国，区政府办、财政局、商务旅游局、统计局、CBD办、税务局、工商分局、定王台街道主要负责人参加会议。国金中心自2018年5月开业以来发展势头迅猛，同时辐射到周边区域，对长沙整体经济拉动作用明显。邱继兴表示，市区两级政府各职能部门和定王台街道要继续做好服务工作，在合法合规的前提下突破创新，做好政策扶持工作。

【登隆街灯会】2019年1月29日，由芙蓉区人民政府、芙蓉区文明委主办，定王台街道办事处承办的国庆70周年灯会在登隆街举行，长沙市委宣传部副部长、文明办主任郭润葵，芙蓉区委书记于新凡，区委副书记、区长周春晖，区委常委、宣传部部长伍艳飞，副区长刘宪出席亮灯仪式。在声、光、影整体配合下，分步骤、分层次、分节奏点亮了国金中心和登隆街，让登隆街、白果园、苏家巷沉浸在灯光的海洋中。登隆街牌楼舞龙舞狮、京剧表演、苏家巷非遗展示区、白果园诗词游园更是增添了氛围。居民们的《天地喜洋洋》舞蹈、《沁园春·长沙》《少年中国说》诗朗诵充实了活动内容。城市有机更新赋予登隆街、白果园、苏家巷新的生命力与活力，优化现有的建筑空间，装饰性的构建和传统建筑元素的结合，提升生活品质，更换完善设施功能，改善宜居环境，延续了巷弄的传统生活气息。

【家庭医生签约服务启动】2019年2月26日，定王台街道卫生服务中心、定王台街道计生协会以“我与家庭医生有个约定”为主题的家庭医生签约服务启动仪式在马王街社区举行。活动现场，医务人员向居民介绍开展家庭医生签约服务的目的、意义和优势，告知居民签约家庭医生可以提供建立健康档案、预约就诊、

2019年1月29日，芙蓉区登隆街举行国庆70周年灯会　区委办　供图

转诊服务、健康教育、健康促进、预防接种、重点疾病健康管理等服务。同时，现场展出海报以图文并茂的形式介绍了家庭医生主要职责，为居民提供测量血压、健康咨询等服务。该次活动发放宣传手册、宣传折页100余份，签约60余人。

【东茅街小学地域文化研学之旅】 2019年3月4日，长沙市东茅街小学“阅城·爱家”地域文化研学之旅首站在登隆街开启，孩子们将课堂搬到富有历史文化底蕴的定王台街道丰泉古井社区来，形成一个没有“围墙”的校园。孩子们走过湘江评论印刷处旧址、程潜公馆、杜心五公馆、郑家概公馆等处，听丰泉古井社区工作人员详细的讲解，一起参观、共同分享，感受身边浓厚的历史底蕴和独特的文化特色，传承红色革命精神。“研学”让孩子们开阔眼界、增长知识、热爱祖国，同时提高了他们的社会责任感、创新精神和实践能力。同学们纷纷表示，不忘根基，传承发展，做新时代的好少年。

【二手手机流动摊贩集中整治】 2019年4月15日，定王台街道、派出所、城管办以及社区负责人在派出所5楼会议室集结，对黄泥街社区、宝南街社区二手手机流动摊贩开展集中整治行动。宝南街社区中天商业大楼是中部地区规模大、有影响力的手机通信市场之一，人员流动量大、交易活跃，但商业繁荣的背后，也带来一些问题，少数二手手机摊贩在蔡锷中路沿线流动，私下买卖二手手机影响市场秩序和市容市貌，成为街道治安乱源。针对存在的问题，街道办事处组织对二手手机摊贩情况进行摸底排查并制定整治方案。该次行动将17名对象控制并带回派出所，进行信息登记、指纹采集及录入工作，签订承诺书。整治行动持续了半个月，按照“有黑扫黑、有恶除恶、有乱治乱、固本强基”的工作要求，防止黑恶势力滋生蔓延。

【生活垃圾分类工作督导】 2019年5月9日，长沙市城管局副局长胡刚一行督导定王台街道藩后街社区生活垃圾分类工作，区城管局局长罗明立，区市容环境卫生维护中心主任张军及街道相关负责人等陪同。胡刚一行到中国人民银行长沙中心支行瑞银一号院，详细了解社区及小区垃圾前端分类、回收工作，并到居民家中实地察看生活垃圾处理情况，与居民交流看法。藩后街社区根据“人行小区”实际情况因地制宜建立街道社区、驻区单位、物业公司和社区居民共同参与的多方联动机制，完善由社区居民、保洁人员、物业公司、单位后勤服务中心、街道社区、市容环卫管理部门共同参与的“多元主体”垃圾分类回收体系。社区通过微信群、“红色藩乐家”志愿者活动，开展垃圾分类知识的普及。胡刚对“人行小区”垃圾分类工作给予肯定，同时要求街道社区要继续高度重视垃圾分类工作，做好分类投放、分类收集、分类运输、分类处理；加大宣传力度，让居民认识到垃圾分类处理的重要性，增强环保意识，引导和培养居民良好习惯。

【“国际博物馆日”主题活动开展】 2019年5月17日，长沙市博物馆丰泉古井社区分馆为东茅街小学的学生们带来一堂与众不同的历史课，由长沙博物馆原副馆长、长沙近代史专家周英为学生们讲述“湘江评论”“程潜公馆”等历史。通过室内课堂与户外欣赏，参观湖南和平解放史事陈列馆、《湘江评论》印刷处旧址等，让学生们身临其境，深刻感知百年前的长沙历史文化。长沙市文物局社会教育科科长谭志刚指出：“此次活动正值2019年国际博物馆日，契合2019年国际博物馆日——‘Museums as Cultural Hubs: The Future of Tradition’（作为文化中枢的博物馆：传统的未来）这一主题，用历史连接未来，激发学生对历史学习的兴趣，对博物馆文化枢纽功能的了解，对社区的认同。”长沙博物馆丰泉古井社区分馆的设立，打破以往“群众走进博物馆”的单向模式，首次尝试将博物馆“搬”进社区，让博物馆走近群众，立足社区、服务社区。让老百姓在潜移默化中感知湖湘文化，提升城市文明程度。

【定王台街道第四次全国经济普查工作督查】 2019年6月12日，长沙市委常委、市委秘书长、市政府党组副书记夏建平带队督查定王台街道第四次全国经济普查工作。芙蓉区委副书记、区长周春晖及街道相关负责人陪同。夏建平一行详细了解定王台街道经济普查各项工作开展情况，包括一套表、非一套表单位以及个体户各项经济指标汇总情况和数据质量情况，实地察看了长沙市海韵贸易有限公司、长沙市芙蓉区茉莉香餐厅等企业，并对经济普查数据录入信息的真实性进行督查，同时详细了解企业的经营收入、房屋租金、企业开支等相关经营情况。肯定芙蓉区及定王台街道经济普查工作的做法和经验，认为芙蓉区经济普查工作党政重视、思路清晰、部署全面、保障到位、措施得力。同时就做好新形势下的经济普查工作提出了更高要求，做好资料收集和归档，保证数据真实可信，展示长沙高质量发展助力，确保完成普查工作任务。

【丰泉古井社区妇儿工作调研】2019年10月30日，湖南省妇女干部培训学校第60期妇干培训班一行40人到丰泉古井社区和东茅街小学，调研社区妇儿工作和志愿服务入校园活动情况，实地研究探讨当前留守儿童和流动儿童现状。丰泉古井社区构建家庭、学校、社区“三位一体”的妇儿工作模式，整合社会各类资源，与辖区东茅街小学、社会组织、企业等共同发起“小候鸟”流动儿童城市融入计划，以儿童和女性视角推动“儿童友好”社区建设。东茅街小学校长杨柳向调研团介绍了“小候鸟”特色工作及学校近况，全国“最美家庭”代表、学员黄琼进行“家庭美德”的主题分享。丰泉古井社区党委书记龙欣表示丰泉古井社区坚持党建带群建，妇建促社建，因地制宜，探索创新，不忘初心、牢记使命，以实际行动践行使命担当，彰显巾帼力量。　　（张念琪）

韭菜园街道

【概况】　韭菜园街道办事处驻桐荫里22号，位于芙蓉区中部。辖区东起车站北路，与五里牌街道相连；南临五一大道，与文艺路街道相邻；西至芙蓉中路，与定王台街道相连；北接烈士公园，与开福区相接。辖区总面积约1.98平方千米，下辖蓉园、军区、汤家岭、桐荫里、八一桥5个社区居委会。域内居民户1.52万户，户籍人口3.49万人，常住人口3.52万人。街道办事处在职在编人员52人。2019年，街道围绕“加快创建首善之街，提升省会窗口形象”的目标定位，抓项目、抓管理、抓环境，保稳定、保民生、促增长。街道获得由长沙市委网信办颁发的“长沙市先进舆情信息报送点”称号，获评“长沙市无偿献血先进单位”称号。

街域经济。2019年，完成区级税收1.65亿元。域内有工商企业1086家，其中统计“四上”报表企业63家。商务楼宇有银华大厦、亚大时代、壹号座品、昊天大厦、信息时代、天佑大厦、瑞源大厦、粮贸大厦、物资大厦等9幢。年内，完成固投26.34亿元，为年任务的105.3%；社会消费品零售总额18.1亿元，增速为10%；批发额完成108.2亿元，增速为24.5%；现代服务业考核完成1.83亿元，增速18%，“四上”企业新增完成17家，“个转企”完成16家。借助市场监管、税收转引服务企业，加大新增、转入纳税企业的落户力度，盈亚证券投资咨询有限公司等多家重点税源单位均已转入。每月分析研判年税收100万元以上的企业收入情况，防止优质企业外迁，留住太平财险等多家有意外迁的优质企业。

城建城管。全年组织道路扬尘、油烟烧烤、散煤燃煤等专项整治及突击行动8次，对中央环保督察组和省环保督察组“回头看”交办件进行回访12处。督促地铁六号线工地和黄土塘工地每日降水防尘，裸露土地均覆盖绿网。辖区内长城公寓成为全市垃圾分类工作最先试点的小区。以省委周边为核心，规范市政设施，对车站北路70余处道路路灯杆、标牌进行共杆处理，在五一路、新军路人行道上设置隔离柱40余处；规范省委周边共享单车停放，定期对乱停乱摆放共享单车进行搬运；突出拆违控违，及时发现、立刻处置，拆除省委周边历史违建5处，拆除迎宾路、八一路省军区已关停的门店招牌10余个，并进行实体封闭，协调省军区后勤中心对围墙进行提质，改造为国防教育宣传画廊。

公共服务。全年低保保障98户142人次，累计发放金额74.11万元；大病救助6人次，发放救助金额1.96万元；住房保障新增公租房3户，新增经济适用住房确认单1户。新增城镇就业917人，完成目标任务的131%，失业人员再就业350人，就业困难人员再就业141人，对口帮扶龙山劳动力转移就业3人，职业技能培训206人。街道举办的平江县“春风行动”现场招聘会，提供6000个岗位，达成意向220人。全年发放小额贷款30万元。城市特殊困难群体就业帮扶12人，发放困难人员灵活就业社会保险补贴5.95万元。

公共安全。防范各类不稳定事件5起，在6个特护期、11个重要节点及重大活动期间，街域内未发生一起重、特大群体性和进京上访事件。化解各类矛盾纠纷33起，调处成功率100%，涉案或争议金额超过680万元，依法妥善处置非正常死亡案件3起。矫正对象、安置帮教等重点人员无一重新犯罪。全年监督检查生产经营单位566家1031次，下达限期整改指令22份、现场处理措施决定书1份、隐患整改督办函8份，向行政执法中队移交案例1件，下达行政处罚决定书11份，罚款6900元。新创三级标准化企业1家（湖南元丰物业管理有限公司）。辖区全年未发生生产安全事故，在芙蓉区安全生产年度考核中被评为先进单位。

区域党建。街道党工委下属党支部42个，其中机关支部1个、机关退休支部1个、小区党支部15个、“两新”党支部25个，还组建了“两新”党组织综合委员会，直管党员1160名。推进区域化党建工作，召开大工委会议5次，开展共建项目130余个。主题教育相关经验两次在省委主题教育办简报刊发。银华物业党支部被评为芙蓉区红旗党组织。区域内开展的“下班一小时”等活动惠及1000余人次。与省公安厅、省司法厅等共同体单位共同打造的“娃娃法庭”获全国志愿者服务银奖。“先锋韭儿”入选全区十大党建品牌。联合省军区打造“国防教育宣传长廊”，推出了《不忘初心，永葆军民鱼水情》精品课程。在市级以上主流媒体宣传推介报道400余篇，在“学习强国”平台上上稿20余篇，相关工作经验被《湖南宣传》推介。10月28日长沙新闻频道《廉洁长沙》栏目对韭菜园街道纪工委民生项目监督工作进行了报道。

社区建设。推行区域化党建，联合驻区单位党组织组建“红色联盟”。汤家岭社区党委将“红色邻里中心”工作具体化，因地制宜打造尚文楼、尚艺楼、尚礼楼、尚学楼、尚美楼、尚善楼、尚廉楼7个红色楼栋，设置“连心角”“生活角”“文化角”“公益角”，将党建文化送到居民家门口。社区定期组织召开“红色议事会”，共商共议小区建设治理事宜，通过议事会圆满解决了老旧小区加装电梯的争议及各种邻里矛盾。2019年，汤家岭社区党委获评“长沙市‘五化’建设示范单位”称号。军区社区在促进民族团结进步工作中，形成“党委领导、政府负责、社会协同、公众参与”的创建工作格局，在社区3000平方米的场地中设少数民族服务办公室、活动室、舞蹈室、石榴籽书屋、少数民族爱国主义宣传基地等，利用省民宗委、省军区等辖区单位资源，以党建带军建促民建，经常开展党史、军史、民族团结发展史等微展和解说活动，以独特的“军”文化，来团结军营中的少数民族群体，共同维护国家安全稳定。社区在开展民族展览、演出和剪纸等活动的同时，优先为少数民族家庭子女提供上学、培训、就业服务。2019年，军区社区被评为“湖南省民族团结进步创建示范社区”。

存在的问题和不足。党建工作覆盖不全。近年来，街域非公有制企业大量产生，但非公有制企业党组织数量增长相对缓慢，企业人员流动较快，其党员管理存在困难。城市管理任务繁重。老旧小区基础设施存在配套不足、破损陈旧等问题，农贸市场周边占道经营、以路为市现象时常反复，环境治理任务重、压力大。

【打造“桐心读报社”阵地】

2019年3月20日，桐荫里社区启动组建小巷读报社计划。位于桐荫里2号的小区党支部阵地，一间仅有15平方米的房间在党员易壮波、梁春育、热心居民沈邃等人的带领下摇身一变“桐心读报社”，成为居民聚集的热门地点。几个月时间内，居民自治推出“刘祖安健康课堂”“邓龙法律讲堂”“何德祥红诗汇”“‘桐心’话吧”4张名片，广受居民喜爱，参与度高。读报社每周三开展集体活动，日常安排1～2人轮流值守，社内有报纸杂志供居民阅读，为居民的空闲时间增添乐趣，也拉近煤炭大院居民与桐荫里巷内居民的关系。

【优化营商环境从微小企业做起】

2019年4月16日，芙蓉区纪委常委黄斌在韭菜园街道纪工委书记喻英杰及企业服务办联络员陈静的陪同下到辖区微小企业，零距离沟通并听取他们对营商环境的要求和建议。黄斌首先到位于银华大厦的湖南诺港商务服务有限公司，认真听取了多位微小企业代表的想法和意见，随后，又走访了位于亚大时代大厦的一些微小企业。在浙江中控技术股份有限公司会议室，黄斌与企业负责人及员工代表进行了交流。企业负责人提出，他在通过人才引进落户长沙的过程中遇到了一些困难，黄斌立即交代街道要协助企业尽快解决困难。在两天的座谈和走访中，黄斌对韭菜园街道关于营商环境优化的相关工作给予肯定。针对微小企业生存与发展中的难题，街道作为一项为民办事的重要工作列入议事日程，限时办结，要求优化营商环境从微小企业做起。

【社区垃圾分类活动在雅礼实验中学开展】 2019年7月19日，蓉园社区新时代文明实践站与雅礼实验中学1701班开展以“垃圾分类新时尚. 大手小手齐倡导”为主题的垃圾分类宣讲活动，倡导中学生们学习垃圾分类知识，做垃圾分类志愿者。为了让学生们更加了解什么是垃圾分类，首先到蓉园社区实地学习垃圾分类投放、分类收集的相关知识，随后，学生们集体来到宿舍区将捡到的垃圾进行分类操作，投入对应的垃圾桶内。通过该次活动让同学们能从“要我听”到“我要做”，主动参与到垃圾分类行动中，共同推进城市文明绿色行动，实现生态平衡可持续发展。

【八一桥社区廉洁文化宣传】 2019年9月5日，八一桥社区在社区活动室举办“清风明月守初心　廉洁中秋伴我行”廉洁中秋主题活动，社区工作人员、直管党员和居民代表100余人参加。通过亲手制作“廉”字牌月饼、朗诵廉洁中秋主题诗歌等形式将廉洁元素融入中秋节传统文化中。2019年9月11日《中国纪检监察报》对该活动进行报道。

【迎宾路国防教育宣传长廊揭幕仪式】 2019年10月14日，“迎宾路国防教育宣传长廊揭幕仪式”在韭菜园街道迎宾路北段举行。湖南省国教办主任谭柏林，湖南省军区政治工作局副主任黄建新，芙蓉区委常委、宣传部部长伍艳飞，区人武部政委王黔军，韭菜园街道党工委书记唐益人出席揭牌仪式。“迎宾路国防教育宣传长廊”以军魂教育、湖湘文化为主题，重点展示人民军队从无到有、由弱到强，不断从胜利走向胜利成长壮大的光辉历程，以及“敢叫日月换新天”的杰出湖湘儿女，打造成集历史性、知识性、感染力为一体的美观、大方、厚重文化墙，突出省军区国防和红色文化底蕴，营造崇军尚武的文化氛围。219米的墙面分为“伟大军史”“红色资源”“湖湘将帅”3个篇章，以时间为轴线，展现重大历史时期的重大战役、国家历届领导人对加强军事建设的重要语录批示等，尤其是一些感动人心的历史人物及故事通过图文并茂的形式加以展现，吸引了路人纷纷打卡。

【省级民族团结进步示范社区创建工作调研】 2019年11月1日，湖南省民宗委监督检查处处长龙毅、副处长谭玉勋一行到韭菜园街道军区社区调研指导全省民族团结进步示范社区创建工作，长沙市民宗局副局长彭晓军、副调研员赵萍，芙蓉区统战部副部长阳颖陪同调研。调研中，龙毅对创建工作的阵地设置、氛围营造、台账资料等进行查看，高度肯定社区创建工作。龙毅对社区下一步工作提出要求：按照省标准，将创建工作提档升级，做得更好；丰富活动形式，发挥少数民族代表人士的作用，促进民族大团结。在军区社区“少年军校”活动阵地，龙毅对社区“将民族团结融入小孩子的日常生活”理念给予肯定，同时建议社区结合现有的资源，打造出社区自己的品牌特色。阳颖也对社区创建工作提出要求，把民族团结工作与社区各项中心工作同安排、同部署、同检查，使民族团结进步创建工作常态化。

（梁继超）

文艺路街道

【概况】 文艺路街道位于长沙市芙蓉区西南部，东起韶山北路，西接芙蓉中路，南临人民中路，北到五一大道，辖区略呈正方形。下辖识字里、文艺新村、韭菜园、乔庄、东广济桥、湘府、南元宫7个社区，辖域面积0.96平方千米。域内居民户1.34万户，户籍人口4.2万人，常住人口4.1万人。街道在职在编人员53人。2019年，全街上下凝心聚力，推进强党建、提品质、惠民生“三大工程”。围绕“锁定全区一类，争当芙蓉先锋”的发展目标，将文艺路街道建设成为“经济繁荣，城市精美，社会安定，人民幸福”的和谐街区。街道办事处被评为“湖南省计划生育基层群众自治先进单位”，街道财政所获评“省星级财政所”，街道统计站获评“市流动观摩优秀统计站”，“1+7+X”廉政文化圈被纳入长沙市廉洁文化教育资源。

街域经济。域内有商务楼宇15幢，主要有华美欧大厦、华菱大厦、碧云天大厦等楼宇，各类企业978家，个体工商门店1100余户。2019年，完成税收2.81亿元，完成固定资产投资12亿元，限额以上社会消费品零售额完成13.77亿元，批发额完成85.39亿元，新增“四上”企业22家，全年高新技术企业认定完成8家，技术贸易额完成1.06亿元，高新产值完成150亿元，“个转企”完成10家，外贸进出口额完成1.4亿美元，外资到位4000万美元，和包支付完成2.23万个，争取到湖南省电信建设项目20亿元。街道7个社区均纳入社区公共服务中心，设立综合服务（统计）窗口，配备专职统计员，专业指导企业报表，按时按量准确无误地完成平时各项统计、调查工作，联网直报率100%。

城管城建。街域内215家油烟门店按规定安装使用油烟净化装置。成立垃圾分类工作领导小组，以网格为单元，配置党员志愿者、垃圾分类督导员，以完整的工作机制推动垃圾分类工作，张贴垃圾分类宣传广告及文明标语300余处，制作发放垃圾分类倡议书及指导手册1.3万余份，开展大型主题活动30余场次，免费发放分类垃圾桶4000余个，乔庄社区垃圾分类“网红”宣传阵地和示范点经验在湖南卫视报道。对湘雅附二医院周边，全天候不间断巡查整治，与执法部门联动综合执法，开展专项整治行动120余次，出动3600人次，处置流动摊贩240余个、店外经营120余家。暂扣违规电动车近480辆，湘雅附二医院周边的“顽疾”“固疾”取得了良好整治效果。

公共服务。推进“五帮扶”（就业帮扶、急难帮扶、医疗帮扶、住房帮扶、基本生活帮扶）工作，自主慰问帮扶114户，发放慰问资金35万元。加强就业宣传、开展特色就业服务，协助辖区内470位失业人员再就业，零就业家庭动态清零，发放创业担保贷款80万元。开展“一桌餐”“私房菜”、豆制品、米粉湿面、农贸市场、“三小”等食品安全联合整治行动，结合小餐饮“透明厨房”提质改造工作，整治小餐饮门店，验收合格30家。加速审批生育证，做到“一次登记，全程服务”，办理一孩生育证344本，二孩生育证232本，再生育证20本；开展“暖心”服务，发放计生慰问金和物资10余万元，独生子女费100%发放到位；开展“温心”服务，实施妇幼健康项目，5000余名妇女儿童受益；与湘雅二医院成立全区首个“名医工作室”，开展健康教育、慢性病随访、老年康复等服务工作。

公共安全。落实“党政同责、一岗双责”的责任机制，领导干部带队检查安全生产工作，实现全街603家企业门店安全生产监管全覆盖，排查整改安全生产隐患23处，办理案件32起，约谈企业20家，开展消防演练、培训讲座52次，全年安全生产零事故。采取调委会主动上门，司法所、综治办联合调解等方式，化解矛盾纠纷469起，涉及金额280万余元，发挥社区律师作用，扩大法律服务覆盖面，8名法律顾问在街道公共法律服务工作站轮流值班。化解信访积案2起，在全区率先打造禁毒宣传微展厅，开展多形式、全方位禁毒宣传教育活动20余次，对涉军、涉邪和涉毒等重点人员，落实“五包一”工作责任制，实现全年进京“零上访”。

区域党建。街道党工委所属党组织57个，直管党员1056名。成立袁家岭西南商圈、华美欧大厦、维一星城国际3个党群服务

2019年，文艺路街道打造“开慧微展厅听党史”红色初心党员教育阵地

文艺路街道　供图

中心，汇集法律咨询、教育培训、金融讲座等20种资源，组织开展主题党日活动30次、“非公”党支部书记活动日20次、“讲习夜校”40次。街道整合辖区红色资源，发挥精品化党建阵地集群作用，打造“乔庄小巷明宗旨”“开慧微展厅听党史”“开慧公园强信仰”“廉政微展厅敲警钟”红色初心党员教育路线，吸引省内外80余批次观摩团学习。实行支部书记“轮岗日”制度，辖区“慧先锋”“诚先锋”等一批志愿服务深入群众，以“主题党日＋中心工作”为模式的主题党日活动，在辖区居民间、楼宇大厦中经常开展。

社区建设。党建引领基层治理，不断优化社区服务品质，增强服务质效，提升居民群众的满足感、幸福感。2019年，文艺路街道各社区配合相关职能部门进行老旧城区提质改造，在物业和业主及施工单位间沟通协调，完成30台老旧小区的电梯加装更换。配合农贸市场管理方和区、街职能部门，完成浏城桥、文华2个农贸市场的提质提档任务。识字里社区获“长沙市示范化‘五化’党支部”和“湖南省计划生育基层群众自治示范社区”称号。

存在的问题和困难。街域面积狭小，发展空间受限，老旧楼宇多，设施老旧，招商环境急需优化。老旧城区基础设施薄弱，电线线路老化，消防设施滞后，危旧房屋较多，提质改造困难大，存在较大安全隐患。辖区内中南大学湘雅附二医院周边环境问题突出，交通拥堵严重，埋下道路交通安全隐患。

【“春风送岗位　乐业在文艺”招聘会】　2019年3月1日，街道办事处联合华美欧大厦党群服务中心在韭菜园社区开展“春风送岗位　乐业在文艺”招聘会。招聘会面向辖区内下岗失业人员、就业困难人员、高校毕业生等各类求职者，吸引了近百家大中型企业进行现场招聘，提供近千个岗位。现场初步达成就业意向近200人。现场还设置了就业优惠政策咨询台，提供社保、就业培训等政策咨询和服务，工作人员现场为求职者发放1000份政策资料，帮求职者答疑解惑。

【垃圾分类趣味小游戏】　2019年4月12日，东广济桥社区新时代文明实践站联合芙蓉区育才学校开展“践行垃圾分类　守护碧水蓝天”主题活动。活动通过自编快板说唱垃圾分类，用“文明微宣讲”和实物展示向同学们宣传垃圾分类理念，志愿者带领同学们一起观看垃圾分类趣味小游戏活动。社区在育才学校这一堂环保课，促进小朋友们养成“垃圾分类”的习惯，让孩子影响家庭，通过“小手”拉“大手”带动周围越来越多的人自觉实施垃圾分类。

【文艺路街道老旧小区加装电梯】　2019年5月8日，街道办事处在三楼会议室组织召开电梯加装筹备小组会议，启动老旧小区加装电梯工作。街道各职能部门、党员代表、物业公司、居民代表、设计施工单位、社会工作者共同参加，协商老旧小区加装电梯问题。利用“商量着办”平台详细调查情况、征求各方意见，让居民有地方说话、有办法商量，街道和社区多途径做通居民住户思想工作。根据不同情况采取不同的筹资安装模式，同时街道建立“电梯安全监管信息平台”，及时处理带“病”电梯，小区实现“96366”电梯应急救援服务全覆盖，全年街道完成了辖区内31台电梯的加装更换，提升老旧小区居民群众的幸福指数。

【街道开展防灾减灾活动】　2019年5月14日，文艺路街道办事处联合中南大学湘雅二医院社会事务部、安全保卫部及各社区在湘雅二医院开展防灾减灾宣传活动，200名居民和职工参与。街道党工委副书记凤凌霄介绍防灾减灾活动的主题和目的，给居民朋友们科普防灾减灾知识。活动现场进行消防火情演练，参与者在模拟状况下学会使用灭火器。国家紧急医学救援队（湖南）队员华颂文、张旭还带来了一堂救灾模拟课，演示逃生、自救和互救的方法，特别是对遇险人员进行心肺复苏和人工呼吸及使用心脏除颤设备AED，提高了居民应对紧急突发事件的应急反应能力。

【“健康人生　绿色无毒”禁毒教育活动】　2019年6月27日，街道禁毒委联合东广济桥社区新时代文明实践站在育才学校开展“健康人生　绿色无毒”禁毒教育活动。芙蓉区禁毒委副主任、区政法委常务副书记李清和文艺路街道禁毒委主任高佳及学校师生200余人共同参加，活动在禁毒纪录片中拉开序幕，一幕幕毒品对人的残害，一场场对贩毒分子的严厉打击，触目惊心的画面让学生们对毒品的危害有了深刻的认识；活动还围绕毒品的历史、毒品的传播、禁毒的形势等方面进行演讲比赛，同学们自信、大气的演讲博得了现场观众的阵阵掌声；经过评委们的多轮投票，张汜鑫成为育才学校禁毒志愿者。李清和高佳为志愿者颁发聘书及纪念品。高佳表示，聘请小朋友为禁毒志愿者，是希望通过活动，培养未成年人远离毒品的意识；同时通过小手牵大手，让禁毒宣传走进家庭，促进禁毒宣传工作的开展。

【湘府社区“迎中秋”廉洁教育活动】 2019年9月10日，街道纪工委在湘府社区举办“清风话‘廉’节，红歌迎中秋”廉洁教育活动，活动分为唱响廉政歌曲、聆听廉洁故事、感受清廉文化3个部分。活动在歌曲《清风颂》中拉开序幕，“周总理三付饭费”“红军跑步十五里，为还一根针”等故事深刻诠释“清廉”的重要，伟人清正廉洁的高尚品德让大家深受触动，最后的互动游戏“心心相‘廉’”将廉洁文化寓教于乐，引发强烈的廉洁共鸣，激发社区党员群众的爱国情怀，增强了党员干部的廉洁自律意识，营造了廉洁文明和谐的节日氛围。

【“红绿蓝”三色楼宇综合服务体系建立】 2019年12月3日，文艺路街道创新建立红色党建、绿色商会、蓝色工会“三色楼宇”综合服务体系，以过硬的“软环境”实力留住老企业的“心”。红色党建平台助推楼宇经济发展，建立楼宇服务站，精准服务企业，街道牵头召开银企对接会，解决了长沙市潮立设备有限公司等5家企业融资难题；绿色商会平台为企业提供贴身服务，实现企业信息互通、资源共享；蓝色工会平台打造和谐楼宇环境，通过建立线上交流平台，开展“白领早餐”“午间门诊”等服务；“三色楼宇”营造了良好的营商环境，提升企业的安全感、幸福感和归属感。（吴伟华）

朝阳街道

【概况】 朝阳街道东起车站路与长沙火车站相邻，西至韶山北路与文艺路街道相邻，南达人民路与左家塘街道相邻，北抵五一大道与五里牌街道相邻，下辖朝阳、五一东村、向韶、曙光、二里牌、人民新村6个社区。辖域面积2.2平方千米。域内有居民1.51万户，户籍人口4.03万人，常住人口3.91万人。街道现有在职在编人员56人。2019年，朝阳街道开展“品质提升年”活动，坚定“全面提品质、持续优治理、奋力争一类”目标定位。获评“湖南省安全生产示范街道”“湖南省计划生育基层群众自治先进乡镇街道”“长沙市文明标兵单位”“全市人口和计划生育工作优秀单位”等称号。

街域经济。2019年，完成区级财税2.87亿元，固定资产投资13亿元；完成外贸进出口额1.45亿美元，省外境内到位资金8.7亿元，外资到位4000万美元，招引企业14家；“个转企”20家，新增限额以上企业26家，和包支付个人用户注册3.4万人次，完成率排名全区第三；高新技术总产值46亿元；经济普查中录入单位3033家。湖南跨境电商体验中心入驻宇成朝阳广场，友阿总部建成投入使用，奢侈品二手交易平台、中小企业孵化平台等一批优质企业落户通程酒店商务楼；文化大厦（二期）、曙光集团工矿棚改、惟楚文化广场等项目建设有序推进。街域营商环境不断优化，“最多跑一次”改革加快推进，新办理个体工商户营业执照149本，小餐饮经营许可证40本，食品经营许可证18本；走访企业300家，宇成朝阳楼宇服务站运行，曙光798运动街区“夜间经济”名片效应初显，街域经济新增长极初现雏形；非法集资综合清理整治工作强力推进，涉非企业南国雪都清退集资资金240万元。

城建城管。城市管理常态推开，全年组织大小整治100次，收缴、劝导流动摊贩300个，整治店外经营500家，整理共享单车7万余台。处置市数字化案件8383件，区城管环保网格化案件5400件，处置率100%。对22处1.74万平方米国土卫星图斑进行摸底。推进民生项目，“三供一业”移交的长沙有色院窑岭生活小区消防安全改造、湖南省电子研究所生活小区提质改造前期手续全部完成，人民新村附49栋改造施工推进；二里牌社区警务室达标建设、人民新村老旧楼栋防水整治工程、曙光小区01和02号栋D级危房排危加固等项目竣工。五一东村社区开放式物业自治自管试点工作铺开，新增人行道围挡400米，提质改造成果得以巩固；安装智能停车管理系统及监控系统，停车管理实现市场化。腾退

6家不达标餐饮店，指导小区成立业主自治委员会，制定居民自治公约，居民自治实现公约化。“蓝天保卫战”攻坚克难，加强对燃煤使用、油烟直排、工地巡查等相关问题的管控，18台锅炉改造完毕。垃圾分类初显成效，在全街投放300套两分类垃圾桶，45套四分类垃圾桶。朝阳农贸市场果蔬垃圾处理试点得到市领导肯定。开展垃圾分类培训宣传活动28次，被“红网”“文明网”多次宣传报导，实现垃圾分类全民参与、全街覆盖，通过市、区两级的检查验收。

公共服务。“一圈两场三道”（即“15分钟生活圈”，停车场、农贸市场，人行道、自行车道、历史文化步道）建设持续发力，“民建公助”睦邻综合养老服务中心持续探索医养结合居家养老模式，曙光农贸市场经提质后焕然一新。推进社会保障，累计发放低保金401万元，为符合条件的153人次发放医疗救助金47.1万元，发放高龄津贴247.8万元，发放残疾人两项补贴332人75.3万元，“五帮扶”对象85人，发放救助金23.65万元。为80户困难家庭办理保障性住房；城镇新增就业1950个，失业人员再就业358人，就业困难人员再就业153人；办理“就业创业证”102本，发放创业担保贷款45万元。卫健工作稳步推进，朝阳街道公卫中心创建全区第一家社区医院。睦邻社会工作服务中心获评长沙市生育关怀优秀志愿者团队，睦邻综合养老服务中心入选全国医养结合典型经验名单，国家卫健委及全国、省、市人大代表先后调研朝阳街道居家养老服务工作。

公共安全。依托综治中心“互联网+群防群治”管理平台，压实网格化管理，“1+X”模式推动矛盾大调解向基层延伸。稳妥处置朝阳二村拆迁安置遗留问题，化解科佳电脑城商户债务纠纷引发的群体性事件，全年调处各类矛盾纠纷1379起，调处成功率95%，“老沈工作室”品牌进一步巩固。市委常委、政法委书记钟钢专程调研朝阳街“互联网+群防群治”工作并给予肯定。开展安全生产大检查，排查生产经营单位123家次，查出安全隐患291条，发出限期整改通知书109份，简易程序办案29起，处罚金额2.51万元；曙光电子集团危化气罐内燃爆气体全面清除。

区域党建。街道党工委直属党组织33个，直管党员1431名，2019年发展党员13人。1400名党员参加志愿服务，2200人次参加主题党日活动，全街80%以上党支部达“五化”建设标准。全年街道各群工站走访群众3450人，在节假日期间送出慰问物资200余万元。收集群众诉求建议82件，问题办结率100%。全年完成中央、省、市报道252篇，其中中央媒体30篇、省级媒体109篇，图文报道《党建释放新活力，秀出和美“朝阳范”》在《长沙晚报》半版推介；联合红网推出《朝风奔跑吧》系列宣传报道。

社区建设。向韶社区启动“区域化党建共同体”建设，与长铁一中等6家辖区单位党组织签订共建协议，开创区域化党建新格局，朝阳社区离退休党支部被认定为长沙市离退休干部党组织“五化”建设示范党支部。建立科普走廊，试点垃圾分类和油烟管道改造工作，居民的资源节约意识和环境友好意识进一步提高。五一东村社区获得2019年湖南省“两型”社会创建项目。

存在的问题及不足。辖区毗邻火车站，老旧小区居多，人员情况复杂，社会治理情势复杂难度较大；安全生产隐患较多，经济下行压力较大，高位运行难，产业结构较为单一，整体转型存在困难。

【安全生产工作检查】 2019年1月25日，长沙市委常委、长沙警备区政治委员曹友华到朝阳街道辖区单位温莎KTV进行春节前的安全生产工作检查。芙蓉区委书记于新凡，区委常委、人武部政委何元良等陪同。曹友华首先听取温莎KTV负责人针对娱乐场所内的安全管理运作、消防安全设置、安全巡查工作落实等情况的汇报，随后重点对娱乐场所内包厢消防设施器材是否配置齐全，疏散通道、安全出口是否畅通，以及监控室的人员是否配备持证上岗等情况进行检查，并查阅相关台账资料。曹友华指出，温莎KTV作为辖区内大型的娱乐场所，人流密集地区，要提高安全意识，排查并及时消除各类隐患，加强岗位员工的技能培训，提高安全防范技能。

【“春风行动”专场招聘会】 2019年2月22日，朝阳街道在长沙华海3C广场开展“春风行动”专场招聘会。活动前期组织各社区对辖区求职人员就业意愿进行登记，有针对性地挑选招聘岗位，组织招聘企业参加。该次活动吸引200名求职者，有蓝思科技有

2019年2月22日，朝阳街道在长沙华海3C广场举办“春风行动”专场招聘会　　朝阳街道　供图

限公司、比亚迪汽车有限公司、长沙华海3C等40家用人单位参加，提供普工、销售后勤、行政管理等各类就业岗位1000余个，现场达成就业意向42人，发放“春风卡”“创业贷款”等各类宣传资料400份。

【考察人民新村社区】　2019年4月3日，联合国儿童会保护处项目官员周烨，国务院妇儿工委办主任孙安琪带领湖南省儿童资源中心项目培训班一行100人到朝阳街道人民新村社区考察学习妇女儿童工作。长沙市妇联副主席、市政府妇儿工委办主任石莉波，市政府妇儿工委办专职副主任周献，芙蓉区妇联副主席易姝等陪同考察。考察团一行重点对人民新村社区早期发展社区家庭支持服务项目（简称ECD项目）进行参观学习。考察团首先在人民新村社区二楼会议室听取社区主任范燕关于儿童早期发展社区家庭支持服务项目的工作经验和做法，随后参观人民新村社区ECD项目中心的亲子活动室、感统训练室、阅读手工制作坊等活动阵地。人民新村社区作为芙蓉区“全国儿童早期发展社区家庭支持项目”的试点社区，专门开设了100平方米亲子活动室，为各阶段的婴幼儿家庭设计不同的活动场所。通过建立“宝宝成长档案”、举办“儿童亲子课堂”、开展“快乐亲子活动”，为社区家长提供全方位的早期教育服务，促进早教的推广与深化。

【考察曙光社区危房情况】　2019年4月9日，长沙市住房和城乡建设局党组成员、副局长杜湘晖，长沙市城市人居环境局危改处处长陈碧红到朝阳街道曙光社区视察危房情况。芙蓉区副区长刘宪，芙蓉区住房和城乡建设局党组书记、局长朱卫东，副局长陈纲要，芙蓉区城市人居环境局副局长黄兵，朝阳街道办事处主任罗希奠等陪同视察。杜湘晖实地察看曙光小区01、02栋房屋，由于房屋建于20世纪50年代末，建筑时间长，出现屋顶破损漏水、房屋内墙脱落裸露等情况，给居民生命财产埋下安全隐患。杜湘晖指示，加强对老楼危楼的安全管理，一方面要巡查日常化，确保居民的生命财产安全，另一方面对群众反映的房屋安全隐患的线索和苗头，认真对待，做好生产安全应急预案与其他紧急突发事件的处理，相关部门结合实际采取相应措施。

【朝阳街道文明创建工作调研】　2019年4月11日，市文明办副主任丁德喜带队，就朝阳街道申报市级文明标兵单位情况进行现场座谈，区委宣传部副部长、文明办主任刘彦等陪同。朝阳街道党工委书记易德文就朝阳街道近年文明创建工作进行汇报。自2007年被评为长沙市文明单位以来，街道开展了一系列创建活动，打造了一批以孝文化街、诚信文化街、手绘公益广告宣传阵地、五一东村社区精神文明高地、睦邻综合养老服务中心为代表的特色品牌，并整合辖区志愿服务队伍，建立“大爱朝阳”志愿者联盟，以志愿服务打造精神文明“新名片”。丁德喜对朝阳街道文明单位创建的亮点工作表示了肯定，并对文明标兵单位建设工作提出了指导性的意见和建议。

【“5·29”计生协会会员日主题活动】　2019年5月24日，由区卫生健康局、区计划生育协会主办，朝阳街道办事处、朝阳社区承办的“生育关怀，我们与你在一起”暨“5·29”计生协会会员日主题活动，在朝阳社区凯通国际城文化广场隆重举行。长沙市卫健委党委委员、市计生协会常务副会长胡平，长沙市计生协会专职副会长陈刚，芙蓉区人大常委会副主任罗尔曼，芙蓉区人民政府党组成员、副区长梁汝岚，芙蓉区人民政府副县级干部王勇，朝阳街道党工委书记易德文参加此次活动。活动对4支优秀志愿者团队、22名优秀志愿者、31名优秀护士、3名最美护士进行表彰，向20名计生困难家庭赠送慰问物资，20名计生特殊困难对象捐赠“爱心服务包”。活动现场还设置了义诊区，为居民测量血压血糖和进行视力、听力检查等，发放宣传免费两癌检查资料100余份。

【五一东村社区“两型”创建工作调研】 2019年9月26日，湖南省“两型”委宣教联络处处长李红卫，省“两型”委宣教联络处调研员刘少健，市“两型”办副主任李新华一行到朝阳街道五一东村社区实地考察“两型”示范创建工作，芙蓉区发改局副局长冀超，朝阳街道党工委副书记刘紫陌，街道办事处副主任艾丹等陪同。调研组一行先后查看了社区科普室、宣传栏、党建文化广场、大型活动相关资料及老旧小区油烟管道改造情况。重点了解五一东村社区垃圾分类的工作运行情况，并听取了社区负责人关于打造“两型”示范社区所做的具体工作情况介绍。调研组肯定了五一东村社区在两型宣教工作及社区生活垃圾分类工作方面所取得的成绩，并指出社区要在“两型”工作现有的基础上，进一步扩大“两型”宣教的影响力，提高居民生活垃圾分类的参与率，打造具有特色亮点的“两型”社区品牌。　（龚倩妮）

五里牌街道

【概况】 五里牌街道位于芙蓉区中部，东起五里牌铁路二桥，南以五一大道、人民中路为界，西至韶山北路，北以八一路、远大路为界。下辖五里牌、火车站、燕山街3个社区，辖区面积1.26平方千米。有家庭户5752户、常住户籍人口1.62万人。全街在职在编人员55人。2019年，五里牌街道紧扣“品质提升年”主线，持续推进强党建、提品质、惠民生“三大工程”，不断强化项目驱动、聚力集约发展、深化精细治理、打造和谐街区。街道持续保持“湖南省卫生计生依法办事示范窗口”“湖南省安全生产示范街道”“长沙市综合治理平安街道”称号。

街域经济。以袁家岭、火车站两大商圈为支撑点，推动五一路城市综合体、佳兆业和擎天广场等楼宇招商工作，引进湖南砂石产业、湖南怡佳环境等5家规模以上企业入驻，填补楼宇空置面积2500余平方米；破解友阿总部搬迁难题，引进海底捞等知名餐饮入驻，打造网红美食打卡地。域内有国营企业19家、民营企业707家、个体工商门店3862户。全年完成区级税收6931万元，房产税1900万元；实现固定投资26亿元；完成限额以上社会消费品零售额1.71亿元、限额以上批发业企业销售额27.57亿元、规模以上其他营业收入4.26亿元、高新技术产值4.91亿元；新增“四上”企业17家。

城建城管。实施“项目强街”战略，爆破拆除旭华、省农行综合楼。一个月内完成蒸菜街地块380余户私房、14户自管产单位5万平方米房屋前期摸底调查工作，为中邮产业创新中心项目顺利实施提供保障。新楚·敬天广场于10月中旬复工，佳兆业广场顺利封顶，启动招商预售。创新打造“城管+”网格管理新格局，全年开展市容市貌联合整治170次，处罚各类城市乱象400起；拆除晓园大厦楼顶历史违规广告牌800平方米；拆除晓园路障碍花坛200平方米。以“三供一业”移交提质改造为契机，在朝阳一村、燕山小区、科技厅等区域新增停车位200个，利用潇湘国际二期闲置土地新增临时性停车场60个，缓解中心城区停车难题。投入经费32万元，新增垃圾分类桶600个，全年开展垃圾分类宣传活动80场，实现垃圾分类全覆盖。

公共安全。依托晓园党建文化主题公园，打造“安全生产文化长廊”和安全生产智慧宣传平台，全年开展各类安全生产宣传教育活动17场次；组织辖区单位开展安全培训演练52场次。依法行政处罚生产经营单位16家，取缔非法违法生产经营门店5家、违规小作坊和“一桌餐”4家。落实“五包一”维稳制度，化解涉军群体、司法强征和长岛饭店企业改制等遗留矛盾12起；发挥基层党组织调解作用，全年受理民事纠纷260余件，调解成功255件，调解率98%；受理各类“12345”市民服务热线233件次，办理率、回访率100%，辖区案发率同比下降20.4%，全年零进京上访、零重大事故发生。

公共服务。在燕山街社区提质改造的基础上，打造“同心同德”同心社区。加强街道日间照料中心、社区居家养老服务站无缝对接，在火车站社区引入“好女儿志愿服务中心”，燕山街社区联合湖南活力老人俱乐部打造“U我养老”合作站，扩大辐射范围，让辖区老年朋友老有所养，老有所乐。开展“五帮扶”活动，对辖区428户特困群体进行走访摸排，筛查建立特殊困难群众档案49户，发放慰问金10.96万元。全年发放高龄津贴87.84万元、残疾人两项补贴33.28万元、灵活就业社保补贴33.12万元、计划生育扶助资金702.20万元，社会保障普惠民生。

区域党建。街道党工委下属党支部30个，其中“两新”组织党支部18个，机关和社区等党组织12个，直管党员596名。全年培训入党积极分子13人、发展预备党员14名、转正党员9名。按照党支部“五化”建设标准，改建升级社区党群服务中心。拓展晓园党建文化主题公园内涵，打造“党性教育+精品教育基地”，开设“微剧场”，其中由“中国好人”叶小兰事迹改编的微情景剧“白兰花”获“学习强国”推介。以芙蓉先锋共同体项目为抓手，与省商务厅、省文联、市残联等单位区域共建“365管家”党建大联盟，实现党建引领、多元共治的小区服务全覆盖。

社区建设。街域内3个社区均属于长沙市典型的老旧社区，由于过去房改及办公地新迁，遗留问题多，基础设施差，居民生活品质不高。2019年，街道以“三供一业”改造为契机，对燕山街老宿舍区和朝阳一村等开放式小区进行“微循环”改造，完成朝阳一村和鸿飞大厦巷水改、电改等硬件提质，新增和规范停车位260余个，安装家庭油烟净化器420余台，完成锅炉低氮改造13台，疏通清洗化粪池30余个，老旧小区面貌焕然一新。燕山街社区被评为长沙市提质提档工作示范社区；火车站社区被评为长沙市和谐社区。

存在的问题和困难。地处长沙市老城区中心地段，基础设施差，遗留问题多，处理难度大；辖区人口密集，流动人口多，城市管理乱象易反弹；缺乏相应的“人才机制”，工作人员流动性大，留不住人才。

【旭华大厦和农业银行综合楼爆破拆除】 2019年1月20日凌晨，街道与市治安支队、区直相关部门、社区、专业公司等500余人通力协作，采取“微量装药、分段起爆”的方式，爆破拆除旭华大厦和农业银行综合楼。旭华大厦和农业银行综合楼建于1989年，坐落于五一大道韶山路口东北角，友谊商厦东侧。西侧建筑为旭华大厦，东侧建筑为农业银行综合楼，两建筑中间为伸缩缝，总面积约2万平方米。农业银行综合楼高62.3米，16层，为长沙有史以来实施爆破拆除的最高楼房。

【五里牌街道文联服务中心揭牌】 2019年1月25日，街道与湖南省文联签订芙蓉先锋共同体合作协议，湖南省文联党组成员、副主席唐贵平和五里牌街道党工委书记石峰为该项目的启动进行揭牌，其旨在通过免费为青少年讲习书画课，进行书画美术考级指导和培训，构建全区域统筹、多主体联动、各领域融合的“芙蓉先锋共同体”，形成区域化党建和社会治理阵地联用、资源联享、治理联抓的“一盘棋”。

【火车站社区“先锋故事汇”草根宣讲团成立】 2019年2月14日，火车站社区党委结合辖区实际情况，依托党建品牌“先锋故事汇”，邀请社区教师、老党员、铁路老劳动模范等各行各业的“草根”市民，成立“先锋故事汇”草根宣讲团。宣传团利用社区周边党建教育基地，就近开展学习教育，实现党性教育不用去“远方”。通过在修业小学湘江评论旧址“溯初心”、在晓园党建主题文化公园红色步道“寻初心”、在长沙车站铁路党史馆“悟初心”，增强党员干部的“初心”体验，草根宣讲团在群众、社会的大平台中进行贴身的新风尚教育，受到居民群众一致好评。

【五里牌街道“春风行动”招聘会】 2019年2月28日，由街道承办的“春风送岗稳就业·精准扶贫惠民生”主题招聘会在长沙火车站广场前坪举行。该次招聘会吸引中国人寿、蓝思科技、云南白药等用工诚信企业40余家，涵盖电焊、机修、喷漆、销售、会计、行政管理、平面设计师等10个门类招聘岗位，提供就业岗位需求2500余个，吸引1000余人到现场求职，现场达成意向用工协议300余人。

【五里牌街道新时代文明实践所（站）成立】 2019年3月5日，街道新时代文明实践所（站）挂牌成立。街道新时代文明实践所由街道党工委书记担任所长；3家社区新时代文明实践站分别由社区党组织书记担任站长。其旨在结合“芙蓉先锋共同体项目”，通过围绕“我们的节日”“好女儿志愿服务”“我家的移风易俗”等12个“文明实践365”志愿服务项目，以文化人、淳风化俗，深入传播文明理念、弘扬社会主义核心价值观。该所（站）全年开展《长沙市文明行为促进条例》宣传活动、“我们的节日”移风易俗等志愿活动90余场次，丰富了辖区居民群众的精神文化生活。

【朝阳一村扫黑除恶暨“黄赌毒”专项清查行动】 2019年4月12日，街道联合辖区公安、工商、城管及社区等多部门，出动50余人，对辖区内“黄赌毒”聚集地火车站社区朝阳一村进行突击清查。在前期走访摸排的基础上，五个行动小组分工明确，直奔指定目标，短短3小时就完成21家“按摩店”的清查，查封关停16家门店，捣毁5家涉黄场所，下达了10份《限期责令整改通知书》，严厉整治了辖区“黄赌毒”不正之风。

【君子文化进社区活动】 2019年5月10日，社科普及主题活动周——君子文化进社区活动在长沙晓园公园举行。该次活动由湖南省社科联指导，湖南省君子文化研究会、芙蓉区委宣传部主办，五里牌街道办事处、晓园公园管理处承办。活动现场省社科联党组成员、副主席胡卫箭为湖南省君子文化研究会授牌“湖南省社会科学普及基地”。活动以“礼赞中华人民共和国，奋进新时代，建设新湖南”为主题，通过文艺展演、书画展览、中华传统文化讲座等形式，为社区群众带来了一次别开生面的社科文化体验。

【“中国好人”“环保达人”开讲垃圾分类】 2019年6月2日，在第48个世界环境日到来之际，街道携手绿色潇湘首席讲师、“环保达人”张运和与“中国好人”叶小兰，共同走进居民楼栋开展“环境保护我先行·垃圾分类我能行”主题宣传活动，吸引百余名党员群众参与。为确保垃圾分类工作有实效，街道还在辖区发放生活垃圾分类指导手册1500余份，垃圾桶600余个。同时在垃圾分类试点楼栋朝阳一村46栋开展垃圾分类积分兑换活动，鼓励居民参与，营造垃圾分类“人人有责、人人参与、人人受益”的良好氛围。

【“我和我的祖国”千人同框留影活动】 2019年10月1日，为庆祝中华人民共和国成立70周年，街道联合所辖燕山街社区、火车站社区和五里牌社区3个社区集中看完振奋人心的阅兵仪式直播，开展走入群众身边“我和我的祖国”千人同框留影活动。在所辖区域内，随机邀请了不同年龄层次，不同职业的1000名群众进行同框合影，并留下了珍贵的视频影像。合影群众包括年过花甲的老奶奶、彬彬少年、辖区老党员、志愿者、退伍军人、“中国好人”叶小兰、坚守工作岗位的保安、环卫工人以及外地游客等不同身份的人，与祖国共同庆生。

【微情景剧“白兰花”在晓园开演】 2019年10月11日，街道联合辖区芙蓉先锋共同体单位结对打造的由“中国好人”“好女儿”叶小兰事迹改编的微情景剧“白兰花”在长沙晓园公园开演。故事中，

2019年6月2日，“中国好人”“环保达人”走进居民楼栋开展“环境保护我先行·垃圾分类我能行”主题宣传活动　　五里牌街道　供图

"好女儿"叶小兰放弃年薪10余万的白领工作，毅然做老年护工，用小善传递无私大爱，弘扬中华民族孝老爱亲的传统美德。晓园微剧场深受群众喜爱，获"学习强国"《新湖南》等多家媒体推介。改变过去的传统的授课模式，将授课教室由室内搬到室外，旨在通过讴歌不同领域、不同行业先锋模范人物的感人故事，将核心价值观传播到党员群众心里。

【取缔校园周边"三无"食品和无证餐饮】 2019年10月17日，街道召集街道市场监管所、派出所、行政执法队和燕山街社区等部门，出动30余人，专项检查辖区内香格里精英幼儿园、东晖小学、大同小学、燕山小学等校园周边80多家餐饮店和食品店，整治无证无照、销售"五毛""三无"食品等现象。该次行动，查处并取缔人瑞潇湘国际大厦内2家无证无照小餐饮，同时对住改商和油烟扰民等问题进行整治并遏制，震慑了非法经营行为。

【火车站社区"年代照相馆打卡"活动】 2019年10月30日，火车站社区开展了一系列以"金秋喜乐会"为主题的孝老敬老活动，包括为老人庆生、爱心送餐、送精品党课、开展垃圾分类趣味活动等。其中"年代照相馆"成为最具人气的打卡点，热水瓶、煤油灯、黑白电视机、永久自行车……独具特色的复古场景布置引发居民们集体回忆，活动现场退休党员鄢健欢还为老人们提供免费的摄影和冲洗照片服务。照片虽小，但承载的情浓，传递的爱厚，促使辖区孝老爱亲良好家风蔚然兴起。

2019年10月11日，微情景剧《白兰花》在长沙晓园公园开演，受到市民群众喜爱

五里牌街道　供图

【晓园路和包支付示范街】 2019年12月9日，街道依托辖区晓园党建文化主题公园人流量大的优势，打造全长420米的晓园路和包支付宣传一条街。通过发放宣传折页、摆放宣传展板、定期举办活动等多种方式，从商场到公园、从写字楼到居民宿舍、从机关办公楼到社区服务中心进行广泛宣传，为和包支付APP的下载和运用打下良好的基础，得到了广大经营业主和消费群体的支持，实现了晓园路51家门店和包支付收款二维码到位率100%，打造"长沙市和包支付示范街"。

（邓　洁）

马王堆街道

【概况】 马王堆街道位于芙蓉区中部偏北，东北临浏阳河，南与东屯渡街道毗邻，西与火星、湘湖两街道接壤。下辖马王堆、滩头坪、古汉城、九道湾、新桥新村和火炬6个社区（筹备组）。辖域面积3.88平方千米，域内有家庭户数1.1万户，户籍人口3.3万人，常住人口3.1万人。街道在职在编人员56人。2019年，街道以"守初心、担使命"主题统领全局，坚持党建引领展现新作为，街道办事处机关离退休党支部被评为长沙市示范性"五化"党组织，街道被评为长沙市无偿献血先进单位，街道"社区学校"选送的《马王堆漆器》获评全国优秀乡土课程。

街域经济。2019年，域内经营法人及产业单位2238家，个体工商户7565家，高新认定单位数5家，"个转企"14家，新增"四上"入库单位19家。街道实施实体经济二级台账档案化动态管理，完成全国第四次经济普查辖区经济清查、城镇住户和劳动力抽样调查等工作。优化营商环境，深化"最多跑一次"改革，实时更新楼宇信息平台入驻企业动态信息，成立楼宇服务站，新建长城万悦汇，打造红橡国际广场、华泰律政大楼为专业楼宇，提升晚报报业大厦、佳兆业时代广场、湘城时速风标的楼宇品质，实现楼宇企业注册本区率95%。2019年完成区级财税收入1.21亿元，规模工业总产值1402万元，固定资产投资42.48亿元、限额以上零售额5.2亿元，限额以上批发额10.76亿元，规模以上其他营业性服务业营业收入6.1亿元，高新技术总产值14.9亿元，高新技术贸易合同额1000万元。完成招商引资市外境内到位资金9.75亿元。

城建城管。年内，妥善处置火炬村、新桥村拆迁安置及相关遗留问题，完成火炬村清产核资、电力“专改公”工作，火炬高层安置项目一期4幢完成验收及回迁工作，二期5幢、三期2幢高层住宅分别进入外墙施工作业和主楼结构施工阶段。完成火炬村1～2片生产安置用地集体变国有土地的手续和招商引资工作，确定九道湾9个居民小组生产安置用地与开发商联合开发，进入办理国土规划手续阶段，完成同鑫家园隐患综合整治并启动产权办理工作。社会投资项目富力园康基坑底板建设、保利体育产业园进场施工等工作相继完成。推进电信花园、省邮、市邮小区的“三供一业”提质改造工作。年内，处置数字案件8505件、区网格化考核案件3188件，结案率100%。开展环保综合整治行动300次，拆除违规伸缩雨阳棚和废弃烟囱558处，治理裸露黄土1053平方米，办结中央、省环保督察交办案12条，迎接市集中考核5次，8月排名全市第五。铲除闲置菜土用地70.23平方米，取缔违法经营货运物流13家，查处21家无证汽修店，完成202家油烟净化器整改安装，联合执法269次，办结区督察农贸市场案件118个，督促整改“门前三包”履职不到位446次。摸排辖区物业管理情况，处理相关投诉案60条。辖区垃圾分类实现全覆盖，持续深化“河长制”工作机制，接受市对区河长制工作检查考核5次，并在2月、6月和8月考核中全市排名第一。

公共服务。强化暖民惠民服务力度，传统佳节助困1080户，发放慰问金47.33万元及340套慰问物资。促进居家养老体系建设，为18户低保特困老人申请适老化改造项目及提供政府购买居家养老家政服务，按时发放域内753位高龄老人津贴。开展摸排走访“五帮扶”工作，为64户困难家庭发放救助金9.5万元，为残疾人提供辅具和就业岗位，办理残疾人爱心卡193张，每月发放补贴2.22万元。奖励计生特别扶助对象28人。7月中旬成立行政审批窗口，推进“一次事一次办”改革，建立“优化营商环境‘一站式’服务”平台，新增商业主体310户，一次性办结行政审批事项13件。生育证办理、妇幼保健、计生免费技术服务、卫生计生执法监督、家庭医生社区签约宣传服务工作完成100%，无偿献血270人次。

公共安全。综治工作创新社会管理，建立9个“互联网＋群防群治”服务站，依托“星城园丁”APP ，形成群防群治网络，治安案件同比下降11.1%。排查化解拆迁安置历史遗留问题引发的各类事件，落实“五包一”稳控措施，稳控重点人员300余人，受理信访件147条，调处民事劳动合同纠纷4起，邻里矛盾调解22例。推进“扫黑除恶”专项斗争，开展大型清查专项行动4次，抓获黄赌毒人员177人，办结中央督导组重点督办扫黑除恶案9件。落实社区在册戒毒（康复）154人日常尿检帮教工作。排查整改出租户和重点场所隐患47处。开展食品安全专项督察活动，排查整治16家食品药品生产经营单位存在的安全卫生和规范使用管理问题。全区域内开展小餐饮“透明厨房”提质改造，在辖区农贸市场、农改小区等重点场所开展保健食品专项整治行动，率先开展食品安全快速检测进社区、进市场，组织辖区6个社区定期开展健康证办理进社区、市场、门店等便民服务活动。全年开展联合执法检查223次，发出责令改正通知书86份。加大对市级“沁园夜市食品安全示范街”的规范化管理，实现全区考核总成绩名列前茅的目标。年内基本完成大王庙综合整治工作，开展安监联合执法29次，排查隐患47处，全年未发生安全生产事故和突发事件。

区域党建。街道党工委直属党支部31个，党员997名，全年培训31名入党积极分子，发展新党员12名。指导火炬社区筹备组完成党组织换届及软弱涣散党组织摘牌摘帽工作。开展非公有制企业组织摸底工作，撤销“两新”党支部1个，新成立“两新”党支部1个，指导9个“两新”党支部完成换届选举工作，联合“芙蓉先锋共同体”成员单位及滩头坪社区“5180”法务工作站为社区在职党员提供法律援助，湖南擎天建设工程有限公司党支部被评为2019年度芙蓉区非公有制经济组织和社会组织红旗党支部。处置网络舆情40余条，全年未发生重大网络舆情事件，在区级媒体发表稿件150余篇，市级媒体报道190余篇，省级媒体报道150余篇，中央级媒体报道10篇。

社区建设。街道所辖社区立足街区基础，以“一社一品”为理念，打造优质品牌，延伸品牌文化内涵。滩头坪社区整合资源成立“5180”法务工作站，打造区优生优育指导中心，获得“长沙市最具人气社区公共服务中心”称号。马王堆社区借助“汉道文化”“邻有爱”社工服务项目形成公众参与、社会协同新局面，社区的提质提档项目工作经验入选《长沙市社区提质提档工作指引》。新桥新村社区结合“何立伟工作室”建设廉政文化基地。九道湾社区利用统战资源成立同心法律服务站，获得“芙蓉区同心社区”称号。

存在的问题和不足。社会治理创新不够，服务水平有待提升，信访积案化解成效不明显，遗留问题处置力度有待加强；城市建设相对滞后，城乡环境亟待改善。

【扫黄打非活动进校园】 2019年1月9日，滩头坪社区联合大同第二小学全校师生共同开展主题为“扫黄打非”的宣传手抄报竞赛活动。该活动挑选出49幅优秀作品，评出一、二、三等奖并利用学校“体育大课间”的空闲时间，举行“颁奖典礼”，向师生宣传“扫黄打非”知识并邀请在职党员与未成年人志愿者变身“扫黄打非”卫士，向辖区居民宣传相关知识。

【楼宇党群服务中心党建引领文化活动】 2019年2月28日，滩头坪社区在楼宇党群服务中心读书阅览室开展主题为“励志心愿瓶——中国梦亦是我们的青春梦”的励志读书交友联谊活动。活动分为“阅·世界”“Hi·生活”2个社团，内容涉及红色阅读、人文历史、科技创新、职场提升、心灵解压和红色健康荟，吸引7家企业负责人、党员和员工代表20余人参加。该活动发挥党建引领文化发展的作用，坚定企业党员群众“跟党一起创业”的信仰和目标，使楼宇党群服务中心成为楼宇白领的“文化加油站”。

【马王堆社区家庭互相服务工作交流】 2019年3月13日，马王堆社区召开主题为“三社联动”“邻有爱”家庭互助服务项目经验交流会，邀请湖南农业大学人文社会科学学院龙欢、王肖静老师现场指导，广州市成长动力社工机构（包括3名来自香港的资深督导）到现场交流学习。交流会上马王堆社区党总支书记文军彪详细介绍自2016年4月以来，马王堆社区通过引进社工组织与社区合作，共同服务于民的政社分工合作模式和经验，实现社会治理和公共服务创新“共赢”，同行者社工机构总干事刘希与广州市成长动力社工机构代表分别介绍了各自在“本土”服务的经验：只有社工与社会组织实实在在解决居民们最关心、最迫切的问题，才是让“三社联动”取得成功的关键。广州市专业团队表示要学以致用，让“三社联动”（以社区为平台，社会组织为载体，社会工作专业人才为支撑并实现三社互相支持协调互动的过程和机制）三方共同努力服务于民的模式结出硕果。

【公共法律服务点挂牌成立】 2019年3月26日，芙蓉区司法局副局长唐君在省电信花园小区全民健身活动中心为滩头坪社区10个“小区公共法律服务志愿点”授牌，标志着滩头坪社区公共法律服务点成立。湖南省律师协会理事、芙蓉区人大代表袁维民，国家法官学院湖南分院讲师团、街道司法所所长侯远龙参加授牌仪式。国家法官学院湖南分院讲师团宣布将派遣5位具有实力的讲师进驻社区“5180”法务工作站，成为社区特邀调解员，将法律知识普及至居民日常生活中，引导群众增强法治观念，树立法治意识，依法解决各类涉诉涉法问题，共同打造特色“法制社区”。

【正版书籍护苗活动】 2019年4月23日，滩头坪社区联合芙蓉区文体新局、大同第二小学开展“绿书签暨正版书籍护苗”专项行动，活动介绍了“扫黄打非”“绿书签”“正版书籍护苗”专项行动的内容和意义，学生们可凭借绿书签享受购正版书籍的优惠价格，倡导青少年尊重创意、支持正版、拒绝有害出版物，推动正版文化出版物的传播及社区文化市场的繁荣和有序发展。

【营商环境优化宣传活动】 2019年4月29日，马王堆街道联合税务局、马王堆商会在滩头坪社区开展“营商环境优化宣传活动”。邀请国税局浏阳河税务分局书记李安安、局长杨兆昆现场解答“营改增”“新个税”等税收政策，活动通过税收知识有奖问答及发放宣传资料等环节，让参与活动的百余企业代表和群众了解了税收知识、减税降费政策，为营造良好的营商环境提供了政策支持。

【家庭医生签约宣传服务活动】2019年5月23日，马王堆街道在九道湾社区公园开展“家庭医生义诊签约服务及计生协会会员日”宣传活动。邀请芙蓉区卫生健康局党委书记、局长刘顺泉参加，并为街道健康宣讲团授旗，活动以家庭医生签约团队宣讲比武和个性化签约服务情景剧的形式，让辖区居民更好地了解家庭医生签约服务的意义，有利于转变计生卫生服务模式和服务理念，该次活动现场签约50余人，健康咨询50余人，免费义诊60余人。

【滩头坪社区考察交流】2019年6月24日，台湾劳动党副主席、劳动人权协会执行长王娟萍率考察团到滩头坪社区考察交流社区建设与基层工会工作。湖南省委统战部黄埔军校同学会秘书长陈胜，区统战部副部长张德林，区总工会副主席黄家旺等陪同考察。滩头坪社区主任郭斯斯向考察团介绍了社区基本情况及社区建设和基层工会工作，王娟萍也介绍了台湾的社区建设和基层工会的现状，双方以互动交流的方式就社区工作、职工权益维护等问题进行探讨和分享。王娟萍十分赞许滩头坪社区各项工作，表达希望通过考察交流互相学习先进工作理念的方式，促进两岸一家亲，实现融合发展情的愿望。

【“初心”“使命”主题宣讲会】2019年12月13日，街道党工委在省审计厅开展“不忘初心，牢记使命”主题教育党课培训活动，邀请区委讲师团讲师谢晓棠和长沙市“五老”金牌讲师团讲师肖光兰为全街200余名党员授课。活动分讲师授课和党员分组讨论两个环节，谢晓棠结合党的十九届四中全会精神，以开天辟地、敢为人先的首创精神，坚定理想、百折不挠的奋斗精神，立党为公、忠诚为民的奉献精神为主线溯初心讲使命。街道党工委书记姜舟将党课理论与工作实际及百姓实事相结合，与党员们一起分享，交流互动，把“初心”“使命”主题教育及全会精神传递到广大党员群众中，让大家学习身边典型、坚定理想信念，勇于承担使命，全心全意为人民服务。

（欧阳金慧）

荷花园街道

【概况】荷花园街道位于芙蓉区中腹要地，辖区东起万家丽路与东屯渡办事处相邻，西至东二环与朝阳办事处相邻，南达人民路与高桥办事处相邻，北抵远大路与火星办事处相邻。面积2.36平方千米。下辖东方新城、杨家山、德政园、荷花园、东郡、荷晏、恒达7个社区。家庭总户数1.49万户，户籍人口5.5万人，常驻人口3.92万人。街道在职在编人员64人。2019年，街道围绕“凝聚全街干部职工合力，努力开创全街新局面”工作中心，以实现“经济活力强街、人居魅力美街”为目标，各项事业发展呈良好态势。街道团工委获评“湖南省五四红旗团委”称号，司法所被评为“湖南省司法所工作表现突出单位”，街道办事处获评“市文明标兵单位”称号。

街域经济。对辖区企业采取网格化管理，并延伸出“三入四问”工作法，即：入网格、入楼栋、入企业，问工作、问效益、问困难、问想法。全年解决实际问题40个。2019年，街道完成固定资产投资12亿元；完成限额以上商贸业社会消费品零售额1.43亿元，同比增速22%；完成限额以上批发销售额32.83亿元，同比增速22%；完成限额以上服务业8.34亿元，同比增速23.03%；完成招商引资内资18亿元，实际到位外资4500万美元，完成区级税收1.28亿元。完成联网直报新增任务21家。现有商务写字楼4幢：百纳广场、湘域相遇、湖南国际商务中心、旺德府大厦，商住楼3幢：东方芙蓉，中庭国际，蔚蓝天空。完成重点楼宇内企业更新83家，现有楼宇入驻率100%。引进区级税收100万元以上企业12家。街道7个社区均纳入社区公共服务中心，设立综合服务（统计）窗口，配备专职统计员，专业指导企业报表，按时按量准确无误地完成平时各项统计、调查工作，联网直报率100%，名录维护1846家，录入企业278家。

城建城管。建立城市管理三级网格15个，二级网格7个，全年开展整治行动50余次，劝导和整治店外经营820家。接收和处置数字化平台案卷7300余条。拆除违章户外广告招牌、小灯箱及发光字48处。采购鼠药500余千克并发放到全街2600余家门店。彻底清理小区楼道杂物和东二环、远大一路、万家丽中路、马王堆中路、荷花路沿线两厢堆物810余车，清除小区牛皮癣3万余处。开展垃圾分类宣传大型活动21次，发放宣传资料7000余册，开展社区党员志愿者活动14次，发放垃圾桶1000个，设置小区垃圾分类宣传指示标牌500块。

公共安全。根据《街道夯实企业主体责任年活动方案》和《2019年街道安全生产“打非治违”工作方案》的要求，开展“防事故　保安全”宣传活动，发放宣传资料1210份；开展特种作业领域“打非治违”清缴行动，对无证作业的电工进行安全教育和行政处罚；与辖区建筑行业企业和装修工地负责人签订安全责任书40份，安全检查110次，下达《责令限期整改文书》18份。报送安全生产信息46篇，其中安全芙蓉38篇、省级媒体5篇、市级媒体3篇。深化平安建设，在密集区张贴《关于依法严厉打击黑恶势力违法犯罪的通知》700张，发放宣传册1.25万份，设电子显示屏16块，发放《致广大群众一封信》1.4万份、扫黑除恶专项斗争基础知识手册420份。开展禁毒宣传活动14次。对15名邪教组织人员、99名在册吸毒人员建立常态管控机制。

公共服务。全年新增出生人口491人。办理一孩证、二孩证、再生育证428本，发放计生政策性资金24.05万元。组织1110名辖区妇女开展“两癌筛查”和妇科体检。为500户特扶家庭和独生子女家庭办理保单，其中24人得到10万元的保险理赔。春节前慰问低保家庭60户，特困家庭417户，军属家庭35户，援越抗美人员30人，未就业下岗志愿兵48人，未就业自谋职业士官10人，其他困难家庭232户，发放慰问金58.11万元，慰问物资800份。全年慰问80岁以上高龄老人602人，完成辖区2026名70岁以上老人意外保险的购买，办理65岁以上老年人证102本。为6名困难家庭子女申请慈善助学，助学金2.5万元。全年慰问残疾人物质5.18万元，161名残疾人领取“两项补贴”37万余元。全街有低保户66户110人，每月发放低保费5.79万元；门诊慈善助医215人次，救助金额21.5万元。办理“就业创业证”256本，灵活就业社保返还办理人数125人，享受金额44.45万元；零就业家庭动态就业援助100%。

区域党建。街道党工委所属党组织61个，其中街道机关和社区党组织9个，“两新”党组织52个，直管党员1172名，培养入党积极分子24名，发展预备党员14名，转正19名。聘请长沙市城市人居环境局党组成员、副局长黄家兴为街道大工委兼职委员，参与城市基层党建工作；中润能源管理有限公司党支部书记闵伏林、万众和社区服务管理有限公司党总支书记黄跃佳入库芙蓉区“红色CEO”智享汇；成立旺德府楼宇联合党委，为楼宇企业提供政策咨询和各项服务。联合片区单位开展片区督察行动4次。试点推行“逆向派单制”，以荷晏社区为试点的三个网格收到问题件18件，经督办处理后，解决民生问题18项，开展效能督办5起。

社区建设。各社区坚持以群众满意为宗旨，打造文明和谐幸福家园。东方新城社区与辖区单位签订共建协议，共同参与老旧街巷提质提档改造，社区在2019年新建的未成年人特色广场“童心广场”，打造的美德故事主题特色街巷，均为居民们提供了休闲交流沟通的平台，改造一新的社区服务大厅为居民提供更好更快捷的窗口服务，“让居民服务活起来，让老旧小区靓起来”得到了实现。2019年，东方新城社区被评为“湖南省和谐社区”。杨家山社区根据辖区内有地铁、长株潭城际铁路、京广铁路“三铁合一”的特点，以“减少灾害风险，建设安全社区”为目标，多措并举提升防灾能力，全年开展救护知识宣传和救助技能培训6次，同时，社区每季度都组织对小区出行环境进行整治，将社区内的消防设备增置或及时更换，驻区单位和居民群众的灾害应急救助水平得到提高，环境得到改善。2019年，杨家山社区获评“全国综合减灾示范社区”。

存在的困难和问题：历史遗留问题较多，涉及面较广，处理难度大；老旧小区多，改造任务重。

【东郡社区开展未成年人志愿服务活动】　2019年1月18日，东郡社区组织辖区志愿者在社区开展“圆梦彩虹　爱心陪伴”的绘画活动，邀请辖区小朋友及家长共同参与。活动通过带领小朋友走进彩虹课堂，争当小小志愿者，将制作好的绘画作品进行义卖，并将义卖款捐赠给脑瘫儿童的方式，引导孩子们更加热心公益。该次活动得到家长们的一致好评，社区开展的公益文化活动，能让家长陪伴孩子们一起动手助人为乐，使家庭沟通和生活教育方式得到提升，也让越来越多的人加入到“圆梦彩虹，爱心陪伴”的文化活动当中，一起关爱社会上需要有帮助的人，同时也为孩子们提供展现才华的舞台。

【“好家训 好家风”送“春廉”活动】 2019年1月23日，荷花园街道纪检监察第三片区开展“好家训、好家风”送“春廉”专题活动，200余人参加。在腐败行为易发期，街道纪工委通过“清廉过春节”书画征集、送春联等廉政警示活动，提前划“红线”，打好“预防针”，预防和杜绝发生在群众身边的不良之风，确保廉洁过节。

【基层党员集中春训】 2019年3月22日，荷花园街道党工委组织街道机关党员干部、离退休支部党员、社区直管党员、“两新”党组织党员、入党积极分子等500余人在长郡芙蓉中学大礼堂开展2019年基层党员集中春训暨2018年度基层党组织组织生活会集中学习活动。该次春训内容实、学员多、效果深，不仅是全街基层党员的一次自我学习和自我教育，更是一次党员干部政治素养的提升。

【扫黑除恶宣讲会】 2019年3月27日，荷花园街道纪工委在荷晏社区举办“认清黑恶势力主动检举揭发”宣讲会，70余名党员参加。街道纪工委把开展摸排深挖，扫黑除恶专项斗争作为整治群众身边腐败问题的一个重点，强化监督、铁面执纪、严肃问责，冲破“关系网”、打掉“保护伞”，让黑恶势力无处遁形。现场党员签订《党员干部不参与涉黑涉恶承诺书》，表示将以身作则，号召身边群众共同摸排涉黑涉恶线索，主动检举。

【长沙市首届雷锋传人先进事迹报告会芙蓉区专场】 2019年4月19日，长沙市首届“雷锋传人 长沙榜样”先进事迹报告会芙蓉区专场暨荷花园街道新时代文明实践所授牌启动仪式在长郡芙蓉中学礼堂举行。有古稀之年在社区绽放最美夕阳红的“慈娭驰”池凤英、用勇敢与善良书写当代青少年担当的周美玲、一辈子传播雷锋精神的雷孟宣、扶贫帮困不忘初心的“小蜜蜂”杨士泉在报告会上讲述自己传承雷锋精神、为人民服务的典型事迹及初心。学生们表示：“72岁的奶奶还可以坚持学雷锋，做好事，在以后的生活中我们也会用更多的行动向榜样致敬，向雷锋学习”。

【应急救护进社区】 2019年7月18日，德政园社区携手芙蓉区红十字会举办“应急救护进社区”主题活动。辖区居民群众、青少年及家长等近60人参加。活动详细地讲解了中暑、溺水及意外伤害的急救处理、创伤救护等知识，重点讲解了夏季游泳防溺水及紧急情况的处理技能以及心肺复苏、现场应急救护技能。增强了居民群众遇突发事件的应急处理能力，能够及时进行自救、互救，避免出现意外。

【社区建设特色工作调研】 2019年9月10日，湖南省民政厅基层政权和社区建设处处长廖剑波一行到街道调研社区建设特色工作，芙蓉区民政局局长吴立平，荷花园街道党工委委员、政协联络处主任刘朝辉陪同调研。刘朝辉就荷花园街道“一社区一特色”工作情况做了汇报，荷花园街道致力打造精品街道，创新街道社区特色服务，旨在让民生工作落

2019年1月23日，荷花园街道纪检监察第三片区开展“好家训、好家风”送“春廉”专题活动

荷花园街道 供图

实、落细、落地，让群众满意。廖剑波对街道的工作表示了肯定，认为荷花园街道社区特色工作鲜明，服务群众有举措，为民办事有成效。并对社区品牌建设提出了更高标准的建设要求：加强队伍建设，着力提高社区干部的素质与能力，加速专业化人才培育；推动多元参与，搭建社区平台，推行“三社联动”，增强社区活力。

【东郡社区主题教育活动】 2019年9月23日，东郡社区组织全体直管党员、“两新”党组织党员和东郡小学全体师生在东郡小学操场开展“守初心、担使命、向国旗敬礼”主题教育活动。该次活动让所有的党员和全体师生树立起了唯有牢固树立共产主义理想信念，刻苦学习文化知识，锻炼好身体，做到德智体美劳全面发展，才能为实现中华民族伟大复兴贡献的理念。同时也浓厚了社区的党建工作氛围，为打造党建引领、和谐美丽的精品社区奠定了基础。

【调研“朝辉劳模创新工作室”】 2019年11月26日，湖南省经贸建设工会副主任、省总工会权益保障部处长陈永祥一行到街道调研“朝辉劳模创新工作室”。长沙市总工会党组成员、副主席汪中会，权益保障部部长周国安，芙蓉区总工会党组书记、副主席刘瑜，区总工会党组成员、副主席黄家旺，荷花园街道人大工委主任、工会主席刘光耀全程陪同，全国先进工作者、荷花园街道政协联络处主任刘朝辉现场介绍。陈永祥认为劳模创新工作室立足基层，创新社会管理，很好地发挥了劳模“传、帮、带”作用，增强职工归属感、幸福感，其做法和经验值得推广，希望劳模工作室再接再厉，在引领社会组织提升服务群众方面展现新作为。

【“国家宪法日”《宪法》进社区活动】 2019年12月5日，湖南省“国家宪法日宪法进社区”主题宣传芙蓉区分会场活动在恒达社区举行。湖南省民政厅党组书记、厅长唐白玉，省民政厅党组成员、副厅长游劲民，省司法厅巡视员唐世月，长沙市民政局局长陈昌佳，芙蓉区委书记于新凡，荷花园街道全体班子成员，街道社区工作人员，辖区律师事务所法律工作者、志愿者、企业员工代表等500余人参加。游劲民在致辞中指出，该次活动是弘扬宪法精神，推进国家治理体系和治理能力现代化的重要举措，国家宪法日宪法进社区活动，旨在普及宪法法律知识，引导社区居民成为宪法法律的忠实崇尚者、自觉遵守者、坚定捍卫者，为共同建设和谐、稳定、幸福社区提供坚强的法治保障。　（夏婉清）

东屯渡街道

【概况】 东屯渡街道东临浏阳河、南接雨花区、西至万家丽路、北抵远大路，下辖东屯渡、芙蓉、扬帆、嘉雨、白沙湾、金科6个社区，辖域面积2.66平方千米。域内居民户数0.97万户，户籍人口2.85万人，常住人口数5.8万人。街道在职在编人员44人。2019年，东屯渡街道围绕“党建立街、经济强街、服务兴街、稳定安街、生态优街”的工作目标，主动作为，精准发力，各项工作均取得了良好成效。街道继续保持省级“安全生产示范街道”荣誉称号，获评“长沙市基层人力资源和社会保障平台标准化建设优秀街道”“长沙市人口和计划生育工作优秀单位”“长沙市先进舆情信息报送点”等称号。

街域经济。2019年，域内有主要经济楼宇3幢，其中商务楼宇（万家丽国际MALL、世嘉国际华城）2幢，商住一体楼宇（宽寓大厦）1幢；楼宇企业271家。域内有规模以上服务业企业19家，限额以上商贸业企业20家，“五小门店”（小餐馆、小美容美发店、小旅店招待所、小洗浴足浴场所、小歌舞厅）2750家。年内，完成固定资产投资21.20亿元，为年计划的119.78%；社会消费品零售总额4.47亿元，同比增长15.73%；商贸批发额11.57亿元，同比增长11.04%；高新技术产业值3198万元，同比增长40%；规模以上其他营利性服务业企业营业收入5.38亿元，同比增长8.77%。实现区级税收5924万元。街道深化楼宇服务，成立楼宇经济发展领导小组，走访辖区重点企业196户，建立万家丽国际MALL楼宇服务站，为企业提供全方位、“一站式”服务。全年为企业解决就业服务、社保办理、政策宣讲等问题40余个，调动辖区企业、业主发展楼宇经济的积极性和原动力，相关工作获《湖南日报》专题报道。打击非法集资，对浏浏商盟、湖南智慧生态旅游两家企业开展联合执法。联合工商、税务，对宽寓大厦、万家丽国际MALL、芙蓉明珠、世嘉国际华城和辖区市场开展税源清查工作。加强与楼宇物业衔接，形成“楼宇—社区—街道”三级联动的商务楼宇管理体系。

城建城管。重点项目推进有力，在建项目“旺旺医院二期”，总投资约9亿元、总建筑面积18.33万平方米，地下负3层完成95%，地上8层完成40%。汇城东景项目总投资2.21亿元，完成地下室2层。完成塑料研究所职工小区提质改造项目，新世纪小区提质改造项目手续全部办完，项目已进入施工阶段。按照网格化管理要求，实行路段和片区责任制。处置平台案件8400条，办理行政执法案卷309个，罚款13.39万元。出动900余人次，拆除违规伸缩棚380余个。对高岭农贸市场、扬帆夜市、金科社区菜市场、扬帆水果市场和富家湾水果市场的无证经营、店外经营、违章搭建、占用消防通道等乱象，开展综合整治行动180次，做到“管理无缝隙，执法不缺位”。开展综合整治农安小区、建筑工地和河道环境周末大清洗活动30余次，出动环卫清扫员4900余人次，街道、社区和居民志愿者1500余人次。物业管理融入网格化管理中，形成街道、社区、物业和业委会合作共管新模式。完善治河体系，构建河长、河段警长、民间河长、监督员、巡查员和保洁员的“三长三员”体系。每月检查东屯渡泵站和亭子港泵站，每日巡查排口情况。保障“中华龙舟大赛芙蓉站”活动期间河段整洁有序。专项整治河堤共享单车乱放、河滩垃圾和绿化带堆物问题。线上线下开展“蓝天保卫战”宣传，自制并下发宣传手册、张贴通告800余份。完成辖区13台燃气锅炉低氮改造任务。推进垃圾分类工作，全年投放分类垃圾桶2550个，垃圾分类宣传活动65次，知识讲座25次，发放宣传手册、折页、倡议书1.8万份，建立干湿垃圾分类站点、分拣中心、大件垃圾暂存点和建筑垃圾暂存点，配齐垃圾分类基础设施设备，实现垃圾分类设施全覆盖。

公共服务。全年向588户困难群众发放慈善救助金和春节慰问费32万元。城市特殊困难群体“五帮扶”工作，到位60户，发放金额21万元。社会救助532人次，发放救助金32.4万元。为75名残疾人发放重残两项补贴14.8万元。打造“社区、医养、学习、旅居”系列为老服务平台，为全街1087名70岁以上老人购买人身意外保险。申报社保补贴人数256人，金额135.4万元。完成小额贷款110万元。办理“就业创业证”155本，年审1185本。街道政务大厅实行“一站式”办理，推行“一件事一次办”。构建“12345”市民服务热线两级办理平台，全年受理热线工单884起，办结830起，工单回复满意率99.6%。建立街道、社区两级退役军人服务，采集退役军人信息904人，悬挂光荣牌815块。常住人口、流动人口数据统计及计生奖扶政策得到落实，开展两癌筛查、孕前优生对象随访、产前筛查、爱心助孕、药具管理等妇幼服务工作，计生协会“5·29”会员主题活动发放宣传资料1.4万余份。组织无偿献血250人次。升级家庭契约服务为“健康契约、爱心契约、医疗契约”模式，为居民提供连续动态的健康管理和精准帮扶服务，建立居民健康档案1.36万份。

公共安全。采取“送训进企业”的方式，到生产一线进行安全生产培训教育，加大安全生产信息员队伍培训和管理，联合交警开展安全知识进校园活动。在各级媒体刊登安全生产信息70余篇，发放安全生产温馨提示1万余份。开展安全生产专项检查，整改东屯渡社区公园木质景观腐烂、富家湾海鲜市场消防通道堵塞和高岭小区坍塌深坑隐患。组织辖区食药门店开展食品安全培训4次，参与人数1400余人次。加大食品安全执法打击力度，组织联合执法行动6次，参加人员80余人次。全年立案查处食品药品经营单位违法违规行为14起，罚没金额3万元，移交食品药品涉刑案件2起。完善安全事故应急救援预案，为“中华龙舟赛”“湘港”高铁参访等重大活动的顺利保驾护航。全国“两会”“中华龙舟赛芙蓉站”比赛、中华人民共和国成立70周年大庆等特殊时期，化解防控不稳定因素10个，处置群体性事件2起。司法调处各类矛盾纠纷56起，涉案金额420万元，调处成功率100%。

区域党建。街道党工委所属党组织49个，直管党员982名。打造“浏河赤子心”党建品牌，开展“铭记入党初心，传承忠诚军魂”“奉献聚合力，服务暖人心”“红星服务践初心，党群同心庆国庆”系列“浏河赤子心”党建活动。开展“不忘初心、牢记使命”主题教育。组织片区协调会3次，片区案件联审会议4次。选派党建指导员对“两新”党组织进行指导。开展志愿服务项目

12个，活动30余次。街道和社区工作全年在媒体报道的有650余篇，其中央媒体24篇，省媒体226篇，《长沙晚报》等纸质媒体55篇，在“芙蓉之窗”发布稿件350余篇。

社区建设。探索农安小区居民自治新模式，东屯渡社区枫树小区成效显著，解决农安小区治安、绿化和停车等20个问题，做到反映问题、收集问题和解决问题的渠道畅通。安装监控摄像头10处，提升辖区安全系数。停车位从82个增加至120个，停车收费盈余1.6万元，东屯渡社区被评为“长沙市文明社区”。金科社区获评“长沙市提质提档先进社区”“长沙市两型创建单位”。

存在的问题和困难。东屯渡街道辖农安小区较多，在物业管理、环境卫生、居民治安等方面的管理问题较为突出。街域内金融业、科技信息业等高回报企业占比极小，经济发展支柱性产业少。（朱子焕）

【春风送岗稳就业】 2019年3月8日，由长沙市人社局、芙蓉区人民政府主办，芙蓉区人社局、东屯渡街道、金科社区承办，东屯渡街道工会联合会、长沙农村商业银行新科支行协办的“春风送岗稳就业 精准扶贫惠民生”专场招聘会在金科社区举行。62家企业参加，提供就业岗位3500个，发放宣传资料800余份，初步达成就业意向103人。该次招聘会为用工单位与求职者搭建了沟通桥梁，解决了辖区部分失业人员的就业与再就业问题。

（师冬玲）

【市委第二提级交叉巡察组到东屯渡街道巡察】 2019年3月12日，市委第二提级交叉巡察组到东屯渡街道召开工作动员会，启动对东屯渡街道党工委及金科社区党委为期2个月的巡察。巡察组组长龙志忠，芙蓉区委常委、纪委书记、监委主任王长陵出席会议，巡察组全体工作人员、东屯渡街道全体干部职工、社区负责人、“两代表一委员”、退休老员工等80余人参加会议。会上，龙志忠做动员讲话，整体部署安排巡察工作。王长陵提出街道如何配合巡察工作具体要求。街道党工委书记聂海宗作表态发言。

（李晨昕）

【基层党员集中学习】 2019年3月29日，东屯渡街道召开2019年度基层党员集中春训暨2018年度基层党组织组织生活会，全街近400名党员参加。湖南省委党校、湖南行政学院哲学教研部副主任杨振闻授课，对《中国共产党支部工作条例》进行了解读。党员代表分享党员故事并宣读《党员参与扫黑除恶专项斗争承诺书》，观看扫黑除恶动漫视频。该次学习帮助党员进一步领悟党的新思想、新政策、新要求，党员党性修养和业务素养得到提高。

（黄明明）

【“浏河赤子心”党建品牌启动】 2019年5月30日，东屯渡街道启动“浏河赤子心”党建品牌建设，打造“一个社区一个品牌”，形成6个社区矩阵式发展，提升基层党建水平。芙蓉区委常委、组织部部长何溪桥，街道党工委书记聂海宗共同宣布启动“浏河赤子心”党建品牌建设，“雨后彩虹”爱心协会也在该次活动中宣布启动。“浏河赤子心”党建品牌的启动，进一步创新党建引领基层治理工作的新模式，将更好地助力经济发展、凝聚党群合力。

（丁蕾向蕊）

【退役军人服务站工作调研】 2019年7月5日，湖南省退役军

2019年5月30日，东屯渡街道启动“浏河赤子心”党建品牌建设暨党员志愿服务进社区活动

东屯渡街道 供图

人事务厅党组书记、厅长唐勇一行4人到金科社区调研退役军人服务站工作。长沙市退役军人事务局党组书记、局长荣爱华，芙蓉区退役军人事务局局长梁卫，东屯渡街道办事处主任虞正等陪同调研。金科社区退役军人服务站作为东屯渡街道创建示范点，为退伍老兵提供再就业、信息采集、困难帮扶等全方位服务，通过组建退役军人党员先锋队、打造“老兵工作室”、组织红色旅游、参与抗洪救灾等方式凝聚老兵合力，为社会治理发挥余光余热。唐勇肯定金科社区退役军人服务站的工作，要求进一步完善退役军人档案，确保退役军人的各项权益落实到位，要及时化解各类矛盾纠纷，促进社会和谐稳定。

（李晨昕　陈　娟）

【金科社区基层文化建设】2019年8月21日，青岛高新区党群部副部长刘琳一行5人到金科社区参观基础文化建设。芙蓉区文旅体局副局长胡敬容、区文化馆馆长彭晖，东屯渡街道金科社区党委书记陈永珍陪同参观。陈永珍介绍，金科社区高度重视基层文化建设，精心打造浏阳河展馆等基层文化阵地，并通过元旦游艺会、书香阅读等一系列文娱活动，丰富广大人民群众的文化生活。刘琳表示，该行的目的在于学习借鉴基层文化建设的经验和做法，对于文化建设要抓住关键，加大宣传力度，密切联系群众，以点带面，推动社区基层文化事业进步。（李晨昕　孔　艳）

【嘉雨社区党建工作调研】2019年10月9日，长沙市委组织部组织指导处处长田劲一行4人到嘉雨社区调研城市基层党建工作，市委组织部组织指导处副处长吴益彬，市住建局物业管理处副处长孟乡，芙蓉区住房和城乡建设局党委副书记、副局长高利欢参加调研，东屯渡街道党工委副书记周南等陪同。嘉雨社区着力夯实基层党建堡垒，以党建为引领探索社区治理新路子，打造“文化养老”平台，利用“先锋议事”机制，搭建密切联系群众的“桥梁纽带”，双管齐下做好群众服务与社区治理工作。田劲强调，社区要继续结合实际大胆创新，总结好经验好做法，探索城市基层党建支部设置标准化、组织生活正常化、管理服务精细化、工作制度体系化、阵地建设规范化，发挥党组织在城市提升、基层治理等主题工作中的引领作用。（谢京芸）

【物业管理工作调研】2019年10月11日，长沙市住建局党组书记、局长王伟胜，芙蓉区住建局局长朱卫东一行8人到东屯渡社区调研指导物业管理服务工作。东屯渡街道党工委书记聂海宗、东屯渡社区党委书记孔亮等人陪同。调研组肯定社区和小区物业携手管理服务的做法，解决了小区治安、绿化和停车难等问题，并根据实际情况提出意见：物业公司与小区党支部携手，发挥党员先锋模范作用，打造规模化、特色化服务亮点，整合利用小区周边学校、餐饮等资源，提升居民获得感、满意度，营造出“文明和谐、美好宜居”的小区物业环境。（李晨昕　苏　盼）

【“安全生产法”宣传周暨冬季安全宣传活动】2019年12月5日，东屯渡街道承办的芙蓉区《中华人民共和国安全生产法》宣传周暨冬季安全宣传活动在万家丽国际MALL广场举行，300余人参加活动。长沙市应急管理局副调研员王大政，芙蓉区政府副调研员徐德进，芙蓉区安委办主任、应急管理局局长黄革，东屯渡街道党工委书记聂海宗等出席活动。活动表彰了芙蓉区“安全芙蓉”优秀通讯员6名，精心设计了安全生产有奖知识竞答环节，用真实案例为在场群众普及安全生产法律法规和安全知识常识，提高了辖区居民的安全意识。

（朱子焕　王玘依）

【垃圾分类进楼宇】2019年12月25日，东屯渡街道在万家丽国际MALL楼宇服务站组织开展垃圾分类进楼宇活动，东屯渡街道相关负责人、万家丽国际MALL入驻单位负责人和企业白领等近千人参加活动。活动现场，工作人员向参会人员详细普及了垃圾分类相关知识，进一步增强了楼宇白领群体的环保意识。

（朱子焕　刘　佳）

火星街道

【概况】火星街道西起二环线，东至古曲路，南接远大路，北至古汉路，辖区总面积2.76平方千米，街道在职在编人员56人；下辖凌霄、月桂、紫薇、曾家坪、陶家山、兴和6个社区，域内居民9051户，常住人口2.95万人，户籍人口1.07万人。2019年，火星街道围绕“品质提升年”战略目标，夯实党建品牌、冲刺经济指标、优化城市建设、提升群众福祉，获评“长沙市综治工作优秀等次街道”“长沙市信访工作‘三无’街道”“长沙市先进舆情信息报送点”等称号。

街域经济。全年实现区级税收9100万元，完成房产税1050万元；完成全社会固定资产投资20亿元、招商引资10亿元、线上零售额7.5亿元。重点项目恒大珺悦府和东盈商业广场写字楼均已竣工销售；古汉国际写字楼入驻率99%以上；蔬菜批发市场地块项目、火星棚户改造项目正在办理前期手续。优化营商环境，全年访企业260家、个体工商户800户，收集问题56条、解决25条；组织相关业务培训，为市场招商出谋划策，营造良好的营商环境和投资创业环境。

城建城管。“垃圾分类”工作全面覆盖，组建7支党员志愿者宣传队伍，完成近万户垃圾分类入户宣传，月桂社区作为垃圾分类示范社区，率先完成分投、分运、分拣流程，干、湿分站建设，实现每月湿垃圾减量70～80吨。10月，街道通过市、区两级全覆盖验收。对海鲜市场、农贸市场开展专项整治20次，完成市场下水道、路面等区域局部整改，海鲜市场方投入74万元对近千平方米的破损积水地面进行整治改造，街道安排巡查队员对市场周边的市容秩序进行管控，取得良好成效。“蓝天保卫战”每周一调度，加强大气污染防治（控尘）工作，严控恒大珺悦府、地铁5号线马王堆站工地扬尘、噪声。

公共服务。全年发放慰问金334万元，其中慰问80岁以上高龄老人328人，发放慰问金54万元；慰问低保、特困、残疾、优抚对象等614户，发放慰问金280万元。全街干部走访联点居民1.52万次，为居民提供帮扶资金31.44万元，收集群众诉求119件，办结率100%。全年办理一孩证157本、二孩证150本、多孩证9本；发放计划生育特别扶助奖励（失独、伤残）48万元，独生子女保健费5.42万元，计划生育低保家庭2.26万元；打造“健康管家”，让居民在家门口享受到高质量的卫生健康服务。组织85家单位开展现场招聘，提供就业岗位843个，达成就业意向265人次。零就业家庭援助18人，零就业家庭动态就业援助完成率100%；推荐失业人员就业379人，完成任务基数的113%。

公共安全。为汽配城安置小区引进“智慧用电”项目，通过智能传感终端采集、上传电气线路实时运行数据，实时在线监测隐患信息并将信息推送给用户，通过预警方式告知安全员出现的安全隐患，根据用户允许进行远程断电，实现隐患“早发现、早预警、早治理”，居民已通过手机APP发现6次用电预警，并及时排除了火灾隐患，避免了安全事故的发生。加大稳控工作力度，对15名重点人员落实“五包一”责任制，实现“三零”目标。开展安全生产隐患排查159次，发现安全隐患256处，整改256处，整改率100%。全年办结各类信访件126件，涉及人员78人，办结率100%。

区域党建。结合“不忘初心，牢记使命”主题教育，在与湖南师范大学搭建“讲习夜校”的基础上，首推“新思想进社区”品牌，用“完善市场监管和执法体制”思想解决执法队与城管办在拆迁工作中存在的管理、执法、主体责任认定之间的矛盾，使难点问题变成了亮点特色。根据在市场中“更好发挥政府作用的思想”，健全农贸市场管理长效机制，对全街农贸市场整治工作进行常态性普查，杜绝脏乱差现象反弹。开展“新思想案例讲评赛”，聚焦于街道社区城市管理、医疗教育、食品安全、司法调解等民生问题，提出解题方案。全街党员干部走访居民5930户，收集、解决群众诉求58件，报道火星街道的《新思想润泽百姓》在《长沙晚报》头版刊发。深化“火星清风侠”品牌建设，通过“火星党风政风监督随手拍”“互联网+监督”的方式，在化解信访问题、案件线索提供等方面发挥了很大作用。有两条线索在“清风侠”楼栋长的宣传和劝告下，当事人主动将违纪违法行为报社区纪检专干。全年有25篇介绍“清风侠”特色工作的文章被《湖南日报》《三湘风纪》采纳。通过党建“翼联”活动将国有企业党组织和“两新”党组织实现互补，共同建设古汉国际广场联合党委；推进“联席会议制度”落实，加强政府与企业之间的沟通，主动为企业提供优质服务，为北纬文旅公司融资700万元；为湘图传媒提供业务接洽2例。

社区建设。月桂、凌霄、紫薇三个社区以“芙蓉先锋共同体”为载体，与省教育厅、省残联、北纬文旅、新南天置业等单位签订共驻共建协议，实现“条块联动、组织联建、党员联管、活动

2019 年 6 月 13 日，街道举办“火星清风侠”一直在路上系列活动

图自区委办

联谊、资源联用、服务联做”的六融合机制，紫薇社区在新南天打造非营利性“古汉餐吧”，解决 1500 余名白领的中餐问题。兴和社区党建联盟“连心送学涨知识，不忘初心记使命”志愿服务活动被中国文明网首屏报道；“我和我的祖国”百米画卷活动被中国文明网“学习强国”等媒体报道。各社区以“新思想进社区”为契机，将新时代文明实践站志愿服务队伍融合，吸纳辖区内企业单位等社会资源、社会力量加入，建立涵盖退休干部、“两新”组织等在内的 6 支志愿服务队。

存在的问题和不足。街道安置小区多，基础设施陈旧落后，外部环境整治难度较大；商务楼宇少，经济发展后劲不足；工作创新有待加强，缺乏品牌引领。

【火星地区人大代表视察东盈广场项目】 2019 年 1 月 9 日，火星街道人大工委会组织地区 9 名人大代表到曾家坪社区视察东盈广场项目。东盈广场总经理戴求明就东盈广场的建设情况作简要汇报，东盈广场于 2017 年开始建造，2018 年完成 2 幢公寓、1 幢写字楼的建设工作。2019 年公寓全部售罄，写字楼仍在招商中。希望街道能够在宣传推介东盈品牌、引进商家入驻、完善配套设施等方面给予支持。火星街道人大工委会主任李泰辉代表地区人大代表对东盈后续建设工作提出建议：做好“顶层设计”，明确东盈商圈的商业定位、客户群体和消费实力，提升楼宇魅力，有针对性地开展招商活动。着重引进一批有实力、有口碑、有人气的品牌，提升写字楼与商场的综合吸引力。并表示，争取区街两级支持，拉通周边市场，联通马王堆陶瓷城、汽配城做好商业辐射，争建辖区“大商圈”。

【火星街道庆元宵活动】 2019 年 2 月 19 日，由芙蓉区纪委监委主办，火星街道纪工委承办的“迎新‘廉’·庆元宵”暨“火星清风侠”活动在聚美酒店举行。街道党政班子成员、全体干部职工、社区工作者、“火星清风侠”成员、居民群众等百余人参加。活动现场播放了街道纪工委精心录制的视频，数十名“清风侠”为大家讲解“纪言纪语”，火星“清风侠”是一支聚集了街道、社区在职党员与居民党员的党风政风监督队伍，通过随手拍等“互联网 + 监督”方式，将纪检监督的触角延伸到每一个角落。京剧表演《花好月圆》、歌舞《人间第一情》、合唱《我和我的祖国》等节目依次上演，让现场观众沉浸在歌舞魅力中。该次活动让老百姓在欢度佳节的同时，加深了对传统文化和廉政文化的认同。

【保护知识产权暨优化营商环境活动】 2019 年 4 月 26 日，由火星街道新时代文明实践所举办的“尊重知识产权，倡导诚信建设”世界知识产权日暨优化营商环境主题宣传活动在新南天古汉国际广场举行，活动现场的宣传咨询台、宣传展报及文艺表演吸引了众多观众。活动现场，来自紫薇社区湖南北纬三十文旅、湖南龙行文化发展有限公司、湖南湘图传媒 3 家文创企业代表上台简短分享了各自企业通过对知识产权的保护，使得产品市场附加值以及在合资合作商务谈判中的地位得以提升，企业经营更为安全的宝贵经验；火星街道新时代文明实践所负责人为社区“文明实践 365”志愿服务队授旗，志愿队代表表示要为辖区企业开展保护知识产权宣传培训、法律咨询等志愿服务活动，为辖区企业营造优质的营商环境，让“尊重知识、崇尚创新、诚信守法”为核心理念的知识产权文化深入人心。

【古汉国际广场文创大楼党建工作调研】 2019年5月6日，湖南省委组织部部务委员、省委“两新”工委书记梁平一行到火星街道古汉国际广场文化创意大楼，调研楼宇党建工作及文化创意企业。湖南省委“两新”工委办公室主任蔡文辉，长沙市委组织部副部长、市委“两新”工委书记、市委基层办主任杨俊等参加，芙蓉区委书记于新凡，区委常委、区委办主任易新宇，区委常委、组织部部长何溪桥，火星街道党工委书记吴正华、办事处主任欧转等陪同。梁平一行实地参观了湖南北纬三十文旅股份有限公司、一点资讯湖南运营中心的党建文化阵地。随后，北纬文旅企业创始人杨国林就公司发展历程、“一机四轮”的业务体系、企业党建工作的心得体会等作了汇报。梁平表示，党群服务中心为楼宇员工打造了集休闲、学习、娱乐“三位一体”的文化阵地，不仅便利了企业员工的自我“充电”，更促进了楼宇内部企业的沟通交流,为实现街道“共驻共建共享”打下良好地基。梁平还强调，城市基层党建是一张网，街道社区与辖区企业要互联互动、共建互补。

【凌霄社区垃圾分类倡议互动活动】 2019年5月17日，火星街道凌霄社区开展“垃圾分类我先行 保卫蓝天我签订”的文明实践活动。凌霄社区同心广场上，社区党员志愿者及“凌聚力”志愿服务队志愿者们，广发环保宣传册，号召大家在垃圾分类倡议板上签署自己的名字，以此表达自己践行垃圾分类的决心。活动现场，居民朋友们参与互动，将自己在日常生活中对某些分类不清的垃圾提出疑问，志愿者热情解答，一问一答，调动了居民群众参与垃圾分类的热情和积极性。以互动和倡议的形式，让居民了解垃圾分类的重要性和“垃圾分一分，环境美十分”的好处。

【曾家坪社区“周三有约”党建联席会】 2019年6月以来，火星街道曾家坪社区推出“周三有约”党建联席会，该活动在每月最后一星期的周三举行，主要以曾家坪社区党总支为引领，以锦绣中星小区党支部为主导，召集社区律师、专业社工、小区物业、业委会代表等共同协商解决小区问题，创建多方参与治理的宜居小区环境。在“周三有约”党建联席会上，小区党支部将收集的问题进行梳理，诸如：小区宣传栏破旧、位置偏僻，小区车辆多、车位少等一些生活中的难事。各方代表据此发表看法，归总意见报社区进行整体安排解决。为保证工作落到实处，在下一次“周三有约”党建联席会上，各群体代表汇报解决问题进度和居民反馈情况，会后对解决情况进行公示，让居民共同监督。“周三有约”活动，让全民参与共治，携手共建美好和谐家园。

【调研街道党建工作】 2019年7月16日，长沙市委副秘书长、市委宣传部副部长、市委网信办主任莫小佳一行到火星街道调研新南天古汉国际广场及湖南北纬三十文旅股份有限公司的党建工作。芙蓉区委常委、宣传部部长伍艳飞，火星街道党工委书记吴正华等人陪同。莫小佳一行先后到新南天古汉国际广场、湖南北纬三十文旅股份有限公司，了解党建工作、文化建设等情况，听取相关情况汇报。莫小佳对古汉国际广场、北纬三十文旅有限公司的党建工作给予肯定，并对企业抓好党建工作提出要求：重视和加强党的组织领导班子建设，选用热心党务工作，具有党务工作经验和能力的人员担任；重视和加强党的组织网络建设，使党的基层组织随公司业务的发展而壮大；重视和加强制度化、规范化建设，不断完善健全民主生活会制度，发挥基层党组织的战斗堡垒作用。

【垃圾分类工作调研】 2019年9月9日，长沙市人民政府副市长刘明理等一行到火星街道调研月桂社区垃圾分类工作，火星街道党工委书记吴正华，办事处主任欧转等陪同。 刘明理一行仔细察看月桂社区垃圾定点投放点、回收柜等相关设施运转情况，玉禾田集团长沙区域负责人王妥介绍垃圾分类工作开展情况，街道和社区负责人汇报当前垃圾分类在居民群众中的知晓率、实际参与率以及政府投入和实施分类等相关情况。刘明理充分肯定街道和月桂社区垃圾分类工作的成效，对下一步垃圾分类工作提出要求：推迟湿垃圾最后的分拣时间，保证湿垃圾桶洁净无异味；继续推行智能回收机积分兑换礼品的做法，以激励居民自觉养成垃圾分类的良好习惯；各类垃圾要有专门的处置方式，分类后的湿垃圾、有毒有害垃圾、可回收物等，不能与干垃圾进行混装混运，确保垃圾分类工作落到实处，造福老百姓。

【绘写“中国梦”爱国绘画活动】　2019年9月22日，火星街道兴和社区组织开展以“传承红色教育、绘写中国梦”为主题的爱国绘画活动。社区的党员志愿者以中华人民共和国成立70周年为切入主题，与小朋友们一起分享祖国发生过的一件件令人自豪的大事及众多激动人心的时刻：2008年的北京奥运会、2016年的G20杭州峰会、中国女排以及中国高铁制造等。志愿者们与小朋友一起探讨国家强大背后的诸多不易，并引导小朋友思考自己能够“为国家做什么”“长大后干什么”等。经过一番热烈的讨论之后，小朋友独立自主地在画纸上绘制出属于自己的“中国梦”。该次活动将爱国教育主题活动与中国梦（个人梦）紧密结合，极大地增强了社区青少年的社会责任感和自豪感。（刘夏娃）

东岸街道

【概况】　东岸街道位于芙蓉区东部，北以远大路为界与马坡岭街道相邻，东与湖南省农业科学院相邻，西南以浏阳河为界与东屯渡街道相邻。下辖东屯、杉木2个村，东宜、隆平公园、望龙、黄泥塘、东瑞5个社区，农机站、堤委会、红十字医院3家事业单位，东岸建筑公司、东大门市场2家直属企业单位。辖域面积4.45平方千米，域内居民5972户，户籍人口数1.51万人，常住人口近3万人。街道在职在编人员65人。2019年，街道以“正党风、淳民风、树新风”活动为抓手，夯实党建基础、推进项目建设、促进产业转型、优化民生服务、强化社会治理，完成了各项目标任务。街道被评为“市级文明单位”、财政所获评“市级星级财政所”称号。

街域经济。辖区内有商务楼宇2幢，各类企业1136家，个体工商门店4242家。引进长沙启运房地产开发有限公司、长沙芙茂置业有限公司等4家重点税源单位，新建南益名仕花园、旺德府万象时代、中国铁塔湖南分公司总部建设等5个项目。申报民生工程生鲜农贸市场1个。实现年度税收3.57亿元，完成全社会固定资产投资48.15亿元，限额以上商贸社会消费品零售总额5909万元，限上批发企业销售总额1.82亿元，服务业其他营利性营业收入6052万元，规模工业总产值2.99亿元，科技高薪产值5.09亿元。招商引资省内境外到位资金11.54亿元，外贸进出口额25万美元，新增“四上”企业8家。

城建城管。启动杉木村“城中村”一期改造，完成滨河路二期延长线的拆迁工作以及滨河路五标各项扫尾工作。旺德府·万象时代、温州商贸城停滞十余年，于2019年4月开工建设。南益·名士豪庭、时代印记、金茂·建发观悦、东雅中学、张公岭消防站、中交3、6号地项目启动，其中金茂·建发观悦、时代印记项目当年摘地、当年销售。完成中交5号地、东屯村12号地块等12个项目扫尾，腾地近33.33公顷。优化营商环境，建立主要负责人联点重点项目制度，全年走访企业100余次，解决问题50余件。辖区餐饮门店新装油烟净化器10台，覆盖裸露建筑垃圾及裸露黄土地块50余处，面积近8万平方米。取缔14家散乱污企业及加工作坊。依托城管数字化平台建立了城管问题处置“清零快车”，处置各类数字化案件5000余起。落实“河长制”“路长制”。拆除历史违建60余处，拆违1.8万平方米。利用“草根讲堂”对社区骨干、物业人员、家庭主妇、青少年儿童等人群进行垃圾分类工作普及推广，5个社区垃圾分类均通过市级验收。

公共服务。落实社区办公用房6000余平方米，筹建东瑞社区，成立社区筹备工作小组，完成办公用房和装饰装修工作。完成东驿体育公园、东云台幼儿园、东宜社区综合文化中心、人民东路公厕、马坡岭小学5个“一圈两场三道”项目改造。东宜社区制定“订单式”就业扶持方案，与隆平科技园、星沙工业园的单位建立用工联系制度，培训人数127人。“五帮扶”工作帮扶特殊困难群体78人，发放慰问款项15万元。解决市民物业投诉50余起。全年办理“12345”市民热线工单210件。家庭医生签约5047人，其中重点人群签约3858人，老年人健康体检管理1872人。开展“连心行动”走访居民户3848次，解决群众诉求188件。举办芙蓉区文化科技卫生“三下乡”集中示范暨“我们的节日·春节”主题活动。

公共安全。全年接待来访群众280人次，网络信息平台办理各类信访回复159起。调处各类民事纠纷26起，涉及金额185万元。解决重点信访个案4户，特护期信访对象零进京上访。全年县级领导检查联点村（社区）安全生产工作24次，街道党政领导检查123次，摸排300家门店，取缔4家无证陶瓷加工厂，清退所有烟花门店。办理简易处罚案件24起。全年安全生产零事故，巩固“省级安全生产示范街道”创建成果。完成中华龙舟赛（长沙·芙蓉站）等重大活动的安保工作。开展食品安全专项整治行动30余次，取缔“黑窝点”“黑作坊”5家。完成小餐饮提质改造30家，幼儿园及校园“明厨亮灶”工程完成17家。

区域党建。东岸街道党工委下设4个党总支，24个基层党支部，5个“两新”党支部，3个小区党支部，28个党小组，有直管党员618人，2019年新发展党员8人。全年开展“讲习夜校”集中培训5期，“三问三比”思想大讨论50次以上，工委书记带头讲党课，班子成员每季度到联点社区（村）讲一次课，共上党课40次，主题教育相关做法在市委第八期简报刊发。《优化营商环境推动项目建设“店小二”跑出项目建设“加速度”》在《湖南日报》报道；相关工作在全国网站正面报道10次，省级媒体报道116次，市级媒体报道35次。新增2个基层党支部：东瑞社区党支部和芙蓉区两岸青年文化产业孵化基地党支部。

社区（村）建设。2019年，东岸街道各社区（村）以“正党风淳民风树新风”活动为抓手，以党建引领基层治理，完善基层社会治理政策体系：东屯村探索集体资金使用管理模式，在村务监督委员会和市场监事小组的共同监督协商下运转。隆平公园社区“两安”用地与圆康置业签订协议启动开发，居民代表大会表决通过《东岸村16周岁以下集体经济组织成员劳动力安置费领取办法》《东岸村集体经济组织成员认定起止日办法》。创建红色党建品牌：东宜社区打造“红舟驿站”，与区妇联、区红十字会医院、东岸建材、东屯小学等单位党组织结对融合，发挥“党建共同体”的效能，形成党员联管、服务联动、事务联商、区域共治的工作格局。黄泥塘社区启动“四联三亮”党建翼联合作项目，挂牌成立“红音阁”党群服务中心。东屯村依托“蜂巢驿站”宗旨，以“引领、民生、担当、公益、就业”5个品牌特色推进工作。开展各类活动：居民李五元在全国第四届“厨神在民间”社区美食烹饪展示活动中获得一等奖，游庆明家庭获评2019年长沙市“学习型家庭”。望龙社区依托市民学校、宣传长廊、文化活动中心等阵地，以“身边好人”的形式倡导居民争当“最美家庭”“最美志愿者”“好婆婆”“好媳妇”。东屯村根据地方特色将村党组织坚持30年党小组学习、民主议事、传统文化等内容编写成《三字经》，在党员群众中进行传唱。黄泥塘社区《“匠心堂”里本事多　东岸最美夕阳》被评为“长沙市优秀老年教育工作案例”；东屯村新时代文明实践站获评“市级新时代文明实践示范站”称号。

存在的困难和问题。党建引领作用不平衡，个别党组织负责人综合素质有待提高，驾驭复杂局面的能力还有欠缺。街道实体经济匮乏，税源不足且结构严重单一，发展后劲不足。历史遗留问题处置压力较大，信访问题仍比较多，维稳压力大。辖区路网、配套基础设施未能达到城区标准，城市化进程配套和开发不完善。

【章维获评“湖南好人”】2019年1月31日，2019年“湖南好人榜”1月榜单发布，东岸街道居民章维获评“湖南好人”。2018年12月2日下午16时左右，一名女大学生从长沙芙蓉区红旗路浏阳河桥上一跃而下，事发时章维和父亲正在距离这名女子约十几米的地方钓鱼。章维直接跳进水深6米的河水中，拼命游到落水女生旁边，一把捞起她游向岸边，救下这名年轻女子。东岸街道在3月19日的首期讲习夜校集中培训会上，邀请“湖南好人”章维分享了他见义勇为的事迹。

【东屯村党总支学习事迹在《光明日报》头版刊发】2019年2月9日，东屯村党总支各党小组学习事迹《一个日子改变一个村庄》在《光明日报》头版刊发。讲述了30余年来，东屯村在住房、交通、收入等方面发生的巨大变化，让东屯村每月20日晚上的党小组会议坚持30余年。通过党支部发挥战斗堡垒作用，党员争当先锋楷模，东屯村近年来获得诸多荣誉：长沙市城乡一体化示范村、廉政建设示范村、群众体育文化示范村、区级“红旗农村党支部”“两学一做”先进基层党组织。每月20日晚党小组会议，在东屯村党员心中刻记了30余年，成为东屯村人改变村庄面貌的一个“期盼”。

【东屯村基层党建工作调研】2019年3月6日，湖南省委组织部副部长蔡建和一行到东岸街道东屯村调研基层党建工作，省委组织部党员管理处处长龚颖超，长沙市委组织部、芙蓉区委组织部负责人陪同。在为期2天的调研中，蔡建和一行与东屯村党员群众进行座谈和个别交流，并进行实地考察。他指出：东屯村党建主题实践活动内容丰富，形式多样，促进了支部整体能力提升，意识凝聚，同时把重点放在了贯彻落实中共十九大精神方面，立足村情，发展集体经济有成效，明晰了东屯村未来发展的新目标和方向。东屯村党支部坚持30年党小组学习活动，既要求领会上级文件精神，又注重结合村务实际，对村内的工作每位党员都可发表自己的观点和见解，调动党员的积极性；在村务重大事务的决策上，通过党小组收集和听取意见，发挥广泛的民主，集中党员智慧，每位党员都有参与感和获得感，促进了村里各项决策和事务的顺利推进，集体经济得到不断发展和壮大。　（李新军）

【东岸街道新时代文明实践所（站）启动】2019年3月19日，东岸街道新时代文明实践所（站）暨文明实践活动启动仪式在街道大礼堂举行，东岸街道各新时代文明实践站、六支志愿服务队伍分别被授牌授旗。东岸街道结合“讲习夜校”，邀请来自湖南省国防教育讲师团的专家教授徐佐林，以“不忘初心、牢记使命”为主题授课。新时代文明实践所（站）的成立，搭建起一个集学习宣传、团体实践、展示新时代新思想新理论于一体的新平台，打通宣传群众、教育群众、关心群众、服务群众的“最后一公里”。街道结合新时代文明实践所建设，开展“文明实践365”志愿服务项目，通过“我们的节日”“保护母亲河志愿服务岗”“排队礼让”“移风易俗”等主题系列活动，以“正党风、淳民风、树新风”活动为抓手，传播文明理念、涵育文明乡风，营造文明东岸新风尚，新时代文明实践站经验材料在《湖南宣传》（2019年第9期）刊发。

【“正党风　淳民风　树新风”主题党日活动】2019年7月1日，东岸街道举行“正党风　淳民风　树新风”主题党日活动暨庆“七一”总结表彰大会，街道党政班子全体成员、机关党支部全体党员、各社区（村）两委成员、党支部书记、党小组长、“非公”党支部书记等300余人参加会议。会上，全体党员重温入党誓词，《壮丽七十年　建功新东岸》视频短片展示东岸街道的风采，湖南好人章维在活动现场分享自己的感想，情景对话《奔跑吧！杨晓琳》再现东宜社区党员杨晓玲的故事，《东屯是我家》讲述村支书带领村两委建设东屯村的故事，诗画《东岸之变》抒发居民们对东岸这片土地的热爱与眷恋，东岸建材党支部各委员带来诗朗诵《携手新十年　共圆东岸梦》。活动现场颁发了最美志愿者、44名优秀共产党员、5名优秀党务工作者、3个先进基层党组织和5个优秀党小组等奖项。

【东岸街道“亮剑”突击队成立】2019年9月27日，东岸街道“亮剑”青年防控突击队成立。街道依托“星城园丁+群防群治”APP平台，广泛发动辖区单位、居民群众参与编织治安防控网，创建以社区“民警、辅警+街道巡防队员+物业保安（以退伍士兵为主）”的治安群防模式，组建了一支20人的专业巡逻防控队伍。街道投入近20万元作为防控队后勤保障经费，统一着装、统一器械，同时为解决巡防区域面积大等问题，街道为突击队购置了10辆警用巡逻电动摩托车，让日常巡逻防控做到无死角、全覆盖。以护校安园、维稳处突、反恐防暴、巡逻防控等为主责，每周进行两次集中队列、体能、警棍术等科目训练，结合小学和幼儿园上学、放学的时间点进行护校安园，晚上集中开展巡逻防控工作。自该支队伍建立开展工作以来，辖区刑事发案同比下降18%，协助抓捕盗窃电动车犯罪嫌疑人2名，破案6起。

【望龙社区软弱涣散党组织“摘帽”】芙蓉区委组织部于10月8日批复，对望龙社区予以“摘帽”。2019年4月，望龙社区党支部被纳入软弱涣散党组织整顿范围，针对望龙社区党支部存在的软弱涣散问题，由联点的芙蓉区人民政府副区长牵头成立区、街联合小组，区直联点单位司法局局长芮岸伟任组长、区司法局党组成员、副局长徐永春任“第一书记”、街道党工委副书记尹亮、党工委委员匡艺任副组长，对望龙社区进行联点帮扶。专题讨论研究并制定具体的整改方案，多次召开专题会议，明确整改目标，任务责任上肩，细化了6项具体的整改措施。通过调整社区主职和两委成员，派驻党建指导员，推进了支部“五化”建设。

【破解望龙社区安置分房乱象问题专题调度会】 2019年10月12日，在街道二楼会议室召开整治侵害群众切身利益专题调度会，结合“不忘初心 牢记使命”主题教育，启动整治望龙社区安置分房乱象。会议要求将专项整治和主题教育相结合、与问题解决相结合，提高政治站位，以此为契机，改善干群关系和达到反腐倡廉的警示效应，研究制定专项整治方案，成立资料核查组、谈话清退组、信访组、舆情应对组，明确时间节点，破解集体资产分配和反映近10年的安置房分配乱象问题。该安置房分配乱象案件已在年内结案，依法刑拘1人，清退房屋16套近2000平方米。

（李新军）

马坡岭街道

【概况】 马坡岭街道位于长沙市芙蓉区东片，西临浏阳河，东接隆平高科技园，中有京珠高速穿境而过，又有汽车东站雄踞于此，是省会长沙对外沟通和辐射的东大门。街道下辖锦林、新安、安子岭、东站4个社区及西龙、张公岭2个村。辖区面积8.45平方千米，居民户数5474户，户籍人口数1.55万人，常住人口数3.5万人。街道在职在编人员53人。2019年，街道从突出从严治党、推进转型发展、着力民生建设三个方面推进各项工作，获得“长沙市人口和计划生育工作优秀单位”称号。

街域经济。辖区内有各类工商企业748家，商务楼宇3幢，个体经营门店1392个。2019年，完成区级财税任务4520万元，限额以上商贸业社会消费品零售额1.91亿元，限额以上批发业企业销售额8066万元，其他营利性服务业营业收入2472万元，社会固定资产投资48亿元，高新技术产值39.88亿元。推进招商引资，引入亚朵品牌酒店，引进湖南航天恒丰科技实业发展有限公司、湖南省乐商商业经营管理有限公司长沙分公司、湖南鑫州商业管理有限公司等可培植企业，为街道经济发展增添助力。东业、汇一城商圈已初具规模，将成为浏阳河东的休闲购物中心。全国第四次经济普查工作中，街道普查法人和产业单位831个，个体户5681家。

城建城管。处理城管案卷1.46万余起，城市管理数字化平台案卷结案率100%。查处店外经营、占道经营、渣土乱倒等违规行为47起，投入分类垃圾桶760个，分类桶框架7组，垃圾分类居民知晓率100%。覆盖裸露建筑垃圾及裸露黄土地块面积合约10万平方米，对闲置裸土地块播撒草籽1000千克，面积近1万平方米。推进“蓝天保卫战”工作，新装油烟净化器30台，制止露天烧柴烤火、焚烧垃圾等行为18起。组织对散乱污企业联合执法行动30次，出动工作人员800余人次，关停26家零散石材点、5家散乱污企业，实现辖区零散石材清零。落实河长制，清理罗溪港、杨家湾撇洪渠等渠道淤泥6.7千米。拆除历史违建6处，面积1.16万平方米。推进9个项目扫尾，倒房32幢、拆违5.54万平方米，高加坡加油加气站和5#-2项目征地6.14公顷，签订补偿协议26幢；营盘路三期实现协议征地，张公岭村“城中村”改造征地13.94公顷，59幢全部签订协议。

公共服务。新增城镇就业人数571人，失业人员再就业322人，发放就业社保补贴160.4万元，组织失业人员和失地农民免费技能培训94人。筹集民政专项资金、区城建投资金、区征地办等各方资金41.5万元，重点慰问辖区内百岁老人、高龄老人、拆迁过渡家庭等特殊群体，惠及困难群众880余户。为322位80～89岁老人办理高龄津贴申报，享受每月领取100元的高龄补助。发放计生慰问金37.2万元。办理“12345”市民热线工单1299件，办理个体工商营业执照、小餐饮经营、食品经营等相关证照507本。推进移风易俗，以“红船初心馆”“连心广场”等阵地为依托，开展新时代文明实践活动23场；开展校园周边环境整治，取缔无证幼儿园2家，拆除土地庙5个。

公共安全。全年接待来访群众1000余人次，受理诉求70余起。化解信访积案5起，进京上访人数同比下降77%，涉军人员无越级上访。组建民兵应急队伍，编组83人开展6次集训。全年排查较大安全隐患9处，下达限期整改文书40份，关停、取缔生产经营单位20余家，取缔存在安全隐患的各类黑作坊13家，完成小餐饮透明厨房提质改造47家。对辖区25所学校和幼儿园开展春、秋季学校周边食品安全专项检查行动，全年处理食品安全投诉82起，监督农村集体聚餐14起。

区域党建。街道党工委直属党组织27个，直管党员681名。对张公岭村软弱涣散党组织开展为期8个月的整治，完成“双述双评”区委书记点评的3个问题的整改。依托现有红色资源，推进西龙村“连心广场”、张公岭村“七彩先锋”、锦林社区“同心林”、安子岭社区“红船初心馆”、新安社区“向群服务队”等党建品牌建设。聘请4名大工委兼职委员，与“芙蓉先锋共同体”成员单位开展主题微宣讲等共建活动6次。3个社区通过区委示范化“五化”党组织验收，安子岭社区党支部获评区“红旗党组织”。全年新发展党员10名，转正13名预备党员；221名干部下到2607户群众家中收集并解决问题217条。街道党工委书记陈高峰《突出抓好五个建设　提升基层党建水平》一文在《新湘评论》刊登。建成新时代文明活动站7个，组建志愿服务队伍10支，参与志愿者1600余名。

社区（村）建设。锦林社区培育群众文艺力量，全年开展各项文化活动36次；倡导全民阅读，办理借书卡600余张，实现同城便利借阅。安子岭社区打造了长沙首个“红船精神”主题党建文化阵地“红船初心馆”，自开馆以来，接待社区党员群众、学校师生上千人次，获得市级“文明社区”称号。新安社区坚持“分类施保、特困重保、应保尽保”原则，实行动态管理，全年走访慰问帮扶活动金额13万余元，组织18名失地农民进行免费育婴师、叉车等培训，带动就业210余人。张公岭村组建新时代文明实践志愿服务队伍，全年开展“我们的节日”活动7次、学雷锋志愿者服务36次，上稿新闻媒体40次，居民张毅斌被评为“长沙好人　身边雷锋”。

存在的问题和不足。城乡环境基础薄弱，拆迁历史遗留问题多，信访压力大。域内缺乏支柱产业，税源培植困难，产业布局未形成。基层治理缺乏长效管理机制。（罗　娟）

【街道全民健身中心建设工作调研】　2019年1月17日，长沙市政协副主席、市体育局局长李平，市体育局副局长杨亿明、覃事平到马坡岭街道调研全民健身中心建设情况。副区长梁汝岚及区文体新局、城建投、园林局、马坡岭街道等相关负责人陪同。李平一行实地考察计划建设的全民健身中心，要求相关部门要狠抓落实、依法依规，进一步完善全民健身场地设施建设，满足广大群众的健身需求，为辖区内的群众文化体育活动提供良好的活动环境。（王立成）

【马坡岭街道“春风行动”招聘会】　2019年2月26日，马坡岭街道启动以“就业帮扶百姓喜　技艺传承民族兴”为主题的2019年“春风行动”专场大型招聘会。80余家本土企业，为“4050”就业困难人员、失地农民、高校毕业生、退伍军人、残疾人等重点群体提供岗位3000个，涵盖管理人员、文员、保安人员、机床操作员、计算机高等人才、普工多个类别，让百姓实现家门口、近距离就业。此次招聘会现场吸引求职者1200余人，现场达成求职意向的有300余人。（张赛萍）

2019年5月18日，中共科尔沁右翼中旗常委、组织部部长巴特尔（前右一）参观安子岭社区的“红船初心馆”　马坡岭街道　供图

【环境污染专项整治行动】2019年5月10日，马坡岭街道联合芙蓉区环保局、马坡岭街道城管执法中队，对隐蔽在张公岭村两家无证使用焦煤进行金属模具加工的小厂开展专项整治行动。该次整治行动出动人员20人，挖机1台，拆除焦炭炉子4个。街道开展为期2周的专项整治行动期间，出动执法人员300人次，车辆60台次，对辖区内大小餐饮、背街小巷门店进行巡查，开展拉网式排查15次，整改完成5家，治理散煤使用摊点10余处。

（张富强）

【安子岭社区端午传播家庭美德活动】 2019年6月4日，芙蓉区安子岭社区新时代文明实践站系列活动之"邻里互助'粽'是情，欢乐端午凝民心"端午节主题活动在东业上城小区举行，活动吸引了200余名党员和居民参与。活动中，社区对评选出的吴自成、陶明德等4户最美家庭进行表彰，宣讲"最美家庭"故事，传播家庭美德，居民们纷纷赞扬他们的孝老爱亲、热心公益等优秀品德，社区党支部书记李检红为他们授光荣牌。李检红表示，以"我们的节日·端午"为载体，通过开展群众喜闻乐见的传统佳节活动，宣扬爱国主义精神，提倡家风文明，促进移风易俗，让社区更加文明和谐。（肖　辉）

【"一圈两场三道"建设工作调研】2019年6月12日，长沙市人居环境局党组成员、副局长潘宏一行到马坡岭街道调研"一圈两场三道"建设工作。芙蓉区政府办、人居环境局、民政局、住建局、商务局、市政中心、马坡岭街道相关负责人陪同。调研组一行重点观摩以芙蓉生态新城二号安置点为中心所辐射的"15分钟生活圈"，实地察看东风小学、马坡岭街道社区卫生服务中心、东站社区公共服务中心、龟山社区文化公园、东宜万国生鲜市场等生活服务项目，随后查看浏阳河风光带的人行步道。潘宏在调研中表示，"一圈两场三道"工作与辖区百姓的生活息息相关，是一项重要的民生工程，各级各部门要坚持问题导向，把工作抓细抓实，以优质的工作成效确保群众享受便捷、高效、实惠的民生福利。

（张赛萍）

【小学生垃圾分类社会实践活动】2019年7月30日，张公岭村在社区多功能活动室开展"小手DIY垃圾分一分"社会实践活动。邀请新时代文明实践志愿者欧阳老师为孩子现场讲解垃圾分类知识。活动中，老师通过互动问答游戏环节，增加了整场学习的趣味性，在巩固大家垃圾分类知识的同时，宣扬节约能源的理念，倡导大家科学地进行垃圾分类，共创文明新生活。（朱端武）

【暑假实践活动结营仪式】2019年8月29日，锦林社区新时代文明实践站举办"雏鹰展翅"结营仪式，两个月来，锦林社区以新时代文明实践为抓手开展了缤纷多彩的实践活动，有200余名孩子报名参加，暑假期间，志愿者和社工们为孩子们服务3000人次。结营仪式简朴而新颖，锦林社区与同行者社工将两个月时光的精彩瞬间汇聚成简短视频，与孩子们一同回顾"暑期大餐"。这个暑假里，志愿者带领孩子们学知识，做手工，讲故事，实践活动专"暑"快乐奏响了新时代文明实践乐章。（杨　娟）

【创业就业技能培训】 2019年11月11日，马坡岭街道在新安社区组织举办第六届"就业技能培训班"，邀请专业讲师免费授课。该次培训紧跟当前社会需求，结合辖区内居民群众的自身特点，综合考虑往年技能培训的实际效果，有针对性地提供中级育婴师及计算机操作2门课程。培训班为期11天，吸引50名学员踊跃参加。培训结束后，由湖南省职业技能鉴定机构组织统一考试，考试合格者将获得相关资格证书。

（张赛萍）

【"黑作坊"整治行动】 2019年11月16日，马坡岭街道食安办、食药监所联合街道行政综合执法中队开展执法行动，现场取缔了三家加工猪头肉、红薯片、油炸饼的黑作坊。执法人员现场收缴猪头肉制品150千克，油炸黑作坊用油320千克，其中猪头肉交由红星市场专门进行无害化处理、油暂扣。街道办事处将食安工作列入为民办事的议事日程，加大对辖区内黑窝点、黑作坊打击力度，取缔非法生产加工食品的窝点，保证辖区内居民食品安全。

（黄宇林）

【基层党建"菜单化"培训】2019年12月11日，马坡岭街道在西龙村党委三楼会议室开展基层党组织专题组织生活会暨十九届四中全会精神宣讲会。街道党

2019 年 11 月 11 日，马坡岭街道举办中级育婴师培训

马坡岭街道　供图

政领导班子全体成员、机关支部支委委员、党小组长，各村、社区“两委”成员及部分党员代表，“两新”党组织书记 100 余人参加。该次宣讲会由马坡岭街道工委书记陈高峰主持，邀请芙蓉区“五老”金牌讲师团团长、区委党史联络组成员、“红船初心馆”名誉馆长张定浙进行授课。该次宣讲会是街道结合培训主题和党员特点，精心制定培训菜单，采取专题辅导、现场教学、主题党日等方式，在丰富菜单项目的同时，让每个党员都能听懂、学懂，增强每一位党员的归属感、责任感和使命感。（林聪婷）

东湖街道

【概况】　东湖街道位于芙蓉区东南部，东与长沙县连接，南滨浏阳河与雨花区相望，西与东岸街道相接，北隔远大一路与马坡岭街道相邻。下辖东湖村和东沙、龙马、韶光、滨湖、姚托湾、合平新村 6 个社区。区域面积 9.91 平方千米。域内居民户 9606 户，户籍人口 2.84 万人，常住人口 2.73 万人，街道在职在编人员 54 人。2019 年，东湖街道从“种业总部基地、休闲文化乐土、宜居生态家园”定位出发，深耕“隆平稻圣之家、种业硅谷之核、九曲浏河之心”区域品牌，挖掘优势资源，聚合发展力量，取得了较为显著的成绩。街道“无人机巡河”推进河长制工作，在《湖南日报》市州头条刊发。文明创建宣讲好家风好家训，其经验材料获《湖南省精神文明导刊》推介。

街域经济。2019 年，完成固定资产投资 14.66 亿元；限额以上商贸业社会消费品零售额 7.54 亿元，增长 24.2%；限额以上批发业企业销售额 7469 万元，增长 35.3%；高新技术企业产值 4.53 亿元，增长 1.0%；规模以上其他营利性服务业企业营业收入 1.03 亿元，增长 24.0%；新增“四上”企业 7 家；完成区级税收 1700 万元。推动项目建设，完成韶光变电站项目、隆平生物种业产业园项目扫尾工作；启动省农科院农业科研成果推广中心 17.13 公顷项目，推进省农科院 5.27 公顷地项目；启动长沙人寿堂养老公寓项目；协助湖南生物机电职业技术学院大王岭 5.6 公顷项目拆迁。同时，加快浏阳河文旅产业带建设，协助区直部门推进柳子明公园、红旗水库公园项目建设，持续发挥东沙井、老龙井品牌效应。

城建城管。推进“蓝天保卫战”各项工作的落实，主动争取执法部门配合协助，与公安、生态环境、农业农村、市场监督等部门形成联动，开展联合行动 100 余次，清退、关停散乱污企业 20 家，确保站点周边空气质量改善。辖区 4 台低氮锅炉全部完成改造。开展裸露土地覆盖与荒地复绿工作，复绿土地面积 4 万平方米。科学治理本级河段工作中的重点难点，常态化开展河面保洁，落实水污染防治行动计划，完成三口塘源头截污改造工程、农科院排渠清理工程、泉坝垅水库和红旗水库绿化提质改造工程，清理姚托撇洪渠渠底淤泥，水域生态环境治理取得一定成效。开展垃圾分类，投入四类垃圾桶 2100 个、分类垃圾拖车 8 台，改造分类垃圾拖车 30 台，设置大件垃圾暂存点、建筑垃圾存放点 14 个，发放家用两分类垃圾桶 6000 个、四分类垃圾桶 8000 个。以龙马社区丰裕示范小区为切入点，严把“广泛宣传、硬件投入、全面开展、逐步完善”四个关键环节，优化人居环境。

公共服务。保障民计民生，通过开展“春风行动”大型招聘

会和“就业服务进校园”等活动，提供就业岗位8500个，达成就业意向2094人次，发放创业担保贷款100万元。全年发放低保救助金69万元，节日慰问金2.12万元，慈善救助金110万元。慰问困难群众1340人次，发放慰问金60余万元，发放米油等慰问物资700余份。开展城市困难群体帮扶解困工作，急难、医疗、基本生活、就业、住房等各类帮扶42户，发放帮扶资金7.9万元。强化卫健服务，获“长沙市无偿献血组织工作先进单位”称号。梳理收集群众急需解决的问题，修整了韶光社区门前百余米道路，修建169路公交车停车坪，化解困扰居民十余年出行难题；联合供电所“点亮”老东湖路路灯，得到袁隆平院士和周边居民点赞。推进文化惠民，文化市场健康有序，文博单位保护得当，全年送电影、送图书和文化培训120余次。被评为芙蓉区老年体育工作先进单位、第五届老运会先进单位，获芙蓉区第十一届全民健身运动会优秀组织奖。

公共安全。打造综治网格调度中心，排查调解纠纷258件，摸排不稳定问题34起并及时组织化解。创建平安街道，组织开展安全教育活动22次，参与人员1200余人次，发放相关宣传资料2000余册。在人民路、红旗路、远大路设置扫黑除恶宣传阵地，向辖区居民发放宣传资料5万余份。提升安全管理水平，到辖区各生产经营单位开展联合督察50余次，出动执法人员500余人次，对不符合安全生产规定的企业实施经济处罚4.32万元。通过“东湖夜话”，开展禁毒知识进社区、进家庭，防控“套路贷”“校园贷”进高校。在校园周边进行50余次综合整治及专项整治行动，拆除各类违章搭建120余起。加强民间信仰场所日常管理，5家少数民族经营餐馆全部整改到位，辖区内宗教和谐稳定。

区域党建。街道党工委直属党组织24个，其中社区（村）党委1个、党总支2个、党支部12个，“两新”组织党支部8个，街道机关党支部1个；直管党员791人；新发展党员11人。构建“红心润东湖”党建联盟，打造袁隆平院士主题党课《小种子　大梦想》，获得全市宣讲一等奖。利用主题教育契机，活阵地、创载体，滨湖社区常态学习经验得到中央电视台新闻联播报道。开展“东湖好声音——党的声音进万家”书记创新项目，以党建为引领的“党建＋文化”、大学生社团等系列活动经常开展。推进“美丽长沙”公益联盟发展，建立完善“道德金榜”“益币兑换”志愿服务银行等考核激励机制，打造衍生出“蓝丝带”“牵手驿站”等10余个品牌。

社区（村）建设。文明创建树新风，人居环境更为舒适。东沙社区落实网格化管理，发挥志愿者作用，推动垃圾分类、移风易俗等重点工作，2019年获评湖南省“和谐社区”称号。服务管理出新招，汇集民智共促发展。滨湖社区构建事务联商、难题联解、发展共促的联动联促机制，创新“五自”工作方法（“自主提议”精准聚焦群众需求，“自主商议”培养居民主人翁意识，“自主管理”推动“众人事、众人商、众人办、众人管”，“自主监督”落实公开制度，“自由创享”挖掘资源共享成果）入选《全省优秀社区工作法》。龙马社区依托区域科研单位多、统战资源丰富的优势，开展共驻共建活动，创建市级“同心社区”。

存在的困难和问题。经济发展待提质，区域内无经济商圈，龙头企业、知名企业少，中小企业发展慢，招商引资也存在一定困难。环境整治有难度，东湖街道是典型的城乡结合部，治标多年，环境问题常反复，“死灰复燃”成难题。社会治理压力大，“城中村”改造的推进和拆迁引发的信访矛盾较多，各类隐性风险逐步显现，风险控制压力增大。

【“同心社区”创建工作调研】2019年3月29日，长沙市委统战部副部长饶福明到东湖街道龙马社区调研“同心社区”创建工作。市委统战部副调研员鲁海文，市委统战部研究室主任胡振强参加调研。芙蓉区委统战部常务副部长毛远强等陪同。饶福明一行观摩了社区统战工作展板，查看社区统战阵地建设，听取社区工作人员关于“同心社区”创建的工作汇报。龙马社区是典型的“农业科研单位型”社区，挖掘统战资源，完善组织架构，邀请袁隆平、印遇龙等担任“同心社区”创建顾问，开通“通信服务直通车”，与驻街单位共建“同心驿站”，推动“同心网格”全覆盖，激发统战对象参与社区建设的热情。饶福明指出，龙马社区统战资源丰富，统战人士众多，统战举措得当，统战品牌突出，统战工作成效显著。下一步，社区要制定更加完善的计划，采取更为有效的举措，在开展“同心”活动、擦亮“同心”品牌、凝聚“同心”力量方面做文章、下功夫，进一步推动社区统战工作开展。

【滨湖社区联合高校开展文明实践主题活动】　2019年4月2日，东湖街道滨湖社区联合湖南生物机电职业技术学院组织开展“我们的节日·清明”暨“缅怀民族英烈　不忘红色初心”新时代文明实践主题活动，社区直管党员、单位在职党员、大学生党员、居民代表100余人参加。活动播放了经典抗战剧《亮剑》中的感人画面，与会人员以集体默哀的形式缅怀悼念为民族复兴而牺牲的英烈。老党员黄超将自己收集、制作的《民族英雄烈士谱》及其他记录中华人民共和国70年发展历程的报纸新闻集捐赠给社区和学院，并现场讲述了其中的意义。与会的党员和居民深受感动。社区联合学院，组织广大师生开展网上祭英烈和主题网络文明传播活动，同时组织辖区家庭开展“讲述红色故事　缅怀民族英烈”小组活动，将《民族英雄烈士谱》进行印制，发放到每个亲子家庭。家长每天为孩子讲述一个革命先烈的英雄故事，从小培养他们的爱国主义情怀。

【“校园贷”乱象整治献计献策会】　2019年4月16日，以“合力整治‘校园贷’乱象”为主题的献计献策会以“东湖夜话”的形式在湖南农业大学文渊馆举行。湖南农业大学党委委员、副校长张立，东湖街道党工委书记尹卫东，东湖派出所所长付奇志、教导员汪敏，芙蓉区金融事务中心打非科负责人唐忠武，以及湖南农业大学部分辅导员和学生代表100余人参加。学校辅导员就工作中接触到的相关事件进行提问，唐忠武对“校园贷”的本质进行了解释，并提出了专业建议。派出所民警补充说明了“校园贷”涉及的法律问题。现场相关人员对具体疑问进行了解答，并就“如何加强对相关金融知识的掌握，提高对‘校园贷’套路的识别力；如何培育大学生正确的消费观，遇到危险或者被不法分子威胁时应该如何处理”等问题展开探讨。张立认为，整治校园网贷是一个复杂且综合的工程，需要多部门形成合力。同时，家庭教育也是其中不可或缺的一环，家长应当引导。大学生要加强学习，提高自我保护意识。形成多方合力，方能实现校园网贷行业的“正本溯源”。

2019年4月16日，“合力整治‘校园贷’乱象”献计献策会以“东湖夜话”的形式在湖南农业大学举行　　东湖街道　供图

【龙马社区“两型”工作调研】　2019年7月22日，湖南省长株潭“两型”社会建设服务中心副主任黄永忠带队到东湖街道龙马社区开展“两型”示范创建创工作调研。长沙市“两型”社会建设服务中心副主任李新华，芙蓉区发改局副局长冀超等陪同调研。黄永忠一行参观驻龙马社区单位湖南省蔬菜研究所“屋顶阳台蔬菜”“蔬菜博物馆”，实地考察社区餐厨油烟净化、垃圾分类、“两型”宣教基地建设等各项工作开展情况，随后在社区召开了座谈会。龙马社区书记刘晓凤围绕“两型”示范创建工作主要做法、建设成效、工作体会、问题和建议4个方面进行汇报。社区“两型达人”李宏告介绍其屋顶有机蔬菜种植、废油利用的发明专利，现场展示了他发明的自动浇灌花盆。社区垃圾分类文明户谈家兴现场分享参与“两型”生活的体会。黄永忠肯定龙马社区“两型”示范创建、“两型”宣教基地建设等工作，并希望社区在现有的基础上持续发力，争取取得更多的成绩。

【“红心润东湖”党建联盟项目推进仪式】 2019年9月27日，东湖街道“红心润东湖”党建联盟项目推进仪式在街道党员活动中心开展。东湖街道党工委及辖区大工委成员单位、“两新”组织、东湖商会、社区（村）党组织及电力、银行等单位党建负责人参加活动。东湖街道党工委书记尹卫东在致辞中表示，要借力联盟成立的契机，打破单位间、行业间党建工作的“壁垒”和“藩篱”，加强单位间党建工作的交流，搭建区域化党建的工作平台，形成党建共商、事务共管、资源共享、难题共解、活动共办、服务共推的党建工作新局面，推动东湖党建工作的高质量发展。联盟各成员单位签署并递交了党建联盟协议书。党建联盟各成员单位共同学习了以袁隆平院士埋头苦干、刻苦钻研、勇攀高峰为背景的《小种子、大梦想》精品党课。五位党员代表结合袁隆平院士精神，讲述了他们在袁隆平院士精神的指引下，铭初心、守初心、践初心，守护好辖区科技工作者“后方”的初心故事。

【袁隆平视频“亮相”先进典型事迹报告会】 2019年10月16日，在东湖街道滨湖社区湖南生物机电职业技术学院316报告厅，社区和学院共同举办了“不忘初心、牢记使命”先进典型事迹报告会。共和国勋章获得者袁隆平院士通过视频，以“知识、汗水、灵感、机遇”八个字寄语该院大学生，勉励他们“好好学习，努力奋斗，早日成长为国家栋梁之才。”现场的大学生代表备受鼓舞。湖南省演讲与口才学会常务理事、长沙师范学院党政办副主任马伶以“给‘天堂’儿子的回信”为题，讲述了革命先驱徐特立为党、为国、为民，舍小家、为大家的感人故事。第九届全国“人民满意的公务员”聂建刚、长沙市“最美献血者”薛军的先进事迹赢得了阵阵掌声。报告会以初心、使命、担当、奉献为主线，进行红色故事宣讲、红色经典诵读、红色初心分享，进一步坚定辖区广大党员的信仰与初心，激发干事创业的热情。

2019年7月24日，龙马社区“屋顶蔬菜共同体”小菜园硕果累累

东湖街道　供图

【龙马社区关工委特色工作调研】 2019年11月14日，长沙市关工委主任董学生，常务副主任刘耀杰一行到龙马社区调研基层关工委特色工作。芙蓉区委常委、组织部部长何溪桥，区关工委主任罗树林等陪同调研。董学生一行首先参观社区老年人气排球场、“夕阳红”门球场、党章文化园、党员服务中心、党建联盟等活动阵地，听取了社区关于“五老”工作队伍、“一化四共”工作法、“三一工程”“惠民工程”等方面的汇报。董学生到社区“银发童心”工作站察看“银发童心”主题教育、“银发童心”实践活动等。在调研座谈会上，董学生肯定龙马社区“银发童心”工作。他表示，品牌创建注重了一个“实”字，展现了一个“新”字。街道、社区要进一步加强对青少年的关爱，打造更多的青少年学习活动场所，更加规范和充实青少年的学习内容，通过弘扬院士精神，让社区青少年崇敬英雄、崇敬科学家，提升社区青少年思想道德建设水平。

【龙马社区基层党建工作调研】 2019年11月20日，湖南省委基层党建办主任李武宁一行到龙马社区调研基层党建工作。省农业科学院党委委员、副院长余应弘，市委组织部副部长、两新工委书记、基层办主任杨俊，区委副书记蒋红波，区委常委、组织部部长何溪桥等陪同调研。李武宁一行先后参观了驻社区单位湖南省蔬菜研究所“屋顶阳台蔬菜”“蔬菜博物馆”、长沙市党员教育培训示范基地（龙马社区），听取了社区在推进城市基层党建工作，落实党支部“五化”建设，以及共驻共建搭建“龙马讲习院”“社区学院”共建平台、凝心聚力创新“志愿服务”“协会组织”“民情聊天室”“网约平台”共治模式，服务居民创建“微基地”“微形式”活动等方面的经验做法。李武宁指出，龙马社区共驻共建基础好、专家团队多、共建项目落实好。“院士精神”是社区的优势，应进一步加强弘扬袁隆平院士精神，开创社区共治新局面，形成社区共享新格局。

2019 年，浏阳河“河长”使用无人机监测河水情况　　　　图自区委办

【“民间河长”创新巡河方式】2019 年 12 月 16 日，由“民间河长”“两代表一委员”，街道、社区河长制工作人员，学生志愿者等组成的巡河队伍在浏阳河边开展一年一度的东湖“民间河长”巡河活动。落实河长制是改善河道及周边环境，提高群众幸福感和舒适度的重要抓手。自开展河长制工作以来，越来越多的志愿者不断充实到“民间河长”队伍，用脚步丈量沿河的环境，用眼睛记录河道细微的变化，致力于监督河道整治，推动河道环境、水体质量改善，形成全民治水护水更大力量。“民间河长”退役飞行员老夏自购无人机，在浏阳河东湖段定期巡河。通过无人机空中俯瞰拍摄，巡河不受河道地形和其他自然条件的影响，巡河画面实时传送到地面站，最后汇集到芙蓉区东湖街道河长工作群。2019 年洪峰过境后，通过无人机巡河精准发现多处漂浮垃圾，街道河长办实时联动，进行“点穴”式清理，提升除污效率。

【解文辉获评“长沙市最美志愿者”】　解文辉，女，1967 年生于长沙，原系长沙铜铝材厂职工，中共党员，高中文化，龙马社区学院秘书长，龙马先锋志愿服务队志愿者。她在“乐龄之家”社区学院成立之初缺少班级管理人员的情况下，主动承担模特班和民舞班班长的职务，丰富了学院的公益课程。2019 年，她组织成立了社区模特演出队，到养老院进行慰问演出，给老人送温暖。作为龙马先锋志愿服务队的“元老级”志愿者，尽管自己已经退休，她仍然坚持公益服务，对高龄独居、有需要的老人进行一对一的结对帮扶，定期入户，关心他们的日常生活。支持社区治理，在推行垃圾分类工作中主动担当“宣传员”，并动员身边的亲戚朋友以身作则。共同维护社区稳定，组织志愿者在各个小区巡逻，发现问题及时上报网格，减少各小区安全隐患。自 2012 年参加志愿服务活动起，服务时数超过 3320 个小时。多次被评为社区优秀党员志愿者。2019 年，被评为长沙市“最美志愿者”。　（刘　范）

人物

Characters

责任编辑・吴昌惠

【袁隆平】 男，1930年9月7日出生，无党派人士，江西省德安县人，现居住湖南省农科院内，中国杂交水稻育种专家，中国研究与发展杂交水稻的开创者，被誉为“世界杂交水稻之父”。国家杂交水稻工程技术研究中心、湖南杂交水稻研究中心原主任，湖南省政协原副主席，中国工程院院士。

袁隆平从1964年开始从事杂交水稻育种理论研究和制种技术实践与推广，发明“三系法”籼型杂交水稻，研究出“两系法”杂交水稻，创建了超级杂交稻技术体系，提出并实施“种三产四”丰产工程。运用超级杂交稻的技术成果，出版《袁隆平论文集》《杂交水稻育种栽培学》《杂交水稻学》等专著7部，发表学术论文70余篇。2017年9月，在国家水稻新品种与新技术展示现场观摩会上，袁隆平宣布一项剔除水稻中重金属镉的成果。2017年10月，中共十九大开幕时，袁隆平作为连续三届党代会的特邀人士，坐在主席台上。2018年，袁隆平及其团队培育的超级杂交稻（超优千号）在河北省硅谷农科院超级杂交稻示范基地通过测产验收，平均亩产1203.36千克，再次创造了水稻亩产世界纪录。2018年5月22日，位于三亚水稻国家公园的有机覆膜直播试验示范田进行测产验收，测得亩产1065.3千克，创下海南省水稻单产历史最高纪录。2018年当选为中国发明协会首届会士；2018年9月8日，获得“未来科学大奖”生命科学奖；2018年12月18日，中共中央、国务院授予袁隆平“改革先锋”称号，颁授改革先锋奖章。2019年9月17日，国家主席习近平签署主席令，授予袁隆平“共和国勋章”。

【刘焕林】 男，1982年1月出生，湖南长沙人，现就职于亚欣环境科技（湖南）有限公司工程部，任高级技工、维修组组长。居住在芙蓉区马王堆街道。湖南省清洁服务标准化技术委员会专家，湖南省环境卫生清洁行业协会中央空调清洗专业委员会专家，长沙市田亚劳模创新室核心成员。刘焕林勤学习、肯钻研，注重知识积累，通过“传”“帮”“带”，跟同事分享经验，带出了几十名学员。多次带领公司团队完成重大项目施工。他为产品改进升级献计献策，助力公司研发部研发出擦拭机器人并申请专利，成倍提高中央空调清洗作业效率。他参与了湖南省地方标准《集中空调通风系统清洗消毒规范》《医院洁净手术部空气净化系统清洗消毒规范》的前期调研、标准撰写工作。在2016年6月举办的“首届湖南省清洁清洗行业职业技能竞赛”中，刘焕林以理论第一名和实操第一名的成绩，夺得中央空调清洗工状元。2017年6月被省总工会授予“湖南省五一劳动奖章”称号。2019年4月，被湖南省委、省政府授予“湖南省劳动模范”称号，并获得“全国五一劳动奖章”。2019年9月，获评敬业奉献类“湖南好人”。（熊卫俊）

【谢晓钢】 男，1967年8月出生，湖南耒阳人，居住在芙蓉区，文化部中国国画院常务副院长，湖南省君子文化研究会专家指导委员会副主任，长沙谢晓钢美术馆监事长。2004年招考到中共湖南省委办公厅工作10年，2014年招考到文化部中国国画院任常务副院长。在从事美术工作的同时，他醉心公益，通过书画拍卖、个人捐款等方式，帮助孤寡老人、残疾儿童和白血病患者等百余人走出困境、重获新生。2012年，谢晓刚将20幅作品通过湖南省文化艺术基金会、省拍公司进行拍卖，获得的68万元全部捐给了基金会；2014年，谢晓钢联合10位书画家，在长沙通过爱心拍卖筹得资金24万元，捐给了浏阳小河乡金沙村的贫困村民；2015年重阳节，他向耒阳市新市敬老院捐出50幅书画作品，为老人们的居住环境增添传统文化气息；2016年创办湖南自闭症儿童关爱中心。2017年，他随“一带一路”文化团吉尼斯访问，将长卷公益拍卖拍得200万元全部捐给吉尼斯；2018年，他为白血病患者文美娟捐款7万元，在他的带动下，半月之内捐款40余万元。谢晓钢数十年来用行动铸就大爱，为公益事业捐助资金1000余万元。2018年入选“湖南好人榜”助人为乐好人。2019年3月，被中央精神文明办评为助人为乐类“中国好人”。

【章晓波】 男，湖南省长沙县人，1970年3月出生，汉族，1993年2月加入中国共产党，法律硕士学历，一级警督。1988年10月在长沙县公安局参加工作。先后在长沙县基层派出所、长沙市公安局、雨花分局、宁乡分局工作。2017年因组织指挥侦办央批701专案，被公安部荣记个人一等功一次。2018年8月任芙蓉区人民政府副区长、公安分局党委书记、局长。到芙蓉分局任职后，他带领全警推进芙蓉公安高质量跨越式发展，聚力于平安芙蓉建设，推出“日开一会、日办一案、日行一善”三一工作法，“震慑警务”成效明显，社会治安持续稳定，分局现行破案率全市第一，禁毒工作受到国家禁毒委肯定。他聚心于芙蓉公安创新发展，推进市域社会治理现代化，力推“智慧安校、智慧安站、智慧安保、智慧安区、智慧安居”云防体系建设。“芙蓉公安大数据实战平台”和“智慧安校”系统建设受到公安部部长赵克志肯定。他坚持和发展新时代“枫桥经验”，开展“五心五零社区”竞赛活动，建设分局“为民服务中心”，22项便民利民举措方便了群众。2019年，在省公安厅和市公安局的领导下，芙蓉公安分局紧紧围绕刑事技术“引领侦查、支撑诉讼、服务全局”职能定位，推进现场勘查规范化、信息化建设，现场勘查整体效能和支撑实战水平不断提升，获得2019年公安部通报表扬的现场勘察工作全国先进县级公安局长。（莫有胜）

【刘飞】 女，1985年8月30日出生，中共党员，湖南湘潭人，长沙市申斯达橱柜有限公司党支部书记、营销总监。在长沙市湘湖管理局三湘金地橱柜衣柜城，刘飞经营的门店中“优秀服务奖”“最美诚信经营户”等奖牌和锦旗挂了一墙。她协调服务人员帮助客户解决超过保修期的商品受损问题；当合作企业遭遇困境时，她半价出售产品，减少客户损失。她安排同行企业因倒闭而失业的前员工，为他们开办免费培训班并介绍给朋友，实现再就业50人。每年的“3·15”消费者权益日，刘飞都会举办“诚信公开宣言活动”。为了履行实现家居产品的无醛化承诺，她引进禾香板，从源头杜绝甲醛。她为望城桥驿小学的华夏爱心图书馆捐赠环保课桌椅，为困难环卫工人赠送一批实用家具，为社区困难家庭承诺终身免费维修任何品牌的橱柜。申斯达从一个小门店，发展到年营业额数千万元，成为湖南省内50多家专卖店的区域性连锁品牌。刘飞用10年的身体力行，诠释了“诚信是最好的商业品牌”。2019年2月，获评诚实守信类“湖南好人”。

【姬洪军】 男，1968年7月24日出生，中共党员，河南偃师人，芙蓉区三湘南湖大市场经营户。2001年，姬洪军从三湘大市场串房檐开始，摸爬滚打，励精图治，终于在2007年3月开店成立公司。他开办的长沙市花邦贵办公家具有限公司门口一直悬挂着“我是党员，我承诺：‘遵纪守法，文明经商。明码实价，质量放心。购物无忧，诚实守信。心中有党，为民服务’”这样一个标牌。从商18年来，有着22年党龄的姬洪军不光这样承诺，而且带领员工这么做，多次断然拒绝“到手”之财。1989年，家境贫寒的姬洪军就因拾金不昧将1.4万元“巨款”交还失主而闻名乡邻；2009年6月，他坚决要求公司员工如数退还客户重复交付的货款。2014年11月，三湘家电城一场大火让姬洪军损失50万元，他没有怨天尤人，反而拿出数万元支持市场重建。2016年5月，开福区珠江物业购买的档案柜早已超出保修范围，他依旧安排维修人员上门免费修理。2017年2月，鑫科明珠幼儿园购买的文件柜因后期施工单位造成的划痕，姬洪军也爽快地换了。2017年12月，在时间紧、任务重的情况下，他不惜亏本重金聘请工人按时完成岳麓区法院档案室密集架更换工作。正是凭着这一点，花邦贵公司“诚信经营”的金字招牌在他的带领下愈发熠熠生辉。2019年7月，获评诚实守信类“湖南好人”。

【王湘莲】 女，1948年11月27日出生，中共党员，湖南省长沙市人，中南大学湘雅二医院退休医务工作者，坚守在导诊服务这个平凡的岗位上40余年。退休后，她依旧希望她的医术能一直为社会做贡献，帮助需要帮助的人。王湘莲与一群同样醉心于公益事业的退休同行们在2006年成立南元宫“义诊队”志愿者服务队，加入湘雅二医院退休职工志愿者导诊队，重新站上工作岗位，自愿为患者服务。从2011年4月开始，该“义诊队”每年都有1～2次到敬老院、友邻社区进行义诊。2017年，“义诊队”先后举办了5次活动，革命老区浏阳、宁乡敬老院、“幸福时光”敬老院等地都有过她们忙碌的身影。王湘莲说：“讲授卫生常识、看病、问诊、无偿送药是我们的日常工作，医者，看的是病，救的是心，开的是药，给的是情。”王湘莲还是芙蓉区文艺路街道南元宫社区的楼栋长，经常义务为居民服务，为社区分忧。2017年11月16日，她作为社区居民代表参加长沙市“四保十看四查”专题座谈会，结合自己多年医务工作和楼栋长工作经验，为长沙市创建文明城市建言献策。王湘莲在“志愿者”的路上坚守13载。2019年9月，获评助人为乐类“湖南好人”。

【毛智勇】 男，1946年7月16日出生，湖南省长沙市人，居住在芙蓉区朝阳街道朝阳社区，2006年从长沙市第一公共汽车公司退休。毛智勇家隔壁住着一位86岁高龄的独居老人范再凡。范奶奶年事已高，不但有高血压，还患有严重的弱视，眼睛几近失明，于是向邻居毛智勇求助。她希望毛智勇每天早上10点就敲下她家的门，如果没人开门就打她电话，或打她侄女电话。毛智勇当即就承诺每天都去敲她家的门，确保她的安全。带着这个承诺，他一直坚守十几年。范奶奶没有子女，最亲近的一个侄女住得远，也人近老年，不能时常来探望，毛智勇夫妇就承担起日常看护的责任，每周都会出门帮范奶奶买菜，定期打扫卫生和洗衣服，将范奶奶家收拾得干干净净。毛智勇这种信守承诺的精神感动无数人，被称为“中国好邻居”。2019年11月，获评诚实守信类“湖南好人”。

（龚倩伲）

【谭俊】 男，汉族，1970年11月出生，中国致公党党员，大专学历，现任芙蓉区司法局朝阳司法所所长。1992年4月，谭俊从湖南省衡阳市武警支队转业，分配到湖南省长沙市东区朝阳街街道办事处工作。1998年6月，获湖南省长沙市委党校法律专业大专文凭，2006年6月调入长沙市芙蓉区司法局朝阳司法所工作。

多年以来，谭俊针对朝阳街道辖区人流量大、社情复杂、纠纷频发的现实情况，致力于人民调解工作的探索创新，以调解组织专业化、调解队伍社会化、调解手段规范化为切入口，将各类矛盾纠纷及早化解在萌芽状态。他探索以“1+X”理顺调解体系。按照“以点带面”的工作思路，推广大调解“1+X”工作模式，做到哪里有人群，哪里就有调解组织，哪里有矛盾纠纷，哪里就有调解工作。在他的倡导和组织协调下，朝阳街辖区内已建立6个人民调解委员会，5个驻街单位调解室，形成了由56个调解小组、100个纠纷信息员组成的调解组织体系。采取“三级联动”调解矛盾。做到一般矛盾不出单位，焦点矛盾不出社区，复杂矛盾不出街道。在调解工作中，探索形成了一套“四字诀”做法，即念“情、理、法、德”，调处了多起矛盾纠纷。2018年1月，某国有公司因一笔196万元错误转账久拖未决，至2019年7月，56名农民工被欠薪一年多，生活面临困境而情绪激动。谭俊及时启动“1+X”大调解工作模式，邀请芙蓉区金融办专业人士、社区法律顾问等共同参与调解给出专业意见，运用“四字诀”，最终经过10天的艰辛调解，银行、项目部、劳务公司签订调解协议，农民工拿到期盼已久的工资。

谭俊不断探索创新人民调解工作，参与的摸排调解矛盾纠纷，生效后均未发生二次纠纷或刑事案件，发挥了“第一道防线”的作用，促进了平安和谐城区建设。多次获芙蓉区人民政府嘉奖，2016年被评为长沙市“六五”普法先进个人。2019年6月被湖南省司法厅评为全省司法所工作表现突出个人。（刘 娜）

【徐艳侠】 女，1981年10月出生，湖北省武汉市人，中共党员，硕士研究生。2007年9月从武汉大学法学院法律硕士专业毕业进入湖南省临湘市人民检察院工作，2008年5月至2012年9月任职于湖南省岳阳市人民检察院侦查监督科。2012年10月调入长沙市芙蓉区人民检察院公诉科。

徐艳侠在工作中，为法律赋以温情，以案释法化解深层次矛盾。2018年，在办理“隆鼎丰”公司法人张智伟涉嫌集资诈骗罪一案中，前后十余次同集资参与人面对面交流沟通，疏导当事人过激情绪，该案办结后40余名集资参与人联名写信对其用细心、耐心、同理心的工作态度表达赞赏。

2017年7月至2019年年底，徐艳侠作为法律的传播者，通过担任“法治副校长”的职责，组织开展了9次“法治进校园”“检察开放日”“法治进社区”活动和4次观摩庭审活动，开展了5次亲职教育培训班、团体心理辅导、团体亲子营等活动，以提升涉罪未成年监护人的监护责任和监护能力。2018年以来，徐艳侠与社会专业组织一道，对40余名未成年犯罪嫌疑人进行心理测评、心理矫正、心理辅导180余次，为13名未成年人受害者提供心理疏导30次，为28名家长提供心理辅导、家庭教育指导50余次，为12名青少年提供团体心理辅导5次，为3名性侵案件未成年被害人提供了4万元司法救助金的帮助。2019年，她办理的2起未成年人刑事案件被长沙市妇联评选为“妇女儿童优秀维权案例”。2019年11月被中华全国妇女联合会评为“全国维护妇女儿童权益先进个人”。

（刘文丽）

附 录

Appendix

责任编辑 · 编辑部

重要文献

持续推进“三大工程”“九大行动”勇当治理现代化和高质量发展排头兵

——在中共长沙市芙蓉区委五届十六次全体会议上的报告

区委书记 于新凡

（2019 年 12 月 31 日）

区委全会的主要任务是：以习近平新时代中国特色社会主义思想为指导，深入贯彻党的十九大和十九届二中、三中、四中全会精神，认真贯彻落实中央经济工作会议、省委市委全会和经济工作会议精神，总结回顾 2019 年工作，研究部署 2020 年任务，动员全区上下持续推进“三大工程”“九大行动”[1]，为建设“四个芙蓉”[2]接续奋斗。

2019 年工作回顾

2019 年是新中国成立 70 周年的大庆之年，也是区委实施“三大工程”“九大行动”的第三年。一年来，我们深入学习贯彻习近平新时代中国特色社会主义思想，紧紧围绕省委、市委决策部署，扎实开展“品质提升年”活动，以攻坚克难的精神团结拼搏，以求真务实的作风埋头苦干，推动党的建设和经济社会各项事业全面进步，高质量发展迈出坚实步伐。

一年来，区委常委会在统筹改革发展稳定工作全局的同时，集中精力抓好了以下八个方面工作：

一、深入学习贯彻习近平新时代中国特色社会主义思想

区委常委会坚持示范带头，紧扣习近平总书记重要讲话和指示批示精神，召开区委常委会议 27 次，区委理论学习中心组学习 16 次，不断增强“四个意识”，坚定“四个自信”，坚决做到“两个维护”[3]。围绕十九届四中全会精神等内容举办理论宣讲 812 场次，分批分期培训干部 2535 人次、党员 3.8 万人次，推动学习往深里走、往心里走、往实里走。围绕习近平总书记对湖南工作的重要指示精神，站在讲政治的高度抓好中央扫黑除恶督导、中央生态环保督察“回头看”等问题整改，坚决打赢三大攻坚战[4]，确保党中央和省委、市委各项决策部署在芙蓉落地落实。

二、坚定不移推进全面从严治党

区委常委会主动扛起管党治党主体责任，推动全面从严治党向纵深发展，为推进高质量发展提供坚强政治保障。

一是城市基层党建整体效应不断提高。深入推进城市基层党建，推动支部“五化”建设[5]，综合认定 16 个红旗党组织、41 个示范“五化”党组织，整治软弱涣散社区（村）党组织 5 个。实行党员全面兜底教育管理，8653 名在职党员到社区报到。建成 21 个楼宇商圈党群服务中心（站），“两新”组织[6]党建经验获评全国城市基层党建创新优秀案例。“芙蓉先锋共同体”共建单位扩容至 84 家，区域化党建深度融合。开通“书记直通车”，整合部门资源，直通一线解决难题。推广“一核双融五化”[7]治理模式，建立小区党支部 78 个，成功创建“三零”[8]街道 3 个、社区 51 个。

二是风清气正的政治生态持续巩固。探索纪律监督、监察监督、派驻监督、巡察监督“四位一体”监

督模式，完成22个单位巡察。科学运用“四种形态”[9]，监督执纪向管住大多数拓展。认真贯彻落实中央八项规定精神，持续深化整治四风。坚持以零容忍态度惩治腐败，共立案118件，结案97件，处分87人，追缴违纪违法资金3269万元，7名党员干部主动向党组织投案并讲清问题，全区政治生态更加风清气正。坚持“三个区分开来”原则，澄清不实举报5件，激励干部担当作为。下大力气整治形式主义、官僚主义，出台社区工作职责“两张清单”[10]，切实把基层减负要求落到实处。

三是干部发展能力和执政水平逐步提升。全面完成新一轮党政机构改革，实现领导班子平稳过渡。突出政治标准，完成13个街道（局）党政主职政治建设考察。加强干部人才队伍建设，提拔重用和调整干部412人次，选派优秀干部赴名校接受教育培训，选送年轻干部到基层社区、对口帮扶地区、一线城市挂职锻炼。落实人才新政，率先全市建成首个人才驿站，发放各类补贴2453万元。认真做好离退休干部工作，发挥老干部余热。

三、以“两个年”为抓手推动经济高质量发展

区委常委会面对经济下行、政府投资大幅压减、减税降费的多重压力，加强研判、积极应对，将经济工作向“两个年”[11]聚焦，预计全年地区生产总值增长8%左右，全社会固定资产投资增长8%，社会消费品零售总额增长9%，地方一般公共预算收入增长8%，全区经济保持总体平稳、稳中有进、稳中向好良好态势。

一是存量带动增量的发展态势向好。扎实推进产业项目建设，华智生物、长沙现代服务业产业园等一批重大产业项目建成投产。狠抓社会投资遗留项目帮扶，14个项目取得实质性进展，敬天广场等7个项目实现开复工，涉及投资146亿元，预计产生税收9.63亿元，有力提振了市场信心；完成5宗土地挂牌出让；推动园区闲置土地和厂房“腾笼换鸟”，盘活闲置土地46.67公顷；盘活存量资金4.8亿元，实现经营性资产处置收入1.44亿元。

二是高端产业驱动力进一步加强。坚持把现代服务业作为主攻方向，隆平高科技园、省金融创新特色产业园获评省服务业示范集聚区。围绕楼宇建设、改造、招商、服务、产业五个维度全面发力，楼宇总量达800万平方米，完成惠农大厦等一批老旧楼宇改造，新引进楼宇企业800家，打造房产总部、律政、文创等一批专业楼宇。商圈经济、夜经济、网红经济氛围浓厚，国金中心继续保持高速增长态势，全年客流量近3500万人次，实现销售43亿元，税收近4亿元。“种业硅谷”建设提速，打造了隆平高科企业总部基地等一批总部企业平台，隆平生物种业产业园成功签约，聚集种业产业链企业172家，产业链产值增长33%，跻身全市“科创四谷”战略。

三是营商环境优势不断凸显。实施行政效能优化、实体经济降成本、涉企政策落地、企业家权益保护、干部作风改进五大行动，出台优化营商环境“二十条”，兑现政策扶持资金4115万元，减税降费19.8亿元。持续推进“放管服”改革，审批事项全省最少，企业开办注销实现“一分钱不花、一天内办好、一站式服务”，新增商事主体1.6万户，企业占比超50%，市场活力全面迸发。实施“楼长制”“企业服务直通车”等机制，建成16个楼宇服务中心（站）。组建区行政执法局，成为全国首个探索实施“一个章子管审批、一个部门管执法”双重改革的行政区。

四、聚焦“品质提升”增强城区综合承载能力

坚持以完善城市功能、优化城市治理、提升城市内涵为目标，全面提升城市现代化水平。火星镇、友谊东等棚改项目加快推进，实现腾地10公顷。白果园化龙池等有机更新项目加快建设，4.7千米历史文化街区实现华丽转身。隆平新区城市化进程提质提速，实施103号令征拆项目3个，征拆土地38.6公顷，龟山路等5条城市道路全线通车，新建城市公园7个。坚决打好污染防治攻坚战，空气质量持续好转，水质达标率100%。城市治理精细化水平不断提升，规范有序、文明整洁的市容市貌成为常态。

五、保障改善民生和维护社会稳定

践行以人民为中心的发展思想，持续加大民生投入，群众幸福感、获得感、安全感全面提升。新增就业1.6万人，居民人均可支配收入增长8%。持续实施八大兜底保障[12]，发放各类救助金2000余万元，救助1.6万人。“四校两园”[13]完成新改扩建，新增学位2700余个，率先全省消除大班额。推进基层医疗卫生机构规范化建设，医疗服务和医疗保障水平全面提升。安置房、社会福利中心、文化中心、“一圈两场三道”[14]等民生项目加快建设，群众幸福感

在家门口升级。连续三年举办中华龙舟大赛，隆平水稻博物馆全面开馆，获评全省公共文化服务体系建设先进区。稳步推进对口帮扶工作，实施扶贫项目 32 个，麻阳县、龙山县靛房镇实现脱贫，宁乡市关圣村对口扶贫有序推进。深化平安芙蓉、法治芙蓉建设，信访总量持续下降，化解信访积案 10 件 11 人，打掉涉黑涉恶团伙 16 个，狠抓“星城园丁”APP 推广运用，公众安全感民意调查排名内五区第一，获评省综治工作先进区、市综治工作红旗区，继续保持省“平安县市区”称号。积极防范化解金融风险，严守不发生较大事故底线，为新中国成立 70 周年营造和谐稳定环境。

六、切实抓好新形势下宣传思想工作

区委常委会坚持守正创新、突出主责主业，切实提高宣传思想工作质量和成效。深入推进习近平新时代中国特色社会主义思想学习教育，凝聚全区上下思想共识。严格落实意识形态工作责任制，强化隐患排查和风险防控，确保全区意识形态领域安全。区融媒体中心建成并投入使用，舆情联动分析研判机制不断完善，网络舆情管控能力全面提升。围绕中心工作策划了一批有思想深度、实践力度、民生温度的主题宣传，刊发正面报道 7100 余篇。积极培育和践行社会主义核心价值观，圆满完成全国文明城市国检、省检各项任务，建设新时代文明实践阵地 106 个，精心组织“文明实践 365”、庆祝新中国成立 70 周年微宣讲系列活动 2000 余场次，推出全国最美奋斗者等各级各类典型 20 个。未成年人工作经验连续三年获中央文明办推介。

七、全面推进社会主义民主政治建设

区委常委会定期听取区人大常委会、区政协和“一府两院”党组工作汇报，四大家班子整体合力不断增强。支持和保障区人大及其常委会依法行使决定权、监督权和任免权，支持区政协更好履行政治协商、民主监督、参政议政职能，办理人大代表建议、政协委员提案 133 件，办复率 100%。深入推进“同心创建”等系列活动，积极做好民族宗教、中国港澳台地区海外代表人士和新的社会阶层人士等工作，不断扩大团结面、凝聚正能量。工会、共青团、妇联、侨联、科协、红十字会工作实现新突破；关心下一代、档案、史志等工作取得新进展。坚持党管武装制度，严格落实议军会、军地双向兼职、党工委书记武装述职等工作要求。

八、扎实开展“不忘初心、牢记使命”主题教育

区委常委会以高度政治责任感开展好主题教育，狠抓思想认识到位、检视问题到位、整改落实到位、组织领导到位，示范带动全区 114 家单位、1.8 万名党员全面参与，主题教育取得显著成效。精心打造杨开慧就义遗址、红船初心馆等宣讲基地 20 余处，推出《湘江评论溯初心、品质芙蓉担使命》等精品党课 8 堂。坚持从理论学习抓起，引导党员干部读原著、学原文、悟原理，举办为期一周的主题教育读书班，分专题开展理论中心组学习研讨，实现基层党组织书记轮训全覆盖。召开先进典型报告会、负面典型通报及专项整治工作点评会，以身边人、身边事及正反典型教育激励党员干部。认真开展调研检视，区四大家班子带头下到基层、深入一线找问题、查原因、定措施。以专项整治和连心行动为抓手，聚焦八个方面突出问题〔15〕，累计为群众办理实事 1.9 万件，获省委第一巡回指导组、市委第三指导组高度肯定，央视《新闻联播》予以重点报道。

区委常委会不断加强自身建设，自觉落实民主集中制、“三重一大”〔16〕集体决策等各项制度，全面提升把方向、管大局、作决策、抓落实的能力，确保党中央和省委市委决策部署全面落实。严肃党内政治生活，结合主题教育要求，汲取向力力案、李晓宏案深刻教训，认真开好民主生活会，带头开展批评与自我批评，推动区委常委会工作科学化、制度化、规范化。全面履行“一岗双责”，严格管好亲属和身边工作人员。

同志们，2019 年我们始终坚持高质量发展不动摇，始终聚焦品质提升不懈怠，彰显了发展更具内涵、城市更加精美、民生更有温度的芙蓉样范。这些成绩的取得，得益于习近平新时代中国特色社会主义思想的指引，得益于市委、市政府的坚强领导，得益于全区上下苦干实干、攻坚克难。在此，我谨代表区委常委会，向所有关心、支持和参与芙蓉发展建设的同志们，表示衷心的感谢，并致以崇高的敬意！

在总结工作的同时，区委常委会也清醒地认识到工作中存在的问题和不足，主要表现在：重大项目储备不多，产业引领作用发挥不够；营商环境现状与高质量发展要求还有差距；中心城区“城市病”突出，承载能力有待提升；东片地区基础设施发展缓慢，教育医疗资源供给相对滞后；干部争先意识不强，“慵懒散慢”作风仍然存在，干事创业氛围不浓，等等。

这些都是在未来发展过程中必须攻克的关键问题，务必高度重视，切实加以解决。

2020年工作总体要求和主要任务

2020年，是全面建成小康社会决胜之年，是“十三五”规划收官之年，是实现第一个百年奋斗目标的重要历史节点。2020年工作总体要求是：以习近平新时代中国特色社会主义思想为指导，全面贯彻党的十九大和十九届二中、三中、四中全会精神，深入贯彻习近平总书记在推动中部地区崛起工作座谈会上的重要讲话和对湖南工作的重要指示精神，坚持稳中求进工作总基调，坚持新发展理念，坚持以供给侧结构性改革为主线，全面做好“六稳”[17]工作，坚持把制度优势转化为治理效能，围绕财富芙蓉、智慧芙蓉、魅力芙蓉、幸福芙蓉奋斗目标，持续推进强党建、提品质、惠民生“三大工程”“九大行动”，抓好“全面小康决胜年”工作，勇当治理现代化和高质量发展排头兵，确保“十三五”规划圆满收官。

2020年，要重点抓好以下工作。

一、在提高党的建设质量上下更大功夫，厚植“党建引领”优势

严格落实新时代党的建设总要求，切实解决党建工作面临的新问题，全面提高党的建设质量，发挥党的领导制度优势。

1. 深入学习贯彻党的十九届四中全会精神。切实提高政治站位，把学习贯彻四中全会精神作为当前首要政治任务来抓，增强各级党员干部政治敏锐性和政治鉴别力，坚定不移坚持中国特色社会主义根本制度、基本制度、重要制度。推动四中全会精神进企业、进机关、进社区，切实增强贯彻落实的政治自觉、思想自觉和行动自觉。建立不忘初心、牢记使命的长效制度，坚持不懈锤炼党员干部忠诚、干净、担当的政治品格。压紧压实意识形态工作责任制，牢牢把握意识形态领导权、管理权、话语权，增强斗争精神，旗帜鲜明反对和抵制各种错误观点。

2. 增强基层党组织的政治功能和组织力。落实全面加强基层建设和城市基层党建工作要求，把基层党组织打造成宣传党的主张、领导基层治理、团结动员群众的坚强战斗堡垒。坚持新时代党的组织路线，推动支部“五化”建设。提升党员教育管理精细化水平，实现党员轮训全覆盖。持续推进商圈党建、楼宇党建，为经济发展注入红色力量。以“芙蓉先锋共同体”为载体，汇集更多党建资源和共建力量，实现区域化党建融合发展。坚持党建引领基层治理，构建“党建引领、多方共治”的小区治理架构。创新互联网时代群众工作机制，探索党员群众互联互助模式，依托连心行动APP大数据，精准实施基层治理。

3. 强化重实干重实绩的用人导向。贯彻新时期好干部标准，以实绩论英雄、凭实绩用干部，营造真抓实干浓厚氛围。注重年轻干部选拔培养，加强干部阶梯化储备。健全公务员激励机制，做好公务员职务职级晋升、考核等工作。创新干部教育培训方式和内容，提升领导干部深化改革、推动发展、化解矛盾、应对风险能力。推进考核差异化、精准化，发挥绩效考核指挥棒作用。落实落细“长沙人才新政22条”，突出“高精尖缺”导向，为芙蓉高质量发展聚集一批高层次人才。

4. 建立全覆盖的制度执行监督机制。推进形成纪律监督、监察监督、派驻监督、巡察监督的“四位一体”监督格局，推动党内监督和其他监督有效衔接、有机贯通、相互协调。综合运用监督执纪“四种形态”，以强有力的问责督促权力规范运行，做到管好关键人、管到关键处、管住关键事、管在关键时。坚持有形覆盖与有效覆盖相统一，确保届内巡察全覆盖。打造“清风芙蓉”廉洁文化品牌，营造浓厚的廉政文化氛围。坚决查处群众身边的腐败和作风问题，持续释放越往后执纪越严的强烈信号。严格执行中央八项规定精神，驰而不息整治四风，推进作风整顿常态化。大力纠治形式主义、官僚主义，以求真务实作风坚决把党中央决策部署落到实处。

同时，切实加强区委常委会自身建设，健全各级党委（党组）工作制度，确保区委在各种组织中发挥领导作用。全力支持人大、政府、政协、法院、检察院依法行使职权。支持民主党派、工商联和无党派人士履职尽责。加强国防后备力量建设和全民国防教育。支持工会、共青团、妇联、侨联、科协等群团组织发挥作用，汇聚转型发展强大合力。

二、在推动经济稳定增长、产业布局优化上下更大功夫，实现更充分更均衡的高质量发展

全面贯彻新发展理念，推动存量与增量、创业与守业齐头并进，在建设现代化经济体系上持续用力，推动经济实现量的增长和质的提升。

1. 促进资源有效流动，提高资源配置效率。坚持以市场经济资源配置为主导，积极发挥政府主观能动性，实现资源的高效配置。突出抓好产业存量优化，做到存量项目抓达产、存量楼宇抓去化、存量土地抓上市、存量企业抓转型；突出抓好园区存量优化，加快推动园区集约化、专业化和二次开发，形成以盘活存量来优质量、稳增量的新常态。围绕存量资源做好精准招商和二次招商，吸引更多的配套项目入驻。牢固树立“三资”经营理念，加速处置低效国有资产，开拓渠道盘活存量资金，筹集更多资金化解政府隐性债务，提升化解政府债务、防范债务风险的能力。

2. 推动经济转型升级，提升产业发展效益。以国金中心、世茂环球金融中心等高端楼宇招商为契机，积极引进“3类500强”[18]企业，持续推动老旧楼宇提质改造，打造更多专业特色楼宇，实现总部经济和楼宇经济“双轮驱动”。加快发展高技术服务业，推动研发设计、信息技术、知识产权等专业化发展。促进生活性服务业向高品质和多样化升级，培育教育、健康、文化、旅游等产业发展，推动产业和消费“双升级”。加快发展现代金融，打造业态丰富、功能强大、影响广泛的区域性金融中心。精心编制“十四五”规划，储备一批优质产业项目。聚焦“一主一特”产业定位，推进种业硅谷建设，加快国家生物种业技术创新中心、农业科研成果推广中心建设，引进基因技术产业集群的领军企业，形成产业集聚效应。更加聚焦市场主体培育，持续抓好企业“入规、升高、上市、扩面”，优化市场主体结构。大力发展四新经济，加快布局建设5G、人工智能等基础设施，抢抓数字经济发展机遇。

3. 坚持改革释放动力，持续优化营商环境。以落实《优化营商环境条例》为契机，纵深推进“放管服”改革，全面释放市场活力。深化行政审批制度改革，最大限度减少区本级审批事项、办事环节和证明材料，全面优化区、街道、社区三级窗口服务。加大“一件事一次办”改革力度，全面推行企业登记注册全程电子化，继续压减企业开办时限。落实减税降费政策，畅通融资对接渠道，助推中小企业发展。完善领导联点企业、楼宇、项目常态机制，构建亲清政商关系。进一步深化相对集中行政处罚权改革，优化执法流程，营造稳定公平可预期的营商环境。

三、在提高城市治理现代化水平上下更大功夫，加快构建共建共治共享社会治理格局

坚持人民城市为人民发展理念，创新基层治理机制，推动城市内涵式、集约型、绿色化发展，提高城市治理现代化水平。

1. 全面优化功能布局，提升城区承载力。坚持“留、改、拆”理念，加快实施蔡锷中路两厢及马王街、浏正街片区城市有机更新项目。推进袁家岭新华书店周边零星地块棚改项目。优化城市公共空间布局，启动街区微改造，持续推进“一圈两场三道”建设、老旧小区改造、城市病治理，提升中心城区承载能力。加快城中村改造，推进东片地区教育、卫生等民生项目建设，推动隆平新区与隆平高科技园融合发展，打造“人产地”升级版。

2. 坚持精品精细标准，打造宜业、宜居、宜游城市环境。建设“智慧城管”平台，提升城市管理科学化、精细化、智能化水平。坚持高标准，注重细微处，加强车站、商圈、楼宇等重点区域综合整治，打造精致精美城市形象。贯彻“两山”理论[19]，扎实推进污染防治攻坚战，突出科学治污、精准治污、依法治污，持续提高空气质量优良率，稳步提升水体质量。全面推行垃圾分类，倡导文明、健康、绿色新生活，推进两型城市建设。

3. 创新社会治理，推动治理重心向基层下沉。实施公民道德建设工程，持续推动文明实践中心建设，健全志愿服务体系，建设更高水准的文明城市。加快现代化社区治理体系建设，深化社区减负增效，推动长效机制落实，提升基层抓党建、抓服务、抓治理水平。完善群众参与社会治理渠道，实现政府治理和社会调节、居民自治良性互动。畅通群众诉求表达渠道，完善信访制度及社会矛盾纠纷预防调处机制，努力把矛盾化解在基层。坚持和发展新时代“枫桥经验”，健全公共安全机制，坚持专群结合、群防群治。持续深化扫黑除恶专项斗争，建立长效机制。落实禁毒责任，创建无毒城区。完善应急管理体制，强化食品、药品安全监管，坚决遏制较大及以上事故。

四、在精准满足群众日益增长美好生活需求上下更大功夫，确保发展成果更多更公平惠及全区人民

坚持尽力而为、量力而行，以更新的理念、更高的标准满足人民群众多层次多样化需求，更好推动人的全面发展。

1. 完善优质均衡高效的公共服务体系。在扩大供给、均衡发展、服务方便等方面持续用力，推进基本公共服务均等化、可及性。聚焦幸福教育，持续增加优质学位，切实减轻教师负担，实现教育优质均衡发展。加强医联体建设，提高基层医疗卫生服务水平，确保群众享有公平可及的健康服务。挖掘文化旅游消费，推进文旅融合发展。加快文体中心投入使用，打造地域特色赛事活动，争取隆平水稻博物馆冠名中国水稻博物馆，切实扩大文化惠民覆盖面。

2. 建设高标准全覆盖精准化的社会保障体系。坚持应保尽保原则，织密民生保障网。统筹推进社会救助、社会福利、慈善事业、优抚安置等制度，健全退役军人工作机制，精准实施妇女儿童、残疾人帮扶制度。加快社会福利中心投入使用，落实老龄福利政策，推进老年人日间照料中心、居家养老服务中心深度覆盖。加快火炬村二期、三号点二期安置房建设，有序推进公租房实物配租和货币补贴。大力推进“全面小康决胜年”攻坚行动，深度参与对口帮扶地区脱贫攻坚，确保小康路上一个都不掉队。

3. 健全有利于更充分更高质量就业的促进机制。坚持就业是民生之本，落实就业优先战略和积极就业政策，统筹推进重点群体就业，实现更充分更高质量就业。高标准建设众创空间、企业孵化器等创业载体，落实创业担保贷款扶持政策，推动创业带动就业。加大劳动争议预防和案件审理力度，及时化解劳资纠纷，构建和谐劳动关系。

一分部署，九分落实。让我们更加紧密地团结在以习近平同志为核心的党中央周围，坚持以习近平新时代中国特色社会主义思想为指导，在市委、市政府的坚强领导下，紧扣治理现代化和高质量发展这个工作主题，团结带领全区人民，不忘初心、牢记使命，务实担当、奋勇前行，持续推进“三大工程”“九大行动”，为加快实现“四个芙蓉”而不懈奋斗！

注释

〔1〕“三大工程”“九大行动”：强党建工程、提品质工程、惠民生工程；全面从严治党先锋行动、基层党建堡垒行动、群众工作连心行动、产业品质提升行动、城市建设攻坚行动、城市管理提质行动、社会事业惠民行动、社会保障利民行动、社会治理安民行动。

〔2〕“四个芙蓉”：财富芙蓉、智慧芙蓉、魅力芙蓉、幸福芙蓉。

〔3〕“两个维护”“四个意识”“四个自信”：“两个维护”即坚决维护习近平总书记党中央的核心、全党的核心地位，坚决维护党中央权威和集中统一领导；“四个意识”即政治意识、大局意识、核心意识、看齐意识；“四个自信”即道路自信、理论自信、制度自信、文化自信。

〔4〕“三大攻坚战”：防范化解重大风险攻坚战、精准脱贫攻坚战、污染防治攻坚战。

〔5〕支部“五化”建设：支部设置标准化、组织生活正常化、管理服务精细化、工作制度体系化、阵地建设规范化。

〔6〕“两新”组织：新经济组织和新社会组织。

〔7〕“一核双融五化”：切实发挥小区党支部对小区治理的核心引领作用，通过小区党支部与小区业委会融合建设、组织管理与基层治理融合推动，建设以支部设置标准化、组织生活正常化、管理服务精细化、工作制度体系化以及阵地建设规范化为主要内容的标准化小区党支部。

〔8〕“三零”街道：零非访、零发案、零事故。

〔9〕“四种形态”：党内关系要正常化，批评和自我批评要经常开展，让咬耳扯袖、红脸出汗成为常态；党纪轻处分和组织处理要成为大多数；对严重违纪的重处分、作出重大职务调整应当是少数；而严重违纪涉嫌违法立案审查的只能是极少数。

〔10〕“两张清单”：为深入贯彻落实中央和省市关于基层减负工作要求，制定社区（村）工作事项责任清单和负面清单。

〔11〕“两个年”：“产业项目建设年”和“营商环境优化年”。

〔12〕“八大兜底保障”：“生老病葬急难学贫”八大慈善救助项目。

〔13〕“四校两园”：2019 年新改扩建的东郡小学、东郡二小（新安小学）、八一路小学、育才二小、东

云台幼儿园、金域蓝湾幼儿园。

〔14〕“一圈两场三道”：“一圈”即“15分钟生活圈”，“两场”即农贸市场和停车场，“三道”即人行道、自行车道和历史步道。

〔15〕八个方面突出问题：落实党中央决策部署阳奉阴违方面；不担当不作为方面；违反中央八项规定精神方面；形式主义官僚主义方面；以领导干部名义“提篮子”“打牌子”方面；漠视侵害群众利益方面；基层党组织软弱涣散方面；充当黄赌毒和黑恶势力保护伞方面。

〔16〕“三重一大”制度：重大事项决策、重要干部任免、重要项目安排、大额资金的使用，必须经集体讨论做出决定的制度。

〔17〕“六稳”：稳就业、稳金融、稳外贸、稳外资、稳投资、稳预期。

〔18〕“3类500强”：世界500强、中国500强和民营500强企业。

〔19〕“两山”理论：习近平总书记指出：“我们既要绿水青山，也要金山银山。宁要绿水青山，不要金山银山，而且绿水青山就是金山银山。”

政府工作报告

——2019年2月28日在长沙市芙蓉区第五届
人民代表大会第四次会议上

区长 周春晖

2018年工作回顾

2018年，面对复杂的宏观环境和繁重的发展任务，在市委、市政府和区委的坚强领导下，在区人大、区政协的监督支持下，全区上下坚持以习近平新时代中国特色社会主义思想为指导，深入学习贯彻党的十九大精神，牢牢把握稳中求进工作总基调，紧紧围绕财富芙蓉、智慧芙蓉、魅力芙蓉、幸福芙蓉的战略目标，扎实推进强党建、提品质、惠民生“三大工程”“九大行动”〔1〕，经济社会发展迈出了坚实步伐。芙蓉区以湖南第1名、全国第32名的成绩入选2018年中国高质量发展百强区〔2〕。

一年来，我们坚决落实中央和省市区委决策部署，坚持不懈打好“三大攻坚战”。风险防范坚决有力。严格预算管理，推动平台公司转型，“调、缓、停、撤”政府投资项目45个，政府性债务总规模压减2.3%。建成全省首个区域性金融风险监测预警处置平台，办理非法集资等涉众型经济案件20余起，全区政府债务风险、金融风险总体平稳可控。扶贫攻坚精准有为。统筹区外对口帮扶、区内精准救助“两大战场”。龙山县靛房镇326户1464人摆脱贫困，与怀化麻阳县“携手奔小康”工作有序推进。加大中心城区特殊困难群众保障力度，深入实施“八大慈善救助”〔3〕，发放各类救助资金4000余万元，惠及居民2万余人次。全区低保人员人均救助金额达到每年1.3万元。污染防治扎实有效。不折不扣抓好中央环保督察“回头看”和省环保督察反馈问题整改，83件中央信访交办件和113.5件省交办件〔4〕全部办结。“蓝天保卫战”取得阶段性成效，马坡岭、长沙火车站监测点全年空气质量优良天数分别增加21天、13天，$PM_{2.5}$年均浓度同比下降10.7%、7.4%，PM_{10}年均浓度同比下降

10.8%、20%，重度污染天数同比下降45.5%、50%。深入落实“河长制”“湖长制”，投入1.1亿元完成浏阳河流域水环境综合治理项目36个。浏阳河全年水质稳定达到Ⅳ类标准，水质优良率49.2%、达标率89%，同比分别提升10个、41个百分点。

一年来，我们积极应对各种挑战，全力以赴强产业、稳增长、促发展。全年实现地区生产总值1326.7亿元，增长8.4%；一般公共预算收入103.8亿元，增长9%；城镇居民人均可支配收入54354元，增长8.3%；高新技术产业产值742亿元，增长19.8%；全社会固定资产投资增长8%；社会消费品零售总额增长9.4%。研究与试验发展（R&D）经费支出占地区生产总值比重、产业投资占全社会固定资产投资总额比重、税收占一般公共预算收入比重，同比分别提升0.2个、0.9个、3个百分点。

1. 推进产业品质“提升”。大力开展“产业项目建设年”活动，全年实施重点项目125个，完成投资138亿元。实现第三产业增加值1239亿元，增长10.7%，占GDP比重达93%。楼宇经济提质增效。持续推进重点楼宇“楼长制”[5]，完成楼宇招商30万平方米，引进楼宇企业1096家。长沙国金中心盛大开业，400多个一线品牌同时亮相，20多个国际品牌首次入驻华中地区。宇成朝阳等楼宇招商顺利推进，恒大珺悦府等社会项目启动建设，华菱大厦等老旧楼宇完成提质改造。湖南盐业实现主板上市。进入全市上市后备库企业达27家，成为全省12个资本市场县域工程和3个应收账款融资试点区县之一。举办全省黄金珠宝文化节，启动长沙黄金街建设。园区经济提速发展。隆平园实现现代服务业营业收入175亿元，增长20%。省“五个100”重点项目华智生物国家水稻分子育种中心完成主体工程，隆平高科总部基地竣工投产。大汉控股、振升集团、爱尔眼科、苏宁云商、仁孚汽车等企业入选2018湖南民营企业100强，颐而康获首届市长质量奖。成功举办首届长沙种业硅谷峰会暨种业创新成果博览会，引进基因技术产业链企业50家，“种业硅谷”影响力进一步扩大。营商环境提升优化。加快推进“最多跑一次”改革，全面落实“马上办、网上办、就近办、一次办”要求，实现“四办”事项463项，其中“马上办”116项，“网上办”454项，“就近办”91项，“一次办”422项。全年新增商事主体1.5万户，总量首次突破10万户。新增“四上”企业[6]237家，总数超过900家。创新开展小餐饮和食品经营许可“申请人承诺制”审批，惠及市场主体5000余家。坚决落实市委市政府“千人帮千企百日大行动”要求，扎实开展企业“大走访、大宣传、大帮扶”[7]，69名县级领导带队走访重点企业738家，解决反馈企业需求804个。出台“优化营商环境十二条”[8]、促进黄金珠宝产业发展“金十条”[9]等政策措施，落实“营改增”等税费减免举措，举办金融服务“两进两促”[10]等银企对接活动，全年退抵减免税费7.7亿元，兑现政策扶持资金4626万元，解决企业融资需求33亿元。成功引进中石化新疆煤制天然气、特斯拉、蔚来汽车等500强企业、独角兽企业[11]和区域性总部企业13家。

2. 推进城市建设“攻坚”。积极对接长沙市总规（2020—2035年）修编，努力争取优化区域空间布局。持续加大棚改征收力度，完成棚改1399户、14.2万平方米，实现投资6.3亿元。黄土塘项目配套学校和安置房启动建设，友谊东、火星镇、五里牌肉联厂项目完成腾地，蔡锷中路两厢项目总体签约率达90%。坚持“提升宜居品质，留住城市记忆”，大力推动城市有机更新。白果园化龙池历史步道完成主轴建设，恢复重塑历史文化古迹12处，改造房屋124栋673户，全面开放登隆街巷，到白果园化龙池逛“老长沙”成为“新时尚”。加快推进城中村改造，火炬、新安等4个村通过验收。完成103号令征迁181栋259户。东宜兰园分房3604套，4323位待安置农民住进了新家。加快集体土地拆迁遗留问题化解，27宗地块基本扫尾清零。全力整治土地违法违规现象，18宗闲置土地得到有效处置。全市首座跨河人行景观桥汉桥建成开放，大河路等13条道路实现通车，远大路提质改造一期顺利完成。首批园区专线巴士正式运行，浏阳河以东地区公共服务设施不断完善。强力推进电力设施建设三年行动和“630”[12]攻坚计划，积极推动马王堆、窑岭等变电站及配套线路建设，完成配网项目53个。

3. 推进城市管理“提质”。坚持以绣花功夫抓好城市管理，努力建设精致精美、宜居宜业的精品城区。遵循“人性化、精细化、景观化、时尚化”理念，全面提质五一商圈，擦亮长沙名片。五一商圈四大主要商场日均人流量较改造前增加11%，营业额增长26.5%。常态化开展火车站周边综合整治，连续推进三个“百日会战”，查处车辆违运、违停、违章3.6万余次，站区秩序不断改善。大力开展杨家湾撇洪渠两岸综合整治和浏阳河东片“三清一拆”行动[13]，关停“散、乱、污”企业和市场60余家。建成港湾式公交站2处。实施绿化项目34个，新增绿地面积26.9公顷。晓园公园平稳移交我区管理。积极应对年底低温冰雪天气，全区上下昼夜奋战，圆满实现“不结冰、不积雪，保清洁、保畅通、保安全”目标，人民群众的生产生活基本没有受到影响。

4．推进社会事业“惠民”。“一圈两场三道”[14]建设加快推进，建成“15分钟生活圈”17个。一中双语、实验小学、万国城幼儿园等“五校一园”顺利开学，新增优质学位7000余个，“超大班额”[15]全面化解。高标准完成蓉园社区等24个社区全面提质提档。建成全民健身工程44处，提质社区综合文化中心6个。马坡岭街道社区卫生服务中心投入使用。新改扩建人行道24.4千米、自行车道52.4千米。购物可溯源的上东辛顿农贸市场、全省首个全智能的九如巷地下停车场、“四杆合一”[16]的车站北路人行道等一批项目获得群众点赞好评。成功举办中华龙舟大赛，获评全国最具人气龙舟城市。承办全省非遗工艺博览会。国家基本公共卫生服务考核全省第一。孕产妇免费产前筛查、标准化母婴室建设等28个省市民生实事[17]全面完成。

5．推进社会保障“利民”。积极落实“人才新政22条”，兑现各类补贴1300多万元、1万余人次。全年新增城镇就业1.7万人，失业人员再就业6121人，发放创业担保贷款1595万元，均超额完成年度目标。保险征缴面不断扩大，基本养老保险参保12.9万人，社保五险征缴总额21.2亿元。区社会福利中心完成主体建设。办理公共租赁住房货币补贴和实物配租1832户，有效保障困难群众“住有所居”。坚持“房住不炒”，打好“反炒房”攻坚战，全区房地产市场秩序保持稳定。

6．推进社会治理“安民”。鼓励社会力量积极参与社会治理，成功调处矛盾纠纷2740余起。阳光信访、责任信访、法治信访成效明显，创建零进京赴省非访街道5个。扎实开展“七五”普法，主题宣传活动被收录为司法部年度优秀案例。圆满完成全国文明城市测评，11人获评中国好人、湖南好人和省新时代好少年。建立安全风险分级管控模式，工贸行业安全监管经验获全省推介。扎实开展国家食品安全示范城市创建，顺利通过省级验收，市民满意度提升16个百分点。完成“明厨亮灶”视频厨房建设150家，提质改造小餐饮“透明厨房”535家，关停“一桌餐”场所30个。民兵调整改革、兵员征集等工作任务出色完成，整组基干民兵1320人。全面开展道路交通综合整治，大力推进“畅通城市”建设。严密排查火灾隐患，连续两年实现火灾事故零伤亡。持续开展打击违法犯罪专项行动，深化扫黑除恶专项斗争，破获涉恶刑事案件57起。继续保持全省“平安县市区”荣誉称号。

一年来，我们在统筹抓好各项工作的同时，高度重视政府自身建设，不断提升服务效能。全面加强政治建设，出台区政府党组关于加强政治建设的实施意见，落实常态化学习制度。严格执行中央八项规定及其实施细则。全力办结中央、省委巡视组交办件9批108件、11批126件。以“走亲戚”的标准，深入开展群众工作“连心”行动，累计走访10.6万人次，答复办结群众诉求3800多条。全面推行市民评议政府公开听证。签收“12345”市民服务热线工单1.2万件。加强政府法律顾问队伍建设。审查政府规范性文件、合同309件，受理行政复议、诉讼356件，政府信息依申请公开358件。主动接受人大和政协监督，办结人大代表建议和政协委员提案164件。切实强化审计监督，区本级核减投资1.8亿元。

一年来，我们全力为老百姓办好十件实事：新建和提质西龙、朝阳、金祚等农贸市场和生鲜超市11家；完成楚怡小学、朝阳小学等13所学校标准化建设，移交小区配套幼儿园12所，新增普惠性幼儿园7所，公办和普惠性幼儿园覆盖率达77.3%；朝阳一村38号栋危房改造一个月内实现征收清零；湘湖等8个街道居家养老服务中心建成使用；创建红橡华园、壹号座品等垃圾分类减量示范小区13个，生活垃圾分类试点覆盖率达30%，全年垃圾总量减少11%；建成马楚文化园、龟山绿带公园等城市公园、游园7个；新建和提质站厕23套，打造示范性公厕2座；新增停车场24个，新增公共和配建停车位7874个；改造老旧小区居民家庭餐厨油烟净化设备1.2万户；完成远通苑、竹园公寓等8个已建住宅小区电力“专改公”。

一年来，我们喜获一批国家级和省级荣誉：“杂交水稻之父”袁隆平作为改革开放杰出贡献人物受到党中央、国务院表彰。成功创建国家节约型公共机构示范单位、全省安全生产示范区。推进义务教育均衡发展连续两年获省政府“真抓实干成效明显”嘉奖。区交警大队“日行一善”、陶家山社区“巾帼苑”分别获评省优秀志愿服务项目和服务组织。财政管理、文化执法、全民健身、无偿献血等工作获得全省表彰。

此外，共青团、妇联、工会、计生协圆满完成换届，工商联、残联、侨联、科协、红十字会、关工委、老体协、老科协、老干大学等群团组织，民宗外侨、史志档案、人防应急等单位，都取得了新的成绩和进步。

各位代表！岁月铭刻奋斗的艰辛，时代印证发展的成就。回顾改革开放40年特别是建区20多年所走过的历程，芙蓉人民撸起袖子干、挥洒汗水拼，以长沙1/300强的土地，创造了全市1/8左右的经济总量、1/6左右的社零总额，成为全省城市化程度最高、单位面积效益最好、第三产业特别是现代服务业发展最为成熟的地区，诞生了湖南第一高楼长沙国金中心等地标，全面小康实现程度稳居全省一类。这些成绩的取得，得益于市委、市政府和区委的坚强领导，归功于历届班子的久久为功，离不开全区上下的同心协力，倾注了社会各界的关心厚爱。在此，我谨代表区人民政府，向全区干部群众，向各位人大代表、政协委员、老领导、老同志和所有关心、支持、参与芙蓉建设发展的社会各界人士，表示衷心的感谢，并致以崇高的敬意！

在总结成绩的同时，我们也清醒地看到发展中存在的一些问题，主要表现在：推动高质量发展的思想还不够解放、氛围还不够浓厚、举措还不够有力、成效还不够明显；缺乏市级重大片区、平台的有力支撑，中心城区传统优势逐步减弱；打赢“三大攻坚战”任务艰巨，城市品质提升任重道远；营商环境和政务服务还有待进一步优化，有些部门和部分干部的担当精神、责任意识、务实作风还有差距。对此，我们将采取有力措施，在今后工作中认真加以解决。

2019年工作重点

今年是新中国成立70周年，是决胜全面建成小康社会的关键之年。2019年，有挑战更有机遇。从宏观环境看，虽然当前经济形势稳中有变、变中有忧，经济下行压力加大，但我国经济发展持续健康稳定的基本面没有变，支撑高质量发展的生产要素条件没有变，长期稳中向好的总体势头没有变，仍处于并将长期处于大有可为的重要战略机遇期。对芙蓉区而言，产业结构中第三产业特别是现代服务业占据主导地位，消费对经济增长的贡献率不断提升，区域经济受宏观经济环境中的不确定性因素影响相对较小。同时，我们持续优化营商环境，政策效应有效释放，发展活力明显增强。我们完全可以保持“稳”的定力，坚定“进”的信心，展示“新”的作为，集中精力办好自己的事情，走好高质量发展之路，充分彰显省会城市中心城区的责任担当。

今年政府工作的总体要求是：以习近平新时代中国特色社会主义思想为指导，深入贯彻中央、省委、市委和区委经济工作会议精神，坚持稳中求进工作总基调，坚持新发展理念，坚持推动高质量发展，围绕财富芙蓉、智慧芙蓉、魅力芙蓉、幸福芙蓉奋斗目标，持续推进强党建、提品质、惠民生“三大工程”“九大行动”，扎实开展“品质提升年”活动，在全面建设现代化长沙的征程中展现高质量发展的芙蓉作为。

经济社会发展的主要预期目标是：地区生产总值增长7.5%以上；地方一般公共预算收入增长8%左右；固定资产投资增长8%左右；社会消费品零售总额增长9%左右；城镇居民人均可支配收入增长8%左右。新增“四上”企业200家以上、商事主体1.3万户以上。新经济增长20%以上。继续打好“三大攻坚战”。控制政府债务总规模，提高财政资金配置效率，坚决防范重大风险；带着感情和责任对口帮扶麻阳县等地区精准脱贫，帮助龙山县靛房镇实现全面脱贫摘帽；$PM_{2.5}$、PM_{10}年均浓度分别低于47微克/立方米、61微克/立方米，空气质量优良率达到78%以上，浏阳河年均水质达到Ⅲ类标准。

围绕上述目标，我们将突出抓好以下工作：

一、聚焦产业提质，增强发展动能

紧紧围绕建设具有芙蓉特色的现代化经济体系，持续升级传统产业，着力培育新兴产业，推动区域经济高质量发展。

（一）壮大产业实力。以消费升级助推现代服务业发展，创建省服务业示范集聚区。巩固发展现代金融业。以省金融创新特色产业园为载体，大力引进各类金融业态，新增省级总部金融机构1家以上。探索建设供应链金融小镇，强化企业上市挂牌孵化扶持，保持上市后备资源库在库企业60家左右，完成3家以上企业股份制改造并在股交所挂牌。严厉打击非法集资等违法金融活动，有效防范金融风险，促进金融业健康发展。稳步发展高端商贸业。着力挖掘消费潜力，做大商圈经济。巩固全省商贸中心地位，持续提质五一商圈，进一步繁荣芙蓉广场、袁家岭、火车站等传统商圈。发展万家丽国际MALL、东盈广场、汇一城等新兴商业综合体，浓厚二环线以东地区商业氛围。推进各类专业市场的硬件提质和业态提升，不断提高专业市场的经济贡献度。实施长沙黄金街建设，引进加工、设计、推广等上下游企业，打造全省黄金珠宝商品交易区、文化展示区和总部集聚区。大力发展商务服务业。扶持管理咨询、法律服务、会计服务、广告策划、人力资源等行业发展，提升商务服务产业层次。积极培育各类协会商会，鼓励行业抱团发展。创新发展文化创意业。发挥浏阳河婚庆文化园等产业资源作用，继续推进浏阳河文化旅游产业带建设。依托新南天古汉国际广场、湖南文化大厦等楼宇资源，大力引进文创领域领军龙头企业。突出发展生物育种业。依托以袁隆平院士为代表的科研力量，围绕“一地两区”[18]建设目标，着力打造立足湖南、辐射全国、面向全球的“种业硅谷”。建成华智生物国家水稻分子育种研发基地，打造国家级生物育种创新平台，创建国家生物种业技术创新中心。加快发展“四新经济”[19]。强化政策支持保障，研究制定“四新经济”产业发展规划和产业发展奖励办法，打造“四新经济”专业楼宇。抢抓5G通信、跨境电商、人工智能等产业发展机遇，促进共享经济规范发展。实施高新技术企业“量质双升”行动，新增高新技术和科技创新小巨人企业40家以上，争创国家知识产权强区。

（二）夯实发展平台。坚持把楼宇经济和园区经济作为全区经济工作的主力军、主阵地、主抓手，不断增强高质量发展的动力。着力发展楼宇经济。加强政策、环境、资源的统筹和优化，坚持以产业链思维、“楼长制”服务、市场化方法，持续提质发展楼宇经济。着力打造金融、律政、文创、房产、医养等一批专业楼宇。加快长沙国金中心、世茂环球金融中心、佳兆业广场等商务楼宇招商，有效降低楼宇空置率。进一步做实重点楼宇“楼长制”，围绕产权相对集中、物业管理规范的商务楼宇，加快建设集党务、政务、商务、事务于一体的楼宇服务中心（站），帮助驻楼企业解决实际难题。着力发展园区经济。坚持“一主一特”[20]产业定位，加快“腾笼换鸟”步伐，不断调优产业结构，大力建设高新园区、高效园区、高端园区。深化“产业项目建设年”活动，持续推进“五个100”，不断做强基因技术产业链。引进战略合作开发运营商，加速启动隆平现代产业园建设，打造新的经济增长点。推进长沙现代服务业产业园、芙蓉中央产业园等现有创业平台提质增效，力促银通科技、凯德自控等项目建成投产，加快建设航天创智、湖南海峡两岸创业基地等项目。

（三）强化项目支撑。始终坚持项目为王、项目为重，持续增强抓项目促项目的积极性、主动性、实效性，全力做好存量项目、楼宇、土地等资源文章。全年铺排重点项目151个，预估投资141亿元。成立全区社会投资重点遗留项目帮扶工作指挥部，集中力量协调解决项目建设难题，推动三湘南湖大厦、旺德府万象时代、新楚擎天广场、湘邮大厦、中国邮政产业创新中心等项目尽快开工、复工。实施惠农大厦等老旧楼宇提质改造，实现楼宇产业提档升级。坚持“留、改、拆”结合，启动白果园化龙池片区二期和蔡锷中路两厢有机更新，改造房屋1500户以上。全力推进棚改征收，实现蔡锷中路两厢项目清零腾地。加快五里牌肉联厂及周边、火星镇、友谊东等项目土地挂牌出让。妥善处置60号令生产安置用地，推动“两安用地”[21]开发建设。坚决落实扫尾清零责任制，实施杉木、张公岭等4个城中村改造。推进省农大、省农业科学院科研用地置换，盘活土地资源。加快建设西龙路、望龙路跨浏阳河桥等主干道路和桥梁。完成营盘路三期和滨河路五标建设，实现主干道全线贯通。深入推进电力“630”攻坚二期项目建设。积极引入社会资本参与停车场建设管理，科学规划公共零星用地，推进立体停车场建设。

二、聚焦城市治理，打造品质城区

紧紧围绕老百姓“衣食住行、生老病死、安居乐业”等需求，在人本化、精细化、智能化上下功夫，加强城市管理，优化社会治理。

（一）提升城市管理水平。树立精品意识，下足绣花功夫，推进更高水准文明城市建设。大力推行网格化管理，按照“责任全覆盖、管理无障碍”的要求，构建“责任上肩、人员上路”的大城管格局。加快“智慧城管”平台建设，打造城管环保一体化的数字化指挥系统。以活力、通达、便捷、清爽为目标，对五一商圈进行综合提质。继续深化火车站、汽车东站等重点区域综合环境整治，推动锦泰广场周边提质改造和地下空间开发建设。大力开展专项整治行动，有效破解占道经营、违规广告、车辆违停等城市管理顽疾。积极探索开放式物业管理模式，完善老旧农安小区物业服务。加强新建道路、公园的后续管理。持续开展样板道路、精品小区、标准市场等示范点创建，始终保持严查严控违法违章建设的高压态势。深入实施生活垃圾分类减量，实现社区全覆盖。

（二）加强环境治理保护。落实“最严环保”要求，持之以恒打好污染防治攻坚战。全力抓好中央环保督察“回头看”和省级环保督察反馈问题整改落实，着力解决群众身边突出环保问题。坚决打赢“蓝天保卫战”，落实大气污染防治行动计划，抓好餐饮油烟、噪音扰民、垃圾异味、裸露黄土等专项清理整治，继续严管严控建筑工地、石材加工、道路扬尘污染。突出打好“碧水攻坚战”，严格落实河长制、湖长制，完成浏阳河排污口整改任务，巩固黑臭水体治理成效，推动杨家湾撇洪渠污染整治，加快农大农科院片区雨污分流建设。完成第二次全国污染源普查工作。

（三）推动社会多元共治。创新社会治理机制，做优社会组织、做实网格管理、做活志愿服务，打造共建共治共享的社会治理格局。坚持和发展新时代“枫桥经验”，推广朝阳街道“四化”治理模式〔22〕和五一商圈“党建引领、多元共治”治理经验。深化街道管理体制改革，探索城管执法中队、环卫所的人、财、物、事权全面下放街道，健全条块联动机制，让街道有权管事、管得好事。培育激活社会组织，加强专业社工和志愿者队伍建设。深入实施“三调联动”，完善公众参与的民主协商机制。打造一批“五零”〔23〕街道和社区。

三、聚焦改革开放，优化发展环境

紧紧围绕中央、省市关于深化改革开放的部署要求，坚持抓改革、优环境、谋发展，将改革红利转化为高质量发展的强大动力。

（一）深层次推进重点改革。深化“放管服”改革，持续推进行政审批服务制度改革。探索推进相对集中行政处罚权改革，组建行政执法局，着力解决多头执法、重复执法问题。强化园区内部改革，激活内生动力，做到“园区的事在园区办”。做好政府机构改革后续工作，实现从“瘦身”到“强身”的转变。理顺湘湖管理局局属企业体制，妥善解决历史遗留问题。继续实施政府工作“微改革微创新”，不断提升政府治理能力。

（二）宽领域扩大开放合作。深入对接长沙东部开放型经济走廊、临空经济示范区等发展规划，积极争取市级平台政策支持。鼓励区内企业开拓海外市场，强化对外交流。加大政策扶持引导，努力将长沙国金中心打造成为开放合作的国际性平台。树立“精准招商”理念，落实招商引资领导小组月调度机制，构建全员招商的工作格局。以园区、商圈、楼宇为载体，大力开展产业链招商、以商招商。突出抓好“总部招商”，吸引500强企业在区内设立“第二总部”或功能性总部，形成服务业总部集聚区。发挥辖区金融、教育、医疗等资源优势，扎实做好稳商、安商、留商工作。力争引入省外境内资金144亿元，完成对外贸易额13.5亿美元，实际利用外资8亿美元，外商直接投资7800万美元。

（三）全方位优化营商环境。按照市委部署，深入开展“营商环境优化年”活动。坚决落实中央更大规模减税降费政策，促进民营经济高质量发展。加快“马上办、网上办、就近办、一次办”，让“最多跑一次”“一次都不跑”“办事不求人”成为常态。继续大幅压减行政审批时限，着力解决企业“办事难”问题，确保企业开办3个工作日、不动产登记5个工作日、工业建设项目施工许可45个工作日内完成。用好市级层面产业、过桥、贴息、奖励、补贴等惠企资金。探索设立中小微企业融资风险补偿基金，把政府信息、信用转化为企业的发展动力，有效缓解企业“融资难”“融资贵”问题。建立企业帮扶常态长效机制，推行联席会议制度。继续开展企业“大走访、大宣传、大帮扶”，主动帮助企业解决困难。认真做好第四次全国经济普查。严厉打击强揽工程、强买强卖、强行阻工、欺行霸市等违法犯罪行为，切实维护企业经营秩序和项目施工环境。全面优化营商环境，特别要改进干部工作作风，真正做到想企业之所想、急企业之所急，进一步浓厚全区上下“尊重企业家、优待投资者、服务纳税人”的良好氛围。

四、聚焦民生幸福，创造美好生活

紧紧围绕群众所思所想所盼，在更高水平上保障幼有所育、学有所教、劳有所得、病有所医、老有所养、住有所居、弱有所扶，让全区人民共享高质量发展成果。

（一）优化公共服务提升幸福感。坚持以群众满意为标准，高质量完成省市民生实事。高标准建好、管好、用好“一圈两场三道”，让幸福在老百姓家门口持续升级。夯实幸福教育成果，争创首批全国义务教育优质均衡发展区，让每个孩子都能享受到公平而有质量的教育。继续规范校外无证办学和违规办学。深化“三名”工程〔24〕建设，率先全省消除“大班额”。进一步提升区属中学的教育教学质量。盘活原省劳动人事职业学院及周边土地资源，加快建设东雅实验中学。深入推进“健康芙蓉”，完善全科医生、家庭医生等基层医疗人才培养机制，积极搭建医疗联合体。着力提升社区卫生服务中心的能力和水平，让老百姓在家门口“看得了病、看得好病”。做好浏阳河以东地区综合性三甲医院选址及前期工作。扎实推进现代公共文化服务体系建设，完成区文体活动中心主体工程，继续办好中华龙舟大赛。实现隆平水稻博物馆全面开馆，争创国家三级博物馆。支持程潜公馆申报第八批全国文物保护单位。

今年要办好十件民生实事：一是实现“15分钟生活圈”全覆盖；二是新建、扩建学校、幼儿园6所，实现公办和普惠性民办幼儿园占比达82%；三是建设标准化社区综合文化服务中心5个、体育公园1个，提质改造全民健身点50处；四是新建、改建农贸市场8家、社区生鲜超市6家；五是新增公共和配建停车场14处、停车位5500个以上；六是改建人行道35.2公里、历史文化步道10.6公里；七是按照“自愿、自费、自主”的原则，引导和支持老旧住宅小区加装电梯60台以上；八是提质改造老旧垃圾站和公共厕所93座；九是新建社区公园、游园7个；十是老旧小区居民餐厨油烟净化治理1万户以上。

（二）加强社会保障增进获得感。坚持就业优先，突出做好失地农民等生活困难群体的就业工作，新增城镇就业1.6万人以上。推进全民参保计划，稳步提高居民参保覆盖率。建成区社会福利中心。不断提升居家养老、社区养老、机构养老服务水平。优化残疾康复服务，提高残疾人“两项补贴”[25]发放标准。坚定“保刚需、稳房价、反炒房”调控目标，保持房地产市场平稳健康发展。加快火炬村、东驿竹园二期等安置房建设，缩短待安置农民在外过渡时间。完成公租房实物配租和货币补贴1800户以上。稳步推进企业“三供一业”分离移交[26]。

（三）维护社会稳定强化安全感。健全应急管理体系，提高应对突发公共事件能力。深入开展安全生产重点行业领域事故隐患排查和专项整治，牢牢守住安全生产底线。强化食品药品市场监管，持续开展“明厨亮灶”工程，提质改造小餐饮“透明厨房”600家以上，建成市民满意的国家食品安全示范城区。加强依法治访，加大信访积案化解力度。大力推进国防和后备力量建设，深化民兵调整改革。做好退役军人服务保障工作。推动“平安芙蓉”建设，严控刑事案件、交通事故和火灾事故发生率。深入开展扫黑除恶专项斗争和新一轮禁毒人民战争，严厉打击各类违法犯罪行为，为高质量发展营造平安稳定的社会环境。

各位代表，时代是出卷人，我们是答卷人，人民是阅卷人。我们将坚持以人民为中心的发展思想，努力建设新时代人民满意政府。

一是加强政治建设。始终把政治建设摆在首位。坚持用习近平新时代中国特色社会主义思想和党的十九大精神武装头脑、指导实践、推动工作。切实树牢“四个意识”[27]，不断增强“四个自信”[28]，坚决做到“两个维护”[29]。全面贯彻落实中央、省市和区委决策部署，确保政令畅通、令行禁止，努力推动区域经济社会高质量发展。

二是加强能力建设。大兴学习之风，加强对产业发展、项目建设、城市治理等重点难点问题的调查研究。强化法治思维，增强依法行政能力。对在财税收入、招商引资、项目建设等方面真抓实干成效明显的单位和个人，加大激励支持力度。坚持“三个区分开来”[30]，给干事者鼓励，为担当者撑腰，为高质量发展营造良好的干事创业氛围。

三是加强作风建设。大力倡导求真务实、真抓实干之风，集中整治形式主义、官僚主义。大力精简会议材料，统筹规范督察考核，让广大干部从一些无谓的事务中解脱出来，腾出更多时间和精力抓工作落实。扎实开展群众工作“连心”行动。深入推行“带头办、一线办、马上办、创新办”，不断提升政府执行力，让“马上就办”蔚然成风，让“真抓实干”落地生根。

四是加强廉政建设。以“永远在路上”的执着，纵深推进政府系统党风廉政建设，努力构建清正、清廉、清明的政治生态，以优良作风引领和保障高质量发展。牢固树立“过紧日子”的思想，对政府投资项目实施全过程全方位审计监督，提高财政资金使用效能。办好人大代表建议和政协委员提案，主动接受社会各界监督，让权力在阳光下运行。

各位代表，团结凝聚力量，实干创造辉煌。让我们更加紧密地团结在以习近平同志为核心的党中央周围，在市委、市政府和区委的坚强领导下，紧紧依靠和团结全区人民，以坚如磐石的信心、只争朝夕的干劲，一步一个脚印，加快建设“四个芙蓉”，在全面建设现代化长沙的征程中展现高质量发展的芙蓉作为，以优异成绩向中华人民共和国成立70周年献礼！

注释

〔1〕“九大行动”：全面从严治党“先锋”行动，基层党建“堡垒”行动，群众工作“连心”行动，产业品质“提升”行动，城市建设“攻坚”行动，城市管理“提质”行动，社会事业“惠民”行动，社会保障“利民”行动，社会治理“安民”行动。

〔2〕2018年中国百强区：2018年9月12日，赛迪顾问在北京发布《2018年中国百强区发展白皮书》。根据经济实力、增长潜力、绿色发展、民生幸福、效益效能五大领域，设置了17个高质量发展指标，得出2018年中国百强区榜单。芙蓉区以湖南第1名、全国第32名的成绩上榜。

〔3〕“八大慈善救助”：慈善助困、慈善助医、慈善助学、慈善助老、慈善助贫、慈善助葬、慈善助急、慈善助无。

〔4〕113.5件省交办件：2018年湖南省第一环境保护督察组进驻长沙期间，共向芙蓉区交办信访事项20批113.5件，其中反映泉水塘小区变压器辐射扰民案件同时交办市经信委，计芙蓉区0.5件。

〔5〕重点楼宇“楼长制”：每位县级领导联系一栋重点楼宇，负责楼宇的招商选资、配套服务与提质改造。

〔6〕“四上”企业：规模以上工业企业、房地产企业和有资质的建筑业企业、限额以上批发零售住宿餐饮企业、规模以上服务业企业等四类企业的统称。

〔7〕企业“大走访、大宣传、大帮扶”：为贯彻落实长沙市“千人帮千企百日大行动”精神，芙蓉区委、区政府决定从2018年10月29日开始，用100天时间在全区范围内开展企业“大走访、大宣传、大帮扶”活动，积极推动政策精准入企，督促政策落地惠企。

〔8〕“优化营商环境十二条”：为进一步优化我区营商环境，充分激发市场主体活力和社会创造力，区委、区政府印发《关于优化营商环境的实施意见》（芙蓉发〔2018〕3号），包括优化审批服务、深化政务公开等12条措施。

〔9〕促进黄金珠宝产业发展“金十条”：为推动传统产业发展，优化区域经济环境，从企业入驻登记、高管人员落户等10个方面给予黄金珠宝产业发展扶持。

〔10〕金融服务“两进两促”：发挥金融服务实体经济作用，动员金融机构“进园区、进企业，促融资、促发展”，帮扶缓解中小微企业“融资难、融资贵”问题。

〔11〕独角兽企业：成立10年以内、估值超过10亿美元、获得过私募投资且尚未上市的企业。

〔12〕“630”攻坚：指《长沙市电网供电能力提升三年行动计划（2018—2020年）》，明确电网“主干网架”提质、“骨干网架”补短、“城乡配网”升级三大工程建设，确保到2020年，长沙电网建设改造投资规模约150亿元，满足1000万千瓦负荷下安全供用电需求。

〔13〕浏阳河东片“三清一拆”行动：在芙蓉区浏阳河以东（东岸街道、马坡岭街道、东湖街道）辖区内开展清理垃圾、清理堆物及亭棚、清理“散、乱、污”企业和市场、拆除违章建筑的专项整治行动。

〔14〕“一圈两场三道”：“15分钟生活圈”，停车场、农贸市场，人行道、自行车道、历史文化步道。

〔15〕“超大班额”：义务教育阶段学生人数达66人及以上的班级。

〔16〕“四杆合一”：将路灯、监控设备、交通信号灯、标识标牌等设备，由多杆合并为一杆，实现市容环境齐整有序。

〔17〕省市民生实事：2018年省、市下达芙蓉区的民生实事共28项，其中，“一圈两场三道”建设14项，新增城镇就业、棚户区改造等“省考项目”12项，标准化母婴室、0～14岁残疾儿童抢救性康复救助“市考项目”2项。我区“中心城区停车场（公共场所）”“中心城区停车场（配套建设）”“新增城镇就业”“孕产妇免费产前筛查”4个项目超额完成目标任务。

〔18〕“一地两区”：种业重大原始创新策源地、种业发展最佳生态示范区和种业文化交流展示引领区。

〔19〕“四新经济”：指新技术、新产业、新业态、新模式，是在新一代信息技术、新工业革命以及制造业与服务业融合发展的背景下，以现代信息技术广泛嵌入和深化应用为基础，以技术创新、应用创新、模式创

新为内核并相互融合的新型经济形态。

〔20〕“一主一特”：隆平高科技园产业发展的功能定位，以“总部经济、楼宇经济为主的现代服务业”为主导产业，以“生物育种为主的现代生物农业”为特色产业。

〔21〕“两安用地”：长沙市政府60号令集体土地拆迁村民生活安置留地、村民生产安置留地。

〔22〕“四化”：网格化管理、公约化定责、社会化服务、定量化考核。

〔23〕“五零”：零事故、零投诉、零发案、零上访、零负面舆情。

〔24〕“三名”工程：名校长工程、名班主任工程、名师工程。

〔25〕“两项补贴”：困难残疾人生活补贴和重度残疾人护理补贴。

〔26〕“三供一业”：指国有企业承办的供水、供电、供热（气）和物业管理等社会职能。

〔27〕“四个意识”：政治意识、大局意识、核心意识、看齐意识。

〔28〕“四个自信”：道路自信、理论自信、制度自信、文化自信。

〔29〕“两个维护”：坚决维护习近平总书记在党中央的核心、全党的核心地位；坚决维护党中央权威和集中统一领导。

〔30〕“三个区分开来”：习近平总书记在2016年省部级主要领导干部贯彻党的十八届五中全会精神专题研讨班上的讲话中指出，要把干部在推进改革中因缺乏经验、先行先试出现的失误和错误，同明知故犯的违纪违法行为区分开来；把上级尚无明确限制的探索性试验中的失误和错误，同上级明令禁止后依然我行我素的违纪违法行为区分开来；把为推动发展的无意过失，同为谋取私利的违纪违法行为区分开来。

中共长沙市芙蓉区委员会
长沙市芙蓉区人民政府
关于开展“品质提升年”活动推进高质量发展的实施意见

芙蓉发〔2019〕1号

2019年1月31日

为进一步提升党的建设质量和经济社会发展品质，按照高质量发展要求，区委、区政府决定将2019年确定为“品质提升年”。为确保“品质提升年”活动有序推进，现制定本实施意见。

一、指导思想

以习近平新时代中国特色社会主义思想为指导，全面贯彻中共十九大和十九届二中、三中全会精神，深入贯彻中央、省委、市委经济工作会议精神，坚持稳中求进工作总基调，坚持新发展理念，坚持推动高质量发展，围绕财富芙蓉、智慧芙蓉、魅力芙蓉、幸福芙蓉奋斗目标，持续推进强党建、提品质、惠民生“三大工程”“九大行动”，扎实开展“品质提升年”

活动，全面提升党的建设质量、产业发展品质、城市发展品质、人民生活品质，在全面建设现代化长沙的征程中展现高质量发展的芙蓉作为。

二、主要任务

1. 落实新时代党的建设总要求，提升党的建设质量。把抓好党建作为最大政绩，深化党的政治建设这个根本性建设，推进全面从严治党先锋行动、基层党建堡垒行动、群众工作连心行动，不断提高党的建设质量。深化理论武装，创新学习教育活动的平台载体，开展广覆盖、多层次、接地气的宣讲活动，进一步增强“四个意识”，坚定“四个自信”，坚决做到“两个维护”。牢牢把握意识形态工作领导权，狠抓风险隐患排查治理，打造高水平的网络媒体矩阵，提升舆论传播能力和网络治理能力，为高质量发展营造良好舆论环境。以创新理念引领城市基层党建纵深发展，推进支部“五化”建设，打造一批示范支部；深化楼宇党建、商圈党建、园区党建，增强“两新”党组织的战斗堡垒作用；以“芙蓉先锋共同体”为引领，开创区域化党建新格局。创新干部培养体系，加强干部能力建设，引导广大干部开动脑筋、创新方法、巧干实干，增强推动高质量发展的本领。提高选人用人的精准度，为高质量发展打造一支忠诚干净担当的干部队伍。以党的政治建设为统领，严格落实党风廉政建设“两个责任”，为高质量发展提供强大的纪律保障。把群众工作连心行动作为一项事关全局的基础性工作来抓，夯实高质量发展的群众基础。

2. 加快建设现代化经济体系，提升产业发展品质。落实“六稳”政策，着力转换增长动能，推进产业品质提升行动，打造高质量发展的样板。始终把楼宇经济摆在重要战略位置，把现代服务业作为主攻方向，把总部经济作为重要支撑，巩固区域性金融中心、商务中心、消费中心地位。牢牢把握内需持续增长的历史性机遇，做大商圈经济，以消费升级拉动产业升级。落实省委关于“产业项目建设年”活动安排，持续推进“五个100”工程，按照“一主一特”产业定位，推进隆平高科技园高效集约发展。推进隆平现代产业园建设，着力打造智慧化产城社区；突出发展生物育种产业，建设“中国种业硅谷”；培育和发展“四新”产业，发掘新的经济增长点。落实市委关于“营商环境优化年”决策部署，把企业“大走访、大宣传、大帮扶”行动固化为制度。深化机构改革，纵深推进“放管服”改革，探索综合执法体制改革，深化园区行政审批制度改革，加快湘湖政企分离改革，落实减税降费新政，持续开展“微改革微创新”系列活动。支持发展各类众创空间、企业孵化器、特色产业街等，培育各类协会商会，激发微观主体活力。坚持“精准、舍得、执着”的招商策略，以招商引资的丰硕成果助推高质量发展。

3. 优化城市建设管理，提升城市发展品质。按照精明规划、精准建设、精细管理的要求，推进城市建设攻坚行动、城市管理提质行动，提高城市建设管理科学化水平。把高品质城市化作为驱动高质量发展的重要推动力，推进棚改、有机棚改和城中村改造，推动存量土地挂牌上市，推进60号令“两安”用地开发，实施东片闲置土地置换，布局一批引领高质量发展的项目。推进世茂环球金融中心、佳兆业广场等城市综合体项目建设，提升城市现代化水平。完善浏阳河以东地区基础设施，实施中心城区基础设施提质扩容，促进东西片区协调均衡发展。推动文明创建常态长效，开展丰富多彩的群众性精神文明创建活动。优化城市管理机制，深化对五一商圈、火车站、汽车东站等区域的集中整治，有效整治违法建设、店外经营、车辆违停等乱象。运用新理念、新技术指导城市管理，推动城市管理智能化、维护作业机械化，提高城市管理质量和效率。落实“最严环保”要求，持之以恒打好污染防治攻坚战，坚决打赢“蓝天保卫战”，深化浏阳河流域综合治理，提升宜居品质。

4. 坚持以人民为中心的发展思想，提升人民生活品质。切实保障和改善民生，扎实推进社会事业惠民行动、社会保障利民行动、社会治理安民行动，让高质量发展成果更多更公平惠及全区人民。继续推进“一圈两场三道”建设，扎实办好十件民生实事。推进幸福教育、健康芙蓉、科技强区、文化惠民、全民健身等工作，构建更有品质的公共服务体系。强化社会政策托底保障功能，夯实就业、养老、医疗、住房等保障体系，完善社会救助体系，保障妇女儿童合法权益，做好退役军人服务保障工作。坚决完成对口扶贫任务。着力建设法治政府，深化司法体制改革。加强社会治安防控体系建设，深入开展扫黑除恶专项斗争，严厉打击违法犯罪。坚持依法治访，推动积案化解，维护社会和谐稳定。加强应急管理体系建设，坚决遏制各类事故，为高质量发展创设平安环境。

三、组织保障

1. 加强组织领导。将“品质提升年”活动和“三大工程”“九大行动”深度融合，统筹推进。区委书记于新凡负责“三大工程”“九大行动”和“品质提升年”各项工作的统筹领导，并牵头负责强党建工程；区委副书记、区长周春晖牵头负责提品质工程和惠民生工程；区委常委、组织部部长周虔，区委常委、宣传部部长伍艳飞，区委常委、武装部政委何元良，区委常委、纪委书记王长陵，区委常委、统战部部长喻志刚牵头负责全面从严治党先锋行动；区委常委、组织部部长周虔牵头负责基层党建堡垒行动；区委常委、区委办主任易新宇牵头负责群众工作连心行动；区委副书记、隆平高科技园党工委书记卓精华，区委常委、常务副区长谭雄伟，副区长黄金国牵头负责产业品质提升行动；副区长刘宪牵头负责城市建设攻坚行动；副区长李学军牵头负责城市管理提质行动；副区长梁汝岚牵头负责社会事业惠民行动；区委常委、常务副区长谭雄伟牵头负责社会保障利民行动；区委常委、政法委书记刘文立，副区长、公安分局局长章晓波牵头负责社会治理安民行动。全区各级各部门根据责任分工和工作要求，协调配合，主动作为，形成合力。

2. 提升发展坐标。坚持把高质量发展的理念贯彻到党的建设和经济社会发展的方方面面，推动各项工作提档次、上台阶、当标杆。主动向发达地区看齐，积极吸收借鉴各地高质量发展的先进经验。坚持终身学习，及时更新知识结构，始终引领时代。坚持创新驱动，大胆运用新理念、新技术、新模式、新业态支撑高质量发展。坚持深化市场化改革，破除高质量发展的瓶颈制约。始终瞄准产业高端，准确把握行业动向，牢牢锁定技术前沿，敏锐捕捉发展先机。

3. 推进责任落实。全区各级各部门要按照高质量发展的要求，自加压力，提升坐标，结合本实施意见以及党的建设、产业发展、城市发展、人民生活四个子方案工作要求，精心谋划全年工作，编制年度工作计划，并在3月底前提交区委、区政府。相关区领导要精心组织、定期调度，及时研究解决工作中的困难和问题。将“三大工程”“九大行动”和“品质提升年”活动作为全年绩效考核体系的基本框架，实行月度、季度、年度督察考核，推动责任落实。

附件：

1. 关于开展“品质提升年”活动推进高质量发展提升党的建设质量的实施方案

2. 关于开展“品质提升年”活动推进高质量发展提升产业发展品质的实施方案

3. 关于开展“品质提升年”活动推进高质量发展提升城市发展品质的实施方案

4. 关于开展“品质提升年”活动推进高质量发展提升人民生活品质的实施方案

附件1

关于开展“品质提升年”活动
推进高质量发展
提升党的建设质量的实施方案

一、总体目标

落实新时代党的建设总要求，以强党建工程统领经济社会发展全局，推动全面从严治党纵深发展，以高质量党建引领和保障高质量发展。

二、工作措施

（一）深化党的政治建设这个根本性建设。强化理论武装，坚定理想信念，开展党的政治建设专题辅导，组建更多讲习场所、学习小组，创新多种讲习方式，通过中心组学习等载体，加强党员干部对政治建设内涵的理解和把握。深化习近平新时代中国特色社会主义思想和中共十九大精神的学习宣传贯彻，推动“两个维护”成为全体党员干部的思想自觉和行动自觉，让树牢“四个意识”、坚定“四个自信”在全区蔚然成风。紧扣民心这个最大的政治坚持以人民为中心的发展思想，把更多精力和更大心思放在解决人民群众最关心最直接最现实的利益问题上。建立健全党内政治生活专项检查制度，将尊崇党章、执行党内政治生活若干准则、落实民主集中制等情况作为考核评价、管理监督班子和党员干部的重要依据。

（二）牢牢掌握意识形态工作领导权。压紧压实意识形态工作责任制，落实“十项推进机制”，加强分析研判，建立排查整治、快速反应、高效处置、常态化管理的工作体系，确保全年无一例较大负面影响的意识形态事件发生。加强传播手段和话语方式创新，精心组织新中国成立70周年宣讲学习活动800场以上。深入开展“新思想进基层”巡讲活动，培育一批基层草根志愿宣讲队伍和乡土“名嘴”，做大做强主流思想舆论。坚持服务高质量发展大局，聚焦优化营商环境、振兴五一商圈、增进民生福祉等热点话题，策划推出一批有思想深度、实践力度、民生温度的重点报道。加强媒体合作，深化媒体融合，提升政务新媒体集群，建设网络融媒体中心。做好党外人士思想政治引领工作，促进同心同德、同心同向、同心同行。做好民族宗教工作，促进民族团结、宗教和谐。深化群众性精神文明创建活动，深入开展“文明实践365志愿服务”“我家的移风易俗”“新时代好少年评选”等主题活动，大力推评全国、省、市道德模范、身边好人、志愿服务项目等先进典型。聚焦中华人民共和国70周年等重大历史题材，联合省京剧院、湘剧院等专业剧团打造文艺佳作。创新公共文化服务运行机制，推动各类文化市场主体发展壮大，培育新型文化业态和文化消费模式。

（三）强化一切工作到支部的鲜明导向。以创新理念引领城市基层党建纵深发展，在党建活动、机制、载体、阵地等方面守正出新，将抓城市基层党建与抓基层社会（社区、小区）治理同谋划、同部署、同推进。制定出台党建引领基层治理的具体实施意见，推行先锋物业，切实发挥党建在引领基层社会治理中的首位功能。全面完成街道管理体制改革，强化街道党组织“龙头”带动作用，进一步赋予街道相应职责职权，配齐配强基层党建专干。推进支部“五化”建设，实现基层组织建设、管理服务和党内生活标准化、正常化、精细化、体系化、规范化，打造一批示范支部。突出芙蓉特色抓基层党建，打造五一商圈、黄金街、中石油大厦、旺德府大厦、浏阳河婚庆园等党建示范点，增强服务功能，扩大党在新兴领域的号召力和凝聚力。以“芙蓉先锋共同体”为引领，全面运用资源、需求、共建清单，促进党建资源多元开放、共建共享，开创区域化党建新格局。

（四）打造忠诚干净担当的干部队伍。提高选人用人的精准度，按照德才兼备、以德为先的原则选拔干部，健全干部选拔任用全程纪实制度，规范干部选拔任用工作流程。以机构改革为契机，选优配强领导班子，做到人岗相符、人尽其才，把好钢用在刀刃上。强化干部政治素养教育，打造“湘江评论”红色讲习坛主题教育基地。紧扣高质量发展要求，开办周末补钙、党性锤炼等培训班，全年培训干部2300人次以上，增强推动高质量发展的本领。探索建立党员干部政治表现档案，持续优化绩效考核体系，科学精准地确定考核目标，充分发挥绩效考核指挥棒作用。落实新《中华人民共和国公务员法》，推行公务员职务与职级并行。以服务高质量发展为目标广泛集聚人才，把更多抓项目、抓产业、抓治理的行家里手引进来、选出来、用起来，营造人才引得进、留得住、用得好的良好氛围，为高质量发展打造一支忠诚干净担当的干部队伍。

（五）涵养清清爽爽的政治生态。严格落实党风廉政建设主体责任和监督责任，聚焦党的政治建设，进一步严明政治纪律和政治规矩，践行“两个维护”重大政治责任，强化政治监督。巩固拓展作风建设成果，下大力气整治形式主义、官僚主义问题。加大对减税降费政策、“最多跑一次”改革执行情况的督促检查，切实营造亲清的政商关系。推动监察权向基层延伸，全面向街道派出监察组织，选取部分街道试点，探索同级监督有效途径。开展民生领域问题专项整治，着力治理群众身边的腐败和作风问题。健全容错纠错机制，按照“三个区分开来”要求，对干部的失误错误进行综合分析，对问题作出精准处理。完善失实举报澄清保护制度，严肃查处诬告陷害行为，为受到不实反映的干部澄清正名，营造良好的干事创业氛围。强化日常监督，增强监督合力，用好“四种形态”，保持反腐高压态势，一体推进不敢腐、不能腐、不想腐，巩固发展反腐败斗争压倒性胜利，打造忠诚干净担当纪检监察铁军，为高质量发展提供强大的纪律保障。

（六）巩固全覆盖零距离常态化的群众工作新格局。在完成机构改革后，重新调整区直机关联点社区、干部联点群众相关安排，确保五老人员、热心居民、军人家庭和困难群众联点全覆盖。各区直单位明确一名班子成员分管群众工作并作为联点社区的带队领导，明确2名干部担任群工队员，每月27、28日（逢节假日顺延）到联点社区（村）驻点开展群众工作。进一步深化连心行动内涵，与群众交朋友，当群众的贴心人，实现走访方式更加灵活、服务内容更加精准。升级连心行动APP，完善诉求收集、线上督办、数据分析等功能，为区委、区政府决策提供第一手民情资料。建立诉求三级解决督办机制，对于职责范围的诉求，联点干部5个工作日予以解决；对于不能办理的报街道群工办，由街道在5个工作日予以解决；对于跨领域跨部门民生问题，区群工办定期召开分析研判会，研究制定解决办法，推动问题解决。安排连心行动为民办实事项目资金，用于解决基层民生热点问题。

附件 2

关于开展“品质提升年”活动 推进高质量发展 提升产业发展品质的实施方案

一、工作目标

坚持稳中求进工作总基调，推进产业品质提升行动，持续升级传统产业，着力培育新兴产业，加快建设具有芙蓉特色的现代化经济体系。大力发展楼宇经济、总部经济、园区经济，进一步夯实产业发展平台。深化“放管服”改革，做优企业服务，不断优化营商环境。实现地区生产总值增长 8% 以上。

二、工作措施

（一）夯实财税基础。把财税工作作为重要的基础工作来抓，全力以赴保运转、保民生、保发展。强化税源培植和税收征管，重点关注一次性税源，持续降低非税比重，千方百计做大收入盘子、做优收入质量，实现地方一般公共预算收入增长 8% 左右，促进一般公共预算收入与 GDP 比率、税收占一般公共预算收入比重等指标稳步提升。加大欠款清收力度，加快政府经营性资产统一处置和管理，控制政府债务总规模，坚决防范重大风险。牢固树立“过紧日子”的思想，加强财政资金绩效评价和审批管理，更好发挥财政资金使用效益。

（二）壮大主导产业。突出发展总部经济，打造服务业总部集聚区。现代金融产业。以省金融创新特色产业园为载体，大力引进各类金融业态，提高产业集聚度。探索建设供应链金融小镇，鼓励金融机构开展产品和服务创新。强化企业上市挂牌孵化扶持，加快上市后备资源培育。严厉打击非法集资等违法金融活动，有效防范金融风险。高端商贸产业。持续提质五一商圈、芙蓉广场商圈、袁家岭商圈、火车站商圈、万家丽商圈，发展东盈广场、汇一城等新兴商圈，浓厚二环线以东地区商业氛围，做大商圈经济。完成长沙黄金街建设，打造全省黄金珠宝商品交易区、文化展示区和总部集聚区。实现社会消费品零售总额增长 9% 以上。商务服务产业。扶持管理咨询、法律服务、会计服务、广告策划、人力资源等行业发展。积极培育各类协会商会，鼓励行业抱团发展。文化创意产业。继续推进浏阳河文化旅游产业带建设。依托新南天古汉国际广场、湖南文化大厦等楼宇资源，大力引进文创领域领军龙头企业。发挥浏阳河婚庆文化园产业资源作用，延伸以婚纱摄影、娱乐消费、孕婴童服务等为主要内容的高品质婚庆文化产业链。生物育种产业。全力推进“中国种业硅谷”建设，着力做强基因技术产业链。加快建成华智生物国家水稻分子育种研发基地，打造国家级生物育种创新平台，创建国家生物种业技术创新中心。

（三）培育“四新经济”。坚持把新产业、新业态、新模式、新技术“四新”经济作为抓经济工作的着力点。研究制定“四新经济”产业发展规划，实施加大全社会研发经费投入、培育高新技术企业等专项行动。出台“四新经济”产业发展奖励办法，完善产业发展基金，在融资、成本、人才、租房等方面提供全方位支持，打造一栋以上“四新经济”专业楼宇。细化落实科技创新扶持政策，新增高新技术企业和科技创新小巨人企业 40 家以上，完成发明专利申请量 1500 件，实现研究与试验发展（R&D）经费支出占地区生产总值比重 1.55%，争创国家知识产权强区。抢抓 5G 通信、跨境电商、人工智能等产业发展机遇，发掘新的经济增长点。

（四）做强楼宇经济。做大做强芙蓉中央商务区，争创省级服务业示范集聚区。强化国金中心等商务楼宇招商，有效降低楼宇空置率。加快在建楼宇建设进度，推动社会投资遗留楼宇项目复工建设。对老旧楼宇进行全面摸底，采取针对性措施提质一批楼宇，做到一楼一策、分类施策。坚持产业链思维，集中力量发展律政、金融、影像、电商、房产、文创等专业特色楼宇，加快探索楼宇经济专业化、特色化发展路径。按照“心中有楼、政策进楼、服务上楼、企业满楼”的总体思路，进一步做实重点楼宇“楼长制”，加快建设集党务、政务、商务、事务于一体的楼宇服务中心（站），全力帮促企业发展。

（五）发展园区经济。坚持“一主一特”产业定位，不断调优园区产业结构，大力建设高新园区、高效园区、高端园区。深化“产业项目建设年”活动，持续推进“五个 100”工程。引进战略合作开发运营商，加速启动隆平现代产业园建设。推进金丹大厦、广发隆平等现有创业平台提质增效，力促银通科技、凯德自控等项目建成投产，加快航天创智、湖南海峡两岸创业基地等项目建设进度。按照产城融合思路，加快浏阳河以东地区基础设施建设，提高环境承载力和生活便利度。

（六）提升招商质效。树立“精明招商”理念，以园区、商圈、楼宇为主要载体，营造全员招商的浓厚氛围。坚持产业链招商、以商招商，落实招商引资领导小组月调度机制。突出抓好“总部招商”，吸引500强企业在区内设立“第二总部”或功能性总部，形成服务业总部集聚区。发挥辖区金融、教育、医疗等资源优势，扎实做好稳商、留商工作。力争引进世界500强企业3家、总部企业3家、年全口径税收100万元以上的企业80家；引入省外境内资金142亿元左右，市外境内资金形成固定资产投资375亿元左右，实际到位外资8亿美元左右。

（七）优化营商环境。全面落实市委、市政府“营商环境优化年”各项部署，打造一流的营商环境。坚决贯彻中央更大规模减税降费政策，用好市级层面产业、过桥、贴息、奖励、补贴等惠企资金，促进民营经济高质量发展。优化产业奖励扶持办法，加大对中小型企业扶持力度。建立企业帮扶常态机制，推行联席会议制度，扎实开展企业“大走访、大宣传、大帮扶”活动，聚焦企业面临的痛点、难点问题，集中精力抓好企业服务。大力深化“放管服”改革，加快“马上办、网上办、就近办、一次办”，让“最多跑一次”“一次都不跑”“办事不求人”成为常态。继续大幅压减行政审批时限，企业开办3个工作日、不动产登记5个工作日、工程建设项目施工许可45个工作日内完成，新增“四上”企业240家以上、商事主体1.5万户以上。

附件3

关于开展“品质提升年”活动 推进高质量发展 提升城市发展品质的实施方案

一、总体目标

践行精明增长理念，做好存量土地、项目等资源文章，持续推进城市建设攻坚行动、城市管理提质行动。围绕“一带两区”总体框架，强化规划引领，按照精明规划、精准建设、精细管理的要求，进一步提高城市建设管理科学化水平。着力打好污染防治攻坚战，推进“蓝天保卫战”和浏阳河流域水环境综合治理。扎实推进“一圈两场三道”建设，新建和提质一批道路、学校、停车场等基础设施和公共服务设施，优化人居环境，提升城市承载功能。实现固定资产投资增长8%左右。

二、工作措施

（一）提速东片建设。加快城中村改造进程，如期启动张公岭、杉木城中村改造和东湖六号安置点征地拆迁。推进主路网建设，全线拉通营盘路、龟山路、滨河路，推进西龙路、望龙路跨浏阳河大桥腾地和建设工作。完善基础设施配套建设，确保社会福利中心、张公岭消防站等基础设施项目交付使用，启动东雅中学建设。推动二号安置点三期，三号安置点二期、三期建设。引导社会资本参与项目建设，推进政企共建道路工程建设，加快浏京路、桐栖路中段、纬二路、纬六路、桃园路等道路建设。完成东片三甲医院的选址及调规工作。

（二）加快城市更新。实现蔡锷中路两厢项目扫尾清零，加快推动黄土塘项目、火炬村项目安置房建设，加快回迁安置。准确把握“留、改、拆”之间的关系，启动白果园、化龙池片区二期和蔡锷中路两厢有机更新，改造房屋3300户以上。推进国有改制企业地块棚改模式，积极对接服务省邮政公司、曙光集团、德一粮油等企业，为实施改造创造条件。

（三）加强土地管理。加大违法用地整治和闲置土地处置力度，督促和服务朝阳文化广场、名士豪庭、旺德府万象时代、嘉庆德隆等项目建设。扎实推进地块扫尾清零，加快宗地调规、电力下地等工作，推动火星镇棚改项目、肉联厂棚改项目及友谊东棚改项目地块和隆平新区产业地块挂牌。加快农科院土地置换。加大对60号令生产安置用地处置工作指导和服务，促成生产用地开发建设。

（四）推进改革试点。调整城管考核体制，建立负面清单扣分制，推动工作力量下沉一线，力促责任到人、责任上肩。参照九如巷、都正街智能停车场建设模式，推动附二医院、白果园广场、锦泰广场等闲置用地或绿化用地开发建设智能停车场。新增公共和配建停车场14处、停车位5500个以上。推进市政、园林等管理模式改革，探索园林绿化、市容环卫、市政设施管养新途径，着力实现共建共管共享模式。加强“智慧城管”平台建设，打造城管环保一体化的数字化指挥系统。

（五）打造特色亮点。加快安置房产权证办理，率先全市完成集体土地安置房户证办理。全面铺开电梯加装工作，确保电梯加装工作保持全市第一。深入开展专项整治行动，始终保持对城管乱象的高压打击态势，深化对五一商圈、火车站、汽车东站等重点区域的环境整治。

（六）美化市容环境。加强对老旧农安小区和新建道路、公园的后续管理，提升市政设施、市容环境、园林绿化日常维护管养标准，进一步提高城市建设管理科学化水平。加快推进生活垃圾分类减量，探索垃圾分类减量“芙蓉模式”，力争实现生活垃圾分类全覆盖。抓好绿化精细管护，建成社区公园、游园 7 个，林荫大道 5 条，新增和提质绿地 20 公顷。改建人行道 35.2 千米、自行车道 46.7 千米。提质改造老旧垃圾站和公共厕所 90 座以上。

（七）强化污染防治。全力抓好中央环保督察“回头看”和省级环保督察反馈问题整改落实。坚决打赢“蓝天保卫战”，全面落实大气污染防治行动计划，扎实抓好餐饮油烟、噪音扰民、垃圾异味等专项整治，确保 $PM_{2.5}$、PM_{10} 年均浓度分别低于 47 微克 / 立方米、61 微克 / 立方米，空气质量优良率达到 78% 以上，重污染天数下降 2 天以上。突出打好碧水攻坚战，严格落实河长制、湖长制，全面完成浏阳河排污口整改任务，巩固黑臭水体治理成效，推动杨家湾撇洪渠污染整治改造，加快农大农科院片区雨污分流体系建设，浏阳河芙蓉段年均水质达到 III 类标准。全面完成第二次全国污染源普查工作。

附件 4

关于开展“品质提升年”活动
推进高质量发展
提升人民生活品质的实施方案

一、总体目标

坚持以人民为中心的发展思想，围绕老百姓最关心、最直接、最现实的民生问题，发展文化、教育、医疗、科技等公共服务，完善社保、低保、医保、住保等社会保障体系，提升社会综合治理能力和水平，全面提高人民群众的获得感、幸福感、安全感，让高质量发展成果更多更公平惠及全体人民。

二、工作措施

（一）全面优化公共服务

1．深化幸福教育内涵。建成新安小学、八一路小学，扩建育才二小、东郡小学，提质改造浏正街小学、育才小学、五一中路小学等老城区学校。率先全省全面消除“大班额”，争创首批国家义务教育优质均衡发展区。加强师德师风建设，稳步推进名校长、名教师、名班主任“三名工程”。加大学前教育投入，继续开展小区配套幼儿园移交回收工作。新增 12 所公办及民办普惠幼儿园，实现公办及民办普惠幼儿园比例达 80%。加强民办学校监管，整治无证办学和违规办学行为，引导鼓励民办教育有序健康发展。强化学生素质教育，推进书香校园建设、体艺“2+1”工程。发挥校园安全监控指挥中心、纠纷调解中心平台作用，加强学校周边环境整治，确保校园及周边安全。

2．繁荣群众文化体育。着力拓展文化阵地，推进区文体中心建设，提质改造 5 个社区综合文化中心、1 个健身驿站、1 个体育公园、50 处全民健身点。丰富基层文体活动，免费向群众开放公共文化体育设施，举办区第五届新节目大赛、区第十一届全民健身运动会和 2019 中华龙舟大赛。支持隆平水稻博物馆争创国家三级博物馆。利用辖区省文物商店、韭菜园古玩文化街资源优势，开展形式多样的非物质文化遗产活动，弘扬传统湖湘文化。持续开展“扫黄打非”等专项整治行动，推进定王台书市审读机制，净化文化市场环境。

3．推进健康芙蓉建设。完善基层医疗人员培训机制，多渠道培养全科医生，提升社区卫生服务中心服务能力和水平。精准支持社区卫生服务中心发展，搭建省人民医院、湘雅二医院等医疗联合体，促进优质医疗资源有效下沉，提升基本医疗服务能力。落实国家基本公共卫生服务项目，创新家庭医生线上签约服务，提高基本公共卫生服务质量。优化计划生育服务管理，加强出生人口监测，落实计划生育奖励扶助政策，开展生育关怀行动，提升计生家庭发展能力。完成省民生实事项目孕产妇产前筛查 2000 人，新生儿疾病筛查等市健康民生项目各 6000 人，适龄妇女“两癌”筛查 3.2 万人，团体预约无偿献血任务 3300 人。

（二）精准强化社会保障

1．全面促进创业就业。把稳就业放在首要位置，推进公共就业服务均等化和就业援助普惠化建设，营造创业就业良好氛围。城镇居民人均可支配收入增长8%左右。持续深入开展“春风行动”“失地农民创业服务中心”“乐业芙蓉”等品牌工作。助力高校毕业生、失地农民、退伍军人等特殊群体就业。新增城镇就业1.6万人以上。

2. 大力推进社保扩面。贯彻落实养老保险新政，依法推进社会保险扩面征缴，提升各类社会保险参保率。抓好医疗保险和生育保险制度并轨和省内异地就医联网结算工作。落实被征地农民社会保险政策，将103号令被征地农民按规定纳入城镇社保体系，认真研究和积极解决60号令被征地农民的社会保障问题，保障被征地农民权益。落实困难群体的参保缴费工作，将符合条件的城镇“三无”人员、重度残疾人、计划生育重点扶助对象以及城乡低保人员纳入城乡居民养老保险系统。加强劳动监察执法，提高劳动仲裁办案水平，维护劳动者权益。

3. 全面实施救助兜底。兜牢民生底线，在最低生活保障等方面应保尽保。完成法律援助案件和其他法律援助事项240件。加大残疾人康复、就学、就业创业，刑满释放人员重新回归社会，流浪乞讨人员救助帮扶等工作力度。深入实施“八大慈善救助”项目，对丧失劳动能力的特殊家庭和老弱病残等特殊群体，进行常态化精准救助帮扶。完成区社会福利中心建设，优选运营机构，实现初步运营，优化居家养老、社区养老和机构养老服务体系。

4. 着力加强住房保障。进一步强化保障性住房的运营、维护和管理。优化审核流程，努力扩大保障范围，加大城镇中低收入住房困难家庭公租房租赁补贴发放力度，完成公租房实物配租和货币补贴1800户以上。积极筹集棚改项目保障性房源。

（三）系统推进社会治理

1. 创新基层治理机制。做优社会组织，做专网格队伍，做强志愿服务，打造共建共治共享的社会治理格局。坚持和发展新时代“枫桥经验”，推广朝阳街道“四化”治理模式和五一商圈“党建引领、政府推动、企业主导、社会协同、群众参与、多元共治”的改造经验。建立完善“三社联动”机制，加大政府购买社区服务的力度，培育激活社会组织，加强专业社工和志愿者队伍建设，每个社区落地1个“三社联动”项目。深入实施“三调联动”，完善公众参与的民主协商机制。

2. 着力化解矛盾纠纷。有效预防和及时化解社会矛盾，筑牢“第一道防线”，全年完成人民调解案件3200件以上。坚持推进源头治理，压实首办责任，做好初信初访办理。加大依法治访和信访积案化解力度，落实县级领导公开接访制度。打造一批“五零”街道和社区。进京非访、赴省到市来区集访个访下降20%，不发生赴省重复集访、涉访极端恶性事件和造成重大影响的舆情事件。

3. 深化平安芙蓉建设。严格落实各级党政主要负责人安全生产第一责任，督促企业落实主体责任，狠抓安全隐患排查整改。加强高危行业管理，严格源头准入控制。督促行业主管部门加强消防安全管理，持续开展夏季消防检查和冬春火灾防控。集中开展道路交通综合整治，严厉打击非法营运，加强超限超载治理，确保全区道路交通运输安全。加强食品药品监管，持续推进“明厨亮灶”工程，提质改造小餐饮“透明厨房”650家以上，完成全国食品安全示范城市验收。大力开展群防群治，严控刑事案件、交通事故和火灾事故。深入开展扫黑除恶专项斗争，扎实推进全国禁毒示范城市创建，严厉打击各类违法犯罪。

机构与领导人

中共长沙市芙蓉区委员会

区委主要机构及领导人员

书　　记　于新凡
副 书 记　周春晖
　　　　　陈计伟（2019 年 7 月免）
　　　　　蒋红波（2019 年 7 月任）
　　　　　卓精华（挂职）
常　　委　周　虔（女，2019 年 3 月免）
　　　　　刘文立
　　　　　伍艳飞（女）
　　　　　谭雄伟
　　　　　何元良（2019 年 12 月免）
　　　　　易新宇（2019 年 9 月免）
　　　　　王长陵（女）
　　　　　喻志刚
　　　　　何溪桥（女，2019 年 3 月任）
　　　　　刘洪波（2019 年 11 月任）
　　　　　方学文（2019 年 12 月任）

区委部门

区委办
主　　任　易新宇（2019 年 9 月免）
　　　　　刘洪波（2019 年 11 月任）
常务副主任　李启杰
副 主 任　谭永华（2019 年 3 月任）
　　　　　张　亮（女，2019 年 3 月任）
　　　　　黄天明（2019 年 3 月任）
　　　　　周裕熊
　　　　　廖　侃
派驻纪检组组长　胡永清（2019 年 11 月免）
　　　　　刘　佩（女，2019 年 11 月任）

区委组织部
部　　长　周　虔（女，2019 年 3 月免）
　　　　　何溪桥（女，2019 年 3 月任）
常务副部长　许琼山
副 部 长　唐宇平（兼）
　　　　　杨幸子（女）
　　　　　田松柏（2019 年 3 月免）
　　　　　邓春兰（女，兼）
　　　　　甘丽丹（女，2019 年 3 月任）
　　　　　钟海荣（女）

区委宣传部
部　　长　伍艳飞（女）
常务副部长　李向华（2019 年 3 月免）
　　　　　易利平（女，2019 年 3 月任）
副 部 长　易利平（女，2019 年 3 月免）
　　　　　刘　彦（女）
　　　　　寻红日（2019 年 3 月任）

区委统一战线工作部
部　　长　喻志刚
常务副部长　毛远强（2019 年 11 月免）
　　　　　王　庄（女，2019 年 11 月任）
副 部 长　阳　颖（女，2019 年 3 月任）
　　　　　张德林

区委政法委员会
书　　记　刘文立
常务副书记　李　清
副 书 记　李远书（2019 年 3 月任）
　　　　　解支越
　　　　　刘汉祥
政工室主任　陈　瑞（女，2019 年 9 月任）
委　　员　陈　瑞（女，2019 年 3 月任）
　　　　　刘　颖（女，2019 年 3 月任）
　　　　　李孝清（2019 年 3 月任）
　　　　　刘　强（2019 年 3 月任）
　　　　　范建华（2019 年 3 月任）
派驻纪检组组长　彭国辉（2019 年 3 月任
　　　　　2019 年 11 月免）
　　　　　陈　辉（2019 年 11 月任）

区委网络安全和信息化委员会办公室
主　　任　李向华（2019 年 3 月任）
副 主 任　周　旻（女，2019 年 3 月任）

吴建兵（2019年11月任）

区委机构编制委员会办公室

主　　任　江　红（女）
副 主 任　李　菁（女）
　　　　　刘　婷（女）

区委巡察工作领导小组办公室

主　　　　任　孔　飙
副　　主　　任　诸怡君（女，2019年11月任）
　　　　　　　李　鑫（2019年11月免）
　　　　　　　廖耀辉（2019年9月任）
巡察一组组　长　陈　新
巡察一组副组长　张　彤
巡察二组组　长　杜国荣
巡察二组副组长　刘　岳（女）

区委直属事业单位

区委党校

校　　　长　陈计伟（2019年7月免）
　　　　　　蒋红波（2019年7月任）
常务副校长　贾　茜（女，2019年3月任）
副 校 长　甘丽丹（女，2019年3月免）
　　　　　　吴彩炼（女）
　　　　　　肖泽圣（2019年3月任）

区接待服务中心

主　　任　张　亮（女，2019年3月任）
副 主 任　肖　薇（女，2019年3月任）
　　　　　姚　磊（2019年3月任）

区委其他事业单位

区档案馆

馆　　长　谭永华（2019年3月任）
副 馆 长　熊　敏（女，2019年3月任）
　　　　　邓　斌（2019年3月任）

长沙市芙蓉区人民代表大会

第五届区人大常委会机构及领导人员

主　　任　廖铁成
副 主 任　宋晋武
　　　　　陈忍冬
　　　　　严国益
　　　　　马京沙（女）
　　　　　罗尔曼（女）
委　　员　许琼山
　　　　　张　军（2019年3月辞）
　　　　　刘建军（2019年11月辞）
　　　　　陈　蓉（女）
　　　　　黄　萍（女）
　　　　　孙立荣（2019年11月辞）
　　　　　赵文楷
　　　　　段向阳
　　　　　杨　兵
　　　　　朱向东（2019年11月辞）
　　　　　侯　建
　　　　　王秀贵
　　　　　尹国杰
　　　　　莫昊锋
　　　　　朱金秀（女）
　　　　　周彩霞（女）
　　　　　孔伏军
　　　　　彭　坚
　　　　　邓　龙
　　　　　盛小芳（女）
　　　　　柳沣原

区人大常委会工作机构

办公室

主　　任　张　军（2019年3月免）
　　　　　丁迎秋（2019年3月任）
副 主 任　胡尚德（2019年11月免）
　　　　　谭　芳（女，2019年11月免）
　　　　　陈　旭（女，2019年11月任）
　　　　　欧阳静（女，2019年11月任）

选举任免联络工委

主　　任　段向阳

副 主 任　耿　铭（2019 年 11 月任）

民族华侨外事委员会

主任委员　黄　萍（女，2019 年 3 月任，2019 年 11 月免）

　　　　　周　文（2019 年 11 月任）

监察和司法委员会（法制委员会）

主任委员　刘建军（2019 年 3 月任，2019 年 11 月免）

　　　　　黄　萍（女，2019 年 11 月任）

财政经济委员会（预算工作委员会）

主任委员　陈　蓉（女，2019 年 3 月任）

副 主 任　沈向昕（女，2019 年 11 月任）

　　　　　朱　峰（女，2019 年 11 月任）

教育科学文化卫生委员会

主任委员　孙立荣（2019 年 3 月任，2019 年 11 月免）

　　　　　鲁海洋（2019 年 11 月任）

环境与资源保护委员会

主任委员　赵文楷（2019 年 3 月任）

农业与农村委员会

主任委员　胡再平（2019 年 3 月任）

社会建设委员会

主任委员　刘建刚（2019 年 3 月任）

派驻纪检组组长　龚　班

长沙市芙蓉区人民政府

政府主要机构及领导人员

区　　长　周春晖

副 区 长　谭雄伟

　　　　　章晓波

　　　　　黄金国

　　　　　梁汝岚（女）

　　　　　刘　宪

　　　　　李学军（2019 年 1 月任）

政府工作部门

区政府办公室

主　　　任　徐青春（2019 年 4 月免）

　　　　　　曾志伟（2019 年 9 月任）

副　主　任　吴康达（兼）

　　　　　　芮岸伟（2019 年 3 月免）

　　　　　　高国宏（2019 年 3 月任）

　　　　　　尹　亮（2019 年 3 月免）

　　　　　　刘　玲（女）

　　　　　　舒志刚（2019 年 3 月免）

　　　　　　刘　胜（2019 年 3 月任）

　　　　　　谢　意（2019 年 11 月任）

　　　　　　黄　海（2019 年 11 月任）

　　　　　　周　垚

　　　　　　何　芳

派驻纪检组组长　黄　芳（女）

区发展和改革局

局　　长　周旭东

副 局 长　欧阳解征（2019 年 11 月免）

　　　　　邱　礼（2019 年 11 月任）

　　　　　汪质彬（2019 年 3 月免）

　　　　　冀　超（女）

　　　　　毛智珺（2019 年 12 月任）

总经济师　魏四美

区教育局

局　　长　谢小红（女，2019 年 3 月免）

　　　　　徐青春（2019 年 4 月任）

副 局 长　江　凌（女）

　　　　　杨湘林

　　　　　杨　红（女）

　　　　　张加波（2019 年 12 月任）

主任督学　周　率

区科学技术局

书　　记　吴立平（2019 年 9 月免）

　　　　　李莉霞（2019 年 9 月任）

局　　长　吴立平（2019 年 9 月免）

赵小午（2019年9月任）
副 局 长　蒋树华（2019年3月免）
唐子茹（女，2019年11月免）
朱向东（2019年11月任）
彭晓斌
沈向昕（女，2019年3月任，2019年11月免）
谭　辉（女，2019年11月任）

区工业和信息化局

局　　长　王　庄（女，2019年3月任，2019年11月免）
喻　林（2019年11月任）
副 局 长　周　文（2019年3月任，2019年11月免）
方建龙（2019年3月任）
武　举（2019年3月任）
刘　义（2019年3月任）

区民政局

局　　长　陈洪林（2019年9月免）
吴立平（2019年9月任）
副 局 长　蔡日直
唐　敏（女）
刘俊成
康拥军
张　龙（2019年11月免）

区司法局

局　　长　焦益民（2019年3月免）
芮岸伟（2019年3月任）
副 局 长　邓国平
陈　辉（2019年11月免）
唐　君（女）
徐永春
廖月鹏（2019年3月任）

区财政局

局　　长　刘孟乾
副 局 长　陈晓红（女，兼）
周德亮
杨　亮
陈泽琼（女，2019年3月任）
吴湘媛（女，2019年3月任）
总 会 计 师　黎书花（2019年3月免）

党 组 成 员　罗振军（2019年3月任）
纪检组组长　罗振军（2019年3月免）
汪质彬（2019年3月任）

区人力资源和社会保障局

局　　长　唐宇平
副 局 长　周邦运
王伟京（女，2019年3月免）
谭　辉（女，2019年3月任，2019年11月免）
王　晶（女，2019年11月任）
姚亚博（女）

区住房和城乡建设局（人民防空办公室）

局　　长　朱卫东（2019年3月任）
副 局 长　高利欢（女，2019年3月任）
余学武（2019年3月任）
李　典（2019年3月任）
陈纲要（2019年3月任）
赵德玉（2019年3月任）
刘　艳（女，2019年3月任）
派驻纪检组组长　徐　军

区交通运输局

局　　长　廖　斌
副 局 长　龙　勇
蒋　浩
杨　静（女）
汤　宇
王　恒（2019年3月免）

区农业农村局

书　　记　王卿松（2019年3月任）
局　　长　陈　庆（2019年3月任）
副 局 长　唐国礼（2019年3月任）
周志成（2019年3月任）
张　萍（女，2019年3月任）
曾德志（2019年3月任）

区商务局

局　　长　戴　静（女，2019年3月任）
副 局 长　邓志文（2019年3月任）
段　超（2019年3月任）

肖　俊（2019年3月任）

区文化旅游体育局

局　　长　焦　英（女，2019年3月任）
副 局 长　刘益文（2019年3月任）
　　　　　胡敬容（2019年3月任）
　　　　　沈　丹（2019年3月任）
　　　　　姚群峰（2019年3月任，2019年11月免）
　　　　　唐　灿（女，2019年11月任）

区卫生健康局

局　　长　刘顺泉（2019年3月任）
副 局 长　陈莉群（女，2019年3月任）
　　　　　刘金龙（2019年3月任）
　　　　　屈沪军（女，2019年3月任）

区审计局

局　　长　吴　穗（女）
副 局 长　陈思兰（女）
　　　　　姚天洋（女）
总审计师　刘志云（女）

区退役军人事务局

局　　长　梁　卫（2019年3月任）
副 局 长　刘　烛（2019年3月任）
　　　　　余世文（2019年3月任）
　　　　　袁军华（2019年12月任）

区应急管理局

局　　　长　黄　革（2019年3月任）
政工室主任　彭国辉（2019年11月任）
副　局　长　聂忠葵（2019年3月任）
　　　　　　杨晓冬（2019年3月任）
　　　　　　程继明（2019年3月任）
　　　　　　卓志阳（2019年12月任）

区市场监督管理局

局　　长　赵小午（2019年3月任，2019年9月免）
　　　　　陈洪林（2019年9月任）
副 局 长　罗　铭（2019年3月任）
　　　　　王洪明（2019年3月任）
　　　　　刘正军（女，2019年3月任）
　　　　　谭　斌（2019年3月任）
　　　　　刘　慰（女，2019年3月任）
党组成员　易曙明（2019年3月任）

区统计局

局　　长　陈　卓
党组成员　欧军柱
副 局 长　章　淦（女）
　　　　　钟泽平（2019年3月免）
　　　　　谢况翟（2019年3月任）

区城市管理局

局　　长　罗明立（2019年3月任）
副 局 长　康小红（2019年3月任）
　　　　　施　伟（2019年3月任）
　　　　　熊光明（2019年3月任）
　　　　　邱　礼（2019年11月免）

区行政审批服务局

局　　　　　长　张　亚（2019年3月任）
副　　局　　长　易智勇（2019年3月任，2019年9月免）
　　　　　　　　彭亚军（2019年3月任）
　　　　　　　　陈艳丽（2019年3月任）
　　　　　　　　陈　斌（女，2019年3月任）
派驻纪检组组长　周　华（女）

区信访局

局　　长　张　敦
副 局 长　莫海平
　　　　　刘　烛（2019年3月免）
　　　　　陶长武（2019年3月免）
　　　　　彭　涛（2019年3月任）
　　　　　陈　丰（2019年3月任）
　　　　　姚　顶（2019年12月任）

区医疗保障局

局　　长　田松柏（2019年3月任）
副 局 长　徐金霞（女，2019年9月任）
　　　　　徐宁骏（2019年3月任）

区城市人居环境局

局　　长　焦益民（2019年3月任）
副 局 长　谭江涛（2019年3月任）
　　　　　黄　兵（2019年3月任）

区行政执法局

书　　记　张登波（2019年3月任）
局　　长　汤道建（2019年3月任）
副 局 长　邓　勇（2019年3月任）
　　　　　翁泽林（2019年3月任，2019年11月免）
　　　　　谭春生（2019年3月任，2019年12月免）
　　　　　叶新球（2019年3月任，2019年9月免）
　　　　　余陈江（2019年11月任）
纪检组组长　王勇松（2019年3月任）

区行政执法大队

大 队 长　肖　科（2019年3月任）
副大队长　余振宇
　　　　　张　剑
　　　　　李巨龙
　　　　　陈越楚
纪委书记　赖建桦（2019年11月免）

区政府直属事业单位

区机关事务中心

主　　任　李小平（女，2019年3月任）
副 主 任　胡尚德（2019年11月任）
　　　　　李　超（2019年3月任）
　　　　　李　理（女，2019年3月任）

区征地服务中心

主　　任　高　鹏（2019年3月任）
副 主 任　周　颖（2019年3月任，2019年11月免）
　　　　　杨友林（2019年11月任）
　　　　　张　弟（2019年3月任）
　　　　　胡　艳（2019年11月任）

区金融事务中心

主　　任　肖　莉（女，2019年3月任）
副 主 任　周德才（2019年3月任）
　　　　　黎　航（女，2019年3月任）

区数据资源中心

主　　任　舒志刚（2019年3月任）
副 主 任　李　舸（2019年9月任）
　　　　　李思一（2019年3月任）

区公共工程建设中心

主　　任　谭江涛（2019年3月任）
副 主 任　蔡　进（2019年3月任）
　　　　　吴立峰（2019年3月任）
　　　　　李　靖（女，2019年3月任）
　　　　　邹晓斌（2019年3月任）

区现代服务业发展中心

主　　任　易　鑫（女，2019年3月任）
副 主 任　李　茂（2019年3月任）
　　　　　邓　颖（女，2019年3月任）
　　　　　谭　沁（女，2019年11月任）

区隆平水稻博物馆

书　　记　孙中华（2019年3月任）
馆　　长　张　璎（女，2019年3月任）
副 馆 长　王伊伊（女，2019年3月任）
　　　　　黄明明（2019年11月任）

区政府其他事业单位

区市容环境卫生维护中心

主　　任　张　军（2019年3月任）
副 主 任　邹海滨（2019年3月任）
　　　　　谢国强（2019年3月任）
　　　　　余　辉（2019年3月任）
　　　　　常　坚（女，2019年3月任）

区市政设施维护中心

主　　任　戴建林（2019年3月任）
副 主 任　郭　劼（女，2019年3月任）
　　　　　汤岳泉（2019年3月任）
　　　　　张　登（2019年3月任）
　　　　　刘　敏（女，2019年3月任）

区园林绿化维护中心

主　　任　周　炫（2019年3月任）

副 经 理 周 瑾（2019年3月任）
范泽恩（2019年3月任）
郭 佳（女，2019年3月任，2019年7月免）
尹振声（2019年3月任）

区火车站综管办

主 任 李跃红
副 主 任 陈静安（2019年11月免）
黎念光（2019年11月任）
刘 曙（2019年11月任）
余 达

区芙蓉基础设施建设投资管理中心（芙蓉城建投）

书记、董事长 王劲峰（2019年3月免）
许建红（2019年3月任）
总 经 理 许建红（2019年3月免）
易 幸（2019年4月任）
监事会主席 魏 芳（女）
副 经 理 孙 慧（女）
余旺辉
谭 卿（2019年3月任）
纪检组组长 龙积军

区棚改办

主 任 邹远征
副 主 任 彭 涛（2019年3月免）
吴 畏
李 响（2019年11月任）
纪检组组长 熊 伟（女）

区征收办

主 任 刘建刚（2019年3月免）
湛俊军（2019年3月任）
副 主 任 刘建华
唐 煌（2019年3月免）
石家军（2019年3月任）

晓园管理处

书 记 周 玲（女）
主 任 张 晋
副 主 任 徐启明
张文波
胡建斌（2019年11月免）
纪 检 员 陈 娟（女）

垂直管理机构

长沙市自然资源和规划局芙蓉区分局

书 记、局 长 叶银权
副 局 长 刘勇军
执法大队大队长 王周干
副 局 长 刘学彬
陈联强
罗教论
刘少峰

税务局

局 长 熊 玲（女）
副 局 长 马小平
易 强
范文超
李雪辉
葛 韧
曾笔云（女）
陈焕新
黄 旭
纪检组组长 吕 锦（女）
副 局 长 龙曙日
朱立文
张 磊（女）
市局副调研员 邓雪平
工 会 主 任 黄 劲

长沙市生态环境局芙蓉分局

书记、局长 余新春
副 局 长 王国新
许 杰
曾 科
陈国良

消防救援大队

大 队 长 李颖玲（女）
教 导 员 姜柏红

副大队长　刘　武

政协长沙市芙蓉区委员会

第五届区政协委员会机构及领导人员

主　　席　郑　明
副 主 席　范伟民
　　　　　洪曙光（兼）
　　　　　谢志鹏
　　　　　杨爱斌（女）
　　　　　陈　庆（兼）
秘 书 长　成正良
常　　委　师　伟
　　　　　朱元光
　　　　　刘　妍（女）
　　　　　刘　源
　　　　　刘伟林（女）
　　　　　孙心也
　　　　　杨　红（女）
　　　　　杨　斌
　　　　　余光辉
　　　　　沈文强
　　　　　张　璎（女）
　　　　　张敬东
　　　　　陆　战
　　　　　陆亚林（女）
　　　　　陈　谦
　　　　　陈旭迪
　　　　　赵小午
　　　　　刘志平
　　　　　黄小利
　　　　　梁伟杰
　　　　　廖明辉
　　　　　黎明星
　　　　　潘向阳
　　　　　田松柏（至2019年11月）
　　　　　毛远强（至2019年11月）
　　　　　吴彩炼（至2019年11月）
　　　　　黄　艳（至2019年11月）
　　　　　金文泉（至2019年11月）

政协工作部门

办公室
主　　任　成正良（2019年3月免）
　　　　　何益波（2019年3月任）
副 主 任　王小明（女，2019年3月免）
　　　　　杨　莹（女，2019年3月任）

委员学习联络委员会
主　　任　徐乐斌（2019年3月任）

提案委员会
主　　任　饶　诚（2019年3月任）
副 主 任　姚群峰（2019年11月任）

经济科技和外事委员会
主　　任　黄湘娟（女，2019年3月任）

农业农村和人口资源环境委员会
主　　任　王文杰（2019年3月任）

文教卫体和文史委员会
主　　任　周蔚三（2019年3月任，2019年11月免）
　　　　　唐子茹（女，2019年11月任）

社会法制和民族宗教委员会
主　　任　成正良（2019年3月任）

派驻纪检组长　许　芳（女，2019年11月免）
　　　　　　　段志徽（女，2019年11月任）

中共长沙市芙蓉区纪律检查委员会

区纪委监委机构及领导人员

纪　委
书　　记　王长陵（女）
副 书 记　王跃斌（2019年11月免）
　　　　　李牧之（2019年11月任）
　　　　　舒序松
常　　委　邹学斌（2019年11月免）
　　　　　李雄文

彭海燕（女）
李长松
欧阳舒平（女）
黄　斌
许　芳（女，2019 年 11 月任）

监　委

主　　任　王长陵（女）
副 主 任　王跃斌（2019 年 11 月免）
　　　　　李牧之（2019 年 11 月任）
　　　　　舒序松
委　　员　李雄文
　　　　　彭海燕（女）
　　　　　李长松
　　　　　欧阳舒平（女）
　　　　　袁仕益
　　　　　廖　锦

群众团体

芙蓉区总工会

主　　席　马京沙（女）
书　　记　刘　瑜（女）
党组成员　熊卫俊
副 主 席　黄家旺

共青团芙蓉区委员会

书　　记　金　甜（女）
副 书 记　孙金益

芙蓉区妇女联合会

主　　席　危　勇（女）
副 主 席　易　妹（女）

芙蓉区工商业联合会（商会）

主　　席　洪曙光
书　　记　毛远强（2019 年 3 月免）
　　　　　张德林（2019 年 3 月任）
副 主 席　毛远强（2019 年 3 月免）
　　　　　张德林（2019 年 3 月任）
　　　　　沈向昕（女，2019 年 3 月免）
　　　　　李燕平（女，2019 年 3 月任）
党组成员　王勇松（2019 年 3 月免）

芙蓉区残疾人联合会

理 事 长　聂帮府
副理事长　陈　莉（女，2019 年 9 月免）
　　　　　邓　捷（2019 年 11 月任）

芙蓉区科协

主　　席　易智勇（2019 年 9 月任）
副 主 席　朱　彬（女，2019 年 9 月任）

芙蓉区红十字会

会　　长　梁汝岚（女，兼）
常务副会长　易淑珍（女）

政　法

长沙市公安局芙蓉分局

党委书记、局长　章晓波
党委副书记、政委　刘志平
党委副书记、副局长　胡正坤
党委委员、副局长　樊正其
特巡警支队党委委员、副支队长　彭金炬
网技支队党委委员、副支队长　詹立敏
党委委员、副局长　丁钢铸
党委委员、副局长　王　坚
党委委员、副政委兼纪委书记　文志雄
党委委员、副局长　李　忠
党委委员、副局长兼政工室主任　何华清

区人民法院

院　　长　刘自军（2019 年 5 月免）
　　　　　李才坤（2019 年 8 月任）
副 院 长　赖　忠
　　　　　曾梦佳（女）
　　　　　何正良
　　　　　谷国艳（女，挂职）
执行局长　颜　斌
政工室主任　张立民

区检察院

检 察 长　王均全

副检察长　师　伟
　　　　　戴新时
　　　　　白　涛
政工室主任　蔡　铃（女）
党组成员　柳戈青

区交警大队
大队长　李智文
教导员　刘浩平
副大队长　周　峰
　　　　　邱东波
　　　　　陈　勇
　　　　　黄韩斌

园区、街道

隆平高科技园

园区领导人员
书　　记　卓精华
主　　任　缪晨光（2019年7月免）
　　　　　易新宇（2019年9月任）
副主任　罗　辉
　　　　　谭利辉（女，2019年3月免）
　　　　　曾　敏（2019年3月任）
纪工委书记　刘　彪（2019年3月任）
工会联合会主席　阳林艳（女）

园区工作机构
办公室
主　任　李　毅（2019年3月免）
副主任　徐志龙（2019年9月任）
　　　　　李　军（2019年11月免）
　　　　　张文博（2019年11月任）

招商合作局
局　长　吴业华
副局长　刘雅丽（女，2019年3月免）
　　　　　朱文波（2019年3月任）

经济贸易局
局　长　徐勐龙（女）
副局长　马　捷

规划建设局
局　长　彭　斌

社会发展局
局　长　邹建国
副局长　张青山
　　　　　罗　迪
　　　　　罗俊辉

财政分局
局　长　陈晓红（女）

企业党委专职副书记
赵　慧（女）

隆创投
董事长　李　毅（2019年3月任）
纪检组组长　丁　强（2019年3月任）

街　道

湘湖管理局
书　　记　李明权
副书记　刘长学
　　　　　彭　鹏
　　　　　陈律严
委　　员　刘青辉
　　　　　彭　江
局　　长　刘长学
副局长　张　斌
　　　　　吴旦伟
　　　　　冯　章（2019年11月免）
　　　　　汤胜金（2019年11月任）
人大工委主任　彭　鹏
政协工作负责人　彭　江

定王台街道
书　　记　文升云
副书记　姜　舟（2019年9月免）
　　　　　吴　彦（2019年9月任）

黎国辉
舒　薇（女，挂职，2019年5月免）
工　委　委　员　杨　兵
徐一斌（2019年3月免）
岳安龙（2019年3月任）
袁　曦（女，2019年3月免）
李　景（女）
李昊翔（2019年3月任）
高　见（2019年3月任）
主　　　　任　姜　舟（2019年9月免）
吴　彦（2019年9月任）
副　　主　　任　岳安龙（2019年3月任）
吴齐成（2019年3月免）
李昊翔（2019年3月免）
刘学余
周　沁（女）
冯新辉（2019年11月免）
龙　欣（2019年11月任）
人大工委主任　杨　兵
人大工委副主任　张文博（2019年11月免）
政协联络工作负责人　徐一斌（2019年3月免）
岳安龙（2019年3月任）

文艺路街道

书　　　　记　易德文（2019年3月免）
石　磊（2019年3月任）
副　　书　　记　高　佳（女）
肖　科（2019年3月免）
凤凌霄（2019年3月任）
工　委　委　员　李延安
廖奇文
陈超然（女，2019年3月免）
王　英（女）
杨　媛（女，2019年3月任）
主　　　　任　高　佳（女）
副　　主　　任　廖奇文
李正良
肖劲为（2019年3月免）
唐　煌（2019年3月任）
苗津铭
陈梦真（女，挂职，2019年5月免）
人大工委主任　李延安
人大工委副主任　杨　媛（女，2019年3月免）
曹正德（2019年11月任）
政协联络工作负责人　廖奇文

韭菜园街道

书　　　　记　唐益人
副　　书　　记　吴　彦（2019年9月免）
梁　田
龙婧予（女，2019年11月任）
工委委员　张文彪
陈　彪（2019年3月免）
吴齐成（2019年3月任）
喻英杰（2019年11月免）
卜玉龙
杨友林（2019年11月免）
张　龙（2019年11月任）
主　　　　任　吴　彦（2019年9月免）
梁　田（2019年9月任）
副　　主　　任　吴齐成（2019年3月任）
杨友林（2019年11月免）
易忠兰（女，2019年3月免）
汪利忠
许　杰（2019年3月任）
叶　健（2019年11月任）
人大工委主任　张文彪
人大工委副主任　王　冰（女，2019年11月免）
周　卓（女，2019年11月任）
政协联络工作负责人　陈　彪（2019年3月免）
吴齐成（2019年3月任）

朝阳街道

书　　　　记　李学军（2019年3月免）
易德文（2019年3月任）
副　　书　　记　罗希莫
何益波（2019年3月免）
刘紫陌（女，2019年3月任）
工　委　委　员　肖可为
郑德新（2019年11月免）
刘正军
张大帅
纪岳亮
孔妹平（女）

主　　　　任　罗希莫
副　主　　任　刘正军
　　　　　　　纪岳亮
　　　　　　　邓　波
　　　　　　　曾艳敏（2019 年 11 月任）
　　　　　　　艾　丹（女，挂职）
人大工委主任　肖可为
人大工委副主任　张　杰
政协联络工作负责人　郑德新（2019 年 11 月免）
　　　　　　　刘正军（2019 年 11 月任）

五里牌街道

书　　　记　石　峰（2019 年 3 月免）
　　　　　　王宏武（2019 年 3 月任）
副　书　记　王宏武（2019 年 3 月免）
　　　　　　邓　勇（2019 年 3 月任）
　　　　　　龙雅俐（女）
工　委　委　员　张　谊
　　　　　　王　敏
　　　　　　杨寿军
　　　　　　诸怡君（女，2019 年 11 月免）
　　　　　　谭仕武
　　　　　　钟小平
　　　　　　谭　芳（女，2019 年 11 月任）
主　　　任　王宏武（2019 年 3 月免）
　　　　　　邓　勇（2019 年 3 月任）
　　　　　　副主月任　　谭仕武
　　　　　　钟小平
　　　　　　董晓波
　　　　　　喻茂良（2019 年 7 月免）
人大工委主任　张　谊
人大工委副主任　刘光明（2019 年 3 月免）
　　　　　　黎　炬（2019 年 11 月任）
政协联络处主任　王　敏

荷花园街道

书　　　记　孔　干
副　书　记　罗拾平（2019 年 3 月免）
　　　　　　肖劲为（2019 年 3 月任）
工　委　委　员　刘光耀
　　　　　　刘朝辉（女）
　　　　　　刘紫陌（女，2019 年 3 月免）
　　　　　　裴鸿志
　　　　　　李　达
　　　　　　陈奕路（女，2019 年 3 月任）
主　　　任　陈　璞
副　主　任　李　达
　　　　　　宋　曦
　　　　　　莫志坚
　　　　　　周彩霞（女，2019 年 6 月任）
人大工委主任　刘光耀
人大工委副主任　高　见（2019 年 3 月免）
　　　　　　丁红艳（女，2019 年 3 月任）
政协联络处主任　刘朝辉（女）

火星街道

书　　　记　吴正华
副　书　记　欧　转（女）
　　　　　　易　幸（2019 年 3 月免）
　　　　　　黎书花（2019 年 3 月任）
工　委　委　员　李泰辉
　　　　　　邓文斌（2019 年 3 月免）
　　　　　　黄　煌（女，2019 年 3 月免）
　　　　　　宋　闵（女）
　　　　　　陈　功（2019 年 4 月任）
　　　　　　黎念光（2019 年 11 月免）
　　　　　　欧阳静（女，2019 年 11 月免）
　　　　　　冯新辉（2019 年 11 月任）
　　　　　　月任正勇（2019 年 11 月任）
主　　　任　欧　转（女）
副　主　任　黎念光（2019 年 11 月免）
　　　　　　陈　功
　　　　　　谢　意（2019 年 11 月免）
　　　　　　冯新辉（2019 年 11 月任）
　　　　　　李　军（2019 年 11 月任）
　　　　　　鲁　劲（2019 年 11 月任）
　　　　　　成　英（2019 年 6 月任）
人大工委主任　李泰辉
人大工委副主任　任正勇（2019 年 11 月免）
　　　　　　陈先征（2019 年 11 月任）
政协联络工作负责人　邓文斌（2019 年 3 月免）
　　　　　　陈　功（2019 年 9 月任）

马王堆街道

书　　记　曾志伟（2019年9月免）
　　　　　姜　舟（2019年9月任）
副书记　周宏彬
　　　　　陈　栋
工委委员　黄继文（女，2019年11月免）
　　　　　徐军杰（2019年3月免）
　　　　　黄　海（2019年11月免）
　　　　　龙婧予（女，2019年11月免）
　　　　　冯　章（2019年11月任）
　　　　　赖建桦（2019年11月任）
　　　　　匡　艺（女，2019年11月任）
　　　　　仇仁贤（2019年11月任）
主　　任　周宏彬
副主任　仇仁贤
　　　　　黎卫军
　　　　　张　建
　　　　　殷　政
人大工委主任　黄继文（女，2019年11月免）
　　　　　冯　章（2019年11月任）
人大工委副主任　师璐娜（女）
政协联络工作负责人　徐军杰（2019年3月免）
　　　　　仇仁贤（2019年11月任）

东屯渡街道

书　　记　聂海宗
副书记　虞　正
　　　　　周　南
工委委员　苏　力（2019年11月免）
　　　　　胡永清（2019年11月任）
　　　　　彭伊娜（女）
　　　　　刘化祥
　　　　　程忠哲（2019年3月任）
　　　　　肖泽圣（2019年3月免）
　　　　　陶长武（2019年3月任）
　　　　　杨　昕（女，2019年3月任）
主　　任　虞　正
副主任　陶长武（2019年3月任）
　　　　　刘梦春
　　　　　王竣甲（2019年6月免）
　　　　　陈　华
　　　　　余世文（2019年3月免）
　　　　　程忠哲（2019年3月免）
人大工委主任　苏　力（2019年11月免）
　　　　　胡永清（2019年11月任）
人大工委副主任　唐　灿（女，2019年11月免）
　　　　　王　冰（女，2019年11月任）
政协联络处主任　彭伊娜（女）

东岸街道

书　　记　罗加祥
副书记　邓　勇（2019年3月免）
　　　　　罗拾平（2019年3月任）
　　　　　廖　勇（2019年3月免）
　　　　　尹　亮（2019年3月任，2019年11月免）
　　　　　喻英杰（2019年11月任）
工委委员　朱勇智
　　　　　徐　文（2019年11月任）
　　　　　郭　浩
　　　　　谭千华（2019年3月免）
　　　　　王　晶（女，2019年11月免）
　　　　　李　鑫（2019年11月任）
　　　　　匡　艺（女，2019年11月免）
主　　任　邓　勇（2019年3月免）
　　　　　罗拾平（2019年3月任）
副主任　郭　浩
　　　　　吕亚平
　　　　　赵惠敏（2019年3月免）
　　　　　胡志文
　　　　　刘雅丽（女，2019年3月任）
人大工委主任　朱勇智
人大工委副主任　叶　健（2019年11月免）
　　　　　张粤宁（2019年11月任）
政协联络工作负责人　谭千华（2019年3月免）
　　　　　郭　浩（2019年9月任）

马坡岭街道

书　　记　陈高峰
副书记　石　磊（2019年3月免）
　　　　　廖　勇（2019年3月任）
　　　　　廖　攀
工委委员　朱向东（2019年11月免）
　　　　　胡　超
　　　　　岳安龙（2019年3月免）

杨秋发（2019年11月免）
张弛（女）
王恒（2019年3月任）
张富强（2019年11月任）
陈静安（2019年11月任）
主任 石磊（2019年3月免）
廖勇（2019年3月任）
副主任 胡超（2019年11月免）
张富强
陈静安（2019年11月任）
傅建良
张友如（2019年3月免）
曾弘（挂职，2019年5月免）
何睿琪（女，挂职，2019年11月免）
文斯一（女，2019年11月任）
人大工委主任 朱向东（2019年11月免）
胡超（2019年11月任）
人大工委副主任 文斯一（女，2019年11月免）
易建章（2019年11月任）
政协联络工作负责人 岳安龙（2019年3月免）
杨秋发（2019年3月任，2019年11月免）
张富强（2019年11月任）

东湖街道

书记 尹卫东
副书记 张敏（2019年11月免）
尹亮（2019年11月任）
贾茜（女，2019年3月免）
钟泽平（2019年3月任）
工委委员 胡云飞
刘胜（2019年3月免）
张鹏
徐文（2019年11月免）
欧阳波（女，2019年11月任）
陈云蓉（女，2019年3月免）
黎宏（女，2019年3月任）
林灿（2019年11月免）
主任 张敏（2019年11月免）
尹亮（2019年11月任）
副主任 刘胜（2019年3月免）
林灿（2019年11月免）
李德傅（2019年3月任）
王术
王骁（挂职，2019年11月免）
周颖（2019年11月任）
人大工委主任 胡云飞
人大工委副主任 陈先征（2019年11月免）
胡建斌（2019年11月任）
政协联络处主任 张鹏

理论与调研

建设现代化经济体系推动高质量发展

长沙市芙蓉区委书记 于新凡

衡华书记曾勉励芙蓉区，要在全面建设现代化长沙的进程中走在前列，展现高质量发展的芙蓉作为。过去一年，芙蓉区坚持推动高质量发展，攻坚克难、爬坡过坎，高质量的产业体系加速成长，高质量的营商环境正在形成，高质量的城市环境不断提升，高质量的公共服务体系得到全面加强。前不久，以高质量发展为测评导向的《2018年中国百强区发展白皮书》发布，芙蓉区以湖南第1名的成绩入榜，充分肯定了芙蓉区在高质量发展的道路上取得的初步成效。

2019年，芙蓉区将贯彻落实中央、省委、市委经济工作会议精神，围绕财富芙蓉、智慧芙蓉、魅力芙蓉、幸福芙蓉奋斗目标，持续推进强党建、提品质、惠民生“三大工程”“九大行动”，加快构建现代化经济体系，推动区域经济高质量发展。具体来说，我们将抓好以下工作：

主攻现代服务业，提升核心实力。坚持把现代服务业作为主攻方向，提升现代金融业、商务服务业、现代商贸业发展能级，巩固区域性金融中心、商务中心、消费中心地位。推动楼宇经济提质升级，协调推进楼宇建设、楼宇招商、楼宇改造、楼宇服务等工作，打造更多品牌楼宇、专业楼宇、亿元楼宇。突出发展总部经济，招引世界500强、中国500强以及各行业领军企业总部和区域性总部，培育总部经济集聚区。把握内需持续增长的历史性机遇，挖掘消费潜力，做大商圈经济。着力发展文化创意、黄金珠宝等特色产业，大力发展教育、养老、医疗、文化、旅游等服务消费，以消费升级拉动产业升级。

建设种业硅谷，壮大“四新经济”。按照省委关于“产业项目建设年”活动安排，持续推进“五个100”，带动园区经济和高新技术产业高效集约发展。按照“一主一特”产业定位推进隆平高科技园开发建设，打造高新园区、高效园区、智慧园区、绿色园区、精品园区。推进隆平现代产业园建设，大力发展高层厂房，提升园区发展集约度和承载力。突出发展生物育种产业，做强基因技术产业链，推进“中国种业硅谷”建设，强化在种业领域的核心竞争力。培育和发展新产业、新业态、新模式、新技术，抢抓5G、人工智能、互联网+、大数据等产业发展机遇，发掘新的经济增长点，淘汰落后产能。

优化营商环境，深化改革开放。落实市委关于“营商环境优化年”决策部署，把企业“大走访、大宣传、大帮扶”行动固化为制度，落实县级领导联系服务企业机制，构建“亲”“清”的政商关系，营造公平开放透明的市场规则和法治化营商环境。坚持深化市场化改革、扩大高水平开放，探索综合执法体制改革，深化园区体制改革，加快湘湖政企分离改革，落实减税降费新政，持续开展“微改革微创新”系列活动。纵深推进“放管服”改革，进一步调优“最多跑一次”“一次都不跑”改革清单。支持发展各类众创空间、企业孵化器、特色产业街等，培育各类协会商会，促进小微企业抱团发展，激发微观主体活力。坚持“精准、舍得、执着”的招商策略，灵活运用驻点招商、中介招商等方法，在楼宇招商、产业链招商上谋求突破，实现招商引资、招大引强、招财引税、招才引智协调统一。

保持战略定力，打赢三大攻坚战。打好防范化解重点风险攻坚战，加强金融市场监管，积极稳妥化解政府债务，提高财政资金配置效率。着力把金融资源优势转化为滋养实体经济的源头活水，促进银政企合作。打好精准脱贫攻坚战，带着感情和责任助推龙山县靛房镇实现全面脱贫摘帽，完成麻阳县对口扶贫任务。持之以恒打好污染防治攻坚战，坚决打赢蓝天保卫战，持续提高空气质量优良率；落实河长制、湖长制，深化浏阳河流域综合治理，不断提升宜居品质。

推进城市更新，打造“城市客厅”。把高品质城市化作为驱动高质量发展的重要动力，加快棚改、有机棚改和城中村改造，推动存量土地上市，布局一批引领高质量发展的项目。推进世茂环球金融中心、佳兆业广场等城市综合体建设，提升城市现代化水平。推动文明创建常态长效，调整优化城市管理机制，深化对五一商圈、火车站等重点区域的集中整治，有效整治各类城市乱象。运用新理念、新技术指导城市管理，推动城市管理智能化、维护作业机械化，提高城市管理质量和效率。

增进民生福祉，共享发展成果。继续推进“一圈两场三道”建设，扎实办好幸福教育、健康芙蓉、文化惠民、全民健身等工作，构建更有品质的公共服务体系。强化社会政策托底保障功能，夯实就业、养老、医疗、住房等保障体系，完善社会救助体系。重点关爱空巢老人、失独家庭等特殊群体，做好退役军人服务保障工作。加强社会治安防控体系建设，深入开展扫黑除恶专项斗争，严厉打击违法犯罪。坚持依法治访，推动积案化解，化解社会矛盾。加强应急管理体系建设，坚决遏制各类事故，为高质量发展创设平安环境。

加强党的建设，践行“两个维护”。深化党的政治建设，强化理论武装，增强“四个意识”，坚定“四个自信”，落实“两个维护”。牢牢把握意识形态工作领导权，提升舆论传播能力和网络治理能力，为高质量发展营造良好舆论环境。以创新理念引领基层党建纵深发展，推进支部“五化”建设，深化楼宇党建、商圈党建、园区党建，以“芙蓉先锋共同体”为引领开创区域化党建新格局。提高选人用人的精准度，把更多抓项目、抓产业、抓治理的行家里手选出来、用起来，为高质量发展打造一支忠诚干净担当的干部队伍。严格落实“两个责任”，为高质量发展提供强大的纪律保障。

盘活闲置资源　做好存量文章

——关于芙蓉区闲置资源盘活与处置的调研与思考

长沙市芙蓉区委副书记、区长　周春晖

推动经济由高速增长转向高质量发展，是实现新时代经济社会持续健康发展的必然要求，也是适应社会主要矛盾变化的必然选择，更是贯彻新发展理念、建设现代化经济体系的必由之路。对芙蓉区而言，在推动高质量发展的过程中，最重要的还是盘活闲置资源、做好存量文章，在做好存量中盘活增量、提升质量。

一、主要背景

（一）从区情实际上看，盘活闲置资源、做好存量文章是大势所趋。芙蓉区位于长沙的中心城区，区域面积42.8平方千米，是长沙市面积最小的区，加之城市化进程较早、较为成熟，特别是近几年来浏阳河以东地区城市化进程较快，芙蓉区城市承载能力几近饱和、发展空间严重受限。如何从旧的城市经营理念中走出来、从土地财政的思维惯性中走出来、从依靠“盲目举债”拉动经济增长的路径依赖中走出来，实现城市“精明增长”，进一步实现高质量发展，是开启芙蓉区现代化新征程不可回避的时代难题。因此，从区情实际上看，特别是站在“面积小区”这样一个芙蓉区最大的实际上看，盘活闲置资源、做好存量文章是大势所趋。

（二）从产业结构上看，盘活闲置资源、做好存量文章是优势所在。长期以来，发展楼宇经济和现代服务业成为芙蓉区破解发展空间受限的有效途径。2018年，芙蓉区完成地区生产总值1326.73亿元，同比增长8.4%，其中，第一产业实现增加值0.02亿元，第二产业实现增加值87.59亿元，第三产业实现增加值1239.12亿元，第一、二、三产业的比例为0.01 ：6.60 ：93.39，是典型的服务业大区、服务业强区。从产业结构上看，盘活闲置资源、做好存量文章是优势所在。

（三）从发展大局上看，盘活闲置资源、做好存量文章是弱势所迫。实现高质量发展，需要融入省市发展大局，对接省、市发展战略，省、市战略平台意味着政策、项目、投资等各个方面的倾斜和保障，但不能忽视的一个现实是，近几年来，在省、市战略支撑方面，相比其他区县，芙蓉区优势相对缺乏，比如，长沙市积极推进建设的六大重点片区（岳麓山国家大学科技城、马栏山视频文创产业园、临空经济示范区、高铁会展新城、湖南金融中心、南部片区）均未涉及我区，随着湘江新区被明确为全省金融中心后，一大批银行总部陆续搬迁至湘江新区，作为传统意义上全省的金融中心——芙蓉区优势地位逐步被削弱，进而导致传统产业优势更加弱化。从当前芙蓉区在全省、全市发展的战略地位上看，扩充经济增量、实现高质量发展面临不小的压力和挑战。外部环境、宏观形势越是纷繁复杂，就越要保持战略定力，做好自己的事情。2019年以来，区委、区政府将“盘活闲置资源、做好存量文章”作为全年中心工作，将去化闲置楼宇、盘活闲置项目、用好闲置土地、处置闲置资产作为实现高质量发展的重要措施。2019年，隆平高科技园获批创建国家现代农业产业园，获得1亿元中央财政资金支持，省金融创新特色产业园、隆平高科技园成功创建第三批省服务业示范集聚区，“种业硅谷”建设上升到全市“两山四谷”（岳麓山国家大学科技城、马栏山视频文创产业园，湘江智谷、高新麓谷、中国V谷、种业硅谷）战略创新平台，为我区实现高质量发展提供了国家、省、市的平台支撑。因此，从发展形势、发展目标上看，盘活闲置资源、做好存量文章是应对弱势的有效办法。

二、基本情况

（一）楼宇空置情况。截至2019年三季度，全区共有各类商业商务楼宇223栋，总建筑面积接近800万平方米，其中，137栋聚集在CBD核心区内。截至2019年三季度，55栋重点楼宇（含裙楼商业）总建筑面积409.04万平方米，总待招商面积118.63万平方米。

（二）项目闲置情况。2019年初，芙蓉区通过全面摸底，梳理出重点社会投资遗留项目21个，投资额约400亿元。截至2019年9月，10个项目已经取得实质性开工复工，实现盘活，比如，新楚敬天广场项目2016年4月停工，体量40万平方米，在市委、市政府的重视和支持下，实现复工；再比如，隆平生物种业产业园与中信及东湖高新顺利签约，将建设长沙生物产业的“三中心一高地”（公共服务中心、成果转化中心、企业孵化中心和人才聚集高地）；还比如，今朝宾馆项目闲置多年后，引进本土企业，不仅盘活了一栋楼，而且完善了配套建设，建成今朝星市集农贸市场和一座大型立体停车场，实现闲置资源的盘活和用好相统一。目前，芙蓉区共有11个闲置社会投资项目。

（三）土地闲置情况。芙蓉区集体土地共6个地块闲置，闲置面积14.95公顷；区棚改公司名下闲置土地2块，可供出让面积4.89公顷；浏阳河产业带一期项目总用地面积12.66公顷，净用地面积9.79公顷。浏阳河产业带二期项目总用地面积6.63公顷，净用地面积5.18公顷，可开发也可挂牌出让。

（四）资产闲置情况。芙蓉区各行政事业单位经营性资产主要为商业门面、写字楼、办公用房、少量住宅、停车场等。经营性资产管理单位为隆平高科技园、区城建投、区棚改公司、各街道、市政园林环卫、教育系统、卫计系统和少量区直单位。经核查统计，全区共计306处资产未出租或因产权、租赁纠纷闲置，约48739平方米，绝大多数资产为分散经营，没有产生规模效应。

三、原因分析

（一）空置楼宇成因。调研发现，造成商务楼宇空置的原因主要是“三化”，即楼宇同质化、品质低端化、产权分散化。当前，各区县大体量商务楼宇集中投放市场，商务楼宇定位不明确、特色不鲜明，趋向同质化，新的高端商务楼宇、大型房地产综合体等不断出现，楼宇经济竞争日趋激烈，加之相关单位和部门工作人员对于辖区内楼宇企业的发展情况、主要诉求，特别是对骨干税源企业的情况没有及时跟进，对于一些有搬迁意向的企业也没有及时采取措施，导致楼宇企业进不来、留不住。品质上看，我区商务楼宇集中分布在CBD核心区范围内，该区域内交通拥堵、设施陈旧等“城市病”问题较为突出，且租金较高（调研发现，55栋商务楼宇中，日平均租金在2元/平方米（含）以下22栋，2.1～3元/平方米（含）20栋，3.1～4元/平方米（含）10栋，国金中心租金已超4元/平方米，相比周边区县同类型商务楼宇，租金偏高，缺乏价格优势），尤其是楼宇内轻资产型服务业企业倾向于选择政策优惠幅度大、交通便利、周边环境优美、配套设施完善的地段和区域办公，因此我们在楼宇招商上相对缺乏优势。此外，芙蓉区投入使用超过10年的楼宇30栋，占比达54%，楼宇老旧问题较为突出，如中天广场、华侨大厦、文化大厦等楼宇由于电梯、空调、停车位等共用设施设备老旧、不配套等问题，难以满足入驻企业的需求。产权上看，芙蓉区商务楼宇中产权分散型楼宇占比接近60%，导致在运营管理、设备维修、日常维护方面各自为阵、力量分散、难以统一，如人瑞·潇湘国际由于该楼宇产权分散，管理主体多元，导致中大型企业入驻难。调研中还发现，对产权相对集中的楼宇（如银华大厦），在招商引资、运营管理等方面，比产权分散的楼宇更具优势。

（二）闲置项目成因。总的来说，造成项目闲置的原因主要有资金链断裂、征地拆迁进度滞后、历史遗留问题处理进展缓慢三个方面。如世茂广场B座因企业破产，且涉及司法债务问题导致项目多年未动工；五一综合楼受征收扫尾影响；湘邮大厦、马王堆蔬菜市场地块项目多因涉及规划调整、土地整合等原因以至于项目迟迟未能启动建设；城市U盘项目则是因开发商债务债权纠纷问题导致停工；还有一批项目由于企业法人离世、开发商资不抵债等问题造成闲置。

（三）闲置土地成因。近年来，芙蓉区全力推进棚改征收和城中村改造，在破解土地资源瓶颈上做了大量的工作，但因芙蓉区大部分区域位于中心城区，土地征收难度大，加之近年来随着补偿标准不断提高，做实做细群众工作的要求和难度也越来越大，导致个别项目无法如期供地。浏阳河以东地区部分村集体土地招商进度较慢，未得到充分开发利用，处于长期闲置状态。同时，部分用地未及时纳入上级城中村改造用地办理计划，无法办理手续，或无农用地转用指标等现象，导致相关用地手续办理滞后。

（四）闲置资产成因。芙蓉区经营性资产属性较为复杂，既有商业铺面，又有住宅房屋，还有办公用房、停车场、开发商配套的功能用房等。近年来，芙蓉区出台《行政事业单位经营性资产出租管理办法》，对全区经营性资产管理进行了全面规范，但各单位资产经营管理水平仍有待提升，缺乏对市场信息、动态、行情的及时准确把握，招租能力不强，专业能力欠缺，资产效益没有得到充分发挥，比如，浏阳河文旅产业带物业用房，地段好、环境好，但相关部门将其用于餐饮娱乐等税收效益、生态效益较低的业态，没有形成整体开发的集聚效应、财富效应、示范效应。此外，部分资产存在债权债务、产权办理等历史遗留问题，资产管理单位未给予高度重视，无专人盯紧跟进及时解决，导致资产长期闲置。

四、盘活对策

做好存量文章，要提高思想认识，找准问题根源，精准施策、久久为功，让各类闲置资源“焕发新生”，让各类生产要素在推动全区经济高质量发展进程中充分发挥作用。

（一）抓实“三个重点”，盘活空置楼宇。盘活空置楼宇，关键在招商引资。树牢产业链思维，拓展“引”的空间。加快探索楼宇经济专业化、特色化发展路径，在已有律政、文创等特色楼宇的基础上，持续打造一批专业特色楼宇，将商务楼宇打造成为一条条完整的“产业链”，使楼内企业在产业链上下游互相补充，避免“千楼一面”。运用市场化方法，找准“引”的定位。要明确楼宇的产业定位，突出产业特色，突出总部招商，积极引导产业层级高、经济效益好、发展前景广的项目向楼宇集聚。园区要精准聚焦“一主一特”产业定位，探索出一条“优二兴三”的发展路子，推动园区内低端、低效企业有序转移退出，发展高端现代服务业和生物育种特色产业。要建立政府、楼宇运营方（楼宇业主）、招商中介机构、平台公司等多方联动和信息共享机制，开展分类指导，推动楼宇招商运营主体差异化定位、差异化招商，确定合理租金价位。抓实楼长制服务，优化“引”的服务。全面落实楼长制，按照“心中有楼、政策进楼、服务上楼、企业满楼”的总体思路，发挥楼长指导、协调、保障、服务的作用。加强楼宇帮扶力度，特别是要督促相关老旧楼宇的运营方、物业公司加强管理，优化停车、电梯等设施设备，提升楼宇品质。优化楼宇周边“硬环境”、企业营商“软环境”两个环境，结合“一圈两场三道”建设，提质楼宇周边硬件设施和配套服务。

对有意向入驻的企业要加强协调，做好企业落地服务，做到“不叫不到、随叫随到、服务周到、说到做到”，让企业便捷落户、安心经营。

（二）落实“三个机制”，盘活闲置项目。盘活闲置项目，关键在突出问题导向，精准施策。持续落实领导帮扶机制。充分发挥县级领导的信息与资源优势，及时准确掌握项目在生产经营、项目投资、厂房使用、债权债务、法律诉讼等方面存在主要问题，为企业在资金需求、手续办理、遗留问题处理上牵线搭桥。持续落实对接协调机制。前期为帮助企业解决湘邮大厦限高、龙璟汇项目调规等问题，经多次与省级部门与相关市直部门汇报、协调，并均取得了积极效果。这次调研发现，我区闲置项目中还有很大一部分需要市委、市政府出面协调，特别是在规划、国土、住建权限上，需要市级层面统筹调度，因此，要继续加强同省、市有关部门的沟通衔接。持续落实定期调度机制。要持续压紧压实相关联点领导、区直部门、属地街道、项目建设单位的责任，定期召开遗留项目帮扶调度会议，用钉钉子精神解决闲置项目复工中存在的问题。坚持实事求是、依法依规的原则，有理有节处理各类债务、工程官司，做到敢于担当碰硬，为项目重启创造条件。

（三）加强“三个力度”，盘活闲置土地。盘活闲置土地，关键在要树牢“精明增长”理念，提升土地利用效率。加大土地供应力度。积极开展土地法律法规的宣传和教育，对征地工作中人民群众反映强烈的问题，认真加以研究解决，综合运用经济、法律、行政手段，做细群众工作，及时做好供地工作。加大招商引资力度。充分考虑政策及市场客观需求，部分纯商业用地调规（即与住宅用地置换或调整商住比），实行住宅用地和商业用地打捆招商和挂牌出让，彻底解决商业用地闲置问题。加大依法处置力度。依法对土地闲置超过 1 年的用地单位征收土地闲置费；对开发面积不足三分之一或者已投资总投资额不足 25%，除征收土地闲置费外，对建设单位的经济能力、土地实际需求量进行重新评估；对确因无力全面开发，切实做好协调工作，采取补偿的方式予以收回。探索建立收回闲置土地的有效机制，对闲置超过 2 年的建设用地，应无偿收回。收回的国有土地要纳入储备，作为存量建设用地进行管理使用。

（四）实现“三个一批”，盘活闲置资产。盘活闲置资产，关键在分类施策、有序推进。移交运营一批。实质上就是将闲置资产的分散经营转变为集中的市场化经营，改变由各单位自行管理出租，集中移交资产经营机构运营，由专业的人做专业的事，集中管理优质资产，盘活闲置资产，处理纠纷资产，提升优质资产效益。盘活提升一批。对长期闲置或者有提升空间的资产，采取对外公开招租、棚改征收安置房源产权调换、统一调剂使用等方式进行盘活；对存在历史遗留问题、法律纠纷、被侵占的资产，切实采取措施解决问题矛盾、法律途径收回资产使用管理；对于未办理产权的资产，积极破解难点，加快资产权证办理。集中处置一批。根据政府防范化解重大金融风险工作要求，筛选一批权证齐全，有可交易价值的经营性资产，进行集中、公开处置，积极筹措资金化解政府债务。

五、几点思考

盘活闲置资源、做好存量文章是一项系统性工程，涉及多个业务条线、多个责任部门，既要提高思想认识、明确工作重点，还要构建起抓深抓细、落实落地的各项机制。

（一）盘活闲置资源、做好存量文章，前提是要健全工作机制。闲置楼宇、闲置项目、闲置土地、闲置资产，虽然分别由商务、发改、城投、财政等不同部门牵头负责，比如，仅闲置土地一项，就涉及到征地、棚改、城建投等部门。要树立“一盘棋”思想，建立健全完善的组织领导体系、工作推进机制。要在前期充分摸底的基础上，搭建全区闲置资源数据库，根据形势变化、工作开展情况对数据库进行动态更新，明确闲置资源“家底”，出台重点工作实施方案，明确目标任务，拿出具体措施，制定时间表、任务图，一件一件、一项一项抓好落实。建立工作定期调度机制，做到主要领导亲自谋划，亲自部署，亲自推动。

（二）盘活闲置资源、做好存量文章，关键是要优化发展环境。发展环境好不好，市场主体最清楚，哪里的发展环境好，企业就会往哪里集中、财富就会在哪里集聚，而衡量一个地方发展环境好不好，关键看服务质量、服务效率、服务效果，关键在人、关键在干部。要大力推进审批制度改革，提升审批服务效率，在土地调规变性、用地手续办理等工作上减流程、减时限。相关业务部门、街道要加强与企业的日常交流和走访，及时解决楼宇企业的停车、电梯、广告招牌设置等问题，为企业生产经营扫清障碍。对有迁移出我区意向的企业，特别是重点税源企业，要有“硬着头皮、厚着脸皮、磨破嘴皮、踏破脚皮”的态度，把融资、用地、引才、“四到服务”抓到位，把各项惠企政策宣传到位，用诚意留住企业，在全区营造“尊重企业家、优待投资者、服务纳税人”的良好氛围。

（三）盘活闲置资源、做好存量文章，重点是要抓好责任落实。长远来看，要避免资源闲置，要把工作的关口前移，比如，在产业项目建设上，要紧盯合同履约率、项目开工率、资金到位率、投产达效率，从源头上避免项目闲置。要全面压实领导第一责任、部门主管责任、街道属地责任，充分发挥各类企业、社会各界的作用，使每一项工作真正有人抓、有人管，有办法、有成效，形成全社会齐力做好存量文章的强大合力。切实强化工作督察考核，避免重形式、走过场，要能够真正发现问题、督促整改问题，以督察考核推动工作抓实、责任落实。

（2019 年 12 月）

建言献策

·建议及答复·

关于加快老屋园路两侧人行道建设的建议

建议人：许建文、刘光耀、汤志辉

位于马王堆中路荷花园街道东方新城社区辖区的老屋园路（原支五路）历时十年之久，已于 2017 年 8 月修建完工，但行人道两侧由于仍未完工，导致两旁无绿化，卫生状况极差，严重影响市容市貌，且居民多次投诉。

建议：尽快完成道路两侧基础建设和绿化，美化市容环境，并向相关职能部门移交。（2019 年 3 月 1 日）

芙蓉区公共工程建设中心关于区五届人大四次会议第 25 号建议的答复

建议中提到的老屋园路两侧人行道建设问题已列入“区委书记直通车”工程。经我中心与荷花园街道东方新城社区负责人现场查勘，人行道两侧视情况拟进行硬化或绿化，施工图及预算已上报区财政审核，待出具预算评审报告后即可按照区政府投资管理办法确定施工单位，预计 9 月进场施工。同时，我中心会及时与区园林维护中心对接，进行技术指导，确保绿化建成后移交区园林维护中心管理。

（2019 年 8 月 27 日）

关于进一步转换观念优化营商环境的建议

建议人：梁畅春

当下全国都在倡导与加强落实优化营商环境，如浙江、湖北等地相继都邀请知名企业家列席市区两级人大会并邀请重要企业家与“四大家”主要领导同坐主席台，针对“不作为、乱作为”破坏营商环境的行为辽宁处理了 666 人，曝光了 58 人。长沙市 2019 年将突出环境优化，开展“营商环境优化年”活动，以公平公开的法治环境为引领，加快建设更高效的政务环境、更优良的生产环境、更开放的投资环境、强力推进民营经济发展，真心实意、真金白银支持民营企业推动民营经济发展。优化民营企业发展环境，保障民营企业平等地位。营造法治化制度环境，保护企业家人身和财产安全，倡导诚信守法经营，弘扬优秀企业家精神，让长沙成为企业家的投资旺地、成长胜地、生活福地。

芙蓉区是长沙市的东部窗口，有着“三湘第一区”的美誉，近年来芙蓉区由于受地域发展限制可新增开发地块越来越少和受宏观经济、经营环境影响等多重因素影响，有些指标和项目没有达到预期，楼宇经济、总部经济等领域的传统优势正在弱化，经济保持较快增长的难度加大，“三湘第一区”的美誉面临较大的压力，打造更优良友好的营商环境助推招商引资发展总部经济已成为驱动区域经济平稳健康发展的重要举措之一。

针对上述情况芙蓉区近两年来一直致力于打造良好的营商环境。2018 年还就如何打造优良的营商环境印发了芙蓉区《关于优化营商环境的实施意见》，明确了 4 个方面 28 项具体举措。优化营商环境成为芙蓉区 2018 年的一项中心工作。

虽然在区委、区政府的高度重视下芙蓉区的营商环境有了很大提升，但我们还是应该清醒地认识到现在依然存在一些干部官僚主义、形式主义、不敢担当、不想作为、慢作为，手中有执法权的执法、职能部门打着服务的旗号过头作为的问题、上岗上线彰显权威乱作为等现象还是较为明显。

芙蓉区要进一步优化营商环境，一是要增强手中有执法权的执法、职能部门的服务意识，减少权威意识，变事后处罚为事前监管培训落实，避免为了应付检查“一刀切”，不敢担当，不要上纲上线将法律用好用活去卡企业而是要将法律用好用活去帮助企业解决问题。二是对存在的问题要大胆面对，明确责任，该查的查，该通报的通报、该处分的要敢于处分，该曝光的要敢于曝光，不能让部门与部门之间相互推诿，要营造好不敢不作为更不敢乱作为、过头作为的氛围。三是要担当干事，为担当者担当，鼓励担当者。健全、落实正向激励机制、旗帜鲜明地为敢于担当的干部担当、为敢于负责的干部负责，让干部放下包袱、甩开膀子干事创业，建功立业。让管理服务更快捷。

故建议：进一步转换观念深入基层用最鲜明的态度和最有力的措施优化营商环境。（2019 年 3 月 1 日）

芙蓉区人民政府办公室
关于区五届人大四次会议第 32 号建议
的答复

2019 年以来，芙蓉区认真贯彻落实中央、省、市关于优化营商环境的有关部署要求，坚持把营商环境优化作为中心工作来抓，出台《长沙市芙蓉区优化营商环境二十条》，成立专项工作推进领导小组，区委、区政府领导先后 20 次专题研究调度，优化营商环境工作步入常态化、制度化轨道，全区上下“尊重企业家、优待投资者、服务纳税人”的共识逐步形成。

一、具体建议办理情况

1. 关于增强执法部门服务意识。全区上下牢固树立“抓营商环境就是抓品质提升、就是抓经济发展”的理念，坚持问题导向，瞄准企业诉求，把“安不安全、方不方便、赚不赚钱、清不清廉”作为重要标尺，设立“5·20 企业服务日”，用当好企业“店小二”的精神，努力践行“不叫不到、随叫随到、服务周到、说到做到”的服务宗旨。实施企业家权益保护行动，进一步规范涉企办案，加强公检法司协同联动，依法保护企业家人身和财产安全，对企业涉案人员慎重采取刑事强制措施，对涉案企业财产慎重采取措施。成立区行政执法局，将 22 个部门的行政检查权、行政处罚权、行政强制权进行清理，深入推进“双随机一公开”，全面规范监管执法行为。加强内部监管、部门监督、电子监察、社会监督等全程监督，在政务大厅设置“纪检现场监督岗”，推行“好差评”制度和特约监督员制度，区纪委监委派驻纪检组安排专人专岗全天接待政务服务投诉、举报，并对每天评价情况进行调查处理。

2. 关于查处通报相关问题。芙蓉区坚持把干部作风作为营商环境的“风向标”，牢固树立重视营商环境主要就是抓干部的态度、作风、效率的思想。实施“干部作风改进行动”，通过改进工作作风、强化日常监管、接受群众监督、严肃追责问责等举措，为优化营商环境一系列措施的落实落地提供坚强有力的作风保证。区纪委、监委制定了《优化营商环境工作干部作风问题监督检查工作方案》《“营商环境优化年”干部作风建设纪委监委调研工作方案》，对干部作风问题排查处置、走访评估等工作做出部署。开展优化营商环境明察暗访，重点对政务中心、税务局等窗口单位工作作风、工作效率、工作程序的问题进行监督检查，拍摄优化营商环境暗访片，召开全区“干部作风改进”推进大会，对一批破坏营商环境的单位和个人进行通报批评、严肃追责。区纪委监委、两办督察室深入一线开展实地走访，将收集问题逐一交办整改，切实解决“不作为、慢作为、乱作为”等问题。畅通企业群众投诉举报渠道，将全区公职人员作风问题纳入巡察内容，对破坏营商环境的人和事一查到底、定期通报、严肃追责。

3. 关于健全落实激励机制。严格落实中央、省、市关于鼓励干部主动履职尽责积极担当作为的文件精神，不断建立和完善鼓励干部担当作为机制、健全防错纠错机制、完善诽谤诬告干部行为查处机制和落实澄清关怀机制，努力为敢于担当的干部担当、为敢于负责的干部负责。

二、芙蓉区优化营商环境的其他做法与成效

1. 抓流程再造，行政效能不断提升。依托相对集中许可改革优势，深入推进“四级九统”标准化工作，依申请类事项“网上办”比例达98%，“一次办”比例达96%。将涉及多个领域的高频审批事项整合成90余个“一件事一次办”套餐，率先全市开设“一件事一次办”体验窗口，办事时限压减70%以上。全省首推“承诺制审批”，将240个事项下放至街道社区实现“就近办”，商事登记职能成建制划转至行政审批局，真正实现企业开办“只进一扇门、只到一个厅”，企业开办和注销均压减至1.5个工作日内完成。

2. 抓减税降费，企业成本有效降低。精准落实好各项减税降费政策，开展政策宣传60余场，共计培训纳税人5万余人次，政策性减税达10.56亿元（全年预计退抵减免税费20亿元）。落实“五险一金”优惠政策，参保企业养老保险单位缴费部分降至16%（其中48家企业降至14%）。上半年，企业社保单位降费共计3070万元，发放各类人才补贴1476.56万元。畅通企业融资渠道，开展银政、银企对接会7场，解决企业各类融资需求近20亿元，争取流动资金超过5亿元，争取小微企业信贷资金2亿元以上。

3. 抓兑现清理，政策落地更加及时。先后开展三轮“新官不理旧账”专项治理行动，将区本级发布的涉企政策文件、会议纪要、合同文本等进行清理汇总，将排查问题逐一建立台账并制定整改方案。加快兑现政策扶持奖励，1—7月，先后兑现2018年度产业发展、发明专利、上市挂牌、“一事一议”等奖励政策资金4856.8万元，让企业安心经营、放心发展。

4. 抓品牌打造，设立“5·20企业服务日”。将每年5月20日固定设立为芙蓉区“企业服务日”，今年围绕“芙蓉5·20，我来服务您”主题，开展“5·20”启动仪式、企业直通车、融资对接会、用工招聘会、商协会座谈会等系列活动。活动期间，432家企业兑现上年度政策扶持奖励4115.15万元，8家企业与银行签约融资金额2.72亿元、4家企业与湖南股交所签署战略合作协议，提供用工招聘岗位1983个，20家省市异地商协会参加座谈交流为区域经济发展建言献策。

5. 抓政企沟通，开通“企业服务直通车”。畅通政企沟通渠道，开展领导干部“企业服务直通车”活动，区委、区政府主要领导带队，通过走访和座谈交流等方式，收集企业困难诉求并现场交办解决。今年以来，书记、区长开展直通车活动6场，全区共有38个单位788名领导干部走访2206家企业，收集问题844件，帮助企业解决招工难、停车难、案件办结难等问题诉724件。成立全区社会投资重点遗留项目帮扶工作指挥部，助推14个社会项目取得实质进展。

6. 抓平台打造，推出“蓉易办”公众号。对政府官方微信平台“芙蓉区人民政府网”进行升级改版，上线“蓉易办”微信服务平台，打造“触手可及”“永不打烊”的政务服务大厅。设定“我要办”“我要说”“我要查”“我要评”四个子栏目。提供线上查询政务服务事项，线上反映问题诉求，线上掌握办理进度，线上参与“评议政府”等多种服务，微信平台活跃用户达2万余人。

7. 抓阵地优化，建设楼宇党群服务站。做优做实楼宇服务，建设楼宇服务站16个，按照“十个一”标准，提供集“党务、商务、政务、事务”为一体的标准化服务体系，由政府出资组建代办队伍，为驻楼企业提供免费代办服务。根据企业需求不定期上门为各重点企业、楼宇、商业综合体集中区提供上门审批服务，实行现场受理审核、现场查勘、当场发证办结，场均办证平均用时不到1小时。（2019年8月19日）

关于建立马王堆汉墓遗址公园的建议

建议人：潘慧春、文军彪、胡瑞成

长沙马王堆汉墓的发掘出土是20世纪中国重大的考古发现，自从马王堆汉墓被发现和发掘，马王堆就成为了一张亮丽的名片，在国际国内享有盛名。出土文物在省博物馆得到了很好的保护和展出，参观省博物馆的游人是络绎不绝。但是，汉墓遗址却渐渐被人淡忘，冷落一旁，没有得到很好的保护，更没有发挥遗址应有的价值。

一、马王堆汉墓遗址现状

马王堆汉墓遗址位于湖南省长沙市芙蓉区马王堆街道马王堆社区，湖南省人民医院马王堆分院内。2013年5月，由国务院公布为第七批全国重点文物保护单位。2016年6月，马王堆汉墓被评为世界十大古墓稀世珍宝之一。

马王堆汉墓遗址共有一、二、三个墓坑，其中一、二号墓坑已回填，只有三号墓坑保留作为参观场所，由省博物馆工作人员负责看护，进入三号墓坑参观是二元门票。在三号墓，气势恢弘的西汉墓室与简陋陈旧的大顶棚形成鲜明对比，极不匹配。里面灯光昏暗，没有讲解，只有墙面上几幅图画，对汉墓的挖掘等作了一些简单的介绍，而且时间已久，比较陈旧。

走出三号墓坑，沿台阶前往已填塞的一、二号墓封土堆，简易的水泥台阶不平整，路不好走。一、二号墓封土堆凹凸不平，环境卫生也不是很好。

二、存在的主要问题

1. 汉墓遗址保护基本停滞。对外开放的三号墓坑这些年来基本是原样，没有进行过重新修整，顶棚过于简陋，与墓坑既不匹配，又显陈旧。墙壁上的图画更是展现岁月的痕迹，色彩字迹都不再那么鲜明清晰。外出去一、二号墓封土堆的路凹凸不平，没有好好修整，不利于参观。土堆上的环境卫生也不尽如人意。

2. 汉墓遗址宣传服务不够。汉墓遗址外几乎没有任何路标，只有省人民医院马王堆院区门口一块小小的牌子，对游客来说，找到此处并不容易。遗址内没有展品，也没有讲解，游客只能根据墙面上的几幅画稍作了解。正如有的游客在网上说的，这里的服务约等于零。闻名世界的文化遗产，没有配套的宣传服务，反而产生负面影响。

3. 汉墓遗址的应有价值没有发挥出来。马王堆汉墓自发掘以来，在世界上就产生了深刻的影响。尽管出土文物已搬至省博物馆，没有在遗址这，但是遗址本身就是具有较高价值的文化遗产。早在10年前，就提出了“长沙马王堆汉墓遗址公园”的设想，可至今仍没有什么动静，优秀的文化遗产没能充分利用，白白浪费，马王堆这张世界名片没能产生应有的经济效益、社会效益。

三、几点建议

1. 站在战略高度进行顶层设计。马王堆汉墓遗址公园的建设是一个既能产生经济效益，又能产生社会影响的项目，既能对遗址进行很好的保护宣传，又能推动文化旅游产业，但它不是哪一个部门、哪一个单位的事情，它是一个系统工程，需要省、市、区，甚至是街道、社区等各级都高度重视，统一思想，科学规划，站在战略高度进行顶层设计。

2. 对汉墓遗址进行合理保护。汉墓遗址是建设遗址公园的核心，必须做出汉墓遗址保护规划，划定保护范围，提出保护措施。虽然出土文物都陈列在省博物馆，但是在遗址的参观场所可以陈列部分代表性文物的复制品，让游客有视觉感受；也可以增加视频播放器材，通过视频的播放让游客了解更多有关汉墓的信息；可以考虑把汉墓遗址参观场地建成省博物馆马王堆汉墓遗址分馆，开通省博物馆与遗址两地之间的旅游专线，实现“馆（物）址互动、共进双赢”。

3. 对汉墓遗址公园进行科学规划。以遗址保护和展示为核心，以开放性公园为理念，坚持历史文化与现代文化相结合、传统技术与现代技术相结合，统筹安排，科学规划，形成以汉文化为主题的大文化公园。

4. 增强全域旅游的意识。对现有资源进行充分利用和整合，加大文化资源的挖掘和宣传。古汉路基本有汉街的表面装饰，但缺少文化元素。辛追塑像已立浏阳河边，但没有相关知识的介绍。要增强全域旅游的意识，树立处处是景点、处处有文化、处处学知识的观点，对于汉街、汉桥等不能只有名称和装饰，必须赋予其文化，充分彰显文化遗产在现代城市的魅力和影响，提升城市文化品位。（2019年3月1日）

芙蓉区文化旅游体育局关于区人大五届四次会议第30号建议的答复

为做好办理工作，芙蓉区人民政府高度重视，交由区文旅体局主办。现综合办理情况，答复如下：

一、马王堆汉墓遗址的基本情况和重要意义

马王堆汉墓遗址位于湖南省长沙市芙蓉区马王堆街道马王堆社区，湖南省人民医院马王堆院区内。据考证：此墓地是西汉初期长沙国丞相軑侯利仓及其妻、儿的墓葬。墓葬均坐北朝南，为长方形竖穴土坑墓，占地面积4670平方米。1972—1974年发掘，出土文物共3000余件。其中陶器有鼎、盒、钟、钫、釜、甑、熏炉、鐎壶、印纹硬罐等，漆器有鼎、盒、钟、钫、耳杯、盘、奁，铜器有弩机、镜等，纺织品有绢、纱、绮、锦等类，另有木俑和琴、瑟、竽、竽律等乐器。此外，一号墓墓主遗体保存完好；二号墓出土有“軑侯之印”“长沙丞相”“利苍”印章3件；三号墓出土有帛画、帛书、简牍、医书等。马王堆墓出土器物众多，不乏精品，完整的女尸更是世界奇迹，对研究西汉早期社会状况具有重大的意义。2016年6月，汉墓被评为世界十大古墓稀世珍宝之一。

二、马王堆汉墓遗址的管理、保护现状与开发进度

1. 关于遗址管理保护的问题。对于1号墓、2号墓，省博在发掘完后即进行了回填。对3号墓，采取了原址保护和展示。湖南省博物馆和湖南省人民医院马王堆院区共同管理，保护棚的维修、图片展览等则由省博负责。1974年底至1975年初在墓坑上方搭建了砖木结构的防护大棚，1995年对外开放，并设计制作了“马王堆汉墓图片展”。2009年，省博编制了马王堆汉墓的文物四有档案。2019年，又编制了3号墓坑的保护方案，并获得了审批通过。

另外，受限于层级、财力和专业技术人才短缺等难题，我区在市文物局的指导下，于2007年成立了区文物管理所，统筹全区不可移动文物的保护和安全管理工作，为马王堆汉墓遗址配置了专职巡护员2名，专项安全保护资金累计投入10万余元。市、区两级一直积极推动马王堆汉墓遗址保护利用工作，在1983年被定为省级文物保护单位的基础上，2013年5月3日，芙蓉区成功将遗址申报为第七批全国重点文物保护单位。

2. 关于遗址总体规划的问题。《关于公布我省全国重点文物保护单位、省级文物保护单位保护范围和建设控制地带的通知》（湘政发〔1993〕6号）中明确规定了马王堆汉墓遗址的保护范围为“以三号墓坑四周3米为起点，至东160米、南125米、西170米及北170米”；建设控制地带为“四向各至保护范围外100米处”。2018年12月29日，《湖南省人民政府关于公布第七批全国重点文物保护单位保护范围和建设控制地带的通知》（湘政函〔2018〕140号）重新公布了马王堆汉墓的保护范围和建设控制地带，其保护范围为：以三号墓坑边沿为起点，东至163米处，南至128米处，西、北各至173米处；建设控制地带为：保护范围外四向再各延伸100米。《长沙市城市总体规划（2003—2020）（2014年修订）》、《长沙市历史文化名城保护规划（2016—2020）（2016年省政府批复）》等文件均从城市总体规划层面上强调了历史文化名城保护的重要性。经实地核查，并与相关单位座谈，邻近建筑（马王堆医院、田家炳中学、火星二小等）的成立时间均在划定保护范围之前，且没有突破到墓葬核心区范围内。在明确规定墓葬的保护范围和建设控制地带后，芙蓉区严格监控墓葬周边建筑动态，定期上门宣传，截至目前，暂时没有违规建设的情况。

3. 关于打造遗址文化品牌、发展周边经济的问题。在芙蓉区委、区政府、马王堆街道及各相关单位的高度重视与精心组织下，自2016年以来，围绕汉墓遗址累计投入近3亿元，着力打造了汉文化品牌，启动了“汉文化主题街区”建设，其中包括汉文化广场、汉桥、汉文化龙舟馆、汉韵花街等，现已完工并投入使用。2018年，矗立在古汉路尽头、浏阳河之滨的辛追塑像“汉文化数字体验馆”建成开放，吸引了大批游客参观。同时，也指导相关街道开展了汉文化活动，打造了汉文化艺术节、汉孝文化“汉道社工作室”等品牌，呈现出“泱泱汉风醉汉街　华夏之美新传承”的新景象。

4. 关于保护、开发“马王堆”文化品牌的难题。2007年，在市规划局的专家论证会上，原则通过了马王堆汉墓保护利用概念规划。芙蓉区大力推进马王堆汉墓“物址合一”，为申报世界文化遗产作铺垫，邀请了单霁翔、李学勤、张忠培等国家文物局领导和知名专家、学者，研讨“物址合一”，并作了大量规划设计。2009年5月，湖南省人大调研芙蓉区时，芙蓉区就关于马王堆汉墓保护利用工作做了专题情况汇报。经多次与省文物局、省博物馆、马王堆医院及相关单位进行沟通，湖南省文物局、湖南省博物馆当时并不支持马王堆汉墓遗址“物址合一”，也未完成马王堆医院的腾地搬迁，最终马王堆汉墓遗址“物址合一”未能实现。目前，市、区两级与省博物馆积极对接，依据《全国重点文物保护单位保护规划编制要求》，初步完成了马王堆汉墓遗址保护规划编制工作，正报至国家文物局审批，待批

准后，将由省人民政府颁布实施，并纳入长沙市城市总体规划。该保护规划科学地划定了遗址保护区、建设控制区、环境协调区，对遗址今后的保护利用具有更加合理、具体的指导意义。

三、马王堆汉墓遗址管理体制的说明

马王堆汉墓遗址位于省人民医院马王堆院区内，管理主体是湖南省博物馆，墓葬出土文物也全部存放和展出在省博，我区只履行属地管理职能，重点在于安全监管。汉墓管理人员的聘请、讲解、设备维护、门票等皆由湖南省博物馆负责，现共有3名工作人员及1名环境卫生员。

建议中，关于马王堆汉墓遗址公园的几点具体构想，实现还需要做大量工作，存在很大的难度。

但马王堆汉墓遗址也同时牵动着各方的关注和各级领导的心。省级、市级均有关于此项工作的建议、提案。8月13日，省文旅厅陈远平副厅长亲自调度后，决定，马王堆汉墓遗址闭馆一年，由省博物馆牵头进行整改，重新规划遗址公园、整治遗址环境、增强馆址互动并加强科学研究，我区也将全力配合做好属地管理、协调各方工作、浓厚周边街区汉文化氛围，力争实现效社会效益和经济效益双丰收。

（2019年9月5日）

关于给予平台企业招商优惠政策的建议

建议人：马文斌、陈蓉、朱向东

隆平高科技园是长沙市城区一个面积很小的园区，管委会一直鼓励节约高效用地，引进了几个建设高层标准厂房的平台型企业，通过几年的实践取得很好的效果，从入住的企业数量，就业人数，税收贡献度都证明是正确的。但平台企业投资金额大，资本回报慢等特性。因此：建议区政府和管委会出台优惠政策：根据平台企业实现的税收总额，在税收留成部份中给予平台企业奖励。前三年的税收留成部份的50%奖励给平台企业。第四年平台企业实现的税收管委会留成部份奖40%给平台企业，第五年30%，以后按照15%左右奖励给企业，通过这些优惠政策鼓励平台企业引导发展前景好、税收回报高的企业入园创业。

（2019年3月1日）

隆平高科技园管理委员会关于芙蓉区五届人大四次会议第43号建议的答复

隆平高科技园作为全市土地面积最小的园区，始终坚持精明增长理念，积极“向空中要土地”，支持建设高层、多层工业厂房，走集约高效发展道路。创业平台作为园区产业发展的重要支撑，在招商引资、助推发展上发挥了重要作用。

为助力创业平台招商引资，园区2019年出台了《促进企业高质量发展的若干政策奖励（试行）》《新入园企业支持奖励办法》《中介人招商奖励办法》等奖励政策，创业平台招商政策参照《中介人招商奖励办法》执行。并且，2019年7月园区召开了平台企业座谈会，为更好促推创业平台发展壮大，招商合作局已起草创业平台管理和奖励办法草案，下一步将加快政策出台。

（2019年7月19日）

·提案及答复·

关于隆平高科技园城市功能配套建设的建议

提案人：陈旭迪

芙蓉区坚持着稳中求进的总基调，坚持新发展理念，坚持高质量发展，突出抓重点、补短板、强弱项，奋力谱写全面建设财富芙蓉、智慧芙蓉、魅力芙蓉、幸福芙蓉新篇章。2018年芙蓉区经济和建设飞速发展，地区生产总值增长、全社会固定资产投资、社会消费品零售总额、研究与试验发展（R&D）经费支出占地区生产总值比重、产业投资占固定资产投资总额比重等指标都有稳步提升。楼宇经济创新发展突出，长沙国金中心、世贸广场等商务楼宇也成为长沙的商业地标性建筑，芙蓉区也成为全省城市化水平最高、城市发展最成熟的城区。

但浏阳河以东地区存在着发展不平衡不充分的问题，加大对浏阳河以东区域的开发建设力度，提升东片城市化水平势在必行，隆平高科技园是长沙市打造区域性国际城市与芙蓉区“西提东拓”战略实施的核心部分，以隆平高科技园为核心区域，全面建成“中国种业硅谷”，隆平高科技园也正在大力发展楼宇经济、总部经济为主导的现代服务业和以生物育种为特色的现代生物农业，高举隆平品牌，彰显产业特色，打造园区升级版。着力培育主导产业，提升创业孵化平台的招商质效，实现企业满楼、腾笼换鸟、提质增效，放大现代服务业比较优势。推进基因技术产业链，大力实施产业链精准招商，构建支撑有力、特色鲜明的全产业链条，加快建设“中国种业硅谷”。

目前园区企业已有500余家，2018年召开第一届长沙种业硅谷峰会暨种业创新成果博览会，签约项目共10个，总投资额达27.5亿元。隆平高科技园正在大力推进多项产业项目建设，芙蓉中央产业园、长沙现代服务业产业园等平台招商也正在加速全面推进，且成效显著，在2019年将有更多的企业入驻隆平高科技园。

随着入驻企业的不断剧增，产业的高效发展，人口的大量聚集，园区内城市功能配套欠缺的问题凸显，目前园区商业氛围不浓厚，高品质商业体欠缺，园区在飞速发展的同时，也必须要有完善的城市功能配套作为支撑，为园区的企业和人员提供高品质的衣食住行服务，才能吸引和留住企业和人才，提升园区的综合实力和竞争能力，这也是园区发展的重要配套要素。

建议：

进一步完善园区配套功能提升园区集聚优势资源，促进产业集聚发展和持续发展的能力，把“产业功能”和“城市功能”有机结合起来，以产业化促进城市化，以人为本，完善重点配套功能、提高整体竞争力，实现协调发展，推动城市化进程，把园区建设成为一个基础设施完备、配套功能齐全、人居环境优美、经济发展强劲的隆平高科技园。

一、尽快完善园区饮食、购物、休闲等必需环境，目前消费者已更加注重消费体验和品质服务，建议建设高品质商业特色楼宇，形成高雅精致的商业氛围，包括餐饮、购物等，为园区及周边人员提供优质的商业配套服务，也为入园企业提供高品质的生活环境，实现以才引才，以人才集群和产业集群发展。

二、建设园区内的公共活动中心，可与商业中心联合建设一个综合性文化休闲活动的公共活动中心，做好绿化和亮化工程，与商业中心的休闲娱乐功能相配套。

三、建设高品质住宅、学校和医院，为园区人员提供良好的居住环境，解决就医和子女入学的实际问题，进一步吸引人才，对于企业人才可给予住房、就医等优惠，让人才扎根园区，为园区的发展作出贡献，解决园区企业发展的后顾之忧，全面提升园区的服务水平。

四、鼓励园区和企业多种渠道融资，加快园区基础设施配套建设步伐，支持鼓励社会资金投入，参与商业中心等配套设施建设，强化各项配套服务功能。

五、增加园区公交巴士路线，目前园区已开通一条免费公交巴士路线，为园区人员出行提供便利，建议增加多条路线，扩大出行的覆盖面。

六、园区以工业用地为主，目前可供开发的商业用地非常少，限制了园区的商业开发，建议可参考新型产业用地（M0）的模式，目前深圳市和东莞市已开始实行，深圳市出台的《深圳市城市规划标准与准则》（2013版）中提出：“适应深圳产业转型升级创新的趋势，在传统产业中增加‘新型产业用地’（M0）和‘物流用地’（W0）等类别，促进战略性新兴产业和贸易物流产业发展。”，东莞市已正式印发《东莞市新型产业用地（M0）管理暂行办法》。

新型产业用地（M0）是为适应传统工业向新技术及总部经济等转型升级需要而提出的城市用地分类，即在工业用地（M类）中增加新型产业用地（M0）。新型产业用地具体是指融合研发、创意、设计等新型产业功能以及相关配套服务的用地，新型产业用地（M0）项目用房包括产业用房和配套用房，其中产业用房指可用于生产、研发设计、勘察、检验检测、技术推广、环境评估与检测等工程用途的用房；配套用房包括小型商业、配套宿舍等；在新型产业用地（M0）基础上配置一定比例商业办公、配套型住宅和公共服务设施用地。

新型产业用地（M0）是土地功能混合使用的模式，一方面是打造产城融合发展的城市综合体的主要路径，另一方面也是市场开发主体实现商业利益最大化的核心端口。

结语：

加快隆平高科技园城市配套功能建设，打造高品质的商业中心和休闲中心，建设高品质住宅、学校和医院，借鉴“新型产业用地（M0）”模式，产城融合，提升城市品质，以打造现代化宜居的隆平园区。

（2019年2月）

隆平高科技园管委会
关于区政协五届四次会议第 34 号提案的答复

陈旭迪委员：

您提出的《关于隆平高科技园城市功能配套建设的建议》的提案收悉。感谢您对我园区工作的关心与支持。

隆平高科技园实际开发面积不足 3 平方千米，主要有张公岭建成区、张公岭 455 亩西片及人民东路南片区三大片区。其中，张公岭建成区开发时间较早，企业较为集中，因土地资源制约，公共服务配套设施不够齐全；其他两大片区起步较晚，相关配套设施也在加紧完善中。您的提案就道路、公交、商贸、休闲、就学、就医以及产业用地模式等，提出了非常中肯的建议，与近几年园区不断加大资金投入、完善配套设施、推进产城融合的思路不谋而合。近年来，我园区逐步对环境品质进行提质改造，致力打造产城融合、精致精美的精品园区，主要做了以下工作：

一、前期工作情况

1. 改善路网结构。先后建成长星路、雄天路、高家坡路、长冲路、亚大路、隆园一路、隆园二路、隆园三路、隆园四路、隆园五路、红湖路等 11 条城市规划道路，通车里程达 9000 余米。2019 年投资 2200 万元完成纬十四路（合平路—经九路）建设。预计 7 月份，全面完成京港澳高速东辅道（远大路—盼盼路）改造工程，合平路（人民东路以南）部分建成通车。目前，正在加速推进纬十五路（合平路—东湖路）报建手续，争取年内启动建设。

2. 提升环境品质。近三年来，园区着力推进品质提升、环境改善，累计投入近 5000 万元，完成了长星路、雄天路、长冲路、隆园一路、隆园二路、隆园三路、隆园四路等 7 条道路的提质改造，2019 年投入近 2000 万元对张公岭片区大部分楼宇和主干道实施夜景亮化。目前一期正在施工，预计 6 月底投入使用，二期正在进行方案设计，计划年内完工。

3. 完善公共配套。投入 2000 万元完成张公岭建成区“雨污分流”系统建设。针对企业用电负荷高和双电源需求问题，近两年投入约 2500 万元，先后完成张公岭 455 亩高压电源引入、东片区电力扩容、长星路高压杆线下地等 11 项工程建设，彻底解决企业用电问题。针对企业生活垃圾处理难问题，今年投资 300 多万元启动建设一座公共垃圾站，预计 6 月底完工。针对停车难问题，在建成区主干道两厢规划停车位 200 多个，并从项目规划设计入手，大量增加企业院内（含地下）车位，2019 年启动 2 个公共停车场项目建设，新增车位 200 多个。针对“住房难”问题，积极推进人才公寓建设，向市政府申报并建成 222 套人才公寓。

二、后阶段工作计划

对照提案建议办理的既定目标任务，后阶段将按照“产业项目建设年”“营商环境优化年”“品质提升年”活动要求，抓好以下工作：

1. 加速推进在建基础工程。按照“产业项目建设年”部署，强力推进纬十五路、夜景亮化二期、京港澳高速人行通道、绿化提标提档等基础设施项目建设。对天雄皮革市场东侧临时仓库用地进行改造，建设园区企业服务中心，功能包括员工餐厅、超市、健康活动中心、文化休闲中心、员工倒班宿舍、企业培训教室、中型会议中心、篮球场、停车场等。目前项目正与天雄皮革市场协调对接。

2. 推进人民东路片区基础设施建设。启动园区投资的相关基础设施项目报建，计划三年内打通所有断头路，包括新安路（东岸路—高家坡路）、张冲路（京珠东辅道—新安路）和长冲路（东岸路—高家坡路）等，确保与周边城市主干道贯通，形成完整的路网架构。同时，协调区政府和区城投，争取合平路、东湖路、长农路、对山路等道路两年内通车。

3. 加快推进产城融合。加大生活性服务业项目引进力度，完善功能配套，在大配套方面积极争取市、区支持，并适当提高园区生活配套用地比例，满足高层次人才和企业职工对环境配套的需求。

4. 争取新型用地政策。2019 年上半年，园区聘请专业咨询机构进行了新型产业用地调研，并取得了初步成果。5 月份，向市政协调研组专题汇报了园区产业用地现状，并提出了学习深圳、东莞等城市新型产业用地模式与经验，在隆平园先行先试新型产业用地政策的建议。下一步，园区将加强对上汇报，争取支持，推动园区向产城融合的城市功能区转型。

综上所述，园区将以品质提升加快推进转型创新发展，进一步加大基础设施建设力度，完善配套功能，进一步提高科学管理水平、企业服务能力、产业承载功能。最后，再次感谢您对我园区工作的重视和关心，同时敬请您继续关注与支持我们的工作，提出更多宝贵意见和建议。

特此函复。（2019 年 7 月 22 日）

加大精准扶持力度促进优质企业扎根芙蓉区的建议

提案人：张天翼

新春伊始，芙蓉区委、区政府召开改善营商环境的会议，会议印发了关于优化营商环境的实施意见的文件，向全区吹响了为企业发展提供优质环境的集结号。而在年末，长沙市再次掀起“千人帮千企百日大行动”的新热潮，通过多方面听取意见、多途径宣讲政策、多举措进行引导，帮助企业提振信心、提高预期、提升发展目标，让企业受益不浅。近期，湖南省委省政府更是出台了 25 条举措力促民营经济高质量发展，更为企业送来了甘露。芙蓉区在为企业服务的过程中，还存在有待进一步改进的地方。为此特提出以下建议。

一、继续深化“最多跑一次”改革，用“服务”让企业扎根

一年多来，长沙市委、市政府始终坚持高站位、强统筹，将“最多跑一次”改革作为推动优化营商环境、构建创新生态的重要举措来狠抓落实。芙蓉区成立了全省首家行政审批局，原 21 个部门的 142 项行政审批集中实现“一窗受理、一站服务、一张审批”，政务环境得到了有效改善，但还有进一步提升的空间。一是要进一步优化审批流程、提升服务质量。要按照“四个一”（只上一张网、只看一张表、只进一个厅、最多跑一次）和“四办”（网上办、减证办、就近办、帮代办）进行统筹部署，大力推进“最多跑一次”改革，为企业提供集成化服务，充分利用“互联网 +”实现从“只跑一次”到“一次都不跑”，使企业真正体验到政府办事速度更快捷，办事方式更精准，办事过程更省心。二是正确引导企业高起点、高质量发展。为提高企业的强企意识、品牌意识，质监部门要在释放企业的标准创新活力上做实工作，推行“标准备案制度”向“标准自我申明公开制度”转变。同时利用“企业标准信息公共服务平台”及时跟踪企业标准内容、执行标准文本、做好企业账户管理和流程答疑。芙蓉区第三产业较为发达，三产占区域 GDP 比重达 89.5%，着力提高现代服务业的技术水平和适用性，才能以高质量赢得高速度的发展。三是开启“店小二”服务模式。各部门要践行热情服务、业务精湛、主动作为、敢于担当的“店小二”精神，提供不叫不到、随叫随到、服务周到的“三到服务”，将“马上就办、办就办好”、“只让企业跑一次”等措施落到实处。

二、不断优化对企业的奖励机制，用“政策”让企业扎根

一是建议区政府对已入驻企业和新引进企业予以同等对待。在对新招商进行靶向招商的同时，也应对已入驻企业进行精准扶持，例如，对创业型企业的扶持政策，就不能简单的照搬成熟型企业的模板；对正处在转型期企业的扶持，就必须关注企业转型期的痛点问题，进行精准的扶持。同时对在标准创新方面有突出贡献的企业给予扶持，鼓励企业用先进标准促进品质提升，使企业真正得到实惠。二是结合芙蓉区产业发展规划的特点，在今后的招商工作中，必须要有“产业链招商”的概念，即不仅招商企业投资项目要有符合区内产业的特点，还应能够与已入驻企业形成上中下游的产业互补，促使区内企业强强联合、优势互补，形成长效产业链。

三、持续开展对企业的帮扶活动，用“感情”让企业扎根

企业发展有困难，“千人帮千企”帮扶小分队现场把脉问诊，真金白银帮到实处，真情实意留住企业。一是希望芙蓉区将湖南省委省政府出台的25条举措，特别是涉及政策兑现、融资难、融资贵、用地受限、招工难、人才少等六大类问题作为重点，分类别、分专业部门深入研究、逐一攻克，为企业量身定制精准的帮扶举措，帮助企业融化市场的冰山、削低融资的高山、跨越转型的火山，激发市场活力和竞争力，为企业送去“及时雨”，让企业吃上“定心丸”。二是企业在发展过程中，难免会存在一些不规范行为。面对这些行为，政府监管部门应该向深圳学习，在依法履职时，要推行预先提醒、主动指导、及时纠正的工作制度，区分一般性违法与重大恶意违法。对于一般性违法，不纳入失信联合惩戒范围，不与财政资金申请、融资、开具各类无违规证明等挂钩。

综上所述，改善营商环境，加强对企业的精准扶持力度从本质上而言，是一种制度创新和优化，是企

业高质量发展的关键因素，有利于优质企业扎根我区。进一步加强对企业的精准扶持力度，有利于激发企业发展的内生动力，促进产业链协同发展，不断提升我区综合竞争实力。（2019 年 2 月）

区商务局对政协五届四次会议第 1 号提案的答复

张天翼委员：

您在区政协五届四次会议上提出的《加大精准扶持力度 促进优质企业扎根芙蓉区》提案已收悉，区政府高度重视，责成我局主办。现综合办理情况，答复如下：

一、多措并举推进行政审批改革，打造“拴住人心”的营商环境

全面推进“相对集中行政许可权”改革和“一件事一次办”改革，2018 年，全区实现“马上办、网上办、就近办、一次办”事项 463 项，其中“马上办”116 项，“网上办”454 项，“就近办”91 项，“一次办”422 项。全年新增商事主体 1.5 万户，总量首次突破 10 万户。新增“四上”企业 237 家，总数超过 900 家。创新开展小餐饮和食品经营许可“申请人承诺制”审批，惠及市场主体 5000 余家。营商环境有效提升，得益于一是不断优化行政审批和政务服务。全区上下，以区行政审批服务局牵头，各相关部门形成合力，树立“最快的审批是不需要审批；减少对经济社会不必要的审批和管理，提高市场活力；行政审批工作不在权力大小，也并不是哪个部门的权力，而是服务和责任”的观念。按照“取消审批”“审批改备案”“实行告知承诺”“精减材料压缩时限”“向审批工作人员分级分类授权”“行政审批和政务服务下沉街道社区”进行优化。精简“学历证明”等 472 项审批材料（再精简幅度 34% 以上），将 195 个行政审批事项的办理时限由法定 3987 时限压缩至 1180 个工作日（压缩 70% 以上）；在资料齐全，符合法定形式的前提下，企业注册登记和注销登记均在 2 个工作日内完成，试点企业注销全程电子化，行政审批事项全面实现优化准入。二是全面落实《长沙市芙蓉区优化营商环境二十条》。3 月 13 日，芙蓉区委常委会审议通过《长沙市芙蓉区优化营商环境二十条》并正式发文施行。围绕行政效能优化、实体经济降成本、涉企政策落地、企业家权益保护、干部作风改进 5 大行动，该区制定了 20 条相应措施，进一步提高政府办事效率，为企业高起点、高质量发展创造良好政务服务氛围。三是着力简化企业投资审批。全面推行“多规合一”在线审批，推进投资建设项目“一次性审批”改革全面落地，进一步压减工程建设项目审批时限，精简取消部分前置审批条件，工程建设项目行政确认类备案事项办理原则上即来即办（市指标为 3 个工作日）。政府核准投资目录以外的项目一律实行备案制，并在 1 个工作日（市指标为 3 个工作日）内完成备案工作（含技改项目）。工程建设项目施工许可 40 个工作日内完成（市目标为 45 个工作日）。

二、精准发力聚焦产业提质，强化招商引资工作

2018 年，芙蓉区以湖南第一名挺进中国高质量发展百强区，成功引进中石化新疆煤制天然气、特斯拉、蔚来汽车等 500 强企业、独角兽企业和区域性总部企业 13 家，对招商银行等 432 家企业给予产业发展扶持奖励达 4115.15 万元。一是以政策奖励为辖区经济提质增效。2019 年 5 月，芙蓉区针对已入驻企业和新引进企业，出台《芙蓉区促进区域经济发展的奖励办法》，共设置招商引资奖和发展贡献奖两大类。其中招商引资奖涵盖：购地自建办公用房补贴；购买办公用房补贴；租赁办公用房补贴；引进外贸企业补贴；招商中介人奖。发展贡献奖有九大类，分别是：产业发展台阶奖；金融管理奖；个体户转企业奖；“四上”企业升规入库奖；总部分支机构转企业法人奖；企业上市奖；高新技术企业发展奖；研发投入奖；楼宇优质服务奖。二是围绕“一主一特”开展产业链招商。隆平园作为芙蓉区产业链招商的前沿阵地，正在大力发展楼宇经济、总部经济为主导的现代服务业和以生物育种为特色的现代生物农业，高举隆平品牌，彰显产业特色，以“建链、强链、补链、延链”思维，打造园区升级版。2019 年 5 月，“长沙 · 中国隆平种业硅谷”已正式发布《长沙 · 中国隆平种业硅谷发展规则（2019—2025）年》和《长沙市人民政府办公厅关于支持“长沙 · 中国隆平种业硅谷”加快建设发展的意见》，《规划》明确，“长沙 · 中国隆平种业硅谷”的空间总体布局以“一园”为核心区，以“六镇”为拓展区，以“多基地”为辐射区。“一园”即隆平高科技园，重点建设国际种业总部基地、国家现代生物种业技术创新中心及种质资源共享、种业创业孵化、种业交易会展、种业综合服务等功能区，打造国际一流的现代种业新城。完善 177 家产业链招商名录库并

形成动态管理，积极对接产业链重点企业，截至5月份新引进产业链上中下游企业22家。推进华智平台建设。依托华智国家水稻分子育种研发中心，重点打造集种企总部、技术创新中心、院士工作站、种业孵化器、种业交易结算中心、综合服务等于一体的产业集聚区。目前已完成平台搭建、政策研讨、入驻项目考察等各项准备工作。

三、真抓实干开展企业帮扶，用“真诚”为企业服务

芙蓉区充分彰显中心城区责任担当，制定出台优化营商环境5大行动、20条措施，并将每年5月20日定为“企业服务日”，所在的一周定为“企业服务周”。一是大力开展芙蓉特色企业帮扶系列活动。为贯彻落实市委市政府“千人带千企百日大行动”的要求，扎实开展企业“大走访、大宣传、大帮扶”，芙蓉区69名县级领导带队走访重点企业738家，解决反馈企业需求804个；制定出台“优化营商环境十二条”、促进黄金珠宝产业发展“金十条”等政策措施，落实“营商增”等税费减免举措；举办金融服务“两进两促”等银企对接活动，全年退抵减免税费7.7亿元，兑现政策扶持资金4626万元，解决企业融资需求33亿元；随着“5·20企业服务日”系列活动启动，芙蓉区还将开展企业服务直通车、融资专场对接会、用工招聘专场活动、商协会及非共经济代表人士座谈会等多个活动，让企业感受芙蓉营商温度。二是注重信贷投放力度缓解企业融资难的问题。领导重视，加强工作调度，深入开展政银企合作，努力增加信贷有效投放，多次组织召开政银企交流洽谈会，为企业落实贷款意向资金几百亿元。2018年，芙蓉区被人民银行定为全省应收账款融资试点三个区县之一，实现英氏股份、韶光铬板、腾远智能、怡清源茶业等应收账款融资超过5000万元；被省金融监管局授予全省12个资本市场县域工程试点单位。

特此函复。（2019年9月3日）

整合“非遗”资源，推进湘绣文化创意产业园建设的建议

提案人：沈文强

正在申报建设的湘绣文化创意产业园位于芙蓉区车站北路39号湖南省湘绣研究所内，建筑面积10000多平方米，是以国家级非物质文化遗产保护项目“湘绣”为核心打造的集“非遗”保护、文化传播、产业集融于一体的湘绣文化“产业+消费”综合体。建设理念是以国家级非遗保护生产性示范基地湖南省湘绣研究所为依托，打造经典湘绣文化产业的孵化创新平台。产业园立足湘绣文化艺术优势，构建产业集群融资和产业消费双轮驱动模式，打造新文化、新市场、新模式试验场，力争成为火车站商圈升级新引擎、芙蓉区城市更新标杆工程和创新创业旗舰项目，最终成为长沙文化新地标。目前，产业园已完成基础建设，正在进行内部规划和招商。

一、建设湘绣文化创意产业园的意义

一是有利于提升火车站商圈的文化品位。火车站商圈地位特殊，人流众多，商业繁华，业态丰富，经济活跃，但由此也造成过度的快销商业和功利氛围，缺乏文化场馆和空间，缺少文化气质，与作为展示湖湘文化形象的窗口极不相称。湘绣文化创意产业园建设能弥补火车站商圈内文化场所空白，提升文化品位，还能带动所在街区的全面升级，成为毗临长沙大门的文化地标和城市文化会客厅。

二是有利于助力芙蓉区文化创意产业发展。芙蓉区非遗文化创意产业较少，以湘绣非遗为核心的文化创意产业园是首个，也是“非遗”保护和发展模式的探索创新，其双轮驱动模式形成的良性造血功能，将对有效保护和发展湘绣起到积极有益的作用。

三是有利于丰富市民精神文化生活。文化是精神家园，优秀传统文化是中国人的血脉和根魂，湘绣是湖湘文化的产品载体，不仅是能工巧匠们的智慧结晶，更是融入生活的修身之技。湘绣文化创意产业园以现代人喜闻乐见的模式讲好传统文化的故事，为市民提供传统文化生活新场馆，丰富人们的精神世界，感受传统文化的美好，进而培育全民审美艺术素养。

四是有利于创造良好社会和经济效益。湘绣文化产业园的建设，基于国家和政府倡导文化繁荣的政策基础，无疑将取得巨大的社会影响。依托湘绣博物馆的优质资源，深度挖掘和打造湘绣文化周边的聚融和消费，为广大有意投身文化行业的青年以及手艺人提供创业机会和平台，强势带动文化创意消费，经济效益前景良好，也能对保护传统湘绣起到反哺助推的作用。

二、湘绣文化创意产业园建设的主要内容

湘绣文化创意产业园的建设是一次突破式湘绣产业化模式，将与南方报业传媒集团旗下在传统商圈/街区/园区升级方面具有丰富经验和成功案例的专业策划运营团队合作，借助外部资源力量，破题目前产业升级瓶颈，试点湘绣文化产业孵化创新平台，打造湘绣产业生态综合体，重点建设包括七个内容：展馆剧场艺术中心、文化孵化中心、湘绣婚纱艺术摄影、主题消费新业态、大师工作室、创客公寓青年社区、艺术IP大道。

三、推进湘绣文化产业园建设的建议

一是加强扶持引导。建议区委、区政府相关职能部门加强与省、市相关部门的衔接，争取相关政策支持。如重点文化产业项目和特色产业园区申报及税收减免、资金等扶持，重点客户招商引资政策引导等，推进项目快速落地。

二是拓展品牌效应。区委、区政府助力宣传，以湘绣文化创意产业园为依托，推动车站北路片区文化街区建设，通过纳入省内AAA景区，开辟研学旅游、学生实践基地等，提升整体品牌价值。

三是改善周边交通。优化进出湘绣文化创意产业园的通行方案，在产业园临街处设车行道出入口，便于车站北路双向车辆转弯出入，以利进出园区更为快捷。（2019年2月）

区文化旅游体育局
对政协五届四次会议第2号提案的答复

沈文强委员：

您在区政协五届四次会议上提交的《整合非遗资源，推进湘绣文化创意产业园建设》提案已收悉，非常感谢您对文化产业工作提出的宝贵建议，芙蓉区人民政府高度重视，交由区文旅体局认真办理，现综合各项情况，答复如下：

芙蓉区是长沙市中心城区，有着较为雄厚的经济基础和丰厚的历史文化遗存。近年来，芙蓉区努力把独具特色的文化资源优势与文化支柱产业有机融合，将文化发展的活力内化为经济发展的动力，文化产业呈现出良好的发展态势。湘绣文化创意产业园是以国家级非物质文化遗产保护项目“湘绣”为核心打造的集非遗保护、文化传播、产业集融于一体的湘绣文化“产业+消费”综合体，有其独特的文化价值和产业效应。我局将密切关注该项目，助力该项目快速落地。

1. 根据市、区相关政策精神，及时将文化产业、特色园区、“非遗”保护、招商引资等专项政策宣传转达到位，引导项目单位深入领会新时代文化产业政策方向和发展要求，优化自身发展规划，为其创建成为芙蓉区创新创业旗舰项目保驾护航。

2. 为积极拓展该项目品牌效应，区文旅体局副局长沈丹、副局长胡敬容一行于2019年5月到该项目单位进行实地考察，对项目的产业模式、文化辐射和社会效应有了更为深入的了解。我局已同市局相关部门对接，待该项目全部建设完毕后，可会同市局审批考察AAA景区相关事宜。

3. 关于优化产业园周边交通的诉求，区文旅体局主动与芙蓉区交警大队进行了对接，交警答复之前已收到过类似诉求，但鉴于该线路属于常规警卫线路，不宜开设车行道出入口，建议采取其他方式。

特此函复。（2019年9月5日）

关于改善和加强餐饮业外卖食品安全的建议

提案人：王　浩

理　由：一到饭点儿，就打开手机APP找饭馆——如今，越来越多的城市上班族选择用“外卖”解决吃饭问题。虽省事、美味、价钱不贵，但外卖食品的安全问题却多少让人担忧。

从下厨煮碗面到点一餐丰盛的外卖，折射出我国食品消费升级的趋势。随着居民收入水平的不断提高，色香味俱全的外卖开始逐渐替代主妇们下班后的辛苦操持、替代一些单位食堂长期不变的“大锅菜”，这是社会分工进一步精细化、餐饮服务进一步升级的必然，既能提升消费者体验，也可增加餐饮企业收入——好好的外卖行业如果因为安全问题而不能快速发展，那该有多么遗憾！

所以外卖市场的食品安全问题一直是我们非常重视的一个点。食品安全问题也随着外卖市场的越来越大从门店“作坊式”卫生环境问题上升到了“工厂”食品原材料制作安全问题。部分速食包生产厂商为降低成本，使用劣质原材料，加工过程粗制滥造，卫生情况触目惊心。一些廉价的外卖生产线，是当前外卖品牌采用的中央厨房模式——商家将原料采购、加工等环节外包给标准化厂商，由其统一操作。这样做的初衷是让操作岗位更清晰、工序更专业，提高外卖业的标准化。不过，由于食物加工流程被“切割”开，如果外卖商家对外包厂商做不到全程监控，一旦某个环节的不良商家违规操作，食品的“成品”就会面临安全风险。

建议：

一、将“明厨亮灶”工程引入外卖的食物生产和加工环节，并接入第三方平台，供消费者随时随地通过手机查看后厨环境卫生、食物加工等情况，从而选择更放心的商家。

二、强化执法检查，政府相关职能部门应不定时明察暗访，检查外卖食品的生产、加工、仓储和运输环节，建立追溯机制，严惩以不合法手段生产不达标食品的商家，提高其违法成本。

只有政府职能部门常抓不懈、多方合作，才能给外卖商家、消费者一个更健康安全的消费平台，外卖市场也才能越来越繁荣，让消费者吃的放心。

（2019 年 1 月 9 日）

区市场监督管理局 对政协五届四次会议第 48 号提案的答复

王浩委员：

您提出的《关于改善和加强餐饮业外卖食品安全的建议》收悉。区人民政府高度重视，交由市场监管局办理。现将有关情况答复如下：

一、推行明厨亮灶，打造“看得见”的食品安全

2016 年以来，芙蓉区按照长沙市“明厨亮灶”工程建设的相关要求，以加强和创新餐饮服务食品安全监管为核心、采取餐饮单位出资与政府补贴相结合的方式，在餐饮单位实施“透明厨房”和“视频厨房”，向消费者和监管部门展示餐饮食品加工制作过程。将风险较高和社会关注的学校（幼儿园）、大型餐饮服务企业试点先行，大中专院校食堂、中型餐馆、养老机构食堂的明厨亮灶工作稳步推进，全面推行餐饮单位明厨亮灶建设。全区共建成透明厨房 1113 家，视频厨房 412 家，其中 359 家接入市局远程监控平台，实现明厨亮灶视频厨房在线监管。

二、加大监管力度，规范网络订餐市场秩序

近年来，网络订餐迅速发展。通过治理，网络餐饮服务经营行为逐步规范，网络餐饮服务食品安全水平得到稳步提升。为了全面规范网络订餐经营行为，市场监督管理局对网络订餐第三方平台严要求、立规矩，明确平台方管理责任，要求其严格履行主体准入的审查义务。2018 年 5 月至 11 月，芙蓉区食药监局开展“清网”专项整治行动。按照“线上线下”监管一致性原则，加大对网络订餐食品安全监管，对辖区内 1921 家网络订餐平台食品经营资质进行全面清查，重点清理无证经营、使用假证从事网络订餐和超范围经营行为。共出动执法人员 495 人次，立案查处 12 起，行政处罚 12 家，罚没金额 74551 元。对无证经营、卫生条件差或存在严重违法行为的入网餐饮门店坚决予以关停，共关停查处餐饮门店 8 家。对入网餐饮存在问题的单位，出具限期责令整改通知书 73 份。

三、突出专项整治，重点打击违法违规行为

为贯彻落实《中华人民共和国食品安全法》和《网络食品安全违法行为查处办法》《网络餐饮服务食品安全监督管理办法》等法律法规，规范网络食品经营行为，5 月，市场监管局对网络订餐外卖平台进行线上监测。重点检查网络餐饮服务第三方平台提供者是否存在入网审查不严、公示信息不全问题；入网餐饮服务提供者是否存在无证、套证或使用假证从事网络餐饮服务等问题。采取联合饿了么、美团外卖平台对疑似违规上线的门店进行摸排的方式，发现涉嫌伪造小餐饮经营许可证 4 起、涉嫌伪造二类医疗器械备案许可证 1 起，均移交公安部门立案调查；对无食品经营许可证从事经营活动的餐饮经营者依法取缔；对外卖平台内证照不全的，限期整改到位。通过专项整治，规范了网络食品经营行为，督促网络第三方平台和入网食品经营者落实食品安全主体责任，有效遏制网络食品经营违法违规行为，网络食品交易秩序明显好转。

四、强化检验检测，运用技术手段降低隐患

根据年度抽检计划和专项整治要求，定期组织对餐饮经营单位的食品原材料、调味品、餐饮具及风险品种开展专项检验检测。截至 6 月底，共完成 510 批次餐饮环节食品安全检验检测任务，检出不合格产品 19 批次，均依法开展不合格食品后处置工作，有效保障餐饮食品安全。

五、畅通投诉渠道，构建社会共治食安格局

以举报投诉为途径，畅通群众参与食品安全工作的渠道，共创食安长沙。设立“12315”“12331”举报投诉电话，专人 24 小时接听。加大有奖举报宣传力度，鼓励人民群众积极举报食品药品安全违法犯罪行为，落实食品药品安全举报奖励资金管理办法，及时兑现举报奖励资金。2019 年上半年，芙蓉区市场监管局受理投诉举报 346 起，立案查处投诉举报食品药品经营单位违法违规行为 36 起。发放投诉举报奖励 8200 元整。

芙蓉区将以创建食品安全示范城市为契机，加强网络餐饮服务食品安全监督管理，积极探索符合互联网特点的监督执法措施。加大对违法行为的公示曝光力度，鼓励新闻媒体和市民发现和举报违法案件线索，发挥社会舆论监督作用。加大对违法违规行为查处力度，依法严惩制假售假行为，确保人民群众舌尖上的安全。

特此函复。（2019 年 7 月 24 日）

统计资料

·表 20·　芙蓉区国民经济及社会发展主要指标统计表（一）

指标名称	单位	2019 年	2019 年比 2018 年增长（%）
一、地区生产总值	亿元	1126.32	8.0
其中：第一产业	亿元	0.005	-79.8
第二产业	亿元	143.01	5.4
第三产业	亿元	983.29	8.3
二、年末常住人口数	万人	58.29	—
三、规模以上工业总产值	亿元	132.4	-3.9
四、社会消费品零售总额	亿元	955.8	9.7
五、全社会固定资产投资	亿元	368.0	8.5
六、城镇居民人均可支配收入	元	59033	8.6

·表 21·

芙蓉区国民经济及社会发展主要指标统计表（二）

指标名称	单位	2019 年	2019 年比 2018 年增长（%）
八、一般公共预算收入	亿元	99.96	1.34%（同口径）
其中：地方一般公共预算收入	亿元	32.76	11.64%
九、实际到位省外境内资金	亿元	149.5	16.1
十、实际利用外资	亿美元	8.1	9.4
十一、人口自然增长率	‰	5.96	—
十二、小学生入学率	%	100	—

说明：本提要中部分 2019 年的统计数据已根据相应统计制度变化后的要求相衔接

·表 22·

芙蓉区工业经济主要指标统计表

指标名称	单位	2019 年工业总产值	2019 年比 2018 年增长（%）
一、规模以上工业总产值	万元	1323788	-3.9
二、规模以上工业增加值	万元	382112	3.6
三、高新技术产品总产值	万元	6855654.8	3.2
四、高新技术产品增加值	万元	2844300.5	3.9

·表 23·

芙蓉区规模工业产值按经济类型分类统计表

指标名称	单位	2019 年	2019 年比 2018 年增长（%）
合计：	万元	1323788	-3.9
一、按经济类型分			
1. 国有及国有控股企业	万元	27089	-41.5
2. 集体企业	万元	0	0
3. 股份制企业	万元	1247272	-0.4
4. 外商及中国港澳台地区投资企业	万元	21909	-42.2
二、按轻重工业分			
1. 轻工业	万元	1055352	3.0
2. 重工业	万元	240919	-22.7

说明：合计数包含 3 家在高新区企业，合计产值 27517 万元

·表24· 芙蓉区全社会固定资产投资统计表

指标名称	计算单位	2019年	2019年比2018年增长%
一、固定资产投资	万元	3679575	8.5
其中：公有制经济类型	万元	1815341	42
其中：固定资产投资（5000万以上项目）	万元	1479131	3.02
固定资产投资（5000万以下项目）	万元	1424062	45.78
房地产投资	万元	776382	–35.68
二、工业技术改造	万元	37718	285.8
三、产业投资	亿元	134.83	30.8
四、商品房销售面积	万平方米	98.39	–6.42
五、全区重点项目个数	个	103	0
六、重点项目投资总额	万元	1793823	–12.98

·表25· 芙蓉区固定资产投资基本情况统计表

指标名称	计算单位	2019年
一、施工项目个数	个	759
其中：基本建设	个	296
改建和技术改造	个	434
房地产开发	个	29
二、竣工项目个数	个	667
其中：基本建设	个	246
改建和技术改造	个	414
房地产开发	个	7
三、全部房屋施工面积	万平方米	532.58
四、全部房屋竣工面积	万平方米	37.42

·表 26·

芙蓉区建筑业基本情况统计表

指标名称	计算单位	2019 年
一、资质建筑企业个数	个	121
二、资质建筑企业计算劳动生产率平均人数	人	96725
三、资质建筑业总产值	万元	2873970
四、全部建筑企业增加值	万元	1013270
五、资质建筑企业利润	万元	84839
六、资质建筑企业全员劳动生产率	元 / 人	297128
七、资质建筑企业本年施工面积	万平方米	833.31
八、资质建筑企业本年竣工面积	万平方米	249.99

说明：该表数据为总承包和专业承包企业数据，不包括劳务分包企业数据

·表 27·

芙蓉区社会消费品零售总额统计表

指 标 名 称	单位	2019 年	2019 年比 2018 年增长（%）
总 计	万元	9557724.7	9.7
一、按销售单位所在地分	万元		
城镇	万元	9557724.7	9.7
其中：城区	万元	9557724.7	9.7
二、按行业分组	万元		
1. 批发业	万元	2182018.9	9.7
限额以上	万元	327945.2	8.9
限额以下	万元	1854073.7	9.9
2. 零售业	万元	6241384.1	9.5
限额以上	万元	2556174.6	9.0
限额以下	万元	3685209.5	9.9
3. 住宿业	万元	148694.5	5.2
限额以上	万元	50560.2	-2.9
限额以下	万元	98134.3	9.9
4. 餐饮业	万元	985627.2	11.4
限额以上	万元	128573.1	23.0
限额以下	万元	857054.1	9.9

·表 28· 芙蓉区年销售亿元以上专业市场销售情况表统计表

	摊位出租数（个）	成交额（万元）	营业面积（平方米）	摊位出租率（%）
合　计	10076	3953004	789164	94.8
长沙市华海电脑数码广场有限责任公司	289	15224	20000	56.6
长沙国储电脑城	420	114267	14000	84.0
长沙鼎星投资咨询有限公司合峰电脑城	446	48160	14000	68.6
长沙金苹果大市场	2000	62014	22000	100.0
马王堆陶瓷建材新城新合区	486	49610	71220	98.0
马王堆陶瓷建材城新大宇区	202	32920	26000	98.5
长沙市马王堆陶瓷建材城恒广区	1006	252096	21357	98.9
马王堆海鲜水产批发市场	303	473992	13340	96.8
湖南省三湘南湖大市场	4014	2012135	464062	100.0
长沙文化广场定王台书市	415	182376	13185	98.8
湖南黄金之城珠宝有限公司（黄金之城珠宝交易中心）	50	471578	20000	100.0
湖南万家丽家居建材市场	445	238632	90000	98. 9

·表 29· 芙蓉区城市居民生活状况统计表

指标名称	单位	2019 年	2018 年	2019 年比 2018 年增长（%）
一、城镇居民人均可支配收入	元	59033.0	54354.2	+8.6
二、城镇居民消费性支出	元	44853.9	41369.7	+8.4
1. 人均食品烟酒支出	元	11466.2	10829.7	+5.9
2. 人均衣着支出	元	3646.4	3404.0	+7.1
3. 人均居住支出	元	8479.7	7787.6	+8.9
4. 人均生活用品及服务支出	元	3214.8	2984.2	+7.7
5. 人均交通通信支出	元	4998.1	4441.8	+12.5
6. 人均教育文化娱乐支出	元	8196.4	7617.8	+7.6
7. 人均医疗保健支出	元	3253.6	2870.6	+13.3
8. 人均其他用品和服务支出	元	1598.7	1434.0	+11.5
三、城镇居民家庭恩格尔系数	%	25.6 %	26.2%	–2.3
四、城镇居民人均使用面积	平方米	31.0	31.3	–1.0

说明：部分数据采用 2019 年统计口径

·表 30·

芙蓉区地方财政收入和支出情况统计表

指标名称	单位	2019 年	2019 年比 2018 年增长
一、财政总收入	万元	999623	1.34%（同口径）
其中：公共财政收入	万元	327553	11.64%
二、公共财政支出	万元	588826	9.64%
其中：一般公共服务	万元	103887	47.81%
教育	万元	111655	26.12%
科学技术	万元	15976	32.5%
文化旅游体育与传媒	万元	5868	94.05%
社会保障和就业	万元	71361	20.15%
卫生健康支出	万元	22153	-1.04%
城乡社区事务	万元	175486	-14.37%

·表 31·

芙蓉区招商引资情况统计表

指标名称	单位	2019 年	2018 年	2019 年比 2018 年增长（%）
一、招商项目个数	个	200	432	-53.70
其中：外资项目	个	14	18	-22.22
内资项目	个	186	414	-55.07
二、招商引资完成情况				
1．实际利用外资	万美元	81419	74428	9.39
2．外商直接投资	万美元	34323	7602	351.50
3．实际引进省外境内资金	万元	1495047	1288250	16.05

·表 32·

芙蓉区环境保护基本情况统计表

指标名称	单位	2019 年
一、空气质量优良率	%	75.3
二、城市污水集中处理率	%	100
三、环境影响评价和“三同时”执行率	%	100
四、城市生活垃圾无害化处理率	%	100
五、重点工业企业污染治理情况		
1．工业废水排放达标率	%	99.5

·续表 32·

指标名称	单位	2019 年
2. 工业二氧化硫排放达标率	%	100
3. 工业烟尘排放达标率	%	100
4. 工业粉尘排放达标率	%	100
5. 工业固废综合利用率	%	90
六、建成高污染燃料禁烧区	个	1
七、建成高污染燃料禁烧区面积	平方千米	42.8
八、建成环境噪声达标区个数	个	8
九、建成环境噪声达标区面积	平方千米	30

·表 33·　芙蓉区教育事业基本情况统计表

指标名称	单位	2019 年
一、学校数	个	40
其中：小学	个	35
中学	个	5
二、在校学生人数	人	50618
其中：小学	人	40936
中学	人	9682
三、小学生入学率	%	100
四、小学生普及率	%	100
五、小学生巩固率	%	100
六、普通初中入学率	%	100
七、教职工数	人	2995
八、适龄人口入学率	%	100
九、在校学生辍学率	%	0
十、小学毕业生升学率	%	100
十一、初中毕业生升学率	%	98.15

·表 34·

芙蓉区社会保障基本情况统计表

指标名称	单位	2019 年
一、城镇新增就业人员	人	16564
二、失业人员再就业	人	4985
三、年末城镇登记失业率	%	3.18
四、新增失业保险职工人数	人	21267
五、新增养老保险人数	人	29034
六、新增基本医疗保险人数	人	73190 （城职新增）
七、基本养老保险发放率	%	100

·表 35·

芙蓉区社区服务及社会福利事业基本情况统计表

项目	单位	2019 年
一、城市社区服务设施	处	76
二、基层社区服务中心	个	76
三、敬老院床位数	床	128
四、敬老院供养人数	人	52
五、接受社会捐赠	万元	1774.65
六、全年共发放低保金	万元	1491.65
七、全年领取最低生活保障救济人次	人次	31199
八、城镇居民得到政府最低生活保障	人	2539
九、城镇各种社区服务设施	个	1158
其中：综合性社区服务中心	个	76

·表 36·

芙蓉区城市环境卫生基本情况统计表

项目	单位	2019 年
一、完成工作量		
1. 收运垃圾	吨	260262
2. 清扫面积	万平方米	885
二、环卫专用设备		
1. 垃圾运输车	台	68
2. 真空吸粪车	台	1

·续表 36·

项　　目	单位	2019 年
3. 洒水车	台	109
4. 机扫车	台	43
5. 融雪车	台	1
三、环卫设备		
1. 公共厕所	座	96
2. 垃圾站	个	91

·表 37·　芙蓉区文化事业发展情况统计表

指标名称	单　位	2019 年
一、区级文化馆总馆	个	1
二、区级公共图书馆	个	1
三、图书馆分馆	个	12
四、博物馆	个	2
五、健身设施	处	400

·表 38·　芙蓉区医疗卫生基本情况统计表

指 标 名 称	计算单位	2019 年
一、医疗卫生机构数	个	339
其中：社区卫生服务中心	个	13
社区卫生服务站	个	42
二、医疗卫生人员数	人	12051
三、年末医疗卫生机构床位数	张	9453
四、五岁以下儿童死亡率	‰	3.84
五岁以下儿童死亡数	人	15
五岁以下儿童活产数	人	3910

（区统计局提供）

索　引

Index

责任编辑·苏　洁

说明：

一、本索引把年鉴的条目（大事记、概况、综述、彩页除外）用主题分析方法，按汉语拼音字母顺序排列。

二、类目、分目标题用黑体字表明，子目、附表、专稿标题用楷体字表明。

三、索引名称后的阿拉伯数字表示内容所在的页码，拉丁字母（a、b、c）表示栏别（从左至右分 1、2、3 栏）。

A

B

C

D

E

F

J

K

L

M

N

P

Z

《芙蓉年鉴 2020》组稿人员

（按编目顺序排列）

向　兰	杨俊峰	雍晴婷	廖　琳	欧阳晟也	覃婷婷	龙　婧	杨　欢
李　玲	易跃峰	邓蓓莉	谭　颖	袁　霞	王　理	周　芸	杨　晴
黄燕妮	黎银华	焦　茜	章　余	何佳玉	黄天明	苏　洁	温小慧
李文英	李　娜	刘建武	胡　蓉	赵湘云	鲁青松	陈　旭	李永晟
吴　娜	陈林林	周　佩	欧君华	宁　倩	陈银花	黄　弋	吴康达
陈　静	徐舒婷	何益波	成正良	饶　诚	邱辉平	戴　聪	熊卫俊
丁　玲	周　偲	祝　波	莫　让	万梦诗	袁丹丹	黄　珣	莫有胜
王　琼	刘文丽	向彬彬	王　慧	王明华	刘　娜	易正君	汤秀平
童　舒	汪　琳	游涵淇	刘　浩	杜　琼	陈　哲	曾　瑜	何　颖
徐梦妍	周　亮	史佳琪	刘丽君	阳　硕	王中全	高铭阳	郑冠伟
朱　康	刘玉陶	鲁红英	朱　丽	张赛萍	郭泽武	文程遥	刘　义
周　密	戴　颖	陈晓宇	李　露	黄微微	谢翠薇	甘　泉	刘婵丹
陈佴依	吴阳宇	邓雪晴	黄　标	郭　炯	彭　平	王艳平	廖　薇
刘昱沣	陈佳豪	周骁畅	孙　业	肖健康	尹艺璇	邓子军	雍思乐
邹阳辉	姜李忞	谭　平	邹　笑	刘　奇	黄　波	黄立成	卢雅靖
刘佳宜	彭火荣	刘　勇	刘　翀	钟雅媛	黄　薇	蔡　巍	杨鹏娇
熊　梦	张　鋆	潘妮娜	路　通	陈稳中	阮　贞	孔振宇	丁　俊
朱双杨	陶红军	谭　宇	刘　菲	丁文兵	童　漾	娄　婷	彭骏元
曾　尚	李静锋	曾维平	周俊霖	杜宇真	张念琪	梁继超	吴伟华
龚倩妮	邓　洁	欧阳金慧	夏婉清	朱子焕	师冬玲	李晨昕	黄明明
丁　蕾	向　蕊	陈　娟	孔　艳	谢京芸	苏　盼	王玘依	刘　佳
刘夏娃	李新军	罗　娟	王立成	张富强	肖　辉	朱端武	杨　娟
黄宇林	林聪婷	刘　范					

图书在版编目（CIP）数据

芙蓉年鉴．2020 / 长沙市芙蓉区年鉴编纂委员会编
.— 北京：方志出版社，2020.12
ISBN 978-7-5144-4714-9

Ⅰ．①芙… Ⅱ．①长… Ⅲ．①区（城市）—长沙—2020—年鉴 Ⅳ．① Z526.44

中国版本图书馆 CIP 数据核字（2021）第 004547 号

芙蓉年鉴（2020）

编　　者：长沙市芙蓉区年鉴编纂委员会
责任编辑：齐　笑

出 版 者：方志出版社
地址　北京市朝阳区潘家园东里 9 号（国家方志馆 4 层）
邮编　100021
网址　http://www.zgfzcb.cn
发　　行：方志出版社图书经销中心
电话（010）67110500
经　　销：各地新华书店
印　　刷：长沙市雅捷印务有限公司

开　　本：889 × 1194　　1/16
印　　张：27.875
字　　数：877 千字
版　　次：2020 年 12 月第 1 版　　2020 年 12 月第 1 次印刷
印　　数：001 ～ 560 册

ISBN 978-7-5144-4714-9　　定价：158.00 元